U0144126

近代思想圖書館

045

神話學：
餐桌禮儀的起源

作者：李維斯陀
譯者：周昌忠

ISBN 957-13-2737-9

目錄

《神話學》導讀

黃道琳（中研院民族所助理研究員）

　　有一回，我和一位人類學研究者到山區旅遊。我們站在台地上，眺望一座岩石紋理依稀可辨的高山。霎時間，這座山及其岩層使我想起李維斯陀；緊接著，海跟它的浪潮則令我想到馬凌諾斯基。我的反應立刻得到遊伴的同意。何其巧妙，山與海兩個對立的意象，竟適切地勾勒出兩個重要人類學家的風貌；或可再說，山岩象徵的是李維斯陀所探索的條理清晰的人類心靈的底層結構，海潮則推引出馬凌諾斯基要瞭解的人類心理的變幻莫測的起伏調適。

　　李維斯陀自己也說過，他年輕時候有三位知識上的情婦，其中之一就是地質學，另外是心理分析和十九世紀社會主義。很顯然，這三者之間有一個共同的特色：雖然它們所涉及的分別是物質、心理、社會三個不同的領域，它們卻都同樣強調潛藏在可觀察的現象背後的結構因素。在地質現象方面，李維斯陀曾經從一塊嵌有古生物化石的岩石得到這樣的啓示：「我們所窺見的乃是幾千年時間所造成的差異。在這一刹那，時間和空間突然混融在一起，這一瞬間所呈現的生動差異即是把一個時代和另一個時代並列在一起，且使之永存不朽。」就在最近，李維斯陀還告訴我們：他一生志業所追求的，便是要在現在之中找尋過去。李維斯陀也常說，在「我們」與「無」之間並沒有什麼距離；他認爲很可能有一天人類及其文化會從宇

宙之中完全消逝，而且這樣的命運並不值得惋惜。

李維斯陀的結構人類學，是要探掘人類心靈的思考模式；對他來說，表面上看來毫無規則的資料，可藉結構分析發現其秩序。在早期的《親屬關係的基本結構》一書裏，李維斯陀在看似偶然而分歧的種種婚姻規制背後，發現了幾條簡單而準確的原則。但是，李維斯陀對他在親屬制度裏所發現的法則，尚無法認定它們是由體系本身的運作所造成的；在此，李維斯陀的看法並未遠離馬凌諾斯基的功能論，仍然認為親屬及婚姻法則只是某些社會需求投射於人類心理所產生的反映罷了。

後來，李維斯陀在神話分析上，則企圖更準確地呈現心靈思考的自主性及結構性。神話並無明顯的實用功能。因此，如果說人類心靈的運作是任意的，那麼這特性更應該在神話的領域裏表露無遺。李維斯陀發現事實並非如此。透過神話的結構分析，他正是想證明看來非常任意的表象之下，存在著人類心靈非常固定的運作法則。他說：「如果在神話的領域裏，人類心靈也受著法則的支配,那麼我們就更加有理由相信：在所有其他領域裏，人類心靈也受著法則的支配。」

李維斯陀的結構分析並不限於單一神話體系的研究。就基本精神而言，他是個堅決的泛文化比較研究者；這種取向在他的神話分析裏尤其重要。跟他早先所探討的親屬制度不同的是，神話更能超越時空及族群的界線，而做極廣被的比較分析。基於這個理由，雖然《神話學》①前後四卷所分析的八一三則神話分別屬於許多「神話體系」（即屬於某一特定社會或少數幾個相鄰社會之文化的故事及其變型），但它們卻相互關聯在一起，因此應將之視為一個「全集」(corpus)。而且，這個「全集」並非封閉的，如果

---

① 這部中譯本的書名採用比較習用的《神話學》，但必須指出，這部書的英譯本書名雖然是 *Introduction to a Science of Mythology*，原來的法文標題卻是 *Mythologiques*，而不是 *Mythologie*，因此嚴謹的中譯應是《神話邏輯》。

其他神話與這八一三則神話之間可發現結構上的關聯，那麼《神話學》所涉及的族群區域，實無理由不能加以擴大。

　　《神話學》的目的既不在闡釋個別的神話故事，也不在探索某一族群之神話體系與文化背景的關係。這部神話研究以一則博羅羅(Bororo)印第安人的神話為起點。李維斯陀先記錄下他所選的這則「關鍵神話」(key myth)的整個內容，並描述它的民族誌背景。他指出這則神話裏某些無法用歷史及社會事實加以解釋的因素，由此轉向神話內在結構的檢視。到了這部書的結尾，李維斯陀終於把採自南北美洲各地的八百多則神話納入一個複雜的結構變換體系之內。在每一則神話之內，他斷定了各個節段之間所具有變換關係；在不同的神話之間，他則找出它們在結構上的種種對應關係。

　　李維斯陀提出三個分析概念，來做為說明他所分析的八一三則神話之關聯的工具：(1)「骨架」(armature)是指在數則神話裏同時出現而保持不變的元素之結合關係；在李維斯陀所分析的神話裏，最常見的「骨架」是家庭或氏族成員的關係之破壞。(2)「代碼」(code)是指神話藉以傳達消息的「語言」，例如嗅覺、觸覺、聽覺、食物、天文等體系都可做為神話的「代碼」。(3)「消息」(message)指的是一則神話所要傳達的主題或內容。

　　李維斯陀在說明神話的關聯時，即分別從上述三個層次來剖析它們的變換關係，把這些複雜的關係清理出系統來──即它們分別在上述三個層次上所呈現的同構(isomorphic)、對稱(symmetrical)、反轉(inverse)或對等(equivalent)等種種關係。

　　李維斯陀在《神話學》第一卷《生食和熟食》裏，試圖以生的與煮熟的、新鮮的與腐敗的、濕的與乾的等對立的烹飪及感官特質建立一套嚴謹的邏輯架構。「生／熟」這個對立組是一再出現的主題；前者是屬於自然的範疇，後者是屬於文化的範疇。這兩個範疇的差異及變換以火的發現為指涉的焦點。他並且發現下列各層次上各對立組的對應關係：在食物層次上

777
777777777

是「生的／熟的」、在社會層次上是「自然／文化」、在宗教層次上是「世俗／神聖」、在聲音層次上是「靜默／音響」等等。

第二卷《從蜂蜜到煙灰》仍以烹飪範疇為神話的基本意象，但更進一步建構了一套「形態的邏輯」(logic of forms)。這一邏輯在神話中表達為下列各範疇的對立：「開／閉」、「滿／空」、「內／外」、「被容物／裝容器」。再者，這套「形態的邏輯」在神話傳述者的思考架構裏是比較潛伏的，它支持了下述這一比較容易覺察之性質的邏輯關係：蜂蜜直接取之於自然，它是食物的一部分；煙草則屬於文化，他並非主食的一部分。李維斯陀認為蜂蜜象徵著向自然回歸；煙草則由於其迷幻作用，使得人們能夠與超自然溝通。生的與熟的這兩個範疇只有靜態的意義，蜂蜜和煙草這兩個範疇則在邏輯體系裏引入了動態的不均衡（前者造成向自然的下降，後者造成向超自然的上升）。李維斯陀由此轉而檢視神話中有關不均衡、週期性、上下及天地之對立的意象。

第三卷《餐桌禮儀的起源》分析有關禮儀的神話，探究印第安人表達時間之連續性及不連續性的方式。李維斯陀在此聲稱：一個文化用以表達思考的各種體系或代碼具有邏輯的一致性。

第四卷《裸人》比較南美和北美的神話，並探討各變型之間的對稱關係。李維斯陀特別注意衣飾在人與自然的關係上所扮演的角色。最後，他演證了南美和北美兩區域之神話整體所具有的封閉性質。

李維斯陀可以從相離數千哩、沒有歷史牽連的區域採取神話來進行比較分析，這是非常違反一般人類學的原則的。但他認為神話邏輯乃是人類普同而無意識之思考結構的表徵，因而他的神話研究幾乎只限於針對其邏輯結構的分析。李維斯陀這樣說：「我不是要指出人如何在神話之中思考，而是要指出神話如何在人們心靈中運作，而人卻不知道這回事。」換句話說，李維斯陀認為神話有自主性，而且這表示他可以忽略特定變異型態的文化系絡。

　　當然, 李維斯陀並未宣稱他的神話分析方法是唯一可行的途徑; 畢竟, 他所注重的也只是神話的一個重要的面相。無論怎麼說, 最重要的問題是: 《神話學》到底要告訴我們什麼訊息? 我們也可以把《神話學》看作一則神話, 那麼, 這則神話的意義又何在?

　　事實上,《神話學》四卷的標題已經暗示我們: 李維斯陀的終極關懷是人存在於自然與文化這兩個範疇之間到底是什麼樣的處境。這四個書名的第一個字 (cru〔生〕) 和最後一字 (nu〔裸〕) 無論在發音上或在意義上都是互相呼應的。那麼多神話所要說的, 李維斯陀所要講的, 不外是如此: 人藉著文化而脫離自然, 但人類用以建構文化的工具不但來自自然, 而且僅是自然裏渺小的一部分。人類不必驕恃; 在宇宙之中, 人類何其微不足道。但是, 我們也不必沮喪, 反而更應該珍惜人類心靈的產物, 因為有一天「我們」與「無」之間是一跨即過的。

譯者序

　　與前兩卷相比，本卷的獨特之點在於把種族志、邏輯（形式）和語義三個層面或「向度」上的神話研究貫通起來。

　　首先，從種族志向度入手進行突破，本卷跳出前兩卷的「地盤」南美洲，開始轉移到北美洲，但僅限於中部地區，而把餘下部份留給下一卷。

　　同時，對新神話的研究包括對新老神話間的轉換關係的揭示，從而引起對已研討過的神話作重新考察。總之，新材料的發掘為邏輯或者說形式向度上的結構分析的深化即「螺旋式進步」創造了前提。本卷的結構分析進一步探明了神話思維的邏輯。這就是神話思維的邏輯從「性質的邏輯」（第一卷）進到「形式的邏輯」（第二卷），現在再進到「命題的邏輯」。這種邏輯適用的對立範疇，其兩個對立構份不再是絕對地看待的（如存在或不存在）極項，而是項之間的關係，如「親近和疏遠」、「內婚制和外婚制」。因此，這種對立現在是「關係的關係」。神話思維是通過引入時間範疇達致這種邏輯的。它揭示了空間中的對立關係的必要中介，從而把空間上絕對的靜態對立轉變成時間上相對的動態對立。

　　與這種形式向度上的進步互為表裏的是語義向度上的進步。第一卷揭示了烹飪之無（生）和有（熟）的對立。第二卷預設了烹飪存在，考察了其「周圍」即兩邊：向自然下降的方面即蜂蜜和向文化上升的方面即煙草，探討了有關蜂蜜和煙草的習俗和信念。本卷則進一步考察烹飪的「輪廓」。它表明，烹飪有自然和文化兩個方面，前者為消化，後者從食譜一直到餐

桌禮儀。食譜是對自然物質的文化精製，餐桌禮儀在食物配製規矩上再加上食用禮儀，因此是二級文化精製。消化則是對已作過文化處理的物質再作自然的精製。

本卷還表明，神話昭示，餐桌禮儀乃至一般良好習俗是對世界的敬服，而禮貌是對世界承擔的義務。這導致發見神話不僅隱藏著邏輯，而且還隱藏著倫理學。神話倫理學與我們倫理學的距離超過其邏輯與我們邏輯的距離。它啓示我們，一種健全的人道主義不應從自我和自愛出發，而應從尊重他人出發，應當把世界放在生活前面，把生活放在人類前面。

本書譯自李維斯陀的*Mythologiques · L'origine des manières de table*(Librairie Plon,1968)，譯時對前兩卷譯文中的個別譯名作了修訂。

聲援馬蒂厄(Matthieu)

Hoc quicquid est muneris, fili charissime, universo puerorum sodalitio per te donatum esse volui:quo statim hoc congiario simul et commilitonum tuorum animo tibi concilies, et illis liber-alium artium ac morum studia commendes.

你樂意給人禮物，贈禮給天眞無邪的結伴的子女：在那贈送禮品的地方，嘹亮的集合笛聲響起，戰友們聚在一起，那裏人人自由自在，無拘無束，也不專心地幹什麼事情。

伊拉斯謨(Érasme)：《論幼稚而又無聊的禮貌》(*De Civilitate morum puerilium*)，封筆之作。

插圖目錄

符號表

$\left\{\begin{array}{l} \triangle \\ \bigcirc \end{array}\right.$　　男人
　　　　　　女人

$\triangle = \bigcirc$　　婚配

$\Rightarrow$　　轉換

$\rightarrow$　　成爲，被轉變成……

$\left\{\begin{array}{l} : \\ :: \end{array}\right.$　　對……
　　　　　作爲……

$/$　　對立

$\equiv$　　全等

$\left\{\begin{array}{l} = \\ \neq \end{array}\right.$　　同一(identité)或相等(égalité)　(視語境而定)
　　　　　差異或不等(inégalité)　(視語境而定)

$\left\{\begin{array}{l} \cup \\ \cap \\ /\!/ \end{array}\right.$ 併，複合，合取

　　　　交 (intersection)

　　　　析取

f　　　函數

$x^{(-1)}$　　　反x

$\simeq$　　　同構

$\left\{\begin{array}{l} > \\ < \end{array}\right.$ 大於……

　　　　小於……

Σ　　　求和

$+, -$　　　這兩個記號使用時帶各種不同涵義，視語境而定：加、減；存在、不存在；一對相反量的第一、第二項。

前　言

　　本書的開頭可能像前面兩卷一樣讓人感到突然。但是，它還是構成一個整體。爲了首先讀本書，只要跳過開場白中回顧《從蜂蜜到煙灰》的幾行，直接改讀一個亞馬遜神話，就可以了。我們的探究很快就要從這個神話開始。它的序號爲 354，最適用於作爲線索，因爲我們直到本著作結束始終離不開它。它對本書起著參照神話的作用。因此，它所占據的戰略地位可比諸開卷第一個神話(M_1)，《生食和熟食》就是從分析這個神話開始的，而且這種探索也直到其結束爲止。

　　也許，爲本書提供數據的這個圖庫納印第安人神話甚至也給新讀者帶來了一個他們較容易接受的領域。因爲，似乎再沒有一個神話能成爲這樣的分析對象，這種分析既是深刻的，又採取多種視角（逐次或同時採取）：本文的、形式的、種族志的、語義的……就此而言，本書第一篇具有示範意義。它依據一個簡明範例，著手啓用我的方法，讓讀者逐漸熟悉其程序和步驟，根據結果來判斷其優劣。

　　但是，事情還不止於此。在一步一步追蹤一個神話的展開時，常常會遇到其他神話，它們對這個神話有所啓示，使人得以察知把這些神話全都聯結在一起的有機聯繫。同時，因爲一個社會或者地理與歷史上接近的各個社會的總體的全部神話總是構成一個封閉體系，所以，最後必然又會重遇我的探究所由開始的那些神話。正因爲這個緣故，當讀到本書第五篇時，讀者可能明白（第 295 頁），索引號爲 428 的神話與《生食與熟食》中序號爲 10 的神話相重合。然後在第六篇中，他將證實，序號爲 495 的神話與神

話組 {M_1, M_{7-12}} 相吻合，而這個神話組旣是本《神話學》首卷的出發點，又是其線索。

因此，讀者可以毫無妨礙地通過讀第三卷來鑽研這個神話總體，也可以毫無妨礙地然後再回到與第三卷結尾相聯結的第一卷開端。此後，讀者如果仍有興趣，可以讀第二卷。同樣，他也可以從第二卷開始，然後轉到讀第一卷，再讀第三卷。實際上，可以有多種程式，它們相應於程式：1，2，3；2，3，1；2，1，3 或 3，1，2。順序 1，3，2 和 3，2，1 或許徒使讀者的任務變得複雜化。換言之，先讀了第三卷再讀第二卷時，乃以讀第一卷爲前提；盡管可以先讀第二卷再讀第一卷，但要以最後讀第三卷爲條件。

這種反常可用兩條理由來解釋。首先，第一和第二卷爲一方，第一和第三卷爲另一方，兩方完成互補的任務。如我已在《從蜂蜜到煙灰》中解釋過的那樣，這本書走的軌道和前一卷相同，但前一卷沿正向走，而這本書沿反向走。反過來，《餐桌禮儀的起源》也回到《生食和熟食》所由出發的地方，但選取一條不同的軌道，必須跨越隔開新大陸西半球的巨大空間。

其次，派給第三卷的任務比另兩卷打算完成的任務來得複雜。這一卷裏開闢了一條通道，它同時處於三個層面上。這個步驟將在第 457—464 頁上詳加分析。不過，爲了避免使讀者如墮迷霧之虞，這裏從一開始就提一下總的觀點，不無裨益。

首先以嚴格地理觀點來看，問題將在於遵循某些神話圖式，它們以前已由南美洲的實例得到說明，而且這種例子一直到北美洲仍舊還有，不過，這些圖式在那裏以變形的形式重新出現，所以問題也將在於考慮這種變形。

但是，在改換半球的同時，出現了其他一些差異，它們是意味深長的，何況神話的骨架本身仍原封不動。我已研究過的那些神話動用一些空間對立：高和低、天和地、太陽和人類，然而，最適合於作比較的那些南美洲實例卻主要運用時間對立：慢和快、相等的或不等的持續時間，白晝和黑

夜，等等。

　　第三，這裏考察的許多神話從可以稱之爲文學的觀點看來在風格和故事結構上不同於其他神話。它們並不採取封閉的結構，而呈「碎錦式」(à tiroirs)故事的狀貌，其中一本本似乎相互仿造，一開始讓人弄不明白它們何以不見其多。

　　然而，分析了作爲全書參照的一個這種類型神話(M$_{354}$)之後，我們便會明白，前後相繼的各個酷似的神話並非像人們以爲的那樣整齊劃一。這個系列恢復了一個體系，而其各個性質超越了一開始所侷處的形式層面。實際上，序列式的故事反映了從其他神話出發而引起的各轉換所取的極限值，而隨著各個轉換相繼進行，由於遠離了這些神話最初的種族志參照，所以它們的結構特徵漸次消褪。最終只存下一種極其弱的形式，僅有殘餘的力量，只能自我複製一定次數，但不是無限多次。

　　我們暫且撇開美洲這個地域，來思考一下當代文明中的類型現象。連載小說、連續劇或者同一偵探的偵探小說——這裏，每次出現的都是同一個英雄，同一些主人公，情節也始終保持相同的結構——我們這裏仍然有的這些文學樣式非常接近於神話。我們可以探究一下，這種演變是否構成神話樣式和傳奇小說樣式(genre romanesque)之間的一種必要接合，是否提供了兩者間過渡所可能仿照的楷模。

　　另一方面，有一個插段突現在我選取作爲參照神話的那個圖庫納人神話的第一線上。在這個插段中，一個被截切成兩塊的人妻仍依附於丈夫背上而部份地存活著。這個插段按照組合鏈是無法解釋的，南美洲神話總體也說明不了它。只有聯繫取自北美洲神話的一個聚合體系，才能闡明這個插段。因此，這種地理上的轉移只是從經驗上說是明顯的。我們尚需從理論角度來證明這種轉移的合理性。

　　大草原北部的神話認爲，這糾纏的女人和雌蛙之間有著等當關係。由於這一事實，上一卷裏以雌蛙作爲女英雄的熱帶美洲神話所啓發的一切考

慮又得到豐富，即增加了一個補充向度。因此，在這個新的背景之下，可以發展先前對這些神話的分析，由此來重新認識它們。這樣就可以得到一個新的收穫，它保證了，對囊括兩半球的神話作概括解釋，不是站不住腳的工作。這一切北美洲或南美洲神話現在可以看做爲許多相互的異本，儘管它們在地理上相隔遙遠。它們可以說例示了修辭性質的轉換：糾纏的女人按字面本義無非是女性人物，而在我們這裏，親暱語也用「黏膠」這種隱喻說法形容她。我認爲，源自各個迥異的、相隔遙遠的不同種群的神話以及我們自己的大眾語言(至於是那種語言以這種方式或其他方式作例示，則無關宏旨)所描繪的修辭格(tournure)兩者作出這種超距確證，乃是一種種族志證明模式，足可與較先進的科學所利用的證明相比，實際上，人們常常斷言，與人文科學不同，自然科學獨享一種能力，即能在其他地點和其他時間於同樣條件下重複其實驗。無疑，我們不擁有自己的實驗，但是，各個人類文化的地域多樣化，都使我們可以到它們的所在地去進行探究。

同時，另一個想像的人物的邏輯功能和語義地位也得到明確規定。這個人物與前一個人物相對稱，且往往伴隨著她。這是個男人，而不是女人，他處於遠處而不是近處，但他的執著同樣地實在，也同樣地陰險，因爲他擁有一個過長的陰莖，使他得以克服因遙遠而造成的障礙。

在解決了參照神話的末揷段提出的問題之後，現在可以來轉向考察這神話的另一個同樣隱晦的揷段。它事關乘獨木舟旅行 (圭亞那神話借助獨木舟逃避親人)，詳確說明了乘者實際上是太陽和月亮，它們的角色分別爲舵手和划手，還使它們既接近 (在同一艘小艇裏) 又疏遠 (一個在前面，另一個在後面)：因此**處於恰當距離,**如同這兩個天體應當確保白晝和黑夜規則交替；還如同它們應使白晝和黑夜處於二分點時相等。

由此可見，一個亞馬遜神話一方面關涉一個蛙妻子，另方面關涉兩個把天體人格化的男主人公；最後，糾纏女人的題材可能而且必須參照雌蛙

來解釋,因爲源自南美洲的神話和源自北美洲的神話被歸併爲一個神話組。

然而，已經發現，在業已爲人們提到的北美洲同一些地區裏，即在大草原北部和中部、密蘇里河上游，一些著名神話明確地把這一切題材聯結在一個故事中。在這個過程中，太陽和月亮兩兄弟在尋找理想妻子時圍繞人和蛙各自的是非曲直發生爭吵。

在扼述和討論了傑出的神話搜集家斯蒂思・湯普森(Stith Thompson)先生對這個插段的解釋之後，我們再把自己的相反理由同他的理由加以對照，就可以看到，這不是一個分布區域極其廣（從阿拉斯加到加拿大東部，從赫德森灣南面區域直到墨西哥灣區域）的神話的一個局部的和遲晚的異本，而是對它的其他一些已知樣本的一種整體轉換。

通過分析這一切大約十來個關於天體爭吵的異本，我證明了這些神話時常明確援用的「二分點」型公理，從而使以前僅僅通過研究南美洲神話而提出的那些關於從空間軸到時間軸過渡的假說成立。不過，我們還弄明白了，這種過渡呈現了一種形象，它比僅僅要求作軸的變換時來得複雜。因爲，時間軸的兩極並不以**項**的形式出現：它們在於按相對持續時間(durée)而相對立的**時間間隔**(intervalle)的類型——分別爲較長的和較短的——以致它們已構成了接近程度不等的項之間的關係的體系。與其他兩卷中研究的神話相比較，這些新神話顯得更爲複雜。它們動用了關係之間的關係，而不只是項之間的關係。

所以，我們可以理解，爲了發展對神話思維的結構分析，必須訴諸多種類型模型，而它們之間仍有可能相互過渡，至於它們間的差別則仍可根據具體神話內容予以解釋。在我們研討的情形裏，決定性的過渡似乎處於天文學代碼層面之上，在這個層面上，星座——由緩慢的（因是季節的）、並按周期性強加於生活樣式或技術——經濟活動之間的對比構成的周期性來表徵——在這些新引入的神話中讓位於如太陽和月亮那樣的單一天體，而它們的白晝和黑夜交替規定了另一種類型周期性：旣較短，又在原則上

無異於季節變化。這種處於一種周期性之中的周期性以其串行(allure sér-
ielle)方式而與這另一種包含它的周期性形成對比，而同時又避免單調性。
天文學代碼的這種論題特徵並不妨礙它帶上其他許多特徵。例如，它也促
進了一種算術哲學，而第六篇幾乎完全研討這個問題。讀者也許會感到奇
怪，不過起先我也覺得驚訝，神話思維的極為抽象的思辨竟為其他以具體
行為為軸心的思辨提供啟示，這種行為舉例來說以戰爭慣例和剝頭皮習俗
為一方，烹飪食譜為另一方；最後，計數(numération)理論、獵頭理論和
烹飪術結合起來共同建立一門倫理學。

　　因此，在我準備拓展探究的範圍，立足於北美洲的神話（本系列的第
四卷也是最後一卷將主要關涉這些神話）的同時，也得到了許多具有理論
意義的成果。我為一個浩大的神話總體同時地把實質和形式、質和量、物
質生活境況和倫理規範體系結合在一起。最後我表明，這些還原，如同這
些神話中實施的還原走著同樣的途徑，而一種傳奇小說體裁正是通過這些
途徑而在另一個判然不同的層面上在這個神話體系內部顯現出來。實際上，
這種新體裁儘管是形式性質的，但還是與作用於故事內容的轉換相聯繫。

　　熟悉前兩卷的讀者無疑將注意到這方法有曲折變化，而這一點可從我
應當包容更大量神話並同時從多層面上分析它們的必要性得到說明，而這
些神話源自相隔遙遠的各個地區，各層面之間也顯現出相當大距離。用電
子學家的語言來說，我們有時應當增大我們對神話場所作掃描(balayage)
的振幅(amplitude)——例如為了比較兩個美洲的神話——但要冒延長其
周期的危險。因此，這裏，我不是讓源自邊界區域或不怎麼僻遠的區域的
為數相當有限的神話成為一種有條理掃描（其交變周期幾乎始終保持同樣
幅度）的對象，而是透徹地研究某些神話，至於應當放到很後面去探究的
其他神話，我則滿足於停下來扼述一番，甚至只是簡單提一下。就術語意
義而言不無牽強附會地可以說，這樣是回到了所謂調幅(modulation d'
amplitude)，取代了前兩卷遵循規範的調頻(modulation de fréquence)。

不過，這樣做並非意味著最終拋棄以前的做法，而只是一種權宜之計。這是我的研究手段隨著從南美洲神話到北美洲神話而發生的進步性轉換強加於我的。然而，如我在下一卷中要做的那樣，我局限於探究北半球的一個有限的區域，儘管這仍是一個巨大的區域，此外，我可能回過來採取更帶規則性的精緻分析方法，其結果以反溯（rétroactive）方式使我的宏圖不時引導我大膽作出的那種簡化得以成立。

　　像前兩卷一樣，這一卷也是沒有許多人的幫助就不可能這麼快問世。我理應向他們致以謝忱。讓・普翁（Jean Pouillon）先生對我的 1963-1964 年教程做的筆記卓有效用。雅克琳・博朗（Jacqueline Bolens）夫人翻譯了德文原始資料，尼科爾・貝爾蒙（Nicole Belmont）夫人幫助我編製了文獻目錄和索引。埃夫利娜・蓋德（Évelyne Guedj）夫人承擔了打印手稿的繁重任務。人文科學社（la Maison des Sciences de l'Homme）製圖實驗室的莫尼克・韋康普（Monique Verkamp）夫人繪製了圖表。國立里約熱內盧博物館的羅貝托・卡多索・德奧里韋拉（Roberto Cardoso de Oliveira）先生熱心地告訴我庫特・尼明達尤（Curt Nimuendaju）尚未發表的一部詞彙書稿的內容，還以他自己在圖庫納印第安人那裏做的研究的成果寫成了對這部詞彙書的精闢評論。在本書寫作過程中，在各個比較具體的地方，我還受到了其他一些人的恩惠。最後，哥倫比亞特區華盛頓的美國國立博物館和費城的大學博物館（University Museum）向我惠供了許多黑白和彩色插圖。我的夫人和 I・希瓦（I. Chiva）先生潤飾了清樣。我要向上述諸位和各個機構表示感謝。

第一篇
●
切成碎塊的女人之謎

這關涉一個怪異而又有身分的美洲女人，人們對她生發出荒誕的奇想。

居伊·德泰拉蒙(Guy de Téramond)：《切成碎塊的女人》(*La Femme coupée en morceaux*)，巴黎，1930 年，第 14 頁。

I　在犯罪現場

當事人（即讀者）應當重讀《神話學·從蜂蜜到煙灰》第二篇的 I，3（第三變奏曲）中的 M_{241}。這個神話講述一隻強奪孩子的雌蛙，而蜂蜜——處於毒物極限的精美食物——節宴使它走向死亡。可以看到，這些題材在一個圖庫納人神話中以很弱的形式和片段的方式結合在一起。我憑藉這個神話可以開始新一輪探索。

M_{354}. 圖庫納人：獵人蒙馬納基和妻子們

在造物主賜予的最早人類的時代（M_{95}, CC, 第 229 頁），有一個印第安人，他以狩獵爲唯一勞作。他名叫蒙馬納基（Monmanéki）。他在路上常見一隻雌蛙在他走近時跳入洞穴，這人向洞穴中撒尿取樂。一天，一個美貌少女出現在這個地方。蒙馬納基驚呆了，她已懷孕。她解釋説：「是你引起我懷孕的，因爲，你總是把陰莖對準我。」因此，他娶她爲伴侶。英雄的母親發現媳婦很漂亮。

夫婦倆一起打獵，但他們飲食方式不一樣。蒙馬納基吃肉；他妻子感到誘人的是黑甲蟲，因爲，她不想吃其他食物。一天，不知情的老嫗看到這種昆蟲便叫了起來：「爲什麼我的兒子用這種髒物玷污嘴巴？」她把這些昆蟲扔掉，代之以多香果。到了休息時間，這女人燒自己的小鍋子，開始吃東西，但多香果灼傷了她的嘴。她逃跑了，化身蛙跳入水中。一隻鼠責備她丟棄自己哭喊的小孩。她回答説：她還要生個孩子，但她夜裏回到家裏，把這小孩掛在祖母的手臂上。

蒙馬納基又去打獵了。一天，他遇到一隻棲息在一片 bacaba 棕櫚（種名 *Oenocarpus*）叢林中的 arapaço 鳥。他邊走邊對它説：「把你裝滿飲料的葫蘆給我！」他回來時，那裏出現一個漂亮姑娘。她把一隻盛

棕櫚酒的葫蘆給了她。他娶她爲妻。她長得很動人，但腳有病。英雄
母親看到她後叫了起來，説他還可以挑選個更好的妻子。這女人惱怒
之下出走了。

　　於是，蒙馬納基又恢復狩獵。一天，他忽發奇想，蹲下來解大便，
正好下面是一隻雌蚯蚓正在挖掘的洞穴。它探出頭來説：「啊！多好看
的陰莖！」蒙馬納基往下看去，發現一個絶色少女。他便和她睡覺，
隨後把她帶回家，很快地在那裏產下一個嬰孩。在出去打獵之前，蒙
馬納基叫妻子把嬰兒託給祖母照看，到種植園①去除草。但是，因這
孩子不停哭泣，所以這老嫗決定把他還給其母親。因此，她去到種植
園，發現那裏到處都是衰敗的草苗，因爲這女人仍按蚯蚓掘地的做法
把草根都弄斷了。草苗已開始枯謝，但這婆婆不明究竟，只是抱怨媳
婦懶惰。於是，她拿了一個邊沿鋒利的河貝，自己動手除草，卻把正
在吃地面上的根的這女人的嘴唇割破了。這不幸的女人入夜回到家裏。
她的孩子哭了起來。她央求丈夫照料這孩子，可是她已無法明白地表
達自己的意思。她因破相而感到羞辱，遂離去了。

　　蒙馬納基又恢復慣常的工作。他向一群金剛鸚鵡索要玉米啤酒。
回來途中，一個金剛鸚鵡少女帶著他所要的飲料等他。他娶她爲妻。
一天，獵人母親把木架上所有曬乾的玉米穗都拿下來，要求媳婦在她
自己到田裏去期間製作啤酒。這年輕妻子只用了一棵玉米穗，就製成
了足可盛滿五大罐的啤酒。老嫗回來時被未用的玉米穗堆絆倒，遂埋
怨媳婦沒有做完。媳婦正在河裏洗澡，但聽到了指責聲。她拒絕進入
茅舍。當丈夫回來時，她藉口説，她在搓梳子（印第安人在收藏常用
物品時都這樣做）時，把它弄丟在屋頂的稻草中，遂爬上屋頂，一邊

①這個名詞很寬泛，因此，我不管地理學家賦予它的專門意義，擅自按其爲利特雷
　(Littré)所認可的較爲一般的意義即「進行種植的地方」加以運用。

說：「我的婆婆，你咒罵了我——因此，你現在只好吃大麥酒了！」這老嫗知道錯了，向她道歉。但是，這媳婦不讓步。她棲息在正樑上，又化身爲金剛鸚鵡。拂曉，它對丈夫叫道：「如果你愛我，那麼，就跟著我！找到月桂樹／a: ru-pana／，它的木片投入水中後會變成魚。把樹幹挖空成獨木舟，跟著我順流而下，直到韋皮(Vaipi)山！」接著，它就向東方飛去。

　　蒙馬納基絕望之下快要發瘋，東奔西跑尋找月桂樹／a:ru-pana／。他徒勞地用斧砍下許多樹。最後，他找到了一棵月桂樹。它的木片掉入浸泡樹腳的水中後，變成了魚。每天，他忙於製造獨木舟，整日不停，晚上回家時，帶回了許多魚。他的無賴姻兄弟②想刺探其中的奧妙。這種輕率之舉導致打斷了木片之變形成魚。蒙馬納基明白了個中原委，遂召來姻兄弟，後者正中下懷，因爲他想來幫忙。兩人一起製成了獨木舟，把它放入水中。趁姻兄弟站在水較深處之機，蒙馬納基突然把舟拉回來，把姻兄弟關閉在舟體下面，他在那裏過夜，怨聲不絕。迫害者只答應翌晨放他，並邀他陪同沿索利莫厄斯河順流而下。蒙馬納基在舟的後部，姻兄弟在前部。他們不划槳，任憑水流載舟而行。最後，他們到達金剛鸚鵡女人隱藏的地方。這地方的居民全都跑到岸邊來看獨木舟和兩個乘者，但蒙馬納基的妻子躲在人群中。姻兄弟變成／monan／鳥，飛去停在她的肩上。獨木舟追逐她的蹤跡，但突然垂直豎立，於是蒙馬納基變成／aiča／鳥，停在這女人的另一個肩上。水流把獨木舟一直引到一個大湖，她在那裏變成水妖／dyëvaë／，是索利莫厄斯河的魚、具體說是piracema（圖皮語：「魚源」?）魚群的主人，這種魚周期地沿這條河溯流向上到這湖裏產卵。

---

②在圖庫納語中，同一個名詞／čaua-áne／標示丈夫的兄弟、妻子的兄弟和姊妹的丈夫 (Nim.: 13, 第155頁)。

　　這次冒險之後，蒙馬納基娶一個女同胞爲妻。每當她去到離茅舍很遠的碼頭時，總是把身體沿胸部高度一分爲二：腹部和下肢留在岸上；胸部、頭和手臂放入水中。matrinchan魚被人肉氣味吸引而趕來，縮減爲上半身的這女人用赤裸的手把它們逮住，串在一棵蔓生植物上。這半身於是又爬行到岸上，去適配下身，利用脊椎尖端作爲雄榫。

　　蒙馬納基母親爲有這麼一個善於捕魚的媳婦而驚喜不已。一天，她要製做玉米啤酒，叫這年輕女人去到河裏汲水。她遲遲未回來，這老嫗不耐煩了，就去找她。她發現下半身躺在地上，便隨手拔去了凸出的脊椎尖梢。當這女人的另一半身體從水中升起時，她再也無法自我重構。這上半身依靠手臂力量登上一根在小徑上空的樹枝。入夜。蒙馬納基未見妻子回來，心神不寧，遂點燃火炬去搜尋。當他經過這樹枝下面時，半女人便跌落在丈夫背上，附著在那兒。從此之後，她不讓他再吃東西，從他口中奪取食物，她自己吃。他馬上消瘦下去，背上也被妻子糞便弄髒。

　　蒙馬納基想出了一條計策來擺脫她。他説，他必須下到水中去檢查攔魚壩，如果在這期間妻子不閉上眼睛，則就會有被這河中成群出沒的比拉魚奪去雙眼的危險。爲了使自己的説法更可信，他用他僞造的魚顎剝下自己的皮。這女人出於恐懼而選擇留在岸上，暫時解放其受害者。蒙馬納基趁機投入水中泅水逃遁。被遺棄的妻子終日縮減爲上半身，於是去棲止在攔河壩的椿柱上。幾天以後，她變成了鸚鵡，「只要加以馴養，它就會嘮叨學舌」。它的丈夫躲在灌木叢中最後看著她飛向索利莫厄斯河下游的山地，嘰喁著消失(Nim.: 13, 第151-153頁)。

乍一看來，這故事進展順暢。它由若干相繼插段構成，其中每個插段都講述一個英雄的某次婚姻的失敗，而他的唯一目的似乎在於改變婚配的經驗。那麼，爲什麼這第五個妻子也是最後一個呢？南美洲神話提供了這

種類型故事的許多例子，在這些例子中，爲數遠爲多的挿段前後相繼，它們全都按同一模式剪裁。然而，如果從形式觀點加以考察，則可察明，M$_{354}$的結構既是開放的，又是閉合的。所以說是開放的，是因爲蒙馬納基在最後一次遭不幸之後完全還可以再婚；而說是閉合的，是就這樣的意義而言的：最後一次婚姻帶有獨特性，以之而判然不同於其他四次婚姻，以致這神話似乎是在探討一個問題的兩種極端解決，兩者之間又安排了一些中間形式，它們之間以及它們與兩種極端形式又都結成了許多相關而對立的關係。

英雄的前四次婚姻是外婚制的。它們甚至探取了一種可稱之爲誇張的方式，因爲它們把一個人同雌性動物相結合，而它們比單純的異鄉女人離人丈夫更遠。另一方面，最後一次婚姻是內婚制的，就像本文所明確表明的那樣：「於是，蒙馬納基娶了一個和他屬於同一種族的少女爲妻。」不過，我注意到，在這兩個類型之間，外婚制系列的最後一次婚姻起著接合部的作用，這神話用驚人地豐富的手段表明了這一點。

前三個挿段各包含兩個序列：(1)相遇和結婚；(2)英雄母親造成分離。只有第四和第五挿段使故事進一步發展。不過，它們兩者本身從第二序列開始也發生歧異：如在前面幾個挿段中一樣，在第四個挿段中，老嫗也把媳婦**與她兒子**分開；而在第五個挿段中，老嫗把媳婦**與她自己**分開，因爲老嫗阻止這女人的兩半身重構。然而，尤其在這以後，對稱性出現了。或者，這妻子跑掉了，丈夫追蹤她，或者，她追蹤丈夫（可以看到她是那麼不屈不撓），而後者逃跑。無疑，第四次婚姻仍是外婚制的，然而第五次是內婚制的，不過，在第一種情形裏，這男人去到女方居住，而以前他未打算這樣做。他只是暫時地以變成鳥棲止在仍保留人形的妻子（儘管她出身於鳥）的肩上的方式做到了這一點。第五個挿段的內婚制妻子只是**在**變成了鳥**之後**才斷然放棄與親屬住在一起。她飛去躲藏的下游山地跟她的同類（金剛鸚鵡女人而不是鸚鵡女人，不過是野的，而後者的行爲似乎讓人覺

得已經馴養過）已躲藏在那兒的山地相同。這兩個女人都是魚和捕魚的女主人。就這後一方面而言，在這兩個插段中都增加了一個鳥伙伴：或者是一隻雄鳥，與姻兄弟不同，不會捕魚；或者是女英雄身體的下半部——兩半身中更雌的一半——而與另一半不同，不會捕魚。

這兩個最後插段之間後來還出現了其他一些聯繫。不過，目前爲了表明下述一點，只要彙總其中幾點就夠了。第四插段關涉一種婚姻，它像前面幾個插段一樣是外婚制的，但其構成又與後面的插段完全一樣，這插段構成了一個故事的樞紐，它因此具有兼爲二構元和三構元的雙重結構：

插段：	1	2	3	4	5
婚姻：	外	婚	制		內婚制
故事結構：	第	一	部 分	過 渡	第二部分

這樣，我現在就可以開始考察外婚制婚姻。這幾次婚姻依次與第四個動物締結，它們交替地爲「在低處者」（因爲它們生活在洞穴中）和「在高處的」（其時爲鳥）：

2）arapaço鳥　　　　　　　　　4）金剛鸚鵡

1）蛙　　　　　　　　3）蚯蚓

導源於圖皮語的名詞arapaço（arapassu, uirapassu）（種名*Nasica*）（Nim.: 13，第 57 頁）標示許多種攀木鳥，它們以蟲或像這裏那樣以樹汁爲食。南美洲神話把它們和採取同樣生活方式的啄木鳥一起與中間世界相聯結，這種生活方式就是在它們走動覓食的樹幹的空穴中築巢。我們神話中的arapaço鳥棲止在一棵棕櫚樹上，其位置低於金剛鸚鵡，因爲英雄看金剛鸚鵡飛上天。同樣，躲藏在巢穴裏的蛙相對地低於蚯蚓，這神話描繪蚯蚓

先是掘地洞，然後在地面掘。從這個觀點看來，每個對偶的第二項在同樣的功能方面表現得比第一項更明顯。

圖 1 arapaço(arapassu)
鳥(據伊海林,第 363 頁)

此外，一個希克斯卡里亞納人(Hixkar-yâna)小異本(M_{355}; Derbyshire，第 100-103 頁)縮簡爲僅只一個蛙揷段，它歸諸蛙一種含混的行爲，但使人想起蚯蚓在種植園中的工作。因此，這兩種地下動物扮演著組合變體的角色，專用於例示處於略有差異背景的同一種功能。

當英雄朝蛙的洞穴裏解手時，蛙不動。當他朝另一個洞穴裏這樣做時，蚯蚓探出頭來注視。arapaço鳥棲止不動，金剛鸚鵡飛翔。因此，兩個動物不動，兩個動物活動。人們傾向於認爲，這第三個對立對偶是多餘的，因爲另兩個對偶已足以區分這四個動物。但是，這第三個對偶專門關涉在和前面各項共同的層面上修飾用樹幹挖空而成的獨木舟和木樁。英雄用獨木舟追趕第四個妻子。第五個妻子在最後離開丈夫之前棲止在木樁上。這就是說，有一根中空的、水平的、在水面移動的樹幹和一根充實的、垂直的、在水中不同的樹幹。就此而言，垂直豎立的、任憑水流載行的獨木舟構成小船（它已不是船）和椿柱（它以其形象爲原型）之間的過渡。最後，獨木舟包含一個兩次無用的姻兄弟：先是被關在船體下面，然後被動地陪伴另一個男人航行。相對稱地，與獨木舟對立的椿柱排斥兩次無用的半身：先是躺在岸上，然後不陪伴同一個女人航行（這半身構成這女人的一部份）：（第 18 頁圖表）

我在這圖表中未引入剛才所提出的關於獨木舟和木樁的各個對立的完整體系。但是，如接著要表明的那樣，表面上來說，這體系也讓人覺得似乎是多餘的，其理由爲：這體系作爲代碼不僅表達了兩個客體的示差特徵，

而且還表達了M_{354}-M_{355}所屬的神話組用以起溝通功能的消息的一個重要部份。

	蛙	arapaço	蚯蚓	金剛鸚鵡	獨木舟	椿柱
高(+)／低(−)：		−	+	−	+	
按高低關係標的(+)或(−)：		+	−		−	+
活動(+)／不動(−)：		−	−	+	+	+	−

因此，開始時局限於前四個外婚制婚姻挿段的分析隨著不斷深化而達到一個層面，在這個層面上，各個相干特徵成爲故事總體所共有。這種邏輯基質的永久性現在燭然可見。

這些外婚制婚姻有四個偶然原因，其中兩個與排泄功能有關，另兩個與飲食功能有關，不過後者始終或者和形體意義上理解的交媾相混合（而且在這兩種情形裏，妻子變成了母親），或者和一種屬於道德範疇的結合相混合（因爲妻子這時扮演丈夫的隨身給養供給者的角色）。蒙馬納基向蛙撒尿，向蚯蚓解大便；他從arapaço鳥接受棕櫚樹汁，從金剛鸚鵡接受玉米啤酒。這啤酒是熟的，就像故事的一個細節所證明的：「這年輕妻子只用了一棵玉米穗，就製成了足可盛滿五大罐的啤酒……」啤酒和糞便——在精製的意義上——比樹汁和尿更「熟」；前兩項還造成了比另兩項更緻密的物質。因此，可以得到一個三項目的表：

	生：	熟：	
排 泄：	尿	糞	（從男人到女人）
飲 食：	樹汁	啤酒	（從女人到男人）

在記入上面一行的兩種情形裏，妻子錯誤地**從形體上**混淆了**排泄**和交媾：她懷孕了，生下了小孩。在記入下面一行的兩種情形裏，發生了三重反轉：丈夫錯誤地作了**道德上的混淆**，這次是混淆了**飲食**和交媾；路遇的

少女只要向他供食就夠了，可是他使她成爲他的妻子，但又未讓她受孕。

如果現在來考察第五個也是最後一個挿段，那麼，就可發現，這些關係仍然存在，但一分爲二。首先，這妻子的身體本身分離成兩個半身。下半身從形體接續來說是女性的(它包含性器官)，從外觀上來說則是男性的(它借助一個雄榫挿入另一個半身的榫眼之中)。根據同樣的推論，上半身在比喻意義上是女性的，儘管以社會學角度來看，它致力於男性的活動：捕魚。然而，按照第一個序列，這兩個半身在相互適配時隱喻地交媾；從社會接續上可以說是男性的那個半身向丈夫的女性部分供食（他的母親接受魚，如這神話所刻意說明的那樣）。反過來，在第二個序列中，這半身在隱喻意義上與這男人交媾(附著於他，但在他的背上)，而這半身又在本來意義上吃他徒勞地想食用的食物。因此，一方面在四個外婚制挿段中，這主要對比時而出現在排泄和交媾之間，時而出現在飲食和交媾之間，另一方面在內婚制挿段中，它又以雙重形式表現出來：先是自交媾和外供食，然後是外交媾和自供食，每次兩者都相互對立。

對於人來說，蛙的唯一食物黑色甲蟲是污物，被英雄母親歸類爲糞便。蛙犯了個顛倒的錯誤，即把人用作爲調味品的多香果當做基本食物。如我們在比喻意義上說的那樣，多香果「弄掉了它的嘴」：這都是蚯蚓妻子的命運，但是在本來意義上，因爲她嘴唇被割破。蛙妻從腳到頭都是迷人的；對於她的美貌，英雄母親讚不絕口。繼她而來的arapaço妻半身美(上部)，半身醜(下部)：實際上，樹棲類動物腳趾很長，爪子強而彎曲。第三個妻子起先整個地很美，後來遭到婆婆殘害，變醜了。因此，對立**美／醜**在這裏從空間的（作用於身體各部份）變成時間的。最後，和第一個妻子形體上完善但道德上有缺陷即吃污物一樣，第四個妻子道德上是完善的，她能靠勤勉創造奇蹟：對這種品質，她的婆婆卻看不上眼，斥責她懶惰（＝道德上醜），而這婆婆讚賞第一個妻子形體美。所以，第一和第四挿段完全靠形體和道德的對立起作用；第二和第三挿段使這個對立從屬於另一個空間

和時間方面的對立，而這個對立能假借後一對立。

也是在這種情形下，最後一個插段重又取這兩根軸，並把它們明確表達出來。從同時性來看，這女人的一個半身是懶惰的（它在另一個半身入水忙於捕魚時懶洋洋地躺在岸上），一個半身是勤勞的。因此，所援引的品質每次都屬於道德範疇。不過，這第二個半身在這期間也發生形體性質的變化：起先是供食的，後來是淫穢的。由此可以證明：前四個插段的系列以辯證方式產生了一個體系的各個項，而最後一個插段把它們整合起來，使之成為一個有結構的總體。

再作進一步的分析，就可以察明，在這個層面上，整合開始於第四插段。這個事實沒有什麼可以奇怪的，因為我們已經表明，這插段起著聯結前三個插段和最後一個插段的鉸鏈的作用：迄此為止，這個插段的表現與前三個相似；從現在開始，它和最後一個插段所具有的共同的形式特徵又將顯得更清楚。

這蛙以甲蟲即人不食的食物為食。arapaço鳥採集棕櫚樹液，這種食物人類也食用。與人不同，蚯蚓食用雜草，因而有利於（但是被動地而不是像鳥那樣主動地）食用性植物的生產。就食物而言，金剛鸚鵡女人的地位比較複雜：她**過剩地**生產玉米啤酒，供人食用，但這是一種**次級**供食；因為這種食物的製造預設了，玉米已預先栽培好（這女人一點沒有參與其事）。她從在第一序列裏**主動地**造成啤酒增加變成**被動地**造成（由於向在休息的丈夫洩露了魚生產的祕密）**魚**的存在。魚本身還不構成食物，因為在人想到吃它們之前，還必須先讓它們出現。

實際上，第五個插段是在魚創生後展開的。它不再關涉魚的創生，而關涉捕魚：這軀幹女人在捕魚功能上超過人，但她在吸引魚時奉獻上了自己，這功能是**初級**供食：捕魚的**地位**如同啤酒剛才所扮演的作為農業的**後果**的角色。在第一序列裏**主動**造成捕魚增加的軀幹女人在第二序列中變成造成捕魚以**被動**形式**延續**(依靠攔住魚的壩)，這時她答應釋放丈夫，以便

（他謊稱）他能無需她幫助幹好剩下的事。這女人被拋棄後變成喋喋不休的鸚鵡，它說著**毫無意謂的話**。這是對以前妻子的雙重貶低的仿效。因爲，她從兩方面重視其金剛鸚鵡本性：啼叫著對婆婆**充滿意義**的說話，透露**靈驗的秘方**（創生魚的秘方），供丈夫用。

現在我們走到最後一步。可以記得，第一和第三個妻子消費；第二和第四個妻子生產；第五個妻子先是專事生產，然後專事消費。這一系列運作意味著什麼呢？

	採集：	農業：	捕魚：
不可食用的：	甲蟲	雜草	刨花
可食用的：	棕櫚樹液	玉米啤酒	魚

狩獵是英雄專事的活動。一個陶利潘人神話（M$_{356}$: K.-G.:1, 第 81-91 頁）證明，鸚鵡科——鸚鵡、長尾鸚鵡、金剛鸚鵡——是玉米啤酒的主人。如果考慮到：這英雄在遠征狩獵時捉甲蟲，吃蛙；耕耘時雜草在園子裏滋長；鑿木製造獨木舟時產生刨花，而獨木舟本身是捕魚的工具，那麼，這一切項之間的次序關係就會明顯地表現出來，何況所援引的第一項——黑甲蟲、人隨意解下的糞便、被蛙轉變成食物的玉米——在封閉這系列的項中得到復現：撒在英雄背上的糞便，它由軀幹女人把供丈夫食用的食物轉變而成。於是，「食物」項系列最終表現爲：

狩獵：	採集：	農業：	捕魚：	扼要：
獵物	樹液	啤酒　　魚		**食物**
甲蟲	**多香果**	**雜草**	**刨花**	**糞便**

雜草居於農業和捕魚之間的地位看來令人納罕。然而，可以注意到，圖庫納人那裏只會種植玉米的人已開始把籽粒浸入河水中，然後又令人矚目地嚴格禁止捕撈許多種魚，尤其食草的魚。也禁止與用作漁毒的植物發

生任何接觸（Nim.: 13, 第 21-22 頁）。

　　由此分析可知，這故事表面上看來呈直線狀，但它同時在許多層面上
展開，而在這些層面之間可以發現相當多複雜連接，它們使這總體成爲一
個封閉體系。當從表面上來探討這神話時，這最容易讀解的層面給出了社
會學的特徵。實際上，它重組了英雄的婚姻經歷。但是，當試圖達到愈趨
深刻的層面時，我們發現了對一些生活方式作的分析描述，它們相互結成
互易關係。這些生活方式中，有兩種似乎更令人矚目。這就是狩獵和捕魚。
　　這神話開始時，英雄是個獵人，因爲魚並且從事實上看捕魚都還不存
在。本文從第一句話就強調了這一點，它把故事置於這樣的時代：在江河
中捕到最早的魚立刻變成地上動物和人（Nim.: 13, 第 128-129 頁）。分別爲
母親和兒子的兩個主人翁屬於最弱的人類。至於捕魚，很顯然，它占據一
個必不可少的地位。它提供了兩個最爲展開的插段的題材，並且構成了第
四個插段的引子，而我們已經看到，這個插段是故事的樞紐。這神話引起
了三種魚：matrinchan魚，比拉魚和piracema魚。
　　前兩種魚屬於同一個動物學科即特色魚科（Characinidé）。這神話把
這兩種魚都說成是食肉的。matrinchan魚（*Characinus amazonicus*，種名
Brycon）被女人軀幹的肉的氣味所吸引（但參見伊海林：辭條「piracan-
juba」，它斷定，亞馬遜*Brycon*的這個南方同屬偶爾吃果子、穀粒和其他植
物性東西）；比拉魚（種名*Serrasalmus*，種名*Pygocentrus*）攻擊人。然而，
這兩種魚又有不同，第二種是食人的。因此，軀幹女人的態度也有變化，
她主動招引一者，而避免與另一者有任何接觸。所以，這兩種類型魚因動
物學上相近而被關聯在一起，又因食性而相對立。
　　另一方面，piracema魚未在這兩方面而反在第三方面作了限定。實際
上，piracema這個名詞沒有分類學的價值。它不加區別地適用於一切爲了
繁殖而溯流而上的魚種〔Rodriques:《詞彙》（*Vocabulaire*），第 30 頁；Stradelli:

1, 第 602 頁〕; 這裏無疑「魚群以無法想像的數量湧入索利莫厄斯河, 在五月和六月到各支流裏繁殖」(Nim.: 13, 第 25 頁)。因此, 食人特色魚和非食人特色魚之間的小對立包容在周期性魚和非周期性魚之間的大對立之中。這個見解的意義現在會顯現出來。

即使結構分析復現獵人蒙馬納基故事的隱蔽組織, 對於我們來說這組織也只是在形式的層面上存在。在我看來, 這故事的內容仍是任意性的。例如, 一個女人會自願被截成兩塊這個古怪想法可能出自何處呢?《生食和熟食》中簡短討論 (第 305-308 頁) 的第一個圭亞那神話(M_{130}) 很好地闡明了這個聚合體, 尤其因為它也關涉捕魚, 並且像 M_{354} 一樣, 也有一個丈夫、一個妻子和夫婦中一人的母親三人出場。按照 M_{130}, 這老嫗因飢餓而偷了女婿魚籠中的一條魚。為了懲罰她, 他叫／pataka／魚來吃掉她。但是, 這些魚夠不到吃掉上胸部、手臂和頭。這樣老嫗只剩下了上半身, 她變成了後髮星座, 其卡利納語名字為／ombatapo／, 意謂「臉面」。這星座在十月份於晨間出現, 直至大旱季結束, 它使魚滅絕 (Ahlbrinck, 辭條「ombatapo」和「sirio」, § 5, 6)。所提到的魚種(*Hoplias malabaricus*)即英屬圭亞那的波美隆河流域所謂的／huri／實際上引起了旱季的捕魚: 當這種食肉魚躺在跡近乾涸的河底棲息時, 人們用刀殺死它們 (Roth: 2, 第 192-195 頁)。卡利納人相信, 亡魂穿越一條狹窄的小橋; 如果它跌入水中, 兩條食人魚就會從中間把它撕開。此後, 這兩個碎塊又重新接合(Goeje:1, 第 102 頁)。

與 M_{354} 不同, M_{130} 的主題是切成碎塊的女人的故事。我們已知道她如何會那樣以及個中的緣由。蒙馬納基的最後一個妻子的這個原型隱藏著內在的邏輯。是否還有外部的邏輯, 換言之, 可否找到後髮星座擬人化為軀幹女人的理由呢?

M_{130} 具有一些與 M_{28} 共同的要素, 這個瓦勞人神話聲稱解釋昴星團、畢星團和獵戶座的帶紋三明星的起源, 它們分別擬人化為英雄的妻子、身體

和截下的腿(Roth:1，第 263-265 頁；CC，第 147-149 頁和各處)。因此，這些神話被納入一個浩大的聚合總體之中，我們把M_{136}也放在這個總體之中，在這個神話中，一個岳母供女婿吃魚而不是偷他的魚；但她從子宮取出魚，這使魚同化於類似經血的髒物。這男人組織了對岳母的謀殺；只有內臟存活下來，化爲水生植物。在另一個圭亞那神話中，一個腿被截去的男人的內臟一直升到天上，變成預告魚汛的星座昴星團(M_{134}-M_{135}, CC，第 318-319 頁)。

在從圖庫納人神話到圭亞那神話過渡時，社會學骨架保持同一，儘管有兩個項男女對換：(**母親——兒子，妻子**) ⇒ (**母親——女兒，丈夫**)。但是，身體的各部份和它們產生的星座因情形而異：帶或不帶大腿的小腿變成獵戶座；內臟變成昴星團；軀幹、頭和手臂形成後髮星座。任何一個神話都沒有全部完成這一分爲三。它們僅僅支解身體，時而取下內臟，時而取下下肢，時而取下軀幹連帶頭和手臂。但是，如果就女英雄爲軀幹女人的圖庫納人和卡利納人神話 (其他神話已在別處討論過，參見CC，同上；MC，第 261-263，281-282，337-338 頁) 來考察這一點，那麼，就可以清楚地看出情形究竟如何：這軀幹女人自願(M_{354})或不自願地(M_{130})與其身體其全部份分離；因此，她丟棄了把腹部 (連帶內臟) 和腿相連接的一個身體部份即昴星團和獵戶座的解剖學象徵，而它的作爲星座同樣具有連接功能，因爲人們看到它們在天空中在一起。於是，身體的上部變成後髮星座的解剖學象徵，而它的赤經應和大熊星座與烏鴉座的赤經相同，而這組星座作爲總體來說則與另一星座組在變相上處於衝突。昴星團的升起略微超前於獵戶座的升起，它報告捕魚豐收；後髮星座的升起取消這種報告，因爲這發生在魚從湖中暫時消失，小河裏缺水的時候。然而，圖庫納獵人的軀幹女人在明確地失去了其下半身，變成鸚鵡而不是星辰時，也起著這種作用。從此之後，她再也不去捕魚，儘管不久前她還負責向印第安人提供魚：

豐收的捕魚

（十月：後髮星座）：

歉收的捕魚

（六月：獵戶座和昴星團：）

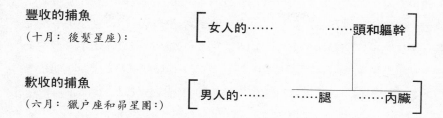

　　這種類型對立也存在於更南面的地方。例如，卡杜韋奧人把森林和平原的起源追溯到兩個孩子，他們分別產生於一個嬰兒的上半身和下半身，他的母親為了殺死他而把他截切成兩半。這對攣生兄弟偷取籽粒撒播。它們發芽，產生了樹。樹容易拔除還是無法拔除，取決於播種的兄弟。於是，「矮」兄弟成了森林的創造者，「高」兄弟成了平原的創造者。不久以後，兩兄弟偷取了一個髒老嫗煮的豆，她的汗水滴進鍋裏。「高」兄弟害怕中毒，「矮」兄弟毫不猶豫地吃下這餐，他發現它味道很美（M₃₅₇；Baldus：2，第37-39頁）。這樣，「高」兄弟兩次顯得膽小無能，「矮」兄弟則顯得膽大能幹，這證實了圭亞那印第安人神話中象徵後髮星座的半身，和象徵昴星團與獵戶座的半身所分別具有的負面的和正面的價值。

　　最後還要注意到，在圭亞那和亞馬遜河流域，第二個對立重組了我們剛才略述的對立。獵戶座、後髮星座一起處於太陽的一邊，作為「它的右手」（M₁₃₀）或者它的「支撐」（M₂₇₉）。另一方面，昴星團處於月亮的一邊：月暈的組合變體（M₈₂），而獵戶座與它相對立，其時獵戶座化身為花豹於月蝕之際吞吃掉月亮（Nim.：13，第142頁）：（參見第26頁圖表）

　　我們已經看到，在亞馬遜北面的關於後髮星座起源和不利於捕魚的季節的起源的神話反轉了源自圭亞那的關於獵戶座（或昴星團）起源和有利於捕魚的季節的起源的神話。不過，同樣確實的是，這個圖庫納人神話在其第四插段中反轉了這後一組神話，在這個插段中，軀幹女人致力於超自然而又相當兇險的捕魚，她靠用其殘缺身體吸引魚，由此引來了數量驚人

的魚。實際上，這樣的魚汛只有在五月和六月裏（昴星團晨間升起時期）才發生，這時，遷移的魚群沿河上溯，游到各個支流。這神話援用了這現象，但它把這完全歸功於英雄，後者的獨木舟垂直地豎立在水中（被截下的腿轉變成整個天空），並變成另一個天體：不是像腿那樣的星座，而是東方的虹霓；因爲，以這獨木舟產生的水妖的眞正身分就是這樣，而且，這神話還說明，這水妖也是魚的主人（Nim.: 13, 第 120 頁和註⑯）。

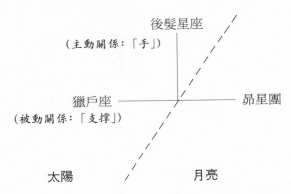

因此，除了明顯的季節代碼之外，M₃₅₄還訴諸潛在的天文學代碼。弄清楚了這一點，我們就應當特別注意第四挿段的一個細節，我們還沒有討論過它。這女人被乘獨木舟追趕的人追上了，遂躱進岸上疾行的人群後面，結果他丈夫和陪伴的姻兄弟只能化身爲鳥才可接近她，兩隻鳥各棲止在這女人的一個肩頭上。僅僅借助組合鏈，看來還不大可能解釋這序列。能否如同我們已爲截成碎塊的女人（這情形提出了一個同樣類型的困難）所做的那樣也借助天文學聚合體來闡明這序列呢？

作爲M₃₅₄的軀幹女人的對偶，M₁₃₀的女英雄老嫗因不聽從一隻習見的鳥／Petoko／（*Pitangus sulphuractus*）的勸告而遭厄運，這是一種霸鶲科的鳥，今天印第安人把它的叫聲解釋爲邀人入水（Ahlbrinck, 辭條「om-batapo」,「petoko」）。在巴西農民看來，它是在說：bem-te-vi, 即「你聽我

圖 2　霸鶲（據布雷姆：《鳥類》〔*Vögel*〕第 1 卷，第 548 頁）

圖 3　小犀鵑屬（據布雷姆：《鳥類》，第 2 卷，第 126 頁）

說！」。這是一種食肉、食魚和食蟲的鳥，它喜歡停在牛背上，吃吸血的扁虱 (Ihering，辭條「bem-te-vi」；Brehm：《鳥類》，I，第 549 頁)。

一個圭亞那獵戶座起源神話在上一卷裏已討論過，已知它有許多異本 (M_{278}-M_{279a-d}；MC，第 277-278 頁)。它派兩個姻兄弟去追趕殺死他們姊妹的丈夫。這兇手丈夫創生了三種預報危險的鳥。在佩納爾收集到的、科赫－格林貝格 (1，第 269 頁) 復述的一個異本中，它們是一隻猛禽「caracara preto」(*Ibycter amerlcanus*)和兩隻食穀鳥，屬於種*Cassidix oryzivora*。Cassidix屬的鳥儘管學名如此，但其食性似乎極其多變，不排斥寄生於大哺乳動物的昆蟲，它們也覓食像它們一樣屬於擬椋鳥科的其他鳥。可以說，從美洲大陸的北部到南部，神話都井然有序地致力於判明這個科的各個屬或各個種，以便把看守者、保護者或顧問的職能賦予同一個神話題材的各個組合異本所使用的這個科的極其多樣的代表。在北部，與南美洲的擬椋鳥相對應的是草地鷚(*Sturnella magna*)、長刺歌雀(*Dolichonyx oryzivorus*)和「blackbird」〔黑鳥 (種名*Agelaius*)〕。我們在後面還會遇到它們。

阿爾布林克發表的版本 (辭條「peti」，§ 9) 援用兩種鳥：*Ibycter*種和小犀鵑屬*Crotophaga ani*，它們吃貘的寄生蟲(Goeje：1，第 56-57 頁)，因此就食物而言與M_{130}的bem-te-vi相一致。

如果圖庫納人神話的英雄或其姻兄弟轉變而成的鳥也是犀鵑屬(可惜，對這一點我們並不了解)，那麼，我們就得到了一條能追蹤一個天文學聚合體的線索，因爲圖庫納人(M_{358})從樹葉產生了深藍色或黑色的這種鳥，這葉子被一個亂倫的兄弟在他姊妹用生殖器分泌的性液弄髒了他的臉之後用來擦乾淨臉(Nim.：13，第 143 頁)。像從美洲大陸的一端到另一端以及以外的地區 (參見CC，第 385-387 頁) 已知的這神話的大部分版本一樣，這兄弟也變成月亮。因此，這個圖庫納人版本把Crotophaga屬與這天體的陰影也即與它的相對晦暗聯結起來；我們還記得，M_{354}的金剛鸚鵡女人在被兩隻

鳥追著時「被蝕」。巴凱里人把日蝕歸因於犀鵑屬用它的雙翼蓋住這天體
(Steinen：2，第 459 頁)。尼明達尤在上述本文中含混地描繪了M₃₅₈的鳥：
「一種樹林吐綬雞、一種*anum*〔小犀鵑屬，新屬〕，或某種別的黑色鳥。」
但是，小犀鵑屬是和黑犀鵑屬一樣的鳥 (Brehm：《鳥類》，II，第 125 頁)，
而且「吐綬雞」這種叫法也不大適合它，犀鵑屬全都屬杜鵑科。另一方面，
anú-guassú鳥這種大犀鵑屬(*Crotophaga mazor*)長 45 厘米，尾部更像野
吐綬雞，它的習性與M₃₅₄的第四挿段很一致，這挿段終止於遷移魚的出現：
「當魚溯流而上時，人們有時所稱的anu-peixe鳥在夜間伴隨著piracema
魚遷移，捕魚爲食」(Ihering，辭條「anú-guassú」)。

　　有一個普埃爾切人(Puelche)神話(M₃₅₉)提供了與此類似的跡象，但
由於地理上相隔遙遠，因此我不敢貿然將這些跡象與它們相比。由於這個
原故，我想很簡短地描述一下這個神話。兩隻黑鳥吃了太陽的兒子，因而
造成了黑暗。爲了逮住這兩隻鳥，月亮和太陽先後乞靈於化身爲食腐肉禽。
月亮無能爲力，太陽成功地抓住了一隻鳥，但沒有抓住另一隻鳥，後者已
吃掉了這小孩的兩塊小骨頭，使他不能復生。接著，太陽召來動物議決白
晝和黑夜各自的長度以及各個季節的長度。當取得一致意見時，月亮和太
陽（它們是兄弟）升上天空，但月亮大聲抱怨，結果激怒犰狳從洞穴中出
來，抓破了月亮的臉面。這是月亮的陰影的起源(Lehmann-Nitsche：9，第
183-184 頁)。

　　就這個神話而言，目前只要確定日期就夠了。我在後面還要確定，本
卷處理的各個問題必須訴諸南美洲的南部地區和安第斯山脈地區的神話。
另一方面，不必爲M₃₅₉中同時存在許多題材感到驚訝。對於這些題材，很
容易在源自北美洲北部地區的神話中找到示例。例如，動物對白晝、黑夜
和季節各自長度的審愼考慮；吃了屍體又拒絕償還一塊小骨頭的野獸阻礙
復活〔奧吉布瓦人的側支薩利希人(Salish)〕。最後，死亡和季節周期性的
起源這個雙重題材與一種很特殊的天空構形象聯繫，這種構形從一個天體

——太陽或月亮——的兩個方面來安排兩個星辰、兩顆行星或兩種氣象學現象（幻日）。

這個簡短探討證明，在相隔遙遠的一些地區裏存在著同樣的神話學題材。如果注意到，我的眼下加以評述的這個圖庫納人神話與北美洲北部地區以及直至西伯利亞也可以遇到的題材有著驚人的親緣性（參見Bogoras：1），那麼，這種探討就顯得更其保險了。科里亞克人(Koryak)、愛斯基摩人、欽西安人和卡思拉梅特人(Kathlamet)都有取各不相同形式的關於一個男人相繼娶許多動物為妻的故事。他一個接著一個地失去她們，而這往往是她們的不屬於人的食物引起誤會的結果。例如，欽西安人神話(M_{354b}；Boas：2，第184-185頁)的鴨妻儲備了大量蛤貝為食，但部落首領因看到這種下賤食物而感到蒙辱，遂下令把這妻子拋入大海；結果，這女人失蹤了。這裏可以認出M_{354}的開場。

事情還不止於此。像M_{354}一樣，北美洲的各個版本也留心講述人類生活最初時代的故事：「從前，很久很久之前，這邊的居民都娶雌動物，包括鳥、蛙、蝸牛、鼠等等為妻。有一次，一個大首領也這樣做了……」（同上書，第179頁）。同樣，一個源自東部克里人(Cree)的版本這樣開頭：「遠古時候有一個男人，他逐一嘗試娶所有動物為妻，以便看看哪種雌動物最為能幹，可以以之作伴侶。他嘗試了馴鹿、狼、麋、貂、野貓、水獺、鴟梟、樫鳥、海狸……」(M_{354c}；Skinner：1，第104-107頁)。M_{354}的英雄只與他的母親一起生活；一個梅諾米尼人(Menomini)版本的英雄只與他的姊姊一起生活，當他失去了海狸妻子後，他因悲痛過度而發瘋，其行為讓人驚異地想起圖庫納人神話所描寫的獵人蒙馬納基在金剛鸚鵡妻子失蹤後的行為：「他因悲痛而崩潰，決定絕食而亡」(M_{354d}；Skinner-Satterlee，第377頁)。

在下一卷裏我還要再詳細地討論這兩半球神話中天文學代碼所提出的各個問題。在此我僅僅指出，在圖庫納人看來是瘟疫流行徵兆的綠色日暈

（Nim.: 13，第 105 頁）很可能是幻日；M₃₅₄的第四個插段末的韋皮山是神祇的居處（同上書，第 141 頁）；最後，兩隻鳥棲止在一個試圖逃逸的超自然人的雙肩上所提示的三位構形酷似北美洲神話對稱地加以應用的三位構形。然而，亞馬遜和圭亞那也提請我們注意天文學三元組。

M₃₆₀. 陶利潘人：月亮的兩個女兒

　　從前，月亮是人，與他的兩個成年女兒一起在地上生活。月亮不意偷走了他喜愛的一個漂亮小孩的靈魂，他把這小孩的靈魂關在一個倒覆的鍋子下面。人們派一個好鬥巫士去尋覓。月亮自己機智地躲藏在另一個鍋子下面，並告訴女兒不要洩露隱匿地。但是，這巫士打碎了所有鍋子，發現了靈魂和偷兒。月亮決定和女兒一起退回天上，他負責照亮靈魂之路即銀河（K.-G.: 1，第 53-54 頁）。

傳述者解釋說，這兩個女兒是兩顆行星，她們各生過一個她們父親的兒子。在另一個神話又可以看到她們，它說，所關涉的是金星和木星：

M₃₆₁. 陶利潘人：月亮的兩個妻子

　　月亮卡佩(Kapei)有兩個妻子，名字都叫卡尤阿諾格(Kaiuanóg)，一個在東，另一個在西。他輪流著與她們每人過。一個給他吃得好，他發胖；另一個虐待他，他消瘦了。他到第一個妻子那裏去發福一番，再回到第二個那裏，如此以往。兩個妻子相互嫉恨；她們也住得相距很遠。這個好廚娘宣稱：「永遠如此！」由於這個原故，印第安人今天仍有許多妻子（K.-G.: 1，第 55 頁）。

兩顆小星處於一顆大星左右兩側而形成的三元組顯得和M₃₅₄中兩隻鳥棲止在女英雄肩頭所例示的三元組同系。當我們注意到下述一點時，這

種相似就益發顯著：與天體妻子一個是好廚娘，另一個則不是一樣，圖庫
納人神話中的兩隻鳥也分別產生於一個好獵手和神奇漁夫丈夫的轉換和一
個無能姻兄弟的轉換。圭亞那和亞馬遜的神話所援用的構形在大陸的南端
火地島的奧納人(Ona)那裏也可見到。在那裏，造物主克翁依珀(Kwonyipe)
變成了天蠍座的星辰心宿二(Antarès)，在它的左右兩側可以看到作爲他
的妻子的兩顆星辰，而他的敵人查什－基爾切什(Chash-Kilchesh)孤處在
很遠的南方，化身爲老人星(Canopus)閃爍 (Bridges，第 434 頁)。現在，
這裏還有一些三元組，它們源自其消息和M_{354}所傳遞的消息同屬一組的兩
個神話。

M_{362}. 馬庫希人：獵戶座的帶、金星和天狼星的起源

　　從前有三兄弟，其中只有一人已婚。未婚者中一人爲人很好，另
一個人很懶，以致前一個人決心殺死他。他藉口採集穀粒，叫這懶漢
爬上urucu樹(*Bixa orellana*)。他趁機坐在一根樹枝上，用鐵杖穿透這
懶漢。傷者跌地而死。兇手割下屍體的腿，走了。過了一會兒，他又
回到犯罪現場，在那裏遇到姻姊妹。他説：「這些腿能有什麼用呢？只
能用來餵魚。」他把它們扔進河裏，它們變成了surubim魚〔大鮎科〕。
屍體的其餘部份被丟棄，但這亡魂升上了天空，變成了獵戶座帶的三
顆星辰：屍體在中間，兩邊各有一條腿。兇手變成了Caiuanson即行星
金星〔試比較M_{361}：月亮的兩個妻子的名字Kaiuanóg〕，已婚的兄弟變
成Itenha即天狼星；這就是說，這兩顆星鄰近那個兄弟的位置，它們爲
了懲罰他而永遠注視著他 (Rodrigues：1，第 227-230 頁)。

第二個神話接著上述神話：

M₃₆₃. 馬庫希人：某些星辰的起源

　　一個名叫佩喬索(Pechioço)的印第安人娶了個名叫尤厄雷(Ueré)的雌癩蛤蟆為妻。因為她不停地叫：Cua! Cua! Cua! Cua!……所以，他發怒了，傷害她，從臀部上面截下腿。這肢體變成了surubim，身體其餘部份登上了天，以便受害者的兄弟厄佩皮姆(Epepim)會合（Rodrigues；1，第231頁）。

　　據說，這個厄佩皮姆就是M₃₆₂中的已變成獵戶座的帶的可恥兄弟。巴博薩·羅得里格斯似乎認定，兇手丈夫為老人星。科赫－格林貝格傾向於認為，他是天狼星。他認為，陶利潘人和馬庫希人叫它／pijoso／。可見，M₃₆₂中關涉的星辰／itenha／不可能是天狼星(K.-G.：1，第273頁)。為了解決這個困難，應當遵照巴博薩·羅得里格斯就另一個神話（M₁₃₁b；第224頁，註②)作的提示：「尤厄雷標示一顆星辰」，也弄清楚隱藏在癩蛤蟆名字背後的是什麼星辰。儘管有這些不確定性，M₃₆₃還是回到了我們用做出發點的圖庫納人神話：蛙妻被一切為二，她的下半身化身為魚的一個種（通過變形或者通過吸收)，就像M₃₅₄的異本M₁₃₀中也發生過的情形那樣。另一方面，M₃₅₄的軀幹女人是偷孩子(其實是她自己的孩子；我在第47頁上還要回到這一點上來）的蛙妻的組合變異；然而，在我正在討論的這個神話組裏，月亮作為偷孩子的角色出現(M₃₆₀)。

　　科赫－格林貝格（同上書）肯定有理由把這些神話與考慮獵戶座、畢星團和昴星團的起源的神話相比。不過，不要忽視一些看來意味深長的差異。本《神話學》前兩卷已對關於這三個星座的起源的圭亞那神話（M₂₈；M₁₃₄₋₁₃₆；M₂₇₉a,b,c；M₂₆₄；M₂₈₅)作過詳盡討論，因此，我現在限於用圖來說明它們的模態：

	獵戶座		畢星團		昂星團	
M_{28}:		腿	•	身體	// 妻子	（瓦勞人）
M_{285}:	//	丈夫	//	雄貘	• 妻子	（卡里布人?）
M_{264}:		腿	//	雌貘	// 身體	（卡里布人）

這就是說，從高到低：殘廢的丈夫的腿和身體及其妻子（犯罪的姻兄弟留在地上）；殘廢的丈夫、誘姦者偕被誘姦的女人（這次被截的腿在系統的外面）；最後，同一個英雄的腿和身體，他被自私的雌貘（因此，她是非妻子）支解。可以用更便利的方式來表示這個變換總體：

M_{28}:

	腿	身體	妻子
	（獵戶座）	（畢星團）	（昂星團）

M_{285}:

	身體	雄貘	妻子
	（獵戶座）	（畢星團）	（昂星團）

M_{264}:

腿	雌貘	身體
（獵戶座）	（畢星團）	（昂星團）

腿始終是獵戶座，妻子始終是昂星團，貘始終是畢星團。只有殘廢的身體似乎可與三個星座中的無論那一個互換。就**獵戶座＝腿**而言，每次行為都與妻子相反的罪人或者處於系統之外，或者處於系統之中。就**畢星團＝貘**而言，這動物是雄的或者雌的，是引誘者（性的）或者反引誘者（食物的）。就**昂星團＝妻子**而言，這妻子或者鍾愛丈夫，或者厭惡丈夫。因此，我們至少得出了系統的梗概。

現在我們來考查屬於同一族的第二組神話，但這裏妻子變成地上動物：刺鼠、蛇或犰狳，而不是變成星座。因此，我把它安置在圖的外面：

	獵戶座	畢星團	昴星團	
M_{134}:			丈夫的內臟	（阿卡韋人?）
$M_{135-136}$:		腿	丈夫的身體	（陶利潘人—阿雷庫納人）
M_{265}:	丈夫的身體		丈夫的兄弟	（瓦皮迪亞納人）

在這組神話中，當身體（包含內臟的部份）在獵戶座的角色上取代腿時，兄弟在昴星團的角色上取代妻子。這個神話組與第三個神話組結成過渡關係。第三個神話組的特徵也是：妻子消亡或轉變成受害者；有一個或兩個兄弟介入；根本不提及昴星團，從而加強了上一個神話組之未提及畢星團（圖 4）。

因此，在畢星團和昴星團先後從系統中消失的同時，可以觀察到兩種現象。首先，構成不變因素的天文學三元組縮減爲僅僅是獵戶座的帶，而後者分解爲三顆各別的星辰。其次，第二個三元組產生於第一個三元組之一分爲二，它擴充到了獵戶座—畢星團—昴星團系統之外。這個三元組對這個系統只保留了獵戶座的中央部份即帶和兩顆相隔較遠的星的左右兩側翼：M_{363}中的兩顆無名星、M_{362}中的一顆無名星和行星金星。行星金星和$M_{360}-M_{361}$中與月亮相伴的天體相同，而這幾個神話描述了一個外部三元組，其出沒方位角與$M_{362}-M_{363}$的三元組相同，但從形式的觀點看來，它同$M_{362}-M_{363}$藉之描述獵戶座帶的內三元組相對稱，而我們不會忘記，獵戶座處在太陽的「一邊」，因而與月亮相對立(上文，第 24 頁)。那麼，在馬庫希人理論中昴星團的情形怎麼樣呢？其起源屬於一個截然不同的神話的題材，不過這神話在北美洲是眾所周知的，在其中，畢星團以動物的顎的形式再現(M_{131b}：參見CC，第 316 頁和註⑮)。卡利納人那裏也有這個神話，它把獵戶座說成是一個腿被截去的人在天上的化身（M_{131c}；Ahlbrinck：辭條「sirito」，「peti」）。

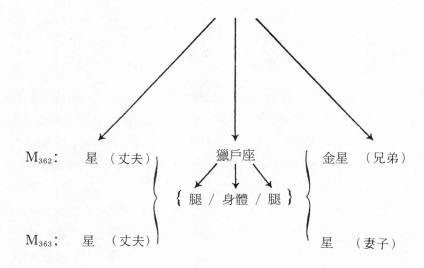

M₃₆₂：　星（丈夫）　　　獵戶座　　　金星　（兄弟）

{ 腿／身體／腿 }

M₃₆₃；　星（丈夫）　　　　　　　　　　星　（妻子）

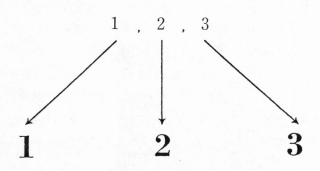

圖 4　　天文學三元組和解剖學三元組

從這個討論可以引出什麼結論呢？在圭亞那的偏僻地區，人們已確定有兩種傳統共存著，它們也存在於北美洲的北部地區。一方面是與由兩個小項對稱地包圍一個大項而形成的一個天文學三元組相關的傳統；另一方面是使昂星團起源於七人升天的傳統，這七個人最常見的是小孩，他們有時是貪吃者，有時是挨餓者。在圭亞那的別處，這第二個傳統(在靠南部的地區也得到證實，參見CC，第315-316頁)消失了，以利於另一個傳統，後者利用假借自第一個傳統的三元組概括來對昂星團、畢星團和獵戶座的起源作一致的解釋。我們要小心避免斷定，一個程式比另一個更古老。如我已在《生食和熟食》（第296頁，註⑬）中所指出的，這種瓦勞人—卡里布人圖式在愛斯基摩人那裏也存在。因此，我們在跟兩個獨立轉換打交道，而它們是同一些材料在北極和在赤道的產物。但是，立刻就可以看出這種重複出現事實的發現對種族學理論所具有的意義。只要把結構分析推進到相當程度，各門人文科學就可望像各門自然科學那樣也達到這樣的層面：在各個地區和在各個不同的時代，同一些經驗以同樣方式展現。這樣，我們就已經能夠檢驗和證實我們的理論假說。

不過，我們還未到達進行檢驗和證實的起步，現在只要迂迴曲折地證明這樣一點就夠了：從一個特定視角來看，圖庫納人神話M_{354}和卡利納人神話M_{130}仍然作爲一些神話的負轉換出現，這些神話把捕魚的絕對起源或相對豐盛跟同時體現在社會學、氣象學和天文學諸層面的許多不同的轉向聯結起來。承認了這一點，就可以以較爲簡單的方式表達把關於某些星座起源和豐盛捕魚的起源的圭亞那神話和M_{354}的關於魚的起源的第四插段聯結起來的關係。

實際上，這些圭亞那神話講述／被姻姊妹(M_{28})、妻子($M_{135-136}$，M_{265}，M_{285})、兄弟(M_{134})或**姻兄弟**(M_{279})／**致殘的英雄**的故事，儘管他爬在**樹**上，或儘管他乘**獨木舟**遠走，但殘廢直接或間接地導致水中魚的豐盛／以及在**夜間的**天空中存在獵戶座／。M_{354}的第四插段的第二個序列提供了一

種對稱的構造，因為它關涉**樹**即未來的**獨木舟**，後者／被**英雄致殘**（＝被砍伐和掏空）／，而不顧其**姻兄弟**（他通過窺視來干擾這工作）／；這殘廢導致水中**魚**的豐盛／，以及**白晝**的天空中存在虹霓／。歸根結柢是這樣的雙重轉換：**獵戶座⇨虹霓，夜⇨日**，反映了一種循環代換：**英雄→樹，樹→姻兄弟，姻兄弟→英雄**。可以注意到，如果說在M_{279}中被姻兄弟致殘的英雄成功地乘獨木舟逃掉，那麼，在M_{354}中姻兄弟被囚禁在獨木舟即被英雄致殘（砍截）的一棵樹的下面。但是，M_{134}、M_{135}使英雄的妻子被囚在一棵中空的樹裏。

　　如果用於製造獨木舟的「louro chumbo」肯定屬於月桂科，如勒庫安特(Le Cointe)（第 260 頁）所指出的那樣——可惜沒有明確說明是什麼屬——那麼，還可以從英雄殉難所在的樹所屬的種得到論據：M_{136}、M_{362}中是urucu(*Bixa orellana*)；M_{135}、M_{285}中是鱷梨(*Persea gratissima*)：

Then many ripening fruits they saw

Bananas sweet were there;

But still the man would climb that tree

Where he his fav'rite could see

The 《avocado》 pear。

這時他們看到許多成熟的果子

有甜甜的香蕉；

可是這人還在爬那棵樹

在那裏他能看到他喜愛的果子

「鱷梨樹」的梨子。

　　　　　　　　　　　　　　　　　　（布雷特：1，第 193 頁）

*Persea*屬於月桂科，這個科包括各個不同的種，它們的木頭比水重，可用來製造獨木舟(Spruce，第 1 卷，第 100 頁，註①，第 160-161, 413 頁；Silva，第 184 頁，註⑲；Lowie：10，第 9 頁；Arnaud)，尤其是假鱷梨：圖皮語叫／abacati-rána／ (Tastevin：2，第 689 頁)。

　　把鱷梨樹和橙色胭脂樹相對立而又相關起來的理由現在尚不清楚，除非可能是胭脂樹科和月桂科同屬於熱帶美洲最古老的栽培樹。甚至非常原始的農業部落也悉心栽培橙色胭脂樹，而鱷梨樹似乎很早就已在哥倫比亞栽培了(Reichel-Dolmatoff：3，第 85 頁)，在墨西哥也在里埃哥(El Riego)時期（紀元前 6,700-5,000 年；McNeish，第 36 頁）就已栽培了。這兩科樹木提供了摩擦或旋轉生火用的木棒（胭脂樹科，載Barrère，第 178 頁；月桂科，載Petrullo，第 209 頁和圖版 13，Ⅰ；Cadogan：4，第 65-67 頁）。也許還應當把下述兩者對立起來：urucu的**籽粒**和鱷梨樹的**果子**。前者的功能本質上是文化的，因爲它們提供了紅色染料，在土著的裝飾中佔有地位。後者（籽粒較少，但很大，且可食用）極可口，不僅人，而且所有動物，甚至大食肉獸也都愛吃(Spruce，第 2 卷，第 362-363 頁，援引Whiffen，第 126 頁，註②；Enders，第 469 頁)：「一個衆所周知的事實是，所有動物都食用鱷梨，貓科動物也極其愛吃……可以肯定，所有種動物都是爲果子吸引而聚集在這種樹下面的」(Spruce，第 2 卷，第 376 頁)。如果說urucu屬於文化，那麼，「月桂樹」看來至少在瓦勞語中有著超自然的內涵，瓦勞語從標示林妖的名字／hepu，hebu／派生出月桂樹的名字／hepuru／。月桂樹因此作爲「妖精樹」出現(Osborn：3，第 256-257 頁)。最後，標示「louro chumbo」的圖庫納語名詞／a:ru-pana／從一種黃花夾竹桃屬的名字／a:ru／派生而來(Nim.：13，第 56 頁)黃花夾竹桃屬屬於夾竹桃科，但其中至少有一種被稱爲*nerrifolia*即「帶月桂薔薇葉子的」，它結可食用的果子，儘管樹液有毒(Spruce，第 1 卷，第 343-344 頁)。它也屬於夾竹桃科，而我們今天也把

它與月桂樹歸爲同類。

　　儘管我們還拿不準這些神話賦予月桂科植物什麼地位，但上述全部考慮都傾向於同樣的結論：爲了使解釋成爲可能，圖庫納人的獵人蒙馬納基神話(M_{354})應當傳達跟關於獵戶座和昴星團的起源的神話一樣的**消息**，同時又用作爲卡利納人的後髮星座起源神話藉之傳達**相反消息**的**詞彙**。因此，在從一個神話組過渡到另一個神話組時，代碼保持相同，但語彙不同了，或者消息反轉了過來。然而，這程式僅僅適用於M_{354}的中心部份，我們還記得它專門關於魚的絕對起源和捕魚的相對豐盛。這裏引起了另一些問題，我現在就轉向討論它們。

II 粘附的半身

　　如果不脫離圭亞那神話，那麼，只要不對也源於熱帶美洲的M_{357}另眼相看，我們就能在開始時解開被截切成碎塊的女人之謎。可是，後來也即那個敍述這女人的上半身依附在丈夫背上，吃掉丈夫的食物使他挨餓，又用排泄物玷污他的揷段有著怎樣的涵義呢？南美洲神話提供了這個故事的少許例子。這裏首先是一個亞馬遜異本：

M_{364}　烏依托托人：滾動的頭

　　　一個印第安人喜歡在夜間打獵，惹怒了林妖。林妖們遂決定每天夜裏趁獵人不在之機侵襲他的茅舍。它們在那裏切割他妻子的身體。當聽到這男人爲報告他回家而發出的習慣聲響時，它們又把這身體重新拼合起來。這女人在遭此折磨之後健康趨於惡化。

　　　疑惑的獵人決定驚嚇林妖。它們逃跑了，丟下了受害者，使之成爲一堆血淋淋的骨頭；頭脫離了身體而到處滾動。它跳上了這男人的肩頭，附著在那裏。它説，它要懲罰他，因爲他把妻子丟下供妖精洩憤。

　　　這頭不停地嗑顎部，彷彿它想啃咬什麼。它吃掉了所有食物，以致這男人挨餓；它用排泄物玷污他的背。這不幸者想潛入水下，但這頭狠狠咬他，並威脅説，如果他不露出水面讓它呼吸，就要吃掉它。最後，他藉口説，要到水底放置魚籠。這頭擔心淹死，便答應停在一根樹枝上等他。這男人通過魚籠的孔口泅水逃離，但當他回到茅舍之後，這頭又追上了他。在那裏，它自稱是火女，定居在火爐中，索要木薯鏟刀。這英雄把它們都變成鸚鵡，在月光下可以聽到這種鳥啼鳴

　　(Preuss: 1，第 354-363 頁)。

　　一個圭亞那故事的一個簡短插段講述了一個英雄經歷的許多次冒險中的一次，他由此認識了一切：

M₃₁₇　瓦勞人：科羅羅曼納的一次歷險（參見MC，第 392-393 頁）

　　爲著好玩，這英雄向一顆正躺在路上的人頭的行進路線射去一支箭。這頭顱實際上是惡魔，它叫了起來：「你射傷了我，從今後要帶著我走！」科羅羅曼納用樹皮製了一根攜物帶，把這頭懸掛在上面，就像女人帶背簍一樣。無論去哪裏，他都帶著這頭，還供它吃。當這頭搶先取用這英雄捕殺的每個獵物的一部份時，它變得太重而將樹皮帶弄斷。科羅羅曼納乘機逃跑了。從這被抛棄的頭中產生了螞蟻（Roth：1，第 129 頁；冗長的異本載Wilbert：9，第 61-63 頁；亦參見M₂₄₃，同上書，第 34 頁和MC，第 182 頁）。

M₃₆₄ᵦ. 希帕耶人：滾動的頭

　　從前有一個女人，她在夜裏頭會脫離身體。她的丈夫發覺了這種情況，遂在這頭滾入吊床之後埋葬了身體。於是，這孤單的頭便依附於這男人的肩頭。他再也不能吃東西，因爲這頭吃掉了他的全部食物。最後，他藉口說，這頭變得太重了，他無法爬上樹上去採集它要吃的果子。它暫時離開了他；他逃掉了。這頭嘗試了其他動物：一頭死鹿，然後是一頭兀鷹的屍體，後者飛了起來，把頭摔在地上，跌成碎塊，這些碎塊變成許多戒指，它們會吃掉戴戒指的手指（Nim：3，第 16-17卷，第 369-370 頁）。

　　這些版本很有意思，但它們使問題複雜化而不是簡化。實際上，它們屬於從北極圈到火地島都得到證明的一個神話總體，它的聚合尤其當包括凝結物質或群聚物——螞蟻、白蟻、蚊蟲、蛙、玉米漿、水流表面的泡沫、

魚卵，等等——的起源時必須訴諸源自兩個美洲的例子。我在後面還要研討「滾動的頭」的問題，並始終從一個特定角度探討它，以便可以限定它。這裏讓它出現，對我們來說用處不大，因爲若把這聚合一直推廣到北美洲——這如剛才所看到的是怎麼也避免不了的——則就可以遠爲簡單地提出糾纏的女人的問題，並可給出可迅速加以證實的解決，卻無需動用許許多多神話，而光分析這些神話就需要整整一卷書。

　　因爲我們不能完全避而不談，所以現在來考察一下北美洲的神話，那裏對糾纏的人物有很好的說明，這種人物首先由男性化身例示：

M₃₆₅. 黑足人（Balckfoot）：軀幹男人

　　一個年輕戰士答應把在戰鬥中失去雙腿的一個同伴背回營地。每當讓這殘廢者吃東西時，食物便從他的殘廢身體的下部掉落了。當必須泅水過河時，人們把這軀幹男人放在一條筏上牽引，但戰士們疲乏極了，因此丟棄了這筏，於是它開始漂泊無定。（Wissler-Duvall，第154頁）。

M₃₆₆. 易洛魁人〔塞尼加人（Seneca）〕：糾纏的男人

　　（一個古老神話的）英雄一天在路上遇到一個殘廢者，後者腳浸在水中。英雄看到他很痛苦，遂起憐憫之心。於是，英雄想給他弄平。這人艱難地爬到救他的人的背上，拒絕再下來。爲了擺脫他，這英雄首先嘗試用背摩擦山核桃（種名 *Hicoria*）樹幹，然後再把受折磨者放到爐火上烤，甘冒自己也被燒焦的危險；最後，他被這包袱弄得瀕臨絕境。他覺得重獲自由無望，於是決定上吊，另一個人也要這樣做，他們的頭頸穿過同一根樹皮繩打的結，繩索掛在美洲椴樹（*Tilia americana*）的樹枝上。但是，他未獲成功。最後，一條魔狗把他釋放了（Curtin-Hewitt，第677-679頁；參見L.-S.：13）。

現在，這裏是女性人物：

M₃₆₇. 克里人〔香草人 (Sweet Grass)：凝塊小孩

在人獸不分的時代，一頭非常貪吃的灰熊使臭鼬和它的丈夫獾挨餓。這夫婦倆決定逃跑。這熊只給它們留下一點野牛血。臭鼬把這血放進鍋裏，血在那裏變成一個神奇小孩，迅速長大。臭鼬便和兒子一起殺死了這熊。

後來，它又在一次魔法爭鬥中戰勝了另一頭使全村人挨餓的熊。作爲勝利的代價，它得到的熊的女兒爲妻。另一個妒嫉的女兒勸一個老嫗依附到英雄的背上，英雄爲了擺脫她，只好再變成凝血。這老嫗立即變成了「pig-vermilion」〔「豬朱砂」〕③和發磷光的蘑菇。村裏的所有其他居民都變成熊、狼、狐、野貓和郊狼。當英雄回到親人那裏時，他發現他們變成了獾、雞貂和其他可食用動物(Bloomfield：1，第17期，第99-120頁)。

在第一個異本 (M₃₆₈；同上期刊，第 22 期，第 194-218 頁) 中，聯姻問題轉移到了第一位。這英雄尚未到婚配年齡。只有一個年長的女人答應結婚。但他拒絕她。她大怒，遂依附到他的背上，用體重壓垮他，不讓他吃東西。當一個陌生人把他解放出來時，他已半身不遂。儘管這陌生人穿著帶毛的皮衣，愚鈍而又醜陋，但這英雄還是叫他「姻兄弟」，並娶他的姊妹爲妻。後來，這一家全都變成鼠。

M₃₆₉. 阿西尼本人 (Assiniboine)：糾纏的女人

從前有個英俊少年。他對姑娘不感興趣，儘管她們全都很喜歡他。

---

③這涉及一個語源上像是這樣的土語複合詞，但布盧姆菲爾德(Bloomfield)未作解釋。

其中有一個特別漂亮，單獨和祖母一起過。她向這男孩求愛，但像別
的姑娘一樣也遭拒絕。她向老嫗訴苦。老嫗盯住這男孩，當他走近她
時，她謊稱不能行走。他答應背她走一小段路。但是當他想卸下她時，
卻怎麼也擺脫不了她，奔跑，頂住樹撞擊，都無濟於事。他哭了，女
人們都來幫助他，但這老嫗吼道：「別煩我！我是他的妻子！」這英雄
的父親莊嚴許諾，誰能把他解放出來，他兒子就娶誰。所有女人都來
嘗試，但一一歸於失敗。來了兩個漂亮女人，她們隔開一段距離站著，
然後向英雄走去。這英雄太累，已頂住腹部睡著了。她們全神貫注各
拉一邊(參見M₃₅₄，M₃₆₁)。試到第四次，她們撕裂了這老嫗，把她殺了。
這男孩的背部撒滿了尿。兩個救護者替他洗乾淨，悉心照料。他很快
就恢復，娶她們為妻 (Lowie: 2，第180頁)。

按照傳述者的說法，這個故事提到了蛙的長時間交尾(同上書，註②)。
我們不去注意各個不怎麼豐富的中間版本(M₃₆₉b：達科他人〔Dakota〕, Beck-
with: 2，第387-389頁；M₃₆₉c：克勞人〔Crow〕、西姆斯人〔Simms〕，第294
頁；M₃₆₉d：斯基迪人〔Skidi〕、波尼人〔Pawnee〕, G. A. Dorsey: 1，第302-303
頁)，直接就轉到考察大草原的另一端，那裏也流行這種解釋：

M₃₇₀. 維奇塔人：糾纏的女人

從前有個年輕的軍事首領，他決定組織一次遠征，去討伐北美松
雞(「prairie-chicken」，種名*Tympa-nuchus*)。這時候，這些鳥形成一支
欺詐的民族，非常令人可怖，尤其因為他們兩手能左右開弓。打獵歸
來時，這英雄照例等所有同伴都安全到達對岸後再自己渡河。突然來
了一個老嫗，要求他幫助。他答應背她。但她堅持要求他一直背到他
們去到的那個村子，這時天已黑了。這老嫗又拒絕下來，她對英雄解
釋說，她已決定嫁給他，以此懲罰他總是拒絕接近女人。這英雄屈從

圖 5   北美松鷄

(據布雷姆：《動物生活》[*La Vie des animaux*]，第 4 卷，第 329 頁)

了，條件是她要放開他。這老嫗什麼也聽不進。她説，她要永遠纏住他。

這英雄也與他負荷的包袱一起吃，一起睡。這老嫗在他身上解大小便，這男人明白，如果再没有人來釋放他，他會很快被髒死的。

人人都來試著救他，但個個勞而無功。最後，龜答應組織一個儀式，其間它用箭射這老嫗，使她一塊一塊落下來。人們收拾這場災難，給英雄的背包紮。這老嫗的名字的涵義爲：「見到無論什麼都依附上去的東西」。這名字今天仍用來標示綠色樹蛙。

害怕再來一場災禍，印第安人便按家庭星散。他們變成了鳥、各種四足動物。首領一家成了鷹的始祖。(G. A. Dorsey：3，第 187-191 頁)。

屬於哥倫巴亞河流域的薩利希人的桑波依爾人(Sanpoil)也講述過糾

纏女人的故事。當她的承載者把她讓火烤得渾身起泡而擺脫了她時，她變成了癩蛤蟆（M_{371}：Boas：4，第 106 頁）。

因此，我們擁有源自北美洲各個不同地區的大量證據，它們表明，糾纏的女人是兩棲動物（或者背負幼仔的那種蜘蛛，據M_{369b}）。現在，我們再回過來簡短地考察一下圭亞那，以便確信，當我們在北美洲神話中歷險時，我們並無涉足一片陌生地域之虞。

在卡利納人那裏，普通的無尾兩棲綱大蛙被稱爲／poloru／。在比喩意義上，這詞意指「痙攣」：／poloru yapoi／，「我雙腿痙攣」，字面意義則爲「蛙已牢牢抓住我，已在吃我」。／ëseiri yanatai，ëseiri polorupena／，「我的腿硬直了，麻木了」，字面意義爲：「我的腿是隻蛙」（Ahlbrinck，辭條「poloru」）。不要忘記，M_{354}的糾纏女人是最初以一隻蛙的形象出現的一個人物的最後一次變形的化身。這糾纏女人也是軀幹女人。由此可見，委內瑞拉內地的部落耶巴拉納人（Yabarana）的思維在一個我還將討論到的神話（M_{416}）中採取十分相似的路線，它提到由一個男人和一個軀幹女人組成的最早人類，他們通過嘴吃東西，通過喉嚨排泄糞便，後者產生了電鰻（Electrophorus electricus；Wilbert：5，第 59 頁；8，第 150 頁；10，第 56 頁）。實際上，我們知道，這些魚放電，會引起痙攣，甚至麻痺（參見Goeje：1，第 49 頁）。

現在我們從另一個角度來考察這個蛙女人題材。我們還記得，M_{354}的蛙女偷取了正是她自己的一個孩子。在北美洲，這種奇怪的創意也產生於一個蛙女人，她開始時完全口啞，但在一年的一半時間裏在化身爲動物後卻能說話（M_{372}；Ballard：1，第 127-128 頁）。借助許多中間神話，可以表明，蛙之竊取自己的孩子在北美洲代表蛙也因之犯罪的偷竊的極限形式，這裏是偷取別人的孩子，蛙所以貪求他們，是因爲他們比它自己的孩子漂亮：

M₃₇₃. 阿西尼本人：強奪的蛙

一個印第安人有些漂亮的孩子。住在不遠處營地的蛙的孩子卻很
醜陋。這蛙也偷取了這印第安人的最小的孩子，把他和它自己的孩子
一起撫養。它自己的孩子驚呼：「怎麼搞的，他這麼漂亮，而我們這麼
醜陋?」──媽媽回答說：「噢！這是因為我把他放在紅水中洗過了！」
這孩子的父親最後找回了他。這蛙害怕遭到報復，便躲進水裏，它的
同類現在仍生活在水中 (Lowie: 2, 第 201 頁)。

已知有一些克拉馬特人異本(M₃₇₃b；Barker: 1, 第 50-53 頁；Stern, 第
39-40 頁）和莫多克人 (Modoc) 異本 (M₃₇₃c；Curtin: 1, 第 249-253 頁)，
在其中，蛙竊取了鹿的孩子。但在事實上，強奪的蛙或癩蛤蟆這個題材在
北美洲有著極為廣闊的地域，從屬於加拿大西北部的阿塔帕斯干人 (Ath-
apaskan) 的塔爾坦人 (Tahltan) (M₃₇₃d；Teit: 7, 第 340−341 頁）直到
中部和東部的阿爾袞琴人 (Algonkin)。

對這組神話作系統的研究，可以把我們引向更遠的地方，因為這將伸
入我們尚未指出的許多其他地區。首先，熊女人和鹿女人的孩子的循環
(〔蛙／鹿〕→〔鹿／熊〕；參見Barrett: 2, 第 488-489, 442-443 頁等等；Dan-
gel)。其次，被脾臟女人偷取的造物主月亮的起源的循環，從加利福尼亞直
到普吉特海峽和哥倫比亞河流域 (M₃₇₅；Dixon: 2, 第 75-78 頁；3, 第
173-183 頁；Adamson, 第 158-177, 265-266, 276, 374-375 頁等等；Jacobs:
1, 第 139-142 頁)。最後，南加利福尼亞宇宙學中月亮神與蛙女人進行的致
命爭吵 (C.G. DuBois, 第 132-133；145 頁；Strong: 1, 第 269 頁)。

以下的表只是概略表明這些轉換之一如何進行，並不打算深入考察這
些方面：(參見第 49 頁)

$$
\begin{array}{l}
\left[\!\!\!\begin{array}{l}
M_{241}: \left\{\begin{array}{l}\text{兩個女人有} \\ \text{一個植物丈夫;}\end{array}\right. \quad
\begin{array}{l}\text{丈夫被魔} \\ \text{鬼吃掉(飲食意義上);}\end{array} \\[2ex]
M_{375}: \left\{\begin{array}{l}\text{一個男人有} \\ \text{兩個動物妻子;}\end{array}\right. \quad
\begin{array}{l}\text{妻子被父親吃} \\ \text{掉(性的意義上);}\end{array}
\end{array}\right\}
\begin{array}{l}\text{symplégades} \\ \text{(頁扇門)}\end{array}
\end{array}
$$

//

$$
\left[\!\!\!\begin{array}{l}
M_{241}: \left\{\begin{array}{l}\text{孩子被蛙從兩個} \\ \text{姊妹處偷去,蛙} \\ \text{嫁給他,}\end{array}\right.
\begin{array}{l}\text{在得到他以後,} \\ \text{使他神速地長} \\ \text{大。}\end{array}
\begin{array}{l}\text{英雄被水獺「亮明」} \\ \text{起源,水獺的氣味} \\ \text{惹人厭……}\end{array} \\[4ex]
M_{375}: \left\{\begin{array}{l}\text{孩子被兩個姊妹} \\ \text{從兩個女人(母} \\ \text{親＋女兒)處偷} \\ \text{去,她們嫁給他,}\end{array}\right.
\begin{array}{l}\textbf{瞎眼的}\text{藍樫鳥} \\ \text{「亮明」英雄的} \\ \text{起源……}\end{array}
\end{array}\right.
$$

如果如剛才所表明的那樣,存在一個奧吉布瓦人神話M_{374},它轉換瓦勞人神話M_{241},而後者轉換薩利希人神話375,那麼,從M_{374}到M_{375},就應當提出一個值得加以專門研究的重要轉換:

M_{374}[搖籃,結合]⇒M_{375}[鞦韆,分離]。

最後,應當指出自我響應的雙重題材,它獨立地存在於瓦勞人那裏(M_{241},在其中是食人的花豹)和岸地薩利希人那裏(蚓蟲)。一個在M_{375}中復現M_{241}的神話體系以同樣的精確度在另一個同樣起源的神話(M_{375b};Adamson,第264-267頁)中反轉它。在M_{375b}中,英雄在被一個老嫗俘獲後從她那裏獲知誰**不是**他的**父親**,而不是獲知誰**是**他的**母親**。

儘管南美洲神話的各個因素有許多在這些異本中相遇,但是源自阿爾袞琴人的那些異本仍非常引人注目,因為在這種情形裏,一致性極其明顯,因此我們可以把這兩組神話相疊加。在佩諾布斯科特人(penobscot)那裏,癩蛤蟆名叫／mas-ke／,其意為「臭的」、「髒的」,因為印第安人嫌惡它

們(Speck：2，第 276 頁)。／Maski′•kcwsu／即癩蛤蟆女人(M_{373e})是個氣味難聞的林妖，引誘男人，強奪小孩。她身披綠色苔蘚和樹皮，在營地附近閒逛，乞求走近她的小孩憐憫她。如果有一個小孩趨近她，她就抱他，撫弄他。但是，儘管她出於善意，卻產生致命的作用：這小孩睡死過去，再也不會甦醒 (Speck：3，第 16，83 頁)。這些信念構成了整個北美洲共同的一種基調，而各個奧吉布瓦人神話卻異常鮮明偏離了它：

M_{374a}. 奧吉布瓦人：偷小孩的癩蛤蟆老嫗

　　一個印第安人受魔法誘惑，娶了一個老是指責他的女人爲妻。一天，這男人不在家，他們的嬰孩在這女人到户外拾柴時失踪了。夫婦倆決定出去尋找，各人朝不同方向走去。過了些時候，這女人來到癩蛤蟆老嫗的房舍。這老嫗是兩個醜小孩的母親，她已偷取了那個嬰孩。這嬰孩已長大爲成人，因爲這癩蛤蟆女人使他神速長大，其手段是讓他喝她的尿。儘管她答應招待這個訪客，但她還是朝提供給這訪客的食物撒尿。

　　這男孩已忘記自己的過去。他把母親當作陌生人和寵客。她讓他辨認可攜帶的搖籃，她的兒子就是睡在這裏面時被偷走的，上面還有狗爲了反抗強奪而留下的鮮明齒痕。這樣，這男孩認了母親。丈夫也追上了妻子和兒子。他殺死了一頭鹿，把它吊在一棵膠樅樹 (*Abies balsamea*，參見M_{495})的頂梢；他派癩蛤蟆女人去搜尋它。她花了很長時間爬上這棵樹，取得了所有的肉。利用她不在之機，夫妻倆扼殺了這蛙的孩子。爲了嘲弄，他們給屍體的口中塞進充滿油脂的膀胱。目睹此景，這癩蛤蟆女人號啕大哭起來 (Jones：1，第 378 頁；2，第 II 篇，第 427-441 頁)。

斯庫克拉夫特(Schoolcraft)(載Williams，第 260－262 頁)已把這個神

話收入一個版本（M$_{374b}$）之中，他已多次發表這個版本，它因古老而益發令人感興趣，何況它在有些地方不同於瓊斯後來收集到的各個版本。然而，這個版本（時在十九世紀上半期）在細節上與我們剛才回顧的一組瓦勞人神話（M$_{241}$, $_{243}$, $_{244}$）有著驚人的相似性，它的一個主人公也是個偷取小孩的雌老蛙。我在上一卷裏（MC, 第 189-216 頁）已詳盡討論過它，但為了證明這比較言之有理，這裏再回顧一下還是合宜的。

M$_{241}$的女英雄是個少女，同姊妹一起生活在樹林裏。在那裏，沒有任何男人幫助，她們只能自力更生。M$_{374b}$中的女英雄的境遇也是這樣（這神話在這一點上反轉了M$_{374a}$：**被俘獲的丈夫**⇨**被俘獲的妻子**），因為她獨自和狗一起過。然而，每個女英雄都在其門口發現一個超自然動物贈送的禮物，即植物性食物（M$_{241}$）或動物性食物（M$_{374b}$），這個超自然動物答應當她的丈夫，給她一個兒子，而過一會兒又在某些境況下消失，至於這些境況，M$_{374b}$做的說明不如M$_{241}$明白。

在一種情形裏，妻子們為了躲避已殺死了她們丈夫的魔鬼而逃離。在另一種情形裏，小孩神秘地失蹤，少女在狗陪伴下出去尋找。逃離或者尋覓把母親帶到一個娃老嫗那裏，她已偷取或急於偷取小孩，並已經或正在用魔法使他變成成人。這蛙每次還都變成或者假裝已變成其乾兒子用撒過尿的食物供給他的母親（他並不知情）。

像在南美洲一樣，在北美洲，這相認的情景也以雙重形象出現。首先是一個動物採取主動，因為它或者已受英雄的**排泄物**的氣味侵犯（M$_{241}$），或者受惠於盛有母親乳汁即**分泌物**的碗的恩澤。M$_{241}$的水獺是舅父（或姨母，M$_{244}$），即母親的兄弟或姊妹，M$_{374b}$的狗是兒子的一個「兄弟」。在MC，第 208 頁上，我已提醒讀者注意圭亞那土著賦予水獺的實際的或神話的「漁狗」作用。

其次，這兩組神話都強調，庇護動物的啟示給英雄打開了真確的回憶：他完全回到了童年。就此而言，M$_{374b}$表明得特別有力：這英雄嚐母親的乳

汁④，從母親那裏接過以前被狗撕下的碎片，從而能夠在癩蛤蟆女人向他出示的所有東西中辨認出他的搖籃。一個關於白鯨屬(*Delphinapterus leucas*)起源的納斯卡皮人(Naskapi)版本以更直接的措辭刻劃這種向童稚的復歸：「這男孩……又成爲嬰孩一個，他母親抱著他穿越樹林逃跑」(M_{374}d：Speck：4，第 25 頁)。

我們知道南美洲有一個蒙杜魯庫人神話(M_{248}；MC，第 170 頁)，它對 M_{241} 的同系插段作了同樣的轉換，因爲水獺把英雄的陰莖縮至可笑的長度，由此從物質上使英雄回到童稚狀態。

按照每個神話的初始序列，英雄爲了支開蛙而逃離，在 M_{241} 中訴諸一種農業的計謀，在 M_{374}a 中訴諸一種狩獵的計謀。但在 M_{241} 和 M_{374}b 中，這蛙追逐這逃亡者。瓦勞人英雄叫它爲他謀取野蜂蜜，由此延遲它。奧吉布瓦人的同系英雄首先在身後拋下鐵塊和大石(原文如此)，藉此設置魔障。這裏涉及的東西也許發源於歐洲，因此我姑且不論。野蜂蜜的北美洲對應物的出現要靠後一些，這時英雄讓一片snakeberry〔蛇漿果〕神速生長，蛙嗜吃這種果子，抵擋不住這種美食的誘惑，不惜因吃它們而被逮住。最後，蛙又上路逃跑，但狗遵照主人命令衝上去把它撕成碎片(參見 M_{366})。M_{241} 給蛙留下的命運沒有這麼殘酷：像在 M_{374}a 中那樣，從此後一直聽到它哀嘆、抽泣。

要證認snakeberry即「蛇的漿果」，是不容易的，因爲這個俗語標示多種植物。爲了立即驅除這個俗語，可以指出這樣的假說：舞鶴草屬(*Maianthemum*)在太平洋海岸被稱爲snakeberry，其漿果富含油，但不好吃，從范庫弗島到阿拉斯加只是偶爾食用(Gunther，第 25 頁)。實際上，中部和東部的阿爾袞琴人給予這類植物以若干不同的名字： deer weed〔鹿草〕、

---

④馬修斯(Matthews)(第85頁)似乎爲了顧及文雅而在解說斯庫克拉夫特的本文時非常輕率地用野葡萄樹的汁液取代乳汁。

deer berry〔鹿漿果〕、chipmunk berry〔花栗鼠漿果〕(H. H. Smith：1,
第 373-374 頁；2, 第 62-63, 105, 121 頁)。按照沃利斯(Wallis)(2, 第 504
頁)的說法，米克馬克人(Micmac)稱snakberry爲美洲大越桔 *Oxycoccus
Vaccinium macrocarpori*。就我們更直接地相關的波塔瓦托米人(pot-
awatomi)和奧吉布瓦人而言，亞內爾(Yarnell)(第 158 頁)把這名詞應用
於紅果類葉升麻(*Actaea rubra*)。傑出的加拿大植物學家雅克·盧梭(Jac-
ques Rousseau)先生(我借重了他的學識，感謝他的慷慨)枚舉了有時稱
爲snakeberry的各種不同植物，但也傾向於認爲，它們是類葉升麻
(*Actaea*)，其漿果呈白色或紅色，因種而異，上釉的外表很誘人，但又是
有毒的。這套名詞還增加了另外幾個：「Bane berry〔類葉升麻屬植物漿
果〕、Snakeberry、Necklace Berry〔項圈漿果〕；紅果類葉升麻和肥莢
果類葉升麻(或白果類葉升麻)……都是很美的果子，呈櫻桃紅色或象牙
白色，須知，這些漿果有時是有毒的……引起眩暈和其他表明其毒性的症
狀」(Fernald-Kinsey, 辭條「Baneberry」)。就像我們的通行藥典中稱爲聖克
里斯托弗(Saint Christophe)藥草的歐洲類葉升麻一樣，這些美洲種也有
許多利用其毒性的藥物用途。阿里卡拉人(Arikara)給痛苦的女人服用紅
果類葉升麻，以便「嚇唬嬰兒」，催促分娩。浸液用來溶解血塊，糊劑治療
胸膿腫。讓母親服用紅果類葉升麻的浸液來催乳，還用它來呵護新生兒的
口、眼和鼻(Gilmore：2, 第 73-77 頁)。

　　因此，我們現在面對的是這樣一些野果，大自然把它們作爲小藝術品
奉獻給人類，像做項鍊用的珍珠一樣誘人，但按照植物學家的說法，它們
「有時有毒」；就這些方面而言，它們可同熱帶美洲的蜂蜜相比擬，大自然
把蜂蜜作爲配製過的食物賜予人類，它們既是最必須的食品，又因其常有
的或偶爾的毒性而引起生理紊亂。甚至不必再來證明：漿果和魚卵(參見
M_{375}的魚精液妻子)有時轉化成獨特的但腐敗的漿果，從而例示了像蜂蜜的
情形那樣的食物極限形式(L.-S.：6, 第 36-38 頁)、食物和毒物的極限形式

(MC, 第 61-67 頁)。我們也可以明白，悅目但可疑的漿果可能有著和在純食物層面上呈現類似歧異性的蜂蜜相同的語義功能。

此外，岸地的薩利希人設想野漿果和膜翅目昆蟲土蜂、黃蜂或大黃蜂之間有著直接的關係。當藍樫鳥去到冥國拜訪已故姊妹時，從她那裏得到一個籃子。但它犯了錯誤，過早打開籃子。膜翅目昆蟲〔「bee」(蜂)〕嗡嗡飛走了。如果它再忍耐一會，它們就會變成松果和漿果(M_{376a}；Adamson，第 21-23 頁)。一個異本解釋說，藍樫鳥使漿果戰勝了死亡：「如果它無能的話，我們現在也就不會有漿果」(M_{376b}；同上書，第 29 頁)。

在一個加利福尼亞版本(M_{373f}；Dixon：2，第 77 頁；3，第 175-177 頁)中，居於相反地位的蛙——被太陽妻子偷走的小孩的母親，而不是偷月亮男孩者——是個製籃女，它的敵人使杞柳神奇地長得很纖細，以致蛙根本忘了採集它們。因此，這裏又是阻滯的障礙提供了自然與文化相交處的界限值。對於平底雪橇集會這種致昏迷運動(它在M_{374d}中起著阻滯障礙的作用)，也可以作這種類型推論。

前面各個等價關係間接地服從這論證。在上一卷裏，我已確定，M_{241}的偷取小孩的且也痴迷蜂蜜的蛙轉換了依戀飲食誘惑物蜂蜜的少女這個角色，而後者轉換了被誘姦動物從性上迷惑的一個女人的隱喻，使之回到本來意義。不過，這種轉換體系也出現在瓦巴納基人(Wabanaki)種族群體的某些東部阿爾袞琴人的神話中，在那裏，偷取小孩的癩蛤蟆女人女魔波克金斯克韋絲(Pook-jin-skwess)〔在帕薩馬科迪人(Passamaquoddy)那裏〕、巴克辛斯克韋絲克(Bukschinskwesk)〔在馬勒西特人(Malécite)那裏〕相混合，後者太鍾愛一頭熊而置園藝和烹飪於不顧，她叫它來打擊中空的樹，並且——也像南美洲版本中那樣——在不知情的情況下吃了情夫的陰莖或整個身體(Mechling，第50和以後各頁，第83-84頁；Stamp，第243頁)。

M_{374}的殺人者在殺了蛙的小孩們後為了嘲弄而把熊的肥肉塊塞進他們的口中，因此這些肥肉塊占據介於熊情夫 (其情婦也是母親，最終吃了

這肉)和漿果之間的中間地位。另一個奧吉布瓦人神話(M_{374c}；Schoolcraft,
載Williams, 第 85 頁)讓英雄抵擋住誘惑的食物：半透明的、顫抖的物質，
與熊的肥肉相似，但由蛙的卵構成。上一段所援引的東部阿爾袞琴人的女
魔也賦予這肥肉以與蛙類的親合性：

M_{377}. 帕薩馬科迪人：偷小孩的女魔

　　造物主格洛斯卡普(Glooskap)在女魔波克金斯克韋絲愛上他時還
　是個小孩。她能夠隨意變成一個人或者幾個人，男人或者女人，醜老
　嫗或者一群美貌少女。因為她自己的孩子長得醜，所以她偷取了印第
　安人的小孩，撫育他們與她自己的孩子一起成長。從她身上的寄生蟲
　中產生了箭豬和癩蛤蟆 (Leland, 第 36-39 頁)。

　　因為北美洲的偷取小孩的蛙轉換了把一個動物當情夫的女人，所以，
她也嗜吃的野果等當於誘惑的蜂蜜，後者在南美洲神話中占據著和偷取小
孩的蛙一樣的地位，並且，作為自然的和食物的誘惑物，在本來意義上等
當於好色的動物。

　　然而，這就提出了一個問題。以蛙為女英雄的南美洲神話構成了蜂蜜
循環的一個不可分割的部份，其理由是如我在上一卷已表明的，土著思維
洞明了下述兩者之間有一種既是經驗的又是邏輯的關係：蜜蜂和某些樹
蛙、尤其／cunauaru／，前者在樹幹中築巢，它們在那裏用蜂蠟或樹脂造
蜂房，後者也在中空的樹裏用樹脂營造房窩，在裏面貯存卵。從生活方式
上也可作比較，蜜蜂是蜂蜜的主人，而在人應當稀釋它以便喝它時它還需
要水。甚至在旱季最盛時，／cunauaru／蛙也仍是呆滯在中空樹裏的水的
主人，這水是為保護它們的卵所必需的，但它們又需要蜂蜜：靠它來產生
情慾，而在這些神話中，這種食物的確引起它們產生情慾。因此，使蜜蜂
和蛙相關而又對立的作法屬於我在別處所稱的**經驗演繹**(MC, 第 31 頁，註

①；L.-S.：14)。

　　一個在熱帶美洲也直接與蜂蜜相關聯的神話怎麼能又在北美洲北部地區直至最微末的細節上也都相同地重現（這次是與野漿果相關聯，而我們已經看到，其語義地位和蜂蜜相似，但以經驗觀點看來，兩者是判然不同的東西）呢？同一個神話在奧雷諾克河三角洲的瓦勞人那裏和大湖地區奧吉布瓦人那裏重現已經造成了一個難解之謎。事實上，南方的文章客觀上顯得比北方的文章更連貫。因此，這個難解之謎便更形複雜。如果說這神話從南方流傳到了北方，那麼，就可以明白，在沒有蜂蜜的條件下，野漿果可能提供了一種可以接受的替代物。不過，美洲的人口定居是沿另一個方面進行的，讓人覺得奇怪的是，一個北歐神話等到了在熱帶地區種族動物學中遇到一套適合於轉述其消息的現成詞彙的機緣，而這套詞彙所以適合，全靠原始寓言，但它與原始寓言的適配卻不如與那個神話的適配。

　　事情還不止於此。因為這神話淵源所自的大湖地區是槭樹地，印第安人把槭樹液變成槭糖漿和顆粒狀糖，它們比漿果更像蜂蜜。在本書第六篇中我將考察中部阿爾袞琴人賦予槭糖漿的地位。眼下，只要注意一個方面也就夠了：僅僅是一種新鮮飲料的樹液和需要作複雜配製的糖漿或糖之間的距離遠比新鮮蜂蜜和發酵蜂蜜間的距離為大。新鮮蜂蜜表現為一種現成可食用的和濃縮的食品；它以此雙重身分而能起到自然和文化間的紐帶的作用。因此仍處於自然一邊的槭樹液也好，已處於文化一邊的槭糖漿或糖也好，都不構成一種適應故事需要的能指。南美洲的蛙可能讓樹的空穴直接供給的蜂蜜給迷住了；但槭樹液不怎麼有吸引力，而當槭糖漿自己流出來，其生產不依從於文明技藝時，情形就不同了（M_{501}）。所以，蜂蜜和漿果的這種替代物看來是合理的。

　　如果說北美洲的印第安人已經知道並在可與南美洲同類相比擬的規模上利用野蜂蜜，那麼，就可以提出這樣的假說：轉換**蜂蜜**⇒**漿果**是立即就發生的。按照美國農業部養蜂局局長M.S.E.麥格雷戈（Mc Gregor）和亞利

桑那州博物館種族學家M.B.L.方塔納(Fontana)惠賜的提示，無刺蜂科似乎曾經飛越墨西哥邊界，直到美國南方還可看到它們。根據新近的證據，可以觀察到硬紙雁櫃式的巨大蜂巢，懸吊在墨西哥索諾拉州的樹上。有些很小的蜜蜂沒有刺，但能咬人，且很兇猛〔無刺蜜蜂?〕。它們築的巢裏的蜂蜜很稠厚，無法從蜂窩中流出來：在提取之前，必須先加熱使之軟化(Terrell)。然而，墨西哥西北部太平洋沿岸的卡希塔人(Cahita)只告訴調查者一個神話片段，其中有蜂蜜起作用(Beals，第16，220-221頁)，但其作用很小，所以讓人不敢對之作解釋。普韋布洛及其近鄰皮馬的印第安人在烹飪和禮儀中運用野蜂蜜，它們由在房屋裂隙中築巢的黃蜂或木工蜂生產(Cushing，第256，304，625，641頁)。加利福尼亞的印第安人少量採集某些土蜂的蜂蜜(Sparkman，第35-36頁；C.DuBois，第155頁；Goldschmidt，第401頁)，這種習俗一直到華盛頓州都可以看到跡象(Jacobs:1，第19，108頁；Adamson，第145-150，189頁)。人們常常不知道這裏涉及的究竟是真正的蜂蜜，還是更可能的是某些植物如龍舌蘭(*Agave parryi*)的蜜。波莫人(Pomo)說，靠了它們，世界大火被熄滅，地上重又有了水(Barrett:2，第472頁)。在白人來到之前，切羅基人無疑用金合歡(*Gleditschia triacanthos*)莢果殼來甜化食物(Kilpatrick，第192頁，註㊴)。最後，歐洲的蜜蜂有時返歸野生狀態；令人難以置信的是，尋覓蜂蜜的西南部印第安人說，蜜蜂(*Apis-mellifica*)只是在大約一個世紀之前才來到他們的鄉土(Mc Gregor)。

　　完全可以設想，產生蜂蜜的當地蜜蜂可能曾經占據比今天更為廣濶的美洲大地，甚至不能排除這樣的可能性：歐洲的蜂種導致它們的消亡。夏托布里昂(Chateaubriand)（I，第121頁；2，I，第239頁)的話無疑是在復述他從農夫口中聽到的話。他說，農夫「往往靠蜜蜂作嚮導在肯塔基和田納西的樹林中行進……尾隨哥倫布航船來到美洲的外來者，這些太平洋征服者只是從這片美麗的新大陸攫奪土著忽視利用的寶藏」。但是，他馬上又與「太平的」這個形容詞相矛盾地補充說，蜜蜂跟隨無數昆蟲飛來，

襲擊在樹林裏的昆蟲，其中除蚊蟲之外，可能還有自願獻身於強者的無刺蜂(MC，第 73 頁，註⑧)，儘管他沒有引述到。這是不是說，無刺蜂的分布一直廣及中間和北部地區呢？我們還拿不準，儘管切延內人(Cheyenne)的起源神話說，最早的人類「以蜂蜜和野果爲食，不知道飢餓」(Dorsey:4，第 34 頁)。切延內人的近親阿拉帕霍人似乎還記得野蜂蜜，但從未食用過(Hilger：2，第 178 頁)。梅諾米尼人用蜂蜜引誘熊入陷阱(Skinner：4，第 188-189 頁)，但這種作法必定是很晚才習得的，因爲易洛魁人在 1748-1750 年間向卡爾姆(Kalm)斷言，他們在歐洲人來到之前不知道蜜蜂——而且它們被稱爲「英格蘭蠅」(Waugh，第 143 頁)。

　　一般說來，應當承認，北美洲幾乎完全沒有任何蜂蜜神話。這與這種神話豐富的南美洲（對此我已能寫上整整一卷書）適成鮮明對照。因此，這種差異必定是意味深長的。仍屬偶然的是，偷小孩的蛙的神話在無刺蜂可能生活的美國南部取得其最初形式，它向南也向北傳播。太陽鳥(*Nectarina lecheguana*)的存在在德克薩斯得到了證實(Schwarz：2：第 11 頁)。還應承認，無刺蜂到達更北面，如果十九世紀初身分不明的印第安人（無疑是堪薩斯的或奧薩格的）在中空的樹中大量採集的(Hunter，第 269 頁)蜂蜜不是來源於返歸野生狀態的歐洲蜜蜂的話。按照這個假說，具有重要意義的是，糾纏女人（她本身是一隻蛙，由於很快將予說明的理由與另一隻蛙不可分離）的神話分布在一根軸線上：而它近似地對應於卡多人(Caddo)定居地的軸線。最後，瓦勞人在奧雷諾克三角洲的地位無疑不是無足輕重的，小安的列斯群島列島與這三角洲相對（參見布倫 [Bullen]），提供了眾多中間站，一直達到大安的列斯群島和佛羅里達。當著人們相信美洲居民地已有大約五千年歷史時，他們是在判斷，這個時間足以讓一股股前仆後繼的移民潮從阿拉斯加出發一直到達火地島。現在，人們把這時間上溯到一、二萬年之前，如果不是更早的話⑤。那麼，爲什麼不探索一下朝兩個方向遷移的假說呢？蛙女人神話無疑不是絕無僅有的事例，據之我

們寧可採用從南到北而不是相反方向的遲晚的擴散潮。可是，如果曾有過頻繁的往復移動，那麼，地峽應當保存有痕跡。可是，直到現在也未能發現哪怕一次旅行的踪跡。海路仍存留著，其中包括通過安的列斯群島的那一條。這個問題已提出多次，但始終只得到令人絕望的否定回答(Sturtevant)。然而，只要許多問題仍懸而不決，就不能最後論定；例如，源自安的列斯群島和墨西哥灣沿岸兩地的石頭「軛」或「項圈」的存在和用途的問題，它們與表示種族形象的雕刻石頭相聯結，在一地稱爲「palma」，在另一地稱爲「三尖石」；以及西北海岸和波多黎各兩地表現大耳人物的原始石刻相似的問題。

　　現在我撇開歷史的揣測，回到比較穩健的結構分析領域裏來。我們已占有兩個聚合體即糾纏女人和蛙女人，其分布區域包括南美洲和北美洲。在每個半球裏，這兩個聚合體都獨立地相結合；實際上，我已證實，糾纏女人在兩半球都是蛙。最後，我弄清楚了這種結合的理由：一者從本來意義上說出另一者從比喻意義上表達的東西。糾纏女人從形體上以最卑鄙的方式依附於携帶者的背上，後者是她的丈夫，或者她要以其爲丈夫。蛙女人是繼母，她是越軌的母親，她往往也是老情婦，未能下決心脫離其情夫。她讓人想起一種類型女人，我們稱之爲「黏膠的」，不過這次取這名詞的比喻意義。
　　這解釋的合理性還來自神話中用來標示糾纏女人的習語。這女人被稱爲burr woman［黏附的女人］，它不是catchword［流行語］即民俗學研

⑤草草作出的更古老的估計最初就大受歡迎，後來由於在育空河流域和墨西哥發現了至少在20,000年之前，也許更古老得多的地層，其中包含骨製工具，留有已滅絕動物形態遺跡，因而又得到新的信任(參見《科學美國人》〔*Scientific American*〕，第216卷，第6期，1967年，第57頁)。

究者任意選用的縮略稱呼。法語的翻譯提出了一個問題，因爲需要慣用語來命名某些植物的各部份，最經常是苞片，但有時還有葉子，它們帶捲曲的刺，會牽掛在路人的衣服上。不管怎樣，我們已經知道糾纏女人神話的一些版本，它們想解釋這些植物形態的起源。

M₃₇₈. 波尼人（斯基迪人）：帶鉤花被的起源

      一對被貪吃的熊折磨的夫婦靠一個誕生於野牛血塊的神童獲救（參見M₃₆₇）。他殺死了熊，然後想周遊世界。一次歷險把他帶到一個村子，他迷戀於認識這個村子。村民們把所有姑娘許配他爲妻，但沒有一個讓他看得上眼。爲了懲罰他的冷漠，一個女人依附在他背上，不肯下來。一些神奇動物來幫助英雄，把這女人撕成碎塊，它們變成了帶鉤的花被（G.A.Dorsey：1，第 87 頁）。

按照同一次收集到的一個異本(M₃₇₉，第 302-303 頁)，這英雄酷愛驚險的遊戲(因此，他對姑娘不感興趣)。他遇見一個迷人的少女，她要求他帶她涉過一條河流。他背起了她，但她拒絕下來，要求做他的妻子。「她的身體已接合到這男孩的身體之上。」她立即變成一個老嫗。來了四個姊妹，她們帶有從太陽那裏得到的油膏，靠了它，她們使這女人失去黏膠作用；她們用同樣具有魔力的鉤把她的肢體一一解卸下來。這些身體碎塊變成了帶鉤的花被。

這些神話和M₃₇₀相同，後者用蛙取代花被。阿西尼本人說(M₃₆₉)，蛙結婚時非常緊密地擁抱。作爲關於糾纏女人的神話的引子，阿拉帕霍人解釋說，美國牛蒡（種名*Xanthium*）的帶鉤苞片「表示婚配即尋覓妻子或丈夫的慾望」(Dorsey：5，第 66 頁)。長的帶鉤苞片被稱爲「淫婦」，年輕男子因而想到用它們作爲化粧品，在某些儀式期間用它們擦臉和身體(Kroeber：3，III，第 183-184 頁)。

M₃₈₀. 阿拉帕霍人：可愛的騙子

　　騙子尼漢桑(Nihançan)中了一群少女[異本：鼠女]施的詭計，要求她們給他捉虱子，把頭枕在她們膝上睡著了。這些女人用帶鉤的花被蓋住他的頭，然後逃離了。這騙子在睡夢中輾轉反側；這些植物深深扎進他的肉裏，以致他的體形也扭曲了。當他醒來後，他感到頭很難過。天亮後，他發覺，頭髮裏充滿鉤；他把頭髮剪了。

　　這些東西他以爲是在水中浮游的女人，實際上卻是牛蒡；這個故事的寓意爲，她們巫望他當她們的丈夫(Dorsey：5，第66頁；Dorsey-Kroeber，第108-110頁) ⑥。

　　曼丹人(M₅₁₂；Bowers：1，第352，365頁)以同樣的傾向講述一個野蠻處女的故事。她的衣服在白天遮蓋住了帶鉤的花被。她回到房舍後就脫衣服。一片陰影掠過她赤裸的身體，使她懷上「太陽的痴兒」奧辛赫德(Oxinhede)……

　　因此，我不會自我欺騙地希望，北美洲神話能夠闡明一個南美洲神話的意謂，而我們從一開始就已知道，像糾纏女人循環的所有神話一樣，它也提出了聯姻的問題。在M₃₅₄中，獵人蒙馬納基首先以類似堂胡安(Juan)誇張手法的淺薄聯姻涉獵者面貌出現，他如我們所說不滿足於從深色女人到淺色女人(但已利用了物種的差異)，而把情愛的好奇心擴展到了各種各樣動物：兩棲類、鳥和無脊椎動物。就此而言，這角色使人想起一個阿里

⑥在奧格拉拉•達科他人(Oglala Dakota)看來，帶鉤花被象徵艷羨或妒忌 (Walker，第141頁，註①)。切羅基人把它們煎煮後給嚥入會者服用，因爲「和這些鉤固定和附著在任何地方一樣……它們也把獲得的知識固定在心靈中」(Mooney-Olbrechts，第101頁)。

卡拉人(Arikara)版本(M_{370c})的英雄，阿里卡拉人是鄰近曼丹人的北美部落，不過他們像波尼人和維奇塔人一樣也屬於卡多語族。

這兩個英雄都是幸運的獵人，不過阿里卡拉人英雄自從和一個野牛女人媾合以後還擅長一種遊戲。這種遊戲在於拋射一個小環，力圖在它轉動之際用一根棒穿入它。這神話賦予這遊戲三重象徵意義：交媾、戰爭和介於兩者之間的狩獵野牛(Dorsey：6，第94-101頁)。然而，圖庫納人版本和阿里卡拉人版本在兩個重大的地方是不同的。一個關於捕魚的起源，另個關於狩獵野牛的起源。尤其是，阿里卡拉人英雄是純潔的，他的獸性很特別。他從來不知道女人，依附於他背上的老嫗因這種節慾而苦惱：「我的小乖乖，你可以直接回家，因為我再也不會離開你。青年們看到你帶來一個老嫗！他們說你傲慢，看不起姑娘！」相反，圖庫納人英雄的糾纏女人強賴在他身上是為了懲罰他的好色放蕩。這裏，**過於野蠻了一點的丈夫**取代了我已探討過的北美洲版本的**過於野蠻的獨身男人**。

不過，這些版本的一個特徵同時得到了說明。因為，與剛才指出的神話開頭處的差異相對應，在結束時還有一個差異：北美洲版本大都結束於人和動物分離以及動物劃分為各別的動物學種 (克里人：$M_{367,368}$；維奇塔人：M_{370})。在南美洲神話中，上溯到晚近時候的這種分離只是在開始時回顧到。因此，圖庫納人英雄把動物女人當做好像還是人類社會的成員，而克里人和維奇塔人英雄似乎排斥動物女人，把人類女人看做為受動物種支配的成員，而這種偶然性只是到最後才實現。因為，既然動物本身構成物種，而其成員相互通婚，但不與別的動物種或者人通婚，所以這種現存世界秩序要求人也在自己內部相互間通婚,但在這界限以內又不過分苛求(否則通婚就變得不可能)。這個阿里卡拉人版本在這兩個極端領域之間起著接合作用；但這版本是在探討一個特定動物種野牛的情形，而對野牛的戰果豐碩的狩獵乃建基於共謀的概念之上，這概念則介於這樣兩種概念之間，它們分別說明了男人和女人在婚配中的結合 (這也是一種鬥爭) 和傳統上

敵對的民族間的鬥爭（這也是一種結合）（參見L.-S.：16）。

　　現在可以證明以上所述，實際上，如果圖庫納人糾纏女人神話反轉了北美洲關於這個題材的各個神話，那麼，後一些神話在北美洲本身的反轉形式應當回到這個圖庫納人神話。我已指出了這種反轉形式，尤其在瓦巴納基人神話組中，在那裏，鍾愛人孩子的蛙女人有時轉變成了女人、誘姦動物的情婦。佩諾布斯科特人把這兩個角色區分開來，並且加強一者，削弱另一者。他們講述了(M_{381})呆女人或脾氣乖戾的（憂傷的）女人普克德津斯克韋蘇(Pukdji'nskwessu)的戀愛經歷（參見M_{377}），她取一頭熊爲丈夫。有一次，她取一根樹枝來束腰。但當她想回到房舍去時，她就無法與這繩子分離了。這樹枝說：「我是你的丈夫，你已把我繫住，我必須待在那裏。我再也不讓你擺脫我。」自從那時起，無論她到哪裏，她都帶著這樹枝(Speck：3，第83頁)。由此可見，這神話在保留性反轉的情況下恢復了圖庫納人神話的骨架。

　　北美洲神話有時還沿別的方向或從其他軸上進行反轉。作爲第一種情形的例子，可以援引岸地薩利希人版本(M_{382}；Adamson，第171，377-378頁)，在那裏，戴上頭飾但無法卸下之的造物主月亮許諾娶第一個幫助他卸下頭飾的姑娘爲妻。只有醜惡的癩蛤蟆女做到這一點。從此之後，有時醜女人有美男子爲夫。這種轉換特別令人感興趣。實際上，它分解爲兩個動作：

　　1) **糾纏女人**$^{(-1)}$⇨**癩蛤蟆女人**；

　　（換言之訴諸銜接概念的組合：**糾纏的女人**⇨**解脫糾纏頭飾的女人**的反轉重構了建基於相似性的組合：「**黏膠」女人**）。不過，這個從本來意義到比喻意義的復歸蘊涵著一個推論：

　　2) **社會學上等價的妻子**⇨**形體上等價的妻子**，

這就是說，恢復了甚至在這個人類社會內部也區分各別妻子的一種解剖學組合，而在這神話的各個「保守」版本中，這解剖學組合用這些妻子來區分各個動物界集體(同時還把它們區分爲屬和種)。因此，在自然界中被外

在化的這個解剖學組合在它揭示了其生物學基礎的社會中被內在化。由第一個運作保證的從**本來**意義到**比喻**意義的過渡回過來引起反運作。這反運作把深藏在**道德**秩序的幻象之下的**形體**紊亂顯露出來。

這些神話實際上在說什麼呢？把女人之間的形體差異與區分動物和人或者區分各種動物的特定差異相混淆，是有罪的，也是危險的。這種先行的種族主義威脅著社會生活，因為社會生活的情形恰恰相反，**作為人**，女人不管美還是醜，全都值得擁有一個配偶。總的說來，與動物妻子相對立，女人們價值相當；不過，如果說這神話骨架反轉了過來，那麼，它只能是揭示這個奧秘：須知，儘管社會要求漠視這一點，但女人們並非人人價值相當，因為沒有什麼能妨害她們在動物本質方面相互不同，而這種不同令她們對丈夫的慾求也各不相同。

最後，比我在這裏所能做的更詳盡地來研究導致同類結果的其他置換，是合宜的。一個阿拉帕霍人神話（M_{383}）講述，騙子尼漢桑堅持要求陪伴一隊年輕戰士，並帶著一個女性臀部（反轉的糾纏女人），供他們排解寂寞。但是，他跌落了這個寶貝：碎成兩個同樣的部份，從此以後變得一無用處。碰巧，尼漢桑發現一個居民為清一色女人的村子，與單身戰士群正好互補。這些戰士聞訊後便決定組織一次賽跑。誰跑得越快，誰得到的女人越漂亮。藉口機會均等，尼漢桑被勸導荷載石塊來增加體重。他遠遠落在後面，只得滿足於得到一個老嫗（Dorsey-Kroeber，第 105-107 頁）。在紹紹納人（Shoshone）那裏（M_{384}），糾纏女人首先作為M_{383}的機智單身漢的女性對當者出現。她用一根人造陰莖行手淫。她的姪子科約特（Coyote）發覺她這樣做，便滿足了她，但她極其強烈地擁抱他，以致他再也脫不了身，除非他放棄背部肌肉。又經過幾次冒險經歷，它們也或減或增地損害科約特的解剖完整性。他最終把陰莖丟失在姻姊妹的陰道中。這便是女人臭氣的起源（Lowie:4，第 92-102 頁）。我在此只是提及關於年輕戰士的神話（M_{385}）（它有許許多多版本），他們遠征回來，為了節省體力，爬到一個同路的巨龜背

上。但是，他們依附在這個沉入湖中的馱龜身上，溺水而死〔從蘇人(Soux)一直到東南部的印第安人，中間經過克勞人、切延內人、派尤特人(Paiute)和波尼人〕。這神話在兩根軸上反轉了糾纏女人神話：**糾纏女人／被糾纏男人**以及：**蛙／魚**。至少就第二根軸而言，一個圭亞那版本(M_{386})調整了它，因為載荷年輕人的動物是蛙(Brett：2，第167-171頁；參見M_{149a}，CC，第345頁；K.-G.：1，第51-53頁；Goeje：1，第116頁)。

在圭亞那動物寓中言，龜用作為兩性動物月亮的坐騎(Goeje：1，第28頁)，就像帕薩馬科迪人的偷小孩女魔(M_{377})一樣，而從後者的寄生蟲中產生了癩蛤蟆，並且如我們已看到的，她在北美洲相應於圭亞那的蛙。相對稱地，北美洲西北部的印第安人讓月亮成為蛙的坐騎，其方式是把這個天文學聚合與社會學聚合聯結起來，而前面我已強調了後一聚合的重要性。按照利洛厄特人(Lilloet)的說法(M_{399}；參見以下第83頁)，眾蛙姊妹拒絕嫁給卡斯托(Castor)，後者為了報復便掀起大洪水，而此後她們便附著在月亮的臉上(Teit：2，第298頁；參見Reichard：3，第62，68頁)⑦。

----

⑦可以指出，如搜集者所注意到的，這個複雜體系看來同陶器相聯繫。佩諾布斯科特神話的女英雄是個「罐女」。一個蓬卡人(Ponca)版本(M_{370b}；J.O.Dorsey：1，第217頁)的糾纏女人是個陶工。按照秘魯的吉瓦羅人說法，歐夜鷹(*caprimulgus*)曾是太陽和月亮兄弟的妻子；但是，這種一妻多夫的經驗失敗了。這便是夫婦妒忌和陶土的起源(M_{387}；Farabee：2，第124-125頁；Karsten：2，第335-336頁；Lehmann-Nitsche：8)。我們知道，墨西哥人習慣上把月亮形容為罐的形象。波波爾胡(Popol Vuh)人說，希巴爾巴的各民族在失敗之後又回歸到陶工和養蜂人的狀況 (J.E. Thompson：1，第44頁)。

希達察人(Hidatsa)（後面我將介紹他們的神話）讓一個禁止任何別人碰她丈夫，那怕撫摩其衣服的妒忌女人成為一個水妖，她是陶器，更具體地是兩個禮儀用瓶的主人，這兩個瓶一雄一雌，張上皮，用作為夏旱時招雨——也賦予蛙的功能——的鼓 (M_{387c}；Bowers：2，第390頁)。

迄此爲止，我一直讓天文學聚合處於後面；不是我不知道其重要性，而是因爲有糾纏女人或蛙女人出現的神話的「月」相想必已給讀者留下深刻印象。事實上，這問題看來很廣闊，需要作專門的探討，將成爲本書第二篇的題材。我在第二篇的結束部份將作更一般的考察，證實上面已經提出的假說：剛才考察的神話總體與局限於熱帶美洲的那個總體屬於同一個神話組，後一個總體是《神話學》第二卷的對象，關涉蜂蜜的起源。

當時我強調，南美洲蜂蜜起源神話往往引起蜂蜜的消失。我用關於尋覓蜂蜜的神話所特有的退行步態解釋這種奇特性，如同今天我們還在實行這種步態，作爲一種較容易又較有利的活動的殘餘或遺跡，而人類在這些神話所敘述的境況中喪失了這種活動帶來的好處。實際上，在土著食品的等級體系中，蜂蜜占據著第一位；然而，人類的勞作對蜂蜜的完善毫無貢獻或者幾乎沒有貢獻，同時，蜂蜜的採集和直接食用又沒有什麼規範（這與尤其在熱依人那裏必須服從非常嚴格規則的狩獵和農業適成鮮明對比），而這兩點使蜂蜜帶上一種佯謬的性質：儘管人發現可以說處於自然狀態的蜂蜜，儘管爲了得到蜂蜜，人因此必須暫時退回到社會狀態的那一邊，但蜂蜜是人人食用的食品。

我還要指出，在以蜂蜜爲題材的神話中，這種從文化向自然的倒退往往訴諸屬於無語言範疇的手法作出：混淆能指和所指、詞和物、比喻意義和本來意義、相似和銜接。就此而言，意味深長的是，我爲了完善聚合而訴諸的北美洲地區也知道這種類型手法：

M₃₈₈. 梅諾米尼人：蛙的歌唱

從前有個印第安人，他在天氣轉暖時愛聽蛙和癩蛤蟆叫。這些動物經過冬天的緘默之後開始歌唱，報告春天開始。可是，這些兩棲類動物感到惱怒。人以爲它們高興，這就錯了。恰恰相反，它們很悲傷，

它們哇哇叫，根本不是自娛，而是在哭泣冬天的死亡……根本不理解的印第安人得到了教訓。現在輪到他哭泣了！

翌年春天，這印第安人失去了妻子和孩子。接著，他也死了。從此以後，當蛙在春天歌唱時，人們再也不去聽了(Skinner-Satterlee，第470頁)。

像中心角色有時也是個蛙(或蜂蜜，但這時取代反轉的蛙；參見 $M_{233-239}$，MC，第 147-168 頁)的許多南美洲神話的主人公一樣，M_{388} 的英雄也錯誤地將一物當成他物；他用鄰接性（春天來臨）解釋應當用相似性（蛙的歌聲是悲哀的）理解的東西；他把屬於文化的東西（喪葬的悲哀）當做屬於自然的東西(季節的周期性)。總之，像 M_{236} 的英雄一樣，他也因不明白本來意義和比喻意義之間的差別而死。

然而，對於「蛙」神話來說那麼典型的、我已在上一卷中描述過的人類思維和品質的各個構成範疇的這種喪失逐漸地改變了一系列對立：自然和文化之間；作爲上佳烹飪處所的家庭大爐和作爲邪惡之後果的嘔吐之間；食物和糞便之間；狩獵和食人之間。在我迄此爲止一直用來作爲題材的 M_{354} 的開端也可以看到這種類型倒退。實際上，那裏也有一個蛙，與它的偶然遭遇引發了英雄的冒險。這蛙犯了三重混淆的錯誤：首先是混淆了排泄和交媾；其次是混淆了食物（對於它來說）和在人看來應歸入糞便的東西；最後是混淆了佐料和食物。借助另外一個亞馬遜神話，可以簡化這些等價關係：

M_{389}. 蒙杜魯庫人：癩蛤蟆的起源

從前有個男人，所有女人都掙脫他的懷抱逃離，因爲他的精液灼傷她們的陰道。於是他在一個葫蘆上行手淫自慰。每次他朝葫蘆放出射精的產物後，都把它再蓋好，小心地藏起來。但是，他的姊妹發現

了這葫蘆，把它打開。精液產生的各種各樣癩蛤蟆便逃了出來。這姊
妹也變成了／bumtay'a／種的癩蛤蟆。當這男人發現葫蘆已空空如也
時，他也變成一隻癩蛤蟆／mëu／（Kruse：2，第 634 頁）。

人們並不太看重這些神話所援引的動物學種屬，因為如伊海林據理力
陳（辭條「sapo」）的，巴西民間用「癩蛤蟆」這名字標示幾乎所有兩棲類
動物。

因此，與**遠離的女人**（蛙）/**趨近的女人**（姊妹）這個反轉相呼應的，
是另一個在生理功能層面上的反轉：**飲食／交媾**。在M$_{354}$中，一個印第安
人的妻子（她因形體鄰接的結果而成為妻子）吃了灼人的食物多香果，結
果重又變成蛙。在M$_{389}$中，一個女人（從她干預兄弟性生活的意義上說，
她在精神上有如妻子）是一個射出像多香果一樣灼人的分泌物的印第安男
人的姊妹，她變成了一隻蛙。因此，可以提出：

1) M$_{354}$ [**飲食∪多香果**] ⇒ [**外婚的妻子／蛙**] ⇒蛙

2) M$_{389}$ [**交媾∪多香果**] ⇒ [**內婚的妻子／癩蛤蟆**] ⇒癩蛤蟆

如我已承認的那樣，這等於說，就兩棲類神話題材而言，**交媾／飲食**
這個對立並不相干。

在索利莫厄斯河右岸的支流上儒魯亞河的一個神話中，這兩棲類動物
從雌的變成雄的：

M$_{390.}$ 卡希納瓦人：貪吃的癩蛤蟆

當其他人到田裏去時，兩個女人單獨留在茅舍裏。她們叫喚一隻

在一棵死樹的中空樹幹中唱歌的癩蛤蟆。這動物化身爲一個肥胖小老頭出來。它說:「我在哭泣,而你們卻責備我放聲高歌!」(參見 M_{388})。爲了讓它息怒,這兩個女人給它東西吃;它吃個精光,連碗也吃下去。男人們回來後,放了一把大火,燒毀了用做癩蛤蟆居所的那棵樹。癩蛤蟆呼吸時吐出了那個碗,它跌地變成碎片(Abreu,第 227-230 頁)。

因此,作爲 M_{354} 中的吃糞便的蛙的組合變體,這個吃碗的癩蛤蟆也象徵著混淆相反的東西。它混淆了食物和盛器,就像它的雌性同系混淆佐料和不可食用的食物、交媾和排泄。

既然始終圍繞種屬的歧義性問題,所以我現在往後作簡短的回顧。我已表明,分別關於安的列斯群島和蛙女人的神話或神話部份構成了兩個並行系列,其中一個系列以本來意義(形體上附著於丈夫背脊的女人)上表達另一個系列從比喻意義(「黏膠」女人)上表達的東西。然而,在離圖庫納人略遠處的部落蒙杜魯庫人〔我們剛才已看到(M_{389}),圖庫納人的神話和蒙杜魯庫人神話有親緣關係〕那裏有一個神話,在其中,英雄與蛙女人相對地從本來意義上顯現出天賦才能,它們可與促使 M_{354} 的英雄一直到兩棲類中去尋找妻子的道德素質相比。我已把後一個英雄形容爲賽跑者,賦予這綽號以隱喻的意義。另一個英雄爲長陰莖所累,我們因羞怯而迂迴地假借這個象徵,但這象徵同樣地在性的層面上對應於我們獨立地應用於社會關係的形象化表達,這時我們說一個男人,他有「長手臂」:

M_{248}. 蒙杜魯庫人: 由水獺進行的醫治 (參見MC,第 195-196 頁)

一天,一個獵人在樹林裏聽一隻名叫娃娃(Wawa)的雌蛙鳴叫,它在哇哇歌唱:「wa, wa, wa, wa」。他走近這個蝸居在樹幹空穴之中的動物,對它說:「爲什麼你這樣鼓噪? 你如果是我的妻子,那麼當我的陰莖穿透你時,你會因爲痛苦而叫。」但是,這蛙繼續歌唱,這人也

走開了。

　　當他轉過身時，娃娃變成一個穿藍衣服的迷人少女，當路出現在這人的面前，要求他重複他已說過的話。儘管他矢口否認，她還是一字不差地重複了他的說話。又因為她情願而且美貌，所以這印第安人答應娶她為妻。

　　因此，他們繼續一起旅行，一會兒，這男人想作愛。娃娃說：「好啊，不過，在你快使我開心時就結束。」就在他說話之際，娃娃又恢復蛙形，離開了，一邊逃，一邊把夾在陰道中的伙伴陰莖拉長。這人無法作出反應，眼睜睜看著陰莖長得可怕。當它長到 15 至 20 米時，蛙便鬆開了它，旋即消失。

　　這可憐人兒很想回到家裏去，但他的性器官變得太沉重，無法拖動它，也無法把它盤在肩上或腰際帶走。幾頭水獺走過那裏，發現他已絕望。它們聽他訴說了遭遇，遂給他醫治。它們運用／caratinga／魚，迅速用火把魚溫熱。一會兒，陰莖開始變短。水獺問：「這樣夠了嗎?」這人說：「不夠，再弄得短一點」。又治療了一秒鐘，他的這個部份縮到了小手指那麼大。蒙杜魯庫人用來標示這種魚的詞語使人想起這個冒險經歷。如果說／caratinga／僅僅部份地呈黑色，那麼，這是因為只烤了一半(Murphy：1，第 127 頁)。

　　剛才援引的著者把／caratinga／與鑽嘴科雙無翅屬相聯結,而按照伊海林的說法 (辭條 (caratinga」)，這種魚在尾部有一個很發達的刺棒，因此可能使人聯想起有長陰莖的魚。如伊梅林所斷定的，這種魚是海魚，而不是河魚，所以，我在這裏不想去研究神話的這個方面，而僅限於強調兩個類比。首先是與卡希納瓦人神話M_{390}和梅諾米尼人神話M_{388}的類比，因為在這三種情形裏，英雄 (或女英雄) 都不理解蛙的歌聲，給真諦取不同的涵義：悅耳的歡歌而不是喪葬的哀號、報告春天或者求愛。其次也是主

要的是與圖庫納人神話M_{354}的獵人蒙馬納基的類比，賽跑者的氣質使他投入一個蛙女人的懷抱，作爲一種結合的結果，而這結合由射尿實施，尿則象徵性地把他的陰莖延長到這蛙的「洞穴」之中，蛙藉之能俘獲他。

　　然而，這裏有一個差異。蒙馬納基是個主動的賽跑者，隱喻的長陰莖使他能夠進行各種各樣作愛的嘗試，而蒙杜魯庫人神話M_{248}的英雄受實際長陰莖所累，這使他行動維艱，這麻煩又使他陷於相反的過度，只有一個小得令人可笑的性器官。爲了完成這個轉換，這神話選用了水獺即捕魚的主人（參見MC，第 173-176 頁）和魚，而在M_{354}中，蒙馬納基本人就是捕魚的主人和魚的創造者。

　　這個關係組很令人矚目，尤其因爲蒙馬納基從砍樹木來創造魚，這題材在別處也得到確證，但其主要分布區域就像長陰莖男人的題材一樣包括北美洲最北部的部落：西北海岸和哥倫比亞河流域的印第安人愛斯基摩人。馴鹿的愛斯基摩人把長陰莖歸於用木片創造魚的人。稱爲卡索加朱格蘇亞克人（Qajungajugssuaq）的極地愛斯基摩人和格陵蘭西部的愛斯基摩人受巨大的睪丸所累，它們一直垂到地上，他們爲之感到羞辱和苦惱（Kleivan，第 17, 21 頁；Holtved：1，第 57 頁）。如果長睪丸給擁有者帶來精神上的煩惱，那麼，在極地愛斯基摩人的神話中，長陰莖享有有利於活動的形體獨立性(Holtved：1，第 64 頁)，許多南美洲版本（$M_{49,50,77,79,80}$）也是如此。北美洲西北部和平原地區的版本（這裏我還沒有研討過它們）大都賦予長陰莖以中間的地位：沒有形體的獨立性，因爲它仍舊屬所有人的身體，但使所有人能夠愛上作各種幻想。無論實際的還是隱喻的長陰莖，我們都要看到，它視場合而異而承擔兩種相反的功能：用於冒險比賽的主動手段，或者致使行動不便並使持有人蒙恥的被動負擔。在這第二種功能中，長陰莖在愛斯基摩人那裏變成長睪丸（但仍處於下身範圍），而在東部，在知道長陰莖題材的易洛魁人那裏，長睪丸變成了長眼瞼，因而過渡到了上身範圍(Curtin-Hewitt，第 213 頁)。

　　一個瓦勞人神話中有長睪丸的漁夫(M_{317}；參見後面第 109 頁），在瓜拉尤人那裏有帶懸垂鼻孔的男人(Cardus，第 76 頁)，這些證明了，南美洲服從同樣類型對換規則。M_{248}的蒙杜魯庫人英雄的不幸使人想起一個塔卡納印第安人的不幸(M_{256}；MC，第 175 頁)，這印第安人想與月亮睡覺，他的陰莖變得很長，以致必須用一個背簍來携帶它。與塔卡納人相鄰的圖穆帕薩人(M_{256b}) 說，太陽驚艷於月亮女士，她由妹妹行星金星陪伴著，而她們要偷竊他的園子。太陽要求月亮當他的情婦，而他的陰莖變得很長，以致他得把它放在一個背簍中携帶。一天，金星為了嘲笑太陽而又開始偷竊。太陽把陰莖指向她，但這姑娘以為是蛇，用刀把它砍成兩段。太陽死了，到了蒼穹(Nordenskiöld；1，第 296-297 頁)在這些玻利維亞沙洲印第安人那裏，長陰莖⇒長睪丸這個轉換可能在貘這個角色背後重又以弱化形式出現。貘不僅有大陰莖（參見MC，第 354 頁)，而且有三個睪丸。實際上，圖穆帕薩人說(M_{256c}；Hissink-Hahn，第 163 頁)，這些解剖學特殊性可從下述事實得到解釋：貘在妻子慣常出現的時候，即從吃下開始下落的月亮的時候一直到釋放月亮，讓它從地平線另一邊又開始升起的時候與她交媾。

　　一些南方禮儀也證明長陰莖男人和月亮之間有聯繫。「滿月的時候，莫科維人小伙子們伸出鼻子，要求月亮把它弄長」(Guevara，載Métraux：5，第 20 頁)。古代阿勞干人同時尊崇太陽、月亮和兩棲類動物；這無疑是因為太陽的兒子，也叫「十二太陽」／mareupu-antü／本身是隻蛙或癩蛤蟆。月亮／cüyen／在其各相繼相位上擬人化為少女、懷孕的妻子和憔悴的老嫗⑧。一個記錄者說：當滿月時，「跳舞者把一根指頭粗的羊毛繩繫在私處，繩子由女人和少女拖著。」接著這個儀式，便是亂交的景象(Latcham：2，第 378-386 頁)。

---

⑧庫托・德・馬加拉埃斯就圖皮人指出：「這些印第安人似乎把月亮的每個相位都當做一種單獨的東西。」

　　長陰莖在有些神話中是交媾的結果，但在另一些神話中是交媾的條件
(Hissink-Hahn，第 82-83 頁)：月亮離開地球那麼遠，她的人情夫無法同她
交合，除非她留心給他提供一個足夠長的性器官。然而，月亮的遙遠是自
然的，而M_{354}、M_{248}的蛙借助隱喻象徵在社會上相距非常遙遠的一個女人。
因此，這裏我們再次涉及天文學聚合。在研討這聚合之前，我必須先來扼
述一下迄此已做過的探究。廣及兩個美洲的比較使我們得以看起來屬於
兩個不同類群的神話：以糾纏女人為英雄的神話和由蛙女人充任這個角色
的神話統一起來。實際上，這兩組神話傳遞同樣的消息，每次都關涉一個
黏膠的女人，儘管這女人可以在本來意義或比喻意義上是如此的。

　　但是，我們同時還得到了另一個結果，因為我們還統一了三個題材：
蛙的情人、長陰莖的男人和魚的創造者。實際上，蒙杜魯庫人把第一和第
二個題材結合起來，圖庫納人把第一和第三個題材結合起來（在它們被第
二個題材取代的同時,但後者被賦予隱喻的表達）；愛斯基摩人又從他們的
方面把第二和第三個題材結合起來。從這個等價關係的體系作最後一步推
理，我們可以推知，長陰莖男人和糾纏女人在同一些神話中既然被置於相
關而又對立的關係，所以具有對稱的值：他能達到遠距離的情婦，她只有
通過依附於丈夫的身體才能成為妻子。就像黏膠女人一樣,她的男性對應者
也兼有本來意義和比喻意義。因此,我們為了統一各神話或神話部份而已實
行的兩個相繼運作也使我們得以統一這些我們最初分別加以統一的神話組。

　　總之，從內容和從各別地理發源地來看似乎是異質的各個神話原來全
都可以還原為唯一的消息，而它們只是在修辭學和詞彙學兩根軸上轉換這
消息。一些神話從本來意義表達，另一些從比喻意義表達。它們利用的詞
彙涉及三個不同範疇：實在的、象徵的和想像的。因為，黏膠的女人和賽
跑的男人的存在是經驗事實，而帶鉤花被和蛇狀陰莖屬於象徵，男人和蛙
或蚯蚓結婚則僅僅是想像。

第二篇

●

從神話到小說

林妖和水精能激發和豐富想像力，只要不老是沒完沒了地重複它
們；我們不想
……獵獲水國的半人半魚海神，奪走畜牧神潘的笛子、生死命運
三女神的剪刀……
可是，最後，是什麼讓這一切成爲靈魂的內核？心靈可以從中得
到什麼結果？思維又能從中摘取怎樣的果實？

夏多勃里昂(Chateaubriand)：《基督教眞諦》(*Génie de christianis-me*)，第四册，第一章

I　季節和晝夜

可以肯定，備受稱頌的神話根本不是美化自然界，那樣的話，會喪失眞正的魅力，我認爲，許多傑出的文學家都會提出這個觀點。

夏多勃里昂：《基督教眞諦》，第四冊，第一章

　　第一篇中已經表明，關於魚和捕魚起源的蒙馬納基神話屬於一個龐大的神話總體，其中有關於某些星座：一方面是獵戶座和昴星團，另一方面是後髮星座的起源的圭亞那神話。獵戶座和昴星團的神話係關於魚在春天的出現，後髮星座的神話則關涉必然緊隨著大旱季而來的魚之消失。M₍₃₅₄₎的獨創性在於傳達與一者相同消息（魚的出現，首先是當英雄創生魚時絕對的出現，然後是以周季性溯回的相對形式出現），同時又利用與另一者相同的詞彙（軀幹女人）。

　　我們可以回想起，圖庫納人把月亮和獵戶座對立起來，這引起了與花豹氏族相聯結的魔鬼／venkiča／的形象的月蝕(Nim.：13，第142頁)。我們還要回到這個角色上來。目前只要強調一點就夠了：它的氏族親緣關係引起了熱帶美洲廣泛流傳的一些信念，而就我們神話所源自的地區而言，這些信念也存在於卡里布人和阿拉瓦克人(Farabee：1，第101，107頁)以及圖皮人那裏。在東海岸，圖皮人稱一顆追逐月亮以便吞吃之的紅星爲／januaré／即「狗」（但試比較／iauaré，iauarété／即「花豹」）(Claude d' Ab-beville，第21章)。在瓜拉尼人、希里瓜諾人、瓜拉尤人和其他南方圖皮人那裏也已收集到同樣的信念。

　　最後，應當記得，如果說獵戶座與月亮相對立，那麼，這個星座和後

髮星座與太陽結成合作的關係(前面第 26 頁)。因此，可以假設：就詞彙而言反轉獵戶座起源神話的，就消息而言反轉後髮星座起源神話的獵人蒙馬納基神話本身就有著與月亮和太陽的聯繫。由於雙重反轉，這個關係因而僅僅是白晝的，而不是黑夜的，就像這神話通過只訴諸一個氣象現象即虹霓而提示的那樣。我現在以兩種方式，先間接後直接地證實這個假說。

許多亞馬遜神話，圖庫納人的(M_{405})或者蒙杜魯庫人的(M_{255})都把太陽和月亮置於捕魚主人的地位。因此，這兩顆星辰與獵戶座和昴星團為一方和後髮星座為另一方，三方共同地扮演這個角色。不過，每一組都以其自己的方式履行這個功能：獵戶座和昴星團負責魚的**出現**，後髮星座負責魚的**消失，**而太陽和月亮確保魚的**復活，**而這可以說中和了前兩項的對立：

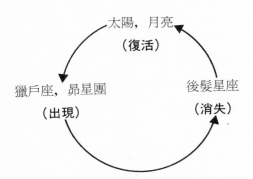

這個圖式已經表明，如果從獵戶座和昴星團出發，可以通過後髮星座返回，那麼，必定也通過處於返途的太陽和月亮。然而，我們的神話(M_{354})的步態也正是如此。為了信服這一點，只要首先承認：關於獵戶座和昴星團起源的圭亞那神話提供了轉換的出發點，就像把昴星團與內臟相聯結的、獵戶座與截斷的肢體相聯結的神話(CC，第 294-302, 315-321 頁)在全美洲流傳這個事實所表明的那樣；其次承認：從組合角度無法解釋的 M_{354} 屬於這樣一個聚合，M_{354} 在其中相對於後髮星座神話占據著派生的地位(參見以上第 27-30 頁)；換言之，M_{354} 反轉了 M_{130}，而不是相反。於是可以寫下：

$$M_{134-136}\left[\text{(獵戶座-昴星團)：(魚(+))}\right] :: M_{130}\left[\text{(後髮星座)}\right.$$

$$\left.\text{：(魚(—))}\right] :: M_{354}\left[\text{(後髮星座}^{(-1)}\text{)：(魚(+))}\right]$$

在這個轉換的過程中星座概念漸次消失這一點是容易理解的，因爲這轉換分三個階段展開，而其中只有第一階段屬於實在的。實際上，關於獵戶座和昴星團起源的各個神話只是局限於表明天空場面和動物學事件的經驗吻合。從來沒有說到這些星座產生了魚，而後髮星座至少象徵性地致力於消滅魚，同時爲了通過運用同樣詞彙來引起相反現象，就必須設想（但不打算加以描述）一個反星座。在這些條件下，就只剩下一個問題。爲什麼隨著這星座逐漸消退，太陽和月亮就應當出現？因爲人們將可證明，在這星座消解而產生的霧的後面，這兩顆星辰任人揣測它們的輪廓，他們可以採取含混的方式，就像透過粗糙玻璃窗去看。這就又回到M_{354}中處於潛在狀態的天文學代碼存在的問題。以這種方式提出這個問題，我們就能直接地探討它。

在新大陸的所有神話中，傳布最廣的即從北端一直到南部地區，無疑莫過於用亂倫解釋太陽和月亮的起源的神話。在這神話中，一個兄弟和一個姊妹自願或被迫犯亂倫罪（$M_{165-168}$，CC，第 385-388 頁），也即兩個個人以**過分接近**的程度相結合。然而，在巴西中部和北部，與上一根軸相垂直的、大致沿著亞馬遜河走向的一根軸以若干相繼步驟（當從東到西追踪它時）說明了這神話與另一個也流布很廣的神話相融合，後一個神話講述了一個被割下的頭的命運。在援引了其他一些例子（$M_{317,364,364b}$）之後，現在我們首先探討在東部圖皮人那裡的這神話的純粹狀態：

M₃₉₁. 特姆貝人：滾動的頭

　　一些獵人在一陣大力捕殺之後在樹林中紮下營來，他們的烤肉架被獵物壓塌了。頭、皮和內臟散落到了地上。一個小男孩在其他人打獵期間照看煙火。突然，他看到來了一個陌生人，這人察看獵物，面露不悅，數了數吊床，就離開了。獵人們回來後，這男孩講述了這訪客，但沒有人注意聽。後來到了夜裏，他又向睡在毗鄰吊床的父親講了這件事，終於使他警覺起來。兩人都收起了吊床，到樹林裏去睡覺。稍後，他們聽到了夜行動物的叫聲、人的哀號聲、骨頭的碎裂聲。這是庫魯皮拉(Curupira)及其一伙，這幫獵物保護精靈在殺戮不敬的獵人。

　　天亮後，兩個人回到了營地，發現在血跡斑斑的吊床和骨骸中間有一個乞求饒恕的同伴的被砍下的頭。這父親叫男孩先走，他把這頭繫在一根藤的一端，以便拖著走。每當一陣恐懼襲來，他想拋棄這頭時，它就滾動到他跟前哀求。這人藉口急需方便，以便獨處；他跑到更遠的地方，在路中央挖了個坑，用葉子遮蓋起來。當這頭不耐煩時，這獵人的糞便在他未遮掩好的地方答應了。這頭說：「我什麼時候可以回到人中間」，糞便不出聲。這頭搖晃起來，躍進坑裏。這人趕緊用土把它掩埋起來，然後回到村裏。在夜裏，人們聽到這頭嚎叫，它已掙脫土埋。它變成了一只巨大的肉食鳥，吞吃所遇見的第一個印第安人。一個巫士成功地用箭殺死了它，這箭從一隻眼睛穿入，從另一隻眼睛穿出(Nim.: 2，第290-291頁；Baldus: 2，第47-49頁；異本載：Wagley-Galvão，第145-146頁)。

　　這神話終止於頭的眼睛被弄掉這個事件。這使我們得以引入一個蒙杜魯庫人神話，它無疑以孤立故事的形式被採集到，並它明顯地接續我在上

面已提到過的M₂₅₅。

　　兩個天神變成了一對姻兄弟，一個變成氣度不凡的美男子，因爲他沒有與「母親」（月亮）亂倫，另一個變成醜陋的男人，因爲他犯了亂倫罪而遭懲罰。據説，此後，敵人殺死了他們，帶走了他們的被砍下的頭：

M₂₅₅. 蒙杜魯庫人：夏天和冬天的太陽的起源
（續完；參見MC，第199-200頁）

　　　　人們把兩顆頭刺掛在兩根立椿上，一個大男孩負責看管。他忘了自己具有薩滿的本領，驚訝地發現這兩個頭會活動和説話。他叫喚著向大人訴述：「它們想登天！」可是，儘管他一再申述，所有的人都認爲，這大男孩在撒謊。

　　　　戰士們給這兩個戰利品塗上紅色，裝上羽飾。中午時分，這兩個頭在妻子陪伴下開始升天。一對夫婦升得很快，另一對較慢，因爲妻子已懷孕。戰士們試圖射箭擊落他們，但未成功；只有大男孩成功地挖下了屬於醜男人的頭的兩個眼睛。這兩個英雄因居留在月亮的子宮中而成爲太陽的兒子。他們成爲可見太陽的兩個形象。在陽光明媚的時候，美男子值勤，他的紅眼睛光芒四射。當天晦暗時，把可見月亮當做妻子的醜男人取代他。他因自己的醜行而感到羞恥，雙眼暗淡無神。他躲了起來，人看不到這太陽(Murphy：1，第85-86頁；參見Kruse：3，第1000-1002頁)。

　　這神話聯結了三個題材：亂倫，這裏是與母親進行；一個或多個砍下的頭的故事；最後是季節的更替，由明亮天空和暗淡天空的對立規定，這與白晝和黑夜的更替同系，因爲冬日以月亮爲妻。當我們從東向西繼續考察時，將可再看到這些題材相聯結的情形，不過作了一個帶雙重涵義的轉換：與母親亂倫變成與姊妹亂倫，以及從季的周期性變成月的周期性：

M₃₉₂ₐ. 庫尼巴人：滾動的頭和月亮的起源

一個印第安少女每夜都接待一個陌生的訪客。有一次，她用genipa 的藍黑汁液擦他的面孔。於是，她發現，情夫是她的兄弟。人們驅趕 這罪人；在他逃跑時，敵人殺死了他，砍下了他的頭。另一個兄弟想 與他重聚，於是收留了這頭。但是，它不停地要喝，要吃；這男人施 計拋棄了它，跑了。這頭滾動到了村裏，想進入房舍。人們拒絕它入 內，於是它千方百計變形：變成水、石頭，等等。最後，它選擇變成 月亮，展開著一個線球一直升到天上。變成了月亮的男人爲了報復告 發他的姊妹，讓她受月經之累(Nimuendaju採集的版本，載Baldus：2， 第108-109頁)。

巴爾杜斯合理地把這個神話與特姆貝人的神話(M₃₉₁)相比。今天已經 消亡的操阿拉瓦克語的庫尼巴人在儒魯亞河中游左岸占有一片領土，毗鄰 在更西面的卡希納瓦人的領土，後者屬於帕諾(pano)語族。科赫—格林貝 格(3，第328頁)已強調了這個特姆貝人神話與一個卡拉耶人神話(M₁₇₇； MC，第404-455頁)之間有親緣關係，而且，如巴爾杜斯(2，第108頁)追隨 尼明達尤而指出的，一個庫尼巴人版本的發現更加深了這樣的印象：按照 亞馬遜各部落的思維，砍下的頭的題材和月亮起源題材是相互聯繫的。無 疑，可以在北美洲各部落那裏也舉出這類聯繫的例子：易洛魁人(Hewitt： 1，第201，295-296頁，等等)和波尼人(G.A. Dorsey：2，第31-38頁)。但 是，這裏缺乏兄弟亂倫的題材。因爲源自兩個美洲的這組神話大都只把它 與另外兩個題材中的一個：月亮起源題材相聯繫，而沒有援引砍下的頭的 故事(例如參見隱晦的博羅羅人版本M₃₉₂ᵦ，載Rondon，第164-165頁)。研究 卡希納瓦人神話，有助於我們克服由此產生的一個困難。

M₃₉₃. 卡希納瓦人：月亮的起源(I)

　　兩支部落進行交戰。一天，一個印第安人遇見一個敵人，想逃跑。這另一個人想安撫他，給他一大捆箭。然後，這人邀請他陪同回村，謊稱是爲了去拜訪自己的妻子，而無疑這女人是搶來招待外來客人的。這印第安人大喜，遂背上箭，戴上羽帽。途中，同伴和他停下來吃果子，果子把他們的牙齒弄黑了。到了房舍跟前，這被邀的客人猶豫了，因爲他感到害怕。他的嚮導鼓勵他。這男人洗了澡，用梳子梳理了頭髮，戴上飾品和手鐲。那女人吊起了清潔的吊床讓他休息，還準備了豐盛的宴席，兩個男人吃不完。這客人要把剩餘的飯菜包起來帶走。在告別時，總是性急火燎的主人堅持要爲他帶一段路。這主人舉起雙臂，拿出一把鋒利的砍荆棘大刀，另一個人害怕極了。這人回答說，這是爲了砍一根木頭，做一根掘地棒。但是，這個背著剩飯的印第安人不走了：他死於頭被砍下；身體還直立著，搖晃了一下，然後就倒下了。

　　目睹這頭繼續眨著眼睛，殺人者把它掛在豎立在路中央的椿木上，走了。來了一個這受害者的同胞，他看到長髮還在隨風飄動的這頭，起先害怕極了。它還沒有死：眼睛炯炯有神，眼瞼還在眨動，眼淚在流淌，口在張，但它已不能回答這人提的問題。他回到村裏去尋求幫助。全副武裝的戰士們來尋找這頭；在不遠處的殺人者爬在一棵樹上觀察動靜。當這頭的同胞們把自己的眼淚和它的眼淚充份攪和後，他們就埋葬了屍身，把頭放在一個籃子裏。這樣做毫無用處。這頭用牙齒啃籃子的底，然後跌落下來。在動了許多別的腦筋但都歸於無效之後，有人想到用手夾緊這頭，可是它狠狠咬了携帶人。

　　這些人洩氣了，拋棄了這頭，逃離了。它在他們後面滾動，緊隨不捨。渡過一條河了；這頭也涉水而過。這些逃亡者爬上了一棵岸邊

凌空而立的大果樹；這頭看到了他們，就停在樹腳下。它要果子；他們拋給它青果子，它要求給成熟的果子，可是一吃下去，就給砍斷的喉嚨退了出來〔比較M$_{317}$，M$_{354}$〕。當他們把果子扔入河裏時，這頭發覺被愚弄。爲了不被捉弄，這頭警告說，這會弄髒河流。可是，有一個人想出一個主意，把果子拋得遠些，讓這頭去得遠些，以便這些人有足夠時間下樹再趕路。當這頭不停地滾動，到達村子時，人們全都進了屋，關上了門。

　　它哀求，哭泣，央告人們開門，讓它幹自己的事。人們答應它從一個小孔扔進它的線球。這頭問道：「我變成什麼呢？變成蔬菜還是果子？人們會吃我。變成土地？人們會在我上面走。園子？人們會在那裏播種，植物成熟後，人們就會吃它們。水？人們會喝它。魚？人們會吃它。漁毒？人們會把它弄來稀釋；人們將靠它吃捕獲的魚。獵物？人們會殺它，吃它。蛇？可是人們恨我，我要咬他們，因此他們會殺我。毒蟲？我要叮人，他們也會殺我。樹？他們會砍伐我，我乾枯後，他們還會把我鋸成木柴供烹飪用，他們可以吃東西。蝙蝠？我會在夜色中咬人，你們要殺我。太陽？可是，當你們挨凍時，我能使你們再暖和起來。雨？我會降落下來，河水會漲起來，你們可以捕到大量的魚吃，甚或我會使草木茂盛，而獵物可以食用它們。寒冷？當天氣炎熱時，我能使你們涼快。黑暗？你們可以睡覺。早晨？那麼，就是由我來喚醒你們去做自己的事情。那麼，我變成什麼呢？我有一個主意！我從我的血裏變出虹霓即敵人之路；從我的眼睛裏變出星辰；從我的頭裏變出月亮。那時，你們的妻女要流血。」恐懼的印第安人問：「那麼，這是爲了什麼？」這頭回答說：「不爲什麼。」

　　這頭把自己的血盛入一個杯中，再把它噴灑到天上。這血流開來描出外人的路。它弄下自己的眼睛，變成無數星辰。它把自己的線球託付給兀鷹，叫後者把它一直升到天頂。印第安人全都跑出茅舍來凝

視虹霓沉思，當夜降臨時，則仰望初次閃閃發光的滿月和星辰。這時，
女人們來了月經，她們的丈夫和她們睡覺，她們變得豐滿了 (Abreu,
第 458-474 頁)。

我們已知道這神話的另兩個版本。一個版本(M₃₉₃b)簡述了一個戰士在
一次夜襲中被砍下的頭如何變成月亮。這個版本比剛才引入的，我已扼述
過的那個版本好，詳細說明了，女人只是在月亮和周期性不適同時出現之
後才得到了生育能力。出生時，所有小孩（或者可能是滿月期間懷上的孩
子，但本文很難解釋）都「身體很黑」(Abreu, 第 454-458 頁)。應否認爲這
裏是指南美洲屢見不鮮的先天性色素沉積的（所謂「蒙古人的」）陰影（土
著思維因此把它與月亮的陰影掛起鉤來）呢？我還會回到這個問題上來。

另一個版本把轉變成月亮的頭的插段移植到一個乍一看來不同的情節
上面。

M₃₉₄. 卡希納瓦人： 月亮的起源(3)

從前，沒有月亮，沒有星辰，也沒有虹霓，夜裏漆黑一片。這種
情境因一個少女不願嫁人而改變。她名叫／iaça／（參見圖皮語／jacy／，
即「月亮」）。她的母親被她的固執惹怒，遂趕她出門。這姑娘邊哭邊遊
蕩了很長時間，當她想回家時，老嫗拒絕給她開門。這老嫗叫道：「你
只可以睡到外面去。誰叫你不願意嫁人！」絕望之下，這少女到處跑，
敲門，哭泣。母親見狀大怒，遂拿起砍荊棘的刀砍女兒，割下她的頭，
在地上滾。然後，她又去把屍身拋入河裏。

夜裏，這頭滾動著，圍著這房舍嚎叫。在有人詢問她未來作何打
算（參見M₃₉₃）之後，她決定變成月亮。她認爲：「因爲這樣我就會離
人們遠了。」她向母親保證不再懷恨在心，條件是給她一些線球，她可
以用牙齒咬住線端，由兀鷹一直帶到天上。這女人的雙眼挖出來後變

成星辰，血變成虹霓，。從此以後，女人們每個月都要流血，然後血凝結起來，從她們的身體裏生出黑孩子。但是，如果精液凝結起來，那麼，出生的孩子是白的(Abreu，第 475-479 頁)。

這些卡希納瓦人神話運用了消去枚舉(l'énumération éliminatrice)的修辭手法。關於這種手法，我已提請讀者注意過(CC，第 356 頁和註㊱)，因爲它在一整系列南美洲神話中都出現，而且在北美洲的西部和西北部，從加利福尼亞經過哥倫比亞河流域一直到北極圈，甚至到落磯山脈的西部也都可以看到（阿西尼本人：Lowie：6，第 3－4 頁；黑足人：Josselin de Jong：2，第 36 頁）。除此以外，他們還提出了許多問題，我將一一加以考察。

我先來插敍一段話。如果我們給卡希納瓦人列張清單，那麼，滾動的頭的題材在他們那裏並不比西部少見。它在安第斯神話中占有重要地位，可以追蹤到，它從玻利維亞東部的塔卡納人向南一直流傳到火地島。然而，從塔卡納人開始，我們感興趣的這種三元聯繫開始解體。砍下的頭的題材與另外兩個題材分離，後兩者係關於月亮的起源和對婚姻的不節制態度，表現爲亂倫的積極方式或獨身的消極方式。但是，塔卡納人更相信，存在一支完全由食人的頭組成的民族／tijui／，他們由從樹的高處跌落而死的獵人變成(M_{395a}, Hissink-Hahn, 第 244 頁)，或者死於coatá或guariba猴(蜘蛛猴或吼猴)的獵人變成($M_{395b,c}$，同上書，第 125-144，242-234 頁)。有時，被砍下的頭生成chima或chonta棕櫚樹（種名*Guilielma*），其果子狀如帶長髮的頭，用來餵魚(同上書，第 68-72 頁)；此外，它們被拋到「世界的盡頭」，變成晨間可見的星辰。

星辰∥魚這個析取又回到了美洲北部，在那裏，被砍了頭的女人的丈夫變成了星辰，而砍下的頭起先是食人的，後來變成昴星團中的一顆星辰（愛斯基摩人：Holtved：1，第 16-18 頁），或者鱘魚、belouga即白鯨，甚

或這些魚的卵（克里人：Bloomfield：2，第271-279頁；奧吉布瓦人：Schoolcraft，載Williams，第212-213，268-273頁；納斯卡皮人：Speck：4，第24-25頁，M_{374d}）。另一方面，M_{395}的一個卡維納人版本（卡維納人與塔卡納人相鄰近）把後來變成流星的滾動的頭的起源歸因於自我支解（Norden-skiöld：3，第294-295頁），這種形式也在從加利福尼亞一直到哥倫比亞河上游的北美洲西北部得到證實。囊括上述地域的更爲廣闊的一片地域從誘姦動物的故事引出滾動的頭的故事（$M_{150-159}$）。把一個動物作爲情人的一個女人提供了與M_{354}中的獵人蒙馬納基即把一個雌動物當妻子的男人相對稱的形象。最後可以注意到：圭亞那的一個阿拉瓦克人神話（M_{396}；Roth：1，第175-176頁）（它屬於在打扮的藉口下被殺的食人魔的泛美神話循環）使歐夜鷹從一個斷下的頭噴出的腦漿中產生出來（參見M_{391}的食肉鳥）。然而，中部和西部的阿爾袞琴人以及他們的許多南方鄰族都知道一個神話（M_{397}；Jones：3，第13，130頁），在那裏，歐夜鷹用放出的屁的力量擊碎一塊滾動的石頭，後者既與滾動的頭也與糾纏女人同系。這沒有什麼可奇怪的，因爲歐夜鷹在美洲象徵口的貪吃（L.-S.：17），因而在這裏能採取與肛門閉止相反的行爲。同樣，在北美洲神話中作爲賽跑女人之化身的滾動的頭反轉了糾纏女人的角色。她本身是一個男人的妻子的化身，而這男人表現爲善跑者（M_{354}）或不怎麼會跑的人（$M_{368-369}$），視情形和地區而定。

　　因此，毋庸置疑，從北極圈直到火地島環線美洲海岸航行，我們就可以爲所有「滾動的頭」的神話給出一個概括的解釋，在那裏很容易收集到我們僅爲了作考察而保存的那些關於這題材的神話，它們源自從特姆貝人到卡希納瓦人這個遠爲狹窄的地域。也許我有朝一日會執行這個宏大計劃。眼下，如我已解釋過的那樣，我選擇分離出這樣一個亞神話組，在其中，滾動的頭、該受譴責的交媾（或者等價地否棄一切交媾）和月亮的起源這三個題材顯然相結合。實際上，正是借重天文學聚合體的先成之見，我們

才能利用卡希納瓦人神話來擴充和加深對於從本書開頭起我們就一直注意
的那些南美洲神話的分析。

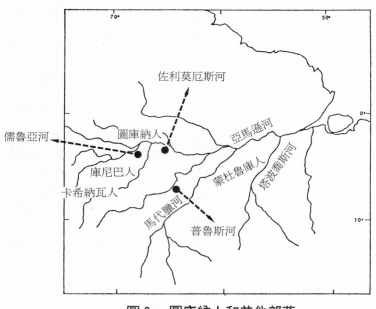

圖6　圖庫納人和其他部落

　　與M₃₅₄相比，各個卡希納瓦人版本以兩種方式豐富了社會學聚合體。
它們中出現的不是一個交替地嘗試非常疏遠和非常親近的婚姻的男人，而
是一個男人(M₃₉₃)或者一個女人(M₃₉₄)，這男人形同一個**過分自信的旅行
者**，他把敵人當做姻親似的，而這女人表現爲**非常喜好家居**，而且**過分缺
乏自信**：旣被逐出家門又拒絕婚配(在卡希納瓦人那裏，通常是堂表兄弟姊妹
們雜婚，Métraux：15，第677頁)，她便把可能成爲姻親的近親當成敵人似的。
　　當這樣來解釋時，在一根軸（我們最好把它畫成水平的）的分別爲男
性和女性的兩端就出現了兩個重要的卡希納瓦人版本，而這根軸在把這兩

個神話對立起來的同時還重組了一個男人（可以假定他已婚，因為他把戰利品帶給家人）的過分自信的行為和一個拒絕結婚的少女的過分謹慎的行為。因此，在這根軸上，兩性的對立是恰切的。同樣恰切的是，行為的對立由缺乏來規定：為了避免雷同的命運，謹慎的處女該表現得比較自信，而自信的訪客該表現得比較謹慎（圖7）。

然而，我們知道圖庫納人那裏有一個神話與M_{354}相對立，一如這兩個卡希納瓦人版本之相互對立。因此，這兩個圖庫納人神話處於與前一根軸相垂直的一根軸的兩端。這個已扼述過的神話(M_{358})以一個亂倫的兄弟作為英雄。他與M_{354}的英雄即歷險的丈夫性別相同，但行為不同。其行為的濫用性表現在相反方向上。實際上，這兩個英雄賦予他們的愛情事業以分別為一個或數個對象，又處於過近（真正的姊妹，在社會群體的這一邊）或過遠(動物妻子，甚至在人類的那一邊)。在這根新的軸上，兩性的對立不再是恰切的。態度的對立則仍然是恰切的，儘管這些態度現在由過分而不是缺乏來規定。

就第一部份而言與M_{358}相同的，就第二部分而言與M_{393}相同的庫尼巴人版本(M_{392})與這兩者距離相等。但是，這版本以其結論（月亮起源於砍下的頭）而處於這樣一條軌道上，它在把它們相對立的那根軸之外把M_{393}和持同樣結論的M_{394}聯結起來。

這樣，又是通過謹慎處女的故事，我們途遇了一系列神話，它們每每是蒙杜魯庫人的，通過若干步驟漸次回到歷險丈夫的故事：處女在青春期儀式期間幽居，以狗為情夫$(M_{398}$：Murphy：1，第114-116頁)；未婚少女與一條蛇合謀偷情$(M_{49}$；CC，第167頁)。在蒙杜魯庫人自己看來，這個神話反轉了（因為那裏明確提到）已婚男人的神話，這男人為了一個動物情婦即一頭雌三趾獺而拋棄了他的人妻$(M_{286}$：Murphy：1，第158頁；Kruse：2，第631頁；MC，第306頁)。我們無疑可以把M_{354}也與這後一個神放在一起，因為三趾獺女人害怕情夫的合法妻子嘲笑它的黑牙齒（參見M_{354}中嘲笑媳婦

圖 7　圖庫納人、卡希納瓦人和蒙杜魯庫人神話組的結構

吃黑甲蟲的英雄母親）；此外，由於失去了情獸(三趾獺女人或金剛鸚鵡女人)，這兩個英雄都跌入了絕望的深淵之中。

為了確保從謹慎處女角色到冒險丈夫角色的過渡，訴諸蒙杜魯庫人神話，從兩方面來說是合理的。像圖庫納人一樣，蒙杜魯庫人也是一個亞馬遜部落；另一個蒙杜魯庫人神話與庫尼巴人神話一起並以與之相對稱的方式確保亂倫兄弟角色和過於自信的訪客的角色之間的過渡。實際上，M_{255}也把下列三個我們感興趣的題材聚集在一起：月亮（的丈夫）的起源，因為它涉及多天的太陽；砍下的頭；最後，亂倫——這裏是與神化的月亮亂倫。無疑，這神化的月亮本身是個母親，而不是個姊妹(的兄弟)，但我將回到這種從作為嫡親兄弟姊妹亂倫之轉換的親屬亂倫出發對太陽和月亮起源作的解釋上來。這種亂倫在塔卡納人那裏也得到證實，不過這次是父女間的亂倫(M_{414}；Hissink-Hahn，第79-80頁)。圖7中圖表所示的蒙杜魯庫人神話沿對角線的分布似乎尤其意味深長，因為這些印第安人在他們的神話中未展現滾動的頭的題材；這也許是因為，獵頭的獵人鍾愛自己的戰利品，把它們作為壯觀的飾物佩戴。傳統上，他們在把頭從神話層面轉移到禮儀層面的同時賦予它以正面的而不是負面的價值。尤其值得提出的問題是，蒙杜魯庫人以別處未曾重見到的方式不是把頭和截下的腿而是把頭和肱骨關聯起來，它們分別來自被他們砍頭的敵人屍體和死去的同伴。帶走同伴的手臂對於使他成為木乃伊，回去後埋葬來說是極關重要的。因此，他們會毫不猶豫地當場給重傷員截肢，以便讓他死前回到村裏(參見Murphy：1，第53-58頁)。

不過，我現在回到這圖上來。如果這神話組是閉合的，那麼，應當可以畫出中間類型的曲線，只要在把冒險丈夫的角色和亂倫兄弟的角色對立起來的軸之外把它們聯結起來。我嘗試閉合這旅程。在南美洲像在北美洲一樣，也幾乎到處都是亂倫兄弟變成月亮，其面容被姊妹用煙垢或genipa的汁液塗上晦暗陰影。因此，我們可以從亂倫兄弟一直上溯到月亮陰影的

起源。在另一個方面上，我們知道——因爲這是M₃₅₄的步法——我們可以從冒險的丈夫一直下探到糾纏女人。然而，還存在一系列北美洲神話，它們把糾纏女人轉變成固定在月亮英雄面容之上的蛙。今天這天體的陰影仍勾勒出了其輪廓。

我所以不得不訴諸北半球神話，是因爲已經察明，如不考慮到北美洲版本，就不可能建構糾纏女人的聚合體：

M₃₉₉. 利洛厄特人：月亮陰影的起源（參見以上第65-66頁）

卡斯托爾和他的朋友蛇追求他們的鄰居蛙姊妹。但她們發現他們很懶，因此加以拒絕。科約特爲了報復而掀起了大洪水。當洪水使堅實的大地沈沒時，蛙跳離大地，吊在月亮前面，今天人們仍可看到她們(Teit：2，第298頁)。

M₄₀₀ₐ. 錐心人(Cœur d'Alêne)：月亮陰影的起源

有一次，英雄月亮邀請鄰居赴盛宴。當房內已擠滿了人時，癩蛤蟆來到了。它請求給一點點地方讓它入座，可是沒有用，人們讓它待在外面。

爲了報復，癩蛤蟆招來暴雨，月亮屋裏淹了水。客人們在一片漆黑中逃竄，看到了一點光。這光來自癩蛤蟆的房舍，他們想躲到那裏去，因爲只有那裏地上還是乾的。這時，癩蛤蟆跳上了月亮的面孔，人們再也無法把它從那裏驅除。現在還可以看到它在那裏 (Teit:3，第123-124頁；參見湯普森人：M₄₀₀ᵦ，載Teit:4，第91-92頁，那裏這客人是月亮的妹妹)。

關於這類神話，還可以從這個地區或其他鄰近地區舉出許多例子，它們把糾纏女人（已是由蛙轉換而成的）的題材轉換成關於月亮陰影的、然

後是關於這個天體本身的起源的神話。因此，這條神話曲線就閉合了，從無論哪個版本出發，都可以重見所有其他版本，它們依產生它們的各轉換的「自然」順序排列。還應注意到，這條複合曲線——它的兩條描繪在兩根垂直軸的平面上的輪廓線適配於一個球體的理想表面——界定了一個廣闊的語義場，在其中，在這球體內部的任何一點上，都可以找到已經研究過的已知的甚或可能的神話的位置。

這裏我僅舉出兩個例子。M_{317}在一個揷段中以及$M_{364a,b}$以更一般的方式都把滾動的頭的題材和糾纏女人的題材聯結起來。因此，它們理想地處於這球內部一根垂直於另兩根軸的水平軸上。這根軸穿過它們的交點，在兩個對立的點上終止於這條複合曲線，這兩個點分別對應於滾動的頭和糾纏女人。

現在，我來考察M_{393}和M_{286}之間在細節上的驚人相似性，儘管兩者在這圖中相距遙遠，也不占據對稱的位置。在去敵人村子的途中，自信的客人和不忠實的主人吃了使他們牙齒變黑的植物。當一個已婚女人接待他，宴請他時，這外村人有著和M_{286}中的一個已婚男人的情婦三趾獺女人一樣的齒色，而這三趾獺女人擔心情夫的妻子正因為它的齒色而不宴請它。因此，這裏有一個題材，它把敵對訪客（主人幾乎把妻子給他）和受一個男人（他爲了自己的利益而拋棄妻子）造訪的動物女人聯結起來，兩者也就是人性或獸性的兩個原型，而這人性和獸性各都被推到了極限——人但是敵人，動物但是姘婦——儘管沿著相反的方向：社會學的或動物學的、文化的或自然的。儘管這題材很晦澀，但還是可以把它一直追溯到吉瓦羅人。這些亞馬遜河上游印第安人有個關於月亮起源的神話。月亮因兄弟太陽的勤勞而弄得疲憊不堪，遂利用他忙於給臉上塗紅色以便躲在天空中的機會而給自己塗上顏色，但塗的是黑色（M_{401}:Stirling，第 124 頁）。這裏很容易添上M_{286}，因爲這個吉瓦羅人神話最後使三趾獺成爲太陽和月亮重修舊好而亂倫生下的兒子和印第安人的祖先。切莫忘記，作爲M_{286}所屬的蒙杜魯

庫人，吉瓦羅人是獵頭的獵人，而由於人頭缺乏，他們也就退而獵三趾獺的頭（同上書，第 56，72-73 頁）。

因此，當用爲數有限的下述各對立來規定這許多神話時，它們便組織成閉合的神話組：**男的**或**女的**；**親近的**或**疏遠的**關係；**按缺乏**或**按過分**來理解的**謹慎的**或**自信的**態度。不應當因此而忽視，當從其他觀點來探究時，它們仍在一個超空間中展開，而在這空間中還出現別的神話，先前對它們所作的分析並未窮盡它們的性質。如果說神話總體 $M_{393-394}$ 及其異本與神話總體 $M_{354-358}$ 及其異本屬於同一社會學聚合體，那麼，它們同時也屬於一個我已就 M_{130}、$M_{135-136}$、$M_{279a,b,c}$ 開始加以研究的解剖學聚合體，而作爲出發點的 M_{354} 已迫使我們注意後一些神話。

這些神話把某些星座——獵戶座、畢星團和昴星團——的起源歸因於肉體的分割。$M_{393-394}$ 以類似方式解釋了月亮、虹霓和一般星辰的起源，而不是局限於特定的星座。由於這個事實，分割的程式也發生變化。由此可見，在這些新引入的神話中，仍然對三種切割作了富有啓示的對比：規定和限定親近和疏遠範疇的社會學切割；隔離或重組白晝或黑夜現象的天文學切割；最後是在分割人體的衆多方式中作出選擇的解剖學切割。因此，我們已研討過的這個神話總體用了許多例子說明一個三重轉換的許多模態。我們可以取兩種視角進行分析，一種是二元的視角，另一種是類比的視角。

從二元的觀點看，我們可以認爲，眼睛是頭（它容納眼睛）的換喻變體，腿是下肢（腿是下肢的組成部份）的換喻變體。這種簡化使我得以暫時地在 $M_{393-394}$ 中忽略關涉眼睛（它們作爲較小的頭）的轉換，在獵戶座起源神話組中暫不考慮這樣的事實：同一轉換時而涉及直到髖部（有時包括在內）的下肢，時而僅僅涉及腿（它作爲下肢，但較小）這裏我們也依據於 $M_{393-394}$ 的本文，它使血沿長的路徑流播，以便把血歸類於擴充的肉體的範疇。

承認了這一點,就可按下列方式表示這個解剖學轉換,其中符號＋和－分別標示每個對立的第一和第二項:

	獵戶座和昴星團的起源		月亮和虹霓的起源	
	下肢	**內臟**	**頭**	**血**
長／圓:	＋	＋	－	＋
硬／軟:	＋	－	＋	－

就第一個析取: (**大腿＋小腿**) ∥**內臟**(關涉身體下部) 和第二個析取: (**頭＋眼睛**) ∥血 (關涉身體上部) 而言, M_{130} 所引起的轉換 (它產生了後髮星座) 例示了一種混合程式: 它把人物從腰部高度處即從中間部份分離為兩部份。由此評述可知。也可以按類比的方式, 通過把切割平面漸進地從下向上移動來解釋這個轉換循環。

於是, 在這個神話組的一極處, 截下的小腿(或大腿)、被散播的內臟產生了獵戶座和昴星團這兩個預報魚汛的星座。攔腰一切為二的人物, 其下半身變成了魚(M_{362})、魚的食物(M_{130}) 或對於捕魚來說保持中性的東西 (M_{354})。其下半身變成這同一捕魚的負面的(M_{130})或正面的(M_{354})手段。現在繼續向上: 砍下的頭是貪吃的或食人的, 依附取得成功或者歸於失敗。在肯定的情況下, 這頭構成軀幹女人的極限形式, 而且像後者一樣也起著糾纏的作用。在否定的情形裏, 砍下的頭、流播的血與其支撐體徹底隔離, 產生了月亮和虹霓。這兩個天體一個引起月經和生殖(生), 另一個引起同樣流血的但截然不同類型的事件(死), 因為這裏涉及的卡希納瓦人稱虹霓為「敵人之路」。

第 96 頁上的表免去了冗長評述。首先可以注意到, M_{354} 所占的位置既解釋了, 虹霓起源的題材已在那裏出現 (如位於其右邊的那些神話中的情形那樣), 同時卻又解釋了, 在這骨架中又得到証實的、對黑夜天空的天文

學引用不可能產生確切的消息。實際上，源自位於左邊的各神話的這些引用只不過利用了一顆假想星座的代言者。其次，各個卡希納瓦人版本——它們那麼明確地訴諸下述兩者的對立：產生於群體的生（借助女性生育和生殖的機制）和敵人強加的死（由於戰爭，這是男人的社會性流血，而生育是女人的生理性流血）——有助於我們理解，甚至糾纏女人神話的北美洲版本也讓反抗婚姻的年輕戰士去做犧牲品，因此，誰拒絕爲生的工作作出貢獻，誰就應當專門獻身於死的工作。

下部殘斷	中間殘斷			上部殘斷
獵戶座－昴星團 (M$_{135,136,279a,b,c}$)	後髮星座 (M$_{130}$)	後髮星座$^{(-1)}$ (M$_{354}$)	糾纏女人 (M$_{354}$，等等)	滾動的頭 (M$_{393, 394}$等等)
允許拒斥			被迫的依附	經受拒斥
星　　座 (黑夜的物體) 天		太陽 (白晝的物體)…… 天		……**月亮，星辰**（黑夜的）；**虹霓** （白晝的）
周季的周期性： 豐足或匱乏		**周日的周期性：** 晝和夜		**周月的周期性**：生殖和死亡
內部社會對抗（妒忌，家族爭吵，通姦）				**外部**社會對抗 （部族間衝突，戰爭）
婚姻的**濫用** （家庭通姦）	婚姻的**敗壞** （過分親近的或過分疏遠的）			婚姻的**拒棄**，或者(＋)：亂倫的親兄弟姊妹或獸性的夫婦；或者(－)：謹慎的男孩或姑娘

　　如果在一個社會群體中，人們爲了亂倫(M_{255}、M_{366}、M_{392})、獸性(M_{370c}和$M_{150-159}$的許多北美洲版本，未予編號)或者由於姑娘(M_{394})或男孩($M_{367-370}$)堅持獨身而違反了通常的婚姻規則，那麼，這個群體唯有訴諸戰爭來調整與異族的關係(M_{255}，M_{393})。甚至它與自然界的關係也表現爲可與戰爭的過分相比擬的狩獵的過分(M_{391})或捕魚的過分(M_{354})。獵人對待獵物如同敵人，因而濫用自然資源(M_{391})，這樣，他們就犯了否棄周期性的罪行。我們理解這種周季周期性。只要認識到它，它就會確保魚或獵物年年來歸。無疑，這種周期性已經蘊涵著匱乏，因爲不是不可設想，而是可以想往，一年到頭食物供應豐足。由此可見，這些神話在這種周期性中看到了一種過錯的後果，這種過錯就是濫用聯姻，但它們首先接受聯姻，而這樣帶來的麻煩不如拒斥聯姻來得嚴重。

　　在這些神話中，星座誕生於爲一種不貞行爲即偷盜或通姦所濫用或敗壞的人類聯姻或者作爲其結果，這種行爲往往歸咎於一個額外的人物：丈夫的兄弟、妻子的姊妹或母親(MC，第 299－302 頁)。至於太陽和月亮，它們產生於非人的或被認爲是這樣的聯姻，這是指「反文化」的亂倫或者與動物的交媾，因而是反自然的。不過，南美洲神話一般把這與魚的起源(M_{150}等等)或漁毒的起源(M_{145})相聯繫，而漁毒是捕獲太陽和月亮爲其主人的(M_{255})、獵戶座和昴星團預報其到來的($M_{134-136}$)魚的手段。因此，這神話組被這個偏向所閉合。

　　可見，月亮和人之間或者通過反轉亂倫程式(M_{256b}; Nordenskiöld: 3, 第 296－297 頁)的月亮和太陽之間的聯姻對於這些神話來說處於可能的極端：這結合要求人的陰莖極度加長，如果月亮是女人的話，或者，如果月亮是男人，那麼便產下一個神奇的孩子，不過幾乎可以說，他是對長陰莖的擬人化，因爲他生性易激動，且愛探究(M_{247})。同時地研究北美洲西北部的月亮神話和圭亞那－亞馬遜地區的月亮神話，就可以同樣地表明，女性的月亮是偷孩子的竊賊(糾纏女人的轉換)，而男性的月亮是被竊的小孩；

不過，竊賊是「魚精液姑娘」（milt-girl），而她們本身由某些圭亞那神話（M$_{241}$）的「樹木丈夫」轉換而成，後者是被蛙竊取的孩子的父親，這蛙在薩利希人版本中則爲魚精液姑娘所利用。

月亮即使不改變性別，也往往仍然是兼具兩性的，因此被應用於模稜兩可的神話。太陽非常親近月亮，以便它們相結合而又不犯過錯，但人非常疏遠月亮，是爲了使他們遠距離交合而不給他造成危險。這黑夜天體不停地在社會惰性和渴求外來事物的好奇心這兩種程式之間搖擺，而這從兩性關係角度來看只不過是讓其在亂倫和淫蕩之間作選擇。

因此，這些嚴重程度不等的過錯各都相應於周期性循環的縮短。這是不可理解的，如果這種荒唐的聯姻不改變等價於天文學現象所固有的時間周期性的社會學層面上的空間周期性的話。在尋覓配偶時，一個人可能走得過近或者過遠。視某個天體的周期性回歸是每年、每月還是每日發生而定，我們可以用一個適當模型來表示內婚制和外婚制的浮動值。聯姻的濫用與拒絕聯姻相對立，就像季節性的星座與相位按月變化的月亮相對立；而與太陽的存在或不存在相交替的月亮之存在與否則反映了我們可以觀察到的最短周期性形式（在這「亂倫的」意義上）：白晝和黑夜的周期。

事實上，這些卡希納瓦人神話明確地對比這兩種短的周期性模式。當月亮初次出現時，它引發女人每月流血；此外，視懷孕時月亮是新月還是滿月，男性的精液或者女性的血凝結在子宮中，出生的孩子皮膚像白晝一樣光亮或者像黑夜一樣晦暗：

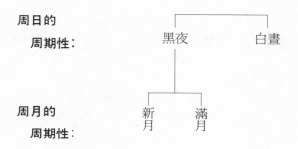

土著的本文給解釋造成很大困難。因此，我們對於精確地規定月相和嬰孩膚色間的關係心存疑慮。不管怎樣，所有屬於我們努力建構的神話組的神話都利用一個複式的天文學參照系。它們把白晝現象和黑夜現象對應起來，並且它們參照不同的周期性循環。如果說在$M_{393-394}$中，月亮以虹霓作為其白晝的等價者，那麼，在我後面還要遇到的一個圭亞那神話(M_{149a})中，白晝的太陽在指定其女兒照亮死者的路時便產生了黑夜現象銀河：

銀河作為太陽的黑夜模式和虹霓作為月亮的白晝模式這種雙重關聯証實了我已獨立地加以証實（CC，第 322-324 頁）的虹霓和銀河中的黑影即反轉銀河間的等價關係。因此，各個天文學項全都一分為二：銀河正面地存在（明亮地浮現在晦暗的天空上）和負面地存在〔碳袋座(Sac de Charbon)晦暗地浮現在銀河的明亮背景上〕；月亮可能是滿的(明亮的)或者新的(晦暗的)；太陽本身以兩種相反模態出現：夏季的和明亮的，或者冬季的和晦暗的(M_{255})。最後，我們知道，印第安人設想虹霓有兩種形象，一

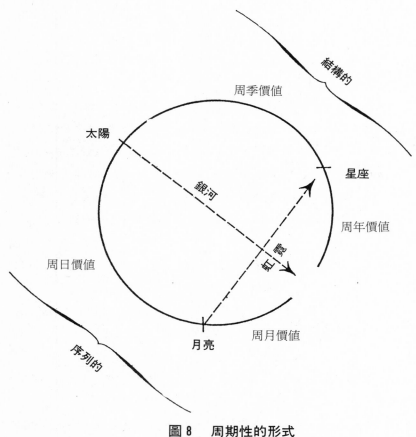

圖 8　周期性的形式

種是東方的，另一種是西方的，甚或分別是在上的和在下的(CC，第 324 頁)

　　這些神話利用這種複雜代碼，是爲了使每一個按兩種形象之某一種加以研究的天體現象都引起不同的周期性形式，從而履行雙重功能。關於這一點，土著對虹霓的評說已明確告訴我們，如我已在《生食和熟食》中扼述過的那樣：圖庫納人區分了東方的虹霓和西方的虹霓，把一者與魚關聯起來，另一者與陶土關聯起來，這兩樣東西都是周季性收穫的自然產物。M₃₅₄對這一點同樣說得很明白：它把東方的虹霓與魚的周期性遷移即所謂「piracema」：魚每年沿河上溯去產卵聯結起來。另一方面，西方的虹霓作爲陶土的主人則關涉較短的周期性：人們只在滿月第一夜期間收集黏土，否則，陶碗有碎裂的危險，而且使用它們的人會患上嚴重疾病（CC，第 324-325 頁）。因此，虹霓本身的性質的雙重性使人們得以用它來連接周期性的兩種價值，一種是周年的，另一種是周月的。

　　同樣，太陽把周期性的周年的價值和周日的價值結合了起來，因爲這些神話時而強調太陽的白晝性，時而強調其季節性（冬季的太陽和夏季的太陽，M₂₅₅）。那麼，月亮怎麼樣呢？它表現爲雙重周期性，周日的如同太陽那樣，或者周月的，但絕沒有像星座那樣的周季的周期性（圖 8）。

　　因此，在周期循環的一點上產生了斷裂。星座完全處於堅實構造的結構一邊，這結構由周年的和周季的周期性構成，而這兩個周期性以雨和乾旱的交替、豐足或匱乏、魚的到來或離去爲標誌。另一方面，月亮完全處於短的、序列的周期性一邊，後者可以表現爲兩種形式即周日的或周月的，但不會帶來可與周季循環變化相比擬的變化。各季相互對立，但各日是相似的，而且相依不變順序（冬天和夏天都一樣）前後相繼。太陽既是周日的如同月亮，又是周年的如同星座，因而完整地擁有能訴諸這兩個形象的特權。

　　這樣我們就可以明白，在這種類型體系中虹霓和銀河被賦予怎樣的互補功能。由於賦予虹霓的東方模式以周季的內涵，賦予虹霓的西方模式以

周月的內涵，因此就讓虹霓能夠在白晝層面上把被判定爲在黑夜層面上仍然分離的各個項連接起來。因此，虹霓克服了一個矛盾。銀河從自己的方面並在黑夜的層面上使這矛盾中性化，因爲作爲星雲（明亮的）和作爲碳袋座(晦暗的)，銀河把亮暗對立置於共時之中和全年期內，而交替地爲新月和滿月的月亮則以在歷時中展開的、但一年到頭重複的周月周期性例示這種亮暗對立。虹霓和銀河各自與每個星辰的類緣關係一下子都得到明確說明。虹霓的二元性構成了一座橋，人們說這橋由月亮沿周季周期性方向架設，而這周期性對於月亮來說是無法從其他途徑通達的。對於銀河，太陽在由這體系在周月周期性和周年周期性之間所挖掘的鴻溝之上架設了一座橋；因爲，這鴻溝只有太陽才能跨越過去：太陽與月亮有周日的默契，與星座有周季的默契，太陽藉此把這兩種形象聚集攏來。

II　周日的行列

是的，當人否棄了神，思維的生靈在這孤寂的人世間，沒有隨從，沒有旁
觀者，會比被寓言中的芸芸諸神包圍時更顯威嚴；空曠的大漠更適宜於人
思緒馳騁，情感淒愴，甚至厭棄沒有幻想、沒有希望的生活。

夏多勃里昂：《基督教真諦》，第四冊，第一章

　　像剛才所做的那樣區分開了兩種周期性，一種是長的周年或周季循環，
另一種是短的周月或周日循環，前者的特徵為給人多樣性的印象，後者則
給人單調的印象，那麼，就可以得到一種媒介，藉此可以明白，為什麼當
從一種周期性過渡到另一種周期性時，關於星座起源的神話照例轉變成為
關於太陽和月亮起源的神話。但是，在這轉換的過程中又產生了另一種轉
換，它不再僅僅影響消息的性質，而且影響敍事的結構。我先來舉一個例
子。

M$_{60}$. 圖庫納人：西米德韋的不幸

（參見CC，第 178 頁和M$_{129a}$，第 294 頁）

　　西米德韋(Cimidyuë)的丈夫嫌惡妻子，遂決定在一次狩獵活動過
程中把她甩掉。他告訴她說，蛛蜘猴(種名 *Ateles*)的性器官是白棉花
做的，就像裝飾標槍用的那種棉花。必須等待毒物起作用，猴子跌地
而死，再把它們收集起來。他自己先走了，去捕殺別的獵物。可是，
這男人走遠了，不給妻子發出約定的信號就回了村。

　　她在樹腳下久久等待。她不知道回村的路，於是決定跟猴子走，

吃它們扔給她的香頭果(種名*Couma*)。夜裏，猴子變成了人，請這被庇護者睡在房舍裏的吊床上；天一亮，茅舍和吊床都消失，猴子們又恢復動物形。

在與猴子們一起長期遊蕩之後，西米德韋來到了它們的頭領那裏，它呈人形，儘管它屬於花豹屬。她幫著爲飲料節宴配製甜味木薯啤酒。猴王睡著了，睡夢中大叫，它要吃掉這女英雄。後者很驚慌，把它弄醒，這使它大怒。他拿了／*čaivarú*／果子的一個大核，敲打她的鼻子，直到鼻孔流血。接著，它又睡了，又開始大聲恫嚇。一連多次，西米德韋把它弄醒，這猴人繼續打她的鼻子，它還把血盛在一個杯子裏喝。它要求喝啤酒，猴子們全都喝得酩酊大醉。

翌日，猴王出去打獵，用一根長繩子繫在西米德韋的腿上，它自己手執繩子的另一端。它不時拉動繩子，以確信她始終被囚禁著。在這茅舍裏還有一個龜，也被拴著。它解釋説，猴王是個花豹，準備吃它們兩個，它們得趕快自救。它們解掉了繩子，把它扣結在茅舍的柱子上，然後逃跑。途中經過猴王兄弟凡基薩(Venkiça)的圍欄，他雙腳交叉地擋在門前。根據龜的建議，西米德韋拿來一根棒，猛擊這人的膝部，正好打在膝蓋骨上面。這一擊厲害極了，他不得不迅速縮回腳。「不要告發我們！」這女人通過時叫道。現在，仍可在獵戶座中看到凡基薩。

猴王打獵回來後便尋找逃亡者。它問兄弟有沒有看見一個「大姑娘」經過。這兄弟一直痛得要命，祈求説，不讓他對「大姑娘」怎麼樣，他膝部痛得不行，沒法作出反應。猴王也就放棄了追逐。

西米德韋重新迷失在樹林裏，又遭到種種不幸。屬於啄木鳥科的一隻鳥藉口帶她回村，把她引向歧途。後來，她又誤信了一隻屬於鶉雞科的inhambu鳥，它正在展開羽毛進行清潔工作。這時，她又認識一個正在茅舍裏編織籃子的老嫗。這女旅行者要求讓她在屋裏過夜。但

是，這鳥把她載走，她只好露宿。當她翌晨想重新上路時，這鳥又給她指了錯誤的方向。

第二天夜裏，西米德韋以爲可以躲在一個掛在樹枝上的巨大白蟻巢下面避雨。但是，這白蟻巢是一頭花豹的。它恫嚇她。她逃跑了，到達一個地方。她認識這是索利莫厄斯河流域。這天晚上，她睡在一棵木棉樹的腳下，在露根間解大便。有兩個動物路過，先是一個大蜥蜴，後來是個癩蛤蟆。它們裝做要吃她，戲弄她。最後，木棉樹的主人藍蝴蝶*Morphos menelaus*醒了，打著呵欠說，它要到一個它叫得出名字的印第安人的園子裏去吃松果，而這印第安人正是西米德韋的父親。

她跟著這蝴蝶一直來到河邊。父親的茅舍就在河對岸。因此，西米德韋要涉水過河，但她不諳水性！這蝴蝶唸了魔咒，把這女人變成紅色四星蜻蜓。這兩隻昆蟲一起飛到對岸。西米德韋已經筋疲力竭，沒有同伴幫助，再也無法前進。爲了答謝它，她壓榨了許多松果，這蝴蝶吮吸松果汁。這父親驚訝地看到果子已被壓榨過。他便與妻子一起窺測，認出了女兒，想留她下來，但沒有用。

村民們應請求全來幫助，一起埋伏起來。一連三天，他們等著昆蟲回來。最後，他們抓到了西米德韋，但蝴蝶逃掉了。人們把這女人帶走，儘管她抗議。她父親給她服催吐藥；她大吐起來，恢復了理智。

不久之後，西米德韋在一次宴會上遇見丈夫。他戴著一個面具，上面佈滿稻草，代表一隻長滿茸毛的小蜥蜴。它坐下來用語言戲弄受害者。後者點燃一塊樹脂，朝面具扔去。乾稻草著火了，這男人未能脫掉樹皮服裝就逃跑了。熾熱的火爆破了他的腹部，／porénë／鳥羽毛上沾滿了血（Nim.: 13，第148-150頁）。

這個神話在許多方面使人想起獵人蒙馬納基的神話(M_{354})，後者也源

自圖庫納人。蒙馬納基是個**冒險的丈夫**，他在動物中覓到前後幾個妻子；西米德韋例示了一個**冒險妻子**的對稱情形。她的丈夫把她遺棄給動物，而動物根本不把她當女人對待，倒是想使她成為飲食的主體或客體：猴子給她東西吃，猴王和花豹想吃她，蜥蜴和癩蛤蟆拒絕給她東西吃，蝴蝶讓她提供東西給它吃。因此，這個辯證法始終局限於本來意義的界限內，而蒙馬納基的各個動物妻子則把這種辯證法置於本來意義和比喻意義的交點上：鳥妻子在本來意義上供給丈夫東西吃，蛙和蚯蚓妻子則讓他在比喻意義上供食，因為它們把排泄（本來意義上的飲食的反面）的姿勢當做授孕的姿勢（等價於比喻意義上理解的飲食）。

蒙馬納基神話的最後讓一個男人、他的母親和妻子出現；西米德韋神話的最後讓一個女人、她的父親和丈夫出現。在一種情形裏，妻子「逮住」丈夫，而丈夫靠水擺脫了她。在另一種情形裏，丈夫「放了」妻子，而妻子藉火報復了他。糾纏女人被攔腰一分為二；釋放者丈夫在腹部層面上被爆破。時而獵人的母親錯怪其動物媳婦的德行而惹起災禍，時而已嫁給獵人的女人的父親向女兒伸出援手，而這女兒自己錯怪結伴的動物。最後，可以記得，蒙馬納基神話明確引入虹霓的起源，隱含引入後髮星座的起源，但反轉了這星座的功能。然而，西米德韋神話明確引入獵戶座的起源，但從解剖學題材上削弱了它(膝部被弄得無活動能力，而不是腿被截斷)，隱含地引入月蝕的起源：圖庫納人把月蝕歸因於扮演獵戶座角色的魔鬼凡基薩（*以上第 77 頁*）。

因此，頗有些協和一致的徵象令我們把M_{60}和M_{354}歸入同一個神話組。不過，也不應忽視這樣的事實：當從聚合體角度考察這些神話時，它們表現出很大不同。兩者都採取連本故事的形式，但在M_{354}中，這種表象是虛幻的，因為我們完全可以在連續故事的形式背後安置下這樣的結構：它的從各種不同視角觀察到的各個要素始終被精確地配置。在西米德韋歷險的情形中卻一點也看不到這樣的跡象，因為如果排除掉一些分散而又不易連

接的路標，那麼，插段的數目、它們配置的順序、它們所屬的類型似乎都是一種較自由的發明的產物，完全不受神話思維的束縛，哪怕這思維已作了限制。換句話說，我們可以問，西米德韋的故事是否例示了從神話樣式到傳奇小說樣式的一種意味深長的過渡，而這過渡的曲徑比較柔順，也不服從那些制約因素。

　　南美洲印第安人的口頭文學所收集或研究的故事全都受到這種對比的影響。供給我西米德韋故事的尼明達尤把這故事歸入他命名的一個單獨類別：「漂泊和冒險傳奇」（Légendes d'odyssées et d'aventures）。無疑，他也把蒙馬納基的神話歸入這個類別，但是由於我已指出的理由，他沒有對本文作分析，因此只滿足於看到表面上的相似，而沒有去發現更深刻層面上的差異。爲了重組某些蒙杜魯庫人神話，墨菲（1，第 94 頁）開闢了一個專門的標題：「冒險和英雄故事」（Aventures et sagas），他還把一個神話（M_{402}）稱爲「英雄故事」（參見Kruse：2，第 642 頁：「旅行」），而他自己指出，它對應於圖庫納人的西米德韋故事和一個特姆貝人故事（M_{403a}；Nim.：2，第 299 頁）。已知後一故事有兩個異本。以韋格利和加爾沃爲一方（M_{403b}；第 140-142 頁），梅特羅爲另一方，他從卡耶波人那裏採集到幾乎同樣形式的這個故事（M_{404}；8，第 30-32 頁），雙方都仿效羅思（1，第 126-130 頁）把這故事稱爲「冒險故事」。羅思就這樣命名我已多次提到的一個瓦勞人長篇故事（M_{317}）。它與西米德韋神話的親緣關係似乎比一個其英雄名叫克雷－克雷－米尤－奧（Keré-Keré-miyu-au）（他也叫蝴蝶引導回家的路）的版本更確鑿有據。羅思說，他對神話中罕見出現的一種昆蟲的介入感到吃驚；向他傳述的人對此回答說：蝴蝶是印第安人的一個忠實朋友，它不是因喝啤酒而酩酊大醉，以至於甚至飛不走了嗎？

　　這裏我要插敍一段。M_{60}和M_{317}中由蝴蝶擔任與破壞的角色相對立的提供幫助的角色。這與許多神話相反對，它們把這角色賦予別的動物。不過，這一點所以令人驚訝，除了羅思提出的一個理由之外，還有一個理由。

在整個圭亞那—亞馬遜地區，蝴蝶，尤其金光蝶屬的蝴蝶都有一種有害的涵義。「巫士和妖精的動物……（蝴蝶）把瘴氣混合在一個葫蘆裏，再把它傳遍全境」（K.-G.：2，第 328 頁）。在提供上述資訊的庫貝奧人自己那裏，「金光蝶帶有華麗的藍色翼翅，同邪惡和巫術相聯結……當一個巫士配製用來殺死遠方受害者的魔毒時，金光蝶就出現，圍繞毒物罐飛。就在它跌入罐內燙死那一刹那，那個受害者也斃命」（Goldman，第 224-225 頁）。沃佩斯河的圖卡諾人稱蝴蝶爲／wāx-ti-turu／即「Wāxti塊」，儒魯帕里河的圖卡諾人也這樣叫，西亞馬遜的圖卡諾人稱它們爲「惡魔」（Silva，第 332-334 頁）。按照阿瓜魯納人的說法，金光蝶／uam pisuk／是惡魔動物（Guallart，第 85 頁，註⑱），由被魔鬼搶去的少女的靈魂化身而成。獲自沃弗蘭（Wavrin）（第 626-627 頁）的這後一個指示又回到了圖庫納人那裏，他們認爲，木棉樹精靈是身體不適的女人的敵人（Nim.：13，第 92 頁）。這同一個木棉樹精靈在圖庫納人的西米德韋神話中是一個金光蝶的化身，但成爲女英雄的嚮導和庇護者。

並非不可設想，蝴蝶的語義價值的這種復歸與儀式上服用粉末狀致幻劑或麻醉劑，尤其帕立卡（麻醉性鼻煙）相聯繫（Wassén：1，2；Wassén-Holmstedt）；這個通稱標示以落腺豆屬（*Piptadenia peregrina*）或肉荳蔻（種名 *Virola*）的籽粒、皮或葉爲基礎的許多種製劑。在神話中，蜻蜓的介入比蝴蝶更罕見，後者陪伴變成前者的西米德韋一起成功地穿越阻斷返路的河流。然而，圖庫納人很重視帕立卡，在維也納種族志博物館裏有一個木雕的帕立卡飾匾，源自毛埃人（Maué），在這上面可以認出在交配中的蜻蜓和蝴蝶（Wassé：2，圖 12 和第 45-46 頁）。但是，尾部相接的這兩種昆蟲差異很大，以致這情景讓人想起一隻蝴蝶在拖拉一隻蜻蜓，就像西米德韋神話之中那樣。同樣，在屬於奧斯陸種族志博物館所有的圖庫納人飾匾（Wassén：2，圖 41）中，很可以認出一隻蝴蝶，其上伏有一隻翅褶起的蜻蜓，如果說主要圖形有一個角形鼻，後者是圖庫納人面具中的捲尾猴所特

有的（如沃桑所恰當地觀察到的），而蝴蝶面具帶有一種長形喇叭（Nim.：13，第82頁和圖版17 b）（圖9）的話。

　　源自亞馬遜地區的其他帕立卡飾區大都表示一種可以證認為蛇或鱷魚的動物，它在我們神話的特姆貝人—特內特哈拉人、卡耶波人和蒙杜魯庫人版本中取代蝴蝶充任擺渡者的角色（CC，第362頁，註⑩）。我將在第七篇中解釋這個插段。不過，這雕像顯現了一個舌頭，而這些神話聲稱，鱷魚沒有舌頭（MC，第225頁）；弗里凱爾（Frikel）（1，第8頁）在特羅姆貝塔斯河的卡丘耶納人那裏看到了同類型東西，它代表「水棲花豹」和一種稱為／Kurahi, Korehi, antchkire／的動物，但他未能收集到關於後者的資訊。此外，我們神話的分布區域只是部份地與帕立卡的分布區域相重合。儘管有這些捉摸不定之處，我們還是留下這樣的深刻印象：它們全都關涉英雄或女英雄在欺詐或邪惡的、往往是龐大的（如inhambu鳥，西米德韋以為它是掩蔽一個老嫗的茅舍，她自己也想進去）動物那裏漂泊。我們已看到了以帕立卡為基礎的儀式。實際上，這意味著，它們的主要目的在於使人與龐大動物精靈〔卡丘耶納人稱之為／worokiema／（Frikel：1，各處），蘇拉拉人（Surára）稱之為／he Kura／（Becher：2，第91-96頁）〕結成友善關係，以便威逼它們，去除它們的兇蠻，誘導它們的有益能力，和它們認同。難道我們的旅行者在一個陌生而又恐怖的世界中迷路時不是也這樣做，但每每勞而無功，同時又總是被一條河流隔開，而有時他們甚至不留心記住已費力渡越了過去嗎（M_{60}，$M_{403a,b}$）？

　　這些神話所表明的發明自由度是那麼大，它們散發的似夢魅力是那麼強，因此，我很想扼述它們。但另一方面，它們過於冗長，我無法逐字逐句復述它們。因此，我僅僅作出提示。瓦勞人英雄科羅羅曼納（Kororomanna）在誤入化身吼猴的魔鬼群中，受盡種種愚弄（M_{317}；MC，第392-393頁）之後，發覺自己已迷路。他四處遊蕩，歷盡艱險。在一個勾引他的女人那裏，這女人被妒忌的蛇丈夫折磨；在一個女性魔鬼那裏，他在殺了她的嬰

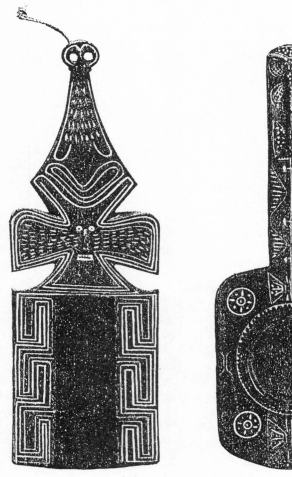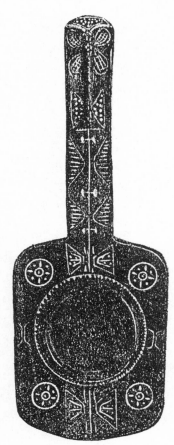

圖 9 　左：奧斯陸種族志博物館的圖庫納人飾匾。
　　　　右：維也納種族志博物館的毛埃人飾匾。
　　（據這兩家博物館的照片）

孩之後又把她弄死；在一個食人魔那裏，它施計把他逮住，但他成功地逃脫；在一個人頭那裏，它纏住他，迫害他（以上第 42 頁）；在一個漁夫那裏，他把一條河的水灌入他通過提起長長睪丸而形成的一個囊袋之中，把這河弄乾（參見以上第 71 頁），把英雄囚禁在一根圓木中。最後，科羅羅曼納靠送上煙草獲釋，還得到了大量的但體積很小的魚。他在路上一一遇到的許多動物指點下，回到家裏，又與母親和妻子團聚（Roth：1，第 126-130 頁）。

蒙杜魯庫人的版本（M$_{402}$；Kruse：2，第 642-646 頁；Murphy：1，第 95-102 頁）有許多插段和這個瓦勞人神話相同。被一個食人魔妻子勾引；被另一個食人魔愚弄，但這英雄給它猴子的肉塊而不是他自己的肉和肝……但是，這故事的開頭換了個樣：一個名叫佩里蘇亞特（Perisuát）的少年被變成貘的舅舅從村裏拐走。當這被拐騙者被弄死後，它將手臂徑直從肛門伸進去直到肩頭，以便先掏空屍身的內臟，再行宰割。這動物剛答應釋放這被囚禁者，就被獵人殺死。佩里蘇亞特變成一個蜂巢逃掉。他騎在一條鱷魚背上越過塔帕若斯河，這鱷魚想吃掉他。他在許多動物那裏遇到惱人的艱險：鳥、毛蟲、許多雌雄花豹、其他毛蟲、一頭貘及其想嫁給他的女兒以及各種各樣超自然生靈，包括一個尖腿食人魔、另一個食人魔（它設陷阱逮住了他，但它的昆蟲和松鼠把他放了）和猴，後者實際上是「雨之母」……他照料了一頭受傷的花豹，它使他最後時來運轉。他到了花豹那裏，變得野性勃發，殺死了花豹馴養的鳥。他長時間待在樹林裏，帶回了一張灰白色皮。他受到寄生蟲騷擾。他的祖母給他洗身，照料他。她給他塗urucu油，以便治癒他，但這不幸者已病入膏肓。佩里蘇亞特就這樣死了。

如我已說過的那樣，特姆貝人－特內特哈拉人版本（M$_{403a,b}$；Nim.：2，第 299 及以後各頁；Wagley-Galvão，第 140-142 頁）、希帕耶人版本（M$_{403c}$；Nim.：3，第 390-393 頁）和卡耶波人版本（M$_{404}$；Métraux：8，第 30-32 頁）是十分相近的。按照希帕耶人的版本，一個印第安人的手被卡在一個洞穴裏（參見M$_{402}$），一個長滿毛髮的精靈把他打得昏死過去，裝在背簍裏帶走，

背簍裏全是螞蟻。他成功地逃離這囚簍，然後又逃離他被關入其中的中空樹。一條有同情心的鱷魚答應使他越過一條河流。然後，這英雄睡在inhambu鳥聲稱只供他使用的三個吊床之一上，整夜盯住一頭花豹的眼白。他受到一對貘夫婦款待，其中雄貘睡得那麼死，以致爲了喚醒它，雌貘得給它好一頓打。

此外，這迷路的英雄在戰爭或狩獵歐夜鷹的征途中徒勞地乞求許多動物帶他到河的對岸。鱷魚答應了，因爲它想吃他。這英雄靠一頭潛鳥才逃脫，潛鳥把他藏在胃裏剛吃下的魚的下面。在卡耶波人的版本中，這英雄逐一遇到了鹿、貘、猴如長吻浣熊，它們抱怨他使它們在追獵過程中受傷，許諾一直把他帶回到村子，但是使他走上歧途或者在途中丟棄他。最後，路過那裏的兄弟把他帶上正途。特姆見人－特內特哈拉人版本把鱷魚和潛鳥的插段連接到在諸如癩蛤蟆、蜂鳥如食人蛇那裏經歷的種種惱人歷險故事上面。只有野豬的表現是討人喜歡的。在它們的陪伴下，這英雄到處遊蕩尋找穀粒和野果，直到有一天，他不期然來到母親的種植園。一個版本解說了，後來，他始終採取超然的姿態，睡在茅舍的一角，或者津津有味地講述他的冒險經歷，唱他在野豬那裏學來的歌，因爲他自己已變成了一頭野豬。另一些版本斷言，他猛力投入母親的懷抱，再也不能脫離。因此，這迷路而又復返的英雄在無可挽回地分離或結合後變成了一個動物或者糾纏男人。這樣，他把M$_{354}$的冒險丈夫在其各個妻子身上逐一發現的品行集於自己一身，因爲這些妻子大都是動物女人，除了重又擔任糾纏者角色的一個女人而外。

在這整個神話系列中，只有西米德韋是女人；其他英雄都是男性。這女英雄試圖回到父親那兒，各男英雄回到母親那裏，但這不一定反映圖庫納人的從父居和瓦勞人的以及至少晚近的蒙杜魯庫人的從母居（Murphy：3）之間的對立；實際上，特姆貝人—特內特哈拉人也實行從父居。因此，離開了種族志基底，這對立結構依然是適切的：即使這樣僞裝起來，這也

始終是**兩性間**的疏遠或接近的關係，使人得以對距離或持續時間間的關係進行編碼。

　　被這神話描繪為「大姑娘」的西米德韋使作為獵戶座化身的魔鬼凡基薩的腿癱瘓。因此，她從兩方面使我們回想起蒙杜魯庫人神話M_{255}的弄瞎冬日化身眼睛的「大男孩」（以上第 81 頁）。這天體對自己的懦弱感到羞恥，因而躲到雲後被蝕，而魔鬼凡基薩因被自己人惹怒而以引起月蝕為己任。因此，太陽和月亮的弱化表現（因為它們被蝕）看來與也屬弱化的殘廢形式相聯繫，這些弱化的殘廢形式為：眼睛被挖出而不是頭被砍下，膝部癱瘓而不是小腿或大腿被砍斷，而它們在同一些神話或鄰近的神話中引起這些天體。無疑，只有在西米德韋的神話中未明確訴諸天文學。但是，切莫忘記，這個神話——這神話組中唯一讓女人任主角的神話——屬於圖庫納人神話的**主體**；因此，它以比其他版本更為直截了當的方式轉換M_{354}。那些其他版本源自各個不同部落；從我所採取的視角來看，它們也占據轉為疏遠的地位。如果我們只處置西米德韋神話，那麼，我們幾乎有理由說，從獵戶座和昴星團起源神話出發，然後到反轉它們的後髮星座起源神話，再到反轉前述神話本身的M_{354}，我們通過西米德韋故事又回到了獵戶座起源，但呈很弱的形式，因為這屬於解剖學題材，而從天文學觀點看來，乃作了不同的編碼。我們還記得，圖庫納人與鄰近的圭亞那的種族相反，反轉了後髮星座這個夜間星座，並訴諸作為星座的白晝等當物的虹霓來解說魚汛。在這個體系中，獵戶座不再起作用，除非與月亮相對；它仍專門監管月亮的蝕，即先減損後消隱的月亮。因此，如同圖庫納人雙重地（就周期和就功能）反轉後髮星座以便重逢獵戶座，他們也轉換獵戶座的角色和屬性以便重逢**存在於其不在之中的**——如在他們那裏後髮星座就已如此——月亮，而這等於說，在圖庫納人神話中，正面的月亮產生於過分接近的性交（M_{358}中的亂倫），負面的（二被蝕的）的月亮產生於應當保持接近的一對夫婦（西米德韋和丈夫）的離異。同樣，在神話的結束處，過分接

近的地火引發了罪惡的火災，並引起腹部爆破，而如後面將就另一個神話
（M₄₀₆，第111頁）予以說明的那樣，這爆破與導致天火和有益的熱的天上爆
裂適成對比。這雙重旅程在其正面和負面的表現中把天體和星座結合了起
來，因而假借了一種雙重解剖學代碼的手段，在這種代碼中，下部或上部
的斷肢相應於白晝的（M₄₀₆）或者黑夜的（M₃₄₆，M₆₀）爆裂，而後者本身
又採取下面或上面的形式，視情形而定。

　　最後，應當探究一下，「大姑娘」這角色是否轉換了天女的角色，後者
在圭那亞的阿拉瓦克人神話中和瓦勞人神話中因身體肥胖而堵塞了上部世
界的開孔，變成了晨星（Roth：1，第141-142頁；M₂₄₃，載Wilbert：9，第25，
35頁；參見MC，第182頁）。這樣，我們從「起堵塞作用的身體」──借助作
為中介的被蝕的月亮──過渡到了被砍下的頭，由之一方面產生一個「被
打開的身體」，另方面產生滿月。似乎我們占有的材料還不足以讓我們閉合
這個回環。至少應當一直留心到錫金的雷布查人（Lepcha），他們有一個與
蒙杜魯庫人神話（M₂₅₅）相似的離奇神話，在其中，一個癩蛤蟆殺死了太
陽的兄弟之一，它取代了也用箭射瞎了一個白晝天體的那個「那男孩」。在
這個雷布查人神話（Stock，第269及以後各頁）中，另一個太陽退縮到一張
黑幕下面，從而造成了漫漫長夜，而它像古老的日本神話那樣，也說這黑
夜一直持續到一個小丑神來干預，賦予這天體以生機，給人類以光明。

　　因此，西米德韋神話把我們從恆星代碼斷斷續續過渡到月亮代碼。明
確引用的獵戶座沒有起季節的作用，它擬人化而成的魔鬼凡基薩僅僅引起
了月亮的赤貧。不過，像同一神話組中的許多神話一樣，這神話也使這過
渡表現為另一種方式，而這確証了周期性的各個很短形式的出現。

　　讀讀這些故事，我們可以發現，它們的敍述極其小心地使情節的展開
與白晝和黑夜的交替相吻合，為此把英雄或女英雄的每次歷險都記入12或
24小時的周期時間間隔之中。西米德韋的故事（M₆₀）充斥這樣的過渡程式：

翌日……；隨著夜幕降臨……；這一夜……；後天……；一連三天……；
等等。這種進行方式在佩里蘇亞特的故事（M_{402}）中更爲明顯：翌日……；
早上……；夜幕降臨……；他整個白天都在行進，還一直到深夜……；整
個白天……；這一夜……；第二天早晨……；這第四個白天結束時……；
第五個白天……；雨下了整個白天又整個夜晚，還一直下到了第二天中午；
等等。同一神話的克魯澤版本所保留的十五個插段中，有六個訴諸12小時
的周期，它相當於黑夜的持續時間。特姆貝人和卡耶波人的神話（$M_{403a,404}$）
比較含混，但我們只擁有短的版本，同時在特內特哈拉人（他們與特姆貝
人有親緣關係，M_{403b}）的版本中，至少可以發現四個相繼的黑夜。瓦勞人
神話（M_{317}）儘管細節豐富，但周日的樣態仍很難看出：許多歷險占據同
一黑夜或同一白天；另一方面，另一次歷險卻歷時多日。不過，我們將會
明白，在這個神話中，短的周期性是由一個不同的進程來指謂的。

　　在返途中，科羅羅曼納遇到了六個動物，它們前後相繼，每一個都帶
著一個果子或特殊的蔬菜，取自英雄母親的園子。把這種枚舉方式與卡利
納人用來描繪月相的下述方式加以對比，要歸功於戈杰（1，第104-105頁）：
「他們想像，月亮首先燒烤它已在白天殺死的獵物。獵物越大，月亮出現
越晚，因爲烹飪所花時間越長。因此，滿月的日子也是小獵物的日子：鼠。
獵物的大小與日俱增；這天體依次燒烤箭豬、刺鼠或天竺鼠、玉頸西猯、
白唇西猯（比前者大）、鹿、食蟻獸、另一種鹿……最後的弦的最後一天，
月亮燒烤貘，據說，當月亮不再出現時，它也就不再燒烤貘了」（Ahlbrinck,
第319頁）。瓦勞人的英雄遇到的動物很少，但是它們前後相繼的次序還是與
卡利納人的系列大致一致：

卡利納人：	鼠	箭豬	刺鼠或天竺鼠		玉頸西猯	白唇西猯	鹿		貘
瓦勞人：	鼠 番薯		刺鼠 木薯 （根）	天竺鼠 山藥			鹿 木薯 （葉）	食蟻獸 木薯 （葉）	貘 松果

　　我們對其他神話的動物順序不敢說這麼多，它們似乎在這方面非常隨意，而且充滿重複。但是，圭亞那的種族動物學不可以還原到我們的動物學。例如，當花豹在故事的不同時機介入時，就應當考慮到印第安人把這個動物種再加以細分這一點，而且其他動物也分成各個不同種類，其中每一種類都被認為以一種特定獵物為食物。因此，如同科羅羅曼納遇到的動物被賦予兩個指標即其所屬的動物學種和它們的食物所屬的植物學種，人們把花豹劃分成種，也是根據所選擇的捕獵方式，而且他們還知道模擬各個種的不同叫聲，因為阿拉瓦克人說：「每種東西都有其自己的花豹。」（Roth：1，第367頁。）

　　要斷言，這些神話所提出的動物表始終而且處處都掩藏著我們所忽視的組織原則，需小心行事。但是，在這個特定情形裏，這些表還是呈現了與用來描繪月亮相位周日演變的表有形式上的相似性，而在整個南美洲月相都每每與各別事物相聯繫（以上第67頁）。這種類比大大加重了戈杰的看法的份量，他認為，「在這些故事中……某種東西的出現是黃道帶引起的」（1.第104頁，亦見第16-18頁）；尤其是，圭亞那的印第安人認為，在每個星座中都有一個主宰特定獵物種的精靈。不過，我還猶豫不決，是否追隨這個荷蘭學者也把那個著名的波羅諾米納雷神話（M247）歸入這個神話組。在這個神話中，月神主宰的動物界組織突現在前沿，就像在美洲西北部的薩利希人的那些儘管地理上相隔遙遠但在許多方面都相似的神話中的情形那樣。因為，波羅諾米納雷是個林地賽跑者，他一以貫之地尋覓歷險，而不是在迷路後經歷冒險。他不斷進取，而西米德韋和她的同類四處隨意漂泊，想重歸故土，而這些神話正是以十分奇特的方式用對於自然秩序的積極貢獻來表現與各個狂暴動物的奇異遭遇。戈杰假定的關係也許存在於這兩種類型之間，但條件是在與我已設置的軸不同的一根軸上轉換它們各自的題材。

　　如果滿足於把我們的神話歸結為反映某些星座的周年運動的黃道帶程

式，那麼，也會誤解它們的獨創性。誠然，這土著理論把每個動物種都與一個星座聯結起來，而這星座的升起或達於中天報告了狩獵或捕魚甚或繁殖時期來到。但在這裏，我們遇到的是在相當短時間裏並按晝夜的理想節奏依序出場的大量動物。同時，歸於它們的行爲也不再具體參照動物學。令我們想起熱羅姆‧博施(Jérôme Bosch)的一次假面聚會把它們與一些想像的東西，如滾動的頭、以獵杖作爲腿的男人或長睾丸的男人、朝反方向行進的魔鬼、喋喋不休的糞便等相混合。這一切都是從它們從屬的神話聚合體上脫離下來而不期然地在故事中出現的，而離開了這些神話聚合體，就無法解釋它們。尤其是，這些動物本身表現出或者完成使人爲難的行動：雖然想 (M_{403b}) 躲到大癩蛤蟆那裏睡覺，但後者在夜裏弄醒他，叫他最好躺在它身體的另一個部分的下面。睡在樹腳下的佩里蘇亞特 (M_{402}) 無法合上眼，因爲一隻棲息在他上面的鳥整夜聒噪，訴說年輕人的醜行。另一些鳥 (M_{402}，M_{60}) 化身爲或招來一所舒適的房舍，並能隨心所欲地使之消失。一頭猴也是一個人和一頭花豹 (M_{60})，它起勁地鎚擊自己的鼻子⋯⋯

我絕不認爲，這些神話題材本質上是怎麼也解釋不了的。即使那些從背景中摘取出來而在這裏帶上作爲引文或補貼段落形跡的已知題材也應給出意想不到的關係，而通過改變取向，結構分析無疑就能把它們顯現出來。但是，爲了做到這一點，還應當考慮到神話的其他方面。最好認識天文學代碼的各方面及伏線，把注意力引向敍述風格、句法、詞彙也許還有音位學。就此而言，我們還未掌握必要的音標知識，而且不管怎麼說，也不具備所需的能力。然而，不言而喻，就我們既有必要又有利地選取的一定視角來說，我們的無能是明擺著的，並且，我們有權運用假借自其他途徑的解釋方法。此外，哪怕我們出於無奈而用我們的慣常手段去認識這些神話的某種發明自由，我們也至少能夠表明這種自由的必要性。

我們可以借助一長系列轉換把神話總體 {M_{60}，M_{317}，$M_{402-404}$} 隔離出來，而這轉換系列的理論的出發點（因爲，實際上我們是從考察以M_{354}

爲示例的一種中間類型開始的）處於關於某些星座的起源的神話。我們已從這些星座過渡到其他星座，然後過渡到實際上並不存在的星座的邏輯象徵（M_{354}就是這樣），最後過渡到太陽和月亮。在這些神話中，這種進步過程還伴隨著另一個依同樣順序進行的進步過程：從長周期性概念即周年的或周季的周期一直到短周期性的概念即周月的或周日的周期，它們之間如同星座和月亮對立那樣地也相互對立，從而形成兩極，而由於我已說過的理由，太陽占據著這兩極之間的中間地位，並履行模稜兩可的功能。然而，當同一個敘事的實體經受這一系列運作的時候，其間發生了某種不可逆的過程，就像一個洗衣女爲了去除亞蔴衣服包含的水份而反覆扭絞它一樣，神話的實體也逐漸釋出其內在的組織要素。它的結構內容在耗散。我們最後觀察到的，不是開始時那些劇烈的轉換，而只是些衰退的轉換。我們在從實在到象徵再到想像的過渡中已經看到過這種現象（以上第 73 頁）。現在，這現象以另外兩種方式體現出來：我們已看到再明白不過地起作用的社會學的、天文學的和解剖學的代碼此後轉入潛在狀態；結構蛻變成序列。當對立的結構讓位於重複的結構也即前後相繼的但全由同一模子鑄就的插段的時候，這種蛻變也就開始了。而當重複本身取代了結構的時候，蛻變也就完成了。作爲形式的形式，蛻變接受了垂死結構的最後嘟囔。這神話就沒有什麼可說的了，或者所言聊勝於無，靠復述苟延殘喘。

但在同時，這神話還有伸展。這有兩個理由。首先，沒有任何東西阻礙無任何內在邏輯聯繫的插段把其他同類型插段接納進自己的行列之中，接納進的插段的數目在理論上也是不受限制的。這樣，這神話便接納進了源自其他神話的元素，這些元素很容易從那些神話中分離出來，尤其因爲它們本身構成非常豐富的聚合總體的組成部份，而這些總體的連貫性往往爲其複雜性所掩蓋。其次，也是更爲重要的是，對接納越來越短的周期的需要必定可以說從內部延長這神話。每個周期都需要只適合於它的一個小故事，而這種故事與屬於同類型的其他故事的反差儘管已減弱，但仍舊造

成了示差的距離，後者使人得以指謂這個小故事。

於是，我們就可以明白，這些奇異的故事何以那麼執拗地喚回一種與它們自己一樣流行的、但與強有力的技術手段和工業社會的粗俗需要相聯繫的樣式，我們稱之爲連續小說。因爲，在這種情形裏，也是涉及一種文學樣式，它從模型汲取其蛻變的實體，其貧困程度隨著遠離原著而愈趨增大。在這種情形裏，創造都來自模仿，而這種模仿使原始資料愈趨複雜。不過，事情還不止於此。碎錦式神話和連載小說的相似結構產生於它們各自對周期性的極短形式的依附。差異在於，在一種情形裏，這種短周期性源自所指的性質，而在另一種情形裏，它是從外部強加的，作爲能指的實際要求：可見的月亮通過其視在運動以及書寫的報紙通過發行而服從周日的周期性，並且對於任何一個故事來說，都因指謂一者或者被另一者指謂的需要而施加同一些限制。

然而，如果說碎錦式神話和連載小說相互錯過，那麼，它們是沿相反方向行進的。作爲小說樣式蛻變的最終狀態，連載小說又屬於神話的最低級形式，而後者本身就其創意和獨創性而言又是小說創作的雛形。連載小說追求「大團圓」，從而在善有善報和惡有惡報之中發現了神話之封閉結構的一種含混等當物，但這結構已被轉置於道德範疇的漫畫化層面上，而專注於這故事的一個社會自信能用這範疇取代已被它拋棄的邏輯—自然範疇，只要它本身未被後者拋棄。但另一方面，我們剛才考察的那些故事就它們未眞正予以完結的事物而言乃不同於神話聚合體：它們講述的故事不是閉合的。這故事開始於一個事變，繼之以令人沮喪而又無盡頭的歷險，最後又對初始的赤貧一無所補便告終，因爲英雄的回歸毫無結果；他始終以戲劇性地通過樹林爲標誌，成爲殺害同伴或親屬的兇手，而他自己可能莫名其妙地死去，或者處於悲慘的境地。因此，整個情形彷彿是神話的消息反映了神話所由產生的辯證過程，而這過程就在於從結構直到重複的不可逆的蛻變。英雄的狹隘的命運乃用內容來表達形式的模態。

　　小說難道不是始終如此嗎？當命運或者某種別的必要性——後者有悖於曾引起作家常與之打交道的離解的形象和形式並按實際次序配置它們的必要性——在這些形象和形式中保留或恢復神話的概要時，過去、生活和夢想就由這些形象和形式來承擔。然而，小說家划船在這些浮屍中間遊弋，而在船行引起的冰裂中，故事的熱量把浮屍驅離了冰塊。當這些分散的材料出現時，他把它們收集起來，重新加以運用，但仍讓人隱約察覺到，它們來自另一座建築物，並且，隨著引入一條與滙集它們的河流不同的河流，它們變得越來越稀奇。傳奇小說構思的結局就其作爲對開端的展開而言是內在的，但後來變成外在於這開端——因爲人們目睹的是構思**之中的**結局之後的構思**的**結局。這證明，由於小說在文學樣式演化上所占居的歷史地位，因而不可避免的是，小說講述壞結果的故事，而且作爲一種樣式，它走向壞的終結。在這兩種情形裏，小說的英雄也都就是小說本身。它講述其自己的故事：不僅說到它產生於神話的衰落，而且說到，它縮減成一種對結構的衰弱的追索，這種追索著眼於它更切近地注視的演變，但未能從內部或外部發現一種古老鮮艷的奧秘，除非也許處於某些隱蔽地帶，在那裏，神話創作仍充滿活力，但那樣的話，與小說相反，它處於無意識之中。

第三篇

●

乘太陽和月亮的獨木舟旅行

目睹印第安人乘著樹皮做的小艇，頂著駭人的暴風雨在這湖上冒險，實在是一種令人不寒而慄的經歷。他們把大神(manitou)懸掛在船尾，駕船投入暴風雪，在驚濤駭浪中顛簸。波浪和船面齊高，或者鋪天蓋地般向船撲來，像要吞掉它似的。獵人的狗用腿頂住船的側邊狂吠，叫聲淒厲，而它們的主人沉著地凝視，用槳打擊波浪。小艇排成隊行進。第一條艇的船首站著一個頭領，他反覆地發一個單音節詞OAH，第一個元音高而短，第二個元音低沉而長；最後一條艇上也站著一個頭領，他操縱舵狀的槳。其他戰士盤腿坐在船底。穿過迷霧、風雪和波濤，只能看到這些印第安人頭上戴的羽飾、狂吠著的家犬的長頸、兩個酋長即領航師和卜占師的肩頭。人們說他們是這些河流的神祇。

夏多勃里昂：《美洲遊記》(*Voyage en Amérique*)，第74-75頁（參見《死後發表的回憶錄》〔*Mémoires d'outre-tombe*〕第八冊，第一章）

I　異鄉的情愛

為了找尋金剛鸚鵡妻子，M_{354}的英雄蒙馬納基在姻兄弟陪伴下乘獨木舟向東旅行。這英雄自己在後面，讓姻兄弟在前面。然後，他們不划槳，任船順水流而下……

儘管幾乎沒有人注意到過，但下述事實還是值得感興趣的：從西北部的阿塔帕斯干人和薩利希人、東北部的易洛魁人和阿爾袞琴人，一直到亞馬遜各個部落，他們的講述乘獨木舟旅行的神話大都極其小心地詳確說明乘船者各自的位置。就生活在沿海、沿湖和沿河地帶的各部落而言，這種關懷首先以一切與航行有關的東西對於他們的重要意義得到解釋。戈德曼(Goldman)（第 44 頁）以文學的和象徵的方式就沃佩斯河流域的庫貝奧人指出：「河流是聯合整個種群的紐帶。最早的先民正是河流孕育的，他們也首先在這水路上旅行。他們關於位置的說法為譜牒學(généalogie)和神話學提供了大量參考資料，在神話學的情形裏，則以岩刻為代言者。」這個觀察家稍後（第 46 頁）又補充說：「在獨木舟中，重要的位置是划船者和舵手的位置。當一個女人和男人們一起旅行時，她總是掌舵①，因為這是最省力的任務；她甚至能夠一邊導航這小艇一邊給嬰孩餵奶……如果航行路程很長，就選派最強壯的男人在船首划槳。沒有女人在時，最弱的或最年邁的男人在船尾……」

既然如此，人們可能感到奇怪，M_{354}怎麼反轉了角色：英雄到船的後

---

①在這段引文中，我迻譯英語名詞stroke〔槳手〕和steersman〔舵手〕。但是，印第安人的獨木舟沒有舵。這裏產生一個術語的問題，操法語的加拿大人通過把「舵」這個實詞應用於人而不是物來解決這問題。實際上，對於船尾的裝備，他們說「船舵」，而對於船首的裝備，說「船的前部」(Kohl，第33頁)。

面，並且他把姻兄弟安置在前面，而這神話把後者描繪成一個無能之徒和一頭三趾獺。然而，不要忘記，這神話還說，河流帶著這小艇走；因此，划槳是無用的。這樣，只有用槳進行操縱的人的工作才算得上。可是，在各自位置的價值隨情形而變化的場合，這種乘獨木舟旅行指謂什麼呢？另一些源自圖庫納人本身和鄰近部落的神話極端重視這些問題。

M₄₀₅. 圖庫納人：太陽的獨木舟

一個年輕的印第安人獨自去打漁。太陽乘獨木舟經過，問他是否需要什麼。這男孩回答說，不需要。太陽邀他上船。它說，因爲現在是捕魚的好時光。這男孩占據船首，而太陽在船尾操縱。太陽問這乘客是否知道「太陽之路」在哪裏，後者當時是知道的，儘管這天體小心地不讓他感覺到他置身於其中的太陽熱。他們繼續划槳航行。這男孩以爲一直在地上，但事實上旅行已在天空中進行。他們看到一條pir-arucu魚〔大巨骨舌魚〕，有一米長。太陽把它捕住，扔進獨木舟，用自己身體發出的熱烹飪。

過了一會兒，他們取了一半當飯吃。這男孩很快就吃飽了，太陽堅持要他再多吃點，但沒有用。太陽叫這男孩低下頭來，用手打他頸背，從這個年輕人的身上掉下來大量線蟲。「這就是你沒有胃口的原因」，太陽解釋說。他們又開始吃，把剩下的魚全吃光。太陽小心地把鱗和骨收拾起來，重新建構起魚，再把它扔進河水中，它馬上又復生（Nim.: 13, 第142頁）。

這個神話回到了許多其他神話。首先是回到了M₃₅₄，因爲捕魚的主人、魚的復生者太陽和感覺遲鈍而又無能的年輕漁夫的對偶以更有價值地訴諸天文學的方式重構了由魚的創造者和捕魚的主人蒙馬納基和他的無能姻兄弟所構成的對偶。可以注意到，在這兩種情形裏，都是被賦予超自然能力

的人物占據後位，另一者占據前位。

其次，M_{405}回到了已在上一卷中引起我們注意的一個蒙杜魯庫人神話（M_{255}; MC, 第 199-202 頁），因爲它把冬天太陽和夏天太陽的起源歸因於被兩個神祇即作爲捕魚主人和魚復生者的太陽和月亮考驗的兩個姻兄弟（以上，第 81 頁）。然而，隨著遭遇的展開，其中一個男人隱喻地失去了陰莖（此外他再無什麼重要東西了），而另一個隱喻地變成（而且無疑也是實際地變成，如果所收集到的版本不是一本正經的話）一個長陰莖的男人。在獲得了精力和美貌之後，第一個男人娶了一個社會上疏遠的女人爲妻；另一方面，由於與母親亂倫，另一個男人變醜了，令人討厭。因此，在我剛才所選取的這個新的視野裏，我們始終注視本書第一篇所界定的語義場。現在，我們轉向圭亞那。

M_{406}. 瓦勞人：美女阿莎娃科的故事

從前有個男孩叫韋亞馬里(Waiamari)，他住在舅父那裏。一次，舅父的年輕妻子和他一起在河裏洗澡，當時只有兩個人，那舅母向他求愛。這男孩叫了起來：「亂倫！你可恥！」待在茅舍裏的舅舅聽到了吵鬧聲，叫妻子讓外甥放安靜些。這外甥機敏地掉換居住地，他住到了名叫奧科希(Okohi)的大舅父家。這出走引起了第一個舅父懷疑，他罵這個年輕人，指責他想誘姦自己的舅母。他們打了起來，舅父兩次打他下身。這時，奧科希出來調解。爲了避免這種事件重演，他決定讓韋亞馬里出去旅行。韋亞馬里準備了獨木舟，在船首兩壁塗上太陽的符號。在船尾，他畫上一個男人與月亮並排坐。

舅父和外甥兩人翌晨就上路了。外甥在前面划槳，舅父在後面指揮。他們穿越了一個大海；在他們的槳一下一下地划的同時，海水在歡唱：「Wau-u！Wau-u！Wau-u！」最後，他們靠岸了，走向一座茅舍，那裏住著聰明的美女阿莎娃科(Assawako)。她款待他們，要求舅

父讓他的外甥陪她去田野。當他們來到田野時，阿莎娃科叫這年輕人歇著，她自己去找些吃的東西。一會兒，她帶著香蕉和松果、一大捆甘蔗、西瓜和多香果回來了。這男孩開懷大吃，和同伴度過了愉快的時光。在返途中，她問他是不是個好獵手。韋亞馬里一聲不響地走了，不一會兒就滿載犰狳肉回到她身邊。她為他感到自豪，作為一個女人，她得體地重新退到後面。當他們快到家時，她說，可以在屋裏看到飲料，並問他是否會某種樂器。「會一點」，這男孩回答說。他也喝下了滿滿一壺飲料，精神飽滿，出色地演奏了樂器。他們在歡愛中度過了那個夜晚。

天明後，奧科希準備動身。當然，阿莎娃科希望情人留在自己身邊，但他抱歉地說：「我不能丟棄舅舅。他一直待我很好，他已經老了。」這少女流下了眼淚。他也很傷感，兩人只能在樂聲中找到一點安慰。

奧科希和外甥回到了家鄉。在洗澡，做了些清潔工作之後，這老人把親人召到吊床旁，對他們說：「在我年輕時，我能就像剛剛做的那樣一天接一天地去旅行，但現在我老了，再也不能旅行了。」說著這些話，他的頭爆裂了，從中發出白晝的光華和太陽的熾熱 (Roth:1，第 255-256 頁)。

羅思就這個神話回憶說 (1，第 255 頁，註②；2，第 611 頁)，直至很晚近的時候，印第安人的獨木舟還帶有太陽和月亮的符號。這種習慣想必廣延到很遠的地方。R・普賴斯(Price)見到並描述過馬提尼克人(Martinique)那裏的獨木舟，它們在船尾和船首、有時也在中間裝飾有代表旭日(在船首) 的圖案、甚或由同心圓或多色圓花組成的圖案。近一個世紀裏屢屢可以看到這些圖案，也許現在仍可在聖呂西看到，據信它們給漁夫帶來好運。人們有理由否認，這些圖案所由發源的神話體系和我們正在分析的神話體系屬於同一類型,在獨木舟前部和後部畫的太陽和月亮是想像的乘者。

委內瑞拉的雅魯羅人(Yaruro)說，太陽和他的姊妹月亮乘船旅行 (Petrullo, 第 238, 240 頁)。

在吉瓦羅人起源神話的一個段落中，也這樣說：「月亮南圖——(Nantu)和太陽埃特薩(Etsa)用／caoba／木頭造了一條獨木舟，乘著它到河上旅行，在那裏生下第二個兒子奧帕(Aopa)即海牛 (M_{332}; Stirling, 第 125 頁)」。亞馬遜的圖皮人在南十字星座的四顆端星中看到了捕魚柵的角，在其他星中看到了已捕獲的魚。碳袋代表peixe boi，這是海牛的葡萄牙語名字，半人馬座的兩顆星象徵準備使用魚叉的漁夫。據說，現在占據獨木舟前部以便擲魚叉的較年輕的那個人原先在後部。但是，這老人發現這傢伙太重，於是他們就掉換崗位 (M_{407}; Stradelli:1, 辭條「cacuri」)。因此，轉置於一個星座，這裏又看到乘木舟的老人和年輕人的對偶，一個有能耐，另一個無能，這已有許多神話作爲示例。現在可以對這些神話作比較。

M_{149a}. 阿雷庫納人：盜蛙者 (參見CC, 第 345 頁)

從前有一棵大樹，癩蛤蟆瓦洛馬(Walo′ma)在樹梢上。儘管這兩棲類動物發出威脅，一個名叫阿卡拉皮杰馬(Akalapijeima)的印第安人心血來潮想捕捉這癩蛤蟆。經過多次失敗的嘗試之後，他終於成功了。但是，這癩蛤蟆帶著他一直游到一個島，把他拋棄在那裏。這島很小，天氣很冷。這印第安人只能待在一棵樹的下面，這樹上棲息著一頭兀鷹，它的糞便把這人淹沒了。當晨星卡尤阿諾格(行星金星；參見M_{361})出現時，他已滿身是糞，臭不可聞。這人要求它帶他上天，但它拒絕了，因爲它要利用白晝在茅舍屋頂上曬木薯，把乾木薯作爲禮物獻給太陽。後來月亮出現了，它也出於同樣理由拒絕幫助他重新生活。

最後，太陽韋(Wéi)來到了，答應用它的獨木舟載他。它還下令叫女兒替這個被保護人清洗，剪髮。當後者重現美貌時，韋建議他與一

個女兒成婚。這人不知道救他的人的身份，天眞地要求它叫太陽來讓他重獲溫暖，因爲他從洗澡到站上獨木舟前部一直挨凍。可是，時間還早，太陽還沒有散發它的賜予恩澤的光線。韋邀客人回來，它給予他羽毛頭飾、銀帽子和用丁吉蟲翅翼做的耳垂。這獨木舟在天空中越升越高。它開始產生高熱，以致這人抱怨起來。韋給他保護的衣服，於是他感到舒服。

極想招他爲婿的太陽許諾把一個女兒給他，但禁止他向別的女人求愛。實際上，他們正趨近一個村子。當韋和女兒們去拜訪一戶人家時，阿卡拉皮杰馬下了地，儘管他接到過不準離船的命令。兀鷹的女兒們包圍住他，她們都美艷無比，因此他向她們求愛。太陽的女兒回來後便責罵他，太陽也大怒：「如果你聽了我的話，你將像我一樣永遠年輕俊美。但是，事情旣已如此，所以，你的漂亮是短命的！」隨後，各人都去睡了。

翌日，韋同女兒們一早就出去了。當這英雄在兀鷹叢中醒來時，他變得又老又醜，像太陽所預言的那樣。這天體的女兒們都消失了，她們在天空中照亮銀河這條死亡之路。阿卡拉皮杰馬娶了一個兀鷹女兒爲妻，過著新的生活。這就是全體印第安人的祖先，而由於他，他的後裔只享有一時的年輕和美貌；然後他們就變得又老又醜 (K.-G.: 1, 第 51-53 頁)。

戈杰提出，這英雄的名字的詞源爲「大頭顱」。他給出了一個異本，在其中，這英雄跳到一隻蛙的背上，它帶他到了一個島上。雨、太陽、風先後拒絕幫助他。最後，月亮答應用自己的獨木舟載他 (M_{149b};Goeje:2, 第 266 頁；參見 1, 第 43, 83, 116 頁)。這兩個異本顯然屬於 M_{386} 引出的那個圭亞那神話總體，在那裏，我已提出根據北美洲類似神話 (M_{385}) 的啓示，可以發現與糾纏女人神話組相對稱的神話組。同樣很明顯，$M_{149a,b}$ 反轉了已經考察

過的其他神話，因爲這初始序列從分離英雄開始，以便把他與兀鷹的換喻
的糞便（它們產生了它）聯結起來，而在太陽徒勞地嘗試解救他之後，他
又通過任憑兀鷹女兒勾引而在隱喻意義上回到了這糞便。因此，$M_{405-406}$所
採取的序列順序被雙重地改變。一方面，一種混成(syncrétism)現象在同
一神話的兩個相繼序列中把M_{405}的本來意義上的糞便（蓋在英雄頸背上的
線蟲）和M_{406}的隱喻的糞便（邀亂倫）相匯合。另一方面，M_{406}首先考察
過分親近的結合（與舅母），然後考察過分疏遠的結合（與外鄉美女阿莎娃
科），而M_{149a}則從後一種結合(太陽的女兒，英雄在她們陪伴下遠離)開
始，而終止於前一種結合（兀鷹的糞便，他又回到那裏）。

　　同樣可以注意到，這些神話以不同的方式制裁英雄的行爲。當從神話
組的層面上來考察它們時，可以發現，這些制裁有兩種類型。一種類型涉
及捕魚，另一種類型涉及周期性，後者可能是周季的或生物學的，視場合
而定。

　　我們先來看捕魚。M_{354}從趨近的結合（與一個女同胞）過渡到神奇的
捕魚，但這捕魚通過一種著魔的技術獲致，這種技術在於與女漁夫的身體
（作爲誘餌獻出的肉）和魚進行**形體的鄰接**。M_{405}從遠行（乘太陽的獨木
舟）過渡到也是神奇的捕魚，但這次其特徵是天使性的，因爲爲了重新生
活在河中，只要把已吃了肉的魚的骨頭和皮按照完整的魚的**外表**組織起來
就可以了。這模擬物投入水中後馬上就復活。由此可見，太陽的魚就像M_{149a}
中的人女婿所能做到的那樣也是不死的。這裏可以看到，這兩種類型制裁
相混合，不過，它們時而涉及捕魚的產物（魚），時而涉及漁夫本身（獨木
舟的乘者）。

　　因爲這些神話在復活和腐敗之間作出了抉擇，所以，重要的是應指出，
這第二項也取兩種涵義：**實際的糞便**，其形式爲累及捕魚（垂頭喪氣的英
雄）及其樂趣（無胃口的英雄）的線蟲，或M_{354}的在丈夫背上撒大小便同
時又阻止他進食即也在那裏享受捕魚樂趣的（過分親近的）糾纏女人的糞

便；以及**比喻的糞便**，作爲過分親近的結合結果，如同制裁亂倫的「恥辱」
(M_{406}) 或過早的衰老和醜陋 (M_{149a})。然而，可以看出這三個神話間存在一
些差別。M_{354} 的英雄獵人蒙馬納基逐次**接受**幾個過分疏遠的妻子，然後一
個過分親近的妻子。M_{406} 的英雄韋亞馬里**拒絕**一個過分親近的妻子，然後
一個過分疏遠的妻子。M_{149a} 的英雄阿卡拉皮杰馬**拒絕**一個因境遇而還**未**成
爲過分疏遠的妻子，他**接受**一個過分親近的妻子。在第一種情形裏，著魔
的捕魚是無用的（與 M_{405} 的依憑魚的不死的天使捕魚相對立）；在第三種
也是最後一種情形裏，無用的是漁夫的不死，它招致人生週期性縮短。不
過，第二種情形裏事情又怎樣呢？

　　首先我要說，只是在這個神話組中，M_{406} 才考察了這英雄所面臨的婚
姻兩難困境的第三種解決，但運用暗示忽略手法 (prétérition)。這困境是
由兩個女人求愛造成的，一個女人是墮落的、過分親近的，另一個則具備
一切形體的和道德的美德，但過分疏遠。韋亞馬里不應成爲他的恩人的妻
子舅母的情人；也不應成爲他的女恩人的丈夫，他只答應當她的一夜情人。
他又回到了親人中間，無疑，他將在那裏成婚，儘管這神話沒有那樣說；
但是，不應忘記，瓦勞人喜歡在從母居群體內部的內婚制 (endogamie)
（Wilbert:9，第 17 頁）。這種婚姻模式（在他們看來構成中庸）使他們能夠
從接近度意義上驅除其他兩種婚姻模式：親近的婚配混同亂倫，疏遠的婚
配變成完全是異鄉的，而父系的並且晚近嚴格從父居的 (Nim.: 13，第 96 頁)
但外婚制的圖庫納人認爲 (M_{354})，過分疏遠的婚姻是擴張的婚配：人和動
物的婚配。

　　瓦勞人英雄的機智導致他的老舅舅奧科希 (Hokohi, Wilbert: 9，第 64
頁) 轉變成有益的光和熱。由此可見，像蒙杜魯庫人 (Murphy:1，第 86 頁，
註⑯) 一樣，瓦勞人也把可見太陽區別於實際的太陽，前者是人格化的神。
博羅羅人也作出了這種區別。還可以舉出另一些例子，不過蒙杜魯庫人的
例子特別令人感興趣。在他們那裏，這第一個對實際太陽和可見太陽的區

分之上又增添了另一個區分（在這個瓦勞人神話中是潛在的），即「熱的和光亮的」夏天太陽和「在雲後面的晦暗的和迷糊的」冬天太陽（M₂₅₅; Murphy: 1, 第 86 頁）。因此，老人奧科希的轉換帶上了二面性：從超驗的太陽到內在的太陽，從非周期性到周期性。

事情還不止於此。羅思指出（1, 第 255 頁，註①），瓦勞語／okohi／一詞標示一日間最熱的時分，它關涉太陽的發熱能力，區別於其發光性。實際上，月亮和太陽共同具有照明能力，但只有後者還有能力產生溫暖。我們覺得奇怪的是，太陽因此被歸入一個更廣大的發光體類別，它例示了這個類別的一個特殊情形。我們知道，許多北美洲和南美洲語言用同一個詞標示太陽和月亮，這詞必要時用一個限定詞加以修飾：「白晝的」或「黑夜的」發光體。具有兩個不同名詞的瓦勞人也還是使太陽從屬於月亮：月亮「包容」太陽（Wilbert: 9, 第 67 頁）。賦予月亮的這種對於太陽的第一性存在於許多種族群體之中。以月亮爲其造物主的蘇拉拉人稍微給予太陽一點重要性，因爲他們說，白晝的天體是天空中獨一無二的，而那個黑夜的天體有無數星星相伴，它們與它緊密相依。也是由於爲數衆多，山岳在神祇等級體系中占據著緊隨月亮的地位，它們在它跟前扮演著調解者的角色（Becher: 1, 第 101, 104 頁; 2, 第 91 及以後各頁）。這種看待天空的方式也見諸卡希納瓦人神話（M₃₉₃₋₃₉₄）詩人這樣說到天空：「白晝在那裏準備了寂寥的廣袤，就像爲了給黑夜悄悄引來的天體準備軍營」（夏多勃里昂: 3, III, iv, 5; 2, I, 6）了；某些詞彙證明，這種天空觀的存在範圍向南一直延伸到很遠，例如在南方瓜拉尼人那裏，他們構成的名詞乃根據／yaci／即「月亮」和／tata／即「火」來標示星辰／yacitata／（Montoya）。

沃佩斯河的庫貝奧人對這兩個天體應用同一個詞／avya／。然而，他們的興趣所在是月亮而不是太陽。他們說：「太陽只不過是在白晝施予光和熱的月亮……不過，／avya／的太陽形象沒有人格化的價值。如果說對於庫貝奧人來說，月亮比太陽重要，那麼，無疑這是因爲黑夜在他們的心目

中代表神聖的時期。幾乎所有儀式都在夜間進行，而留給白晝的唯有勞作」
(Goldman，第 258-259 頁)。中部高原的謝倫特人稱太陽爲／bdu／，月亮
爲／wa／，但是爲了意指「太陽的光、熱」，他們更願意應用的不是前一個
名詞，而是／sdakro／(Nim.:6，第 84 頁)。儘管相隔距離遙遠，但查科的
托巴人的態度與庫貝奧人態度驚人地相似：「老人們的注意力集中於月亮
……他們說，月亮是『我們的兄弟和堂表兄弟』……月相象示了人生的年
紀。傳統上都說老月亮是慈愛的，被殺害過但立即就復活。新月是個幼小
的月亮，滿月是月亮老嫗，前者長成一個『小人』，後者長成『垂死者』……
埃莫克人(Emok)描繪太陽／nala／有兩種形象：／lidaga／『發光的』
和／n: tap／『產生溫暖的』……在神話傳統中，太陽未起重要作用……」
(Susnik，第 22-24 頁)。像在庫貝奧人那裏一樣，月亮在托巴人看來也有男
性性別：破壞處女貞操而引起月經的神。這些分散的徵象充分表明了對於
北美洲和南美洲都有重要意義的是：對這種複雜而又一再出現的觀念畫一
張分布圖，而按照這種觀念，月亮優先於太陽，太陽則是作爲白晝的和氣
象的模式而出現，太陽的概念既有較豐富的內涵（因爲，除了照明之外，
太陽還帶來溫暖）又有較狹的外延。這個觀念在一切場合都解釋了，在我
們的神話中，太陽作爲最可尊敬的伙伴 ($M_{405,406,149a}$) 或者最有能力的伙伴
(M_{354})，在獨木舟中占據著後部的位置，而我們已經看到，這位置是女人
或老人即以最弱爲特徵的項的位置。如果說在 M_{407} 中老人起先占據前部
②，那麼，他很快就把這位置讓給年輕的伙伴。

由此可知，已被我們構成一個組的那些神話又給我們已經表明的那些
技術——經濟的向度、社會學的向度和周季的向度增添了一個天文學向度。
這些向度構成眾多參照系，這些參照系一個套在另一個之中，其狀可以說

---

②從安的列斯群島一直到委內瑞拉的同時代獨木舟的裝飾中太陽題材都佔據這個位
　置。

如卷心菜包，其頂部爲不過分疏遠也不過分親近的合理婚姻題材，而這些神話讓這題材處於虛幻的狀態(也許因爲它們認爲它是烏托邦)，標示一個不可能的基柱一旦生長時所會取的方向。在圖 10 的圖中，讀者願意的話可以把對應於我們已考察過的每個神話的諸路徑隔離開來，於是他會發現，

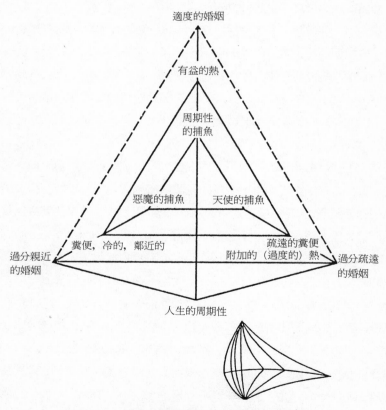

圖 10　「天上獨木舟的」神話的結構

M₃₅₄描繪了最複雜的網絡，因為它把過分疏遠的婚姻和過分親近的婚姻、鄰近的糞便、惡魔的捕魚（它所喪失的）和周期性的捕魚（它所得到的）都連接起來。這種豐富性事後證明，我所作的選擇即用它作為引導我們研究的線索，是合理的。

　　然而，我們將可注意到，圖中為了使它更易讀解而給出的對稱形式透露了神話傳遞的消息。垂直軸上安置的各項平衡地匯集了各周期性形式。垂直軸的兩方則被賦予非周期性形式。不過，位於圖中右邊的各形式因過度而是非周期性的，處於左邊的則因不足而是非周期性的。一些形式產生於過分疏遠（過分的熱本身也產生於這樣的事實：英雄隨太陽旅行到過分遠處），另一些則產生於過分親近。因此，神話結構的更真實圖示乃以我已在右下方的附圖中描繪的方式改變了這圖。

　　為了不誤解那隱晦的或不可靠的方面，可以嘗試把以上關於以太陽和月亮作為獨木舟操縱者的水上航行的見解應用於解釋若干年前在蒂卡爾發現的一個瑪雅祭司或顯貴的墳中的骨雕景象。關於這個發現的著作的著作者之一這樣描述這些景象：「兩個神祇划槳，一個在獨木舟船首，一個在船尾，乘者為鬣蜥、蜘蛛猴〔種名*Ateles*〕、打手勢的祭司、半人半鸚鵡、長毛髮的動物，暫稱「多毛狗」。同樣景象的另一種變型把兩個神祇之一和打手勢的祭司放置在獨木舟的中間，那些動物則一前一後地成對配置。兩個神祇視線固定，眼睛出奇地大；操縱獨木舟的神祇患斜視，這是太陽神的特徵」(Trik，第 12 頁)。實際上，「斜著看的眼睛構成瑪雅藝術中……太陽的主要屬性之一」(J.E. Thompson: 2，第 133 頁)。我還要補充說，處於後部的那個神祇好像最年長，而我們已考察過的那些南美洲神話中的太陽的情形也是如此。最後，這兩個人物有所謂「羅馬的」鼻子，這是天神伊特扎姆納(Itzamná)所特有的，這是掉了牙的老人、白晝和黑夜的主人，與月亮和太陽緊密相聯，在耶克斯希藍(Yaxchilan)的高浮雕中出現在它們之間

(Krickeberg, 第一卷, 圖版39; 亦見Spinden:2)。

圖11　乘獨木舟旅行。蒂卡爾發現的骨雕

（照片·大學博物館，費城）

　　眼下，我撇開這兩個景象中槳手位置變化所提出的問題，其他一些神話將給我們機會來討論它。在我看來更爲重要的是這樣的事實：蒂卡爾的雕刻似乎把兩個方面融合爲一個景象，一方面是乘太陽和月亮的獨木舟旅行，而M₃₅₄以獵人蒙馬納基和其姻兄弟旅行的形式爲之提供了一個弱化的摹本，另一方面是同一個神話的第二個方面：一切看來好似瑪雅的神在其獨木舟中裝載了那個圖庫納人英雄致力於組建的動物群，儘管兩處動物是不同的。在北美洲南部地區的神話中，也可看到這兩個題材即乘獨木舟的題材和動物乘者的題材的結合：

M₄₀₈. 野兎皮提納人(Déné Peaux-de-Lièvre)：船員

　　造物主有兩個名字：孔揚(Kunyan)和埃卡—德基納(Ekka-

dékhiné)，分別意謂「穎悟者」和「在水上克服一切困難的人」。他有
兩個妻子，一個是親近的：他自己的姊妹，像他一樣聰明；另一個很
疏遠：一個居心險惡的雌鼠，但它未能使他受損害。他在引發毀滅人
類的大洪水的過程中歷盡艱險。在烏鴉的合作下，他降生了新一代男
人（以及鳥、女人），他們從兩條魚的腹中出來。

　　埃卡—德基納還建造了第一條小船，並沿麥肯齊河順流而下航行。
他在途中遇到一隻蛙和想吃掉這蛙的梭魚,，讓它們坐在獨木舟中，然
後又遇到了另一隻蛙和一頭水獺，它們在爲一些皮帳爭吵，它們正在
把這些皮帳弄軟 (Petitot:1，第 141-156 頁；參見Loucheux，前引著作，
第 30 頁)。

　　我們將可注意到，北美洲的阿塔帕斯干人與委內瑞拉的瓦勞人一樣也
相信男人和女人由不同的神祇創造，而按照瓦勞人的說法，其中一個神祇
正是科羅羅曼納，負責創造男性部份 (M$_{317}$和Roth: 1，第 126 頁)。同樣，
阿塔帕斯干人和圖庫納人一樣也相信，在東占居西的位置和反過來之前，
四個基本方位都是反轉的 (Petitot:1，第 230-231 頁；Nim.:13，第 134 頁)。

　　易洛魁人世代生活在北美洲，不過在東北部。他們把小艇沿河航行與
太陽和月亮的起源聯結起來。進行旅行的不是太陽和月亮這兩個天體本身，
而是造物主及其僕人，他們爲了人類的福祉而去把它們請來。這插段與一
種宇宙學難分難解，但這種宇宙學很複雜，無法詳加闡述。我只能說，一
個壞心腸的孿生子聲稱出生於母親的腋窩，在她分娩時，他弄死了她，當
她想復活時，他迫不及待砍下了屍身的頭。他的外祖母（亡婦的母親）把
這頭懸掛在東方的樹上，按照翁翁達加人(Onondaga)版本，它變成太陽，
按照莫豪克人(Mohawk)版本，它變成月亮。好心腸的孿生子創造的人類
被剝奪了白晝的光明或者遭受過分晦暗的黑夜的折磨，他因此備感淒涼，
逐乘獨木舟向東方進發，由四個動物陪伴：蜘蛛、海狸、野兔和水獺。在

造物主和三個動物向那棵樹發起攻擊期間，海貍留在獨木舟上，它的任務是同伴一回來，馬上就掉轉船頭。自從這些旅行者掌握了這天體之後，它就每日每月完成其定期行程，保障晝夜的交替。按照這些本文，這女人的頭變成太陽，身體變成月亮，或者反過來（M₄₀₉；Hewitt；1，第 201-208，295-297，315-320 頁和各處）。

因此，神話中的動物之一起著樞紐的功能，而可以說小船圍著它轉動，以便面向其原點。也許應當作這樣的解說：在蒂卡爾的雕刻和許多神話中，角色之一占居著獨木舟的中心。例如，在米克馬克人（他們屬於東部阿爾袞琴人）那裏：「男人在船尾，女人在船首，狗坐在中間」(Rand，第 146 頁)。

M₄₀₉的一個顯然更爲機智的翁翁達加人版本讓太陽產生於一個祖父的身體。在最後階段，造物主僅把白晝天體的角色留給頭，而指派身體履行夏季白晝發熱的功能。相對稱地，它把其母親的頭轉換成月亮，扮演黑夜發光體的角色，而身體則保證夏季黑夜的發熱。因此，又觀察到了我們已在南美洲看到的（第 130 頁）那種照明和發熱功能的分離。考察這個方面是很有意思的，更何況在同一背景下還出現了另一些分離：造物主和其他版本中作爲造物主被求助的第一個人的分離，以及旅行動物的分離，這裏它們區分爲四個能幹的和兩個無能的，而在別處沒有看到過這種情形(Hewitt:2，第 512-516，540-545，551-555 頁和各處)。

易洛魁人生活在從大湖到東海岸的一個區域的中央的一片領土上，在那裏，樹皮獨木舟通常像在委內瑞拉和安的列斯群島那樣也裝飾有星辰或者同心圓，它們帶或不帶圓花飾。按照馬勒西特人(Malecite)和帕薩馬科迪人的說法，這些圓圈代表太陽、月亮或月份(Adney-Chapelle，第 83 頁；參見第 68，122 頁和圖 75，125-129，133，135-137)。大湖的奧吉布瓦人或希佩瓦人在航行時喜歡在身後留下圖示的消息，它們沒有神話的涵義，因爲它們關涉實際事件，並且所畫的動物表現旅行者的氏族歸屬。不過，我還是轉載一個例子，因爲獨木舟中按照我已識別的方向的前部和後部位置有著不

變的內涵（圖 12）。

圖 12　希佩瓦人用炭畫在木板上作爲消息存放的圖畫。
這消息表明，兩個家族在乘獨木舟旅行。父親氏族的命名動物畫在船首，母親的
畫在船尾。在它們之間，可以看到幾個小孩，他們的命名動物復現得比父親的小
（在父系制社會中）。左邊的獨木舟聚集了一個熊氏族的男人和他的鯰魚氏族妻
子以及他們的三個孩子；右邊的獨木舟聚集了一個鷹氏族的男人和他的熊氏族
妻子以及他們的兩個孩子。（據登斯莫爾〔Densmore〕:2，第 176-177 頁）。

～～～～～～～～～～～～～～～～～～～～～～～～～～～～～～～～～～～～～～

　　因此，一些趨同的徵象提示，易洛魁人和鄰近部落的神話根源自南美
洲的那些神話屬於同一聚合體，後一些神話把遠征的事業（戰爭或者求婚，
被接受或遭拒絕）的觀念與身體毀損或爆裂（由此引起運動天體出現或播
散的發光熱出現，視情形而定）的觀念相結合。無論這些神話源自卡希納
瓦人、亞馬遜部落還是圭亞那部落甚或是洛魁人，它們都動用同一些由對
立項組成的對偶：**裂開**或**爆炸**，作用於身體**上部**（頭）或**下部**（無頭的身
體、腹部），且一方面產生**月亮**或**太陽**，另一方面產生單純**發光體**或單純**發
熱體**，兩者兼有或者相反（M_{396}中情形就是如此，在那裏，從一顆爆裂的
頭顱中產生的歐夜鷹以缺乏性形象表現黑夜：沒有光也沒有熱）。易洛魁人
的宇宙學和卡希納瓦人的宇宙學之間的相似性尤其鮮明，因爲易洛魁人把

兩種功能聚集在同一個神話中，並用狄俄斯庫里的對立加以解釋，而卡希納瓦人把它們分配給兩個屬於不同神話的角色：謹愼的處女和自信的訪客，前者自我封閉，反抗社會關係，就像易洛魁人的壞心腸的孿生子，他一心想只爲一己守住母親的頭所發出的光；後者向世界和人的要求——那怕是敵人提出的要求——開放，就像好心腸的孿生子，他爲了使天體運行而不惜進行遠距離旅行。不過，可以注意到一個差異：被賦予負面屬性的卡希納瓦人英雄變成不育的月亮，而被易洛魁人造物主解放的月亮則是有生育力的。從這個關係來說，這兩組神話恰恰相互提示。卡希納瓦人的縮減爲被截下的頭的狀態的謹愼處女和自信訪客只是經過長時間猶豫，並且逐一拒棄了所有有利於人類的主意，尤其是讓他們最終轉變成蔬菜或可食用的果子的主意之後，才決心變成月亮(以上，第84頁)。他們認爲，月亮是發光的但沒有熱的，因此是不育的天體。他們所以選擇它，是因爲他們不願意提供任何服務。相反，易洛魁人的造物主不滿足於縮減爲截切下的頭的、其唯一功能爲照亮夜空的月亮。他還重構了母親的身體，向它說了這樣一些話：「現在，我明白了，你關心的是這裏存有的大地、各種各樣植物和通常結果的植物；以及其中有些灌木通常結果的灌木叢；以及各種樹組成的森林，其中有些樹通常結果；以及通常,在這裏存有的大地上生長的所有其他植物、人類和提供獵物的動物……因爲，你的功能是等待黑夜降臨大地，在這個時候，又輪到你〔即與太陽交替〕使大地恢復生機，照亮它，降下露水。你還繼續幫助你的小孩，就像你在心中叫他們那樣，而他們自己繼續居住在大地上」(Hewitt:2，第542-543頁)。

在易洛魁人看來，月亮是女性，太陽是男性，而且有著對於前者的第一性。然而，所有語支都用同一個名詞來標示它們：翁翁達加人爲／gaä'gwā／，莫豪克人爲／karakwa／，其一般意義爲「圓盤」或「發光體」，必要時還輔以限定詞。例如，／andá-kā-ga-gwā／爲「白晝發光體」和／so-á-kā-gā-gwā／爲「黑夜發光體」(Morgan，第2卷，第64-65頁)。我只

敢肯定，圖庫納人關於太陽的名詞／iaké／和關於月亮的名詞／tawsma-
ké／（Nim.:15）乃根據同一個詞根構成。至於卡希納瓦人，如果說他們用
一個專門的詞／ôxö／標示月亮，那麼，太陽的名字／ba-ri／在他們那裏
——在其他南美洲語言中情形也是如此——好像並非完全不同於用來標示
白晝和夏季之熱的名字（Abreu, 第 553-554 頁）。另一方面，我們知道，許多
熱帶美洲語言也採取和易洛魁人與阿爾袞琴人一樣的習慣做法，只用一個
詞來標示這兩個天體。奇怪的是，像操這些語言的各部落一樣，易洛魁人
也在蝴蝶身上看到了壞動物的原型 (Hewitt:2, 第 505 頁)，這種信念也在北
美洲另一個極端處的薩利希人那裏得到證明 (Phinney, 第 53-54 頁)。

　　這後一對比是意味深長的，因為薩利希語的各個部落並沒有像鄰近的
庫特奈人(Kutenai)和克拉馬特人 (Boas:9, 第 68-69 頁；Gatschet, 各處；
Spier:2, 第 141 頁)以及大部分阿爾袞琴人和易洛魁人本身那樣用同一個名
字命名太陽和月亮，他們通常總在月亮和太陽之中看到兩兄弟，有時甚至
其中一個是另一個的孱弱的孿生兄弟。換言之，就像在南美洲一樣，也會
有兩種極端情形（它們之間另外還存在著一些中間形式）出現，而這要視
兩個不同天體各自的性別而定，儘管標示它們的名字是一樣的，或者兩者
性別相同，但這時要求不同的命名。

　　然而，尤其在北美洲的那些可以並列地看到這些對稱處理的地區裏，
乘獨木舟旅行的題材突現在前沿，並且同樣注意到在南美洲神話中已經予
以注意的旅行者位置、年齡和性別等項。我不想闡明在下一卷將詳加研討
的那些神話，這裏僅僅對它們一帶而過。一個莫多克人神話(Curtin:1, 第 4
頁)把兩兄弟安置在船頭，另兩個兄弟安置在船尾，第五個兄弟和姊妹安置
在中間。許多岸地薩利希人神話為了進行一次聯姻遠征而在同一條獨木舟
中載乘一個祖父和一個小兒子 (Adamson, 第 117-120 頁；參見M_{406})；或者
還有一個兄弟和一個姊妹。在這種情形下，他在前部，她在後部，因為「按
照習俗，女人在船尾操縱」。在旅行過程中，這姊妹通過鼻穹窿或周圍迷霧

而生育，人們指責她與兄弟亂倫，換言之，**獨木舟之中的**旅行者的趨近與旅行本身所決定的、但這時是在兩個原先遠隔的人物之間的趨近造成對比 (Adamson, 第 284 頁；Boas:10, 第 51 頁)。在另一組神話中，騙子利用一次乘獨木舟旅行中他占據船的前部，讓「女兒」在後部（「但她們操縱得不好，這船因此亂行一氣」）的機會，與她們亂倫 (Adamson, 第 159 頁；Boas:5, 第 154-157 頁，E.D.Jacobs, 第 143 頁)。這些引證很有意義，尤其因爲薩利希人神話中由騙子製做的「魚苗女兒」如我已在第 48-49、97-98 頁上所指出的那樣反轉了一個重要的圭亞那神話組（$M_{241-244}$）中的「樹木丈夫」。這樣，她們取代了作爲月亮英雄強奪者的蛙，而這英雄很晚才知道它的眞正出身：在這裏（薩利希人）出身於被他弄瞎眼的鳥，在那裏（瓦勞人）出身於他已侵染過的水獺。最後，薩利希人跟古代瑪雅人一樣相信，太陽是斜視的，由於這個理由，它的兄弟月亮曾經決定和它交換角色（參見M_{407}）。實際上，太陽所以斜視，是因爲在月亮消失之後，它的母親和外祖母製成了它，以便代替其兄弟，而尿則通過絞後者的襁褓榨出：「因爲它斜視，故它不再像它兄弟擔任太陽角色時那樣熾熱。如果月亮決定在白晝旅行，那麼，它本來會比現在更熱，因爲它的眼睛比它兄弟更厲害」(Adamson, 第 272, 283 頁和各處)。內地的薩利希人也抱有同樣的信念：「太陽是獨眼的……也不像紅頸鳥〔美洲的鳥 *Turdus migratorius*〕利用太陽時所達到的那樣炎熱」(Teit:6, 第 177 頁；Ray:2, 第 135-137 頁)。「以前，月亮是一個印第安人……他的面孔光芒四射，其強烈程度與太陽一樣，甚至比太陽更厲害……這使他的妹妹遮掩他」(Teit:4, 第 91 頁；6, 第 178 頁；$M_{400, 400b}$)。因此，我們占有了一個聚合體，它從北美洲一直廣延至南美洲，它的各個元素是齊一的，儘管特徵不一樣：砍下的頭、瞎眼、獨眼、斜視、正視，它們用來以其相互關係安排和修飾夏天的太陽和冬天的太陽、過度的太陽和正常的太陽、白晝的天體和黑夜的天體。

我在這裏援引這些北美洲材料，緣於想提供尚未利用的參考資料的目

錄的考慮，所以，不能稱爲時過早。這裏涉及的種族群體，其神話提供了
下一卷的材料。在下一卷中，我將試圖表明，這些神話轉換並且重複了我
們在這裏進行的探討所由出發的那些神話。目前，這些神話已經開始隱約
而含混地影響我們，所以，提請讀者注意它們，還是有益的。這個對比可
能顯得膚淺和武斷。但是，在一項曠日持久的事業中，要一下子蒐羅到全
部証據，是不可能的。我們不妨把上面幾頁當做一個插曲。後面我們會明
白，它們成爲一整個論証的引子。

　　無論主人公是冒險的丈夫(M_{354})、亂倫的兄弟(M_{392})、自信的訪客
(M_{393})還是謹愼的處女(M_{394})，這些神話都始終依據兩種類型婚姻來修飾
這主人公，它們分別是親近的和疏遠的，主人公則時而取此捨彼，時而同
時接受或者拒棄兩者。每當乘獨木舟旅行介入這個體系時，它都起這樣的
作用：使英雄疏遠過分親近的女人（亂倫的舅母，M_{406}：兀鷹的女兒，
M_{149a}）或者使他親近疏遠的女人（金剛鸚鵡妻子，M_{354}；美女阿莎娃科，
M_{406}），或者兼而有之或相反：

婚姻：	M_{149a}	M_{354}	M_{406}
親近／疏遠	＋ －	＋ －	＋ －
接受／拒絕	＋ －	＋ ＋	－ －

　　上一卷裏扼述並討論過的一個馬希昆加人神話(M_{298}，MC，第 317-318
頁)顯然也屬於這個聚合體，儘管它把水路旅行轉換成了陸路旅行。實際上，
這英雄去遠征是爲了給他與前妻的兒子找一個異族妻子，以便把他支開，
好與岳母私通。就像在M_{393}中一樣，他想聯姻的這些異族人的行爲如同敵

人；而且像在M₃₉₂中一樣，所質疑的亂倫只是太實在了。我所揭示的這些神話之中的天文學代碼在M₂₉₈中也通過一些規則的轉換存在著：**砍下的頭⇒取除內臟的身體；月亮⇒彗星；虹霓⇒流星**（關於這個神話組的更一般的秩序，參見MC，第319頁，註⑮）。根據這個觀點，我得出了一個補充証明：這些神話把近親婚姻和疏遠婚姻的社會學對立與一個天文學對立即光明和晦暗的對立關聯起來，後一對立或者是可以認爲處於純粹狀態的兩個項之間的對立，這時絕對的白晝與絕對的黑夜相對立；或者是處於混合狀態的兩個項的對立，這時白晝的光亮被虹霓或太陽的布幕調和，黑夜的晦暗被月亮和銀河調和，而彗星和流星是銀河的游移等當物。

但是，這些神話並不處於那個地方。實際上，光明和晦暗的調和不僅僅屬於同時性的範疇，就像當虹霓的色彩或充荷雨水的雲遮掩著或調和白晝的光亮時，或者當月亮和星辰照亮夜空時可以觀察到的那樣。這種共時的中介以歷時的中介爲補充，而這說明了與獨爲白晝或黑夜主宰的理論狀態相對立的白晝和黑夜之規則交替。我可以表明，神話思維從總體上適用下列矩陣，而不把它的各個方面隔離開來：

	白晝：	黑夜：	中　介：
共時的軸：	絕對的	絕對的	一者爲另一者所調和
歷時的軸：	排他的	排他的	一者與另一者交替

卡希納瓦人追溯到的月亮起源的時代，晦暗的黑夜主宰一切，那時「沒有月亮，也沒有星辰」（M₃₉₄，Abreu，第475頁）。另一個神話把在第一個黑夜出現之前主宰大地的**排他的白晝**與這**絕對的黑夜**對立起來：

M₄₁₀. 卡希納瓦人：第一個黑夜

從前，一直只有白晝。沒有拂曉，沒有晦暗，沒有太陽，也沒有寒冷。因此，人們從來不看時行事；他們飲食、勞作、睡覺都不講時間。人人都隨時高興做什麼就做什麼。可以看到有些人在勞作，而另一些人在吃東西，解手，到河裏汲水，或者在種植園裏除草。

當作爲拂曉、黑夜、太陽和寒冷的主人的眾精靈初次決定施展這些本領時，人們目睹可憐的景象：黑夜突然降臨，立即把獵人凍結在森林中，把漁夫凍結在岸邊⋯⋯一個女人去河裏汲水，水罐撞在樹上破碎，她完全爲黑夜籠罩，已找不到路，只知道哭。另一個女人獨自解手，跌倒在糞便上。第三個正在撒尿的女人一直保持這姿勢，直到翌晨。

但是現在，人們在夜裏睡覺，白晝起身，按固定時間勞作，吃飯。一切都是有規則的（Abreu，第436-442頁）。

一個同樣來源的異本（M₄₁₀ᵦ；Tastevin：5，第171頁）講述了，人如何最初得到很短的夜，連睡覺也不夠，後來夜又太長，以致田野爲樹林所侵蝕，最後夜才長短適當，其持續時間與白晝相等。

操卡里布語的尤帕人生活在西部委內瑞拉和哥倫比亞接壤處，他們也從排他性白晝的概念引出適度黑夜的概念：

M₄₁₁. 尤帕人：月相的起源

在從前的時候，有兩個太陽。一個在另一個睡下後升起，白晝連續不斷地主宰一切。但是，一個太陽想去擁抱一個名叫科佩佐(Kope-cho)的女人而跌入燃燒著的燈裏，這女人爲了勾引它而圍住大爐跳舞。它於是變成了月亮，從此之後，白晝和黑夜交替。爲了報復科佩佐，

這月亮男人把她扔進河裏，她變成了一隻蛙。

　　每個月，衆星辰都要撲向這月亮男人，打它，因爲它拒絕把女兒嫁給一個星辰男人。這月亮男人的一家子由始終看不見的星辰組成，因爲它把它們都幽閉起來。月相反映了這天體與這些星辰鬥爭的情況（Wilbert：7，第863頁）。

　　我故意把這個卡希納瓦人—尤帕人神話組和在北美洲從加利福尼亞南部直到哥倫比亞河流域有到處都有的同一題材神話之間的各個相似性撇在一邊不論。然而，它們給人留下鮮明印象：多個太陽周而復始地不斷發光，尋求白晝和黑夜之間、夏季和冬季之間的良好平衡；消去身體各個部份及其功能地進行枚舉，以便最後達到如此說明的亂倫對偶的性器官，產下最初的人類（Tastevin：5，第170頁；接近於迪埃格諾人［Diegueño］——盧伊塞諾人［Luiseño］——卡惠拉人［Cahuilla］系列等等，向北一直延伸到岸地薩利希人）。指出這些相似性，至少是合宜的，因爲在南美洲本身，尤帕人的神話呈現了與阿勞干人信條驚人地相似，阿勞干人也屬於山地的西邊和新大陸的西海岸。此外，尤帕人居住在佩里賈山，因此本身以地理觀點來看也屬於安第斯山脈地區。

　　現在，我首先指出，在尤帕人和阿勞干人那裏，一種把太陽的多數性、勾引人的女人的角色和蛙三者相結合的複合體反覆出現。阿勞干人給予太陽兒子的名字／mareupuantü／可能意指「十二個太陽」。這個詞源關係比那個尤帕人神話更直接地使人想起克拉馬特人神話和喬舒亞人（Joshua）神話的多個太陽和月亮（參見後面M$_{471d}$，第331頁；Gatschet，第一篇，第105-106頁；Frachtenberg：2，第228-233頁）。然而，勒曼-尼切（9，第191頁）拒斥所引証的這種對太陽兒子名字的解釋，因爲它此外還標示蛙或癩蛤蟆（Latcham：2，第378頁）。不過，尤帕人神話中後來被拋入河中變成蛙的勾引人的女人使人想起阿勞干人那裏的被稱爲／shompalwe／的超自然

動物。這個魚和湖的女主人（她在湖中把年輕人弄黑）(Faron: 2, 第 68, 73-74 頁）也是一隻綠蛙，它是水女神(Cooper, 第 748 頁)。不要忘記，哥倫比亞聖瑪爾塔的內華達山的科奇人按異物同名對待標示癩蛤蟆和陰戶的詞，並且他們也有聯結更多太陽、蛙和原先過分熾熱的太陽之被溫和太陽取代的神話複合體(M_{412}: Reichel-Dolmatoff: 1, 第 2 卷, 第 26-32 頁；Preuss: 3, 第 154-163 頁），這個信條從北美洲西北海岸直到秘魯南部的馬希昆加人(M_{299}; MC, 第 322-324 頁）（他們也屬於南安第斯山）都得到證實。

尤帕人神話的利己主義父親這個天上人物拒絕把女兒許配給人，把她們幽禁起來。他在阿勞干人那裏有著一個完全一樣的等當者：

M_{413}. 阿勞干人：長夜

年邁的塔特拉佩(Tatrapai)的姪子們想娶堂姊妹爲妻。他給他們設置了一些考驗，他們都順利通過了。但是，這老人最後寧可殺了女兒們，也不讓她們離去。爲了報復，這些求婚者把這太陽囚禁在一個罐中，造成了歷時四年之久的黑夜。老塔特拉佩死於飢餓，受到威脅的鳥向英雄們提供了替代的妻子，但他們一一拒絕了。最後，他們娶了鴕鳥奉獻的獨眼女人，或者到冥界去尋找未婚妻。按照第三個異本，這些未婚妻靠了她們父親的被砍下的頭濺出的血而又復生(L.-N.: 10, 第 43-51 頁；Lenz, 第 225-234 頁)。

大草原上的阿勞干人把鴕鳥（實際上是鶆䴈科）與銀河聯結起來(Latcham: 2, 第 402 頁)，而圭亞那的阿拉瓦克人從後者認出了太陽女兒們被父親許配給一個指定女婿但遭到拒娶之後的最後化身。M_{413}已在這個關係上反轉了M_{149b}，同時又在另一根軸上反轉了M_{394}：在這個卡希納瓦人神話中，一個反抗婚姻的女兒因此而被父親殺死，從她被砍下的頭中噴出的血後來變成了虹霓；這裏，一個反對其女兒婚姻的父親的被砍下的頭中噴出

的血又使她們復生，儘管他最初殺害了她們。因此，我們看到，一個體系的概貌已被勾勒出來。

　　關於這些天上的和獨眼的妻子，有很多話可以說。但我現在滿足於強調，從羅克的北部直到南安第斯山地區，這個題材有著和我已提請讀者注意的所有題材相同的傳播區域。實際上，在科迪亞克人(Kodiak) (Golder，第 24-26, 30 頁)、克拉馬特人(Gatschet，第 1 篇，第 107-108 頁；Barker：1，第 71-73 頁)那裏都可以看到它；而且後面我們會遇到一些轉換，它們與我們的論證關係極其密切。在南美洲，在一個已援引過的神話(M_{392b}；Rondon，第 164 頁)中，已指出博羅羅人那裏也有這個題材(獨眼的月亮)，而且必要時這神話也可證明在南安第斯山存在著與這個種族群體有親緣關係的種族群體。此外，在吉瓦羅人那裏也有它，他們像尤帕人和科奇人一樣，也把一隻或多隻壞心腸的或愚蠢的蛙給予太陽作妻子(Wavrin，第 629, 635 頁)。

　　我們不要同時追蹤所有這些線索，最好還是扼述一下我們的探索的各個階段。我們從探究這些神話賦予乘太陽和月亮的獨木舟旅行的意謂出發，已證實了，這個題材發生在一個二維語義場中。一根空間軸從相互遠離的關係上把親近的婚姻和疏遠的婚姻對立起來，而這些選擇項之被接受還是拒絕，可以說由乘木舟的旅行來決斷。在時間軸上，這選擇是在永久白晝和長夜之間，在共時上由光明和晦暗的淡化模式：虹霓、多雲、月亮和星辰來決斷；在歷時上則由白晝和黑夜的規則演替決斷。

　　此外，我們在對這個語義場進行的探索中剛才已發現，這些神話以兩種方式給空間軸取向。它們想像它是水平的或垂直的。不用說，當乘獨木舟的旅行把英雄從近的一極運送到遠的一極時，這軸是水平的，這時首先把他從本鄉環境取出，在那裏，他只能是個倔強的獨身者(M_{394})或亂倫的情人($M_{392,406}$)，以便把他運送到異鄉的環境，在那裏，如果他是獨身的，則遇到遠方的公主($M_{406,149b}$)，或者如果他已婚，則遇到不忠實的女主人(M_{393})。但是，尤帕人的神話(M_{411})顯然把這根水平軸拉成垂直的：黑夜

的太陽因想擁抱一個很快變成水蛙的女人也即因想締結遠方的婚姻而死於一個燃燒的坑中。而當它變成天上的月亮後，便拒絕把女兒星辰許配給同種的追求者，並且寧可把她們幽禁起來，也不讓她們離開，他的行為採取一個亂倫的父親的方式，後者內心隱藏親近交合的慾望，就像M_{413}的英雄塔特拉佩老人那樣，這個老人也產生這種情感，於是束縛其外甥——「恰當距離的」求婚者，因為至少在理論上阿勞干人倡導與成年表姊妹的母方婚姻(Faron: 1，第 191 頁)——到冥界去尋覓未婚妻或者締結更疏遠的婚姻（圖 13）。

可以簡單地說，水平軸主要出現在亞馬遜河流域和奧雷諾克河流域沿河部落的神話中，垂直軸主要出現在山地的或鄰近山脈的部落的神話中。我還要補充說，某些安第斯山或南安第斯山神話處於一根在下述意義上雙重傾斜的軸上：它們通過亂倫父親的題材把亂倫兄弟的題材（水平軸）和利己主義父親的題材（垂直軸）聯結起來，同時可以說又把天文學代碼返回到社會學代碼之上。在科奇人神話(M_{412})中，壞心腸的太陽與其女兒行星金星亂倫，而後者且由一個男孩轉換而成；自從那時起，它們都遠行，以便相互避開。這兩種代碼的重合也產生於一個已援引過的塔卡納人神話(M_{414}; Hissink-Hahn，第 79-80 頁)，在那裏，分別為父親和女兒的太陽和月亮在父親度過了情愛生活之後獲致了天體的本性，以便兩者從此之後相分離。就像在這個神話組中其他把太陽和月亮的起源追溯到亂倫的神話中的情形一樣，這裏也是疏遠的天文學位形(兩個不一起出現的天體的特徵)認可了趨近的社會學位形。

我們已經知道，在奧雷諾克河流域有一組神話致力於整合這兩根軸。我們可以把源自一支今已不存的卡里布語部落的古老版本縮簡為若干簡短但確切的徵象：

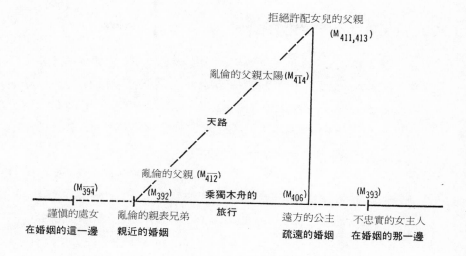

圖13　社會學的、地理的和宇宙學的代碼整合圖

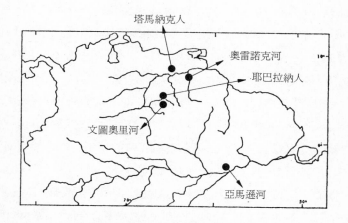

圖14　塔馬納克人和耶巴拉納人

M₄₁₅. 塔馬納克人：被逼婚的女兒

　　塔馬納克人的祖先阿馬利瓦卡(Amalivaca)當時曾造成淹死所有印第安人的大洪水，只有一男一女藏身山頂而倖免。乘著小船旅行的造物主把月亮和太陽的像刻在恩卡拉馬達的小石峰上。他有一個兄弟，名叫沃奇(Vochi)。他們一起塑造地面。但是，儘管很努力，他們仍未能使奧雷諾克河成爲一條雙向的河流。

　　阿馬利瓦卡有幾個女兒，她們酷愛旅行。他把她們的腿弄斷，讓她們不能走動，迫使她們生活在塔馬納克人的土地上(Humboldt，第8卷，第 241-242 頁；參見Gilij, III, I，第一章；Brett: 2，第 110-114 頁)。

　　相對於前面已考察過的各個神話，這個神話占據著可稱爲戰略性的地位。首先，它反轉了M₄₁₃，後者中出場的父親極力阻止女兒婚配，而塔馬納克人的造物主強迫女兒結婚。這些因生性喜流動而受傷害的女兒與M₃₉₄中謹愼而深居簡出的處女截然相反。作爲女人，她們更對應於M₃₅₄的冒險的丈夫和M₃₉₃的過分自信的訪客：像前者一樣被弄成癱瘓，但不是由外部而是由內部造成，並且不是因爲已發生了親近的交合，而是出於相反的意圖；像後者一樣被截切，但是在下部，而不是上部。乘獨木舟旅行的題材恰到好處地整合了社會學和天文學兩種代碼，以致它們的空間和時間模式同時體現爲太陽和月亮的像之被鐫刻在沿河的岩壁上（而不是這兩個天體裝飾這船本身，M₄₀₆）以及造物主之計劃使河水沿雙向流動，從而使旅行得以在順流而下的同時也溯流而上：這就又回到用空間來表達這神話組的其他神話想確立的白晝和黑夜的規則交替(亦參見Zaparo，載Reinburg，第15 頁)。我們還將回到所有這幾點上來，因爲這個塔馬納克人版本非常概括，爲論證提供了一脆弱的基礎；然而，塔馬納克人早就消失了，甚或他們的主神也不復存在於鄰近民族的記憶之中。十九世紀初年，洪堡(Humboldt) 觀察到, 阿馬利瓦卡這個名字「在方圓 5,000 平方里格 (lieue) 的範圍裏為人們所知曉」。過了不到半個世紀之後, 朔姆布爾克在旅行中卻驚訝地得不到任何關於這個人物的資訊:「人們說, 甚至他的名字現在也被遺忘了」(轉引自 Roth: 1, 第 136 頁)。

這種情勢本來是無可補救的了, 但卻出現了轉機。像神話中有時會發生的那樣, 人們相信決未消亡的一個傳說在一個半世紀之後卻重又出現在住在離塔馬納克人的古居住地稍遠處的、操一種屬於同一語族的語言的種族群體的口中, 但採取換了位的形式, 不過仍可辨認出來, 而這個部落的人口據 1958 年的統計不超過五十人, 其傳統文化似乎已發生了深刻的變化:

M₄₁₆. 耶巴拉納人: 白晝和黑夜的起源

在時間的源頭, 事實上人類還只有一對孤獨的夫婦。這男人和這女人的身體和我們不同, 他們沒有下肢, 終止於下腹。他們用口吃東西, 用長在男人喉結高處的氣管排泄。從他們的糞便中產生了電鰻 [*Electrophorus electricus*]。

除了這兩個解剖構造不難繁殖的人類之外, 在大地上還有被賦予超自然本領的兩兄弟。哥哥叫馬約沃卡 (Mayowoca), 弟弟叫奧奇 (Ochi)。一天, 馬約沃卡出去尋找在一次遠征中迷路的弟弟, 他已進行過多次遠征。他看到一個軀幹男人在一條河邊打漁, 這時正巧他把一條看了讓人心醉的上佳比拉魚拖到岸上。這魚是他的兄弟變的, 因為偷了這漁夫的金魚鉤。馬約沃卡認出了弟弟, 大驚失色。

馬約沃卡馬上變成兀鷹, 攻擊這軀幹男人, 向他的糞便灑水。奧奇趁機跳入水中, 他的哥哥又變成蜂鳥, 取走了魚鉤。然後他去恢復原來的形貌, 與這男人作簡短的商量, 想得到一個神秘的籠子, 鳥聲從它裏面傳出。實際上, 這軀幹男人已逮住了太陽鳥。必須指出, 在

這個時代，太陽居於天頂不動，熠熠發光。人們不知白晝，也不知黑夜。

但是，這男人看出了馬約沃卡頭側放置著的金魚鉤，那個地方現在是耳朵的位置。這男人害怕被奪走籠子，遂拒絕任何有關這籠子的話題。可是，馬約沃卡給了他最大奉獻。他說：「我知道，你缺少一半身體。你沒有腳走路，你得借助一根棒頭爬行。爲了交換太陽鳥，我給你一雙腳，這樣你就可以毫無困難地周遊世界。」這軀幹男人深爲無法行走所累，因而接受了這個交易，但條件是他的妻子也要得到這份實惠。

馬約沃卡叫來了那個女人，著手加工。他大力按摩，再用陶土塑造，補全了所缺的各個部份。這男人和女人用新腳跳了起來，開始驕傲地行走。從那時起，人不僅能旅行，而且還獲得了繁殖的能力。

這男人把那個籃子交給馬約沃卡時，叫他決不要打開它。否則，太陽鳥會飛掉，就再也找不到它。這籠子這麼珍貴，它的主人不得把它給人看，也不得託付給人。

造物主滿心喜歡，雙手攤開捧著這籠子走了。他不讓人聽到太陽鳥的美妙叫聲。他小心地行進，途中遇到了弟弟奧奇。他正在洗刷作爲一條魚時受的創傷，他的比拉魚頭仍保留著黑色條紋的痕跡。他們一起繼續行進，走入密林深處。

當他們感到肚子餓時，馬上就在一棵結滿果子的樹腳停下。馬約沃卡叫弟弟爬上去。但是，後者注意到那個籠子和從中發出的神秘叫聲。他藉口身體虛弱，需要利用馬約沃卡上樹採果子的期間在地上休息。哥哥剛被葉子遮沒，奧奇便不顧他的告誡，打開了籠子。太陽鳥飛走了，它的悅耳歌聲變成了可怖的叫聲，烏雲密布，太陽消失，大地像從前一樣被黑夜籠罩。豪雨一連下了十二天，大地被淹沒在又鹹又黑又冷又臭的水下……

　　那兩個人奄奄一息。突然出現一座山來救他們。没有鳥啼鳴，也没有野獸咆哮。只聽到風在吼，雨在傾瀉，天和水之間還是一片漆黑，奧奇蹲在一座山的峰巓爲自己的過失低聲懺悔。馬約沃卡聽不到這聲音了，因爲他變成了蝙蝠在高空飛翔，被黑夜弄瞎了眼，被暴風雨弄聾了耳。奧奇做了一個土床，還在自己周圍創造了各種各樣四足動物以供食用。馬約沃卡出於同樣意圖在暴風雨上方的更高處創造了鳥和猴。

　　時間一年一年過去。最後，馬約沃卡派鳥／conoto／去尋找太陽。這鳥到達天頂時又筋疲力竭，可是太陽不在那兒；它又順著風向緩緩下降，被風一直帶到大地盡頭。奇蹟！太陽在那兒，猶如一個火球。實際上，太陽從囚籠中出來後，逃到了天頂，此後它從世界的一端跑到另一端，但未能逃到世界以外。於是，出現了白晝和黑夜的交替。在黑夜，人無法看到太陽，因爲它在扁平大地的下面旅行；早晨，它又從相反的一端出來。爲了不被燒焦，鳥／conoto／用一片片雲把太陽逮住，再把這雲包擲下大地。一頭白猴接到這雲包，一片一片打開，再把太陽鳥關進籠中。

　　太陽重又登上了天頂，在那裏停留了一會兒。這時，馬約沃卡招呼弟弟，對他說，他們今後分開過，奧奇在東，他自己在西，敵對的大地在他們之間。馬約沃卡然後重新組織世界，大洪水已使它變得無法住人。他僅憑思想的力量就使樹木生長，河水流動，動物產生。他把一座山打開一點，從中出來了新的人類，他教授他們文明技藝、宗教儀式和發酵飲料的配製方法，這些使他們能與天溝通。[產生了一個兒子，一個食人魔想吃他]。最後，他飛上了雲端，人們現在從一個地方還能看到他的雙腳的足跡。

　　這樣，創造出了第三個世界。第一個世界已被大火焚毀，這火是爲了懲罰當時熱中於亂倫的人。第二個世界因奧奇對待太陽鳥不愼而

毀於大洪水。第三個世界完結在壞精靈／mawari／之手，這些精靈服務於魔鬼／ucara／。第四個世界是馬約沃卡的世界，在那裏，人和所有其他生靈的靈魂都享受永久的幸福(Wilbert: 8, 第 150-156 頁)。

這個遲晚的版本儘管冗長，但肯定還是不完整的，因為傳述者在最後枚舉了一些插段但未加敘述，而它們的眞正地位更像是在開頭。此外，只知道第一對夫婦在大洪水期間和之後出現，但不知道爲什麼太陽鳥在其逃逸引起了白晝和黑夜的規則交替之後必須又回進籠裏。

儘管有這些不確定的地方，M_{415}、M_{416}中的造物主各自名字的相似性（這兩個神話每次都迫使造物主經受毀滅人類的大洪水的考驗，要他們重新組織宇宙）還是誘導我們把無腿的原初夫婦和斷腿的造物主女兒這兩個對稱插段看做爲逆反的序列。阿馬利瓦卡打斷女兒的腿，是爲了阻止她們四處旅行，約束她們，讓她們待在原地，以便她們的生育能力從此之後保留下來只生育塔馬納克人，而到異鄉去歷險無疑會使這種生育能力蛻變。反過來，馬約沃卡給予不得不坐定不動的一對原初夫婦腿，是爲了使他們既能到處流動，又能生育。在M_{415}中，太陽和月亮是固定的，或者更確切地說，它們的採取岩刻形式的配對位形確定地估量了分離它們的適當距離和結合它們的相對接近度。但是，如果說岩石是不動的，那麼，洗腳的河流（據說是完美的創造物）朝兩個方向流動，從而使往返的路徑均等。

乘獨木舟旅行的全過程表明，順水的幾小時航行可能要求歷時幾天的溯流航行。因此，河流的雙向樣態乃從空間上對應於從時間上尋找白晝和黑夜各自持續時間之間的適當平衡(參見M_{410})，而以石刻形式估量的月亮和太陽間適當距離應當也使得能夠獲致這種平衡。因此，M_{415}在天文學層面上採取了和社會學層面上同樣的步驟：它一蹴而就地把這白晝天體和黑夜天體、男人和女人置於適當的距離上，但使它們固定不動；而移動的是河流。M_{416}採取了一個對稱而又逆反的步驟：在太初，太陽占據固定於天

頂的位置，而那對原初夫婦也不能移動。從這正反兩方面來看，創造的工作每次都在於使它們活動。

M_{416}中乘獨木舟的旅行的確是這樣，它的逆反表現也如此。後者也存在於M_{415}中，採取河流呈雙向樣態的形式，從而可以說抵消了往返時間的不均衡。對於這些河流序列，那個現代的神話代之以另一個出於相同意旨的序列：小造物主為了偷取魚鉤變成比拉魚而被軀幹男人漁獲。

這個結局直接回到了本書出發點M_{354}，在那裏，比拉魚被英雄用作為擺脫一個軀幹女人——她也是一個糾纏女人——的口實，而在這裏它被英雄用做依附於一個軀幹男人的魚鉤（三糾纏者）的口實。不過，事情還不止於此。實際上，M_{416}的河流序列（其作用可能讓人覺得是講軼事）從它經常在其中出現的圖皮人—瓜拉尼人神話取得其全部意義。此外，為了懲罰亂倫而發生的世界毀滅（但通過大洪水而不是大火）也屬於這類神話（Cadogan: 4，第 57-58 頁）。

南方瓜拉尼人的兩個造物主是太陽和月亮；它們在工作過程中(M_{13}; CC，第 103, 149 頁)變成了魚，以便偷取食人惡魔的魚鉤。笨拙的弟弟成了這食人魔（但不像我已在《生食和熟食》中漫不經心地寫到的那樣是食人女魔）的獵物，它在兄弟的可怖目光下吃了他，這插段同樣保留在和M_{416}屬於同一組的耶巴拉納人故事(Wilbert: 8，第 154-156 頁)之中。不過，造物主哥哥小心收攏魚骨，藉之使弟弟復生。這種繼之以復生的吞吃在月相和月蝕中永存，月亮此外還在與嬸母亂倫過程中得到了陰影。這嬸母給這夜間訪客臉上抹黑，以便認出他。後來下雨了，他洗刷掉了這些標記。日蝕也追溯到了造物主哥哥與食人魔查里亞(Charia)的鬥爭(Cadogan: 4，第 78-83 頁)。

關於圖皮人—瓜拉尼人的宇宙學，現已知道許多版本。這種宇宙學足以填補M_{416}的天文學代碼的空缺，而M_{415}則從自己方面使M_{146}的社會學代碼變得更清楚。無疑，圖皮人和瓜拉尼人把神話的孿生子等同於太陽和月

亮。就此而言，他們不同於耶巴拉納人，後者使太陽成爲一隻鳥，講述了
被食人魔吞吃的故事，其措詞讓人以爲馬約沃卡的兒子是月亮的人格化。
兩個造物主沿東西向的分離倒是建起了與氣象現象虹霓的親緣關係，而赤
道美洲的土著喜歡把虹霓再一分爲二，一上一下（這相應於大洪水期間兩
個造物主的位置）或者一東一西，就像這神話結束時的情形那樣。我已引
用過一個卡塔維希人神話，這個部落生活在上特菲，位於普魯斯河和儒魯
亞河之間，操卡圖基納(catukina)語(CC，第 323-324 頁)：

M₄₁₇. 卡塔維希人： 兩個虹霓

　　「卡塔維希人知道兩個虹霓：西邊的馬瓦利和東邊的蒂尼。他們
是孿生兄弟。在騎馬女人離去之後，只留下了男人，於是馬瓦利造成
了新的女人。蒂尼和馬瓦利引發了大洪水，把大地全淹沒，溺死了全
部活人，只有兩個姑娘被他們救起做伴侶。她們盯住哪一個也不合適：
盯住馬瓦利，就注定變得軟弱、懶惰，狩獵和打漁時運氣不佳；盯住
蒂尼，就使人變得愚笨不堪，因此他每前進一步，都總要被路上的障
礙絆倒，腳被撕裂，或者取利器時總要傷著自己」(Tastevin: 3, 第 191
頁)。

　　塔斯特萬回想起，詞／mawali／或／mawari／在許多方言中都標示
一個惡或者是不惡的神(同上)。耶巴拉納人那裏的情形無疑就是如此，在
那裏／mawari／具有「壞精靈」的意義 (以上第 154 頁)。無疑，應當把這
個名詞與阿拉瓦克語的／Yawarri／作對比，後者既標示負子袋鼠，也標
示虹霓(CC，第 326 頁)，何況領土位於介於圭亞那阿拉瓦克人和卡塔維希人
之間的中間區域的圖庫納人區分開東方的虹霓和西方的虹霓 (以上第 26，
101 頁)，也設想有兩個造物主，他們最後分道揚鑣，各奔東西，其中一個
是負子袋鼠神(CC，第 229，247 頁)。

像塔馬納克人和耶巴拉納人的孿生子一樣，卡塔維希人的孿生兄弟也引起了毀滅人類的大洪水，並且專注於姑娘所特有的行爲。塔馬納克人的孿生兄弟使結對的流浪女人定居下來，耶巴拉納人孿生兄弟則作了雙重逆反：他們使一對定居的**夫婦**去**流浪**。至於卡塔維希人的孿生兄弟，他們處置兩種女人：騎馬的女人，她們也是流浪的，因爲她們拋棄了他們以及兩個女同鄉。他們從大洪水把她們救起，以便讓她們作自己的伴侶。因此，她們變成定居的。最後，人類本來與這兩個造物主的關係被從美德的層面上加以描述，其方式對稱於其他神話得以把近親婚姻與疏遠婚姻對立起來的方式。盯住一個虹霓造成軟弱、懶惰、狩獵和打漁時運氣不佳，也即招致各種無能。它們類似於其他神話歸因於亂倫的無能。盯住另一個虹霓則引起事故——跌倒和受傷——它們是習慣上對粗率和冒險行爲的制裁。在社會學和天文學代碼上，還要添加上道德的代碼。

因此，不用奇怪，在同一地區，不過這次是在卡里布人那裏又發現了第四種代碼，它是解剖學性質的，已引起過我們注意：

M₂₅₂. 韋韋人：第一次交媾(參見MC，第 198 頁)

太初時，一個懷孕的龜女人迷路了，她想到花豹那裏避身。花豹殺死了她吃掉，只留下她腹中懷的蛋，它們產下了兩個小孩馬瓦里(Mawari)和華希(Washi)③。一個老嫗扶養他們成長。他們長大後長滿鬍鬚和毛髮。但是，他們沒有陰莖，因爲那時候陰莖還以長在林中的小植物的形態存在。在一隻鳥的教導下，有一天，他們舔了這些植物，

---

③須注意，韋韋人的語言把孿生子之一的名字／mawari／和標示負子袋鼠的／yawari／區分開來。卡利納人那裏也是這樣：／mawari／和／awaré／(Ahlbrinck，在這兩個語詞項下)。因此，切莫把我們以上根據這些神話給相應能指所取的各自涵義提出的那種對比當做是已知的。關於標示負子袋鼠和虹霓的語詞，參見泰勒(Taylor)。

然後睡著了。在睡覺期間，每人都長出了一根巨大的陰莖。出於一種新的慾望，他們與一頭水獺交媾，它給他說明如何去漁獵真正的女人。然而，這些女人告誡孿生兄弟不要與她們睡覺，因爲她們長著帶齒的陰道。華希過分性急，差點死去，但他的截斷的陰莖因而達致正常大小。馬瓦里選擇先給他的女人服魔藥，以便消除比拉魚的牙齒（Fock，第 38-42 頁）。

因此，這樣就從使得連近親婚姻也不可能的無陰莖過渡到了獲致合理長度的陰莖，其間還經過只能用於疏遠婚姻的過長陰莖這個中間階段。可見，這個韋韋人神話用解剖學語彙表達了某些神話用社會學的或天文學的語彙言說的東西，而其他一些神話同時運用兩或三種代碼言說這東西。在所有這些場合，每個神話都可以用它穿越總的語義場時所選擇的路線來界定。現在，我們就來辨識這個語義場的各個方面：

天文學代碼	無月，月蝕，月相……………………太陽固定		
	長夜……黑夜和白晝規則交替……長白晝		
	………………銀河─虹霓………………		
地 理 代 碼	親近 ………乘獨木舟的旅行 ………疏遠		
	順流 雙向河流………………溯流		
解剖學代碼	無腿的女人…………………流浪的女人		
	無陰莖的男人…………………長陰莖男人		
社 會 學 代 碼	………亂倫，內婚 ………外婚 ………		
	獨身 亂交		
倫理學代碼	懦弱 勇敢		

這個矩陣（爲了使它明白易懂，我已對之作了很大的簡化）代表一個

共同的棋盤，每個神話都充當其上的一個棋子。不過，如果想明白某些乍一看來令人大惑不解卻又令人矚目的轉換的理由，那麼，就必須考察這個總體。例如，圖卡諾人的宇宙學（它主張考慮到白晝和黑夜的規則交替）由於事實上給予女人兩個範疇：「正經的」和輕浮的或下賤的(Fulop，第3卷，第 121-129 頁)，因而被納入到一個冗長的故事(M_{418}；Fulop，第5卷，第341-366 頁)之中，在這個故事裏，像在耶巴拉納人神話M_{416}中那樣，一只籠被輕率打開而放出了一些鳥。這些鳥立刻變成了聖笛，女人奪取了這種笛子，憑藉它們把男人降為奴隸，儘管這種樂器今天卻成了女人從屬於男人的象徵和媒體。如果僅僅考慮到在內格羅河和沃佩斯河部落裏／yurupari／這個詞也標示一個孕婦懷上的太陽的兒子，他終止了女人的統治，制訂了女人從此之後必須遵守的嚴格規章($M_{275, 276}$；MC，第 269-273 頁)，那麼，這轉換是無法理解的。因此，在社會學代碼從聯姻層面一直進到政治層面（不過始終局限於兩性對立的角度）的同時，天文學秩序和社會秩序之間的隱喻聯繫轉換成了女人和太陽兒子之化身為笛之間的換喻聯繫。笛是女人的有紀律行為的**原因**，就像白晝天體和黑夜天體的規則交替提供了合乎規則的聯姻的**映象**，這種聯姻既不像女人亂倫時所達到的過分親近，也不是由於生性放蕩不羈而過分疏遠，因而她們到處遊蕩，或者成為騎馬人，而不是切實抵禦這兩種危險，成為安分的、服從丈夫指令的妻子。在圖卡諾人看來，這種二難困境以更尖銳的方式出現，尤其因為他們實行嚴格的部落外婚制，通過與聯姻部落交換姊妹來得到妻子，甚至俘獲敵對部落的妻女作為妻子(Fulop，第3卷，第 132 頁；Silva，第 408 及以後各頁)。開化的天空的榜樣可能並不足以作為紀律來約束必定往往顯得不馴服的外來女人。無疑，在這些困難的條件下，為了使已得到的妻子脫離粗野處女或亂倫姊妹的狀況，為了避免她們以後成為不忠的女主人或放蕩的妻子，笛子所造成的恐怖更為可取。

II 天體的運行

從更一般的觀點來考察，剛才討論的那些神話致力於解決一個矛盾，它是河流生活方式所必定會引起的，在定居於赤道鄰近區域的種族群體來看尤其如此。從時間上來說，黑夜嚴格地與白晝相交替，因為在世界的這一地區，這兩個時期同樣長。因此，這種現實情況周而復始地映現了至少從理論觀點上可以設想的兩種狀態之間的成功中介：只有白晝的狀態 ($M_{410-411}$) 和只有黑夜的狀態 ($M_{413,416}$) 之間的或這兩個時期之一的長度大大超過另一個的兩種狀態之間的。

另一方面，在空間上，卻正是中介狀態更其屬於理論見識：為了使往返等同，當乘獨木舟旅行時，河流必須是雙向的。可是，經驗實在顯得並非如此。事實上，儘管距離相同，但順流而行只要不多幾個小時即夠的河段，當溯流而行時，需要一整天，甚至數天。當河流被快速瀑布切斷時，情形就更其如此。這種情況下，河流給予順流而行的獨木舟以驚人的速度，但是，當目的地在溯流處時，人們就不得不改作漫長的陸路運輸。可是，在這些神話中，孿生兄弟之一致力於使河流成為雙向的，而另一個人則通過創造急流和瀑布即路程不均等的主要原因來破壞前者的工作。

因此，空間軸和時間軸關涉兩個從邏輯觀點看來應當顯得對稱而又逆反的結構。在時間軸上，中介的狀態，就是經驗提供的狀態本身，而只有思辨能夠重構無中介的原始狀態，這種重構採取兩種形式：這些神話提出最初是白晝的或黑夜的狀態，而它們之間別無均衡性 (MC，第423-424頁)。在空間軸上，情形剛好相反：僅僅給出中介之無有；思辨用雙向河流的幻想重構一種相反的初始狀態。因此，在每一種情形裡，每一根軸的兩個極從邏輯的觀點看來是相互對應的，一個是現實的，另一個是思想的。

這個佯謬在社會學軸看起來，必定尤其顯著，而現在這依從於另兩者：

內婚制的或外婚制的(並且在每種情形裏又以或多或少嚴格的方式)，婚姻規則迫使人專心考察人應當在怎樣的**距離**上覓妻，不過是從人類繁衍的觀點著眼，也即要確保世代的周期性，而這說到底就是衡量人性的**持續期**。同樣不用奇怪，在那些關於親近和疏遠之無法公斷的神話，往往重又出現短暫人生的題材，而這短暫人生是造物主在造成太陽和月亮間合理距離、水路旅行往返持續期上不可避免的偏差和女人的允許的活動範圍的同時所建立的。按照M_{145}的已知的最古老版本，造物主放棄使河流成為雙方的這種努力，但他打斷了自己的流浪女兒的腿，她「是卡米納特(Camminate)的情婦」，並宣告人生短暫 (Gilij，第3卷，第4-5頁)。另一個比較晚近的版本補充說，造物主製作了石刻但未留下他的大獨木舟，他還把起伏的地勢弄平(Brett：2，第111-113頁)，從而最大限度地減輕尤其在溯流而行時所遭遇到的航行障礙。在大陸的另一端，在火地島的奧納人(Ona)和雅甘人(Yahgan)那裏，造物主致力於調節晝夜交替，治理宇宙，確立短暫人生，教人以性交和生育的技藝(Gusinde，第2卷，各處)。天文學的、地理的、社會學的和生物學的代碼到處都連結在一起。

　　為了表達得更確切，可以這樣說：因與天和地相關而是垂直的天文學軸和在親近和疏遠兩極之間成水平的地理軸被按縮小的比例映射成也是相互垂直的兩根軸：一根是解剖學的軸，其高 (頭) 低 (腿) 兩個位置構成兩根，另一根是社會學軸，它把內婚制的 (親近的) 婚姻和外婚制的 (疏遠的) 婚姻對立起來 (圖15)。

　　因此，赤道美洲的神話的意識形態的骨架看來與一種基礎結構(infrastructure)相聯繫，而在這種結構中，土著思維揭示了一個矛盾：二分點類型的時間軸和空間軸之間的矛盾，在這根空間軸上，為了使同樣長的兩個距離卻成為不均衡的，有路徑方向介入。然而，這樣一來，當在北美洲地區 (在那裏，除了二分點，二至點也成為相干現象) 裏雙向河流的題材重又出現時，我們會有感到驚訝之虞，但從某種意義上說，這種重現證實了

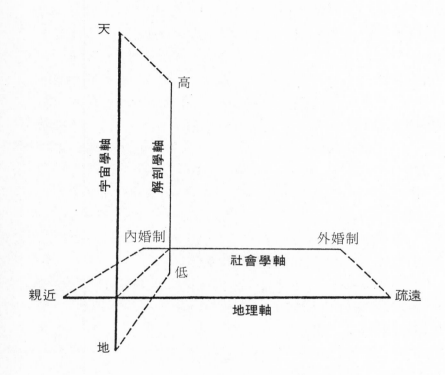

圖 15　宇宙坐標和人類坐標間的轉換關係

我的論點，因爲在我們觀察到它的地方，我們也已注意到了乘獨木舟旅行的題材，而這題材與前一個題材互補；一方面在易路魁人那裏(Corn-planter, 第29頁；Hewitt:2, 第466頁)，另一方面在太平洋沿岸，從普吉特海峽(Haeberlin, 第396頁) 和北部的基諾人(Quinault)(Farrand, 第111頁) 直到卡羅克人(Karok)(Bright, 第201頁)和尤羅克人(Yurok)：「在太初，克拉馬特河一方面逆水流，另方面又順水流，但造物主決定，河水順流而下，鮭溯流而上」(Erikson, 第269, 271頁)。這些加利福尼亞西北部的部落基本上採取河流的生活方式(Kroeber：1, 第9, 98-100頁)。易洛魁人以有發達的農業著稱，但他們卻生活在一個有諸多大湖和無數水道的地區，在古代，他們水上航行之頻繁和航程之遠，超過我們今天的想像 (Morgan, 第2卷, 第83頁)。

　　因此，從這個觀點看來，河流被弄成雙向的題材以其分布證實了，儘管各部落在地理上相隔遙遠，但群體上卻是齊一的。我們由這個主見還可證明，意識形態和基礎結構相互關聯。然而，在時間軸上，這個基礎結構設有二分點的特徵，因爲我們所由舉例的北美洲種族群體全都生活在北緯40°和50°之間。但是，令我們產生深刻印象的是，至少是西部的那些群體跟北方鄰族直到包括愛斯基摩人共同執著於對白晝和黑夜的周期性的信念，如同對季節周期性那樣。我已經提到過這一點(以上第 145 頁)。在尤羅克人和卡羅克人北部的哥倫比亞河三角灣的奇努克人(Chinook)(Jacobs：2, 第2篇, 第395-396頁；Sapir：1, 第173頁；Boas：7, 第12頁)那裏，薩哈普廷人(Sahaptin)的岸地薩利希人 (Adamson, 第132-133, 188頁；Jacobs：1, 第3-4頁, 等等)那裏，情形就是如此。不過，與在許許多多方面都相近的南美洲神話相比，源自這些種族群體的神話呈現一個令人矚目的差異：它們不怎麼關心使黑夜和白晝相等，遠爲關心的是使晝夜各自的長度務必不等同於季節的長度。換句話說，它們對白晝和黑夜的**絕對長度**的關心甚於對它們的**相對不均等性**的關心。另一方面，這些神話以一貫的方式訴諸魔法，

它們時而用於加速，時而用於阻遏，但始終希冀獲致季節的均等：在從北極圈直到加利福尼亞的整個廣大地域範圍裏，線繩遊戲(jeu de ficelle)都被用來減緩太陽的行程，或者冒險嘗試延長冬季的月份，而杯球遊戲(bil-boquet)的各方然後應當能夠縮短它們。

巴芬島的愛斯基摩人用線繩遊戲阻滯太陽的消失；他們用杯球遊戲催促太陽回歸(Boas：8，第151頁)。桑波依爾人認爲，他們在冬天玩杯球遊戲會縮短一年的長度(Ray：2，第161頁)。在克拉馬特河，對杯球的成功一擊被稱爲「弄瞎太陽一隻眼睛」(Barker：2，第382頁；參見以上第141頁)；與他們鄰近並有親緣關係的莫多克人玩線繩遊戲是爲了「殺死月亮」，即縮短正在過去的冬季月份(Ray：3，第132頁)。沙什塔人(Shasta)在冬季玩杯球是「爲了使月亮變老，冬季變短……也是在冬季，兒童玩線繩遊戲，但僅僅在月亮增盈期間……並且是爲了催促它的行進。另一方面，當月亮轉虧時，人們用豬的脊椎骨玩杯球遊戲，以使月亮虧得更快」(Dixon：7，第446頁)。它一切運作也都可以稱爲是「跛足的」，因爲它們縮短一個方面而延長另一個方面(參見MC，第468-474頁，在那裏，我以類似方式解釋了儀式的或神話的跛足，它們在這些地區起重要作用)。因此，它們以周季周期性的角度提供了獨木舟的正面等當物，而以周日周期性的角度來看，當獨木舟「跛足」時，換言之，當路徑沿一個方向比沿另一個方向長時，它的價值變成負面的。因此，用空間的語彙來表述，二分點的佯謬相應於各個相距遙遠部落相互用時間語彙表述的二至點佯謬。儘管環境各異，他們還是維護一種共同的意識形態，爲此，這是借助啓示一種技術知識（航行技藝）的思辨運作，那裏借助最終目標不用說也力圖保持思辨性的技術運作（遊戲也在此列）。因爲，就像河流不會雙向流動一樣，在北半球緯度之下，不可能使季節長度均等。

在上一卷裏，我已強調了南美洲印第安人的思想中的周期性理論所包括的諸多方面之一，也即表明了，他們的神話把建基於眞實的中介經驗的

周日周期性作爲出發點。同時，這些神話又追溯了中介之不存在，而後者
的概念完全是理論的，儘管可以設想它有兩種各別的模態。實際上，可以
根據情況選取太初時只有黑夜或者只有白晝的假說。然而，這種先前的黑
夜和先前的白晝從邏輯觀點看來並不等當：在時間軸上，一者相應於太陽
和大地的析取，另一者相應於它們的合取。這個位形映射到空間軸上，便
獲得社會學的意義：按照每個社會所希望的未來夫妻的理想距離，他們在
結婚把他們結合在一起之前彼此多少可以親近，也即相對地合取或析取。

　　戈杰(1，第108頁)據范·科爾(Van Coll)和佩納爾(Penard)而引用的
兩個圭亞那神話證實了這種聯繫的對稱性。按照其中一個神話（阿拉瓦克
人：M_{420a}），太陽和月亮曾是人，負責照看關在一個籃子裏的亮光。太陽希
望娶一個印第安女人，但他處在很高的地方，無法下來；因此，這女人必
須登高上去。一到達那裏，她就急於打開籃子，於是亮光傳播開來。可以
看出，這神話借助一系列轉換刻意反轉M_{411}：**和通⇒結婚；天體下凡⇒人
上天；黑夜亮光的起源⇒白晝亮光的起源**。另一個源自卡利納人的神話
(M_{420b})講述，亮光的主人太陽如何不得不傳播光，以便更好地監管欺騙他
的妻子。「於是，他變成可見的太陽，從此之後他用黑夜改變白晝⋯⋯如果
沒有這種罪惡，那麼，黑夜就不會存在，而只有永不休止的光亮。」瓦勞人
說，一對老年夫婦照看白晝的亮光。他們的兒子只答應把亮光給予兩姊妹
中保持處女貞潔的一個(M_{420c}；Roth：1，第266頁；Wilbert：9，第64-67頁)。

　　如果說從亞馬遜到火地島，這些神話都把貞節與白晝相聯繫，把淫蕩
同黑夜相聯繫，那麼，它們都是想從白晝和黑夜的規則交替中看到夫婦關
係的正常狀況。關於這個題材的一個蒙杜魯庫人神話(M_{421a}；Murphy：1，
第88-89頁)和另一個卡耶波人神話(M_{421b}；Métraux：8，第18-19頁)又回到
了上一卷裏已扼述並討論過的一個亞馬遜圖皮人神話（M_{326a}；MC，第423
-424頁)之上，但它們所以回到那裏，是因爲它們以比們已考察到的那些神
話更爲明白的方式發掘乘獨木舟旅行和白晝與黑夜規則交替這兩個題材相

結合的深刻原因。因此，我們現在來回顧這個神話。在永恆白晝主宰的時代，已嫁給一個印第安人的大蛇女兒拒絕與丈夫睡覺，因為她需要為作愛所必不可少的晦暗。這丈夫差三個僕役乘木舟遠征，去問岳父索要黑夜，岳父看管著囚在水底的黑夜。這岳父願意把黑夜關在棕櫚堅果之中給他們，條件是他們在回到家裏之前不得打開。為好奇心所驅使，兩個搖槳的僕役想知曉他們聽到堅果中的聲響的原因；掌管這船的那個僕役起先勸阻他們，後來同意了。三個人聚集到獨木舟的中央，打開了這堅果；黑夜逃了出來，在大地上傳播開來。蛇的女兒來干預了，她建立了亮光和晦暗的規則交替。

我們已經遇到過天文學三元組。僕役三人組更使我們想起三個又醜又黑的老人，而按照科奇人說（M₄₁₂：Reichel-Dolmatoff：1，第2卷，第29頁），他們迫害太陽，想讓永久的黑夜主宰世界。一個來歷不明的亞馬遜神話把我們剛才提到的所有題材與一些類似人物聯結起來。

M₁₀₄. 亞馬遜：黑夜的起源（參見CC，第237頁）

在太初，沒有黑夜。太陽不斷往返，人不勞作，整日價睡覺。一天，三個姑娘看到一個女性水妖在她們面前襲擊一個名叫卡陶亞(Kadaua)的印第安人。她們想留住他，但這奔跑者把她們帶走了，全村人都來攻擊，跌進了她們後面的河中死了，只有三個老嫗還留在岸邊。

老嫗們發覺卡陶亞在陪伴一個姑娘游水，她們便叫他把她帶回到地上來。他踮起腳，把被救起的姑娘託付給她們，然後去尋找還在離岸很遠處的其他兩個姑娘。三個老嫗趁機勸這姑娘逃離。她們對她說，卡陶亞從未愛過一個女人；她們自己曾愛過他，但他任她們衰老下去。這姑娘聽了無任何反應。這期間，卡陶亞試圖讓另兩個姑娘游水，但她們已聽不出他的聲音，逃離他。最後，她們溺水而死。

卡陶亞哭著回來了。他從水中出來，看到被他呵護的可愛姑娘也在哭。她回答他的問題說：她擔心跟著他會像以前他的三個女人一樣變衰老。卡陶亞否認說，他從未做過她們的情人，她們又指責他對女人無動於衷。於是，她們衝向女英雄，把她頭髮拔光。這姑娘投入水中。卡陶亞跟著她，而那些老嫗都變成了負子袋鼠。

卡陶亞緊隨這姑娘游泳，幾乎能觸摸到她的腳跟，但她保持領先。他們這樣一直游了五個月。卡陶亞一點一點失去頭髮，但這女逃亡者又長出頭髮，不過全是白的。最後，他們到達一處河岸。他問：「你為什麼離開我?」她回答說：正是因為害怕她頭髮不會變白。既然這無可補救的事已發生了，所以，她就可以任他來相聚；但是，這樣一來，卡陶亞的頭髮怎樣了呢? 卡陶亞這時發覺，他已是禿頂。他指責水犯了這個罪過。這姑娘回答說，水已徹底「洗淨了」他的頭髮的「黑色」，從此以後兩人都這樣生活，以這種狀況出現。這樣，卡陶亞回到家鄉，他的情婦們嘲笑他的光禿腦袋！

這人聽不下去。他對同伴說：「都是因為你，水才剃去了我的頭髮。因此，你給我讓它們再長出來！」她回答說：「完全可以，但條件是你讓我的頭髮變黑，就像被你的情婦們拔去之前那樣！」

他們一邊爭吵，又一邊前進，來到一所很大的空無人住的房子，他們在裏面烹飪，吃放在裏面的食物（／uareá／?）。正在這時，屋主出現了。正是這姑娘的父母，但他們拒絕認她，因為她頭髮已白，他們還惡意嘲笑她的同伴的禿頭。後者神情沮喪，一連睡了兩天。又過去了兩天，這兩對男女上路到卡陶亞的村子去，想望那三個老情婦能救治這兩個年輕人。但是，她們房舍的氣味太難聞了，使人不敢進去。在裏面，這三個老嫗在叫喚：「ken！ken！ken！」，就像負子袋鼠在叫。卡陶亞點火燃這茅舍，產生了強烈的燒焦氣味。這姑娘反對說：「你會燒掉我的頭髮！」這時，白晝消失，沉沉黑夜籠罩大地，而熾熱使負

子袋鼠的眼睛爆裂。

　　一會兒，閃亮的火星上了天，固定在那裏。卡陶亞跳進了茅舍，想尋找同伴的頭髮；她跟著他也跳了進去，她父母也這樣。四個人全都葬身火海。他的身體爆炸了，一直飛到天上，從此之後，火和白熾的木炭裝扮黑夜（Amorim，第445-451頁）。

　　這個神話的解釋提出了許多困難。首先，它敍述了一個極其複雜的故事。其次，我們不知道它究竟源自哪個部落。這神話是從內恩加圖語(nheên-gatu)即亞馬遜圖皮語採集到的。但是，這什麼也證明不了，因爲這種**通用語**(lingua geral)是馬瑙斯地區許多語族的部落如阿拉瓦克人和圖卡諾人所通用的。只要看一下阿莫里姆的採集工作就可以了。他蒐集了來源各不相同的亞馬遜神話，但又始終不詳確說明其來源，其目的是爲了證明，三個糊塗姑娘的題材和屬於月亮的青春期英雄因兩性同體而無能的題材，這類題材構成各個聯姻的或敵對的、但相互間的換婚或誘拐女人造成各種各樣聯繫的部落所共同的神話遺產的一個不可分割的組成部分。阿莫里姆、斯特拉德利以及在較小程度上巴博薩‧羅得里格斯所採集的神話大都屬於特殊的一類。因此，這就給上述不確定性又增添了一種不確定性。這些著作者所探訪的是一種學術性的神話，而這種神話無疑是由我們幾乎一無所知的賢人團體根據混雜的材料精心編撰而成的，我們只知道，這些團體是等級森嚴的，而同一些神話的各個多少是秘傳的版本必定屬於不同的等級（參見MC，第270頁）。

　　因此，我們在作推論時要謹愼從事，只滿足於強調某些方面。顯然，M_{104}的雙重女性三元組使人想起M_{326a}中的男性僕役三元組，因爲一切都與黑暗的起源相聯繫。這兩個三元組還使人回想起斯特拉德利（1，第503-506頁）對一個夜間活動的女性三元組所做的一點提示。這個三元組由凱雷皮尤亞(Kerepiyua)、基里尤亞(Kiriyua)和基里里尤亞(Kiririyua)組成，她們

分別是「夢之母」、「睡眠之母」和「沉默之母」。圖皮人在第一個人物那裏看到一個老嫗從天上下來，「但是巴尼瓦人(Baniwa)、馬瑙人(Manao)、塔里亞納人(Tariana)、巴雷人(Baré)等等部落說，從天上下來的女人不是老嫗，而是無腿的姑娘，她在巴尼瓦人那裏名叫阿納巴內里(Anabanér-i)，偏愛通過虹霓之路在星辰光線上旅行……」這個殘廢人物使我們想起已遇到過的其他一些人物。

像我們所有神話中的男性英雄一樣，卡陶亞也位居兩種類型女人、兩種形式婚姻之間。M_{104}的獨創性在於把這個已是二重性形象的形象再一分爲二。在一開始，這神話表明，卡陶亞被水之母這個超自然生靈吸引而去進行**疏遠的**而又無可挽回的交合，而無恥的同鄉試圖把他留在她們**身邊**。這個對於親近和疏遠關係的空間表達，後繼著另一個在時間層面上的表達：它把卡陶亞**疏遠**的三個老嫗與他**趨近**的三個姑娘對立起來，不過這次是在持續時間領域內。因爲，這英雄爲了疏遠前三個老嫗，把她們變成了負子袋鼠，也即——如在《生食和熟食》中已表明的那樣（第219-250頁）以及如放臭氣的負子袋鼠的插段所證實的那樣——因而腐敗的老嫗；爲了趨近這三個姑娘，他把其中一個變成老嫗，另外兩個變成死人。這神話的第二部份把這兩個方面又整合了起來。

實際上，在五個月期間內加速進行的衰老是在**泅水追逐**過程中發生的，而泅水追逐是**乘獨木舟旅行**的反面：兩個主人公一男一女直接在水中沐浴而不是乘在小船中在水上漂浮。這女人在男人前面，而不是坐在後面(參見以上第123頁)。最後，也是最重要的，其手觸摸到女人腳跟的男人必須追上她，但未成功，而在乘獨木舟旅行時(關於這一點，M_{326a}的證據很重要)，三個犯錯誤的乘者團聚在獨木舟的中心，而他們並沒有這個必要。這三個旅行者聚集在他們中的一個人的周圍，因此這人扮演空間中介的角色。那個女游泳者所以不可能被追上，是因爲她拒絕成爲時間中介的主體（衰老介於年輕和死亡之間），而她是三個魯莽女游泳者中唯一的倖存者。

　　這些反轉的理由顯而易見：如同先前白晝的神話M_{104}和M_{326a}以同樣方式把長白晝的假說與長黑夜的假說對立起來，它們也設想這兩個項之間的中介，但採取另一種方式。這中介在M_{326a}中是歷時的，在那裏在於白晝和黑夜的規則交替，而在M_{104}中是共時的，在那裏可能主宰一切的絕對黑夜由於腐爛和燒焦相會合（這不是交替）而存在，而一當這黑夜靠月亮和銀河的共生創造而存在時，它便得到調解。

　　因此，M_{104}既然屬於學術性種類，所以理應能夠直接就處於許多神話的交點上。繼續分析下去，無疑我們就能證實，在一所點燃火的茅舍裏面叫著「ken！ken！ken！」的負子袋鼠轉變成了M_{326a}中的夜間活動動物，它們在一個堅果的囚室裏面叫著「ten！ten！ten！」,也是火把它們和黑暗同時趕出這囚室。在M_{416}中，太陽鳥的籠子無疑反轉了前面的題材，何況這三個神話的英雄們還例示了性無能的情形：作為跛子(M_{416})，作為男女同體(M_{104})或者作為因妻子拒絕而無法與她睡覺的丈夫(M_{326a})。從火地島直到亞馬遜，他們的這種無能都是與連續不斷的白晝主宰的原初狀態相聯繫的(參見$M_{421a,b}$和奧納人神話M_{419}, 載Bridges, 第433頁；Lothrop, 第101頁；Gusinde, 第1卷, 第586頁)。

　　最後，M_{104}與另一個已考察過的神話(M_{149b})共有一個既共時又歷時的骨架，它把未老先衰即短暫人生的題材與調解黑夜發光體：月亮、星辰和銀河之存在的晦暗的題材連接起來。其名字可能標示禿頂的一個英雄(以上第128頁)、另一個很快變禿頂的英雄成為太陽的端莊女兒和兀鷹的放臭氣女兒之間或者年輕情婦和也放臭氣的負子袋鼠之間的競爭的戰利品。兩人都通過水路旅行，由一個妖怪癩蛤蟆或水妖引導。與太陽女兒聯姻使男人青春延長；與男人聯姻使他的年輕妻子未老先衰。每一次，這結局都是放臭氣的動物取勝所使然。太陽女兒被英雄拋棄後變成銀河；與本身保持忠誠的男英雄相同等，M_{104}的女英雄轉變成了黑夜的天體。

　　儘管沒有一個神話會說得一清二楚，但我還是試圖把它們疊加起來，直到它們相互重合，並從而以暗碼（grille）的方式讓共同的消息顯現出來，而每個神話只包藏這消息的一個片段或一個方面。現在，我要濃縮地但明白地表明這消息，如同我用作爲以上討論之出發點的M_{415}所表達的那樣。我要說，由於沒有能力用**雙向河流**的方法中和**親近婚姻**和**疏遠婚姻**之間的對立，阿馬利瓦卡和沃奇因而首先借助石刻來決定月亮和太陽之間的合理距離（確保不發生亂倫）；此後，他們就能通過弄斷女兒（她們傾向於**過分疏遠的交合**）的腿，把她們固定於**相對親近的**婚姻。

　　同樣，其他神話分離出的消息也相互加強。如果說月亮英雄拒絕與嬸母亂倫（沒有犯亂倫罪而惹起黑暗，M_{13}）而答應娶一個過分疏遠的公主爲妻，那麼，白晝便像黑夜那樣成爲**無熱的亮光**（M_{406}），如同太陽的女兒們這些疏遠的並被拋棄的公主用灰暗的微光照耀（M_{149a}）。這英雄在完成了一個往返，回到了親人中間之後，便允許太陽以白晝的熱的發光體的形式出現（M_{406}）；換言之，這白晝天體從此居留於恰當的距離，就像在獨木舟中蒙受挨凍或受熱之苦的太陽同伴（M_{149a}）不應處於**過分近**或**過分遠**（M_{405}）。

　　當我初次對M_{149a}（CC，第345頁）感興趣時,，我就已指出，這神話與《生食和熱食》特別著力考察的那些神話結成佯謬關係。作爲盜竊蛤蟆巢者，英雄的角色反轉了參照神話（M_5）的盜金剛鸚鵡巢者；因爲，在實際上，這種兩棲動物並不棲止於樹梢。然而，我們知道，以盜鳥巢者作爲英雄的博羅羅人神話和熱依人神話乃關涉烹飪用火的起源，它們構成一個與把短暫人生的起源和栽培植物的起源聯結起來的主要屬於熱依人的那些神話相平行的系列。以短暫人生的起源作爲原因論功能的M_{149a}又橫截了這兩個神話組。它的發生與其中一個組相對稱，結尾與另一個組相同。

　　然而，現在應當作一點非同尋常的說明。剛才援引的神話全都涉及天和地的關係：無論關涉栽培植物，它們是星辰和凡人交合的結果；還是分

離曾經過分接近的太陽和地的烹飪用火（通過介入它們之間）；或者短暫人生，這無論何時何地都是分離的結果。難道不應得出這樣的結論：這些神話以兩種方式構想太陽和地的關係，其一為採取垂直的和空間的結合的形式，烹飪的發現則通過在天和地之間挿入眾用火爐而終止了這結合；其二為採取水平的和時間的結合的形式，而生和死之間、白晝和黑夜之間的規則交替的引入終止了這結合？

圭亞那的阿拉瓦克人用白晝天體與月亮的戰鬥來解釋日蝕；他們努力地發出恐怖叫聲來分離它們（Im Thurn，第364頁）。同樣，當月亮只有一部份可以看到時，或者月亮被蝕時，卡利納人把這些現象歸因於太陽向它挑戰（Ahlbrinck，辭條「nuno」§4,7）。在亞馬遜，人們說（M$_{422}$；Rodrigues: 1，第211-212頁），太陽和月亮曾經訂婚，但它們的婚姻看來不可能：太陽的激情火燒大地，月亮的眼淚水漫大地。因此，它們熬著過孤獨的生活。太陽和月亮彼此過分接近，便產生腐爛的世界、燒焦的世界或兩者偕與俱來；過分疏遠時，它們便危及白晝和黑夜的規則交替，引起作為顛倒的世界的長夜或者導致混沌的長白晝。獨木舟解決了這個二難困境：這兩個天體一同登船，但兩個乘者被賦予互補的功能，一個在前面搖槳，一個在後面掌舵，迫使它們在船首和船尾間作抉擇，並保持分離。

不過，這樣一來，難道我們不應承認：把月亮和太陽、黑夜和白晝聯結起來的獨木舟在較長旅行的**時間**裏使他們保持合理距離的同時，還起著一種作用，可比諸家庭火爐在家庭茅舍包圍的**空間**中所起的作用嗎？如果烹飪用火未起到太陽和大地的中介的作用（通過把它們聯結起來），那麼，這便是腐爛世界和長夜在主宰；如果它未保證它們分離（通過介入它們之間），那麼，這便是大火造成的燒焦世界在主宰。神話的獨木舟正是起著這樣的作用：從垂直轉移到水平，從距離轉移到持續時間。

當從巴西高原過渡到圭亞那—亞馬遜地區時，發生了影響意識形態的上層結構的轉換：這裏集中於獨木舟和捕魚，那裏集中於烹飪用火和栽培

植物。說到底，這轉換最符合基礎結構的各個不同特徵，因爲捕魚或者農業都構成服從於周季周期性的最狹隘的技術活動。然而，周季周期性處於周日周期性（其周期更短）和人生周期性（其周期更長）之間的中點。

我現在挿敍一段，以便間接表明，我們剛才認識到的獨木舟和家庭火爐在形式上同系。M_{104}表現爲一個關於禿頂和白髮的神話。美洲印第安人那裏罕見討厭禿頂和白髮，種族志文獻也未見提供確證的例子。只是更令人矚目的是，關於禿頂的神話在熱帶美洲和在北美洲西北地區的分布和兩半球共同的其他題材的分布大致相同，兩地提出的解說也相同：頭髮浸在水中，或者處於有水的環境之中，這引起頭髮腐爛。在南美洲，烏依托托人講述了一個故事：一個男人被一條蛇吞入腹中，接觸了在那裏的腐解屍體而變成禿頂（M_{423a}；Preuss：1，第219-230頁）。查科也有一個關於同樣題材的喬羅蒂人神話（M_{423b}：Nordenskiöld：1，第110頁）。委内瑞拉的尤帕人說，冥界的侏儒由於用頭接受人的排泄物而變成禿頂（M_{423c}；Wilbert：7，第864-866頁）。

已見於西伯利亞的人被妖怪吞吃而變成禿頂的題材也存在於北美洲，從溫哥華島直到俄勒岡州（Boas：2，第688頁；Frachtenberg：1，第31頁）。按照野兎皮提納人的說法，捕魚主人具有禿頂的頭（Petitot：1，第231頁）。我已指出過，尤帕人那裏有著排泄物覆蓋頭而引起禿頂的觀念；在奇努克人那裏也看到這個觀念（Jacobs：2，第2篇，第326-328頁；亦見薩哈普廷人的版本，載Jacobs：1，第186-188頁；内兹佩斯人。[Nez-percé]，載Phinney，第106-112頁）。這些簡短提示並未窮盡這個問題。在南美洲的卡希納瓦人那裏（Tastevin：4，第21頁）以及在北美洲的波尼人那裏（G. A. Dorsey：1，第14頁），完全或部份禿頂的人象徵雷鳴；最後，奧吉布瓦人有一個神話（我們還會回到它上面來）說，一個女人在太陽使她成爲禿頂之後，變成有益的月亮（M_{499}；Jones：1，第375-376頁；2，第2篇，第623-653頁）。但是，把這些提示彙總起來，我們也只是爲了把它們與一個阿勞干人起源神話的一

個細節關聯起來。現在，應當按照由勒曼—尼切(11, 第28-62頁)提出並加
以比較的各個版本來描述這個神話：

M₄₂₄. 阿勞干人：禿頂的起源

　　　　在遠古時候，一次大洪水毀滅了人類。按照某些版本的説法，這
　　洪水是對放浪形骸的懲罰〔參見M₄₁₆〕。人人都把這洪水歸罪於一條妖
　　蛇，它是海洋的主人，按其叫聲名為／caicai／。人們荷載著食物越過
　　漫漫大水和無邊黑暗，然後爬上一座有三個峰的山，它的主人是另一
　　條蛇，它是第一條蛇的敵人。它也按叫聲名為／tenten／；它也許甚至
　　藉一個窮老頭的形體顯靈，以便警告人有危險威脅他們。爬不快的人
　　溺水而死；他們變成了各種魚。後來，它們使退潮時來捕魚的女人受
　　孕。這樣，她們懷上了以魚命名的各個民族的祖先。

　　　　隨著倖存者沿山坡往上爬，這山被佔滿了，或者，按照另一些版
　　本的説法，山浮在水面上。過了很久，／caicai／和／tenten／試圖一爭
　　高低。最後，這山勝了，但是人卻因而離太陽近了，以致他們不得不
　　用堆放給養的碟子遮頭。儘管有這些臨時湊合而成的遮陽物，還是有
　　許多人死了，很多人變成禿頂。這就是禿頂的起源。

　　　　當／caicai／承認失敗時，只存下一、二對倖存者。人的犧牲使他
　　們得到水退的結果。於是，他們重又居住在地上。

我們切莫援用山的主人蛇的叫聲／tenten, trentren, thegtheng／和
M₁₀₄中負子袋鼠的叫聲／kenkenken／或M₃₂₆ₐ中的夜間活動動物的叫聲
／tententen／之間的相似性。然而，語言學家如果考察各種南美洲語言中
涵義為分離和結合的形式的各個擬聲詞：一方面為／tenten／、／tintin
／，另一方面在亞馬遜神話中為／wehweh／所具有的價值，那麼，無疑會
取得一些有意義的成果；這裏，／caicai／和／tenten／經過了一個尤為

令人矚目的反轉，因爲當把M_{424}作爲關於禿頂起源的神話研究時，它也反轉了同類型的亞馬遜神話：它把這種作用歸因於太陽的焦灼的熾熱而不是水之引起腐爛。我來繼續探討這後一方面。按照M_{104}和其他神話，禿頂產生於沿水平軸平移過程中浸入水中。按照M_{424}，禿頂產生於因沿垂直軸升高而引起的對太陽的趨近。在第一種情形裏，如果主動的旅行者（他們起勁地游水）不是投身於液體的環境之中，而是在一個獨木舟（它是一個木容器）中航行，那麼，禿頂本來是可以避免的。在第二種情形裏，被動的旅行者（山成爲他們的吊車）看來可以避免禿頂，只要他們逃離水，用木碟子（即容器）自衛來對付太陽的趨近。實際上，古代阿勞干人不知道陶土，他們用木頭製造餐桌碗碟。我們從傳教士得到這神話的第一批版本，而他們也嘲笑它們語無倫次：易燃物料做的碟子怎能抵禦燃燒的天空呢？

(Lehmann-Nitsche: 11，第34頁，註③；第36頁，註②；第41頁，註③)。相反，我們覺得，這個工藝上的細節與一個神話反轉相一致，這反轉賦予烹飪用的但用木頭製的碟子以抵禦太陽引起的禿頂的作用，而如果我的假說是準確的，那麼，這作用一如亞馬遜神話用暗示忽略法(prétérition)賦予木質獨木舟的抵禦水引起的禿頂的作用。因此，依憑這一主見，獨木舟和家庭火爐的等當性便得到證實。它們都作爲中介，分別作爲水平軸上這裏和那裏之間的中介或者垂直軸上低和高之間的中介。

　　勒曼—尼切已依憑別的根據而假設，阿勞干神話和圭亞那地區的神話有相似性。如果能根據各處的類似信念來證明，如圭亞那印第安人所解說的，某些排列整齊的石頭代表在長夜之中祈求太陽來歸的祖先的化身(Frikel: 2)，那麼，這相似性就顯得更爲明白。然而，我不敢假定，在這些南美洲語言中像在我們的語言中一樣，石頭專門用來招引因下述事實變成禿頂的祖先（我們在類似情境裏也這樣說）：他們不再「依靠這石塊」……

　　對烹飪起源神話(M_1, M_{7-12})的研究引導我們設想產生於天地分離的腐爛世界和產生於天地結合的燒焦世界之間的對立。對於阿勞干人神話來說，

這兩個世界相對於caicai和tenten的世界。迄此為止我們已討論過的神話全都浸潤了這個基本對立，而它們可以把這對立折射到許多色帶上，每一個色帶又都從中濾出一種意謂色調。一方面，我們如此便思考了過分疏遠的交合或者謹慎的獨身者、冒險的丈夫、流浪的女兒或者動物妻子、過分自信的訪客和不貞的女主人，而他們全都例示了溝通在變得很危險或者不可能時的方方面面。

另一方面，我們發現了過分親近的結合、亂倫的雙親、糾纏的女人，也即一些例示過分迅速的溝通的模態。這些神話通過也把月亮喜歡的長陰莖的男人(M_{256})和太陽喜歡的無陰莖男人(M_{255})對立起來而發現了解剖學辯證法之途，這種辯證法與以前的各辯證法完全相同，而且我已在前兩卷裏列舉了它的許多例子：被鑽孔的或被堵塞的、鑽孔的或堵塞的人物；在後一種情形裏又有過分笨重的或者過分粗大的，以及扮演溝通者或者聯繫切斷者的角色……

然而，這一切對立都成對地而又邏輯地結成等級體系。腐爛世界和燒焦世界屬於宇宙範疇，它本身又有兩大模態，一個是天文學的，另一個是地理的，視在把天和地對立起來的垂直軸上還是在把近和遠對立起來的水平軸上劃分它的構元而定。然後，可以把這垂直軸的兩極投射到人體這個縮小的尺度上，而人體的肢體和器官於是在高和低之間劃分；也可以從性的或飲食的方面限定這些肢體和這些器官。在第二種情形裏，兩性的對立不起相干的作用，並讓這個領域向其他對比開放：消化管道的開孔區分為下部的和上部的，而它們又單獨地或一起可以是打開的或關閉的。在第一種情形裏，兩性的對立需要專門的詞彙工具來表達：在女人那裏是關閉的或有齒的陰道，在其男性對偶那裏是過短的或過長的陰莖。

如果從人類的觀點來看這些神話，那麼，這第一個對立將成為文化和自然的對立，而這與宇宙的二等分中的地理極相重合。但是，這自然範疇又包含兩個模態，一個是生物學的，其地位已很明顯，另一個是工藝的，

而它與屬於文化範疇的對立的一個項相重合。另一個社會學的項又產生了這樣的對立：**在群體內／在群體外**，由之通過新的二分便過渡到內婚制、外婚制或戰爭；或者過渡到獨身、亂倫或結盟，等等（圖16）。

因此，我從本書開始起就一直在探討的那些對立全都分布在一個網絡的節點上，而這網絡的組織是可以辨識清楚的。如果繼續分析這網絡，則還可以納入其他神話，以一些新的方向延伸，同時填補一些空白。一句話，所指出的各神話間的各個差異處於這樣的水平：它們以每個神話反省這網絡的獨特方式，沿水平、垂直或對角線的方向先使一部份對立起作用，以便使某些成對對立相重合，並以某種觀點顯現許多對立之間的同系關係。

還應強調，為了圖示的需要，我已把一個網絡弄成平面的，並使之空泛化，而要完全地說明這網絡，還需要其他一些層面。例如，天文學軸可以是空間的或時間的，而且在這兩種形式之下，它仍可以疊加於地理軸之上，而這軸又包括兩個方面：親近或疏遠距離的空間方面以及迅速或緩慢旅行的時間方面。從飲食的觀點來看，被鑽孔的人物可能採取兩種方式：無內臟，以致食物取正常路徑穿越身體——從口到肛門——但太**迅速**（時間軸）；或者無身體（滾動的頭、軀幹女人，等等），以致食物在喉嘴水平上被排泄而其路徑變得反常地**短**(空間軸)。被堵塞的人物本身看來又被剝奪了口（高）或肛門（低）。從性的觀點看來，也存在類似的二分法，其具體分法視所考察的角色是男的（被賦予太長或太短的陰莖）還是女的（被賦予過分張開或過分關閉的陰戶）而定，同時我們知道，這些人物還被賦予修辭意義。因此，這些神話在家庭火爐和獨木舟之間建起的工藝對比也要併入其他各個可疊加的對比：高和低的對比、親近和疏遠的對比、空間和時間的對比、本來意義和比喻意義的對比。

因此，可以說，從邏輯的觀點看來，家庭火爐的轉換回過來又被映射到一個垂直中介結構的水平軸上，結果，一根軸的**天／地**兩極便與另一根軸的**這裏／那裏**兩極相重合(圖17)。然而，並不缺乏這樣一些神話，它們

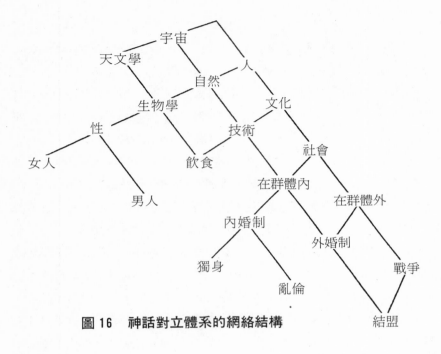

圖 16　神話對立體系的網絡結構

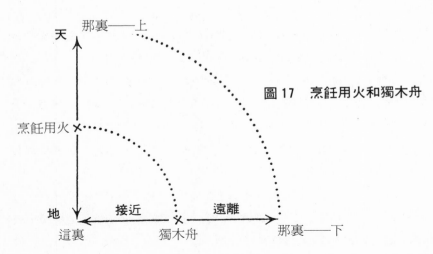

圖 17　烹飪用火和獨木舟

最直接地證明，在天上的旅行(M₁₈₇)構成因魯莽而走得太遠的旅行英雄的最大冒險。

　　當用這種方式來表述時，這轉換實際上成爲自我同一，而我們所以知道要這樣說明一些民族，是因爲他們用「一船」(bateleé)而不是家庭或火爐來描述他們社會的基本構元。馬來人(Malais)把短劍鞘的船形終端部份稱爲波紋刀刃的「房舍」(Rassers，第35頁)。這樣，他們以象徵方式表達了在西伯利亞得到充分實用的一種對應關係：沿海的楚克奇人(Chukchee)的社會單位是「一船」，這一船人各成員一起進行狩獵和捕魚。印第安人也這樣說到一個村：它有多少「一船」，每「一船」由若干聯姻而成的家庭組成 (Bogoras: 2，第544，629頁)。人們在愛斯基摩人那裏也觀察到類似情形 (Boas: 1，第601頁；Spencer，第177-192頁及各處)。新幾內亞的這些部落的情形同樣是意味深長的，在那裏，每個民族都專有一所大房舍和一條大船，其成員獨占地在房舍中過夜，白晝則聚集在大船上。這房舍本身也往往呈船形，並且兩者都有一個不變的名字，它傳給爲了取代舊房子而建造起來的新房子和當舊船必須改造時而繼之而來的新船。在某些三角洲地區，只有一個語詞兼而標示「氏族」和「船」：爲了曉得一個陌生人屬於哪個氏族，實際上人們問他「哪條船是他的」。因此，船構成了最典型的社會單位，這角色在別處由群體成員聚居的共同房舍充任 (Wirz，第146頁及各處)。

　　最後，南美洲印第安人在乘船時總留意用葫蘆或棕櫚佛焰苞攜帶保持熾熱的餘燼。難道這不是把獨木舟再變成了家庭火爐，而這火爐無疑是活動的，但其相對安全性與旅行的風險和不確定性相對立，從而提供了房舍的近似等當物嗎？

　　然而，事實上，火爐和獨木舟屬於一個比圖17所示更爲複雜的體系，這圖僅僅例示了論證的一個步驟。爲了從一根軸過渡到另一根軸，僅僅把一個垂直結構應用於在其他一切方面都同系的一個水平結構之上，是不夠

的；這必須完成從整體到部份的拓撲(topologique)轉換。兩個極由一個中介項相聯而成的第一個體系成爲它自己的中介項；或者，喜歡的話，它也可以成爲對於一個高階次體系的中介項，儘管一個複雜結構乃按縮減的尺度轉移舊體系的整個形象。

這初始情境實際上究竟怎樣呢？在開始時，關於烹飪起源的神話設想了一根由太陽和地佔居兩極的垂直軸。烹飪用火的發現使一個中間項出現在這兩極之間：烹飪用火存在時調和天與地的對立；它不存在時任這兩個極項面對合取或析取的抉擇，而合取導致燒焦的世界，即白晝的最高表現，析取導致腐爛的世界，即黑夜的最高表現。

然而，白晝天體太陽和黑夜天體月亮在同一條船中的存在（坐在船的兩端，因此讓中間位置空著，留給第三個人物，他不負有掌舵或划槳的責任，故而理論上保持空著手，能夠監視餘燼）本身就把作爲天和地之經調和的**合取**的白晝——等同於接近的地理範疇——和也採取經調和的形式的、但作爲天和地之**析取**的、等同於疏遠範疇的黑夜關聯起來。**因此，被獨木舟弄得隔開一定距離的，是合取的析取本身。**如果白晝和黑夜、合取和析取靠得太近，那麼，就會目睹太陽和月亮亂倫、蝕和周日周期性瓦解，而這些現象乃在地理層面上相應於親近和疏遠間對立的喪失。反之，如果白晝和黑夜、合取和析取離得太遠，那麼，結果便或者是永不止息的或者說絕對的白晝，或者是永不止息的或者說絕對的黑夜，同時在這兩種情形裏還連帶發生光亮和晦暗相分離，或者它們不再互爲中介，這種中介的作用者爲黑夜期間的月亮或星辰的亮光、白晝期間的雲的陰影或虹霓的陰暗。視神話採取黑夜的還是白晝的、歷時的還是共時的觀點而定。最後在地理的層面上，可以察明，不再是接近和遠離兩範疇間的對立消失，而是它們間的中介消失。

因此，當從烹飪起源神話過渡到黑夜和白晝的交替或互爲中介之起源的神話時，我們便已從考察一個階次1的總體過渡到了考察一個階次2的

總體。現在，我們面臨的不是兩個項之間的簡單對立，而是另一種更為複雜的對立，它牽涉到了用以表達第一個對立的兩種模式。我已介紹過的那些新神話並不滿足於把兩個項對立起來。它們把這些項可能依之相互對立的不同方式對立起來。因此，它們把對立的形式對立起來，這樣，便例示了從判斷(jugement)的邏輯到真正命題(proposition)邏輯的過渡。

　　對於這種增加了的複雜性，倘若不求助於利用一個附加的向度，就仍然無法解釋清楚。無疑，關於烹飪起源的神話可以按時間展開，但對於內部的範圍來說，它們僅僅構成關於空間的概念，而關於白晝和黑夜起源的神話同時構成關於空間和時間的概念。由於這個事實，所以，空間概念被置於一個多向度的連續區中展開，也就是說，這空間因被弄得與時間不可分離而從絕對的變成相對的。它不再用高和低的靜態對立而用由社會坐標而不是宇宙坐標決定的親近和疏遠的動態對立來界定。

　　可見，時間範疇在神話思維中乃作為為了揭示其他已在空間中給出的關係之間的關係所必需的中介而出現的。我們已經知道，傳奇小說樣式源於減小各種不同間距的連續序列性。然而，傳奇小說樣式也產生於間隔的項的邏輯本性之雜複性的進步。這進步需要一個時間的向度，後者作為歷史的持續時間雙重地與共時空間對立，同時又使得能夠克服其二律背反(antinomie)。當從這個形式觀點來考察時，神話思維所設置的二難困境不免讓人想起音樂所遇到的二難困境。在這兩種情形裏，都要求縮減各有意義項之間的間距，以便使這項保持各不相同，而人們預先已使它們彼此相距較遠。這種接近和遠離的辯證法是神話和音樂所共有的，它使兩者面臨同樣的抉擇：對於神話來說，通過保持忠於小的間隔而成為小說體的(或者對於音樂來說保持浪漫主義)；或者，通過回復到大間隔的常規而保持為神話體的（或者認為，它成為結構的），而這大間隔還被弄成是表面上的，尤其因為把它們隔開的距離並非業已屬於體系的本質，而是產生於人的技巧：人通過系統地批判小間隔而給出大間隔。

在我們經歷了傳奇小說體神話中的冒險之後，如果我們能夠從M_{415}中又發現一些無可爭辯地依從於結構分析的形式，那麼，難道不可以作這樣的推論：在這個神話中，阿馬利瓦卡決心砍斷女兒的腿，就像序列音樂在為了利用大音程而需要折斷旋律的翅膀的手段時的所作所爲嗎？

我們現在回到獨木舟。在獨木舟那裏，這些神話發現了因缺乏中間項而被其兩極的合取或析取所取消的一個對立的兩種極端形式之間的一個平均解的矢量。乘獨木舟的旅行者全都憑經驗知曉工藝的命令，而這些命令使這器具絕妙地適合於在形式層面上扮演這角色。乘獨木舟進行一定時間的旅行，至少需要兩個乘者履行互補的功能：一個推進這船，另一個操縱它。後者必須坐在後面，而爲了平衡這船，前者必須佔據前位。在旅行過程中，兩者都不可走動，更不可以換位，也不可以突然使船運動，這會傾覆它。因此，這兩個船員在任何時候都不可以相互靠得**太近**；但是，他們被結合在同一個事業中，因而不能再離得**太遠**。獨木舟所量度的空間和非常嚴格的航行規則協同使他們保持**適當距離**，因而既成爲集體，但又是分離的，一如太陽和月亮爲了不讓過分的白晝或過分的黑夜燒焦或腐蝕大地而必須做的那樣。

事情還不止於此。在旅行中**閉合的**獨木舟履行了對這些神話賦予旅行的語義功能的一種拓撲轉換。我們幾乎可以說，獨木舟使旅行在一個特優的空間中內在化，而旅行使獨木舟在一個不確定的持續時間裏外在化。因此，它們能夠兼而作爲空間的和時間的兩種運作者，以便確保對親近和疏遠作調解，而這兩者的對立在這些神話中以三重形式出現：亂倫和不可能的婚姻、守家的性格和冒險的嗜好、連續的或絕對的白晝和黑夜。

因此，乘獨木舟旅行的組織允許一起實施兩種運作。一種是邏輯型運作，它總和在各個不同階段上預先設置的各個對立，給出一個總體的結果即一個系統，後者由各個相互對立的項構成一個新的對立。另一種是語義型運作，它平行地總和空間的域（垂直的和水平的）、時間的域（旅行和曆

法)、社會學的域(獨身和結婚、內婚制和外婚制、結盟和戰爭)以及解剖學的域(切斷和爆炸、張開和閉合、生理缺陷),它也給出一個總體的結果,而太陽—月亮這個對偶概括了這結果的種種性質。不過,這裏提出了一個問題,而如果想要弄明白,爲什麼會發生驚人的語義變動,這些變動根據時代、地域和部落而影響到這兩個天體的概念和功能(L.-S.:18),那麼,就必須解決這個問題。

我已說過,獨木舟是個運作者。那麼,它的性質究竟怎樣呢?獨木舟把太陽和月亮編爲乘者後,強加給它們不動的間距。獨木舟移動這標準,用它量度獨木舟依次行過其各點的一段路程的長度。不連續空間的一個區段在連續空間上的這種位移使得能夠對在旅行過程中接近距離和遠離距離所取的各個反比例值的無限級數(série)求和。在出發時,獨木舟貼近渡口,以致接近的距離實際上仍爲零;另一方面,冒險經歷中種種預料不到的危險實際上使遠離的距離成爲無限大。但是,旅行開始了;一天又一天,接近拉遠了而遠離在趨近。待到獨木舟抵達目的地,這兩個項的初始值便反轉過來。返程則沿另一個方向實施同一些運作,而獨木舟的固定標準排除了這些運作就零值或無限值取得極端結果,只允許取得平均結果。

如果認爲這些極端結果分別相應於我所稱的燒焦世界和腐爛世界,如果同意以上所述而承認,獨木舟履行了對接近和遠離的合取(∪)和析取(∥)所取的全部值求和,那麼可以寫下:獨木舟是空間運作者,使燒焦世界(天和地的合取,其平衡點爲白晝)和腐爛世界(天和地的析取,其平衡點爲黑夜)在時間軸上相容:

$$[天 \cup 地] \sum \left(\frac{接近 \mathbin{/\mkern-3mu/} 遠離}{遠離 \mathbin{/\mkern-3mu/} 接近}\right) [天 \mathbin{/\mkern-3mu/} 地]$$

　　但在實際上，系統的邏輯結構還要複雜，因為以相互交替來保持燒焦世界和腐爛世界平衡的太陽和月亮本身也在語義軸上作為運作者實施求和，這求和以形式觀點看來類似於獨木舟在邏輯軸上實施的求和。我們現在來更仔細地考察一下這一點。

　　從空間軸上看，太陽例示了導致乾旱、不育和大火也即燒焦世界的天和地之合取。但在時間軸上，太陽引起了表現在兩性析取之中的貞潔和禁慾：這些神話說，連續的光亮排除了情愛關係。相對稱地，月亮視其不在還是在而掃描了一個語義場，天和地的析取占據了這場的一半，這裏過分的長夜導致敵意、食人和腐蝕，但兩性的合取占據另一半，因為這黑夜應當很長，足以容許進行作為生育源泉的性交。因此，每個天體都以其自己的方式表達了一種關係在被在一根語義軸上反轉為其反面之前所能在另一根軸上取的各個逐次值的總和：

$$
太陽 = \begin{bmatrix} 天 \cup 地 \;(空間軸) \\ \sum \\ 男 \mathbin{/\!/} 女 \;(時間軸) \end{bmatrix}
$$

$$
月亮 = \begin{bmatrix} 天 \mathbin{/\!/} 地 \;(空間軸) \\ \sum \\ 男 \cup 女 \;(時間軸) \end{bmatrix}
$$

　　如果約定用交(intersection)的符號 ∩ 來表達平衡點，而在這個點上，合取和析取兩種關係 r 儘管存在其反面，但不再是不相容的，並提供了某種共同的東西，那麼，太陽和月亮的旅行就表現為由獨木舟對這兩個天體實施的一種運作，它以神話的宇宙作為結果；實際上，這種宇宙在於每個天體都按其自己方式加以整合的全部空間和時間關係的總和：

$$\left[\sum_{\triangle \mathbin{/\mkern-4mu/} \bigcirc \ (時間)}^{\text{天} \cup \text{地} \ (空間)}\right] (\cup \cap \mathbin{/\mkern-4mu/}) \left[\sum_{\triangle \cup \bigcirc \ (時間)}^{\text{天} \mathbin{/\mkern-4mu/} \text{地} \ (空間)}\right] = 1$$

　　換句話說，獨木舟的神話對它所斷定存在的合取和析取實施了交的運作，同時又使它們保持分離。這個邏輯運作對合取和析取取平均值，為此，把兩者保持在同一個語義域中。反過來，太陽和月亮（我們知道，它們也是運作者，在另一個運作中扮演項的角色）對合取和析取的變值的級數求總和，而又不撤除極端的值，但讓它們參照不同的語義域。因此，這一切相反對的運作彼此抵消。即使不退到很遠處，一個從近處仔細看來讓人覺得驚人地豐富而又複雜的神話場從遠處看來也顯得空洞無物：只要太陽和月亮的對立保持其性質，這對立就能指謂任何東西。神話思維在出發點上形成了一個封閉體系；因此，它只有通過犧牲其冗餘度（redondance）④才能達致深化。它不停地想像來發現新的對立，但這些對立迫使它認識到已被它用來表達其他對立的各個項的等當性。隨著內容愈趨豐富和複雜，形式構造（construction）的嚴格性愈趨減弱，或者更確切地說，它只是變成圖解式的構造而繼續存在。在太陽和月亮的情形裏，包含了許多神話的內容的漸進性混淆使這兩個天體可以互換，並指出，在起源上，太陽就是月亮，月亮也就是太陽。因此，這種混淆只能用不同的模態來補償，而太陽和月亮正是按這些模態來抽象地表達它們自己或其他意謂。從此以後，蒙受了一種共同的不穩定性的這兩個天體僅僅**靠它們特有的不穩定方式**而保持不同。無疑，每一者都能指謂任何東西，但指謂太陽要有一個條件：**完全**成

---

④取訊息論學者給予這詞的意義，它標示消息的由代碼結構所預先決定的諸方向，而這些方面因而避免了被發送者自由選取。

爲**一者，**或者**完全**成爲**另一者**：慈善的父親或者食人妖。月亮只在下述條件下才保持與太陽的相關而又對立的原始關係：就月亮而言，它或者是**一者兼另一者，**即立法的和欺詐的造物主；或者**兩者都不是，**即貞潔的和不育的姑娘、兩性人、無能的或放蕩的男人。

第四篇

●

被塑造的小姑娘

他繼續說，好吧，原諒我，但事實是，這多麼可怕，多麼可怕，
多麼可怕！
——可怕什麼呢？我問他。
——這就是我們在對待女人和跟女人的關係上面跌進了墮落的深
淵。

列·托爾斯泰(L. Tolstoi)：《克留采爾奏鳴曲》(*La Sonate à Kreutzer*)，
七星社(Pléiade)版，§ III，第1073頁

I　當一個女人是姑娘的時候

……女人的義務中間，排在最前面的之一是純潔；這是天性強加的一種特殊的、不可或缺的義務。世界上再沒有什麼比不正經的女人更讓人討厭的了，丈夫也討厭她，那是天經地義的。

J. -J.盧梭：《愛彌兒》，第五篇

事實上，從本書開始以來，我只討論了一個神話。我逐次引入了一些神話，那全都是爲更好地理解我所由出發的那個神話：圖庫納人神話M_{354}，它講述獵人蒙馬納基的婚姻不幸。

把一個神話分解成若干序列，但它們在情節上始終不分離，更確切地說，這些序列每一個都納入聚合的總體，而它們在這些總體中取得意義。這樣做，我們最後就能找出一個神話的各個基本特徵，而這神話於是成爲許多其他神話的代表。這些特徵共有四個。首先，這神話比較了若干動物妻子和一個人妻，並把她們對立起來。其次，第一個動物妻子是本來意義的蛙的化身，而單純爲人的最後一個妻子例示了取比喻意義的蛙。第三，這比喻的蛙扮演糾纏女人的角色：她拒絕讓她所厭惡的丈夫獲得自由，而丈夫希望擺脫她；反過來，丈夫不想擺脫的本來意義的蛙被討厭兒媳婦的食譜的婆婆拆離丈夫(但在比喻意義上)。最後，我已用乘獨木舟旅行的序列（它把兩個姻兄弟與相反的特徵聯結起來——一個是能動的，另一個是無能的）表明，這神話屬於一個關於從周期性角度考察的太陽和月亮的廣大神話組。

然而，我們知道，北美洲還有一個神話組，這些神話可以用同樣特徵來定義，並且，它們使這些特徵顯得更爲明白，因爲事實上太陽和月亮在

那裏占據著第一線的地位。這不同於M_{354}，而在這個神話裏，我們只能推知僞裝成人的天體的存在。這兩組神話之間的比較只是較爲令人信服而已。實際上，我們所以能選擇源於兩半球的一些神話加以對比，是因爲它們同等地重視太陽和月亮，賦予它們相近的角色。然而，這樣一來，面對這種比較從何著手，即究竟用獨立的發明還是用傳播來解釋各個相似點這個傳統的抉擇，我們倒猶豫不決了。根本不用證明，神話題材有許多是關於穿越新世界的旅行的，因爲不需要堆砌例子。我並不以此爲己任，我的任務在於證明，不相似的或者乍一看來相似點僅屬偶然的神話卻可能呈現一種同樣的結構，並依從於同一組轉換。因此，對於我們來說，問題並不在於爲共同特徵編目分類，而在於表明，我們根本不想加以對比的一些神話儘管存在種種差異，甚至正是由於這些差異，卻按同樣的原則進行，並由一組運作引起。

　　我先來扼述一個揷段，它出現在許多神話之中，我已對它作過詳盡分析。太陽和月亮兩兄弟圍繞人妻和動物妻子（正是蛙）各自的優劣爭吵。兩人未能取得一致意見，遂各自按自己的看法擇妻。蛙引起了婆家的厭惡，而這不是因爲像M_{354}中那樣她吃的東西，而是因爲她的吃相。實際上，兩個姻姊妹——就這個關係而言等同於M_{354}的兩個姻兄弟——性格相反：一個積極而善自珍重，另一個懶惰而懈怠。蛙因蒙受羞辱而惱怒，遂跳到姻兄弟月亮的背上，拒絕放過他。她因此變成了一個糾纏女人。儘管事件的順序不同，語義功能的排列也不同，但仍可看出曾被我用來描述圖庫納人神話的骨架的所有特徵。

　　在幾千公里的距離上發現的這些隱秘的類似性提出了一個難以解決的問題，更何況這些北美洲神話本身構成一個所謂「星辰丈夫」的龐大神話總體內部的一個區域異體，它已由賴卡德（Reichard）[2]和S.湯普森作過詳細研究。湯普森的工作最新，他考察了散布整個北美洲的86個版本，除了在愛斯基摩人那裏和在西南部的各部落那裏的那些版本之外。如果以不怎

麼嚴格的方式來界定這些題材，那麼，這裏還可作出進一步的發現。

　　星辰丈夫的神話呈現碎錦式故事的狀貌。這故事的完整形式包含許多插段，但罕見它們同時出現。因此，完整的神話保持虛幻的狀態，要想根據它的已得到證實的版本中的某一個來對它作出恰當的說明，幾乎是不可能的。為了使讀者能形成一個觀念，我現在扼述賴卡德（2，第297-302頁）融合諸本而編成的一個故事，他把源自右邊和左邊，但主要是北美洲大草原的各構元按照適當順序組織起來。

　　一個或兩個印第安少女嚮往嫁一個星辰為夫。天體滿足了她的願望，女英雄登上了天，在那裏受到丈夫和姻親的款待。然而，他們不許她挖掘長在園子裏的一種可食用植物的根。

　　由於好奇和閒得發慌，她違反了這個禁忌。這根原來掩蓋天穹上的一個洞。這一打開，這女人便看到了下面大地上的一切和她的村子。目睹此景，她生起了不治的思鄉症。於是，她耐心地置備植物纖維或皮條①，她把它們一根一根接起來。當她認為這繩已足夠長時，便帶著嬰孩沿繩子下去。

　　星辰丈夫發現妻子失蹤。他在洞的上面彎身向下看去：這逃亡者懸在空中，因為這繩子太短了。她鬆手跌死，或者被丈夫扔擲的石塊打死。這孤嬰開始吃還在屍身乳房裏脹動的奶汁。他迅速長大，然後要求必需品。

　　有時這神話終止於這女人的死，或者更早。一些有兩個女人的版本使她們待在樹上無法下來。我在後面再討論這些版本。在大草原裏，這故事被與另一個故事相連接，而某些神話以後者為開頭，並給它一個專門的標題：「祖母和孫子」。

　　這孤兒或另一個英雄一開頭就被置於這情境。他到一個孤老太婆的園

―――――――――

①英語詞sinew〔腱〕，所有版本都用它，它在這裏標示從野牛和鹿的脊背上覆蓋的纖維組織中切割下來的細皮革，用來作為縫合線（W. Matthews，第125頁）。

子裏偷東西吃。這老嫗發現了他，收養了他。這兩個人物以捉摸不定的關係連接起來，或者這男孩長大後，這女人勾引他（參見$M_{241-244}$），或者她詳細告訴他兩人所面臨的危險，但不知道這究竟是為了讓他提防這些危險，還是引誘他挺身出去冒險。這年輕男人成為殺妖者，對付那些敵人，他曾把祖母託付給他們。有時，他殺死她。

這故事可能重又在這裏終止，或者繼續下去，採取「星辰的兒子」這個習見的標題。然而，按照這些版本，這英雄有時是星辰的兒子，有時是月亮或者太陽的兒子，或者，他自己變成這兩個天體之一。在他履行了地上角色，作為創造的組織者、妖怪的征服者或受害者之後，他登上了天，變成天體。

我們目前限於僅僅探討這個北美洲循環的開頭一幕，而就此而言，它在一個凡人的星辰妻子循環中找到其南美洲對等物。在後一個循環中，有時也可看到天體性別反轉，並伴以地上女英雄的一分為二（M_{110}），而這恢復了某些北方版本的骨架。我已在《生食和熟食》（M_{87-93}，$M_{95, 106, 110, 112}$；第220-245頁）中討論過這些南美洲形式，並表明，它們一方面關涉栽培植物的起源，另方面關涉短暫人生的起源。我們也已明白，關於栽培植物起源的熱依人神話構成了一個系列，它與關於烹飪用火起源的熱依人神話和博羅羅人神話相平行，此外，還有第三個關於獵物起源的神話系列，尤其包括熱依人和圖皮人神話，它占據介於另外兩個系列之間的中間地位。因此，我們已從烹飪用火起源過渡到了肉的起源；從肉的起源過渡到了栽培植物的起源；最後，從農業的發現過渡到了短暫人生即周期性的生物學形式。

然而，本書逐一考察了其他神話，並從另一層面上展開，由此重新採取了這種步法。我們已從魚和捕魚的起源過渡到了白晝和黑夜的規則交替的起源，後者是周期性的天文學形式，由乘獨木舟的旅行象徵，而我在第三篇結束時確定，獨木舟是對家庭火爐的轉換。我們考察的最初幾個神話（M_1，M_{7-12}）都是關於家庭火爐之起源的，它在高和低的垂直軸上扮演著

獨木舟在接近和遠離的水平軸上所擔負的那種中介者的角色。不過，在空間軸發生轉動，從垂直的變成水平的同時，這軸也從空間的變成時間的。這樣，我們又回到了人生週期性的問題，這是對晝夜和季節週期性的換位（以上第139-140，146-148頁）。

因此，想援用神話想像據說具有的那種多軼聞的和隨機的特徵，以此來極力縮小兩個美洲故事之間的類似性，是錯誤的。因爲，我已提出，如果地理上和歷史上相隔很遠的神話可能言說同一件事，那麼，這應該是由於有一種共同的組織使它們成爲一個屬裏面的各個相近的種所使然。我沒有被必須逾越的鴻溝所嚇倒，相反，倒從爲以上所述所充分證實的一種邏輯的和語義的親近性得到勇氣。並且，對北美洲神話作更深入的分析，不僅可以就這些神話，而且可以用這種分析提供的對已討論過的南美洲神話的那許多尚屬未知的發源地的新啓示來證實這種親近性。

湯普森所考察過的「星辰丈夫」神話的86個版本中，有69個版本裏出現兩個女人，27個版本裏其中一個女人很快被消滅，10個版本從一開始就只有一個女人。從太陽和月亮兩兄弟就女人品行進行論爭開始的那個異本被歸入第一類，因爲每個兄弟都按其主見進行選擇：因此有兩個妻子相競爭。據湯普森（第118頁），這個異本總是只存在於大草原。已經知道它有9個版本，它們源自格羅斯—文特人(Gros-ventre)、希達察人、克勞人和阿拉帕霍人。

格羅斯—文特人或阿齊納人(Atsina)和阿拉帕霍人的分離並不太久，大約可上溯到幾個世紀之前。他們與切延內人一起把阿爾袞琴語系的領土向南大大擴展，這個語系在北部的代表是黑足人、克里人和奧吉布瓦人，它無間斷地占據從落磯山脈北部直到大西洋沿岸的區域。在這個包含若干原始語(langue parente)的集合體中，儘管其主要分布區域更靠南面和東面，蘇人(siouan)各都落卻朝兩個方面突進：一個方面沿北向，與阿西本

尼人在一起，另一個方面朝西向，與克勞人在一起，他們的領土把西部阿爾衮琴人的領土一分爲二。

這幅圖景因下述事實而更形複雜：克勞人和希達察人在相當晚近的時代相分離，以便他們的傳統能由此保存下來，但沿不同的方向發展。像大草原上的大部份部落一樣，克勞人也採取一種幾乎完全以獵野牛爲基礎的生活方式，尤其在引入馬之後。另一方面，在跟鄰近的曼丹人和阿里卡拉人這兩個像更南面的波尼人那樣的所謂「村居」部落接觸過程中，希達察人變成爲定居的部落；除了狩獵之外，他們還從事田野勞動。不過，我們還一點不知道，這些轉變究竟以哪種方式進行。

考古學證明，曼丹人、阿里卡拉人和波尼人早在十七或十八世紀引入馬之前很久的時候就作爲定居農夫生活著；希達察人的一部份或許也是這樣，因爲這個部落不像是齊一的。在阿爾衮琴人中間，切延內人提供了農業民族的一個範例。他們定居在大湖地區已有三、四個世紀。在他們於1700年和1770年之間深入大草原腹地定居的同時，生活方式也發生根本改變（Jablow，第1-10頁）。

據認爲，格羅斯—文特人在十九世紀初還在過農業生活。但是，如果曼丹人屬於蘇人，在克勞人和希達察人來到蘇必利爾湖之前就已定居於他們長達許多世紀的傳統領土之上，並在那時就已形成一個群體，那麼，他們在語言上更像東部蘇人②。阿里卡拉人本身屬於卡多（caddo）語系，而這個語系的主要分布區域位於向南很遠的地方，在維奇塔人和眞正的卡多人那裏。因此，在脫離波尼人之後，阿里卡拉人看來構成一支向北突進的卡多人的前哨。他們與主要一支相分離，時在十六世紀末或十七世紀初（Deetz，第5頁）。

---

②我按習慣保留siouan這個名詞，用於指**蘇人**(Sioux)或達科他人構成其組成部份之一的語族。

阿爾袞琴語系部落
蘇語系部落
卡多語系部落
其他群體

圖18　天體爭論故事的分布區域和周邊部落的位置

　　一切讓人覺得，在落磯山脈的山麓和東坡所構成的一個廣大區域中，三個語系相互衝突和交疊。這個區域或許最早由猶他——阿茲特克語系的部落居住，他們同科曼什人和基奧瓦人一起在阿拉帕霍人的南面生活，他們的主體占據分水嶺西邊的大盆地。來自北方的阿塔帕斯干人（阿帕切人和納瓦霍人）的到達，把他們驅趕走。蘇人的滲入似乎比較晚，其時定居加拿大的法蘭西人把大湖地區給了盟友阿爾袞琴人，但他們壓制其他部落，強迫後者離走。導致希達察人和克勞人分離的爭吵發生在十九世紀。1837年發生了天花流行，這場瘟疫使這些印第安人大大減損，並致使希達察人去靠近曼丹人。不過，仍然可以肯定，大草原中村居種群的存在至少可以上溯到七或八世紀，也許更早，哪怕他們的原始居住地像人們所以爲的那樣在密西西比河東面也罷(Strong：2，Wedel：1，2)。至於西部的阿爾袞琴人，阿拉帕霍人和切延內人儘管相鄰，卻有相當大的語言差異；阿拉帕霍人和格羅斯—文特人爲一方，黑足人爲另一方，雙方之間也有相當大的語言差異；不過，與最近的看法相反，這些差異沒有超過人們所觀察到的中部和東部阿爾袞琴人在語言上的差異：「阿爾袞琴語系構成一個整體」(Haas，第523頁)。然而，這種內部的分化似乎始於遙遠的過去。最後，在落磯山脈的西面，庫特奈語、薩利希語和薩哈普廷語的種群可能已經定居了數千年之久。

　　各個相當古老的特點和其他新近被否棄的特點的這種暫時無法解釋的混合告誡我們，不要援引尚屬假說的前史去表明，我們感興趣的異本是否由一個而不是另一個群體引入，或者，這異本是否就地產生。能夠搞清楚這一點，天體爭論就會有比S. 湯普森的研究所表明的更爲廣大的分布區域。實際上，他們僅僅收集了星辰丈夫循環的一些相當完整的例子。可是，甚至從地理學的觀點看來，也不應當過分看重落磯山脈的屏障作用，儘管它在標定黑足人、格羅斯—文特人、克勞人和阿拉帕霍人各自領土邊界的同時也標定了阿爾袞琴語系區域的西部邊界。往北，地勢起伏趨緩，山坡

之間可以有交通。因此，可以理解，阿爾衮琴人和庫特奈人（他們是孤獨的）或薩利希人—薩哈普廷人之間在重大神話題材上不存在斷裂。再往南，那裏的山勢才眞敎人驚駭，因此只要把大草原部落的神話和紹紹納人的神話加以比較，就足可相信它們全都發源於一個古老的軼聞。幸而，結構分析可以彌補歷史重構的不確定性。它提供給我們更堅實的基礎，去解釋同一個神話圖式在乍一看來無可比較的兩半球文化中的重現。

　　由以上考慮可知，在語言或文化上不同的各個種群是在極爲不同的時期達到其所在的地方的，因此，爲了研究他們的神話，沒有一個理論的理由比另一個理由更有權威。如果說我從阿拉帕霍人來開始進行這種探究，那麼，這主要也是因爲材料豐富的緣故。

M425. 阿拉帕霍人：天體的妻子(I)

　　　　在地上，年輕的印第安女人夢想著天體，每個人都想嫁給他們。然而，太陽和月亮兩兄弟卻在比較下界女人各自的優劣。他們從高高的天上俯身遠望人。月亮對太陽説:「没有什麼比這些女人更可愛的了；當她們向我望來，盯住我看時，她們芳容迷人。我眞想娶一個爲妻。」但太陽反對説:「什麼，這些討厭東西？根本不是這樣！她們面目可憎，布滿皺紋，眼睛又小！這是一種令我討厭的水生動物！」實際上，這些生活在水中的野獸眼睛很大，用濕素抵擋太陽的熾熱，它們在看太陽時並没有擠眉弄眼。

　　　　一個晴朗的早晨，四個年輕的印第安女郎去到樹林裏勞動。其中一個走近了一棵死樹（種名*Populus*）。月亮變成箭豬停在一根樹枝上。這姑娘看上了刺；她爬上了樹，但每當她想用同伴給她的棒打這箭豬時，這動物總輕鬆地躲開了。她只顧追獵，一點也没有看到，這樹在長大。其他人焦躁不安起來，叫她下來。她反對説:「噢，我的同伴們！這頭野獸長著漂亮的白刺，我母親很想得到它們，因爲她需要。」她繼

續爬樹。一會兒，就看不見她了。

　　這箭豬突然變成了一個美少年，自稱是月亮。這少女希望嫁給他。她答應跟它走。他們來到了天上，這天體的雙親款待自己的新兒媳婦。「可是，我兄弟選取的女人在哪兒呢?」月亮問道。太陽窘迫地回答說：「在外面！」他的妻子是一隻蛙，在門前跳來蹦去，跳一下，拉一次尿。月亮強壓下嫌惡之心，叫它進到屋裏，給兩個妻子各一塊獸腸，以便看看哪一個吃起來聲音悅耳。人妻開始津津有味地咀嚼，而蛙想矇騙過去，把一塊木炭放在牙床間咬，發生爆裂聲。它的口裏流出了黑色涎水，月亮嘲笑它。這印第安女人一吃完獸腸，就去汲水了。這蛙還沒有咀嚼完，也拿著罐跟在後面。它對姻兄弟說：「他也是這樣的，所以，我再也不離開你了。」它跳到了月亮的胸口上，在那裏人們總是可以看到它帶著罐，就像一個晦暗的陰影，連同邊上一個更小的陰影（Dorsey-Kroeber，第321-323頁）。

　　我不打算研究「星辰丈夫」循環的總體，暫且撇開這神話的續篇。對另一個神話亦復如此，我只保留其第一部份：

M₄₂₆. 阿拉帕霍人：天體的妻子(2)

　　從前有一個首領，與他的妻子和兩個兒子一起生活在地上。那時還沒有天體存在，黑暗籠罩著他們。這人決定離開這下界，和親人一起到天上去。人類被拋棄後，再不知如何自我治理。

　　兩兄弟成了太陽和月亮。一天，他們討論人妻和水生動物妻子各自的優劣。月亮稱讚後者，太陽稱讚前者，他說，因為她們的身體和我們的一樣。月亮起先假裝同意他的看法。因為兄弟心存疑慮，所以太陽勸他改變選擇。難道他沒有說女人因為看他時擠眉弄眼所以很醜嗎？因此，他要娶一個水生動物為妻；月亮答應娶一個女人。

　　兩兄弟下到了地上。在西邊，一條河的近傍有一個營地。月亮去到那裏，太陽則往東去，那裏有另一個營地。月亮順河道走去，一直到達有人居住的地方，他走進路邊的灌木叢中坐下。兩個女人出現了。她們的長髮和美麗服裝，讓人銷魂。看到了她們，月亮便變成了一頭大箭豬，坐在一棵樹的樹幹西邊的樹腳下。這些熱情的女人追獵他，它開始往上爬。其中有一個女人跟蹤他，不顧同伴的勸阻。這頭箭豬又恢復了人形。這女人答應陪伴他到天上，嫁給他。

　　這年輕男人的母親很欣賞兒媳婦的美貌。一會兒，太陽來了，叫老嫗去接待他的妻子。這是一隻蛙，跳來蹦去，哇哇亂叫。月亮用批評的眼光審視他的姻姊妹：「它有兩個大眼睛、一個大臉蛋、凹凸不平的皮膚、大肚皮和短腿。」接著，轉過身來對母親說：「你喜歡哪一個？給她們燒一個獸肚，看看誰咀嚼有聲。」蛙朝口裏放進一塊木炭，但只是流黑色涎水，而那漂亮的競爭者大聲地咀嚼。月亮哈哈大笑。最後，蛙對他說：「我不再和你兄弟一起生活了，但老嫗很喜歡我，不希望我離開。我也歸附於你吧。」它跳上了月亮的胸口，待在了那裏 (Dorsey-Kroeber，第332-333頁)。

　　在第三個版本(M_{427a}；Dorsey-Kroeber，第339頁)中，月亮有兩個妻子，一個是人，另一個是蛙。他組織了一次大聲咀嚼比賽，評判一下，哪一個有副好牙齒，因此較年輕。人妻勝利了，但不久後就跑掉了。月亮重娶了他批評過的老雌蛙。由於這個緣故，人們看到他身上停著一隻黑蛙。第四個版本(M_{427b}；同上著作，第340頁)讓追逐箭豬的女人與太陽結婚。他的兄弟指責他考慮不周；他不是說，女人注視他時很醜嗎？實際上，月亮是出於妒忌。當妻子試圖逃跑時，太陽殺死了她。

　　M_{426}比M_{425}更好地復原了我正通過比較許多南美洲神話而一步一步予以展示的一種神話構形。在白晝和黑夜的恰當交替建起之前，人類在沉

沉黑暗的統制之下認識到了混亂以及規則之缺乏(M_{410})。必須有一個人登上天去，在那裏變成月亮，以便使絕對黑夜讓位於經過調和的黑夜(M_{393}, $_{394}$)。白晝和黑夜之間的以及光亮和晦暗的絕對的或調和的模式之間的這種平衡在社會學層面上由兩種類型婚姻即親近的和疏遠的之間的對立來表現 (M_{149a}, M_{354}, M_{406}, M_{415}, 等等)。像在M_{354}中一樣，這裏人或動物妻子也例示了這兩種類型婚姻。每次，蛙都是動物妻子的化身，她引起婆家討厭，這裏是因為她的吃相：**黑色**汁水從她口中流出；那裏是因為她的食物：**黑色**甲蟲，而對它們的咀嚼讓人可以預見到會產生同樣結果。因此，我要再次扼述我所發現的圖庫納人神話骨架和阿拉帕霍人神話骨架的共同性質：對一個人妻和一個或多個動物妻子的比較；動物妻子因飲食舉止而丟醜；蛙妻被認同為糾纏女人（在阿拉帕霍人神話中是直接的，在圖庫納人神話中為半身的）；最後, 這三個題材與由太陽和月亮構成的一個天文學對偶相連接，而本書第三篇已能夠確定這兩個天體在圖庫納人神話中隱含扮演的角色。因此，北美洲神話著力揭示一些項，而南美洲神話只表明其中某些昭然若揭的項。為了得出其他的項，我們必須訴諸耐心的演繹工作；它們的必然性看來僅僅是內在的。因此，在由推論斷定某個神話體系的存在之後，我來證實它在事實上的客觀存在。我借助北美洲的事例通過歸納的道路來重新發現它，這樣，我到達了這項研究的實驗階段，而各個出發假說靠這個階段予以證實。

在所有這些神話中，都或明顯或隱含地關涉宇宙學。這證明，咀嚼比賽儘管看起來滑稽，卻也包含嚴肅的東西。在阿拉帕霍人和許多其他民族那裏，我剛才提到其若干異本的那個神話，是確立大草原印第安人和鄰近印第安人的最重要周年典禮的神話之一。

這典禮通稱為「太陽舞」，這名稱無疑仿照達科他人的名字，後者意謂「把眼睛盯住太陽」。這典禮有一套規程，它因群體而異。然而，它呈現一

種混成的樣子，這可以從種種模仿和假借得到解說。在和平時期，向四處發出邀請，外來客人對儀式留下深刻印象，長久記住。程序的數目、先後次序並不是到處相同，但就一般形式而言，可以把太陽舞描述如下。

這是整個部落都參與的唯一的大草原印第安人典禮；對其他典禮，只有祭司團體、老年人階層或團體成員感興趣。在寒冷的季節，這些印第安人分散成一個個群體，它們在可以避寒的地方過多。到了春天，他們聚集起來去集體狩獵。在部落全體成員重聚的同時，豐盛繼匱乏而來。無論從經濟學的還是社會學的觀點看來，夏季的開端給整個群體提供了作為一個整體生活的機會，也提供了用一個盛大宗教節日來慶祝這種重獲的統一性的機會（Wissler：2，第v頁）。十九世紀下半期的一個觀察家指出，太陽舞「要求部落的全體成員都出席，每個氏族也都得到表示，占據其應得的位置」（Seger，載Hilger：2，第151頁）。

因此，這典禮原則上在夏季進行。但是，人們也已知一些在較晚時候進行慶祝的事例。與調節集體生活的大的季節節奏相聯繫的太陽舞也與個人生活的某些事件相關。部落的一個成員在逃脫厄運或康復的時機，他會想望來年慶祝這節日。他必須預先為此作長時間的準備，組織程序繁複的儀式，積儲食物供客人食用，還要預備各種禮物，用來酬答祭司。這舞蹈的新「主人」還應從其前任那裏獲得其名份，並從祭司和其他有資格的顯貴那裏獲得屬於儀式各個不同階段的權利。在這些商議的過程中，他莊嚴地把妻子交給他稱之為典禮「祖父」的人，而他是這人的「孫子」，以便進行實際的或象徵的交媾，這交媾夜間在野外月光下進行，其間這祖父把一塊代表其種子的根從自己口中送入這女人的口中，然後這女人再把它吐入丈夫的口中。

在持續多日的整個節日期間，司祭都要遵守齋戒，不吃食物和飲料——大草原的克里人稱這典禮為「無飲料舞蹈」（Skinner：6，第287頁）——而且他們還要承受各種各樣苦難。例如，他們在背脊裏插入木釘；用

懸在柱頂的長帶子縛住這釘，苦行者們圍住這柱子跳舞，雀躍，直到木釘連肉脫出爲止；或者他們在身後挿上重物，如帶犁地用的角的野牛頭顱，以同樣方式用帶子縛住，產生同樣的結果。

　　祭司和主祭人先是聚集在隔離的帳篷裏，以便祕密準備或更新禮拜儀式用品。然後，軍士隊去尋找爲支起綠蔭覆蓋的木棚架所必需的樹幹。人們對準用作中央支柱的樹幹像對付敵人一樣地攻擊，砍伐。衆人在這棚架下面舉行儀式，唱歌和跳舞。至少在阿拉帕霍人和奧格拉拉•達科他人那裏，似乎允許有一個放縱的時期，不然的話，就規定夜間可以這樣(Dorsey：5，第138頁；Spier：4，第475頁)。

　　無疑，給予這一套極其複雜的典禮的總稱誇大了太陽給予它們的靈感。不過，也不應當低估它。實際上，供奉太陽的祭禮帶有模稜兩可的特徵。一方面，人們祈求這天體降賜恩澤，給予兒童長壽，使野牛繁多。另一方面，人們惹它，向它挑戰。最後幾個儀式之一是長時間狂跳亂舞，直到日暮，哪怕舞蹈者已筋疲力竭。阿拉帕霍人稱之爲「反對太陽而進行的集合」，格羅斯—文特人稱之爲「反對太陽的舞蹈」。人們想望戰勝這天體，因爲它把往日熱量全都散發出來。想以此阻止典禮的進行 (Dorsey：5，第151-152頁)。因此，這些印第安人認爲，太陽是個雙重的東西：旣是人類生活所必不可少的，但又以熾熱及其所預示的長時期乾旱威脅人類生活。阿拉帕霍人的舞蹈以紋身作爲裝飾，這種圖案的題材之一描繪身體「被天火毀滅」(Dorsey：5，第171頁)。這個部落的一個傳述者說，「在一次舞蹈期間，有很長的時間，天氣變得很熱，因此祭司只得中止典禮，離開帳篷。其他舞蹈者跟著他走了，因爲離開他，他們無法繼續跳下去」(Kroeber：3，第301頁)。不過，太陽不是唯一的因素。在中央柱子的開叉處，人們放置一個雷雨鳥(oiseau-tonnerre)巢。這種與雷雨、尤其春季暴風雨的聯繫在中部阿爾袞琴人那裏表現得更爲明顯。按照他們的說法，別處所謂「太陽的」舞蹈取代一種催促暴風雨早日來到的古老儀式(Skinner：5，第506-508頁；6，

第287頁)。在大草原，這舞蹈也是爲了雙重目的：打敗一個敵人，通常爲太陽，以及強迫雷雨鳥降雨。這種舞蹈的創始人的神話之一——追敍一場大飢餓，而一個印第安人及其妻子以儀式的知識和重獲的生育力終止了它(Dorsey：7，第650-651頁)。

因此，大草原印第安人那裏的太陽舞蹈和謝倫特印第安人爲了使太陽準確調節其路線，從而終止乾旱而慶祝的大齋戒典禮 (CC，第376-379，第382-385，第410頁註⑰) 之間有著非常深刻的相似性。在這兩種情形裏，我們都涉及全體成年人皆參與的部落重大典禮。祭司一連多日不得喝飲料和吃東西。儀式在一根代表天路的柱子附近進行。圍繞這根柱子，大草原印第安人跳舞，吹口哨，模仿雷雨鳥的叫聲。謝倫特人只在聽到了帶刺的黃蜂的「嗡叫」之後才豎起柱子 (Nim.：6，第96頁)。兩種情形裏儀式都以分配聖水告終。在謝倫特人那裏，這種水盛在不同的容器裏，可能是純淨的或者腐敗的；苦行者接受一種，拒絕另一種。阿拉帕霍人的「芳香水」是適口的；然而，它象徵與聖潔的神祕儀式格格不入的經血 (Dorsey：5，第22，35，177-178頁)。

我已在《生食和熟食》（第379頁）中表明，謝倫特人的大齋戒儀式和博羅羅人與熱依人盜鳥巢者神話 (M_1，M_{7-12}) 事實上復現了同一個圖式。神話的盜鳥巢者爬上樹梢；他被困在那裏，一直到烹飪用火的發現履行了分離的天地兩極之間的中介的作用爲止。相類似地，謝倫特人儀式的祭司爬上柱子的高處，直到他從太陽得到用來點燃熄滅火爐的火和降雨的承諾。這就是天和地之間適度溝通的兩種模式，而太陽出於對人的敵意威脅要通過引發一場大火來使天和地會合。

然而，人們在北美洲也觀察到其女英雄「盜」箭豬的神話和太陽舞蹈儀式之間的等同關係。阿拉帕霍人的傳述者表現出完全知道這兩個體系的各個對應之處，並加以細緻說明。這種舞蹈的主要儀式之一在於向月亮奉獻一個人妻。棚架的中央柱子所代表的樹和神話女英雄爬的樹屬於同種（種

名*Populus*)。在人們砍伐樹幹時留在樹梢的叉枝裏，人們放上一束樹枝，再在這束樹枝中插入一根掘土棍。據說，這工具就是月亮的人妻用來拔去堵塞蒼穹的根的那種工具，她把它穿過口中，以便在那裏把她的皮帶繩的端末打結。人們看到這些皮帶繞一根棒柄捲起來。被刺入背部的木刺懸吊在皮帶上的苦行者代表下降過程中的女人。而且，如果說設置在棚架下的祭台形如一個小坑，那麼，這是爲了紀念這女英雄挖的洞 (Dorsey：5，第27，112，114，177頁)。黑足人(Reichard：2，第279頁)和希達察人(Bowers：2，第292-293頁)那裏，太陽舞蹈和星辰丈夫神話之間也存在同樣的聯繫。

因此，應當特別注意多爾西在阿拉帕霍人那裏探究太陽舞蹈時採集到的這神話的一個版本。這個版本和M_{426}相近，但比我迄此考察過的各個版本更帶哲理的和學術的色彩。由於這個緣故，它無疑代表儀式創始者神話之一，並且以明確的方式道出了一些重要性遭人懷疑的題材，但若沒有這個版本，那麼，要發現這些題材，就會困難得多：

M_{428}. 阿拉帕霍人：天體的妻子(5)

從前，天上曾有過一個廣大的圓形營地，由一個男人、他的妻子和他們的兩個兒子支配。這幾個人頭腦簡單，但積極活躍又心地寬厚。他們的帳篷用亮光製成，看得見的太陽構成入口；鷹的羽毛充任立柱。

這兩個男孩不斷來回走動，他們看到了各種各樣人和動物。他們不在時，父母親留在帳篷裏專心思考子孫後代和各種事務。這是些定居的和愛好沉思的人。

一天夜裏，兩兄弟在一起休息，談起婚姻大事。他們達到共識，認爲已到了娶妻的時候。第二天夜裏，哥哥太陽恭敬地向父親陳言。爲了自己的利益，也爲了減輕父母親的負擔，弟弟和他希望成婚。他們會常到家裏來，父親和母親可以少爲他們操心。

父母親考慮了一下，很嚴重地答應他們，但又鄭重勸導他們好自

爲之，謹愼從事。這營地位於鷹河這條水流的左岸，這河從西向東流。
兩兄弟各自出發之前，相互通報了各自的計劃。月亮打算尋覓一個女
人或者「復活的女人」做妻子；太陽想得到一個水棲動物妻子，他説，
因爲人面貌醜陋：「當他們抬頭盯住我看時，他們卑下地眨動眼瞼。他
們的容顏令人討厭。兩棲動物要可愛得多。當一隻癩蛤蟆瞻望我時，
不會像女人那樣愁眉苦臉。它盯住我看時並不睐起眼睛；它的嘴很迷
人，伸舌頭的姿勢平添了姿色。」月亮反對説，女人盯住他看時，樣子
總是可愛而又溫存，她們很有教養，又尊重習俗。他們就此爭吵了起
來。

哥哥順水而下，弟弟溯流而上。他們在夜裏出發。在廟裏，看得
見的月亮經過滿月之後，就消失了。他們的旅行持續了六天。在頭兩
天裏，天空晦暗，充滿雲彩。接著的兩天裏，兩兄弟看到了儀式性的
休止。最後兩天趕在新月之前。

月亮沿著河流朝西一直來到一片廣大的營地，那裏嘈雜聲、叫喊
聲沸沸揚揚。空氣充滿香氣，場面壯觀。到處是鳥，還有爬行動物〔原
文如此〕和昆蟲在歌唱。清澈的水倒映樹木和天空。營地的居民在嬉
戲，從事各種勞作。

月亮看到兩個少女沿河在撿拾死木，很欣賞這牧歌式的景致。他
很快變成箭豬，設法引起其中一個少女注意。那少女對同伴説：「你看
到過更漂亮的箭豬嗎？它的毛刺又長又白，美妙絕倫。我缺少它們！
我母親也正需要它們……」

但是，箭豬引誘這姑娘朝一棵大樹（種名*Popullus*）的頂梢爬去。
同伴催促她下來，但沒有用。當箭豬恢復人形説話時，這女人向地上
看去，已看不到另一個姑娘。爲追求者的優雅俊美所誘惑，這少女答
應隨他到天上去，月亮急忙關閉天空的開口，以防她可能發現這通道。

這女人瞻望這位於從北向南流的紅河岸邊的天上營地。她的婆家

的帳篷朝向溯流方向。月亮向年輕妻子盛讚了遠在下面的地上景色之
後，把她介紹給父母親。他們為她的美貌所傾倒，送給她一件綴滿箭
豬毛刺的袍子。

但是，月亮很驚奇，當哥哥從東方來到時，怎麼沒有看到他的妻
子。太陽解釋說，她因為怯懦而待在鷹河岸邊。老嫗出去找她。她看
到一隻癩蛤蟆在左蹦右跳，不禁疑惑起來，溫文地對變成了女人的這
個兩棲動物說話，後者答應跟她走。她受小便失禁之累，因此，公公
給她取名「流水女人」〔*Water-woman* (水女人)，*Liguid-woman* (液體
女人)〕。然而，人們像對待另一個媳婦一樣地款待她。

太陽被弟媳婦女人的美貌迷住，目不轉睛地盯住她看，以致忘掉
了自己的妻子。月亮不停地批評後者，因為她醜陋，皮膚又起皺。他
討厭她，因此太陽重新考慮自己的選擇。人類生活的組織可以上溯到
這個時期；就像食物一樣，用具也得到了名字和功能。男人和女人知
道了需求和行為規範。

這樣，這兩個女人從公婆那裏得到了家庭必需品。至於丈夫，他
們出去打獵，以便為火爐供給必需品。他們不在的時候，女人妻子趕
緊照料家務。她很快成為一個完美的家庭主婦。相反，「流水女人」一
直坐在床上，無所事事，用鼻子嗅牆，因膽怯而變得懦弱無能。她的
公婆多方安慰她，鼓勵她，但毫無用處。

兩個獵人帶著肉回來了，父親吩咐煮肉，給兩個兒媳婦每人一碟
肚子。人妻胃口大開，吃得津津有味，咀嚼之聲悅耳動聽。癩蛤蟆很
狡猾，把一塊木炭放入口中；但是，因為她沒有牙齒，所以未能發出
任何聲音。在她艱苦地吞嚥時，黑色汁水從口角流出來。月亮用支吾
其詞來掩飾她。

老翁派兒子沿相反方向去狩獵。他們照例毫無異議地照辦。這時，
父親擔負起教兒媳婦農活的工作。婆婆製作了掘土棒，給她們解說了

使用方式。必須在植物的四周鬆土，首先在東南邊，然後依次在西南邊、西北邊和東北邊；最後，從西邊把根挖出。人妻盡力幫婆婆工作。另一個遲鈍的兒媳什麼也沒有做。

當兩兄弟打獵回來時，飯還在燒煮，老翁給每個女人一根掘土棒。他說：「這是你們每天要使用的工具。你們要用它支架帳篷，挖掘可食用的植物的根。」兩個男人也注意地聽著，因爲被教的是他們的妻子。

「快來！」人妻突然氣喘吁吁地叫了起來。婆婆趕緊跑過來，看看她的身體，驚訝地發現她的兩腿間有一個已完全成形的嬰兒在動。這新生兒很美麗，全家人都狂喜不已，只有癩蛤蟆女人是例外，她在賭氣不悦。她對輕蔑地看著她的姻兄弟叫道：「我深受你的愚蠢之累。你嘲笑我，毫不憐惜地批評我。很好！我黏附在你身上！這樣一來，今後人們會對你更好！」她跳到月亮的胸口上，停在那裏。

於是，老翁對小兒子說，他還没有教導好這兩個女人，也没有給她們規定好行爲規範。生孩子是天經地義的，但是，一個女人不應該毫無前兆地就分娩。月亮的妻子是什麼時候懷上這迷人的小孩的呢？人們計算日子，回憶旅途中發生的種種事變，以及誘拐的詳細經過。月亮和太陽結伴，同時回來。因此，在這個時代，白晝的長度和黑夜的長度相等。另一方面，月亮正是在誘拐的那一天把女人帶回來，而且他還有她的同伴的親眼目睹爲證。

這老翁說：「這一切毫無疑問，但我一點也不喜歡兒媳的這種分娩，它毫無文明可言。懷孕和分娩之間應當有十個月時間。這女人行經的最後一個月不算。然後算上無月經的八個月，接著是伴隨流血的分娩的一個月。這樣反著手指計算之後，這女人知道，她不是由某個野獸突然授孕的。她將提前很長時間告訴母親和丈夫。男人使經血凝結起來；由於這個緣故，他們喜歡喝熱血湯。在起源上，出生的嬰兒先於流血，而從此之後，他則在歷時十個月中一直跟隨流血。每次出血都

從月亮的第一個四分之一持續到最後四分之一，也即與從月亮出發去找妻子一直到回來所過去的時間相同(Dorsey：5，第212-221，178頁)。

　　儘管已知這個神話的兩個版本，但這種婦科學教程的詳細內容，還遠不清楚，並且，我也拿不準，轉述是否正確。這神話後來講述了，人妻帶著嬰孩逃跑，這女人死去，英雄度過童年和歷經艱險，他死去又復生，他上了天，變成星座。我把這些插段暫時撇開。

　　縮簡到第一部份，這神話提出了一些值得注意的問題。首先給人留下深刻印象的是它的道德說教的色彩。兩個天體的父親是個聖人，他的妻子表現出了所有家庭美德，兩個兒子不知道如何表明對於父母親的充分的愛、尊敬和溫存。這樣，這神話列述了一個理想家庭的方方面面，就像在一個頑固而又保守的社會裏，道德秩序的最吹毛求疵的衛護士所可能夢寐以求的那樣。然而，我們現在是在紅印第安人那裏，而不是在法國或英國的上世紀的某個地方的中產階級那裏。不過，我們還是看到了關於道德的豪言壯語和關於生物學功能的原始率直描述的結合。在我們這裏，世故人情的指導並不利用一個同時囊括宇宙學、技術、社會生活規範和生育能力的總體系。

　　這個天上家庭的營地設立在兩條河的左岸。從西向東流的河流屬於下部世界，從北向南流的河流屬於上部世界。這營地本身處於一個世界或者另一個世界，視所考察的軸而定；按照M_{428}，它處於上部世界，但我們還記得，按照M_{426}，這營地在起源上處於下部。

　　在故事的開頭，太陽和月亮過著漂泊無定的生活。他們從來不在營地，或者很少去那裏。這神話把看得見的而又固定的太陽與流動的天體區分開來，因此可以推知，白晝和黑夜的規則交替還不存在，光亮和晦暗以混淆的方式存在。M_{426}斷定，在這個時代，無論什麼時間都是黑夜。在兩兄弟援用來支持婚姻的各個論據中間，固定而又規則的生活的論據壓倒別的論

據。如我所說，太陽和月亮一旦安頓下來，就常在一起，不再各奔東西，並且，他們幫助自己的父親。因此，這兩兄弟最初兩相面對時是**疏遠**的；結婚使他們**親近**起來。

妻子的尋找開始於月亮處於最後一個四分之一的時候，結束於月亮進入第一個四分之一的時刻。實際上，在這個期間，月亮不在天空上，彷彿它向西遠行去作最新一次睡眠。太陽向東行，如同它每夜所做的那樣，夜間它從地球另一面沿反方向完成其軌道（Mooney：4，第971頁）。無疑，這些不存在本身在持續時間上是不相等的。不過，我們已承認，這神話開始於白晝和黑夜的交替還不存在的時代。因此，太陽和月亮也可能彼此說來長時間地不存在，因為相應於第一個四分之一和最後一個四分之一之間的間隔時間的六天旅行實際上只用了四天（由於有兩天是休息日），也即等同於從此之後女人不適持續的時間。

現在來考察兩兄弟的旅行。這就是乘獨木舟朝反方向旅行，這有兩種方式。兩個主人公始終是太陽和月亮，但他們從陸地而不是水上旅行；然而，他們兩個都沿一條河的路線行進。這就是說，這種陸地旅行的概念不僅與這旅行可能採取的河流航行的概念相反，而且相矛盾。誠然，大草原的印第安人從來不從水上旅行。曼丹人、希達察人和阿里卡拉人特有的圓形柳條艇（Denig，第579頁）主要用來渡河。我還要回到這一點上來（第284-285及以後各頁）。但是，除了阿拉帕霍人在其發祥地即北部地區可能像大湖地區的其他阿爾袞琴人一樣也利用獨木舟之外，這神話提出了一個決定性論據來排除水路旅行的方案：這兩兄弟不是沿相同方向行進。因此，若假定他們走水路，一個溯流而上，另一個順水而下，那麼，他們不可能一起到達各自的目的地，因為溯流而上比順水而下慢。然而，這神話詳確說明：月亮和太陽同時到達；如本文所說:「白晝和黑夜的持續時間幾乎相同」（Dorsey：5，第220頁）。

如果從這個角度把那些關於月亮和太陽乘獨木舟旅行的南美洲神話與

這個阿拉帕霍人神話加以比較，那麼，就可以得出結論：為了達到同樣的結果，即白晝和黑夜的規則交替，兩半球的印第安人以相反方式行事。一些印第安人讓這兩個天體一起乘船，沿同一方向旅行，並迫使他們保持合理的距離，既不能相互遠離，也不能彼此趨近。大草原的印第安人讓他們沿不同方向在陸地上旅行，並且由於路程相等而導致交替。這兩種表示模式不是不相容的，儘管一種模式以一個特優空間的不變形式映射月亮和太陽從東到西先後行過的兩個相同路程的時間性質，即哪個是黑夜，哪個是白晝。相反，阿拉帕霍人把假定由太陽和月亮獨一地在夜間沿反方向行過的路程放在一個擴展的空間中展開。在南美洲，歷時的觀點把兩個持續時間中較長的一個放在一個收縮的空間中。在北美洲，共時的觀點把較短的持續時間放置於一個擴張的空間之中。相對稱地，獨木舟的乘者在一個移動的小空間區段中保持不動；地上的旅行者在一個總的空間中移動，而這空間保持不動。

這些對立也存在於社會學層面上。在南美洲的神話中，乘獨木舟旅行使得親近婚姻和疏遠婚姻交替出現，除非不允許選擇不過分疏遠也不過分親近的婚姻。但是，阿拉帕霍人神話的地上旅行者既不選擇也不拒斥，因為一個帶回了一個人妻，另一個帶回了一個動物妻子。他們把親近和疏遠結合起來。因此，在阿拉帕霍人看來，白晝和黑夜的規則交替並不像在南美洲那裏那樣產生於兩極之間取的中間項，而是產生於兩極的並列。令人矚目的是，這種邏輯表述與一種很特別的觸理論相匹配，而按照這個理論，當太陽和月亮消失時，它們互換各自在天空中的位置(Hilger：2，第91頁)。

在接近他希望從中找到一個妻子的村子時，月亮耳聞目睹歡樂的嘈雜聲、人和動物的歌聲和叫聲，不禁心花怒放。土著生活的這幅美妙圖景表明，野蠻人也抱有「野性的善」(bon sauvage)的觀念！名詞／thawwa thinintarihisi／即「復活的妻子」(標示人妻) 提出了一個問題；它是否暗示這樣的信念：存在一個時代，那時人是不死的，每年春天周期性地返老

還童（Mooney：4，第818頁；亦見第785, 806, 959頁）或者這樣的信念：有些人是重新化身的祖先？爲了支持這第二個假說，可以回想起，它主要關涉那些出生時就有牙齒的人或者牙齒比別人長得好的人（Hilger：2，第5-6頁）。這個信念在北美洲有確鑿的證據，因爲一直到北部的阿塔帕斯干人那裏都可看到它（Petitot：1，第276頁）。然而，神話的結局強調，月亮的妻子有一副好牙齒，這使她又與由不死者組成的天上婆家有了一個附加的親緣性。儘管「社會秩序與太陽舞蹈同時出現，印第安人在此之前生活在無秩序和無規劃狀態之下」（Hilger：2，第148頁），但月亮的妻子還是來自一個社會，而它即使不是文明的，也無論如何已由和諧支配自然狀態。並且，如在M_{426}中太陽所說的，「人的身體與我們相似」。因此，人妻和動物妻子在肉體和道德上都不同。對於人妻來說，她負起妻子和母親的天職，純屬預先注定的；同時，動物妻子把它撇在一邊。還可看到，前者順暢地達到文化的狀態，而後者仍處於朦朧和混沌的狀況。

這個不可教育的女人是隻蛙，這一點我們並不感到奇怪，因爲上一卷已讓我們看到無教養的少女的原型，她以痴迷蜂蜜——隸從自然——的女人的面貌出現。並且，我們也不感到奇怪：當從查科過渡到圭亞那時，我們目睹她轉換成了蛙。因此，南美洲的由一個無教養的女人轉換而成的蛙與北美洲的教養有素的女人相對立。但是，如我在《從蜂蜜到煙灰》（第285-286頁）中已經指出的那樣，在這兩種情形裏，兩個美洲共同的一個龐大神話體系有一個令人困惑的地方：女人的臣服怎麼建立起了社會秩序。現在，我們來弄清楚其中的道理所在。人妻的公公不滿足於給她家庭用具和教她養成好習慣。這老翁還對兒媳婦進行眞正的生理塑造。在處於原始純眞狀態下，這兒媳婦未遭受月事的不適，她的分娩也是發生得突然而意外。從自然到文化的過渡要求，女性的機體應成爲有周期性的，因爲社會秩序如同宇宙秩序也受一個無政府的政權影響，而在這個政權的統治之下，白晝和黑夜的規則交替、月相、女性的不適、懷孕期的固定長度和季節的歷程

相互支持。

　　因此，作爲周期性的存在物，女人有危害宇宙秩序之虞。這些神話常常提到女人在社會上的不服從狀況，其形式爲「女人統治」。這形象地預示了另一種其嚴重程度更大以致大得無可估量的危險，即女人在生理上不服從所帶來的危險。女人還必須服從**規則**。就像男人所希望和構想的社會秩序強加於女人的那些規則一樣，教育傳授給她們的規則（這以她們的奴從爲代價）也給其他規則提供了保證和象徵，而這些其他規則的生理學性質證明了把社會節奏和宇宙節奏統一起來的一致性。從這個意義上說，月亮的第一個四分之一和最後一個四分之一之間的四天時差所起的作用，一如獨木舟的乘者——太陽和月亮之間的空間差距所起的作用。前者決定了女性月經的持續時間，這個時間尺度歷經月的長度，量度月的更替。阿拉帕霍人的一些老年傳述者說，他們觀察到月亮增盈和減虧的時期，但他們不像其他印第安人，沒有感到需要給予各個月以名字（Hilger：2，第84頁）。白晝和黑夜的接續也是無名的，它借重空間的尺度：沿一條路線長度行進的獨木舟來量度。月亮變化和女性不適兩者在理論上的吻合除了在神話中得到說明，也在一個傳述者的話中得到印證：「太陽舞的合適日期在新月過後因而在月經期之後的第七和第十天之間」（Dorsey：5，第22頁）。除了阿拉帕霍人，大草原的許多部落都在太陽舞中納入了一個儀式。在這個儀式的過程中，年輕女人向男人提出挑戰，指責他們行爲不軌。也是由於這種主見，在女性道德和旨在調節太陽行程的儀式之間出現了聯繫。

　　女人不遵從嚴格周期性，會給世界秩序帶來損害，其嚴重程度一如白晝和黑夜交替的中斷或季節的紊亂所產生的危害。這種局面的產生，其情形一如神話和儀式建立各種不同類型曆法周期性之間的等當關係。典禮用的帳篷除了中央主柱之外，還有十六根立柱，沿圓周排列，用以支持架構。兩根塗黑色的立柱放置在刻在一個圓形平面上的四邊形的東北角和西北角上，兩根塗紅色的立柱在東南角和西南角上。這四根立柱象徵阿拉帕霍人

諸神中的四個老人，他們是風的主人，分別是夏、冬、白晝和黑夜的化身
（Dorsey：5，第14，96，124頁）。因此，土著思維設想兩種類型交替即「二
至點的」和「二分點的」兩者之間有著同系關係。唯一的這種配置確保了
白晝和黑夜以及月和季的規則交替（圖19）。

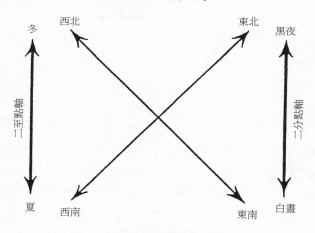

圖 19　二至點軸和二分點軸

在$M_{425-428}$這組神話中，太陽和月亮屬男性。穆尼（Mooney）（4，第1006
頁）提到其他一些阿拉帕霍人傳統，在其中月亮和太陽分別為兄弟和姊妹。
值得注意，M_{428}在若干條隔開的路線上把兄弟天體轉換成配偶天體（Dor-
sey：5，第228頁）。太陽舞的儀式確證了天體的性別和親緣關係的不穩定性
（L.-S.：18）。因此，節宴的「祖父」或「授與者」和女人「孫女」的禮儀
交媾可作三種解釋。當這女人裸體仰臥時，她象徵性地獻身給在她上空照
耀的月亮（Dorsey：5，第101頁）。因此，這天體在此是男人。但是，這交媾
本身發生在代表太陽的「祖父」和其時是月亮的女人之間（同上著作，第177
頁；Dorsey-Kroeber，第2頁）。最後，據說，通過從祖父之口傳遞到女人之
口、然後傳遞到丈夫之口的根塊這個比喻性媒介，真正的交媾把祖父和其

時作為月亮之人格化的孫女結合在一起：

$$月亮 \qquad\qquad 人$$
$$1) \quad \triangle \;=\; (\bigcirc \;=\; \triangle)$$

$$太陽 \qquad 月亮 \quad 人$$
$$2) \quad \triangle \;=\; \bigcirc \;(=\; \triangle)$$

$$太陽 \qquad 人 \qquad\qquad 月亮$$
$$3) \quad \triangle \quad (=\; \bigcirc) \;=\; \triangle$$

換句話說，在保留性別變化的條件下，月亮可以在構成體系之不變方面的
這三個位置上變換。如果補充說，首先，太陽也可能成為男性月亮的姊妹，
女性月亮也可能成為男性太陽的妻子，其次這些神話有時稱「太陽」為月
亮的父親(Dorsey：5，第178頁)，最後，在月亮兒子亡母後收留他的老嫗自
己是黑夜的主人，有時則被認同為月亮(同上著作，第99頁)，那麼，我們就
會承認，這些神話和儀式並未絕對地賦予生物和事物以語義價值，而是每
個項的意謂產生於它在轉換著的各體系中所占據的地位，因為它們相應於
一個神話議論(discours)在展開過程中實際做的那許多共時截取。

　　無疑，月亮固有的歧義性——按神話是女人的天體丈夫，按儀式是太
陽的地上妻子，而且從劣行得到啟示 (Dorsey：5，第124頁) ——可從其作
為兩性人的本性得到解釋，而在第三篇末我已證實，這從形式觀點看來是
必要的。這些阿拉帕霍人神話也用具體的語彙說明這本性③。月亮起先是
一個與姻姊妹蛙爭吵的男人。這姊姊妹出於憤怒而倒向他，依附在他身上，
從而給予他雙重本性：他自己加上天體的陰影，後者無非是蛙及其叫聲，

③奧馬哈人(Omaha)把穿戴女人服飾、採取女人生活方式的男人稱為「月亮狂熱者」
　　(Fletcher-La Flesche，第132頁)。

但象徵月經。蛙本身呈現孕婦的外表(Dorsey：5，第177頁)。因此，由於蛙黏附這個事實，男性月亮獲得了女性的形象。

II 箭豬的指導

「要始終對你們加於少女的關心予以辯護，但仍要始終施予關心給她們。
閒散和倔強是她們的兩個最危險的缺陷，應當同它們作鬥爭，至少當染上
它們的時候。姑娘應當審慎而又勤勉；這還不夠，她們還應當及早有這種
自覺。如果說這是她們的一種不幸，那麼，它與她們的性別分不開；她們
擺脫不了它，只是為之蒙受較大的悲苦。」

J.-J.盧梭：《愛彌兒》，第五篇

　　太陽和月亮的論爭同時在三個方面展開。第一個是天文學和曆法方面，
關涉日、月和季的周期性。第二是社會學方面，它關涉尋找妻子的適當距
離。太陽認定人妻太近，因為他的熾熱使她們擠眉弄眼，但月亮認為她們
距離恰到好處；反過來，月亮認定蛙妻離得太遠，而太陽聲稱後者距離正
好。第三個方面涉及姑娘的教育，這教育被認為是真正的心理和身體塑造；
因為道德的指導是不夠的，所以還必須細緻改造她們的機體，以之能適應
於履行各個周期性機能：月經、懷孕、分娩。這三個機能因下述事實而相
互關聯：經血在懷孕期間積儲起來而形成胎兒的身體。這三個機能總起來
又與宇宙的大節奏相聯繫：女人的月經伴隨著月亮的變化，懷孕持續固定
數目太陽月(lunaison)；白晝和黑夜的交替、月的秩序和季的回歸屬於同
一個體系。女人接受這種道德和生理修整的才幹各不相同，取決於她們的
距離遠近，因此，人人都要控制自己。退一步來思考，這些阿拉帕霍人神
話如同一幅生動描繪創世奇異情景的圖畫，並配以關於**無的來歷**(Histoire
d'O)的合理解說。

　　然而，迄今爲止神話蒐集者並未從這個視角研究這些神話。它們所屬的北美洲星辰丈夫循環是賴卡德(2)和湯普森關注的研究對象。後者的研究更晚近也更完備，被合理地奉爲同類研究的楷模。沒有它，我的探究便會茫無頭緒。因此，我無意貶低它。不過，它是以歷史的方法爲指導的，與我的方法大異其趣。所以，現在是一個機會，可以用一個例子來檢驗一下這兩種方法，看看每一種方法各能對一個神話**做**些什麼。

　　像斯蒂思‧湯普森的所有著作一樣，《星辰丈夫故事》(*The Star Husband Tale*)也以芬蘭學派的工作爲楷模，力圖證明它們的有效性（第95頁）。我們知道，這個學派本著實證主義和經驗的精神，致力於普查由口頭傳統流傳下來的一個故事的全部已知樣本。然而，它把這故事分割成一個個題材或揷段，其中比較短的可以識別出來並加以分離，這是因爲它們以同一形式在許多版本中重現，或者相反是因爲它們在一個版本中突然出現在已注意到的題材之中。可以計算這些題材的頻度，由此配備用於繪製分布圖的約定符號。可以通過比較數值及其在空間的分布來努力展示各個以相對古老性相區別的類型，確定它們的流播中心。因此，所能重建的正是故事的自然史，由此可以表明故事在什麼時代以什麼形式產生於什麼地方，然後可以按各個異本的出現地點和次序對它們分類。

　　這個方法適用於匯集事實，因此，人們完全可以接受它。因爲，對紀錄作研究在開始時並不要求能夠進行分析，哪怕結構的分析。芬蘭學派及其著名的美國代表在我們的研究中引入了對作完備普查的關注和要求、對細枝末節的注意和對地理標識精確性的要求，而凡此種種都曾使他們的工作取得極其寶貴的成果。這一切都不成問題。困難是隨著對事實作界說而來的。

　　歷史方法從來不去探究民間傳說的事實究竟何在。或者更確切地說，這種方法把觀察者從主觀理解出發而根據故事的表現內容認定的各個元素全當做事實看待。人們從來或者幾乎從來不試圖進行還原，以便由此可以

表明，在淺表層面上分離的兩個或更多個題材結成轉換關係，而科學事實
的地位不屬於各個題材或者它們中的某一些，而是屬於產生它們的圖式
(schème)，儘管這圖式本身始終處於潛在的狀態。人們滿足於一一列出各
個項但並不把它們關聯起來。

但是，歷史方法僅僅考察各元素的不存在、存在的地理分布，而在這
種方法看來，它們始終沒有意謂。然而，對於神話故事，可以談論親屬關
係規則這等東西。神話故事也好，親屬關係規則也好，都不僅僅是**存在**；
它們還**服務**於某種東西，即在前一種情形裏要解決社會邏輯的問題，在後
一種情形裏要解決社會學的問題。阿拉帕霍人神話和屬於同一組的其他神
話的對比就清楚地表明了這一點。

湯普森（第135頁）對星辰丈夫循環的所有已知異本作了比較研究。由
此出發，他推知存在著一種原始模型(archétype)或者說基本形式，它彙總
了全部有極高統計頻度的題材：**兩個少女(65%)、露天過夜(85%)、希望
嫁星辰爲夫(90%)。她們在睡覺時被帶到天上(82%)，攜帶者爲娶她們爲
妻的星辰(87%)：一個年輕男人和一個老翁，他們各自的年齡同各個星體
的亮度和大小成比例 (55%)。兩個女人違反不許她們掘地的禁令 (90%)，
無意中鑽破天穹(76%)。她們在孤立無援之下(52%)，沿著一根繩索的長
度下行 (88%)，平安脫險回到村裏 (76%)。**

可以看到，在所普查到的八十六個版本中，只有十五個散布於整個分
布區域之中的版本重現這基本形式。對於這樣的結果，用不著感到驚訝，
因爲體質人類學(authropologie physique)家每當致力於用統計頻度極
高的性狀的積累來表示法國人或美國人的類型時都會遇到類似情形。這樣
做得出了一個假象，它同實際的個人很少相似之處，也一點不容許人假定，
它精確地反映了祖先的體貌。平均值只表達它本身。重新組合這些事實的
一種方式爲，考察它們的客觀相似性在過去已能取的和今天在各處所能取
的每一種特定形式。

如果不受這個困難所累，跟著湯普森（第136頁）也認爲，「這原始模型應當無所不在或者存在於幾乎所有實際分布區域，並且在各個特殊發展出現之前，情形就已如此」，那麼，就可以分離出第二種故事類型，而從邏輯的和歷史的觀點看來，它是從第一種類型派生出來的。湯普森稱這類型 II 爲「箭豬的記述」(rédaction porc-épic)，無疑，這樣命名是爲了提示，口頭傳統的研究可以合理地採用一種方法論，它可用書面傳統的方法論相比擬。我們的阿拉帕霍人神話構成這種「箭豬的記述」的一部份。不過，除了源於這個部落的八個版本之外（我們只利用了五個，其他幾個則被雙重地運用進去），還已知有十二個版本，它們係在格羅斯—文特人、克里人、阿里卡拉人、希達察人、克勞人、切延內人和基奧瓦人那裏採集到。這總共二十個版本的分布區域實際上從北緯55°一直綿延到35°。把頻度極高的各個特徵重新匯集起來，就可以構造出下述故事：**在從事一項工作(84%)的一個少女(100%)追逐一頭箭豬(95%)，後者在一棵高聳直至天上的樹的頂梢處(95%)。這箭豬轉變成月亮(45%)、太陽(25%)或者星辰(15%)，它們都化身爲一個年輕男人(30%)。這少女嫁給他，給他生了一個兒子(95%)。儘管她被禁止掘地(80%)，但她卻違反這禁令，還發現了天穹上有一個開孔(85%)。她獨自(45%)或者在丈夫幫助下(25%)沿著一根用皮條做的繩子往下降(85%)，但這繩子太短。丈夫投擲一塊石頭，擊斃了這女人，留下了小孩(85%)。這故事續以星辰、月亮或太陽的兒子的冒險經歷(90%)。**

這類型 II 代表一個分布區域，它比類型 I 或者說基本形式的分布區域更緻密，但也更狹窄得多。最後，在類型 II 的區域的內部，更小得多的太陽和月亮爭論區域給前面二十個版本又組合進八個版本，它們源自格羅斯—文特人、希達察人、克勞人和阿拉帕霍人。

湯普森未詳加評論，而只是滿足於就此指出（第138頁）：「這種材料上的增進用來引入箭豬的插段，而且還帶來某種藝術價值，儘管天上世界裏

進行的咀嚼比賽對故事情節並沒有多大增補(hardly helps the story)……這一切都可以成爲一種增補,而許多版本也已把它的大要吸納了進去,但卻沒有能明確界定其分布區域。」

在上述八個版本中, 源於克勞人和希達察人 (他們形成一個種群已有幾個世紀之久) 的那些版本有一點不同。在它們那裏, 不是禁止這女人挖天上園子裏的某種植物(或者除了這個禁止之外), 而是禁止她的年輕兒子捕獵一個特定鳥種草地鷚(meadow-lark)。一天, 這男孩違反規定; 他攻擊一隻辱罵他, 說他只是一個奴隸的鳥, 但未擊中。這草地鷚情急之中供出, 人起源於這獵人的母親。這獵人於是亟望見到大地和親人; 正是他勸母親逃跑 ($M_{429-430}$, 以下第 252-254, 273-276 頁)。按照湯普森的說法 (第138頁), 這個事件的作用無非是讓兒子扮演一個角色, 說明這女人逃遁的理由。

儘管基本形式或類型 I 只存在於十五個版本中, 但湯普森斷言, 它必定曾經佔據其全部實際分布區域。因此, 類型 II 產生於類型 I 區域之內, 只佔據其一部份, 太陽和月亮的爭論在類型 II 的區域內部展開, 最後, 草地鷚的插段在上一區域內部展開, 而這第四個分布區域更爲狹窄。從歷史的和地理的觀點來看, 這四種形式之間的關係造成若干同心圓(圖20): 草地鷚的插段在天體爭論「之中」; 這爭論在箭豬記述「之中」; 這記述或類型 II 在基本形式或類型 I「之中」, 因爲人們認爲, 類型 I 兼具年代最久和地域最廣雙重優先權。因此, 每一種形式, 無論久遠程度如何, 都佔據一個分布區域, 其廣延與其出現的時期成正比。

一旦從客觀的分析中引出這個結論, 我們就再無置喙的餘地。我們把這些題材的插段一一找出來, 確定它們所處位置, 給它們編目, 再確定它們的時期。這樣, 我們然後就能夠解讀它們的意義。可是, 它們現在沒有這種意義。箭豬的記述謀得了一種手段, 作爲使女英雄一直升到天上的另一種手段。太陽和月亮的爭論使得能夠引入箭豬的插段, 而這些神話有時

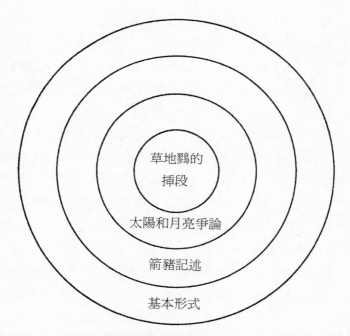

圖 20　歷史學派的關於天體妻子神話分布的理論圖式

通過別的途徑引入這揷段。咀嚼比賽並沒有豐富故事。解釋草地鷚的揷段的理由也是平淡無奇……

湯普森然後研究一個重要異本，也就是類型Ⅲ，其傳播區域從阿拉斯加的東北部直到新斯科舍，中間經過加拿大南部和大湖以北地區。這個「北方新月狀地帶」從西到東包括下述各個種群：卡斯卡人（Kaska）（M₄₃₁）、塔爾坦人（Tahltan）（M₄₃₂）、澤紹特人（Tsetsaut）、卡里埃爾人（Carrier）（M₄₃₄）、克里人（M₄₃₅）、阿西尼本人（M₄₃₆）、奧吉布瓦人（M₄₄₄）、帕薩馬科迪人（M₄₃₇）和米克馬克人（M₄₃₈）。從語言觀點看，前四種人屬於阿塔帕斯干語族，其餘種群皆屬阿爾袞琴語族，只有阿西尼本人是例外，他們屬於蘇人，也包括在前一個語族之中（圖21）。

類型Ⅲ重複了基本形式，但少了最後那個揷段。逃離天上世界的兩個少女不是平安著地，而是被困在一棵樹的頂梢，下不來。各種各樣動物從樹下路過；她們呼籲它們幫助，直至許諾嫁給它們。它們一個接一個地拒絕這種請求，只有最後一個動物是例外。在所普查到的十三個版本中，有十個版本裏，這動物是狼獾，在其他三個版本裏，則是加拿大貂即pécan或者潛鳥。她們落到地面，站穩腳跟，就愚弄輕信的救助者。

位於新月狀地帶東端的兩個阿爾袞琴部落米克馬克人和帕薩馬科迪人略微改動了這故事。兩個女人不是潛逃，而是得到天上人以搬運魔法相助，條件是她們應在下降期間閉上眼睛，要到聽到黑頭山雀的叫聲和兩隻不同種的松鼠的叫聲之後才可以睜開眼睛。這兩個女人違反規定，遭到懲罰，被囚在一棵樹的頂梢。湯普森從這個特殊發展（第140頁）僅僅推論說，米克馬克人和帕薩馬科迪人佔據著類型分布區域的外圍。湯普森（第144頁）在對其他三個局部異本（類型Ⅳ、Ⅴ、Ⅵ）（我們暫時不討論它們）作了一些簡短說明之後，提出了他的結論：基本形式的時期至晚在十八世紀，它也是最古老的。箭豬記述晚於1892年，類型Ⅲ的產生在1820-1830年這個時期。這些估計運用於北美洲神話時讓人感到驚訝，因為我們已經證明，北

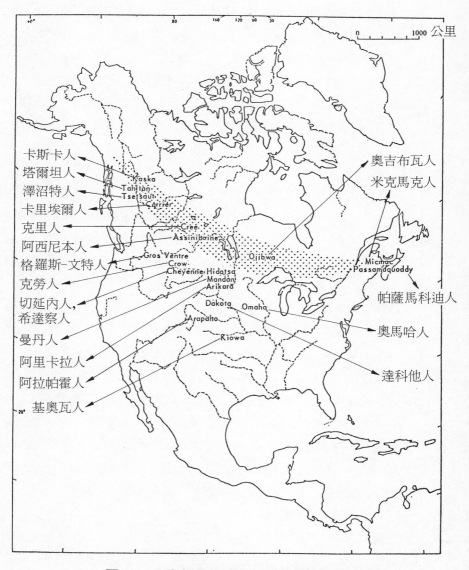

圖 21 北方新月狀地帶和天體爭論分布區域

美洲神話乃以最爲規則的方式轉換源自南美洲的神話。由此可見，這兩種神話必定受兩半球共同的圖式啓發，它們年齡不是數以十計，而是數以千計。如果注意到一個相似之處，那麼，這就更其令人信服了。這就是，一方面兩個女人囚在一棵樹的高處，樹腳下有多少提供幫助的動物通過，另一方面，博羅羅人和熱依人神話(M_1, M_{7-12})中的盜鳥巢者得到一頭願意助人的花豹的幫助而下得樹來。這兩個情境的相似不是偶然的，因爲，盜鳥巢者神話以書面形式存在於北美洲的西北部，在那裏，還可察知回復到星辰丈夫循環的一個轉換的所有階段。表明這一點，乃屬於第四卷的任務。

這裏，我不打算預先討論本探究的這個最後階段，而僅僅證明，湯普森認爲可據以重新建構星辰丈夫循環的歷史演進過程的四個異本作爲惰性的東西並沒有區別，我們滿足於認識它們在空間和時間上廣延不相等。它們倒是結成使它們相互關聯而又對立的動態關係。這些關係還決定了每個異本的示差特徵，並且，它們能比統計頻度更好地解釋各個異本的分布。爲了使這論證更加令人信服，我偏重探討兩個插段，而湯普森幾乎沒有賦予它們任何作用，因爲他認爲，它們屬於遲晚而又局部的發展。它們就是類型 II 中的草地鷚插段和類型 III 中的山雀和松鼠插段。我們還記得，它們源自兩個很貼近的區域：前者見諸克勞人和希達察人，他們屬於西部蘇人，後者屬於帕薩馬科迪人和米克馬克人，他們屬於東部阿爾袞琴人。

克勞人和希達察人神話形式上禁止英雄射擊草地鷚。不過，這禁忌有一個理由，而故事是後來在英雄違反它之後才說明這理由的。被攻擊的鳥說話了，它向男孩揭示了他出身於地上。因此，狩獵的禁忌掩蓋了聲學的禁忌。這禁忌旨在阻止一個男性英雄**聽到**一個獵物可能對他說的話。因爲，一聽聞到了，他就會想望重新從天上返回地上。

在阿爾袞琴人神話中，山雀和松鼠的插段逐點反轉了上一插段。兩個女英雄取代一個男英雄。她們接受一項命令，它的目的據稱是允許她們重新回到地上，而不是阻礙她們那樣做。這命令採取實際的形式：不得張開

眼睛（如同克勞人、希達察人的英雄不得「看」草地鷚），但這形式恢復了另一種形式：**聽（不是不聽）**某些動物的叫聲。最後，這叫聲是**信號**，而不是**消息**。

　　無疑，某些徵象提示，山雀（種名*Parus*）也可能是一種信鳥。福克斯人(Fox)和基卡普人(Kickapoo)在他們的神話中（Jones：3，第83頁；4，第99頁）如同瓦巴納基人(Wabanaki)(Speck：5，第371頁)都暗示了這一點。歐洲也有這種信念：「它的叫聲有著各種不同的預示。在愛沙尼亞語中，這鳥名爲／tige／即「邪惡／，這可能與列特人(Lett)關於這鳥是預報者的觀念相關」(Rolland，第124-125頁)。切延內人和黑足人把這作用縮減爲預報夏天，因爲這鳥的叫聲爲／mehnew／；／mehaniv／在切延內語裏是說「夏天到來」(Grinnell：2，第2卷，第110頁)。另一方面，奧吉布瓦人認爲，如果山雀鳴叫時嚥下最後一個音節：Gi-ga-be; gi-ga-be; gi-ga-me，那麼，將要有一場暴風雨(Coleman，第105-106頁)。

　　對這些把報信或者勸告的作用轉給山雀的情形，應當加以分析，因爲通常它被歸諸草地鷚④。可以從各個種族那裏舉出無數例子，這些種族從岸地薩利希人(Adamson，第225頁)、奇努克人(Jacobs：2，本文第14, 24, 27, 36號；Sapir：1，第300頁)、內茲佩斯人(Phinney，第205, 222, 227, 251, 381, 401頁，等等)西部薩哈普廷人(Jacobs：1，第111,121, 163頁)、波莫人(Barrett：2，第350-351, 446-447頁)，一直到曼丹人和希達察人(Beckwith：1，第27頁；Bowers：1，第132, 370-373頁)、切延內人(Grinnell：1，第308頁)和波尼人(G. A. Dorsey：1，第20-23頁)。然而，草地鷚的叫聲並不帶有信號的特徵；這是一種眞正的語言：奧格拉拉•達科他人說，「印第安人能懂得草地鷚的

----

④並且，印第安人相反告訴湯普森說，草地鷚發出接近陸地的信號(Teit：4，第25頁和註㊿，第104頁)。按照土著提供的證據來看，易洛魁人相信，吃了山雀的肉的人會變成說謊者(Waugh，第133頁)。

許多說話」（Beckwith：2, 第381頁）。克勞人和阿拉帕霍人更進一步。前者說：「草地鷚說克勞語」（Lowie：3, 第57, 69頁），後者說：「你們知道，草地鷚說阿拉帕霍語」。與曼丹人不同，阿拉帕霍人認爲，這種鳥說話很蹩腳，甚至是淫邪的，但是，他們仍用它的肉和蛋餵小孩，「以便他們迅速學會說話，懂事」（Hilger：2, 第41, 94頁；Kroeber：3, 第317-318頁）。在蒙大拿的格羅斯—文特人那裏，當一個小孩遲遲不會說話或不懂事時，「就用經火燒硬的草地鷚蛋餵他……對於一個嘮嘮叨叨的人，今天人們還說，他的媽媽一定給他吃過這種蛋」（Flannery，第143頁）。黑足人聲稱懂得草地鷚的叫聲（McClintock，第482頁；Schaeffer，第43頁）。在落磯山脈西部，雅納人以及普吉特海峽的各部落也抱有這種信念。雅納人說，草地鷚懂得外語，後一些部落讓嬰孩吃它們的蛋，以便他們日後口齒伶俐（Sapir：3, 第47頁；Haeberlin-Gunther, 第21頁, 註㊻）。

儘管罕見這些作用發生反轉的情形，但還是應當對這兩種鳥的語言能力作個比較。黑頭山雀的語言才能在另一個領域中施展，就像已經看到切延內人和奧吉布瓦人賦予它們的那種氣象學功能所提示的那樣，這一點也由納瓦霍人和梅諾米尼人加以確認，他們把山雀歸入多鳥之列（Franciscan Fathers, 第159-160頁；M_{479}, 以下第291頁）。草地鷚是候鳥（Audubon, 第1卷, 第379-387頁；McClintock, 同前引著作；Grinnell：2, 第2卷, 第109頁），而山雀則不同，通常是定居的。但是，山雀的舌頭有線齒。據紹紹納人說，齒有六個。他們說，每個月掉下一個齒，六個月後又重新長出來。因此，只要抓一隻山雀，就可以知道冬天或夏天已經過了幾個月了。由於這個原故，不應當捕殺這種鳥（Culin, 第11-18頁）。這個信念廣爲流傳，就是在曼丹人和希達察人那裏也可看到，他們根據山雀的舌頭來計算一年的月份；他們甚至提供了一張輔助圖（圖22）。

在《生食和熟食》中，我已敍述和討論過**聽／不聽**這個兩難困境，當時涉及的是關於人生壽命長短的南美洲神話。因此，現在在北美洲又見到

圖22　山雀的舌頭

這個兩難困境,而這裏涉及的是象徵周期性的鳥。這是耐人尋味的。

這種鳥(*Parus atricapillus*)構成一個三元組的組成部份, 它還包括的另兩個項依出現次序為: 紅松鼠和條紋松鼠。兩者都屬於囓齒動物, 但屬於不同的屬。美洲紅松鼠即*chickaree*(不要同黑頭山雀的俗名*chickadee*相混)是樹棲囓齒動物: *Tamiasciurus hudsonicus*。條紋松鼠即 *chipmunk*是陸棲囓齒動物: *Tamias striatus*。因此, 黑頭山雀、紅松鼠、條紋松鼠這個動物系列重現了下降的逐次階段:

這些神話(M$_{437a, b}$; M$_{438a, b}$)在這一點上表現得再明顯不過。星辰在明白了它們的人妻因離開地面和家屬而消沉之後, 命令她們緊挨著睡覺。破曉時分, 她們不應該急於張開眼睛, 把頭探出被窩。她們總是應當事先聽到三種動物的鳴叫: 首先是黑頭山雀, 然後是紅松鼠, 最後是條紋松鼠。只有在這時候, 她們才可以起身, 環顧四周。

兩個妻子中的年幼者總是沉不住氣, 總想一聽到山雀叫就起身。年長的妻子挽回了她。可是, 當紅松鼠鳴叫時, 這阻止就毫無用處。那年幼者跳了起來, 另一個也跟著這樣做。這兩個女人發覺, 她們已回到地上, 但處於一棵高高的冷杉——鐵杉(*Tsuga canadensis*)的頂梢, 她們自己無法下來。「原因在於, 在每次鳴叫時, 即先是這鳥然後是每個松鼠鳴叫時, 兩個女人隨著日頭越升越高而越趨往下地降向地面, 但是, 由於她們未能

耐心等待，因而被拋棄」(Leland，第146-147頁；參見Prince，第63頁；Rand，第161，310頁）。

然而，也是在這個方面，草地鷚同東部神話的動物三元組相對立。如果說這三元組的每個項都包含從天空到地面的下降的諸階段之一，那麼，克勞人和希達察人神話的這鳥獨自就統包所有這些階段。草地鷚(*sturnel-la magna*) 貼近地面窺測，疾行覓食。它只有在被追獵時才斷斷續續地棲止；不過，它睡在地上。「在一叢茂密長草的腳下，你可以發現它的巢。這是土中的一個空穴，這鳥在裏面成圓形地排列著許多草、纖維根和其他植物；爲了隱蔽起見，巢的周圍用交織起來的樹葉和草莖團團圍住」(Audubon，第1卷，第384頁）。達科他人神話說到這種地上的巢呈「橢圓形，宛如一所小屋」(Beckwith：2，第382頁）。草地鷚作爲鳥是天上的居民，但它的習性又使它熟悉地上的事物。因此，它懂得屬於高空世界的東西和屬於下部世界的東西之間的區別。無怪乎，它揭發定居在天上的女人兒子是騙子。但更重要的是，它的歧異性建起了同東部的阿爾袞琴人神話中的三個野獸的整齊序列的對比。

現在我來對迄此爲止經過的步驟再作一扼述。在天體妻子神話所佔據的區域的兩端，即一方面在克勞人和希達察人那裏，另方面在米克馬克人和帕薩馬科迪人那裏，我們發現了兩種多方對立的形式。在故事有頭有尾的東北部阿爾袞琴人那裏，升到天上的兩個女英雄爲了平安回到村子而必須**看**在下面的地面(儘管她被禁止這樣做)，**聽**三個生活在多少遠離地面的地方的動物的叫聲。在克勞人和希達察人那裏，唯一的女英雄死了，她的兒子**不得看**草地鷚(他被禁止捕獵它們)，也**不得聽**取對他們地上**出身**的披露（因此，這是**到達**地上的消息，而不是在另一組神話中由三個動物的叫聲構成的**到達**地上的信號）。最後，阿爾袞琴人神話的動物三元組有著分析的功能：每個動物的叫聲指示，這女英雄處於離地面的不同距離上。相反，草地鷚的功能是綜合的：這鳥依其生活方式同時屬於天上和地上：

作爲工作假說，我認爲這兩種各由很少量版本代表的形式結成反對稱的關係，這些版本源自兩個空間上相隔遙遠並在語言和文化上相區別的種群組——分別爲大草原的蘇人或林地和岸地阿爾袞琴人。它們彼此以理論方式相對一個中間區域懸垂。現在，我們應當考察這個中間區域（圖23）。

**圖23　按照結構方法的
天體妻子神話分布理論圖式**

然而，在湯普森的基本形式——我們還記得，它僅在「北方新月狀地帶」中得到經驗證明，它在那裏構成類型Ⅲ（以上第218-222頁）——和始於太陽和月亮爭論的大草原本體之間也存在著這種類型關係。不僅屬於基本形式的那些神話，而且屬於其他形式的神話都開始於兩個女人就她們希望以之爲丈夫的星辰進行的討論。所考察的這兩顆星辰一個是暗淡的，另一個是明亮的，一個是小的，另一個是大的，或者一個是紅的，另一個是藍的、白的或黃的，視情形而定，但我不想深究其細節，儘管研究這一切變換，無疑會帶來豐富成果。同樣，兩個女人中一個是聰明的，另一個是愚笨的。作出合理選擇的那個女人得到一個年輕男人——戰士或首領——爲丈夫。她的同伴則嫁給一個老翁或僕人。

顯然，這種初始情境復現了太陽和月亮的爭論，同時又反轉了它。這裏，兩個男性的和天上的人物爭論著兩個地上女人各自的優劣。那裏，兩

個地上女人爭論著兩個天上男人各自的優劣。每次都是一個交談者理智，另一個不可理喻。後者無論是男的還是女的，都作出錯誤的選擇：皮膚起皺的、有時還是年邁的蛙妻子(M_{427a})，她小便失禁，因此在下部漏水；或者是眼睛昏花的老翁($M_{437, 438}$)，他在上面漏水。因此，我們又面對兩種結成對稱關係而不是包含關係的類型。

事情的確如此。我們由此還可以認識到欺詐選擇的這兩種極端形式之間的一些中間形式：

M_{439}. 阿里卡拉人：欺詐的選擇

從前有個追求榮耀的戰士。他獨自去到荒野的角落裏尋求超自然的幫助。一隻鳥把他引導到一個地方，一個紅人出現在他面前。這就是太陽，他索要這求助者的舌頭。後者毫不猶豫地割下舌頭，就死去了。

第二天夜裏，月亮使這年輕戰士復活，他也是一個人，充當了這戰士的庇護者。月亮解釋說，太陽明天要來，把這男孩帶到住處去，以便讓他從兩批武器中選擇一批。他應當選取舊的一批。

他就這樣作了選擇。太陽很惱怒，因為這些破損不堪的武器給予其擁有者以靈活的舌頭和榮耀。他多次試圖殺死這男孩，或者讓兒子去殺，但是，他們失敗了。「無舌人」變得年邁而又失明。太陽最後心平氣和，把他叫到身邊(Dorsey: 6，第61-65頁；參見曼丹人的版本，載 Will: 1，2)。

因此，欺詐選擇這個題材以三種形式出現：太陽和月亮作為男人，選擇不一樣的妻子；兩個女人選擇不一樣的星辰作為丈夫（並且，有時這兩個天體是太陽和月亮，這使兩種類型的對稱臻於完善）；最後，一個男人被太陽要求在兩個不一樣的東西之間作出抉擇，他從月亮處獲知，他不應當

相信表面現象⑤。通過這個考慮，我們又回到姑娘的教育上來，而欺詐選擇的兩種極端形式使人想起了這種教育的兩個方面。因爲，一個敎養有素的姑娘除了其他要求之外，還應當懂得不相信表面現象，也不根據表面現象妄下判斷。在一種情形裏，她被欺詐，在另一種情形裏，她誘使男人被她欺詐。

現在我繼續硏討「箭豬的記述」。爲了作出解釋，我們應當先來探究一下這種動物在北美洲神話中的地位。它意謂什麼？或者更確切地說，神話思維試圖用它來意謂什麼？

美洲箭豬或鸞豬(*Erethizon dorsatum*)是一種迥異於歐洲食蟲刺猬的嚙齒類動物。身體上長滿濃密的毛；它們在背、尾、頸和腹等部位變成堅硬的鬃毛和長度不一的刺。腳趾的配置使這種動物能夠爬樹，在樹上棲息。事實上，它們主要以樹皮、新生層和葉子爲食；儘管它不多眠，但在冬天它懸在中空的樹幹中，這樹靠近它已取盡其所有可食部份而予以抛棄的那些樹。據說，它從樹梢開始攻擊，然後延及樹枝和樹幹 (Brehm：《哺乳動物》〔*Säugetiere*〕，第2卷，第567-568頁；Hall-Kelson，第780頁)。

這種動物的身體呈球狀，又長滿了刺，這形象有時令神話學家相信，它象徵旭日及其光芒 (Curtin-Hewitt，第655, 812頁)。然而，除了一個阿拉

---

⑤這裏我只是點一下欺詐選擇這個題材，它在大草原的神話中佔據相當重要的地位。在這些神話中，它呈現許多其他形相。在祖母和孫子的循環中，這祖母要求這小孩對自己的性別在女性和男性之間作抉擇(M_{429a}, M_{430b}；Lowie: 3, 第53頁；Beckwith: 1, 第122頁)。那時問題在於地上的而不是天上的、眞誠的而不是欺詐的選擇。這次選擇是欺詐的，但也是地上的，是一個天上角色所必須做的。這選擇在M_{403b}和其他一些神話中是兩個女人要求天體的兒子做的。由此可見，這選擇有時關涉自然性質，如天體的可感覺形相或者女人的美貌，有時關涉文化性質：由男人或女人使用的新的或破損的東西，等等。整個這組轉換值得作專門的研究。

帕霍人版本和一個克勞人版本之外，所有關於兩個天體爭論的神話都把箭豬等同於月亮。我們將會看到，與一個天體而不與另一個天體聯結，這相對於種族研究所能發現的更基本的性質來說是次級的，而且，這些更基本的性質與評註家提出的主觀解釋關係很小。

箭豬的第一個語義功能產生於東部的阿爾袞琴人的某些神話，它們把這種動物與癩蛤蟆關聯起來（M₃₇₇）。米克馬克人說（Leland, 第108, 289頁），這兩種動物曾是耍魔法的惡棍，造物主為了懲罰它們而讓它們失去鼻子。從那時起，它們就是塌鼻子的容貌（圖24）。這些印第安人還讓箭豬成為冥界的巫士族，它們試圖用火來毀滅人類英雄，但人類英雄有時反過來用這武器對付敵人；這樣，箭豬就屈服了（M₄₄₀; Rand, 第6, 70-71, 320頁；Speck: 8, 第63頁）。

我已說過，箭豬在冬天隱藏起來。西北岸的欽西安人辯解說，人們向它們的洞穴中放煙，熏它們（Boas: 2, 第449頁）。無疑，這些印第安人的居住地遠離米克馬克人，不過，我們很快就會發現，整個北美洲對於箭豬問題抱有共同的信念。另一方面，這種動物的確有著富有特徵的面型，前額和鼻幾乎成一直線，並且許多神話描述了蛙女人或癩蛤蟆女人的寬闊而又扁平的臉龐。儘管箭豬真正說來不是冬眠的，但這兩種動物在寒季都隱蔽起來。米克馬克人這樣說到造物主：「他像癩蛤蟆那樣睡六個月」（Leland, 第134頁）。因此，在阿爾袞琴人神話中，箭豬和癩蛤蟆構成一個女性的和周期性的對偶。在大草原的神話中，箭豬是呈男性形象的月亮的化身，而蛙則粘附於這天體，由此使之呈周期性的和女性的形象（以上第214-215頁）。這兩處都以同一些項之間的略有不同的關係而把月亮、箭豬和各種兩棲動物歸併在一起。

現在有了第二種形象，而上面的討論已使之呈現了出來。從太平洋沿岸一直到大湖，已知有一組神話（M₄₄₀滿足於反轉它們），在它們裏面，作為寒冷主人出現的箭豬事實上建起了周日或周季的周期性。關於周日的周

圖 24　箭豬(*Erethizon dorsatum*)

(據布雷姆:《哺乳動物》第 2 卷第 567 頁)

期性，可以援引一個易路魁人神話(M₄₄₁; E. A. Smith，第86頁)，它讓箭豬來仲裁白晝維護者條紋松鼠和黑夜維護者熊就光明和晦暗的交替進行的論爭。更多的神話關涉周季的周期性、習性和生活方式(參見Teit: 7，第226, 245頁；一般的討論，載Boas: 2，第724-727頁)。例如，塔爾坦人、澤紹特人、舒斯瓦普人(Shuswap)、欽西安人等等說(M₄₄₂)，熊和箭豬所以爭吵，是因爲一個會游泳，另一個不會。箭豬被困在一個島上。它讓水結冰，以便能足不涉水地從冰上通過。對於進行詳細討論來說，我們已擁有綽綽有餘的異本。它們在這兩種動物之間建起了一系列對立:

箭豬:	西	爬上樹,	靠近地面	同山相	等等
		啃咬它。	多眠,	結合	
海貍:	東	不爬上樹,	在水下冬	同湖相	等等
		砍倒它	眠	結合	

　　大湖的許多部落把寒冷主人的題材和兩個年輕女人從事的魯莽狩獵的題材聯繫起來；這後一個題材又回到了「箭豬的記述」：

M₄₄₃. 梅諾米尼人：寒冷主人箭豬

　　　　從前有兩個善跑的姊妹。她們提出，要儘可能快地跑到一個村子，它位於西面正常要跑兩天的遠處。她們早上出發，在雪天裏一直跑到中午。這時，她們發現了一頭箭豬的蹤跡，它們把她們一直引導到一棵中空的樹那兒，它橫倒在雪道上。

　　　　一個姊妹用一根棒去惹這隻在樹洞裏的動物，想引它出來。她達到了這個目的，拔掉了它身上所有的刺，扔在雪地上。另一個女人指責她太殘忍了。

　　　　當她們重又趕路時，這箭豬爬上了一棵冷杉的頂梢，搖著它的小博浪鼓唱歌，讓大雪紛紛落下。兩姊妹中比較講理的那個回過頭來，看到了它。她明白將會發生什麼，堅持要求回村。另一個人一點也聽不進去。因此，她們繼續上路，但雪越下越大，阻滯了她們的前進。她們因筋疲力竭和寒冷而死，儘管她們離目的地已近在咫尺。從此以後，人們就敬重在洞穴中的箭豬 (Hoffman, 第210-211；Skinner-Satterlee, 第426-427頁)。

　　文納巴哥人(Winnebago)認為，箭豬和北風之間存在特殊關係(Radin：1，第503頁)。易洛魁人把預見冬季是否嚴酷的能力歸諸箭豬氏族的成員；這些人在森林中迷路時，比其他人更善於辨別北方在何處(Curtin-Hewitt，第657頁)。因此，可以作為一種知識看待的是，「北方新月狀地帶」的各部落把箭豬和周季周期性聯結起來，他們使箭豬成為冬季的主人或先兆。

但是，正是在這個北方新月狀地帶，關於天體妻子的神話缺少箭豬的插段。然而，我們剛才已看到，它在 M_{443} 中出現了，而在這個神話中，兩姊妹**不是**天體的妻子，儘管她們在某種意義上說轉換了天體妻子：因為她們**水平地**而不是**垂直地**移動，並且女英雄奪取了刺，而在別處刺的吸引決定了她自己被俘獲。她**扔掉**了這些刺，而不是想**保留**它們。另一方面，這箭豬**睡在一棵砍倒的樹的裏面**，而不見**棲息在一棵被豎起的樹的上面**；它**阻滯了跑步**而不是**激勵攀升**。我已把箭豬和海狸對立起來；然而，關於天體妻子的神話的卡斯卡人版本（M_{431}；Teit：8，第457-459頁）把女英雄變成了海狸，為此用了一個轉換，我還要回到這轉換上來（第207頁）。

尤其是，北方新月狀地帶的某些版本（屬於湯普森的類型Ⅲ）包含一個最後插段，而本著者尚未理所當然地注意它，但它卻與大草原各部落神話中的狩獵箭豬的初始插段正相匹配。為了證明這一點，應當研究一個例子：

M_{444}. 奧吉布瓦人：天體的妻子

以前有一個男人，夫妻倆有兩個女兒。兩個女兒長大成人後，母親打發她們去遠方。她們出發了，但沒有明確目的地，每天在林中空地夜宿。

這裏就星辰開展了討論，兩個少女轉移到了天上，在天上，天體娶她們為妻。姊姊對年邁丈夫感到不滿，於是在她的鼓勵下，她們逃離了。在一個富有同情心的老嫗的幫助下，她們向地面降落。但是，姊姊過早睜開眼睛，於是她們的懸籃的繫繩斷了，兩個女人跌在一個猛禽巢裏的一棵樹的頂梢。許多動物在樹下經過，沒有一個可憐她們。最後出現了屈貍（Gulo luscus），她們許諾嫁給它。它幫助她們下樹。姊姊派它到樹上尋找她故意忘在那裏的頭髮飾帶，她們趁機逃跑。這屈貍又抓住了她們，讓她們蒙受各種凌辱。妹妹成功地殺了屈貍，又

使備受虐待的姊姊復活。

兩個女英雄來到一個湖泊，一隻潛鳥在湖中游泳（*Colymbus*，前面引文中第2頁：*Podiceps auritus*）。她們叫它名字，但它拒絕作答，因爲它正模擬成爲另一種人物：「珍珠飾者」。爲了讓兩個女人相信，它偷偷地取下耳垂上的珍珠，裝作像唾出它們似的；因爲超自然的人物（它篡奪其身分）具有把珍珠作爲唾液分泌的本領。這兩個女人熱情地登上它的獨木舟。這潛鳥讓她們划槳，自己坐在中間。三個人逐次發現岸上一頭熊、一頭馴鹿和一頭麋。每次這潛鳥都聲稱，這是它相熟的動物，但當它應這兩個女人的要求叫它們時，那些動物就跑掉了。它解說：「每當我與女人在一起時，它們總是這樣煩躁不安」。它狩獵這麋，殺了它，這兩個女人陶醉於得到麋肉。在到達潛鳥的村子之前，還發生了許多別的趣事。

在林子裏，兩個女人發現，與丈夫的炫耀相反，它的姊妹很醜，佩戴狗糞做的而不是珍珠做的耳飾。她們不顧禁令在黑夜外出，發現村子裏的美女雲集在眞正的「珍珠飾者」周圍。那騙子也在那裏，但人人都恥笑它，撩撥它，蔑視它。

這兩個女人目睹此情此景，厭惡至極。她們回到「珍珠飾者」的房舍，在婚床上她們的位置上放上兩根充滿螞蟻的圓木。當潛鳥擁抱它們時，螞蟻狠狠螫它。它起身出去尋找兩個女人，發現她們與其哥哥「珍珠飾者」在睡覺。它把一塊熾熱石頭扔進哥哥張開的口中，把它殺死。

當人們對潛鳥説，它的哥哥已死時，它假裝悲痛欲絕，令人覺得好像被刺傷。可是，它只是破傷了充滿血的馴鹿腸子，把它們掛在腰間。它爲自己的罪行而自得，遂游泳逃遁。人們追獵它，叫巨大的螞蝗去把水汲乾。潛鳥用縛在腳上的銳利石頭殺它們。水吞没了這些被殺傷的動物，淹没了所有的人（Jones：2，第2篇，第151-167頁）。

　　這個神話引起我們作多方思考。我已證明，包含太陽和月亮爭論的挿段的各個版本反轉了兩個天體乘獨木舟旅行這個題材，而後者表徵了南美洲的那些同系神話。本版本未包含太陽和月亮的爭論，它重構了乘獨木舟旅行，讓天體的妻子處於在別處由她們丈夫佔據的位置——在前面和後面，因爲她們划槳，而潛鳥坐在中間。這個交換還伴隨著另一個交換：獨木舟在一些欺詐的動物面前溜過(當人們叫它們時，它們逃跑)，這些動物待在岸上，而不是像北美洲神話裏那樣本身是獨木舟的乘者，那些神話更直接地說明旅行的題材($M_{408-409}$)。其次，人們**在其面前溜過**的這些動物重現了在東部版本中在樹腳下**溜過的那些動物**。M_{444}未忽視它們，但對其他動物更感興趣：

	1.麋：	2.熊：	3.貂：
M_{437a}	「從秋天起婚配」	「從春天起婚配」	「從上年春天起婚配」
M_{437b}	—	—	「從春初起婚配」
M_{438a}	—	—	—
M_{438b}	**(未作詳確說明)**		

　　(Prince，第65頁；Leland，第148-149頁；Rand，第162, 311頁)

　　這裏是否正確地遵照每個動物種的發淫期，無關宏旨。每種動物都藉口已婚而逃避兩個女人的要求，並且隨著每次嘗試，婚期都往後拖。因此，如果說麋的婚姻(它最晚近)發生在秋天，那麼，結果這兩個女人就在這之後即冬初重返地面。所以，欺騙動物的挿段取代了箭豬的挿段，而被賦予箭豬這種動物的冬季預報者角色提示，這發生在同一時間。黑格(Hagar)(第103頁)其功至偉，他弄清楚了，在這些神話中，動物的開溜帶有季節的特徵；這也是一個機會，我們可以來回顧在一組南美洲神話(M_{60}，M_{317}，$M_{402-404}$)中男英雄或女英雄與也充任騙子角色的動物的遭遇

所呈現的黃道帶特徵。

　　然而，這個季節特徵也實現在奧吉布瓦人版本大都以之終結的挿段的前沿。如果說其名不同地爲「珍珠飾者」或「唾珍珠者」的角色是一隻潛鳥 (種名*Gavia*)，而熾熱石塊這個事件解釋了它的黑喙(Speck：7，第52頁)，那麼，它那篡奪其身分的尖刻兄弟則是一個喜水的小鸊鷉⑥，奧吉布瓦人稱之爲Cingibis, Shingebiss：冬「鴨」，西北風自認無力凍死它，它是作爲其食物的魚的主人和一種不滅之火的所有者(Schoolcraft：1，第85-86頁；2，第113-115頁；3，第3卷，第324-326頁；Williams，第244-245頁)。一個蒂馬加米人(Timagami)版本(M~444b~；Speck：7，第47-53頁)根據兩個女英雄在冬天和美貌星辰睡覺這個事實證明，她們是輕浮的女人。在她們訪問了天空，同屈狸一起進行歷險之後，「冰破開始」。她們所由重新降落到地面的洞穴相應於昴星團的位置，而在這些緯度上，其中天發生在一月末或二月初的夜間，並且它在易洛魁人看來標誌著一年的開始 (Fenton，第7頁)。蘇必利爾湖的奧吉布瓦人的一個版本(M~444c~；Jones:1，第371頁)解釋了，殺死兄弟的潛鳥如何在沼澤地過冬。冬天的主人想凍死它，餓死它，可是枉費心機，潛鳥佔了上風。在一個梅諾米尼人版本(M~444d~；Skinner- Satterlee，第408-410頁) 中，它也戰勝了冬天。同樣是事實的是，在東部阿爾衮琴人的神話中，在奧吉布瓦人的神話中，周季的周期性似乎僅僅被抽取了出來。這一切既在空間軸上又在時間軸上都站得住腳。因爲，這故事在高和低之間展開，同時又從冬天到春天或者從春天到冬天，視情形而定。

　　這樣一來，我們到了哪一步呢？大湖地區的神話給天體妻子神話添加了一個最後挿段——鸊鷉的挿段，這挿段本身又以春天的回歸告終。另一方面，在大草原中，一個初始挿段——箭豬的挿段——處於天體妻子故事

---

⑥米克馬克人反轉了第一個鳥的角色(Leland，第164-166頁)。潛鳥的語義值的問題將在下一卷中研討。

之前，因而這故事便以冬天的到來開始。事實上，結冰和寒冷的主人箭豬
乃與破冰和回暖的主人鷦鷯相對立。於是，我們得到兩個對稱的系列：

	1	2	3
中部阿爾袞琴人：		天體的妻子	春天回歸 （鷦鷯的記述）
大草原部落：	冬天到來 （箭豬的記述）	天體的妻子	

這裏產生了一個雙重問題：有沒有某種東西取代奧吉布瓦人系列中的
初始序列？有沒有某種東西取代大草原系列中的終末序列？事實上，如果
不提出另一個問題，這兩個問題是無法回答的，因爲它們取決於這個問題。
它就是：箭豬憑什麼成爲冬季周期性的象徵？

如果箭豬在寒季隱蔽起來，那麼，它並不冬眠，它的熱循環也不怎麼
明顯。眞正的回答要到別處去找：

M₄₄₅. 阿拉帕霍人：彩色的箭豬

　　秋初，印第安人在森林邊緣紮營。日子過得幸福。女人們忙著刮、
鞣、描繪和繡皮張。可惜，繡工非得用箭豬的刺，但她們沒有。尤其
有一個女人，她是出色的繡娘，未能完成她目爲宗教職責的一件繡工。
她的女兒既聰明又善良，孝順父母。她說，她聽說有一頭彩色箭豬，
她願意嫁給它，儘管她一點不想立一個爐灶。可是，這樣的女婿能滿
足母親的需要，因爲她現在只需要收集盡可能多的刺供使用。

　　這姑娘去到那頭彩色箭豬那裏。她說：「我許身給你，因爲日子艱
難。我的母親沒有刺可用來繡皮。我將屬於你所有，你要幫助我們，
我的父母和我。」箭豬先是猶豫了一下，但美貌的女訪客已打動了它，

它最後接受了她的要求。兩個人把家搞得幸福美滿。

　　一天，他們在屋前曬太陽，箭豬把頭放在妻子的膝上，對她說，她可以給它捉虱子，也就是拔它的刺，把它們給她的母親。它解釋說：「在一年的這個時候，我身上刺很多；我在夏末時刺最少。你還記得，我在炎熱的月份做不出什麼事，但在秋天和冬天，我精力充沛。」這女人動手拔刺，把刺放在專用的香囊裏儲存。媽媽非常滿意。她一邊收集起裝滿白色、紅色、黃色和綠色的刺的許多香囊，一邊說：「對你丈夫說，我很感謝它的仁慈和慷慨。」

　　這姑娘把丈夫的習性告知了父母，然後就去和丈夫團圓了。從這個時代起，女人們給用於繡品的刺著色(Dorsey-Kroeber, 第230-231頁)。

在依從於「箭豬的記述」的各個神話($M_{425-430}$)中，年輕的女人都很關心刺的清白、尺寸和富足。彩色箭豬教導M_{445}的女英雄，也教導我們，這些品質只有在秋天和冬天才齊備，這就證實了我提出的關於這個神話故事所由開始的時期的假說。同樣，我們也明白了，箭豬爲什麼和怎樣是周期性的動物：它的刺的數量和質量隨季節而變。

　　然而，在大草原的部落裏，這些細節由於兩個原因而具有特殊的重要性。用箭豬的刺繡幾何圖案或者純粹考慮外觀裝飾的圖案，這具有象徵的意謂。這是些消息，繡娘對其形式和內容作了長時間的思考。她那始終帶哲理的反思有時達到蒙受天恩的境地，藝術家可從那裏得到天啓。在著手工作之前，她齋戒，祈禱，舉行儀式慶祝，遵從禁忌。繡工的開始和結束都用儀式作標誌：「人們用長袍給她裝扮，使她與野牛相像，上香供她，像抬野牛一樣把她舉起。然後，人們把她展平，在上面放上五根羽毛，每個角落一根，中央一根。女人們把這些羽毛在各處放置好。然後，『黃女士』(Dame-Jaune)唱她爲之繡袍的那個男人的名字，並去找他。這就是『樹中鳥』。他來到了，把目光轉向入口。『黃女士』向袍子吐唾四次，再把它多

次拋向那男人，最後給了他。人們上香供這衣服及其所有者，後者把自己的愛馬作爲禮物送給繡娘；她擁抱他，表示感謝。然後，他帶著新袍子出去」(Kroeber：3，第34頁)。因此，用刺作繡的藝術乃是物質文化的最精緻也最高級的表現。黑足人也把這手藝保留給少數新入會者(Dempsey，第53頁)。

其次，這種專屬女人承擔的工作要求她們有相當高的技巧。刺一共有四種：又長又粗的尾部刺；然後依質優次序爲背部和頸部的刺，以及取自腹部的最精細的刺。爲了把刺弄平直、柔軟，給它們染色，必須克服重重困難。除此之外，然後還要克服因對它們作彎折，打結，重疊，縫合，打褶，編織或交織等加工而引起的困難(Orchard)。這一切才幹不下苦功是學不成的。梅諾米尼人說，「用刺來繡的手藝旣艱辛又危險……鋒利的刺尖……會刺傷手指……當爲了使刺長度均衡而進行截切時，它們可能跳入眼睛使人失明」(Skinner：14，第275頁)。

黑足人婦女在進行繡工之前，都先要在面孔上畫上魔的圖畫，以便防範這種危險(Dempsey，第52頁)。阿拉帕霍人作過同樣的報告：「當一個沒有經驗的女人初次嘗試繡工時，無一例外地要遭受挫折。刺尖脫落，繡品損壞。一個女人訴說，她在年輕時很樂意幫繡娘們忙。這是她初次嘗試，她的整個繡品全報廢：刺的位置不當，其他女人禁止她繼續繡。她要求成爲一個能幹的繡工，嚮往獨立繡同一風格的整件袍子。一個老嫗批准了她。後來刺就定位適當了，她於是便能繡了」(Kroeber：3，第29頁)。無怪乎，繡娘們還都保存一根小棒，在上面刻痕記下她們製作過的袍子，以往已完成的數目，並且詳盡記敍每件袍子的裝飾及其特定的象徵意義。當她們回首過去的年月，憶起她們已完成的壯觀繡品之時，生活的勇氣頓時倍增(同上著作，第29-30頁)。

因此，繡藝不僅代表像梅諾米尼人社會那樣的社會裏的文化的一種特別模式，在這社會裏，「刺繡」用一個意謂「新貴」的詞來冠稱 (Skinner：

14, 第140頁)，而且，這也是人們能指望於女人的、證明她們受過完美教育的最高尚才能。被箭豬的形象所吸引的$M_{425-430}$的女英雄爲了繡工而貪求箭豬；她把刺留給母親。根據這個富有啓示的細節，首先可以認識到，這個姑娘敎養有素；她甚至過分熱情，因爲她試圖捕獲箭豬，而這任務似乎屬於男人所有(Orchard, 第6頁)。此外，在有「箭豬記述」的十九個版本中，十二個版本讓年輕女人承擔樹木採集的苦役。其他版本沒有明說，其中有兩個則讓女英雄去汲水或製作鹿皮靴。然而，阿拉帕霍人把樹木採集工作交給年紀輕的女人和老年女人承擔。一個七十七歲婦女傳述者在1932年說：「當我很小時，我幫助媽媽從很遠的地方運回樹木；但當我成爲女人時，再不許我背運樹木，因爲這工作由老嫗承擔」(Michelson：2, 第599頁)。一個家境好的姑娘到了結婚的年齡便不再承擔家務勞動；她明白，我們所稱的才藝首推繡藝，這是高貴的工作，而種種證據表明，它們被同「骯髒的」家務活對立起來 (Dorsey-Kroeber：第64頁)。在年輕女人生活的這個時期，人們密切監視她們的貞操。她們的母親陪伴她們到河裏去，或者當她們爲了滿足本能的慾求而入歧途時也陪伴她們。爲了備加謹愼，她們佩帶貞操帶，就是用繩子纏繞身體，從腰部直到膝蓋。這種習俗還一直流播到阿西尼本人 (Denig, 第590頁)、克里人 (Mandelbaum, 第245頁) 和切延內人那裏。在切延內人那裏，年輕妻子在婚後還把這種防護保留一、二個星期；蜜月在交談中度過 (Grinnell：2, 第1卷, 第131頁；5, 第14-15頁)。阿拉帕霍人的姑娘也把貞操保持到結婚。白晝嚴禁發生夫妻關係，而且即使在夜裏，女人在性交時也不能因爲黑暗而不用手臂交疊遮臉。不遵從這些規則的女人被認爲是淫婦 (Michelson：3, 第139頁)。

這些得到悉心呵護的女兒一心刻意打扮自己。她們都有一個梳粧檯，上面有各種美容品。她們花很多時間用一束去掉刺的箭豬尾毛梳理頭髮，整治容貌；她們佩戴寶石，不僅使自己散發香味，而且讓她們的馬匹也這樣。這樣，她們打扮得討人喜歡。但是，她們得循規蹈矩，舉止端莊。打

量四周時目光朝下，說笑低聲細氣（Michelson：2，各處）。

　　像一個阿拉帕霍人神話（M₄₄₆；Dorsey-Kroeber，第64-65頁）措詞得當地解說的那樣，這些盛飾的年輕公主除了最精潔的活之外，什麼事也不幹。她們出現在很遠處，只有巨大的陰莖才夠得到她們。因此，其形象被易洛魁人比做月亮陰影的月亮動物（參見M₂₅₆，第72頁）具有雙重意義：女人坐著用刺不知疲倦地繡；因為，如果她停止工作，世界的末日就突然降臨（Curtin：2，第508頁）。

　　在箭豬的記述中，月亮選擇她們中的一個為妻，但她太年輕，還不會繡，因為她把刺留給母親，她自己仍不得不承擔運送樹木的苦役。因此，應當認為，M₄₂₅₋₄₃₀的女英雄是個將臨青春期的成熟少女。M₄₂₈正是詳確說明了這一點：她與月亮的婚姻不僅對於她而且對於全人類來說都發生在最初的月經出現之前。

　　這個細節很重要，因為它允許月亮的小妻子與博羅羅人的盜鳥巢者（M₁）接近，這神話說後者是個未到青春期的男孩，但已快到入會年齡（CC，第56-59，77頁）。然而，在這兩種情形裏，中心人物都處於垂直分離狀態，位於一棵樹的頂梢或者山頂上，這是下降或上升過程的最後階段或暫時階段。阿爾衮琴人的各個版本強調相似性：女英雄跌落在一個巢中，一頭兇猛的四足動物——屈狸（參見L.-S.:9，第67-72頁）——幫助她們下來，以性的承諾作為交換條件；而熱依人神話（M₇₋₁₂）的盜鳥巢者也困在一個巢中，但從花豹得到這種幫助，以貢獻食物作為報償。

　　巢的題材未出現在阿拉帕霍人版本中，並且一般說來在大草原上也未出現；但是，太陽舞的儀式以代表雷雨鳥巢的木棒束的形式證實了這一點，人們把這木棒束放置在棚架中央立柱的叉尖上，並且人們還給這木棒束插進一根象徵女英雄的掘地棒。這舞本身往往以從雷雨鳥獲得雨為目的，並且我們還記得，M₁是一個關於雨季起源的神話。此外，毫無疑問，它的各個異本都開始於一年的同一時期，它應當是金剛鸚鵡和鸚鵡孵化卵，養育

雛鳥的時期。但是，除了知道在赤道和熱帶地區，性的循環是一種衰退的周期性之外，關於鸚鵡科的習性還不甚了了。奧羅爾‧莫諾(Aurore Monod)夫人和皮埃爾‧韋爾熱(Verger)先生曾不吝代表我向許多巴西專家請教，據他們說，在中部高原地區，生蛋的時節爲從八月（據有些專家說）到十二月（據另一些專家說）的時期。儘管缺乏可靠的資訊，我還是堅認，這些神話構成一個龐大的神話組，它可由一根空間軸和一根季節軸的接合來界定。

現在我們回到箭豬上來。作爲季節性動物，箭豬與女性有雙重的相似性。因爲，少女是周期性的存在，而人們認爲，爲了抵禦始終可能的月經不調，對於她們來說，敎養有素是不可或缺的。然而，在文化層面上，這種良好教育由表現於才藝的才幹來衡量，箭豬的刺則構成才藝的自然材料。事情還不止於此。我們已經看到，少女的教育還包括生理學的方面。不僅要求她們舉止端莊，精通繡藝，而且還要求她們按規定延擱時間分娩，行經準時。箭豬的刺的生長是有節律的，這使女人作爲文化主體的活動也有相應的節律。這樣，箭豬也以其周期性預防了威脅生命節律的延遲或紊亂。北端的特納(Ten'a)印第安人和阿塔帕斯干印第安人說，箭豬分娩毫無痛苦。「它產下幼仔，繼續行進，或者跳上跳下，好像什麼也沒有發生過……因此，人們把一個箭豬胎仔給年輕孕婦，她使它在自己的衣服和裸體之間滑下，以便它像一個嬰兒似地墜地」(Jetté，第700-702頁)。特納人的住地遠離阿拉帕霍人，但靠近卡斯卡人，後者知道天體妻子的故事(M_{431})，並通過賦予文化色彩而轉換了箭豬挿段：爲了逃避屈狸，女英雄們得到一隻水鳥幫助，它把她們帶過河，條件是奉獻**用箭豬的刺繡過的**襪帶。相對稱地，在沒有箭豬挿段的奧吉布瓦人、米克馬克人和帕薩馬科迪人神話 (M_{444a-c}, $M_{437-438}$) 中，女英雄們找到充滿螞蟻的腐爛樹幹作爲她們的可笑丈夫的近似替代物；這種昆蟲在黑足人神話中作爲繡藝主人出現 (M_{480}; Wissler-Duvall，第129-132頁；Josselin de Jong: 2，第97-101頁)。

可是，除了這些罕見的滑稽模仿之外，是否真的如湯普森在界定其類型III時所含蓄地表明的，在北方新月狀地帶的各個版本中沒有箭豬的插段呢？

M₄₄₇. 奧吉布瓦人：天體的妻子（反轉的異本）

　　從前有兩姊妹，她們獨自生活著，一條狗幫助他們狩獵。冬天到了。這狗殺了一頭鹿，鹿肉維持了相當長時間的食用。當這肉吃完後，狗又殺了一頭鹿。這頭獸很大；兩個女人和狗一直吃到仲冬。然後，三者一起去打獵，但沒有成功。在她們穿越一個冰封的湖時，幾頭狼襲擊她們。姊姊很傻，用甜言蜜語稱讚狼，還鼓勵狗向它們衝去。狼吃掉了狗，然後逃離。這兩個女人想追它們，但迷路了。她們再也沒有了狗，也無東西可吃了。

　　一頭箭豬出現在她們面前。那個愚笨的姊姊讚賞它的潔白的刺，想望得到它們。這動物邀她們坐在它居住的樹樁上。兩姊妹爭論了很長時間，想弄明白箭豬後背朝誰。最後，傻姊姊答應了，條件是看住那些最美麗的刺。她被安插在開孔中，箭豬從後面朝她屁股扎進刺，給予狠狠一擊。這姑娘臀部腫脹，再也無法行走，妹妹便教她坐雪橇。她們來到一個湖邊，看到一棵樹上有個魚鷹巢。姊姊總是輕率魯莽，又想躲進裏面去。兩人全都被困在裏面，妹妹沮喪至極。

　　許多動物經過這裏，但都無法或不願提供幫助，儘管她們許願婚配。屈貍答應了；它首先幫助姊姊，當它扶持她時，她朝它拉尿，然後它幫助妹妹。屈貍貍與傻姑娘做愛時差點把她殺死。妹妹用斧去解救了姊姊，屈貍因此總是在後背下部帶著疤痕。

　　受傷者慢慢恢復了。她痊癒後，兩姊妹便定居在河邊捕魚。欺詐的造物主納那布舒(Nänabushu)突然出現，他偽稱因待在她們附近而得病。一隻鼠告誡說，她們的主人想加害她們。妹妹立即逃跑。姊姊

稍後也仿效她。納那布舒裝做爲挽留兩個侍女而不惜喪命，遂爲她們
打獵。她們逃到了天上，在那裏傻姊姊就星辰發起討論，想弄清楚誰
是最好的丈夫。她喜歡一個灰暗的星辰，妹妹則選擇了最明亮的那顆
星辰。當她們翌晨醒來時，那傻姑娘睡在一個老翁邊上，而聰明姑娘
有一個年輕英俊的男人爲夫 (Jones：2，第二篇，第455-467頁)。

　　這個神話以及它的「當然」版本(M₄₄₄)的許多要素都存留在奧吉布瓦
人和梅諾米尼人的騙子循環 (Jones：2，第1篇，第133-139頁；Josselin de
Jong：1，第19-20頁；Hoffman，第165頁) 中，而這些循環有時採取連載小
說的形式，其結構讓人想起南美洲實例引起我們注意的那種敍述樣式(以上
第 103-115 頁)。阿爾袞琴人的騙子與一些兀鷹一起在空中旅行，而它們故
意讓他墜落；他被困在一棵中空的樹上。爲了得到女人們的救助，用斧劈
開樹幹讓他解脫，他僞裝成一頭裝飾有華美的刺的箭豬。然後，他偷去她
們的衣服，逃走。他裝上用一只麋脾做的假陰道，僞裝成女人，嫁給一個
孤僻的單身漢。他還與一個動物合謀，謊稱它是他生下的嬰兒。但是，那
脾開始腐敗，臭氣使他敗露身分。

　　無疑，我們在此觸及了美洲神話的基石之一，但也沒有必要對這種深
入探究去尋根刨底，這探究也許旣是歷史的，也是邏輯的。我們早就知道，
查科印第安人的神話和阿爾袞琴語系的神話在騙子循環上極其相似。不過，
這是我們想指出的這種相似性的一個非常特殊的方面。上一卷 (MC，第一
篇，II，III)已用查科神話作爲中介把我們引到騙子循環，這些查科神話的
女英雄痴迷在中空樹裏採集到的那種蜂蜜。我藉此機會表明，像豬毒和漁
毒一樣，像神話誘惑角色一樣，蜂蜜這種誘惑性的但往往有毒的食物也構
成了自然和文化的交點。缺乏敎養的姑娘的南美洲原型即痴迷蜂蜜的少女
犯了屈服於蜂蜜的自然誘惑，而不是把它轉移到文化的錯誤。然而，阿爾
袞琴人神話的箭豬不是起著和蜂蜜完全一樣的作用嗎？它也被安置在中空

的樹中，作為向文化提供完全現成的材料即它的刺的自然物。我們立即可以看出，它與蜂蜜（可能是美味的，也可能是有毒的），也與豬毒或漁毒即食物生產的奇妙的但不可食用的媒介有形式上的相似性。實際上，箭豬的刺也有模稜兩可性。它們既是誘發貪慾的尤物，但又是危險的，因為它們的鋒利的針尖會刺傷工人的肉。國王路易十二佩戴箭豬作為徽記，並配以題詞：Spicula sunt humili pax haec, sed bella superbo〔刺尖是和平的保障，還平添無上華美〕。與此相一致，阿拉帕霍人也把這種刺比做武裝的戰士。人們把它們放在膀胱裏，只有它的膜是它們所無法穿透的(Dorsey-Kroeber，第378頁)。然而，箭豬從阿爾袞琴人神話中的隱喻誘惑者轉變成大草原神話中的實際誘惑者。每一次，它都能區分一個教養有素的少女和一個教養欠缺的少女。

　　當從最深刻的層面來理解兩半球的神話時，把它們聚合起來的這種親緣性提示，M₄₄₇可能是一個原型，由之產生了阿爾袞琴人的其他版本和大草原的其他版本。為了在初始位置上重現太陽和月亮兩兄弟就地上妻子進行的爭論，只要在兩根軸上反轉這個奧吉布瓦人神話，就夠了。這神話把地上姊妹就天上丈夫的爭論放在最末位置。在這兩種情形裏，箭豬都在開端出現，但對所有的項都作了反轉：樹被弄得**躺倒**而不是被**豎起**；箭豬在**裏面**而不是在**外面**；少女是**愚蠢的**而不是**聰明的**，她蹲在箭豬身上（從高到低）而不是隨著它**升起**（從低到高）；**進攻性的**而不是**誘惑性的**動物，它從後面**傷害**被征服者而不是從前面**破壞**她的**貞操**……兩姊妹一個聰明，另一個愚蠢，她們的對立很好地重構了人妻和蛙妻的對立，因為那蠢女像這蛙妻一樣也患大小便失禁：她不會合時宜地撒尿。大草原的兩個女英雄(登上天的女人和留在地上的女人) 都是村姑；一個拒絕遷移；另一個垂直移動。奧吉布瓦人神話的兩個女英雄不是村姑或者不再來自村子：僅僅在世界上(M₄₄₇)或者被放逐(M₄₄₄)；她們起先水平地遷移，一個輕率，另一個謹慎。就此而言，M₄₄₇似乎構成了M₄₄₄和M₄₄₃之間的過渡。在M₄₄₃中，兩

姊妹是本來意義上的「賽跑者」，就像一個南美洲神話(M_{415})中的造物主的女兒們是本來意義和比喻意義上的「賽跑者」，而以上對M_{415}的討論表明，這種對比並非出於武斷。最後，我們將會注意到，如果說登上天空和跟天體結婚乃大草原各版本和阿爾衮琴人各「當然」版本中故事的開始，那麼，它們在這個反轉的版本（以上第 244-246 頁）中乃結束了故事。

因此，與大草原的系列（我不打轉再把它補充完整）相比，我現在處理兩個而不是一個源於東部阿爾衮琴人的系列：

東部阿爾衮琴人 $\begin{cases} 1) \\ 2) \end{cases}$	箭豬的記述$^{(-1)}$,	天體的妻子 **(在開端)** 天體的妻子 **(在結尾)**	鸊鷉的記述
大 草 原 3)	箭豬的記述,	天體的妻子 **(在中間)**	·········

爲了完善這個變換表，比較一下各神話爲使一個或數個女英雄上升或下降所選擇的樹的類型，是很有意義的。可惜，它們並非總是詳確說明樹種。在阿拉帕霍人和其他鄰近部落那裏，無論在儀式中還是在神話中，這樹看來都是cottonwood〔棉白楊〕(*populus monilifera, sargentii*)，它所以這樣被命名，是因爲它在春天開絨毛狀花，這個樹種是落磯山麓乾瘠平原所特有的樹種：「它從來不長在荒原上，而靠近稀有的河流生長，它提供了表明在一片實際上有隱蔽自然灌溉的地區裏表面或淺表處有水存在的確鑿徵兆。它在樹木的樹皮間分泌一種乳汁狀的甜汁液，印第安人很愛吃。一個傳述者說，這是他們的ice-cream〔冰淇淋〕。這樹帶有近乎神聖的特徵」(Mooney：4，第967-968頁)。在阿拉帕霍人看來，這種美洲楊屬也是早凋葉樹的原型(Kroeber：3，第347頁)。因此，它是植物界中與箭豬同等者。這種動物是月亮的化身。然而，阿拉帕霍人的一種禮器一方面代表扮演楊

樹的新月，另方面又代表雪松（同上著作，圖版lxxviii和第353頁）。

　　實際上，雪松（種名*Juniperus*）是與木質柔嫩、生長發育有周期性的楊屬相對立的，而雪松也被認為是神聖的，「因為它的葉子宿存而有香味，樹木呈紅色並且堅牢」（Mooney：4，第979頁）。楊屬／雪松這個對偶也許處於一個三角形體系之中，它的第三個頂點由柳（種名*Salix*）佔據（Gilmore：1，第57-58頁）。然而，如果說楊屬在大草原阿爾衮琴人神話中服務於女英雄的攀升，那麼，在東部阿爾衮琴人那裏服務於女英雄降落的是與雪松同等的一種宿存葉的針葉樹（*Tsuga canadensis*）。

　　基奧瓦人提出了一個問題。這些印第安人生活在天體妻子神話分布區域的周邊，不屬於這分布區域中通行的各大語系的任何一個。他們像鄰近的各大草原部落一樣也把這神話與太陽舞聯結起來。他們每年「在楊樹上出現絨毛花的時候」即六月裏跳這舞（Mooney：2，第242頁）。因此，他們賦予這樹種以周期性的和自然的功能，他們還賦予它禮儀的功能，因為他們用楊木建造棚架的木框架（Mooney：2，第243頁；Spier：3），包括中央立柱（Parsons：2，第98-99頁；Nye，第59頁）。然而，得到穆尼（4，第979頁）證實的一個土著插圖畫家描出的這種神話樹無疑呈柳狀，儘管有一個版本指明它是楊，不過還把箭豬轉換成「黃鳥」（Parsons：2，第4-5頁）。我們不妄稱解決了這個困難，而只是滿足於指出，太陽舞在基奧瓦人那裏帶有獨特的特徵：它排除禁慾和流血。在他們的版本（M$_{448}$；Mooney：2，第238-239頁）中，箭豬是太陽兒子的化身，而不是月亮的化身，而且月亮在故事中未出現。

　　因此，這種情形，即在一個層面上的反轉在另一個層面上得到響應，無損於我們已察明的那個一般對立體系。在奧吉布瓦人和梅諾米尼人那裏得到證實的「反轉箭豬」記述構成了大草原箭豬記述的東部與北部阿爾衮琴人的鸊鷉記述之間的紐帶。如果注意到，這記述脫離季節循環的展開：女英雄在冬初流浪，在下半個冬季裏遇到箭豬，那麼，這一點就可以看得

更清楚了。當姊姊傷癒後，她們就定居於一條河的岸邊打漁，因此，這是在春天解凍之後。正是在這時候，騙子出現了，試圖竊取兩姊妹的感情，就像其他東部版本的這個騙子即打漁和春天的主人鸊鷉所做的那樣。兩處只是插段的次序反轉了過來。

　　不過，如果說大草原的箭豬記述與東部阿爾衮琴人的鸊鷉記述結成相關而又對立的關係，那麼，兩者只是在一點上相背。在前一記述中，箭豬積聚了兩種功能：一種是自然的，作爲冬天的主人；另一種是文化的，作爲刺的供給者，而刺是繡工的首要材料。在鸊鷉記述中，也可看到這兩種功能，但被分派給兩種不同的動物：一方面是鸊鷉，這個角色在文化方面毫不足道，在自然方面則無與倫比，因爲它支配春天的回歸；另一方面是潛鳥或其名爲「珍珠飾者」、「唾珍珠者」或「珍珠頭」（潛鳥胸部裝飾有白羽頸圈）的他我(alter ego)，它在我們考察的那些神話中一無自然性狀，專門作爲文化的化身，能無限量地產生貝殼珍珠即所謂的wampum〔貝殼串珠〕，而它們乃以與箭豬的刺相同的身分作爲這種文化的象徵⑦。自然和文化的相交本身以封包的形式表達了鸊鷉和潛鳥這兩個分離的角色以展開形式所表達的那個關係。

　　因此，可以寫下：

---

⑦這種刺和珍珠的實際親緣性乃附加於它們同蜂蜜的理論親緣性，關於後者，我已提請讀者注意過（第246-247頁）。這說明了，爲什麼在同一地區的一個神話中不可食用的任何如天然珍珠的野漿果扮演著在南美洲的同系神話中賦予蜂蜜的角色（參見M_{374}和我的討論，以上第53-54頁）。

$$\left[\,\text{箭豬} \equiv (\text{自然，文化})\,\right] \Bigg/ \begin{bmatrix} 1. & \text{潛鳥} \equiv \text{文化} \\ 2. & \text{鸊鷉} \equiv \text{自然} \end{bmatrix}$$

$$\qquad\qquad \textbf{冬　天} \qquad\qquad\qquad\qquad \textbf{夏　天}$$

　　然而，這個形式結構與另一個形式結構相同，後者被我們用來把克勞人—希達察人版本的草地鷚和米克馬克人—帕薩馬科迪人版本的三元組：山雀、紅松鼠和條紋松鼠對立起來。實際上我已說過（以上第 227-229 頁），處於天空和大地相交處的一種獨特動物草地鷚以封包的形式表達了三種按天空和大地間不同距離配置的不同動物以展開形式所表達的關係。由此可見，湯普森試圖在其中建起歷史衍生關係或地理包容關係的所有局部形式被整合成了一個總體的連貫的體系：

$$\left[\,\text{草地鷚} \equiv (\textbf{天，地})\,\right] : \begin{bmatrix} 1.\text{山雀} \equiv \textbf{天} \\ 2.\text{紅松鼠} \equiv \textbf{中間} \\ 3.\text{條紋松鼠} \equiv \textbf{地} \end{bmatrix}$$

$$:: \left[\,\text{箭豬} \equiv (\textbf{自然，文化})\,\right] : \begin{bmatrix} 1.\text{潛鳥} \equiv \textbf{文化} \\ 2.\text{鸊鷉} \equiv \textbf{自然} \end{bmatrix}$$

　　或者，予以簡化：

$$\textbf{大草原}\left[\,\text{草地鷚}+\text{箭豬}\,\right] \equiv \begin{matrix}\textbf{東部}\\ \textbf{阿爾袞琴人}\end{matrix} \left[\begin{pmatrix}\text{山雀}\\ \text{紅松鼠}1\\ \text{條紋松鼠}2\end{pmatrix} + \begin{pmatrix}\text{潛鳥}\\ \text{鸊鷉}\end{pmatrix} \right]$$

　　整個這體系被插入另一個更一般的系統之中，後者展現了兩大天體妻子神話組之間的對立（這兩個神話組按照神話從男人爭吵還是從女人討論開始來劃分）：

| 二個女人 | 一個年長 | 年長 | 丈夫**年齡**上 | **（自然）** | 允許 |
| 在運動中 | 一個年幼 | 愚蠢 | 犯錯誤 | | 降落 |

| 二個男人 | 一個年長 | 年長 | 妻子**教育**上 | **（文化）** | 禁止 |
| 在運動中 | 一個年幼 | 愚蠢 | 犯錯誤 | | 降落 |

我們僅僅回答了第 239 頁提出的第二個問題。我已證明，大草原的箭豬記述可以說以兩種方式在阿爾袞琴人系列中得到反映。一種是對稱的：反轉的箭豬記述，另一種是反對稱的：鷿鷈記述。在一種情形裏，角色保持相同，但水平方向取代垂直方向，低取代高，後取代前，好取代壞，等等。在另一種情形裏，角色也變，同時夏取代冬，解凍取代冰封，等等。因此，爲使這總的體系保持平衡，必須在大草原的系列中找到一個與鷿鷈記述相對稱的形象，而我們沒有忘記，鷿鷈記述引起夏天的回歸。

大草原神話通常給天體妻子故事聯接上祖母和孫子的故事，而這每每又繼以天體兒子的英雄故事（以上第 165-166 頁）。這英雄在母親死亡後，跟著收養他的老嫗長大。他攻擊妖怪，把它們一一消滅。一天他遇到了兩個男人，他們正在分割一頭雌野牛的整屍。沒有毛髮的胎兒讓英雄見了毛骨悚然；他躲到了一棵樹的樹梢之上。一些陌生人把船兒縛在樹幹上，這受害者再也不敢下樹。雙方談判了一陣：胎兒可以拿掉，條件是這英雄得把祖母交給那兩個男人，據說他們愛她。按照一些版本，這被囚者停留在樹的高處歷時四天或一年。他千方百計想擺脫這可悲狀況，重下地面。

這個奇異插段爲克勞人、希達察人、曼丹人和阿里卡拉人所共有，其關鍵在於這些種族已證實是這神話 (M$_{449}$; G. A. Dorsey：6，第60頁；2，第56頁，註①) 的最初擁有者：「如果這男孩怕胎兒，那麼，這些動物就不會在一年的這個時候產仔。在這個時期，他的父親構成其中一個星辰的那個

星座始終是看不見的。由此可知，他的父親沒有出來幫助她，自知無能力獨自幫助他。」

　　一個克勞人版本（M_{429a}；Lowie：3，第52-57頁）斷言，這英雄變成一顆晨星，夏天隱藏起來，冬天在拂曉前升起。另一個版本（M_{429c}；同上著作，第57-69頁）展開了野牛胎兒的插段：「這英雄整個夏天都棲止在樹上；只是到了秋天，腐爛的胎兒自己脫落墜地，他始能重下地面。」這英雄討厭這種冒險經歷，遂決定變成星辰，並解釋說，人們在雌野牛懷孕期間看不到它，而僅僅在它們產仔之後才會看到它。第三個版本（M_{429d}；同上著作，第69-74頁）裏情形也一樣：「他變成了晨星，春天這些動物懷幼仔時它不會升起；人們只有在那以後才看到它。」

　　這「晨星」看來不是行星；它構成一個星座的組成部份，英雄的母親、兄弟和狗也都在其中出現。人們在春季的兩個太陽月裏可以看到它們，然後它們在接著的兩個太陽月裏消失，以後它們又重現。解釋者認爲，這裏涉及昴星團（同上著作，第69頁）。我們還記得，奧吉布瓦人把昴星團的中天位於天穹天體妻子逃離處（以上第238頁）。因此，她們與這星座相分離，而克勞人版本的主人翁與它相會合。也是在這個關係之下，對稱性存在於兩個版本之間。

　　像其他印第安人一樣，大草原的印第安人也不滿足於僅僅用天文等和氣象等的指標來建立曆法；他們還以植物和動物的生長作爲指導。與克勞人有很近親緣關係的、與阿里卡拉人相鄰近的希達察人按照野牛胎兒在子宮中的發育來確定一年的某些時期。此外，他們還禁止在胎兒尚未長出毛髮之前吃它們，因爲它們還含血，所以不潔，就像不適的女人一樣（M_{430b}；Beckwith：1，第134頁）。也與阿里卡拉人相鄰的特頓人和切延內人那裏，一年在秋末開始。他們依次計數各個月份：落葉的月份、野牛胎兒成長的月份、狼成群出沒的月份、野牛胎兒膚色形成的月份、野牛胎兒毛髮豐盛的月份、雌野牛產仔月份，等等（Mooney：2，第370-371頁）。

　　因此，令人可怕的胎兒的揷段發生在將近一月的時候，一個曼丹人版本（M_{460}；Bowers: 1，第203頁）證實了這一點，它解釋說：爲了懲罰迫害孫兒的人，老嫗使多天變得冷酷無比。按照一些曼丹人和克勞人版本（M_{429c}；Lowie: 3，第65頁），一個展開不均衡的揷段始於春天的到來，而對於其他版本來說這也就是下一年的開始，但這揷段在曼丹人、希達察人、阿里卡拉人、波尼人、阿拉帕霍人那裏終止於地上的冒險，就像在克勞人的一個版本（M_{429a}）中那樣。這英雄造訪敵對的蛇，他給它們講故事來哄它們睡，故事主要關於睡眠。他殺死了所有的蛇，只剩下一條。這條蛇不久或後來從他的肛門鑽進他的身體，一直向上爬到頭顱，在那裏蜷曲起來。這英雄衰亡了，變成一具骷髏。他的天上父親出於同情激起暴雨，於是頭顱裏充滿水，後來灼熱使這水沸騰起來。這蛇再也支持不住，跑掉了。這英雄復生後到天上與父親團圓，在那裏變成星辰。

　　儘管一個克勞人版本（M_{429d}；Lowie: 3，第71-74頁）似乎把蛇的揷段放在春天開始之後，把胎兒揷段放在最後，但是看來星辰兒子故事還是考慮到了季節的過渡。每個揷段都引起一年的一個時期：多天開始、嚴寒、春天、夏天開始時的雨和雷雨、結束時的乾熱和酷暑。因爲主人公是與星座相聯結的星辰，所以，這神話用天體的代碼描繪了與鸊鷉記述一樣的歷程，而後者所用代碼假借自地上和水中動物的習性。因此，第248頁的表式可予以補充完整，爲此只要接著大草原系列之後寫入星辰兒子序列，這序列在那裏的位置又相應於東部的阿爾袞琴人系列中鸊鷉記述的位置。

　　我已證實，關於天體妻子的神話的所有類型構成了一些由對立項組成的對偶，而這些對偶又組織成體系。要把它們割裂開來個別予以解釋，是徒勞的。它們的意義是不同的，這意義也只有在存在對立面時才能被揭示出來。在歷史學派試圖找出各種偶然聯繫和一種歷史進化的種種跡象的地方，我們卻發現了一個共時上可理解的體系。在這學派給一個個項編目的

地方，我們只察知關係。在它收集無法認識的片段或偶然的組合的地方，我們弄清楚了一些能指的對立面。這樣做時，我們只是在執行費迪南·德·索緒爾(Ferdinand de Saussure)的一個指示(第57頁)：「隨著對提供給語言學研究的材料的認識的加深，就更其相信這個殊堪深長思之的事實（想掩蓋它，是沒有用的）：人們所確定的事物間聯繫在這個領域裏預先就存在**於事物本身**，用來確定它們。」

　　然而，也不應當規避歷史問題。因為，無疑真確的是，在能夠合理地問，事物怎樣達到現在所處狀態之前，應當先知道它們是什麼；不能設想達爾文(Darwin)的研究可以離開他之前的林奈(Linné)和居維葉(Cuvier)的研究。但是，與生物一樣，神話也是從起源開始而生成為一個既成的體系的；這體系有起源，而我們可以也應當對這起源提問。迄此為止，我們一直對屬於同一個屬的許多神話種作比較解剖學研究。每個神話種是怎麼和以怎樣的次序獲得其獨創性的呢？

　　我們還記得，克勞人和希達察人專有的草地鷚插段在箭豬記述中發生，並與之構成一個體系，而在這體系中，各個相干的關係以封包的形式表達。我已使這體系與另一個體系截然對立起來，而兩者又完全對稱。因為米克馬克人和帕薩馬科迪人專有的山雀和松鼠插段反轉了草地鷚插段，並發生在奧吉布瓦人的鸊鷉記述之中，而後者本身又是箭豬記述的反轉。在這第二個體系中，各相干關係以展開的形式表達。這個邏輯結構投射到地圖上，乃與可遇到這四種類型的地理分布大致吻合(圖25)。實際上，箭豬記述和鸊鷉記述佔據兩個頂點相對立的三角形。一條直線（用虛線劃出）再截切這兩個三角形，從而界定了兩個從屬的三角形，內接在另兩個三角形的面之中，一方面相應於草地鷚的分布區域，另方面相應於山雀和松鼠的分布區域。產生這獨特結構的三條直線的交點處於蘇必利爾湖西邊的某處，草地的奧吉布瓦人和大草原的蘇與阿爾袞琴部落之間的界線從那裏通過。

　　因此產生了一個問題，就是要清楚，交點的兩個方面是否在生活方式、

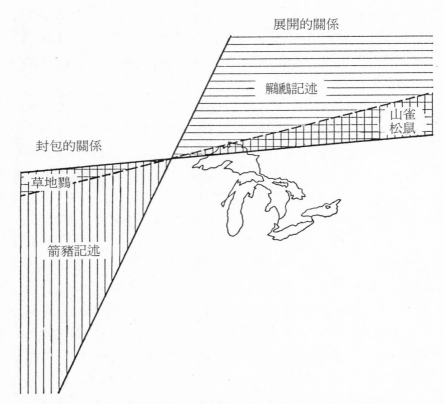

圖 25　天體妻子神話的邏輯結構和地理分布的適配

社會結構、政治組織形式或宗教儀式上存在重要差別，而這可用來解釋使神話體系相對抗的那些有規則的反轉。

這就是大草原爲一方，樹木和草地爲另一方，雙方之間的簡單對立，它首先閃入我們腦際，因爲它原則上伴有生活方式上的鮮明差異。然而，這對立並非到處都呈鮮明的特徵。眞正的大草原並非開始於大湖地區，其起點遠在分隔它們的岸邊沙洲的西面；這個中間地帶不是齊一的。大草原本身在北部和南部不是平行的。奧吉布瓦人在大湖兩邊佔據著北部的森林、西部和南部的間有樹木的草地。從氣候和植被來說，村居部落居住的普拉特河和密蘇里河流域除了局部地方之外，與西部的乾草原並不形成明顯對比。在乾草原裏，捕獵野牛的獵人在一年的絕大部份時間裏都過著游牧的生活。然而，我們想予以解釋的各個神話對立面旣是連貫而成系統的，又是非常截然分明的：封包的關係對展開的關係；冬對夏，在開始時或結束時；在神話中婚姻挿段佔不同的位置；男人的爭論對女人的爭論，等等。

我們是否還能轉到社會組織的方面呢？在奧吉布瓦人以及北部和東部阿爾袞琴人那裏，社會組織相對簡單而又齊一。在這些種族中，父系親嗣關係(filiation)和外婚制氏族佔支配地位。還必須注意到，在家族態度的體系中存在一個可以說是約有經度80°寬的斷裂地帶：詹姆斯灣東邊幾乎不存在的刻板禁忌和行爲規範在西邊卻大行其道(Driver：2)。但是，我們關心的是繼嗣(descendance)規則。圖25的東北三角形裏是父系繼嗣，而在西南三角形裏則反轉了過來：克勞人、希達察人和曼丹人那裏盛行母系制；此外，在阿里卡拉人(Deetz)、切延內人、格羅斯—文特人和阿拉帕霍人那裏住所似乎曾採取從母居，儘管在歷史上幾乎到處都採取比較靈活的形式。

至於其餘方面，這西南三角形分布區域毫無齊一性可言。村居的部落有著建構有序的社會組織，而大草原的獵人部落十分鬆散。克勞人、希達察人和曼丹人也許還有過去的阿里卡拉人有一種所謂「克勞」(crow)式親屬制度(Bruner)它建基於母系世系的邏輯的和系譜的第一性之上。切延內

人和阿拉帕霍人的親屬制度並不賦予一種或另一種世系以優先性，而是重新建基於世代(génération)觀念之上。格羅斯—文特人的親屬制度是混合式的。切延內人和阿拉帕霍人劃分爲一個個非外婚制隊群(bande)，格羅斯—文特人則不是這樣，但卻像他們一樣，也按世代水平來給親屬分類，同時又把親屬關係賦予父系制氏族，至少在過去似乎如此 (Grinnell：2)。克勞人和希達察人有母系制的聯屬(phratrie)，曼丹人有按同樣原則組織的偶族，而阿拉帕霍人和格羅斯—文特人沒有偶族，最早叫偶族的群體也一點也不像是古老的氏族。

因此，我們還弄不明白社會結構的哪些變化可能對應於神話之間可以觀察到的差異。在父系制的奧吉布瓦人的神話中，遷移的是地上的女人(以上第 247-248 頁)；但是，克里人(亦操阿爾袞琴語)及其北部和西部的緊鄰沒有顯出母系制的特徵；然而，女人固定不動乃構成他們神話的一個鮮明特徵。她們似乎總是就地等待一個假想丈夫的到來 (Bloomfield：1，第130-142, 176頁及各處)。相反，包含太陽和月亮爭論的大草原神話讓男人運動去尋找妻子；不過，這些神話源自鄰近部落，他們是母系制的 (克勞人、希達察人、曼丹人)，或者可能曾是父系制的 (格羅斯—文特人)，或者是中性親嗣關係的(切延內人、阿拉帕霍人)；在他們那裏，住所規則屬於許多類型；他們的不同生活方式把耕耘村民和純粹獵人對立起來；最後，他們至少屬於三種不同的語系。

事實上，只存在一條邊界，兩大神話體系的對立遵從它的走向。無疑，這走向可用來解釋箭豬聚集地的邊界。這聚集地佔據從西面的阿拉斯加到東面的拉布拉多的一片北方地區，連帶兩個南方延伸區域：一個從大湖地區直到賓夕法尼亞；另一個是落磯山脈和喀斯喀特山脈，它一直延伸到墨西哥。至少奧查德(Orchard)畫的圖 (圖26) 以及伯特(Burt)和帕爾默(Palmer)畫的相同的圖 (圖27；參見Palmer，第272頁) 所繪出的分布是這樣的。然而，我對是否應複製霍爾(Hall)和凱爾森(Kelson)的圖，感到猶

圖 26 箭豬的分布
（據奧查德，圖版 II）

圖 27 箭豬的分布
（據伯特，第 143 頁）

圖 28 箭豬的分布
（據霍爾和凱爾森，第 2 卷，第782頁）

圖 29 用刺的繡藝的分布區域
（據德賴弗和梅西，地圖 III）

豫不決。他們兩人過分細緻地劃分兩種，給予箭豬以過分廣的分布（圖28）。對這個問題應當作幾點說明⑧。

這些著作者在繪製分布圖時乃以來自邊緣種群的孤立個體的偶然出現和遭遇爲依據。這方法從生物學觀點來看無疑是合法的，因爲哪怕是一個孤立個體的存在也足以證明該物種可能在某地區生存。種族學家倒是提出相對密度和閾值的問題，而對於一種土著文化來說，在閾值以下，一個種的稀有就等於實際上不存在。然而，森林動物美洲箭豬無疑並不生活在大草原；但是即使在那裏，它也能在某些河流的林木茂盛的岸地存活，這就解釋了遠離正常聚集地定居的個體的出現，這正常聚集地就相應於霍爾和凱爾森所稱的加拿大生物區；因此，意味深長的是，甚至在他們看來，這個區的南部界限也與其他著作者給予箭豬屬的界限相吻合。最後，南方延伸區（霍爾和凱爾森從那裏取得指標，他們的圖仔細地考慮到它）看來是晚近的現象，而這與種族學家所觀察到的大草原印第安人不熟悉箭豬這一事實相矛盾。

但是，即使就此而言，把論斷不要說得太絕，也還是合宜的。佔據我們關注的那個區域的最北部份的希達察人也許知道箭豬。有證據表明，他們實際上在由瘟疫流行和白人入侵引起的種群遷移之後而在密蘇里河上游捕獵這種動物。發源於蒙大拿的一條支流被希達察人稱爲／a pá di azis／即「箭豬之河」（W. Matthews, 第71-72, 144頁）。我在《野性的思維》（第71-72頁）中已指出希達察人的地理位置即與加拿大生物區接壤對他們

---

⑧這些說明扼述了麻省坎布里奇比較動物學博物館(Museum of Comparative Zoology)的巴巴拉・勞倫斯(Barbara Lawrence)小姐和紐約美國自然史博物館(American Museum of Natural History)哺乳動物學部主任里查德・B. 范・格爾德(Richard G. Van Gelder)博士兩人的富有啓示的評論。前者的評倫我是通過同行哈佛大學皮埃爾・馬朗達(Pierre Marand)的介紹獲悉的，後者則是通過直接通信獲知的。我在此向他們致以謝忱。

的神話所可能發生的影響，並且令人矚目的是，就地上的物種屈貍之轉換成冥界動物所提出的意見被重新轉加於樹棲物種箭豬之轉換成天上動物。即使承認希達察人的情形帶有極端的性質，由上述討論也可知，在賦予它那麼重要角色的神話記述流行的幾乎所有地區中，箭豬如果不是不存在，也是稀罕的。當從工藝角度來看時，這個佯謬甚至更強，因爲那些缺乏箭豬的大草原種族群體也正是把用刺的繡藝發展到較高完善程度的群體（圖29）。據奧查德說，德賴弗和梅西強調了這一點（第324頁）：「可以注意到，在箭豬之在地理環境中的存在和它的刺之被應用於裝飾之間存在著十分直接的關係。這條法則的唯一例外是：缺乏箭豬的大草原區域。某些部落通過商業交換來獲取刺，另一些部落則組織遠征去山地狩獵這種動物。」

　　因此，可以設想，箭豬的記述是作爲對於基礎結構的一種意識形態的反應而產生的。在顯現出高超繡工技藝的種族群體看來，繡工所要求的細心、從中展現出來的豐富性和複雜性也傳達了哲學的消息，箭豬可能呈現爲其異鄉情趣所升華的動物的面貌，因而成爲一種真正屬於「另一個世界」的形而上學創造物。另一方面，在奧吉布瓦人和東部阿爾袞琴人看來，箭豬是實實在在的動物，他們喜歡在取下刺之後吃它，因此，他們可能在自己的神話中按自然存在物的模樣描繪它，其模稜兩可反映了雙重性：一方面是完全象徵意義上的寒冷主人，另一方面是豐富的可口肉的提供者，這肉由已成寶物的防護刺保衛。如果說大草原的阿爾袞琴人及其近鄰蘇人就像看來可能的那樣來源於東北方即箭豬生活的區域，那麼，他們就可能在毀損實際的動物的時候反轉一個神話體系，後者在起源上很接近奧吉布瓦人保留的一個神話體系。這就通過另一條途徑證實了我就他們的神話M_{447}的古老性所提出的假說，而我提出這假說的理由是，它與女英雄爲痴迷蜂蜜少女的南美洲循環深刻相似。實際上，我們不會忘記，我們在本書中已在奧吉布瓦人那裏重又遇到一個神話（M_{374}），它在全部細節上都與一個南美洲神話組（$M_{241-244}$）相對應，而這又回到了痴迷蜂蜜的少女的神話，並且

兩處的女英雄都是蛙(MC，第165-210頁)。委內瑞拉的瓦勞人讓這蛙眞正痴迷蜂蜜；奧吉布瓦人讓它痴迷野漿果，而因爲後者很美，所以可以把它與珍珠相比(以上第 53 頁和第 250 頁註⑦)。然而，這同一些奧吉布瓦人用所謂**貝殼串珠**的珍珠的主人來取代箭豬，而們有充分理由相信，這種東西的裝飾應用導源於一種更古老的用刺作繡的技術(Wissler：3，第13頁)。這裏應當注意一種奇妙的反轉：在南美洲神話中，蛙顯得痴迷一種蜂蜜，而我已把後者等同於北美洲的箭豬。在奧吉布瓦人和東部阿爾衮琴人的神話中，等同於箭豬的蛙或癩蛤蟆痴迷等同於珍珠——其本身等同於刺——的野漿果。在大草原以及大湖的神話中，一個年輕的印第安女人都顯得痴迷這種刺。不過，大草原的神話使她成爲蛙的反轉，讓蛙患小便失禁，而大湖的神話則讓一個酷愛刺的女人患小便失禁。

如果注意到，痴迷蜂蜜的女英雄乃屈服於自然：她貪求蜂蜜是爲了立即食用，從而撤除了它的文化功能即作爲婚姻交換的中介，那麼，這反常就得到了解釋。相反，奧吉布瓦人的痴迷箭豬的女英雄則屈服於文化，以致大量積貯其背部的刺：她獲取刺是爲了繡工，而不遵從這種動物的多眠習性，因此，她依其自然狀況攫取它的刺。在西北部盡頭的各部落那裏，也可以看到這種類型的換位，那些部落知道箭豬，但很少做繡工，或者不怎麼看重繡工。湯普森人、利洛厄特人、舒斯瓦普人(Shuswap)(M₄₄₂ᵦ；Teit：4，第83頁；1，第658-659頁)在神話中對箭豬作了報償：使動物界向它供給豐富的**角貝**(dentatia)，從而對動物界的組織作出了貢獻。在美洲的這個地區，這些貝殼用於製作做最美的服飾，成爲最珍貴的物品；因爲，如湯普森人所說，箭豬在獲得刺之前遍身覆蓋角貝。

現在提出最後一個問題。當我們把箭豬記述的產生同這種動物在一個新聚集地之不存在相聯繫，以致這種產生可以說成爲這種不存在的一個函項的時候，我們不是回到了與湯普森確定的年代相近的年代估算嗎？我們否棄湯普森的年代確定(第 222-224 頁)，因爲這年代太近了，不知道兩半球

共同的神話形式起源於非常遙遠的過去。然而，我們現在訴諸可上溯到許多世紀之前的種族群體遷移，這到有史料爲證的時代才結束，因爲最早的旅行者提供了證據。對於這個反對意見，我首先回答說，大草原上有居民的時代已有好幾千年，捕獵野牛的獵人在後來由阿拉帕霍人佔據的領土上遊蕩了上萬年，他們無疑有一套神話，而其各個因素可能一代一代傳了下來。某些村居部落如曼丹人並不想把線索連接到那麼遙遠，他們許多世紀以來大致原地不動，同阿爾袞琴人的關係很悠久。他們可能編造了一些神話，而它們由於我已說過的理由而同北部鄰族的神話相反⑨。

　　尤其是，我對箭豬記述作的解釋注重我們集中關注的共同結構，並且，把這記述在這些結構的層面上建立起來。爲了理解這記述的起源，我們也無需訴諸歷史的偶然性或講故事者的即興創作。星辰丈夫的神話——或如我一直更樂意稱的，天體妻子的神話——不可歸結爲所一一舉出的各個類型的總和；這神話以一個關係體系的形式預示著這些類型，而這些關係起著作用，這些類型靠它們的運作而產生。有些類型同時出現，有些則在不同時期出現。這一點提出了一些問題，我們不要低估它們的意義。然而，這是有條件的，即我們不得不承認，一些其具體出現似乎很晚的類型一點也沒有留下什麼，它們也不再僅僅在歷史因素的影響下或者作爲對外部要求的響應而不出現。它們倒是讓體系所固有的種種可能性成爲實際存在，而從這個意義上說，它們比體系更古老。我不想說，在阿拉帕霍人及其鄰族採納箭豬記述之前，它就部份地並以這種形式存在著。不過，這假說並非毫無可能，哪怕今天講述這神話的人的祖先發明了它或者從神秘啓示得

---

⑨當我能讀到雷蒙德·伍德(Raymond Wood)關於密蘇里河中游的史前時代的重要著作之時，本書已付印。這位著作者把可歸諸曼丹人的最古遺跡的年代定爲耶穌基督後的1100-1400年時期，但他也確定，密蘇里河流域從公元八世紀起就存在半定居的農民。

到了它，這新的演示也必須遵從已提出的各個約束和戒律，而它們限制故事講述的自由。因為如我們所認為的那樣，如果箭豬記述是對與另一個經驗相悖的一個經驗的反應，並且是對調節世界的形象使之同新的生活和思想狀況相諧和的需要的響應，那麼，作為結果就應當是：先前表象體系的所有要素都應當以和影響最直接對立的要素的方式同系的方式被轉換。

換句話說，如果對於技術、經濟、藝術和哲學有著和箭豬一樣的重要性的一個動物的存在被轉換成了不存在，那麼，凡在這野獸扮演一個角色的地方，為了使它能保持這角色，它就應當被投影到另一個世界，並且因此就應當由低變成高，水平變成垂直，內變成外，等等。僅僅在這些條件之下，一個以往連貫的形象才能保持住這角色。如果說箭豬理論適應於展開的關係，那麼，它在新的混合物中要求封包的關係。因此，無論歷史的偶然性怎麼樣，事實始終是，所有這些形式都被蘊涵著，並且這些蘊涵關係接納某些內容，拒絕另一些內容；此外，由於自由度減小，所以這些內容不是作為極端自由的東西存在的：在同一個種族群體的其他神話中或者在鄰近種族群體的神話中，有時在儀式中，它們已經同預先就決定它們具有作這些新用途的能力的種種形式融為一體。第六篇（第 367-423 頁）將為我們所研討的情形證實這一點。

第五篇

●

狼的飢餓

尤其重要的是，不要讓兒童成爲食肉的；如果說這不是爲了他們的健康，那麼，這也是爲了他們的個性考慮；因爲，作爲經驗之談，可以肯定，貪吃肉食的人一般說來比其他人來得兇殘；這無論何時何地都可證諸觀察。

J. -J.盧梭:《愛彌兒》，第二篇

I 選擇的障礙

在落磯山脈東部，箭豬記述佔據一片連續的領土，其上住著語言、生活方式和社會組織上都不統一的一些部落。我們剛才已看到，在北美洲的這一地區，箭豬的不存在或稀少構成了我們可據以理解這套神話的唯一相干特徵。實際上，這個區域僅僅在歸諸這種動物的超自然功能和它的實際不存在這雙重關係之下才是齊一的。

然而，就描繪關於天體妻子的神話的組織，考察它的各個不同版本而言，我們還沒有考察所有的部落，或者更確切地說，我們還沒給予它們以同等程度的注意。尤其阿拉帕霍人提供了天體爭論出現在初始位置，箭豬插段緊隨其後的例子。然而，同鸚鵡記述延伸到奧吉布瓦人北面和西面很遠處但同天體妻子故事相脫離的情形一樣，太陽和月亮的爭論也越出了它以與這同一故事相聯結或不相聯結的弱形式所包圍的箭豬記述區域。重要的在於，要把這些弱形式同我們已討論過的較典型例子聯繫起來。

阿拉帕霍人和切延內人有同樣的語言起源。我們還知道，他們一起遷移，他們長時期以來一直比鄰而居。然而，我們卻沒有在切延內人那裏蒐集到箭豬插段，他們講述了太陽和月亮的爭論，但沒有涉及婚姻問題。每個天體都聲稱自己優先，太陽是白晝光亮和輝煌的主人，月亮是黑夜的主人。兩個天體是兄弟，但只有月亮關心地上存在的一切事物，保護人和動物免遭危險。他向兄弟太陽宣稱：「我也能照管好白晝，就像對黑夜一樣，也能把世上一切治理得井井有條。如果你自顧自去休息，那麼，這沒有什麼了不起」。月亮還以有衆星辰作同伴爲榮（M_{450}；Kroeber: 4，第164頁）。

這個小故事在一點上和南美洲的思辨相同，這一點就是如我們所知月亮由於兩個原因而擁有對於太陽的邏輯優先性。一方面，是因爲太陽在天空中形單影隻，而月亮享用無數星辰結成的社會，另一方面由於可以說亮

光和黑暗的對立比亮光和白晝的對立給出更好的回報：月亮因為發光所以也有晝間的形象，而太陽毫無黑夜(以上第 130-132 頁；L.-S.:18)。維奇塔人（他們是南方卡多人）把同樣的對立結構應用於星辰：在他們的天體妻子神話的版本 (M₄₅₁ₐ; G. A. Dorsey: 3, 第298-299頁) 中，唯一的女英雄貪求一顆燦爛星辰做丈夫而作了一個錯誤選擇，因為她只得到一個老翁，後者向她解釋說，晦暗的星辰才是美少年。這女人在兀鷹幫助下成功地逃脫了。從此之後，人們再也不提起星辰，甚至數星辰也會帶來不幸。在一個邁阿密人版本中，生活在大湖南邊的阿爾袞琴部落使大紅星變成皺皮的老翁，小白星變成美少年 (M₄₅₁ᵦ; Trowbridge, 第51頁)。

南美洲神話還提出了其他一些對比。如果說對於亞馬遜的圖皮人 (M₃₂₆ₐ)、蒙林魯庫人(M₄₂₁ₐ)和奧納人(M₄₁₉)來說，黑夜對於婚侶的歡愛是不可或缺的，那麼，在一個克里人小版本 (M₄₃₅; Skinner: 1, 第113頁) 中，天體的妻子們無精打采，因為她們的丈夫在白晝失蹤了。一般說來，無論對立的固定極怎麼樣，天體的爭論都構成西北部神話中的一個常見題材。在那個地域裏，下一卷又會重逢我們的探究所由開始的這些神話。奇努克人 (M₄₅₂; Jacobs: 2, 第2篇, 第61號) 提出，夏天的耀眼太陽邀人出門到曠野中去，佩戴美麗的項圈，而月亮只照亮排泄和不正當偷情。我們在湯普森人 (Teit:4, 第336頁)、岸地薩利希人 (Adamson, 第271-272, 283-284, 378頁)、西北部的薩哈普廷人 (Jacobs: 1, 第195頁)、內茲佩斯人 (Phinney, 第87頁；關於題材的分布，參見Boas: 2, 第727-728頁) 那裏，也可注意到同樣說法。

因此，天體爭論的分布區域幾乎連續地從西北部的弗雷塞河流域一直延伸到普雷里河和東南部的林木覆蓋的山坡。據奧馬哈人和蓬卡人(M₄₅₃ₐ; J. O. Dorsey: 1, 第328頁) 說，月亮同太陽爭吵的藉口是，太陽把人分散開來，使他們走上歧途，而月亮自己則致力於把他們聚集攏來。太陽抗議說，它引起這種擾動，是為了促使人發展、人口增長。月亮把他們投入黑夜，

使他們死於飢餓。因此，在這裏，人之團聚在一個狹窄空間中引起了黑夜、匱乏和不育，而人之分散則引起白晝、豐富和繁衍。這種親近和疏遠的辯證法又回到了第三篇，我在那裏就南美洲的例子討論過這種辯證法。

不過，一個與切延內人相鄰的蘇語部落的後裔加拿大達科他人把切延內人給太陽和月亮分別取的值反轉了過來。他們說（M₄₅₃ᵦ; Wallis: 1，第40-44頁），太陽是女人的母親，月亮是男人的父親。但是，這女性的太陽無所不能，因為這月亮僅僅間接地發光照耀，而這太陽不滿足於僅僅照明，它還按人的性情使其熱情或者冷漠。此外，人們還不可能正面注視太陽，而月亮則不同，它的光太微弱，不會讓人眩暈。面對這一切論據，月亮不知如何應對，遂承認敗北。我還要回到一個反轉上來（第388頁），它好像不僅對於蘇人，而且對於大湖地區的阿爾袞琴人，尤其梅諾米尼人都具有典型性。

最後，同易洛魁人聯姻的北卡羅來納部落切洛基人從另一個方向利用天體爭論的題材：

M₄₅₄. 切洛基人：天體的爭論

太陽夫人的女兒住在天頂(zénith)，她的母親住在地面另一邊。每天，這女天體在其周日行程中總要在女兒那裏停留，以便用早餐。

太陽夫人憎恨人，因為她看見他們愁眉苦臉。她的兄弟月亮抗議說，在他面前，他們是那樣笑容可掬。太陽心懷妒忌，遂激發了殺人的狂熱。人害怕滅絕，於是求助於保護精靈們，它們決定殺了太陽夫人。它們派毒蛇去伏擊。按照那些版本，這天體死了，她的女兒取代了她，或者蛇殺錯了，殺了女兒而不是母親。

太陽很悲傷。人不再死亡，但周而復始的黑夜統制著，因為這天體不想顯現。根據保護精靈的勸告，人向靈魂之國進發，以便把太陽夫人的兒女帶回她的身邊。人們不得不用棒打擊她，她跌落下來，人

們把她的屍體放入一個匣子。尤其要緊的是，在返回之前，不得打開
匣子。

　　七個人執行這個使命。他們朝東往回走，這時這少女復活了，在
匣內吵鬧，乞求放她出來。攜匣者予以拒絕。她餓了，後來又渴了，
最後連呼吸都不行了，她怨聲不絕。那些人懼怕她又要死去，這次是
死於窒息；他們把匣蓋開啓一點兒，可是這少女馬上變成鳥飛掉了。

　　由於這個原因，人類受到創傷，要讓他們恢復已不可能，而本來
這是可以做到的，如果這些使者不違反禁令的話。至於太陽夫人，她
備感淒涼，因爲她第二次又失去女兒，因此，她用眼淚淹沒大地。人
類害怕淹死，遂挑選英俊少男和美貌少女，派他們在太陽面前跳舞，
博取她的歡心。她久久掩住臉面，不去理會唱歌跳舞。但是，隨著一
陣鼓聲，節奏發生變化。太陽夫人驚訝之下張開了眼睛，眼前的情景
賞心悅目，她終於笑逐顏開 (Mooney: 1, 第252-254頁)。

　　這裏我們沉浸在眞正的日本神話之中；但這不是第一次（參見MC，第
385-388頁）。比起那一次對比來，這一次我不怎麼強調與美洲西北部的一個
相當大的神話總體的對比，也提出較少的問題。這對比關涉死者復活。這
一點將在下一卷裏詳細討論。實際上，無需援引異域的類似例子，同一些
神話在北美洲像哥倫比亞河流域高原和東南部有林木覆蓋的山坡這樣相隔
遙遠的區域裏重複出現就已證明，我們涉及的是美洲思維的基本圖式，而
且無怪乎它們在兩半球裏重複出現。就像南美洲短暫人生起源神話(M_{70-86}；
CC，第200-216頁）的英雄一樣，M_{454}的英雄也聽不到幽靈的呼喚；就像
M_{326a}的使者把黑夜搬運進一個容器之中一樣，他們自己也傳達白晝的承
諾。在圖皮人神話中，匣子的開口引起白晝和黑夜交替，即周日周期性的
建起；這裏，這開口使得死者復生，因而建立起人生的周期性。南美洲神
話用乘獨木舟旅行象徵周日周期性，獨木舟約束兩個天體，使它們待在一

起，但保持適當距離。這樣，由於事實上在切洛基人神話中天體的爭論引發一系列戲劇性事件，它們造成人類有適度長短的壽命，所以，北美洲的天體爭論題材把兩個天體轉換成**對手，**也即同這兩個天體作爲**伙伴**出現的南美洲乘獨木舟旅行題材相對稱這一點得到了證實（在作了以上的論證之後，這已是多餘的了）。

因此，通過擴大天體論爭的領域，我們又重遇我們所由出發的那些重大題材。如果我們不是把探究向離我們最先發現這個神話學題材的地方更遙遠的地方推進，而是嘗試就地深化探究，那麼，情形完全一樣。本著這個旨意，我引入格羅斯—文特人（阿齊納人）版本，儘管這版本與我們已在阿拉帕霍人那裏遇到的版本幾乎一樣。我們回想起，格羅斯—文特人和阿拉帕霍人源自同一個種族群體，他們的分離不過是幾個世紀以前的事。但是，這個格羅斯—文特人版本至少有一個優點，亦即使得我們重新記起第四篇所由開始的一個神話圖式，同時又呈現了相對這圖式的一些歧異，它們服務於向其他形式的過渡：

M$_{455}$. 格羅斯—文特人：天體的妻子

太陽和月亮兩兄弟就地上的女人展開爭論。月亮斷言，她們不是生活在水中，也不是生活在灌木叢中，這就是說，女人是最美的。太陽回答說：「不是這樣，因爲她們看我時都是一副愁眉苦臉相；那副令人可怖的面容，是怎麼也想像不出來的。水中的女人比較標致。她們和顏悅色地盯住我看，把我當作她們中的一員」（參見M$_{426}$）。月亮抗議說：「蛙美嗎？你對女人一竅不通。蛙腿長，皮綠，背上有斑點，眼珠如球；你覺得這樣標致嗎？」

太陽下到地面上，帶回一隻蛙，娶它爲妻。它每次跳躍時都撒尿。它的婆婆覺得它滑稽可笑。夜間在天空照耀的月亮發現，一個女人無

法入睡而又不安寧。天剛亮，她就決定同姻姊妹一起到樹林裏幹活。
她們看到一頭箭豬，女英雄想捕獲它，用它的刺作繡工。這動物先把
她引到一棵樹的頂梢，然後引到天上。在那裏，箭豬變成美少年；他
把這女人引見母親，她發現這女人令人銷魂。

　　因此，這老嫗有兩個媳婦；一個對她大有幫助，另一個一無用處。
這蛙只知跳來跳去。婆婆忘記這可憐生靈的動物本性，感到不知所措。
一天，她煮一隻野牛肚子的厚實部份，把它分給兩個媳婦。她說，她
偏愛吃東西聲響大的人。這女人輕而易舉地取勝，因爲她有一副好牙
齒。這蛙試圖嚼木炭，但僅靠分泌黑色汁液，讓它從口角流出時才獲
成功。月亮感到惡心。他討厭這姻姊妹。他說，它跳一步就要撒一次
尿。它從今以後可以保持安寧了！

　　這種種針對太陽妻子的凌辱惹怒了太陽。他把蛙扔向兄弟的面孔，
讓它固著在那裏。這就是月亮陰影的起源。然後，他霸佔了這女人以
及她已給他兄弟生下的兒子。這女人感到痛苦；她帶著兒子逃跑了。
但是，她用來下降的帶繩太短。太陽看到妻子懸在空中。他用石頭
把她擊死。她跌落了。這孩子仍在她身邊，甚至當屍體腐爛，只剩下
一具骷髏時依然如此。他偷取一個老嫗的園子裏的東西吃。她驚訝地
發現他，收養了他。儘管有她照看，這英雄還是去拜訪了勾引他的女
人，她們立即變成蛇。他殺死了所有的蛇，只留下一條，它從肛門進
入他的身體，致他於死命。月亮下了一場冷雨，驅逐了這條蛇。兒子
和母親同時復生（Kroeber: 6，第90-94頁）。

　　這神話遵照阿拉帕霍人版本的步驟，只是（參見M$_{427b}$）太陽奪取了兄弟
的妻子，讓自己的妻子粘附於兄弟的面孔；因此，發生了兩個天體強迫換
妻的事。結果，英雄的真正父親不是太陽，而是月亮，這引起故事作進一
步的轉換：月亮引起的凍雨獵殺了蛇殺手，而不是太陽的熾熱用高溫引起

暴風雨。母親和兒子同時復生這一點使人想起圖皮人和卡里布人的太陽孿生子循環中的一個類似轉換，它顯然與這裏的轉換相似（M₂₆₆；MC，第217-218頁）。

由此可見，在這個格羅斯—文特人版本中，反轉一開始時影響到太陽和月亮各自的角色。各個克勞人神話將這反轉一直貫徹到底。然而，正是克勞人侵入大草原，大草原無疑把格羅斯—文特人同阿拉帕霍人隔離開來。在這個歷史時期，他們佔據位於另外兩個部落之間的一片領土。我們還只是簡短提及過他們的神話（第 219-220，252-253 頁）。現在應當更仔細地來考察一下這些神話。

M₄₂₉ₐ. 克勞人：天體的妻子

一天，月亮去找太陽打聽。他想知道誰是世界上最美麗的姑娘。太陽問他有沒有作出選擇。月亮回答說，他不知道在地球上還有哪個女人比蛙更標致。太陽說：「可是，事情並非如此！最標致的是希達察印第安女人。」兩人各按自己的愛好決定自己的婚事。

三個希達察人姊妹剛好去林地幹活。她們看到一棵樹上有一頭箭豬。兩個姊姊想要箭豬的刺。她們叫妹妹（她也是最標致的）爬上這棵樹去捕獲這動物。太陽把這少女一直引到天上，娶她爲妻。

月亮帶回一隻蛙，要求母親也容許他的妻子進家門。這老嫗到處去找，但她看不到有什麼女人。這蛙說話了，作自我介紹；但它不善言辭。

太陽組織了一次咀嚼比賽。他的母親煮野牛肚子，讓每個女人都選擇一塊。希達察姑娘在暗處咀嚼。這是個貪吃女人。這蛙躲在鍋子後面，它想嚼火柴樹皮，以便弄出悅耳的響聲。但是，它失敗了，月亮驅趕了它三次。第四次，它跳到月亮背上喊了起來：「我和你一起生活，直到永遠！」這神話接著說太陽妻子逃跑和被害，然後講述祖母

和孫子的故事，最後是變成「晨星」的天體兒子的故事 (Lowie: 3, 第
52-57頁；參見以上第 253 及以後各頁)。

　　一個更古老的版本 (M_{429b}; Simms, 第299-301頁) 講述，造物主太陽看
中一個很美麗的女人，想娶她爲妻。在箭豬的幫助下，他成功地把她引到
天上。沒有天體爭論和咀嚼比賽。另外兩個版本也一樣，但沒有詳確說明
天上丈夫的身分。一個版本解釋說，養祖母是月亮；她恨英雄，但使他的
母親復活 ($M_{429c,d}$; Lowie: 3, 第57-69頁)。

　　因此，克勞人版本產生一種雙重轉換。首先，許多細節弱化了：蛙的
麻煩在於說話而不是膀胱；它嚼樹皮而不是木炭；它依附於月亮的背而不
是面孔或胸部。這就是說：**低⇨高；內⇨外；前⇨後**。其次，這些轉移又
同婚姻選擇的反轉相配合，因爲太陽娶女人爲妻，而月亮娶蛙爲妻。扮演
愚蠢天體角色的月亮的這種倒退在它改變性別，同地上的甚至冥界的祖母
相混同時又得到了強調。克勞人神話強調了這種倒退的有害性。

　　當我們注意到克勞人賦予太陽在他們的崇拜中的重要地位時，這一切
就得到了解釋。儘管這些印第安人把宗教搞成一種私人的事務，他們那裏
也沒有有組織的教士，但太陽在超自然存在物中佔有優勢地位，這些超自
然物在理論上爲數無限，每一個都對應於特定的神秘經驗。人們給予從太
陽獲得的啓示以最高評價，以太陽的名義立誓，向太陽獻祭。蒸汽浴儀式
構成一種向太陽的祈禱：「克勞人沒有更接近於我們的最高存在概念的神」。
而且，這並不意味著，總是把善良意向賦予太陽。它是男性，稱呼它所用
的名詞也用來標示父親氏族的老年男人。月亮在祈禱和宗教信仰中出現較
少。甚至它的性別也不確定；它每每是女性 (Lowie: 7, 第318-320頁)。

　　毋庸置疑，對於太陽或月亮的選擇性偏執無助於區分大草原各部落。
克勞人和其他蘇人共同崇拜太陽，而他們的近親希達察人（也是蘇人，操
幾乎相同的語言）則和村居部落一樣（他們也採取村居生活方式）也嚴格

崇拜月亮。一個希達察人傳述者（他自稱格羅斯—文特人，因為人們用同
一渾名稱呼希達察人以及阿拉帕霍人祖先阿齊納人—格羅斯—文特人）解
釋說，「太陽幫助蘇人對付格羅斯—文特人，但月亮支持後者；在月蝕時，
格羅斯—文特人哀痛，而蘇人射箭」(Beckwith: 1, 第133-134頁)。同樣:「太
陽支持蘇人，月亮支持曼丹人和希達察人」（同上著作，第xvi，188頁）。

　　然而，如果說希達察人在妻子分配這一點上同克勞人相對立，採取我
們在西部阿爾袞琴人那裏觀察到的方式，那麼他們還在一點上補充了這故
事，使之臻於完整，這就是他們解釋如何從咀嚼比賽來選擇女人:

M₄₃₀ₐ. 希達察人：天體的妻子(1)

　　　月亮認為，希達察姑娘最美。太陽反對這種看法，他說因為她們
都愁眉苦臉；它更喜歡水中的姑娘即癩蛤蟆。月亮提議:「那麼，我們
每一種都帶回一個，給她吃一碟肚子。我們留下咀嚼得最好看也最響
的那個，把另一個打發走。」

　　　故事接著是箭豬插段，並說發現了癩蛤蟆不貞潔。接受考驗時，
女人選擇薄肚子片，另一個選擇厚的肚片。儘管癩蛤蟆偷偷地在食物
中混進炭，但它還是未能咀嚼出聲響來；它淌口水，吐出黑色汁液。
它站上姻兄弟的背，「使他的雙手夠不到它」: 這就是滿月的中央陰影
(Lowie: 5, 第2頁。這版本於1910-1911年蒐集到)。

M₄₃₀ᵦ. 希達察人：天體的妻子(2)

　　　天上有一間茅舍，裏面住著一個女人和她的兩個兒子太陽和月亮，
他們輪流著照亮大地。一天，太陽問兄弟哪片鄉土有最美麗的姑娘。
月亮回答說:「格羅斯—文特人（＝希達察人）的鄉土，因為她們住在
土房裏，並塗上化妝油來保護皮膚免受太陽熾熱的侵害；她們常常沐

浴，小心保護身體。其他民族忽視這些責任。正因爲如此，所以格羅斯—文特姑娘是最美的。」太陽回答說：「我不同意你的看法。當她們白天盯著我看時，她們扭轉頭斜視我，這就把一邊面孔埋在陰暗中。蛙姑娘看著我時不眨眼，也不愁眉苦臉。她們最標致。」兩個天體相互要求把每種女人帶回一個做比較，看看哪一個美。

月亮來到一個地方，那裏住著一個男人、他的妻子和三個女兒：兩個大的已婚，最小的獨身，旣貞潔又漂亮。接著是箭豬的挿段。兩個姊姊追逐箭豬。按她們的命令，小妹妹從後面抓這動物，後來就失蹤了。

月亮母親爲兒子的選擇感到自豪。蛙獨個兒被遺忘，遂怨聲哇哇，吐說不平。人們把它放在鍋子後面。月亮組織了一次咀嚼比賽。哪個女人用牙齒咬肚子，響聲大作，就好像敲碎冰塊似的，她就會被留下來。哪個只淌口水，不能使勁嘎扎嘎扎咀嚼，就把她趕走。月亮無意傷害兄弟。他想，這考驗使得有藉口退回蛙。他堅信，蛙從未聰明地過日子。

母親燒煮了肚子。每個女人選取一塊。印第安人取了一塊薄的，蛙取了塊厚的。她們用石刀割肉塊，然後咀嚼。這印第安女人發出響亮的碎裂聲，也可聽到蛙咀嚼出聲。月亮離開鍋子，看到姻姊妹在嚼炭；她流口水，一副髒相。月亮把她扔入火中，可是她跳到他面前。他拚命想擺脫她，但沒有用。蛙最後停在月亮背上說：「你和你的兄弟都不要我，可是我停留在你夠不到的地方，我永遠不會死。」

格羅斯—文特人把月亮的陰影稱爲「月亮的蛙」。太陽不僅把綠蛙而且把黑灰的大癩蛤蟆都娶爲妻子。人們稱這動物種爲「祖母」，稱太陽爲「祖父」。人們把癩蛤蟆奉若神明，教兒童尊敬它們，向它們祈禱。

這神話接著講祖母和孫子的故事，然後是天體兒子的故事 (Beckwith: 1, 第117-133頁；參見Bowers: 2, 第333頁)。

　　克勞人版本的人妻是個希達察印第安女人。這一點意味著，克勞人已意識到神話在這部落的宗教思維中的重要性，這思維用神話來確立許多典禮。克勞人那裏情形就不是這樣，因爲他們的宗教生活沒有什麼組織性，而在洛伊之後我們還沒有注意過這種特徵。另一方面，指出這樣一點是合宜的：與黑足人和阿拉帕霍人以及一般地與西部阿爾袞琴人相反，希達察人並未把太陽舞的起源同天體妻子神話相聯結，而同「被接受的兄弟和被拒斥的兄弟」的神話（*Lodge-Boy and Thrown-away*；參見Beckwith: 1，第137頁）相聯結。因此，我們應讓這神話在我們的分析中占一席之地。

　　如果說我們暫時把它撇在一邊，那麼，肯定不是它妨礙我們，也不是我們同洛伊一樣認爲，兩個循環在其中相交疊的希達察人版本（克勞人那裏情形也不是這樣嗎?）「從結構的觀點看來構成一些怪物」，它們起因於事實上「這些印第安人含混地把他們儀式的起源同民間故事聯結起來」（Lowie: 5，第9頁；參見8，第415及以後各頁）。但事實上，這兩個循環間的聯繫是潛在的，就像可以借助一種很簡單的運作予以證明的那樣，這種運作把這兩個循環相互轉換。然而，蒐集到的異本非常之多，因此，要扼述它們，通過借助其他神話闡明它們，由此把它們置於它們的相互關係之中，爲此就必須寫上整整一卷書。在進行了這麼多年神話學研究之後，我無疑再無興致去寫它，不過我的檔案裏保留著這個計劃及書名。

　　因此，我仍來討論天體妻子。希達察人版本詳確說明了咀嚼比賽進行的情況：她們的婆婆供給她們一碟肚子，她們分別選取薄的和厚的肉塊。爲什麼用這個標準? 人們傾向於用實用的理由予以解釋：女人比動物姻姊妹狡詐，奪取對咀嚼阻力小的薄肉塊，而蛙也許貪吃，把一塊厚肉塞進嘴裏，卻無法恰當地吞嚥。這個解釋無可挑剔，它的好處是簡單。但是，種族志家對此提出另一個比較精妙的解釋，它是迂迴曲折地給出的，我把它作爲風格的表現提出，而不打算證明其有效性。

關於希達察人，我們的知識受惠於種族志文獻的眞正傑作之一G. L.威爾遜(Wilson)的著作，因爲他有讓傳述者滔滔不絕講述的本事，重視把握敍談中自然表露出來的軼聞和思索之間、粗俗專門手勢和精深禮拜儀式之間、狩獵、捕魚或烹飪爲一方和儀式與神話爲另一方之間的諧和。一些老人講述禮儀性獵鷹遠征，如十九世紀下半期進行的那些遠征的故事。他們像唸抒情詩一般訴說這種歷險生活。在歷險期間，一小群男人紮野營，臨時準備日常生活資料。例如，捕來的第一頭鹿(*Dama hemionus*)提供了肉，側腹的皮則用來製作多服；肚子沿頸部割斷，像手套一樣翻轉過來，直接用做水袋。傳述者用兩張圖說明運作的各階段（圖30），他這樣評述：「這袋用從裏往外翻轉過來的肚子做成。在肚子整個內表面上有許多小細胞即我們說的短硬毛，除了圖上白帶所在部位而外。這些帶沒有毛，肚子壁在這些部位最厚」(Wilson，第113頁)。

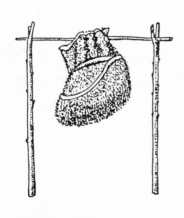

圖 30　水袋

（據G.L.威爾遜，圖1，b和c）

我從未見到過野牛的胃，因此，我不能斷定，這種描述是否完全符合於野牛的肚子。不過，這神話的各個希達察人版本並未說明肚子來源於哪種動物，並且，至少就這個關係而言，牛科動物的胃和鹿的胃似乎沒有什麼重大差異。我們只要記得，在過了半個世紀之後，一個傳述者的紀憶留下了其社會無疑認爲有重要意義的一種雙重對立：肚子的**有毛的**部份是**薄的**，但**厚的**部份是**光的**。因此，有可能也是在這個神話中，厚和薄間的對立涵蓋了另一個光的和有毛的之間的對立。

　　然而，這第二個對立在一些部落的儀式中佔有相當重要的地位，例如

希達察人和鄰族用野牛皮作爲斗篷。這些毛皮一邊光滑，另一邊有毛。此外，由女人辛苦工作加以鞣軟的表面常常帶有圖案和繡花，它們突出了文化性，而外面帶毛的斗篷**更具動物性**，把男人置於自然一邊。

　　大草原印第安人如此構想這個對立，乃環境條件使然。在那樣的環境條件下，爲了不受氣候變化干擾，他們規定毛皮在上面或下面有毛。在曼丹人和希達察人那裏，監督拷打和獻祭的祭司應當穿戴外面有毛的斗篷（Beckwith: 1，第40頁），就像重大周年典禮／okipa／上作爲野牛化身的舞蹈者那樣（Bowers: 1，第134頁；2，第206, 444-445頁）。在轉移儀式期間，「白雌野牛」婦女團體的女祭司按其職能穿戴上面或下面有毛的斗篷（Bowers: 1，第325頁）。很容易再舉出別的例子（見M_{368}，M_{503}中的神秘陌生人的穿戴）。

　　因此，蛙選擇厚肉塊的錯誤在於——因爲這肉塊也是光的——取文化作爲出發點，而**當一個人成爲太陽的主人時**，其明智選擇應當向自然行進。實際上，當我們試圖表明這一點時，希達察人和曼丹人神話提供的啓示正是如此。爲了結束於這些肚子，我們只要注意一個南美洲例子，其中同樣的對立重現於和天體妻子相類似的背景，只是這裏關涉的太陽妻子（M_{456}；Preuss: 1，第304-314頁）也是天上的，她讓一個成爲其情夫的冥界生靈殺死其丈夫。因此，太陽的兒子們一直過著地上的生活，直到他們救了一隻啄木鳥性命，它告訴他們的身世眞相。同$M_{429-430}$相比，這反轉更其令人矚目，因爲這啄木鳥處於高和低的中間，是中間世界的鳥，而從這個意義上說也是草地鷚的轉換，而後者已被我們規定爲天和地的交點。

　　兩兄弟逃遁了，變成花豹。這女人試圖報復其兒子，遂追逐他們到天上。他們向上攀升。一個變成看得見的太陽，以其光線的熾熱燒焦母親。儘管她置備了水，還是保護不了自己，遂死去。她的被燒毀的身體變成碎塊墜落：肢體變成地上的蔬菜；內臟**厚的**部份變成有粗壯的根的蔓生植物，**薄的**部份變成沒有入土的根的附生植物。至於兩兄弟，從此之後他們定居於天上，戴有項圈，一個項圈用貘的牙齒做，另一個用有尾脊椎動物

的牙齒做。他們向人發出信號，表明已到了食人宴的時代和獵貘的時代。

　　這種對南美洲的復歸出人意料地證明，天體爭論這個神話題材也存在於南半球。這個主要是北美洲的題材，到現在爲止我們一直認爲是對乘月亮和太陽的獨木舟旅行這個題材的轉換。這是從這樣的意義上說的：兩者都提出到合適的距離處去尋覓妻子的問題。但是，烏依托托人神話援引了這爭論本身，其方式爲把它同已扼述和研討過的一個馬希昆加人神話（M$_{299}$；MC，第273-278頁）作比較。在後一個神話中，太陽也以其熾熱燒毀母親。這母親是一個已成爲月亮妻子的印第安女人，月亮爲了進行懲罰而放逐了她的兒子。因此，就像在北美洲神話中那樣，在此轉換成爲父親和兒子的兩個天體在月亮同一個女人成婚之際發生爭論；我們還知道一個奧吉布瓦人神話（M$_{387d}$；Jones：2，第一篇，第3-7頁和第6頁註①），在那裏，太陽在出生時殺了他的由風授孕的女人母親。

　　這爭論的其他一些南美洲形式以更直接的方式作說明。例如，在吉瓦羅人那裏（M$_{387}$），太陽和月亮同爲男性，兩人爲了共同愛慕的歐夜鷹女人爭吵起來；這就是爭風吃醋的起源。然而，某些版本（Wavrin，第635-636頁）把太陽的妻子（或妻子們）轉換成蛙，她們也是無能的主婦，就像她們的北美洲同等者一樣。在一個圖穆帕薩人神話（M$_{387b}$；Nordenskiöld：3，第291-292頁）中，一個癩蛤蟆妻子也表現出漫不經心。她未能適當地取代丈夫的第一個妻子，從而表明了多偶婚而不是作爲M$_{387}$的題材的一妻多夫制的失敗。最後，我引一個圭亞那神話：

M$_{457}$. 阿雷庫納人：天體的爭論

　　從前，太陽韋（Wei）和月亮卡佩（Kapei）是形影不離的朋友。原先，卡佩面容潔淨而又英俊。他愛上了太陽的一個女兒，夜夜造訪她。這令韋不悅。他下令女兒用經血塗抹情人的臉。從此之後，兩個天體變

　　成敵人，月亮避開太陽，一直帶著那弄髒的臉（K. -G.:1，第54頁）。

　　這個神話儘管簡短，卻從多方面令人感興趣。它所提出的對月亮陰影起源的解釋把它定位於M_{354}——本書的出發點——和一些北美洲神話之間的中點上。在M_{354}中，一個作為隱喻的蛙的女人在丈夫背上解大便；在這些北美洲神話中，從月亮的陰影中可以看到換喻的蛙的形象：完全依附於一個作為天體之化身的人物的面部、胸部或背部即其身體的一部份。因此，可以界定這一切形式所共有的一個語義場：

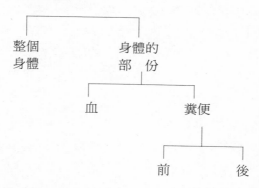

月亮的陰影：

整個
身體　　　　　身體的
　　　　　　　部　份

　　　　　　血　　　　　　　糞便

　　　　　　　　　前　　　　　後

　　每個神話或神話組都限於以其自己的方式截切這個域：**半身、糞、後**（M_{354}）；**全身、血、前或後**（北美洲天體爭論神話組）；**身體的部份、血、前**（M_{457}）。實際上，M_{457}和北美洲神話組之間的差別同這樣的事實相聯繫：在這個阿雷庫納人神話中，經血作為身體的一部份引起了月亮的陰影，而在北美洲，整個身體指謂經血，就像M_{428}所明確斷定的那樣。

　　M_{457}來源於一個圭亞那神話族（M_{360}-M_{363}），我在本書開頭已利用它們來引入天文學三元組，而乘獨木舟旅行的題材後來提供了這三元組的一些等當物（第30-35頁和第165-170頁）。因此，三元組的概念在希達察人神話

中的重現不可能出於偶然。這些神話已把我們引到現在所處的地位，它們採取太陽從中挑選的三姊妹的形式：兩個已婚的姊姊、最小的獨身妹妹。

我們還記得南美洲乘獨木舟旅行神話中的各個三元組所扮演的角色：三個僕人（M$_{326a}$）、三個少女和三個老主婦（M$_{104}$）；或者由兩個助手幫助的一個中心人物（M$_{354}$，M$_{360}$，M$_{361}$，M$_{362}$，M$_{363}$，等等）。數字3在美洲印第安人的宗敎表現中非常罕見，他們會對這數字在希達察人的南鄰曼丹人那裏所具有的重要性感到驚訝。希達察人比曼丹人早好幾個世紀就生活在密蘇里的沿岸，從後者得到的似乎遠遠超過付出的（Bowers: 2，第476-489頁）。

曼丹人和希達察人的神話和儀式賦予作爲月亮或居住在月亮上的「長生不死老嫗」之化身的植物女神以重要地位。她還在祖母和孫子的循環中扮演著養祖母的角色，而在這兩個部落那裏，這循環總是跟隨著天體妻子的循環。就此而言，她同我們有直接的關係。按照曼丹人的說法，供奉她的儀式和祭壇屬於一種古老的傳統，可以追溯到這地區的最早居民（Bowers: 2，第338-339頁）。

曼丹人的最早觀察者之一維德親王馬克西米利安（Maximilien）認爲，這老嫗有六個孩子：三男三女。男孩中最大的是白晝（最早的創造）；次子是太陽；末子是黑夜。最大的女兒是晨星；二女兒叫「條紋南瓜」，這是一顆繞北極星轉的星辰的名字；三女兒是暮星（Maximilien，第360頁；Will-Spinden，第133頁；Bowers: 1，第155-156頁）。晨星和暮星分別對應於東方和西方。像兄弟太陽一樣，三個女人也都具有令人可怖的特徵。這四個人、但尤其是太陽和姊妹「高空女人」（她佔據中間地位）全都食人，他們還引起流產、瘋癲、面部癱瘓、乾旱、死亡、對婚姻不忠貞、驚厥、精神衰弱和其他詛咒（Bowers: 1，第296-299頁；2，第330頁）

由這些提示可知，最長者和最幼者分別意味著白晝和黑夜的男孩呈現了「二分點」的形象，意味著東和西的同系姊妹呈現了「二至點」的特徵，這裏「二分點」和「二至點」這兩個名詞取我已賦予它們的意義（第212-213

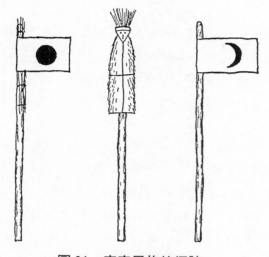

圖31　高空民族的標誌

（據鮑爾斯：2，第325頁）。

頁）。他們合在一起構成了一種位形，類似於阿拉帕霍人那裏的典禮用的棚架的四根主要支柱的位形。曼丹人不慶祝太陽舞，而慶祝一種特定性質的年節，稱爲／okipa／，它也在夏季舉行，在一個永久性的房舍裏而不是臨時搭建的棚架裏進行。這房舍整年關閉，其架構安置在六根支柱上（Bowers：1，第

113, 124-125頁，圖14，第127頁），這也就是馬克西米利安所說的「長生不死老嫗」的孩子的數目和諸神的主要神祇的數目（第359-360頁）。我們將可看到，這個兒童數目產生於這樣的事實：在每個男女對偶的兩個項之間，引入了第三個項，它佔據白晝的天頂（中午的太陽）或者黑夜的天頂（北極星的衛星）。

　　曼丹人和希達察人還尊崇其他三元組。按照一個神話（M_{459}）（我還會回到它上面來），最初三個祖先和他們的姊妹一起從地球深處浮現出來。這個「高空民族」本身構成一個三元組，由「高空老嫗」（不要同太陽的姊妹「高空女人」相混淆）即太陽和月亮兩兄弟的母親和這兩兄弟組成。可以用同樣多的標誌來表示他們。三根樺木棒等距離放置，頂部放上老嫗模擬像的那根置於中間，放上太陽和月亮模擬像的置於兩邊（圖31；Bowers：1，

第303頁；2，第325頁）。

這種配置使人想起獨木舟中天上旅行者的配置，同時我們還不要忽視這樣的事實：「高空民族」的儀式以天體爭論神話（M_{461}；以下第303頁）作爲基本神話。這儀式本身在曼丹人那裏稱爲／Hapminak E／，意爲「白日船」或「白日旅行者」（Bowers: 1，第296頁）。我在此就這一點再略作申述。

我感謝阿爾弗雷德·W.鮑爾斯先生於1967年1月9日寫給我的一封信，他在信中就詞源問題作了幾點詳確說明。他解釋說，在通行的會話中，稱太陽爲／mi-nak-E／，意思也是船。在典禮語言中，更喜歡說／hap(á)-mi-nak-E(i)／或者／hap(á)-ma-na-ki-ni-de／，對它們作詞素分析，可以給出：hap(á)＝「白晝」；mi＝「石頭，岩石」；nak＝「圓形」；或者：hap(á)＝「白晝」；minak(E)＝「船」，它們結合起來標示太陽。也可以作這樣的分解：hap(á)＝「白晝」；mana＝「木頭」；ki＝「作用於，重複一個動作」；ni（帶鼻音化的i）＝「行進」；dE＝「運動，移動」，就是說「在晝間移動的一個木頭物體」或者「乘船作白晝旅行」。

我後面還要就另一個神話（M_{466}，第368及以後各頁）討論一個天體之被等同於一塊圓石頭。眼下，我還是考慮乘船的旅行者的形象。

密蘇裏河流域的部落——曼丹人、希達察人和阿里卡立人——只擁有（Denig，第579頁）柳條艇式的圓形小船，它用雄鹿(cerf)①或野牛的皮張

---

①作爲貪簡便的犧牲品，我在《野性的思維》中用「élan」來譯elk「棕角鹿」這詞；例如，第80頁。但是，élan的生活地在北方，在中部和南部地區並不存在，在那裏只有鹿屬的各種美洲代表生活著。英語elk、法語élan標示棕角鹿屬的一個獨特的種，在美洲稱之爲moose(麋)，在那裏，elk這詞的歐洲意義被引申，用來標示鹿屬的主要代表(canadensis, merriami)，而且後者在神話中在缺乏其他動物的場合扮演作爲主要的鹿的élan的綜合變體的角色。美洲élan在法語中稱爲orignac或orignal，這兩個名詞源出巴斯克(Basque)語，意指雄鹿(cerf)和從加拿大進口。

在柳條編成的船體上做成。已知的實例直徑約為1.20米到1.50米；它們太小，無法承載乘者，有些僅用來運送貨物。在較大的這種船中，在前面划槳(Adney-Chapelle，第220頁；Simpson，第175頁)。專家給出的這些詳確說明並不總是同種族志的證據以及神話提供的證據相吻合。根據一些證據，曼丹人的船可以大到近 2 米；另一些證據證明，有時人們想像巨大的船。我們後面要遇到的一些神話 ($M_{510-513}$) 講到一些船能夠歷時四天四夜運載十二個人。這當然不是說，這樣的船曾經存在過，但是啟示我們對一種常見的論斷要持保留態度，它斷言，這種船只適用於擺渡，而且船程在一、二公里以下(Neill，第252頁)。一些老年的希達察人傳述者講述了獵鷹遠征返回時的長途順流航行，這種航行一直持續到春天，或者到下游去尋找敵人 (Bowers: 2，第57，265頁)。

尤其是，這些神話描繪了一種航行技術，它同其他已討論過的神話提出來為獨木舟題材辯護的技術正相反對。大草原的船既沒有船首，也沒有船尾。這些神話不是說，兩個乘者各坐在一端，不得走動，以免翻船的危險，而是說，他們直立在中間，使船保持平衡 (Beckwith: 1，第83頁)，並且，每划一次槳，這船都絕對正常地自轉一次(Neill，第252頁；Will-Spinden，第113頁)。

我不把這種局部性推廣到使神話有理由駁倒專家。不過，神話所提供的描述不管是真是假，都至少有一個優點，即說明了一些表現，它們同關於乘獨木舟旅行的表現相銜接，以致這總體構成連貫一致的議論。若假設曼丹人一方面像亞馬遜河流域的和圭亞那的印第安人，另方面像易洛魁人，用他們的特殊航行技術把天體歷程和人的旅行聯繫起來，那麼，他們應當以自己的方式設想這兩個項之間的關係。

以上所援引的一個證據說，當一無收成，不得不到遠離村子的地方去野營，一直待到春天時，就進行長途的水路旅行，以便去獵鷹。水路旅行和陸路旅行的這種經驗聯繫已經部份地解釋了，在思想中兩者可以相互取

代。但是，這種轉移建基於遠為深刻的理由。就像別處乘獨木舟旅行一樣，為了獵鷹而進行的地上遠征給大草原各部落，尤其曼丹人和希達察人（遠征在他們那裏帶有宗教性）提出了怎麼裁定近和遠的問題。

首先從地理的觀點來看：曼丹人和希達察人只在河流上游構成部落領土之一小部份的崎嶇區域裏獵鷹（Bowers:1, 第206-207頁）。按照土著的地形觀念，這些地帶佔據靠近耕田的半永久性村子和在流浪期間進行大規模獵野牛活動的大草原之間的中間位置。不過，獵鷹的生活方式真正說來既不是流浪的，也不是定居的。這遠征有時推進到離村子百公里之外，但總是為了達到某個狩獵地點，它由一個集團頭領根據一個可傳授的頭銜佔有，不過這所有權不能越出氏族。此外，女人和兒童可以去陪伴獵人，但條件是另設單獨的野營地。第三，與農業和日常狩獵不同，獵鷹沒有飲食的意義。鷹捕獲後，舉行儀式悶死或予以釋放，只留下羽毛，用於製做帽子及其他服飾的商業交換。然而，人們還利用這機會在這些人跡罕至的土地上狩獵一切獵物。但是，一個村的人不會全體出動到一片生氣勃勃的土地上去集體狩獵，那裏不會有成群野牛出沒，也很難包圍它們；此外，人們總是害怕遭到伏擊。到這種地方去冒險的，只是小股的獵鷹者和戰士。

因為狩獵是在荒無人煙的地方進行的，所以傳統敵人會出其不意地遇到。但是，狩獵也在政治關係之下佔據中間地位，而這次是在結盟和戰爭之間。儘管切延內人和曼丹人交惡，但「必定有個默契：在整個狩獵季節，這兩個部落之間不發生流血事件；否則獵人們會倒楣⋯⋯人們從一個營地到另一個營地串門，兩個群體就各自祭壇（sacred bundles〔聖包〕）的魔力互相開善意的玩笑」。阿里卡拉和蘇人之間也有這種約定(Bowers:1, 第210頁)。

最後，獵鷹活動在曆法上也佔據中間地位。它在秋季進行，也即在夏季大規模狩獵和收成之後，但在嚴寒之前，嚴寒迫使印第安人離開建造在高出河流的台地上的夏村，去到林木覆蓋的山谷底過冬。河岸結冰以後，

就必須停止獵鷹，因爲在引入馬之前，人們徒步來到狩獵地點，在那裏造船，用於通過水路帶著肉和皮順流到達村子。因此，如果寒冷變得太嚴酷，那麼就有被浮冰群阻斷的危險（Bowers:1，第250-251頁）。

　　所以，獵鷹以五種不同方式起到中介作用：在空間中，在時間中，在生活方式、經濟活動和部落衝突三種關係之下。在幾個星期的時間裏，獵鷹使參與者得以支配近和遠、夏和冬、定居和流浪、追逐物質和精神目的、和平和戰爭，使它們有適當距離。就像河流部落的航行一樣，有周期性節奏的、目的地確定的旅行即狩獵遠征適用於對日和季的規則交替編碼：

M₄₅₈. 曼丹人：太陽和月亮的休閒

　　　當造物主科約特生活在地上時，他幻想造訪太陽。他向東方進發，太陽從那裏升起。他看著太陽升起，這是個盛飾的男人。第二天夜裏，科約特用魔法創造了一樣的衣服，走在太陽如所看到的夜間不眠時走的路上，並走在這天體的前面。到達天頂，太陽休息下來抽煙，科約特就等他。稍後，這天體感到驚訝，爲他在漫漫長路上看到的足跡感到恐慌。看到了這造物主，太陽很惱火，粗暴地問他到這裏來做什麼。他解釋説，他來自地球深處，他在那裏也扮演發光體的角色；他得知，太陽是他在上界的同行，便想認識太陽，與之交談。太陽回答説，他一直是孤單一人，根本不要朋友。他痛打了科約特一頓，然後把後者扔出天空。

　　　科約特做了一個令人眩暈的瀑布，然後便昏厥過去。當他重新甦醒過來時，已是黑夜主宰一切。他詢問地球，地球告訴他在哪兒。死一般的科約特蠕動著或爬著朝向一個水源前進。他在途中遇到屈狸，它們在慶祝一個典禮。科約特認識了它們，它們款待他，友善地照料他。

　　　當他復元後，懇請它們幫助他報仇。它們勸他用桙木棒、植物纖

維做的帶子和一棵縮小至草葉般大的楊樹做武器。然後，科約特同一
頭名叫「黑帶」的屈貍一起到天頂去伏擊，同時把那帶縛在草葉上，
再把這傢伙放在太陽休息的地方。太陽到了這地方，惱怒至極，因爲
他又發現了足跡。帶子把太陽絪起來，草又變成一棵樹，太陽被懸在
空中。科約特用梣木棒打他，但他的庇護主故意選了根脆木頭，以致
還沒有引起太陽太大的傷害，棒就已經斷了。於是，科約特把太陽手
腳絪起來，背著帶他到屈貍的茅舍。在那裏，太陽被鬆綁，應邀坐下。
屈貍們責怪科約特，怎麼如此惡劣地對待一個客人，後者應當成爲他
的朋友。屈貍的歌舞使太陽高興，他決定利用它們的殷勤好客。

月亮對兄弟太陽的失蹤感到不安，便出去尋找。他偶然發現這天
體坐在裏面門傍的那座茅舍。屈貍把月亮引進門，給他吃早飯，向他
說明太陽爲什麼在那兒。月亮叱責這有罪之人。但他懇請屈貍頭領把
榮譽位置給予太陽，讓自己待在門旁邊，他解釋說，因爲白晝的天體
是尊貴的，不能讓他蒙羞。他還補充說，兩個天體出去時都留下象徵
來代替他們。在獵鷹人的房舍裏總是可以看到這些象徵：懸吊在牆上
的兩根帶子，對著門的牆上懸吊的是太陽的象徵，在門上面的是月亮
的象徵。並且，由於這個故事，所以這些獵人有時成爲太陽和月亮在
營地的化身。

兩兄弟在屈貍那裏過得非常快活，以致他們在天空已被取代，直
到狩獵季節結束。他們答應科約特明年樹葉泛黃時再回來。然後，整
個世界又分離開來；獵鷹的動物又回來，太陽和月亮投入給天空照明
的工作。科約特繼續過其遊蕩的生活。一天，他在休息，沉湎在鄉愁
之中，懷念獵鷹時期的快樂。這時，他發現一棵攀緣植物上有一片葉
子開始泛黃。他不懂這是它的本色，於是蹦了起來，唱著歡快的歌一
路跑去，直到營地：那裏空無一人。一棵神奇植物說：「那個時光一去
不復返了。」科約特絕望之下走了 (Beckwith:1，第269-272頁)。

　　關於使屈貍(Gulo Luscus)成爲獵人原型的理由，我請讀者去參看《野性的思維》（第66-72頁）；這裏我僅僅表明以其對稱性而令人矚目的一個神話骨架。因爲冥界的屈貍同鷹這種蒼天的鳥，其方式一如天上的發光體太陽和自稱扮演地下世界天體角色的——也稱爲「最早的創造者」的——科約特相互對立，不過變較小。神話的開頭顯得兩個極端項之間不可能有中介：科約特不可能取代太陽，也不可能同太陽相結合。在第二個時機，他由於屈貍的幫助而成功地保持待在地上，而屈貍是恰在地面水平之下掘的陷阱的主人。最後，在第三個時機，科約特和屈貍一起成功地使太陽脫離天頂，更接近地面。但是，爲了達到這個目標，他們必須用一根帶子捕獲他。這就是說，他們**把他當做一頭鷹**對待，而科約特自己對待獵鷹者的所作所爲，則似乎**把他當做一頭屈貍**。

　　在這個問題上面，這帶子有雙重功能。一方面，如剛才所看到的那樣，它起著高和低之間的中介項的作用；另一方面，它克服了一個宇宙學矛盾。一開始由科約特和太陽這兩個角色所例示的對立轉變成了技術——經濟的和時間的層面上的相容關係：只要獵鷹還在進行，而且也是依靠這種獵鷹，就沒有什麼事不可能發生，兩個反對者也能共同生活。然而，這第一個肯定並不是神話的主要目標。當著作爲公理提出，獵鷹能夠消除一切矛盾，包括比心靈所能設想的更嚴重的矛盾時，獵鷹也爲一項更要緊的、處於時間軸上的任務準備了場所。

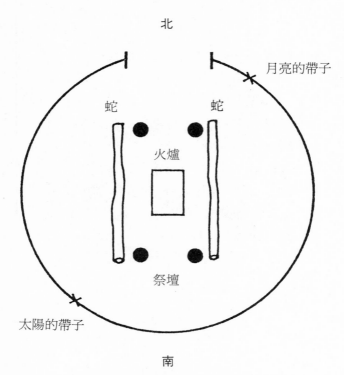

圖 32　獵鷹者的房舍的平面圖

（據G.L.威爾遜，第143頁）

　　這種軸的變化，從在獵鷹的禮拜儀式和曼丹人與希達察人的天體妻子神話之間所觀察到的聯繫就已經可以明瞭。後一種聯繫至少部份地服務於建立狩獵儀式，但這個部份不同於我們已看到的（第203及以後各頁）服務於建立太陽舞的那個部份。那時這聯繫通過棚架的中央立柱的中介而確立起來，它象徵人妻升向天空。然而，獵鷹的儀式也利用樹幹，不過它是水平的和躺在地上的，而不是豎起的和垂直的。在獵人用樹枝建造的掩蔽所裏，可以注意到兩根與火爐並行放置的樹幹(圖32)。當獵人腳朝牆地躺下睡覺時，用這兩根樹幹做枕頭。在安置這些樹幹時，人們援引它們所比喻的蛇，除非它們代表狩獵天體兒子在遊歷中與之搏鬥的鷹的蛇的枕頭(Bowers：2，第293，334頁)。可以明白，獵鷹的禮拜儀式引起了神話的地上序列而不是天上序列，這儀式借助以躺倒樹幹取代豎立樹幹來意謂這序列。如果注意到，狩獵茅屋裏在地中掘出的火爐代表陷阱，那麼，這個類比就看得更清楚了。實際上，太陽舞的祭壇也包含一個坑，而從某些證據來看，它比喻由天體妻子墜落時造成的凹窪；也即它在這種場合是**天、地**分離的媒介，在另一種情形裏則是**地、天**結合的媒介。

　　這神話所說明的兩根纖維帶子的布置也遵從水平軸：一根同黃花(*Solida-go*)相聯，懸吊在門對面的牆上，象徵太陽；另一根同艾(*Artenmisia*)相聯，懸吊在門旁，象徵月亮(Wilson，第150-151頁)。每根帶子繫的一根深紅色的棒象徵天體所有者，以致太陽和月亮有形地存在於獵人茅舍之中。這茅舍呈圓形，狀如皮船，但在裏面，就像在獨木舟上一樣，它們佔據相對立的位置。

　　我已說過，獵鷹的季節從秋天之初一直到初霜。因此，它包括二分點。這神話以兩種方式引起二分點：讓太陽和月亮處於正相對立的地位，以及使它們對換各自位置，我們還記得，屈貍一開始讓太陽坐在門旁，這是卑下的方面；它在那裏一直待到被邀坐在尊貴方面的月亮爲了支持兄弟而放棄這位置。因此，爲了使兩個位置可以互換，必須使得在進行這行動的時

刻，黑夜「等於」白晝。

　　這樣，這神話給我們為了將獵鷹置於土著哲學中而已枚舉的各個中介類型又增添了一個新的類型：

1) 大草原，流浪生活　　　「不良大地」　　　可居住的大地。
2) 覓食性狩獵　　　　　　儀式性狩獵　　　　農業。
3) 動物性食物　　　　　　服飾　　　　　　　植物性食物。
4) 和平　　　　　　　　　休戰　　　　　　　戰爭。
5) 夏天的村子　　　　　　狩獵的掩蔽所　　　冬天的村子或營地。

這神話現在提出：

6) 夏至　　　　　　　　　秋分　　　　　　　冬至，

這就是說，有三個項，它們分別意謂白晝佔優勢、黑夜佔優勢以及黑夜等同於白晝。

　　在這種「二分點」功能中，狩獵的茅舍扮演著水上獨木舟的地上變體的角色。這也起因於已給馬克西米安（第359-360頁）留下鮮明印象的一個事實，即曼丹人的重大神話題材同其近鄰阿爾袞琴人和其他更往東的種族群體的重大神話題材之間有親緣關係。在後者那裏，我們又看到了文化英雄發明岩雕的題材(Fox，載Jones：3，第137頁)。這題材最初出現在奧雷諾克河的塔馬納克人的一個神話（M_{415}，第150頁）中，並且我已從雙重轉移——從水到地和從歷時到共時——的意義上按照服務於固定太陽和月亮之間，因而白晝和黑夜之間的合理距離這個目標的標準對之作過解釋。然而，當塔馬納克人的狄俄斯庫里兄弟妄想使河流成為雙向的時（這題材也在北美洲得到證實），他們不也是試圖將一個二至點型情境代之以另二分點型情境嗎？在前一種情境裏，往復的持續時間不相等，就像白晝和黑夜的持續時間那樣，而在後一種情境裏，兩個軌道的持續時間完全相同。

　　如果說二分點在文化英雄看來代表一種他們徒勞地加以推廣的理想公式，那麼，可以寫下下列作為假說的等當關係：

二至點：二分點：：自然：文化

　　它給予別處(L.-S.: 18)討論的一個問題以新的啓示，這就是天體性別的不穩定性——不僅從一個種族群體到另一個種族群體時的而且在同一個群體的儀式和神話中的不穩定性——所提出的問題。

　　按照阿拉帕霍人的太陽舞創始者神話(M_{428})，少女的教育建基於對生理周期性的修習。這種周期性可能是不規則的：按二至點的樣子，過長或過短；或者是規則的，因而是完善的，即二分點型周期性。按照上述等當關係，前者復歸於自然，後者復歸於文化：這神話以其自己的方式說著同樣的事情。

　　另一方面，如果說這教育關涉天上男人施教予地上女人，那麼，因此這神話以隱含方式斷定**地、自然、女性**之間和**天、文化、男性**之間的三元關係。就那裏而言，諸事順遂。但在這裏有一個困難：這種完善的和規則的周期性屬於敎授凡女的男性天神。而追根究柢凡女擔負起了體現這種周期性的責任。就像在儀式性的交媾中從祖父之口傳到孫女之口的魔根一樣，在這個神話中，文化從公公傳到媳婦，並且這種傳遞所採取的方式也就是文化後來表現的方式。女人把男人作為教訓教授給她的東西運用到生活中去發揮其生理功能。可以說，一個使以前僅是自然的東西文化化；另一個使以前僅是文化的東西自然化。在從男人過渡到女人時，話語成為現實。因為神話的蛙以相反方式作出的表現本身是最冥頑不化的自然，所以，當這蛙依附於月亮時便使之女性化。不過，月經即周期性的生物學模式正是男性的和二分點的東西（因為不要忘記，天體婚姻的慶典正是在二分點時進行的）和完全非周期的女性東西（因為蛙患有小便失禁症）的結合。

　　因此，按照所採取的視角和所考察的神話要素，**自然／文化**兩極上下

擺動，擔負相對立的語義責任。從生理學的觀點看，男人是非周期性的，女人是周期性的，但從宇宙學的觀點看，則剛好相反，因爲男性造物主其時攬住了規則——在這詞的一切意義上——把它們烙印在他們的可愛的受監護人的肉體和精神上。有如物理學在長時間裏運用兩種不同的理論來考慮光的本性，而這兩種理論皆令人滿意，條件是不要試圖同時利用它們，神話思維也利用一個骨架，而可以用兩種方式表述它。從一個神話到另一個神話，有時從同一個神話的一個段落到另一個段落，神話思維有權掉轉方向：

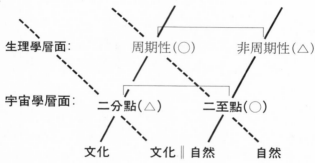

生理學層面：　　周期性(○)　　非周期性(△)

宇宙學層面：　二分點(△)　　二至點(○)

文化　　文化‖自然　　自然

II　曼丹人式碟肚子

Mulieres ornat silentium.

女人要沉默寡言。

伊拉斯謨:《論幼稚而又無聊的禮貌》, 巴塞爾, 1530年, 第四章

　　從阿拉帕霍人直到希達察人, 所有從天體爭論開始的神話都褒獎大聲咀嚼的人妻。在探究曼丹人給這題材保留了怎樣的命運之前, 我先來回顧一下, 這題材老早就出現在我們這裏: 在本《神話學》第一卷的開頭, 有一個蒂姆比拉人神話 (M₁₀；CC, 第98頁)——也是在這個關係之下對同組的其他神話 (M₁, M₉；同上著作, 第47-52, 94-96頁) 的轉換——說, 說了防止某種災禍, 英雄應當採取相反的行動: 吃東西時不要出聲。然而, 如果以M₁₀和M₄₂₈為例加以對比, 那麼就可發現, 兩半球神話間的類比還可大大向縱深推進:

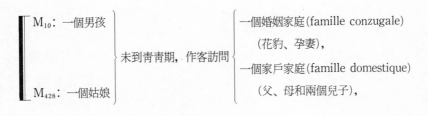

M_{10}：一些金剛鸚鵡，其羽毛	是服飾的材料	為一個姻親所貪求，
M_{428}：一頭箭豬，其刺		為父母親所貪求，

//

M_{10}：英雄下降。	人們向他們提供一餐飯	它是烘的**肉**，
M_{428}：女英雄攀升。		它是煮的**內臟**，

//

M_{10}：	給每個英雄都造成困難，使之難於在吃東西時	**不發出聲響**。
M_{428}：		**發出聲響**。

//

M_{10}：英雄獲得烹飪用火和武器、**男用**器具。

M_{428}：女英雄獲得家用技藝和掘地棒、**女用**器具。

　　上表表明附屬於同一對對立的煮和烤是各自分別出現的，相距幾千公里。可以說所有這許多對偶元素都是相聯繫的。但是，儘管距離這麼遠，這些對立還是履行一種相干的功能，而且這功能顯得很確實，更何況甚至在M_{428}所由發源的大草原地區裏也仍然可以揭示煮和烤的功能。切延內人和阿拉帕霍人長期來一直比鄰而居。然而，切延內人神話沒有天體爭論的故事，也沒有咀嚼比賽的故事。這種歧異也許由下述事實得到解釋：阿拉帕霍人不重視女人的不適，也不舉行姑娘青春期慶典(Kroeber：3，第15頁)，而切延內人則顯得對這個問題大為鄭重其事。在少女最初幾次月事期間，他們不讓她們吃煮的肉，而只吃炭火烘的肉(Grinnell：2，第1卷，第130頁)。如果說在這種情形裏像在別處已討論過的其他情形 (L.-S.：S，第257-268頁)裏一樣也已證實，一個種族群體在儀式中提出了一個問題，而另一個鄰近群體把同一個問題放回到神話之中，那麼，在阿拉帕霍人那裏儀式的空缺和在切延內人那裏神話的空缺顯然是互補的。阿拉帕霍人女英雄所以成功地大聲吃哪怕是煮的肉，是因為她是一個神話人物。但是，對於作為實在

的人物的切延內人姑娘來說，謹慎一些，讓她們吃易於咀嚼的烘食是適宜
的。我到本書結尾還要回到青春期之際規定的習俗上來。

　　剛才考慮的餐桌禮儀酷似我們自己爲了不去探究那些隱蔽的題材而予
以贊成或譴責的禮儀，而這些題材在赤道的兩邊推進神話，把它們對立起
來。這裏，英雄應當不出聲地吃東西，那裏女英雄應當反其道而行之。曼
丹人神話對於解決這個問題大有幫助。因爲如果它們保留這個題材，那麼，
他們本著一種迥異於鄰近部落的精神來處理這題材。此外，他們隨著從一
個版本到另一個版而調整它，而這些表面上不同的版本相互昭示。

　　爲了對比南美洲的盜鳥巢者神話和北美洲的偷箭豬「女賊」神話，我
在本第五篇開始時從下述事實引出論據：每一組神話都以獨立方式擁有與
亦可加以類比的儀式的聯繫，這就是謝倫特人那裏的大齋戒儀式和大草原
各部落的太陽舞儀式，兩者都是爲了排解太陽的威脅的求雨。我已評述過
的天體爭論神話各版本即使沒有涉及儀式，也全都確認了人類和白晝天體
在性情上不相容。白晝天體不喜愛人類，其理由始終是：人類盯住他看時
總是擠眉弄眼，因爲他們承受不了他的熱和光。蛙讓他看了順眼，不過在
這種情形下，有一個因素起著中介作用：插入天和地之間的水。

　　這些題材在曼丹人那裏也有，而且在他們口中特別豐富。就此而言，
這些印第安人以其哲學區別於其他村居部落，有如謝倫特人之不同於其他
熱依人。我已強調指出過（第283頁），曼丹人把太陽及其家庭成員目爲著
魔似的、縱火的、食人的和造成其他災禍的生物。向「高空民族」致敬的
儀式以安撫這些食人魔爲唯一目的：「正是太陽在征伐過程中撒播死亡；他
把屍體帶到天空上他母親的茅舍裏，她用這些屍體爲他做美餐。但是，他
不想殺害他通過託夢而施惠於其的那些人，也不把他們放上向他周期地獻
祭供品的祭日壇。」這些祭品是撕下的肉塊和截下的指頭（Bowers:1，第296
-297′167頁）。上述調查者在認識「高空民族」的儀式上面遇到極大困難，因
爲它們屬於秘密舉行的部落典禮，參與者害怕洩露後會喪命。

　　還有一個重大周年典禮稱為／okipa／即「模仿」(野牛)。它的正式職能是紀念祖先逃過的大洪水以及祝福野牛繁殖 (Catlin, 第352頁)。部落諸神、動物界甚至宇宙存在物全都出現，採取舞蹈者的形式，他們臉上塗彩，穿戴服裝或者面具，依次單個或成群出場。在最初兩天裏，這些舞蹈者頻頻向一個無形生物挑戰，他名叫奧辛赫德(Oxinhede)即「愚者」，最後在第三天或第四天和最後一天才看到他突然出現(Maximilien, 第375頁；Catlin, 第360頁)。他身上只佩上用野牛毛製的遮羞飾、同樣材料的帽子和玉米稈製的項圈，有時還戴面具。他渾身塗上黑色，覆蓋著代表星辰的白環。胸部有一個紅環，象徵太陽，背部有一個紅十字，象徵月亮。沿嘴唇塗上鋸齒狀裝飾，讓人聯想起帶鋒利的鈎的大口。還有一個假生殖器，用一根棒和兩個小南瓜製成；一根長棒，下面懸吊一個模擬人頭。這樣，他的裝束就齊全了。兒童們怕他，因為據說他從太陽那兒來，要吃人。「夢見愚者」預兆著死亡行將來臨。

　　當被其他祭司驅趕時，這惡魔便試圖搗亂節慶；他撒播恐怖，預言參與者將在敵人打擊下死亡，阻止野牛來歸，而優美舞蹈表演應當確保它們來歸。在趕走他之前，人們先向他獻祭。一當他看到祭品，馬上就騎向太陽，用手勢向它說明，他得到款待；他責備這天體默守其距離。邀它來相會 (Maximilien, 第375-376頁；Bowers：1, 第144-145, 153-155頁) ②。

　　毫無疑問，這個儀式破壞者試圖讓太陽同人類接近，從而讓這會合可能帶來的一切災禍也隨之降臨人類。因此，也是在這種情形之下，太陽之

---

②卡特林(Catlin)於1832年出席過／okipa／，並為之寫了一本小冊子，配有豐富插圖(*O-kee-pa*，費城，1867年)。馬克西米利安在翌年冬天到達曼丹人那裏，沒有目擊這典禮，就像他所說明的那樣(第372頁)。他主要從卡特林獲取資料。曼丹人在1837年因天花肆虐而人口劇減，旋即不復是一個有組織的部落。最後一次／okipa／於1890年舉行。

保持適當距離(因為如果太陽保持足夠遠的距離，那麼，它是生活的源泉)
乃同有益的雨的賜予結成功能的關係。

／okipa／和玉米儀式創始神話（Bowers：1，第183頁）證實了這種解
釋：

M₄₅₉. 曼丹人：少女和太陽（部份：參見第378及以後各項，390-391頁）

　　曼丹人最早的先民來自地球深處，在那裏，大地形成海洋岸邊的
一片高地。他們一共四個人，隨身帶著玉米。他們的頭領名叫「毛皮
斗篷」。他有兩個兄弟，哥哥叫「玉米穗做的耳垂」，弟弟叫「像葫蘆
博浪鼓的禿頭」。這三個男人有一個姊妹，名叫「波動的玉米稈」。

　　這頭領是玉米祭司，他向其他男人教授玉米的文化和儀式。他有
一件斗篷，足以抵擋水的噴淋，因而可以防雨淋。「毛皮斗篷」教大地
的居民穿衣，建造村子，耕耘土地。他把茅舍一行一行排列起來，就
像種植玉米那樣。他把土地分配給各家各戶，同時也分給玉米、扁豆、
葫蘆和向日葵的籽粒。

　　在這個時代，這姊妹整天走來走去，監管農活。一天，一個陌生
人想拜訪她，但她拒絕接待他。他三次重複了這樣的請求，結果都一
樣。這男人就是太陽。當他最後一次回去時，他預言，這少女種的東
西長不出來。

　　翌日，天剛拂曉，就火熱起來，因此玉米枯萎了。這少女到田裏
巡視，一直走到黃昏，她邊走邊展開斗篷，唱著聖詩。植物又復活了。
太陽一連四次燒焦田地，但每次少女都靠其斗篷和祈禱使之復甦
（Bowers：1，第156，195頁）。

　　這裏我不強調某些版本所呈現的與委內瑞拉瓦勞人起源神話的驚人相
似性（M₂₄₃；MC，第182-183頁）。這裏的問題每一次都在於引入文明技藝、

尤其農業或者在瓦勞人那裏是提取椰子芯，後者像曼丹人那裏的玉米一樣也是聖食。先民無論攀升還是下降，總是由偵察員發現新世界之豐盛所激發。一個孕婦過分肥大或過分沉重，因而破壞了他們的努力。一些印第安人到達這片希望之地，另一些人——其中包括巫術的主人（瓦勞人）或玉米的主人（曼丹人）——仍被囚住，而他們的不在使人失去幫助和庇護。然後是同水精發生了衝突（參見：Maximilien, 第366頁；Bowers：1, 第196-197頁；Wilbert：9, 第28-36頁；Osborn：1, 第164-166頁；2, 第158-159頁；Brett：1, 第389-390頁）。

當我們從這個曼丹人神話本身來看時，引起了另一方面的考慮。這神話表明，太陽的「食人」嗜好廣及農產品。然而，謝倫特人的大齋戒典禮同農業有潛在的聯繫：「如果乾旱時間太長或者太嚴酷，謝倫特人便把這對於收成的威脅歸因於太陽發怒」（Nim.：6, 第93頁）。曼丹人至少知道大齋戒的兩種等當物，其中有四天齋戒繼以強加於處於／okipa／期間的戰士的禁慾（Catlin, 第355, 362-368, 380頁）。此外，代表相當大部份成年男人（35個人）的玉米祭司在栽培植物的生長期內要服從許多對於某些食物的禁忌。這些禁忌有許多擴展到整個種族群體(Bowers：1, 第191-196頁)。尼明達尤（5, 第89-90頁；8, 第62頁）描述了蒂姆比拉人和阿皮納耶人那裏的類似制度，他們是謝倫特人在北面和南面的鄰族。誠然，在這個時期裏，阿皮納耶人每天都唱歌讚頌太陽。曼丹人在這方面很細心周到，似乎他們對太陽的敵意了然於胸。甚至為了在特別嚴酷的冬天裏使氣溫轉暖，他們也是向南風而不是太陽祈求（Bowers：1, 第307頁）。

因此，水必定在太陽和地之間扮演中介項的角色。第一個玉米祭司「毛皮斗篷」向印第安人解釋說，為了獲得富足的雨和豐收，他們應當每年春天當鴨和其他潛鳥向北遊戲時唱聖歌。在這個時期，出汗的儀式也很嚴格。在一間嚴密封閉的房舍內，人們向燃燒的石頭噴灑水，石頭有四塊，如同太陽訪問「玉米稈」姑娘的次數。一個傳述者說：「這些石塊是我們的敵人，

如同太陽」。當人們把它們放入這間房舍裏時，祭司就枚舉他想擊敗的四個敵人。進入這發汗室內部的那些人模仿野鵝和其他潛鳥(Bowers：1，第192，195頁)。

從這一切儀式中可以剝離出一個體系，它反映了神話同社會結構的相互關係。曼丹人分成兩個母系偶族，分別同東和西相聯屬。這些偶族的名字不得而知，但在建造這典禮用房時，它們的成員僅僅合作建造分配給各自偶族的那一邊。他們挖掘洞穴，在埋入立柱之前，先在裏面放入祭品。這些祭品在東邊是黃色玉米粒，西邊是野牛毛髮 (Bowers：1，第29頁)。

玉米／野牛這個對立象徵社會組織，與之相對應的是我已考察過的那些神話和儀式中潛鳥和太陽間的對立。在這四個項中，鳥為一方，玉米為另一方，兩者較密切地同水相聯繫。因此，水參與了兩個對偶，它作為一個模稜兩可的要素，對於鳥屬於天，對於玉米則屬於地，因為不要忘記，玉米來自冥界：

這個圖對我們將會很有用，因為它賦予水以模稜兩可的地位，而要索解曼丹人神話思維的某些表面上的反常，線索正應到這個地位上去找。不過，這圖式還只是局部性的，它並不妄想成為一個完整體系，而只是說明了後者的一個方面而已。實際上，在某些儀式和某些神話中，玉米和野牛有時一起出現。／okipa／節慶在夏天柳葉最茂盛的時候進行(Catlin，第353頁)，它鼓勵野牛增殖。但是，它把農事的禮儀反轉了過來，因為農事禮儀意味著**天上水被召來**，而／okipa／則如我已說的並將作進一步說明的，意

味著**地上水又漲**。

至於冬天召喚野牛的儀式，則他們同時反轉了建基於／okipa／神話的玉米儀式和這個典禮：它們在白晝最短時的隆冬舉行；它們就是由祭司向北風祈禱，要求它在大草原降下暴風雨，讓暴風雨把獸群驅趕到山谷；最後，它們要求絕對的沉默，並停止一切活動。另一方面，確立這些儀式的神話或者把野牛和玉米聚在一起，·或者把太陽和鳥聚在一起。因此，我所集攏來的各個項保持不變，而對其他儀式或神話作考察，其任務僅僅在於發現新的組合。這完整的體系並未給部份的體系增添什麼附加的要素，它倒是豐富了其向度。

建立總體系的任務將是繁重的。但是，像對於全部神話一樣，對如此豐富而又如此複雜的大草原神話、尤其村居部落的神話，我們也決不會弄得一清二楚，因此我們也不會對必須按相互關係加以重建的神話作有條理的分類。這些關係包括：對稱的或反對稱的關係，一些關係被轉移到另一些關係之上，同時改變背景或梗概的色調；鏡象、正面或負面的圖示，以及用唱歌來正面地呈現，或者反過來呈現。

曼丹人以許多方式講述天體的爭論。在所有這些異體中間，有兩個構成了人們所喜稱的這整個一組神話的羅塞塔石(la pierre de Rosette)：它們用不同的「語言」寫成，使人得以破壞一種別無他途可以把握的意義。

M₄₆₀ . ： 曼丹人天體的爭論(I)

（部份：參見第 431 頁）

太陽和月亮從前降落在地上。他們想結婚，因爲他們老母親精力在衰退。月亮打算到「玉米莖」中娶一個女人。太陽反對説，女人只有一隻眼睛，盯住他看時愁眉苦臉，而癩蛤蟆用迷人的藍眼睛盼他。月亮説：「好吧，你娶一個癩蛤蟆爲妻，我娶一個曼丹女人。」

　　月亮去到一個夏天大村子近傍。他看到兩個女人在揀拾木頭。他變成箭豬，把年紀較小的一個引到楊樹高處，然後引到天上。他的門前長著結紅果子的唐棣屬，太陽的門前則長著紅「柳樹」。母親讓進了這兩個女人，但她不悦地發現，癩蛤蟆仍在灌木叢裏蹦跳，每跳一次就撒一次尿。

　　當她讓她們吃飯時，這曼丹少女選一塊薄的肚子，癩蛤蟆則選一塊厚的。這老嫗想知道，哪一個善吃，咀嚼時聲響大。這印第安女人有鋒利的牙齒，像狼一樣吞食。但是，這癩蛤蟆未能把木炭放在齒齦間咀嚼成。所有的人都恥笑它。它一怒之下跳上月亮胸脯，附著在那兒。他用刀把它砍下，扔進火裏。於是，它轉移到他的背上，恰在肩胛骨之間，而他夠不到那兒。這就是月亮陰影的起源。

　　這神話接著説這女人逃跑，死去，兒子在「長生不死老嫗」那裏歷險，這老嫗已成爲他的養祖母，英雄死後而又復生，登上天空，變成星辰 （Bowers: 1， 第200-205頁）。

　　關於這個版本，沒有多少可以說的，只是它把天體妻子故事納入到一個遠爲廣大的關於植物女神「長生不死老嫗」的神話總體之中。我還會回到這個方面上來（第364, 375頁）。至於其餘部份，這故事以與上面已研究過的那些也屬於箭豬記述的版本所應用的方式幾乎一樣的方式展開。

　　另一方面，「高空民族」儀式（不要忘記其有害性）植基於另一個神話，而後者打亂了上述故事的精神和許多細節：

M₄₆₁. 曼丹人：天體的爭論(2)

　　「這個故事裏總共有三個人物：『高空老嫗』以及她的兒子太陽和月亮。」講述者如此評論説。

　　從前有個少女，名叫「玉米絲」（我保留「絲」[soie]這個詞，它

在英語裏標示覆蓋穗的絲)。她心血來潮想嫁給太陽，於是問一個聖女，如何能到達太陽那裏。這聖女勸她進行分成許多階段的旅行，每天在老鼠那裏過夜。

第一夜，這少女要求「室內鼠」招待，它們給她吃剛從地裏採來的扁豆。作爲交換，她送給它們野牛油，讓它們塗抹被這艱辛勞動弄傷的手，還有藍石做的珠子。第二夜，在白胸鼠那裏重現了同樣的情景，第三夜，在長鼻鼠那裏。對接待過第四夜的有袋囊的鼠，她供給了野牛油和她也備有的玉米球，作爲對慣常的扁豆的交換。

第二天夜裏，「玉米絲」來到了天上民族的房舍。老嫗驚艷之下，讓她進來。兩兄弟各佔房舍的相對一邊，母親把這少女安頓在月亮那一邊。當一個切延內女人突然從地上世界出現時，這老嫗打發她到太陽慣常睡覺的一邊。

太陽明白，母親爲偏袒兄弟而虧待他，遂抱怨不已。她回答説，月亮對婚姻要求低。到了吃飯時分，老嫗給食人的太陽吃女人的手、耳和皮。切延內女人和他吃得津津有味。

兩個女人各生了一個兒子。當太陽想讓姪子變成食人者時，月亮便延長黑夜，讓「玉米絲」帶著孩子逃跑。這孩子在母親村子裏長大，那切延內女人的十個兄弟向他挑戰。月亮變成雷雨鳥，與妻子的種族並肩戰鬥，殺死了那十兄弟；月亮的兒子殺死了堂兄弟即太陽的兒子，砍下他的頭。他把屍體放在架堆上燒，把頭給了水精。他成了曼丹人那裏的軍事首領（Bowers：1，第299-302頁）。

我把這神話的後一半留到下一篇研討，現在則來考察其開頭。「玉米絲」是什麼？無疑是起源神話的女英雄「玉米稈」（參見M₄₅₉）的刪節的複本，而且這女英雄在希達察人的同系神話中也稱爲「玉米絲」（Bowers：2，第339，342頁）。許多神話似乎把不管什麼人物，只要是女性，都叫做「玉米絲」；

有時甚至在同一個神話（M₄₆₂）的過程中，兩個不同的女英雄共用這名字。不過，對於這類問題，不要過分匆忙地斥之爲任意性，而最好恪守費爾迪南·德·索緒爾從研究《尼伯龍根》（*Nibelungen*）循環所激發的反思精神：「的確，對事情追根究柢，我們就能在語言學領域發現，像在與這領域相關的領域中一樣，一切思維中的不一致都起因於當事關**語詞**、**神話人物**或**字母**這類非實在的東西時沒有充分思考**同一性**或同一性的特徵，而從哲學意義上說，它們只不過是**符號**的各種不同形式。」而且他在註釋中又補充說：「不錯，對哲學本身的看法也不正確」（載Godel，第136頁）。

如果說各個曼丹人女英雄帶同一個名字，那麼這正是說明她們的冒險經歷呈現共同的特徵：一些女英雄的異名解釋了另一些的同名。最早的先民或恭順的美麗村姑對待婚姻始終抱模稜兩可的態度。以其一種職能，這女英雄把想到女人中娶她爲妻的太陽拒之門外；這樣，她對其敵對行爲負責。以另一種職能，她拒絕一切粗魯的求婚者；當她的兄弟和母親爲此指責她時，她打破了門，去到世界的盡頭，嫁給一個食人魔。不管她幹的事情成功還是失敗，後果都是災難性的：她給村子帶來了戰爭（M₄₆₁）、亂倫、夫婦不和和猜忌（M₄₂₆；Beckwith：1，第63-80頁；Bowers：1，第272-289頁）或者化身爲一個標致小姑娘的殺人女魔，作爲寒冬的飢餓之嚴酷的人格化（M₄₆₃；Bowers：1，第319-323頁）。通過大加簡化，我們可以說，當太陽被作爲丈夫輸入時，女英雄把他以食人魔形式輸出；但當她自己被作爲妻子輸出時，她輸入了實際的或隱喻的食人魔。的確，她還帶來了玉米，而當她不在時，玉米停止生長。無論建立農事儀式（M₄₅₉）還是狩獵儀式（M₄₆₂，₄₆₃），以「玉米絲」爲女英雄的神話都對一個雙重對立支吾其詞。作爲季節性產物，玉米時而近，時而遠。玉米還代表別種季節性產物，其中首先是獵物，獵物迫使人——爲了在夏天在大草原上**追逐**它或在冬天把它**吸引**到山谷底——放棄玉米。純農業的生活方式把群體保持在村子裏，因此，它導致亂倫（M₄₆₂）。不過，流浪狩獵和到遠方征戰導致的村子荒蕪帶來了外

婚冒險的災難。意味深長的是，外婚冒險在野牛妻子的鄉土進行，而她的懷有敵意的父母共謀殺害其女婿 (Bowers: 1, 第276-281頁)。

因此，就像在其他天體妻子神話中一樣，這些曼丹人版本也正是提出了怎麼裁斷近和遠的問題。不過，M_{461} 把這問題轉向兩個方向。首先，社會學代碼轉到了第二位：由這些神話援用的婚姻類型毋寧說意味著生活方式。「玉米絲」聲稱要嫁給遠方的超自然人物，他們表現爲獵手或食人者，甚至兼而有之。或者(M_{462})，她試圖勾引自己的兒子，因而強迫他作趨近的結合；其時，她自己作爲超自然人物即玉米女主人行事。狩獵主人的這個兒子（單就這個問題而言）逃避了同其母親的亂倫，後者也是玉米的母親（單就這個問題而言），爲此，他娶了兩個分別同玉米和野牛相聯結的妻子。農業和狩獵之間第一次建立起了平衡，但它仍是不穩定的，因爲這兩個妻子不相像：一個是寬容的，另一個是忌妒的。爲了達致和諧，植物妻子必須作出犧牲，同時又從遠方監視不忠誠的英雄，並且這英雄必須戰勝動物妻子使他遭遇的危險。僅僅以此代價，玉米使他成爲忠實的獵人和戰士③。

因此，曼丹人的思維並不試圖在流浪生活和定居生活、狩獵和農業、戰爭和和平之間規定一些中間項。相反，它千方百計想證明，這些極端形式是不相容的，必須假定它們相矛盾。無疑，這些神話的悲劇色彩和晦暗的莊重都來源於這矛盾。同時，似乎比別處更殘酷的懲罰即強迫在典禮（其象徵因而也更豐富）過程中進行懺悔，並未達到局限於單一層面。我們已看到，／okipa／這節慶既在於旨在保證獵物增殖的前瞻性儀式，又在於對大洪水結局的回顧性紀念，而其圖式反轉了在其他時期慶祝的前瞻性儀式

③我不是沒有看到，大草原其他部落裏也存在兩個妻子神話及其所謂「發怒的野牛妻子」(piqued buffalo-wife)的異本。我在此僅從它們對於曼丹人神話總體的關係援引它們。

的圖式，以便召喚雨水，獲致豐收。同時，天體妻子神話的兩個主要版本之間在色調上的差異是無法理解的，如果不看到，M_{460}返指玉米儀式，M_{461}返指作爲園圃之死敵的「高空民族」的儀式的話。

　　在去太陽居留所的途中，「玉米絲」在四種刺鼠那裏作了逗留。傳述者使用英語詞mice〔鼠〕，這就重又提出了各種迥異的科和屬的問題，但我不準備確定地證認它們。這裏只要指出女英雄首先造訪的「室內鼠」，就夠了。這種鼠以其如此命名提示了與人的鄰近和親近關係④，而第四組即有袋囊的鼠組也許從分類學觀點來看與其他幾組相分離（囊鼯科或頰囊鼠科？），它們沒有表現出與印第安人友善的徵象：有袋囊的鼠背有破壞田地和園圃的惡名。大草原的蘇人因爲另一個原因而害怕它們。他們認爲，這些動物食用會引起面容潰爛的草葉（J.O.Dorsey：2，第496頁）。無疑這是模仿他們備著用於裝食物的面具袋。因此，我認爲，女英雄依次獲得一些動物幫助，它們的親近程度遞減，敵對程度遞增。這個過程把她引到太陽那兒，而太陽不滿足於像有袋囊的鼠那樣偷竊園圃，而且還毀壞它們，並且是食人的。因此，這與有袋囊的鼠不同，這些鼠的女客人用袋囊貯存玉米球，而這是一個三元組的唯一農業項，其另兩個項爲野牛毛髮（狩獵的產物）和石珠（屬於服裝而非食物）⑤。可以記得，由植物性食物、服飾和動物性食物（第292頁，項3）所構成的一個三元組乃可與其他全面反映曼丹人生活的三元組互換。

　　另一方面，三個特徵鮮明的項：栽培穀粒、製造品、狩獵產物引用了刺鼠類動物並不實行的活動類型。刺鼠們給來訪的女客人提供了土中的扁

---

④在希達察人那裏，一隻充填過的「鼠」用做爲年輕男人的團體的標誌，這些團體在預
　先知道的時期到村子去打家劫舍。人們保護一切生活資料，但不只是爲了禁止他們，
　因爲人們也希望青春年少們去進行艱巨的冒險，遠征到敵對的鄉土上去竊取馬匹
　（Bowers：2，第134頁）。

豆：屬名兩型豆屬(*Amphicarpa*)，鐮形，有叢毛。這種豆科攀緣植物有兩種枝、花和果。氣生的籽粒太小，其價值抵不上採摘它們所費的艱辛，但印第安人很喜歡長在土中的大籽粒。這種採集工作很費力（參見這神話），因此，承擔這任務的女人寧可到田裏去偷盜某些鼠（**畑鼠**：無疑爲倉鼠科田鼠屬）的巢，那裏儲存大量籽粒。然而，與曼丹人相鄰的達科他印第安人斷言，她們總是留給鼠食物的作爲交換：同等數量的玉米籽粒或者這些鼠愛吃的其他產物。「她們說，偷動物的東西是醜行，但公平交換不算偷」(Gilmore：1，第95-96頁)。

可以看出，這神話故事從實際的習俗得到啓示，並且，反過來這故事又證明這習俗是合理的。因爲，這習俗給出了一種十分深刻的涵義，涉及一種經濟活動類型，它介於農業和狩獵之間：實際上，土中的扁豆作爲植物性產物卻來源於動物。神話的一個常見題材正是：鼠代表饑荒到來之前人們所食用的最後獵物。然而，這神話在這樣的時機援用這種中間活動：一次旅行使一個女人和一個男人、農業和食人趨近；它們是一個系列的極端，而狩獵在這系列中僅能扮演中間項的角色。我已說過，曼丹人並不設想在農業與其社會學極限亂倫爲一方，狩獵與其社會學極限戰爭爲另一方，雙方之間存在中介。實際上，很難想像，整個部落怎麼可能僅僅靠刺鼠的勞作生存。但是，儘管這假說是那麼荒唐可笑，這神話還是援用了它。這假說並沒有提供實際的解決，但它使我們得以從思辨層面展現交換的規範：

⑤M₄₆₂的貝克威思版本（I，63-76頁）訴說了一個由玉米球、乾肉和野牛毛髮組成的三元組，它同另一個三元組並不矛盾，因爲可以把它分析爲：**植物性食物、動物性食物和膏藥**。另一方面，這版本以不同方式建構了提供幫助的動物的系列，這些動物依次爲：1)白肚鼠；2)黑鼠；3)鼴鼠；4)老獾。還可看到這樣的系列：1)白肚鼠；2)尖鼻鼠；3)黃肚鼠(Beckwith：1，第286頁)；或者：1)長鼻鼠；2)紅背白胸鼠；3)黑鼠；4)獾(Bowers：1，第287-288頁)。因此，M₄₆₁的種族動物學清單只是說明衆多方案之一種，而分類學層面上的不確定性並不能解釋它。

這些處於平衡的極端由於缺乏一種能取它們的簡單狀態而維護中介行為。這種交換在神話中以非常離散的形式出現，以致有在不知不覺之中進行之虞；同時，這種交換以謙卑之至的即最小的刺鼠為夥伴。不過，這兩點不應當掩蓋這題材的重要性。我已使它在上一篇中討論的那些神話中突現在第一線。

天體的母親在取代妻子時把一個錯誤選擇反轉了過來：因為出身於一個敵對民族的切延內女人投合食人的太陽；民族女英雄「玉米絲」以其作為農業和曼丹人的保護者的雙重身分投合月亮。沒有這個招數，「玉米絲」就無法逃過太陽，因為她為了達到逃跑成功而需要月亮幫助，而所有別的版本中這逃跑皆歸於失敗。不過，這還不是M_{460}和M_{461}之間的唯一歧異；因此，我應當有條有理地對它們加以比較。為了簡單起見，我稱各個版本為V_1或V_2。

按照V_1，月亮娶一個牙齒鋒利的女人為妻，「她像狼一樣貪吃」，太陽娶一個沒有牙齒的癩蛤蟆為妻。

按照V_2，月亮娶曼丹少女「玉米絲」為妻，太陽娶食人的切延內少女為妻。

如果承認V_1和V_2的曼丹人少女可以互換，那麼就可知道，當把這兩個版本相加時，妻子類型又回復到兩種：

$$V_1+V_2 = \begin{cases} \textbf{地上女人：} \begin{cases} \text{曼丹少女} \\ \text{切延內少女} \end{cases} \\ \textbf{水中女人：} \quad\quad \textbf{蛙} \end{cases}$$

另一方面，每個版本都只保留一個相干對立：

$$V_1 = \textbf{地上女人／水中女人}$$
$$V_2 = \textbf{地上女人}^{(1)}／\textbf{地上女人}^{(2)}$$

顯然，V_1和V_2處於轉換關係之中，因此，V_2的女英雄之一必定是對V_1的地上女人的轉換，另一個也必定是對水中女人的轉換。這神話故事在這一點上並未表現得很明顯，但我們還是能夠依靠儀式加以彌補。

在／okipa／的第三或第四天出現的「愚者」失敗之後，這個曾是鐵杆獨身者的邪惡人物(Maximilien，第343頁)轉變成了淫逸的小丑。他模仿淫興大發的野牛，試圖攻擊少女。他多次同兩個著少女服飾的舞蹈者（一個是智者，另一個是愚者）演出了荒誕的情景。他先向第一個求婚，把自己的稈項圈奉獻給她，但她拒之門外。於是，他轉向第二個，後者熱切地接受他的求愛。這兩個人物是「玉米絲」和切延內少女的化身（Bowers：1，第146頁和註㉘、㉙）。因為後者被轉變成了丑角，所以可以假定，在這關係之下，V_2的切延內少女是V_1的滑稽的蛙的轉換。但是，這沒有牙齒的蛙無法在吃東西時發出聲響。

因此，到此階段，過去的一切似乎讓我們得到

1)（沉默：聲響）∷（無牙女人：有牙女人）

∷（不食人女人）：（食人女人），

並且因此似乎是曼丹人而不是切延內人轉換蛙。當我們注意到，曼丹女英雄集前述系列的兩個項於一身：按V1為有牙齒，按V2為不食人，那麼，這矛盾便自然消弭。因此，我們可以按如下方式重寫公式：

2)〔沉默：聲響〕∷〔蛙（無牙）：曼丹少女（有牙＋不食人）〕

∷〔曼丹少女：切延內少女〕

這等於說，就貪食關係而言：

3)切延內女人 ＞ 曼丹女人 ＞ 蛙女人。

實際上，**食人的**切延內女人比**不食人的**曼丹女人貪食，而帶狼牙的曼丹女人則比**無牙的**蛙貪食。

	切延內女人：	曼丹女人：	蛙：
食人性：	＋	－	
牙齒：	＋	＋	－

因此，相對於異鄉妻子和動物妻子，女同胞佔據模稜兩可的地位。

然而，我們還記得，玉米儀式創始神話(M_{459})把從地球深處來的、在那裏以玉米為食的冥界祖先同不僅食肉而且食人的天上民族截然對立起來。在這兩個端項之間，水起著中介項的作用。然而，對於也是解釋玉米儀式的M_{460}來說，水是由蛙蘊涵的元素。因此，這些農事神話提出了兩個獨立命題。一方面，水確保了天（≃火）和地（≃植物）之間的中介：

1)　　　　　　**地＜水＜天**。

但是，另一方面，仍然有

2)　　　　　　**地＞水**。

因此，儘管水是**必要的中介者**，這個中介項的**價值**還是**不如**它予以中介的各個極。這怎麼可能呢？土著思維迴避不了這個問題。我們已看到（第 301-302 頁），這思維賦予水以特殊地位。因此，在它看來，這中介作用是由另外兩個元素的部份重疊而不是由內插來發揮的：

$$天\left\{\begin{matrix}\\\\\end{matrix}\right.$$
$$\left.\begin{matrix}\\\\\end{matrix}\right\}水$$
$$地\left\{\begin{matrix}\\\\\end{matrix}\right.$$

　　這中介項既不優越於也不等值於端項，而是共有它們的兩種本性。因此，它顯得優越於天火和它力排其威脅的兇猛，同時又低劣於堅強的地(如印第安人對蛙的勝利所證明的)，儘管仍然眞確的是，絕對說來，天勝過地：高空民族不知疲倦地迫害人。這些神話對這種模稜兩可性有其自己的看法，因爲太陽錯誤地偏愛蛙，其理由是蛙能正視它：客觀上是蛙欺騙它，從而體現了水對於天本身的**能耐**。但是，如果說就此而言，女地主低劣於水精，那麼，從另一方面來說，地卻能同天抗衡。靠著她的狼牙齒和咀嚼有聲，天上的、食人的諸神在她身上發現了**對誰談話**。就像常見的情形那樣 (L.-S.: 5, 第345頁, 註②)，非傳遞性的循環結構：**地＞水＞天**(＞**地**)又回復到了兩個不明顯的變項的結合行動。

　　回顧一下，我用作爲出發點的那個圖庫納人神話(M_{354})已經就一個蛙妻提出了同樣類型的問題，不無用處。像大草原神話的婆婆一樣，這個圖庫納人神話的婆婆也對她兒子娶爲妻子的蛙進行咀嚼考驗。這蛙妻食用**黑色甲蟲**(試比較她的北美洲同類受考驗時吃的**黑色炭**)，當老嫗給她吃一碟多香果時，她暴露了其獸性。因此，北美洲的地上妻子和水中妻子間的對立等同於南美洲的辛辣食物和非辛辣食物之間的對立。

　　然而，兩半球的神話以獨立的方式把兩個對立中它們聲稱爲相干的一個同第三個到處都一樣的對立：食人性的存在或不存在聯繫起來。實際上，存在著一個圖庫納人神話 (M_{53}；CC, 第168-169頁)，在那裏，一個迷路到了花豹那裏的人英雄毫無困難地吞下了非常辛辣的蔬菜燉肉，結果自己慘遭食人獸呑食。

　　因此，在這兩處又都碰到了一種毫不令人奇怪的等價關係：

　　1)　　(**敵人：同胞**)∷(**食人的：不食人的**)；

圖庫納人還把公式轉換成爲：

2)　　　　　　（人：動物）∷（加佐料的食物：不加佐料的食物）；

或者：

3)　　　　　　敵人＞同胞＞蛙；

而曼丹人從他們的方面提出：

4)　　　　　　（人：動物）∷（健旺的食者：無能的食者）；

或者同等地：

敵人＞同胞＞蛙。

這對比還有一個令人感興趣的地方。實際上，它強調了我已指出過的兩半球關涉餐桌禮儀的神話之間的反轉的恆常性。像M_{10}的蒂姆比拉人英雄（參見第 296 頁）一樣，M_{53}的圖庫納人英雄在吃東西時也不應發出聲響，儘管這肉在一種場合太脆，在另一種場合傷口。相反，不同於其對手蛙，北美洲天體爭論神話的女英雄應當咀嚼有聲。她在南美洲在另一個圖庫納人神話（M_{354}）中有一個對等的姊妹即蛙這個角色。如果說這後一個神話想描繪她在餐桌上的行爲(可惜它不是這樣)，那麼，它無疑是說，她發出叫喊；因爲它至少說明了多香果燒灼她的喉嚨。

爲了逃過食人花豹（M_{53}）或者她的有同樣胃口的妻子（M_{10}），這人英雄應當沉默地吃東西；這樣，他可能期望調解自然和文化的對立⑥。但是，曼丹女英雄起著遠爲狹窄的作用。她沒有成爲食人的，她的任務在於向生活源泉保持者太陽表明，人儘管來自地球內部，依靠水生存下去，但仍能對抗水而部份地同天相聯結。因此，在北美洲，與中介化的努力相對立的是一種去中介化的努力。也可以換一種方式來表達這一點：蒂姆比拉人規

定，在地上的建設性火的主人花豹的餐桌上，應當沉默；講述天體爭論故事的大草原印第安人規定，在天上的破壞性火的主人太陽的餐桌上應當咀嚼有聲。說到底，如果說天上民族的女訪客必須接受精力和咀嚼有聲的考驗，那麼，她是作爲人類的使者，是爲了向這些食人者表明**她同它們並駕齊驅**。

---

⑥在一種場合(M_{53})，人英雄代表文化，食人花豹代表自然。在另一種場合(M_{10})，情形正好相反，因爲這神話是在人吃生食，只有花豹擁有烹飪用火的時代展開的。但是，這對稱關係仍存在著，因爲人英雄在M_{53}結束時轉換成爲花豹，而在M_{10}結束處，當這「花豹」把熟肉給予人，因而自己成爲眞正的花豹即食生肉者時，它經受了同樣的轉換。

第六篇

●

平等的均衡

離開交換，任何社會都無法存在，沒有公共的衡量標準，就沒有交換，而沒有平等，也就沒有公共的衡量標準。因此，全社會以無論人之中還是事物之中的某種約定的爲第一法則。

J. -J.盧梭：《愛彌兒》，第三篇

I　十個一組

因此，曼丹人神話在高空民族和人即迫害者和受害者之間聯結上一種協合的紐帶。它們所由感悟的是哪些捉摸不定的隱蔽深意呢？

這個問題非常重要，尤其因為我們無法把它同我們尚未研討過的另一個問題分離開來。在第五篇裏，我相信已在大湖的阿爾袞琴人那裏發現了箭豬記述的一個可能的原型（M447）。我們還記得，這箭豬記述在一個沒有箭豬的區域裏流傳。但是，如果月亮變成這種動物的揷段代表另一個源自由刺鼠居住的區域的神話的反轉，那麼，就可以明白，實際動物的幻影怎麼能在那同一個地方存留下來，而在那裏它所能企求的唯一存在模式乃屬於形而上學的範疇。然而，我未解釋在大草原中部的一個連續分布區域中所觀察到的箭豬揷段和天體爭論間的連繫。因此，僅僅說，箭豬記述反轉了別處給出的一個神話題材，某些有關部落所以能知道這題材，是因為它們出身於它存在的地區，還是不夠的。此外，它們必定還就此掌握天體爭論的一個原型，並且，一個原始總體必定產生於它與作了同樣轉換的箭豬故事相融合。

我已於1963-1964年間勾勒了這問題的一種解決，但我在法蘭西學院（Collège de France）的教程中未強調過它，因為我覺得它根據不足。那時以來，鮑爾斯關於希達察人的社會組織和禮儀生活的里程碑式著作(2)問世了。在這部著作中，我找到許多提示，它們全都有效，使我得以縮短我已描繪過的最初路線。我現在就從這裏開始進行闡釋。

曼丹人和希達察人在冬天慶祝幾乎一樣的儀式（Maximilien，第378頁），以此把這個時期定居於有樹木覆蓋的山谷底部的野牛招引到村子附近來。這些所謂「給野牛塗紅色」的儀式還保障慶祝它們的人軍事上成功，保障老嫗健康長壽（Bowers：2，第452頁）。創始神話（曼丹人：M463，參見以上

第 305 頁；希達察人：M₄₆₄, Bowers：2, 第452頁）講述了，雄野牛答應解救印第安人於飢餓——在這個曼丹人版本中由一個小食人女魔象徵——條件是，印第安人向它們奉獻玉米稈和其他植物性食物，並把他們用皮遮身的裸妻交給它們。爲了實行這儀式，老年男人充任野牛的化身。入選的老人都是狩獵和戰鬥的好手，在年輕時就以同樣方式取得了招引野牛的權利。實際上，同直接轉換成「少女」的「媳婦」進行的儀式性交媾保證了由老人保留的超自然能力傳遞給年輕一代。如果正在成長的一代不是從自己的頭領獲得這些能力，而是滿足於利用親嗣關係的權利來履行它們，那麼，它們便會漸漸退化（同上著作, 第455頁）。

原則上，主動性出現在妻子身上，「因爲男人在性方面的事情上意志不怎麼堅強」，而她們則有時顯得很沉著。年輕妻子這時會請敎其兄弟和母親。他們向她說明她所採取的行動的重要性。他們說：「這好像你被人置於神的呵護之下。」此外，有時老人拒絕這種主張，而滿足於把他的標誌即一根塗紅色的棒給這女人。當這擁有者爲她和她的丈夫祈禱時，她用這棒擦自己的裸胸。不過，這已是另一回事。一個傳述者斷言，他總是能夠察明這差異：當眞正的行動已完成時，「他的妻子似乎被一種新的生命所激勵」（同上著作, 第454-460頁）。

鮑爾斯給出了這創始神話的第二個版本，它源自阿瓦克薩維人(Awaxawi)亞群。它在總體上與貝克威思蒐集到的版本(1, 第181-185頁)相一致。但豐富了一些新的細節，它們很值得重視，因爲在典禮過程中祭司們分擔和模仿神話人物的角色：

M₄₆₅. 希達察人：提供幫助的野牛

從前有個身材短小粗壯的村夫模樣的異鄉人，他向曼丹人挑戰賭博。曼丹人不斷地輸。這時生活在村裏的一頭雌野牛解釋說，這賭徒是太陽，他收集起全部賭注之後，受他保護的敵人將攻擊村子，殺死

所有居民。扭轉機遇的手段只有一個：年輕男人把賭神邀來，把自己的妻子送給他們。否則，十二個結盟的村子的戰士將要滅絕這個種族群體，而且他們已經開拔。

這頭雌野牛並不滿足於支配這典禮。它得到月亮合作，共謀把太陽引來。太陽為一個諾言所吸引，即他將得到一個年輕貌美的印第安女人。太陽並不輕信。月亮極盡渲染之能事，繪聲繪色，說在一個節慶上，可以大吃大喝，恣意做愛，直至興盡為止。可是，一連兩次都是枉費心機。第三夜，接受雌野牛的勸告，月亮警告太陽說，如果他再不作決定，原本指定給他的那個美女將同別人睡覺。於是，太陽趨近一點這典禮的房舍，及至第四夜，他進去了。雌野牛立即向他大灌迷湯，迷住了他。它想同他睡覺。難道他不是最偉大的神嗎？太陽感到遭搶劫，因為雌野牛已成為他的主婦。但是，在這種情況下，是沒有權利拒絕的。他屈服了，儘管這種向古老弱點的復歸並沒有降臨到他身上。

交合的結果是：太陽的超自然能力以好的或壞的食人魔傳到印第安人，此後又通過他們的「兒子的妻子」的中介而傳到了「兒子」，後者以前只是「媳婦」，後來被稱為「孫女」(Bowers：2，第455頁)。結果，雌野牛有權要求，他把敵對的十二個村子的民眾交給曼丹人。太陽痛心疾首，因為他的養子在另一個戰場戰鬥。因此，一旦所有戰士都被殺死的同時，這養子也死了，他就必須吃掉之。

人們讓太陽坐在房舍的西邊，這是貶損的一邊(參見M$_{458}$)，「因為太陽是厄運的化身」(同上著作，第456-457頁)。當他開始吃人們給他的碟肉時，人們儀式性地打擊他，把他當作一個沮喪的敵人。然後，人們在多處放火燒房舍，以便讓熊熊大火照亮宇宙。

十二個敵對村子的民眾在太陽兒子統率下突然出現。所有敵人同頭領一起喪命。人們不無困難地砍下頭領的頭，因為一根非常硬的木

（種名*Cornus*）棒維持住脊髓。頭領的頭也是第一百個受害者的頭，所以人們把它交給一條保護蛇，它生活在奈夫河和密蘇里河匯流的水中。太陽從天上下來索要這頭，但這蛇拒絕交出。於是，太陽用*Lycoper-don*（馬勃）屬的蘑菇做了一個備用頭，用艾充作頭髮。但是，他未能使這個仿製品復活，遂哭泣著出走了。印第安人贏得了這場比賽的勝利（Bowers: 2, 第452-454頁）。

關於這個神話，我有許多話要說。首先將可注意到，它部份地重複了高空民族儀式創始神話（M_{461}），但它反轉了另一個神話，後者創設了曼丹人藉以在六月到八月即夏天召喚野牛的儀式（Bowers: 1, 第108頁）。我已提到過這個神話（M_{462}，以上第305-307頁），在那裏——與M_{465}不同——野牛扮演外婚制而非內婚制的妻子的角色，她派丈夫到遠方的敵人那裏去，而不是讓他防禦他們。在M_{462}中，內婚制的妻子「玉米絲」（乃至作為她的丈夫的母親的化身出現）把丈夫交給雌野牛，以便他在戰勝後者父母強令他進行的遠征考驗之後成為狩獵的主人。在M_{465}和相應的儀式中，情形正好相反：為了得到同樣的好處，獵人們在岳父母鼓勵下把妻子交給當時佔據村子的野牛。因此，野牛神話在轉換關係中處於它們之間。所以，可以肯定，它們構成一個組。此外，夏天野牛儀式和冬天野牛儀式間的對立起因於這樣的事實：用於慶祝前一種儀式的可攜帶祭壇也出現在／okipa／（這是夏天的典禮）的禮拜儀式之中（Bowers: 1, 第271頁）。

但是，在這個神話組和天體爭論神話組之間也出現一種轉換關係。可以用兩種方式表明這一點。第一，M_{465}講述天體的一場爭論。月亮要帶太陽參加節慶，太陽犯疑，拒絕去。所以，必須哄騙他，才能達到目的。最後，太陽拿定了主意，但受到愚弄。他發現，人們許諾給他的不是美女，而是一個老邁的情婦。他逃避不了與她重新結合。這裏我注意到，如果不是希達察人，那麼也是曼丹人非常看重新鮮東西的魅力，以致在給予野牛

的女人中間，除了丈夫還沒有別的男人認識的女人佔據首位。有時，一個女人強奪這令人垂涎的位置，但一個舊情夫只是報以冷笑，這羞愧的不貞女人等待被玷污(Bowers：1，第317頁)。因此，就像在關於天體爭論的神話中一樣，太陽在選妻上面也犯了錯誤，他偶遇的雌動物是沒有魅力的。兩處儘管方式不同，但月亮和人的聯姻使兩者都成爲交易的勝者。

其次，應當注意到，M_{465}和天體爭論神話的曼丹人版本之一(M_{461})之間有許多令人矚目的相似之處。每一次，太陽同一個「非女人」——曼丹人所吃的野牛女人或者吃曼丹人的切延內女人——的結婚都伴隨著引入碰運氣的遊戲，而它們是戰爭的一種形式，標誌著一場反對敵人的眞正戰爭的開始，敵人的數目爲十〔切延內女人的兄弟〕或十二(結盟的村子)。每一次，太陽的兒子都用這些敵人戰鬥，他陣亡，人們砍下他的頭，最後，M_{461}詳確說明，月亮化身爲雷雨鳥幫助曼丹人。這兩個神話都以把砍下的頭獻給水蛇告終。這幾點需要另加考察。

我們從算術開始。就此而言，我們正在討論的那些神話屬於一個宏大的神話總體，它從大西洋一直到太平洋都得到證明，那裏出場的人物通常十個人構成一隊。這些神話提出了一個難題，因爲這數字有時要變。這時人們會問，這是不是偶然的變化，或者，僅僅在這一點上不同的各個版本是不是屬於不同的種屬。北美洲西北部的神話提供了最簡單的情形。那裏大量存在基數的規則組合：5，$2×5＝10$，$2×10＝20$，這從貝拉科拉人(Bella Coola)一直到沙什塔人(Shasta)都可以觀察到，尤其在莫多克人那裏。

這裏舉一些例子，它們來源所自的神話我未加編號，因爲其中有許多更詳盡地出現在下一卷裏。莫多克人或克拉馬特人的女英雄有5個兄弟(Curtin：1，第17-26，95-117頁；Barker：1，第47頁)。一個莫多克人英雄遇到兩姊妹，她們每天殺死10頭鹿。他自己殺死11頭，又出去打獵，一連

10天，他在自己的捕殺獵物表上都記下11頭。在這110頭之後，他又以每天10頭的速度捕獵100頭，然後以每天20頭的速度捕獵了200頭(Curtin：1，第24-26頁)。這就是說，通過這樣產生一個數列：$10 \times 2 = 2$；$10 + 1 = 11$；$11 \times 10 = 110$；$10 \times 10 = 100$；$20 \times 10 = 200$。此外，造物主庫姆什(Kumush)給孫女一份包括10件袍子的嫁妝，它們依下列次序供她穿戴：童年、青春期舞蹈(持續5天5夜)、緊接在舞蹈之後、以後5天、一切出行、砍樹勞役、挖野根、旅行、球戲；第10也是最後的場合是作爲壽衣(同上著作，第39-40頁)。一個神話追敍了，生活在東邊的10個疾病兄弟和西邊的10個太陽兄弟部份死亡或失散(同上著作，第51頁)。當英雄月亮準備結婚時，他逐個消滅了10個蛙姊妹，儘管她們個個高雅美貌，選中了第11個候選者：一隻綠色的、醜陋的、骯髒的和衣衫襤褸的蛙，人們今天可以從這天體的陰影中認出她的身影。每次引起月蝕的妖怪吞吃了他之後，她都使之復活(同上著作，第81-82頁；參見Spier：2，第141頁)。Wus即狐能識別一個村子裏的各種意外事故。在這村子裏，10個籃子兄弟、10個戰友和10個紅螞蟻兄弟組成5個組，分布在6個茅舍裏(同上著作，第191-193頁)。另一個村子庇護了10個狐兄弟和10個狼兄弟。每一個兄弟都有一個妻子和5個女兒，只有一個最年輕的狐獨身。狐還有一個姊妹，敵人在滅絕了整個種族群體之後奪走了她。只有最年輕的狐同母親倖存下來，他命令母親做10雙鹿皮靴；每一雙夠他穿10天。他到達這一個敵人村子，釋放了親人；給予獲得自由的女人的每隻鹿皮靴又一分爲二，這英雄發現他自己的完好無損的鹿皮靴在返途中穿了孔，便把它們扔掉了(同上著作，第343-349頁)。另外幾個神話列舉了5個鷹兄弟、5個鼠姊妹、5個岩石兄弟、5個寄生蟲兄弟、5個鸊鷉兄弟偕5個鷹兄弟、5個野貓兄弟、5個貂兄弟、5個熊兄弟……(同上著作，第153-190，207-212，268-271，280，284，293-294，319，321-332頁和各處)。

在太平洋沿岸，以5或10的計數也同樣規則地出現，其分布從英屬哥倫比亞直到加利福尼亞。貝拉科拉人(屬於北部薩利希人)有神聖的10人組，

包括9個兄弟和1個姊妹。作爲他們化身的舞蹈者戴上面具，代表滿月（2個年長的兄弟）、半月（2個次年長的兄弟）、星辰（後面的2個兄弟）、虹霓（第7個兄弟）、美洲桑樹的花（第8個兄弟）、翠鳥（末子）、海馬膀胱（姊妹，參見Boas：12，第33-34頁和圖版IX，圖1-9）。內茲佩斯人（內地薩哈普廷人）的神話也充滿5個一組和10個一組：5個姊妹、5個兄弟、5個少女、10頭野牛、5個灰女人和5個黑熊男人、5個海狸兄弟和5隻麝鼠、5個狼兄弟、5或10天、10個孩子、5個蛙姊妹、5個狼兄弟、5個熊姊妹和5個山羊姊妹、5個鵝兄弟、5座山（Spinden：1，第21,151-154頁；Phinney，第52，61，69，70，86，88，227，306，408，457頁和各處）。還可以輕而易舉地增添一些類似例子，它們來自育空河下游的阿塔帕斯干人（Chapman，第183頁）、奇努克人（Boas：5，7，各處）、沙什塔人（Dixon：1，第14頁）、休帕人（Hupa）（Goddard，各處）、耶納人（Sapir：3，第228頁）。

我已提請讀者注意的曼丹人10個一組無疑也屬於這一組，在這些印第安人那裏還可以發現許多的例子。在M$_{462}$中，雌野牛的母親有10個小孩（Bowers：1，第278頁），他們與M$_{461}$中切延內女人的10個兄弟相匹配。馬克西米利安說到過兩個造物主之間持續10年的一場長壽競爭。在／okipa／上有10個面具。還可看到11頭鵝報春（同上著作，第362，376，378頁）。在大草原上可以發現，在阿拉帕霍人那裏用5和10計數，給出了1、5、10頭野牛的系列，以及100件外衣，對於後者，還必須計數所有挿在繡品上的刺（Dorsey-Kroeber，第239-247頁）；基奧瓦人講述，他們的文化英雄的身體分成10個被賦予魔法的部份（Nye，第50頁）；肯薩人（Kansa）那裏有5個世襲頭領、5個主要氏族、5只放聖物的包封（Skinner：12，第746、748頁）。向北上溯，我撇開中部阿爾袞琴人，我在下面要研討他們。我現在以易洛魁人來結束這匆匆的枚舉，他們提出10個兄弟，有時12個，但這時包括10個尚在世的和2個已故的（Curtin：2，第229-242，482-486頁）。

這種從10個一組到12個一組的波動回到了上面提出的問題。當加利福

尼亞北部的尤洛克人說到10或12個雷鳴時（Spott-Kroeber, 第232頁），結論應當是傳述者出錯還是存在兩種不同的數制？就新大陸而言這問題迄今一直遭到漠視，但它是古代專家所熟悉的（關於中國，參見Granet，第7頁，註②，第154頁，註①和各處；關於羅馬，參見Hubaux）。另一方面，用9、8、7來組合行為者的神話究竟是讓這些數字成為10的下限還是給它們斷定一個正式的值，就像這個隊組預兆一個星座：昴星團、小熊星座或大熊星座時通常發生的情形那樣？同樣，8可以用2×4解釋，這數字在北美洲幾乎到處都被奉為神聖，就像10－2一樣，甚至更優越。9和11的值似乎更可以還原為10：「玉米絲」有9個兄弟（Bowers：1，第272頁）；因此，他們總共為10。但是，M$_{461}$的切延內少女有10個兄弟，因此，他們總共為11。我們在12面前又束手無策，我們不知道應不應該承認10的一個組合變體，就像M$_{461}$的10個敵對兄弟和M$_{465}$的12個敵對村的可互換性所提示的那樣，即6×2的積。鮑爾斯（2，第454-455頁）提出一個很有份量的論據來支持第二個假說：原先有6個祭司，但1837年天花流行帶來的人口銳減迫使2個村子統一起來，它們的祭壇也合併。每一個都包含6個樣態，以後它們成為12個。

　　人們對於這樣詳確說明的情形不會拒絕這解釋。不過，同時我要強調，如果2個祭壇或2個儀式可以混合，那麼反轉的情形也存在：1個祭壇或1個儀式一分為二。有時，維護母系傳遞而同時又加強婚姻紐帶的正常程序也是這樣：人們把祭神繼承權分配給一個姊妹和她的丈夫（Bowers：1，第270-271頁）。因此，當觀察資料證明，12個一組產生於各包含6個單位的2批相加時，可以肯定，這兩批本身也來源於必定也已分配過的一個更老的12個一組。這樣的推論也適用於10個一組。

　　莫多克人那裏，5個一組和10個一組趨於侵入神話領域，並且由於下面我們將會明白的原因，人們不懷疑它們扮演著主要角色。然而，甚至在他們那裏，也可遇到以10＋2為底的組合。從10個一組到12個一組的過渡或許應當用一種必要性，即為了賦予一個初始的、齊一的因而惰性的隊組以活

力，而故事情節發展的機會正是取決於這種活力，就必須使這隊組多樣化，來解釋嗎？一個梅諾米尼人神話（M_{472a}；Bloomfield: 3，第409-419頁）擺出了 10 個兄弟的組，他們除打獵之外什麼也不幹。爲了發生某種事情，首先必須讓這些兄弟有一個姊妹，然後必須讓這姊妹嫁一個丈夫，後者應當成爲其他男人的伙伴，對他們承擔一種正面或負面的功能。因此，關於10個男人這數字，可以說，公式（10個男人＋1個女人）允許10個一組向社會世界**開放**，公式〔（10＋1）＋1〕則允許這個組同這世界**接合**。

　　無論這解釋怎麼樣，似乎都能把10個項的系列的重現歸結爲局部事件，而這系列表徵了爲數相當多的神話，它們的分布區域同我已考察到的一樣廣大。北美洲通常選擇4，較少見的爲3或5，作爲神聖的數字，而明顯的事實是，一個土族神話用2或3乘這些基數。用遺傳學家的語言來說，這種「二倍體」或「三倍體」在我們看來構成了必須找出其理由的那個神話族的一個結構性質。無疑，並非偶然，曼丹人（我首先在他們那裏觀察到這種情形）用同樣的係數乘乘獨木舟旅行的乘者的數目，而如我們在後面將會看到的那樣，在他們的神話中這數目爲8或12。

　　同一族的許多神話首先採取一個較小的數字，然後在故事展開過程中引入一些補充的單位，以致到某個時機構成10個一組。我現在來回顧這些神話，眼下我只保留其算術的方面。一個阿拉帕霍人神話（M_{466}；Dorsey-Kroeber，第181-189頁）在創始位置上安置6個兄弟和1個姊妹：6＋1＝7。這些兄弟一個接一個地消失，唯一存留的姊妹吞下一塊石頭，後者使她懷孕，生下一個兒子；這兒子長大後使叔伯們（他們被一女巫殺死）復生：6＋〔1（＋1）〕＝8。在這個幸運的事件之後，這少女嫁給一個異鄉人，這是故事的第9個人物，她和他生了一個女兒：6＋〔1（＋1）＋1（＋1）〕＝10。一個克勞人神話（M_{467}；Lowie: 3，第128-132頁）開始時有7個兄弟和1個姊妹：7＋1＝8。後者神奇地懷上了一個兒子，他使7個叔伯外加一個異鄉人復活，這個異鄉人在這故事中的作用顯然無非是補足10個一組：7＋〔1（＋1）〕＋

1＝10。一個同樣來源的神話（M₄₆₈；同上著作，第165-169頁）首先把這英雄同3個姊妹對立起來，她們有一個帶齒的陰道，然後同7個也懷敵意的兄弟對立起來：3＋7＝10。曼丹人異本（M₄₆₉ₐˌᵦ；Beckwith：1，第149-154頁；Bowers：1，第286-295頁）枚舉了3個有帶齒陰道的姊妹、第4個無惡意的姊妹（因爲她是半女人）和7個敵對的兄弟：〔(3＋7)＋1〕＝11。由於第4個姊妹的模稜兩可性，因此，很明顯，這裏11具有10的一個極限的值。一個格羅斯—文特人神話（M₄₇₀；Kroeber：6，第97-100頁）和M₄₆₆屬於同一個組，這同樣表明，在這種情形下，它所滿足的9的系列：7個兄弟、1個姊妹的她的神奇地懷上的兒子，是10的一個極限。

那麼，10被賦予什麼值呢？儘管關於印第安人數制的知識還很欠缺，但我們還是知道，北美洲落磯山脈以東流行十進制，只有卡多人是例外，他們採用五—二十進制。另一方面，在落磯山脈以西，人們發現有三種不同的數制並存：五—二十進制、五—十進制、純十進制，在尤基人（Yuki）那裏甚或有四進制。

在墨西哥和中美洲，五—十進制、十一—二十進制或純二十進制每每協同地使20成爲完善的數字，它由一個詞標示，這詞在雅基人（Yaqui）那裏意謂「一個身體」、在奧帕塔人（Opata）那裏意謂「一個人」、在瑪雅人—基切人（Quiché）那裏以及在阿拉瓦克人那裏意謂「一個男人」。一直到南美洲的北部地區，也都採取這種做法。

如果把大平原和熱帶森林的文化撇開不論，那裏的十分原始的數制不超過五進制的程式，並且往往得保持這個樣子，那麼，我們印象鮮明地注意到，南美洲把我已就北美洲指出的地理分布反轉了過來。實際上，十進制佔優勢的數制佔據安第斯高原，即大陸的西部，而各種不同的數制即五—二十進制、簡單的五進制或更粗劣的數值則分布於東部。

我假借的這些觀察資料的著作者中間，有一些人（Nykl，Dixon-

Kroeber)強調，這些數制大都讓人無法嘗試加以分類。它們通過組合而形成某些數目，並視數目小於或等於10、在10和20之間還是大於20而改變程式。一些明顯一樣的數制建構數目6到9以及時而通過相加時而通過相減來表達10的各個數目。雅基人擁有一種四進制，但這並不妨礙他們掐指計數（參見以下第340頁），而長期來人們一直認為，這種習俗僅僅是五進制的源頭。

這些理由再加上另一些理由使人不相信傳統上按循環思想作的類型劃分：同一循環的兩個系統可能有不同的結構。因此，有人(Salzmann)提出按三種判據來對數制分類：構成，把項區分成不可還原的和導出的兩類；循環，用基項的周期性回歸來界定；最後，運算機制，即建構推導的算術程序表。另一些著作者提出異議說，這種改革仍給主觀解釋留下太大餘地。推導的機制常常為我們所忽略。例如，北美洲西北部的各種語言：愛斯基摩語、阿塔帕斯干語、佩努廷語(pénutien)、在空間上相近但屬於不同的語系，它們對於數目1到6利用不同的項，但是說來奇怪，它們通過從6＋2推導而構成7，通過以6＋3推導而構成8，通過從6＋4推導而構成 9 (V.D. Hymes)。如果說我已簡短援引過這些屬於語言學家和數學家的爭論，那麼，這就是從中引出的一個教訓。在數字學(numérologie)領域裏像在別處一樣，也必須確定每個數制的精神而不引入觀察者的範疇，必須考慮從實踐和信念中分離出來的算術哲學而又不忘記這些實踐和信念本身同這命名法相一致、不一致或矛盾。然而，有一個區域在洲陸的尺度上離開人們蒐集到上引離奇推導的地區不遠，在這個區域裏，各個神話說明了與這些推導相似的算法。柯廷(Curtin)蒐集到的神話（1, 第318-354頁）實際上包括一個神話系列，它把兩組人結合起來或分離開來，一組由5個兄弟構成，另一組由2個兄弟構成，其中介入一個女人，她是前一組或後一組兄弟的姊妹。因此，總體來看，情形似乎是相加5＋2、相減7－5或7－2要求第三個項，它起算子(opérateur)的作用。從這個意義上幾乎可以說，神話的算術計算

$8=5+2$。

　　這些神話源自俄勒岡的南部和加利福尼亞的北部，這兩個地區毗鄰我們認爲5個一組和10個一組以最大可能的頻度和規則性出現的地區。克拉馬特人和莫多克人有一種五—十進制，它以／tonip／即「五」、／tewnip／即「十」等詞語形式作爲多種推導的基礎：「5加前一個數字」、「5乘5」、「小於10」、「總共10」、「10乘10」，等等（Barker：2）。爲了形成大於20的數目，人們用10進行計算，中間的數字則由10加上單位構成。一個專門的語詞／na′sat／用於冠稱用20進行的計稱；它標示10個手指和10個腳趾的總和（Spier：2,,　第223頁）。

　　語言學家們長期來把克拉馬特人和莫多克人同薩哈普廷語系聯結起來，內茲佩斯人則是這語系的遠方代表。這個部落的一個神話（M_{472b}；Spinden：1,　第16頁）援引了10個一組的神話應用：樹蟲有10根吹火管，它不知疲倦地數它們……當它數完一遍後，又開始數另一遍①。這個細節饒有興味地追敍了，在一些迥然不同的，但曾在美國東南部比鄰而居的因而離薩哈普廷語族極其遠的部落那裏發現有一些反常數制，它們用於一直計算到10或者以10計算。一些已知的例示源自奧內達人（Oneida）、切洛基人、克里克人（Creek）和納切斯人（Natchez）。據傳達者們說，「人們並不利用這些分離的數目……總是必須說出整個系列，以便用10計算東西……或者用比賽作爲一種小儀式進行計算」（Lounsbury，　第675頁）。

　　這些習俗在一些相隔遙遠的種族群體中重複出現。這表明，10個一組不僅有標準的功能，而且也包含其地方面的底蘊。在下一卷裏將可看到，

———————————

①試比較在維什拉姆人（Wishram）那裏（Sapir：1，第204頁）：「兩個又老又瞎的姊妹各有5根大點火棒，她們對它們數了又數，永不停息」，並參見雅各布斯（Jacobs）：1，第115頁。

爲了使我的整個探究所關涉的龐大神話總體的解釋臻於完善，應當賦予俄勒岡南部的克拉馬特人和他們的毗鄰親族加福尼亞北部的莫多克人以怎樣的戰略地位。然而，這些部落利用一種有12個太陽月的曆法，這些月份按手指命名。因此，如果必須列舉12個月，那麼，他們就要說2次每個手指名字，拇指和食指的名字則甚至要說3次(Spier：2，第218-220頁)。這種數字處理方式表明，10個月的曆法代表基本的形式，在美洲的這個部份，全年由10個月組成，5個冬月和5個夏月相加而成。此外，如果數目6是個原始基數，那麼，6或12應當產生60，而這數目在神話中付缺。因此，最好認爲6是5的極限，而11或12是10的極限。

　　這種數字型曆法用數字而不是摹狀的名詞標示月份系列或冬月份。這種曆法佔據太平洋沿岸的一片連續區域，從阿留申群島和鄰近島嶼一直到加利福尼亞北部；往內地方向，這個區域包括哥倫比亞河流域的一部份。阿特納人(Ahtena)區分用數字標示的15個短月；奇爾卡特人(Chilkat)計數所有的月份，而不給予它們別的名字。利洛厄特人、舒斯瓦普人、湯普森人也是這樣，一直計數到第10或11個月。東部的波莫人和諾希諾姆人(Huchnom)有一系列命名的月份，再繼之以另一些簡單地按手指標定的月份。尤洛克人則相反：他們對第1到10個月份作計數，而利用摹狀的名詞命名後面的月份 (Cope，第143頁)。

　　因此，10個一組或5個一組往往在這些體系中起著作用。按照一個證據，巴羅角的愛斯基摩人利用一種有9個月的曆法：「一年的其餘時間裏，沒有月亮，只有太陽」。北美的愛斯基摩人不區分月，但區分5個季(Cope，第123，132，135頁)。把一年粗分爲5個季，這種分法也存在於梅諾米尼人那裏 (Skinner：4，第62頁)和美國東南部的許多部落裏(Swanton：5，第257頁)。內茲佩斯人的古老曆法包括9個月，其中有4個冬月和5個夏月。

　　如果把這些分散的跡象同其他細節聯繫起來，那麼，它們便變得更爲連貫。首先，9或10個月的短曆法往往未計及一年中的某些時期：克拉馬特

人那裏的無月的日子(Spier：2，第218頁)、貝拉科拉人那裏每年持續約6星期的二至點時期。在9個月之外，一方面是哥倫比亞河的各部落，另一方面是加利福尼亞的邁杜人(Maidu)用「清算」來平衡一年的帳目(Cope，第138-139頁)。在所有這些情形裏，一種不連續的曆法產生於從一個或許多點上對原始連續曆法作有如鑽孔的加工。

其次，我已援引過的那些例子表明，短的曆法每每伴隨著把一年劃分爲兩組月份。我們已經看到，在克拉馬特人那裏，第二個系列復製了第一個系列。這種程式重現於很遠的地方，在美國的西南部和東南部，那裏流行12個月的曆法。例如，西南部的各部落區分由二至點隔開的兩個系列月份，而且他們有時對每個系列重複用同樣的名字，如果第二系列僅僅由「無名的月」組成(Cope，第146頁；Harrington，第62-66頁；Cushing，第154-156頁)。東南部印第安人的複雜體系 (Swanton：5，第262頁) 以多個細節提示了一種重複結構：第1個月的名字「大熱」同第12個月的名字「小熱」相對立；第2和第3個月的名字「小栗」和「大栗」是對第8和第9個月的名字「小源」和「大源」的響應；最後，由第5和第6個月構成的對偶「大冬」和「小冬」同第1和第12個月構成的對偶相對立。

在離莫多克人和克拉馬特人略遠的海岸部落尤洛克人看來，10個一組反映了事物的本性：孕期長10個太陽月，一個女人的理想是生10個女孩和10個男孩(Erikson，第266，290頁)。另一方面，擁有帶重複結構的短曆法的大多數部落，常常還有他們的鄰族使10個一組成爲對想用2乘基數5（或6）的強敵的一種勝利。沙斯塔人說，從前天上有10個月亮。因此，多天太長。爲了把它縮短一半，造物主科約特把這天體殺死了一半 (M$_{471a}$; Dixon：1，第30、31頁)。克拉馬特人講述說，科約特的妻子首先創造了24個月亮，這使多天長達12個月 (M$_{471b}$; Gatschet，第一部，第105-106頁：10個月的異體，載Spir：2，第220頁)。另一個神話 (M$_{471c}$; Curtin：1，第51-57頁) 開始於最早先民不知道火而吃生肉的時代。火屬於生活在東方的10個疾病兄弟和生

活在西方的10個太陽兄弟所有。人們從他們那裏偷來了火，這決定了疾病定居在人中間。然後人們殺死了5個太陽；另5個太陽得到寬待；「全世界都歡欣，因爲現在有一個多天和一個夏天，而不再是連綿不斷的烏雲密布和暴風雨。」還必須確定季的長度。造物主推論說：「如果寒冷持續10個月，那麼人會死於飢餓；他們無法儲備充足的根和穀粒。我們寧可有5個月的冬天。」於是，人類的前身造物主思索他們的工作，欣喜不已：「我已給了他們火；我已殺了5個太陽兄弟；我已縮短了多天；他們應當感恩不盡。」

　　許多屬於不同語系的鄰近部落談到有過一個時代，時間流逝得很快。已經知道卡里埃爾人(Carrier)和卡托人(Kato) (阿塔帕斯干語系)、尤洛克人 (阿爾袞琴語系)、沙什塔人和波莫人 (霍肯語系) 的版本。這裏是生活在俄勒岡州的、屬於的塔帕斯干語系的喬舒亞(Joshua)印第安人的版本：

M₄₇₁d. 阿塔帕斯干人 (喬舒亞人)：額外的天體

　　在遠古時代，曆法猶如騎繹馬趕路。專供各個季節用的食物同食事相混同：乾鮭留給冬天，鮮鱔留給夏天〔沙什塔人版本說到鮭和鹿肉，它說明，每個季節開始時，要把上一季節存留下來的食物全部扔光〕。因太陽爲難，妻子嘲笑，造物主科約特遂決定召集全體動物殺死這天體。可是，後者的居所遠離水。科約特一連20次縮短這些動物和日出之地的間距。到了第21次，他決定乘太陽睡覺之機攻擊它。他央求水生動物，但一連求了10次未果。在第11次，他告訴老鼠，有100個太陽和月亮，它們構成一個民族，其成員在天空中不斷輪流工作。

　　科約特同盟友去到一個蒸汽浴室裏伏擊。每個天體都猶豫了4次未進入浴室。第5次，它決定進去，遂被殺死；吃腐肉的鳥吞吃掉了屍體。

　　如此死了50個太陽和月亮，但從第25次開始，這些鳥已消化困難，放棄屍體。遺棄的屍體毒化了空氣，倖存的天體起了疑心。於是，同

「多風星期的太陽和月亮」發生了一場不分勝負的混戰。動物們把一年的長度定爲12個月，得到赦免的天體答應俯首聽命(Frachtenberg：2，第228-233頁；沙什塔人版本，同上著作，第218-219頁)。

我們不要忘記「多風星期的太陽和月亮」這個謎團，它們通過拉尿引起暴風雨。我們不久在中部阿爾袞琴人神話中還要遇到這個謎團，它在那裏被作了一個轉換，後者說明了其中的奧祕。現在我僅僅指出，無結局的戰鬥在這裏履行一種算術功能，它使得能夠調節乘積 $2 \times 25 = 50$，而按照這神話頒行的包括12個有4星期的月的曆法，沒有這場戰鬥也能得出這個積。美洲人知道按此方式分割年。在落磯山脈西北部構成一獨立語系的庫特奈人把24小時的旅程劃分爲7個時期，並且肯定始終知道且用舞蹈遵從作爲月之劃分爲星期的7天。關於阿西尼本人，德尼格(Denig)(第416頁)指出，他們不知道星期的概念，但把每個太陽月劃分成若干月相：新月、盈月、圓月或滿月、虧月、半月、死月或看不見的月。更往南得多的新墨西哥的佐尼人把月分成3組，他們稱之爲「壹拾」。大草原的克里人把每個太陽月區分成4部分，馬勒西特人(Malécite)分成9部份，溫達特人(Wyandot)區分成6部份 (Cope，第126-128頁)。

10個一組同各種形式曆法的或天文學的二倍體的聯繫很值得我們注意，尤其因爲前者在熱帶美洲的亞馬遜河西北流域和南安第斯山脈地區重現。巴尼瓦人(Baniwa)把原始人類的主力定爲「10人以上」(Saake：3，第90頁)。他們還區分了成對吹奏的聖笛有10種，即 $10 \times 2 = 20 + 1$，其事實根據爲：／uari／這個種種共有3個樣本(Saake：1)。一個卡維納人神話談到包括10個獵人的隊組；一個圖穆帕薩人神話把首尾相接以便達到天體捕獲的木杆數目定爲20(Nordenskiöld：3，第288, 301頁)。在塔卡納人那裏，神話中的豹貓爲旅行到天上而付出了10隻家禽的代價。造物主德亞伏亞韋(Deavoavai)是一個有9個孩子(8個兄弟和1個姊妹)的家庭的末子；這姊

妹嫁給一個人猴：$(8+1)+1=10$，她爲之生了個兒子奇巴特(Chibute)：
$(8+1)+1+1=11$。造物主教給印第安人10種製籃樣例，10個祭司構成一
個組，或者10個男人……(Hissink-Hahn, 第77-79；95-96, 155-162頁)。上
一卷的續者還記得 (M_{300a}；MC, 第339-340頁)，德亞伏亞韋通過妻子黑貘
的中介而同月相發生關係。像卡維納人的神話一樣，塔卡納人的神話也證
明受到安第斯山人影響，我在上面（第 145-147 頁）也已強調，南美洲的這
一部份以其宇宙學題材而同北美洲的北部和西部地區有密切的類緣關係。

人們在更接近曼丹人的黑足人那裏舉出一個論據，它從雙重方面讓人
回想起俄勒岡人神話提供的論據。這神話不僅也反對已婚造物主集體（參
見$M_{471b,d}$），而且還講述，丈夫想給人帶10個指頭的手。妻子反對說，這太
多了，這許多指頭讓人煩惱。最好每隻手只有一個拇指和四個指頭(M_{471e}；
Wissler-Duvall, 第20頁)。我們還可指出，手指數目加倍，使曆法上的季節
也長兩倍，克拉馬特人的曆法就是這樣。在他們那裏，對於每個季節，太
陽月的數目等於手指數目。因此，這裏，10個一組也包含**完滿性**的涵義：
10個月構成兩季和一年，10個指頭構成兩手和一人。但是，對基數5的這第
一個倍增不一定引起第二個倍增，因此這運算不一定重複發生。因爲，食
物儲備那時並不一直支撐到一個漫長冬季的終結，一隻有10個指頭的手將
因其複雜而變得無能爲力。這兩個偶然事件非常相似，足以證明選擇10個
月而不是12或13個月的曆法是合理的，儘管使用者(Spier；2, 第218-219頁)
知道實際上這與事實不相符。

我已指出，在墨西哥，在中美洲和更靠南的地區，存在一些數制，在
它們那裏，數目20包含完滿性的涵義(第276-277頁)。但是，在克拉馬特人
—莫多克人那裏，情形恰恰不是這樣，在那裏，20稱爲／labni tewnip／
即「兩倍於十」(Barker：2)，並且，一般地，在佩努廷語族的語言中，爲
了表達二十，就說「兩個十」(Shafer, 第215頁)。實際上可以藉助一個共同
的骨架來表徵克拉馬特人和莫多克人的全部神話，它是一種算術類型：基

數10除以基數2，再乘以或加上基數10。正是在關於戰爭起源的神話裏，乘以2的乘法運算被賦予不吉利的值。有一個女人，她生了太多的小孩，並且總是一對一對生：「房舍已人滿爲患……不久，他們便吵鬧爭鬥起來……從此之後，世界人口的一半同另一半鬥爭，永無寧日」（M_{471f}；Curtin:1，第142頁）。這神話暗示，如果這女人生單胎而不是生雙胞胎，人類就能避免這種災禍……另一方面，以2除則給出了一個吉利的值。加於未婚妻的考驗所以能夠被戰勝，是因爲兩姊妹分擔了這任務。姊姊完成了一半，妹妹則完成了其他求婚者單獨所無法完成的任務（M_{471g}；Curtin: 1， 第306-307頁）。

我們剛才已看到，一個黑足人神話（M_{471e}）在我們的解釋中起著決定性作用。然而，黑足人似乎已知道一種曆法，它和克拉馬特人的曆法屬同類型，無疑有14個月而不是10個月，其理由據認爲出於禮儀的考慮，不過月份又再分爲兩個平行系列，分別對於冬天和夏天。每個系列的第一和第四月帶有相同或非常接近的名字。此外，人們曾用序數而不是摹狀的名詞標示月份（Wissler: 4，第45頁）。

這些跡象特別令人感興趣，因爲黑足人是阿爾衮琴語系的最西部代表，如果把尤洛克人和維約特人（Wiyot）的情形作爲例外的話。這兩支小群體獨處於太平洋沿岸，而我已指出，在那裏10個一組習慣上同宇宙學觀念相聯結。黑足人的西鄰庫特奈人在把季節長度縮減一半之前對12個月的冬季抱有同類型的信念（Boas:9，第179-183頁）。庫特奈人構成一個孤立語言群體，但從地理和文化的觀點看來，他們確保了仍屬於大草原文化的黑足人和從落磯山脈西坡一直綿延到海岸的薩利希—薩哈普廷人總體（其中也可包括克拉馬特人和莫多克人）之間的過渡。在另一側，也即朝東，黑足人本身成爲向阿爾衮琴部落的過渡，他們即使不是從生活方式來說，也是就語言而言是後一些部落的祖先，因而佔據著從落磯山脈東麓直至大西洋沿岸的一片連續區域。在這片廣大地域的中央，十個一組的觀念突現在一組神話的前列，這些神話在中部阿爾衮琴人：克里人、奧吉布瓦人、福克斯

人(Fox)、梅諾米尼人那裏得到充分證實。

在這些部落中，10個一組的觀念主要在一個故事的展開過程中出現。關於這故事，很難追蹤從一個組到另一個組對它的種種轉換，但總是可以憑藉一個主人公的名字即梅諾米尼語的穆德杰基維斯(Mûdzêkiwis)來識別它，這名字在其他語種裏取相近形式。同一個故事有一些變化弱的異本，也有一些變化強的異本。它圍繞8、10或11個獨身兄弟展開。一天，一個神秘的陌生女人來給他們操持家務。最小的兄弟娶她為妻。名叫穆德杰基維斯的年長的兄弟出於妒忌，侵犯了弟媳婦；她逃離了，她的夫出去尋她。他歷經幾多坎坷，終於與她重逢，還帶回了她的姊妹，人數等於英雄的天體兄弟的數目。因此，英雄給每個兄弟一個妻子。

有時，事件更帶悲劇色彩。我剛才扼述了奧吉布瓦人的神話($M_{473a, b, c}$; Jones: 1, 第372-375頁; 2, 第2部, 第133-150頁; Skinner: 3, 第293-295頁)，他們的近祖和鄰族大湖地區的奧塔瓦人給予這個陌生美女一個砍了頭的兄弟，她引領他從一個圍繞頸部縶牢的袋中探出的頭。她還命令他的姊妹砍下他的已生壞疽的身體，因為她已用自己初潮的經血玷污了這身體。這少女利用這個蛇髮女怪(Méduse)嚇唬一頭巨熊，後者帶有一個珍貴項圈。10個兄弟魯莽地攻擊它。他們後來在征戰中死去；敵人俘獲了這頭，折磨它。這女英雄奪回了這戰利品，使兄弟們復活，還給他們謀得了妻子；她們成功地讓這砍下的頭復活，重新安置到他的身體上。這姊妹和這兄弟變成了冥界精靈，10個兄弟登上了天，變成風(M_{474}; Schoolcraft, 載Williams, 第46-57頁)。

一個奧吉布瓦人版本(M_{475a}, 同上著作, 第124-134頁)派三兄弟中的幼弟去遠征，尋找一支失落的箭，它已擊中一頭紅天鵝。這頭禽變成了一個巫士的女兒或姊妹，這巫士被敵人剝去了用珍珠裝飾的頭皮，從此之後一直頭顱帶血。這英雄出發去征戰，遇到了頭皮，得到了一些女人，把她們分配給兄弟們。但他們根本不領情，反而對這兄弟懷恨在心，因為他們懷

疑他在返途中已凌辱過這些少女。他們藉口尋找那支失去的箭，派他去冥界，希望他死在那裏。這英雄也戰勝了這場考驗。

在梅諾米尼人版本（M_{475b}; Bloomfield: 3，第418-429頁）中，兄弟人數為11，他們的忌恨是有道理的，因爲幼弟眞地同未來的嫂嫂們睡覺，但他們爲另一個動機所驅使，這就是這些少女中最標致也最年輕的一個激發了他們的貪慾，而這美少女是英雄留給他自己的。他們乘他盪秋千時把繩子砍斷，讓他從高空跌死。女人們都逃掉了，10個殺人兄弟又變成了單身漢。

在福克斯人版本（M_{476}; Jones:4，第79-101頁）中，兄弟們也從忌恨一直走到殺人：他們殺了幼弟，砍下屍體的頭，把屍體剁碎，燒烤。這被砍下的頭又復活，吞吃了這些兇手和他們的妻子，然後被遺孀裝在一個袋中帶走（參見M_{474}）。一隻山雀告訴（參見M_{479}）這女人，這頭要吃她。於是，她朝袋中灌入油，然後逃跑。這頭舐食那女人愛吃的浣熊油，因而延遲了（參見M_{374}）。在這期間，這女人躲坐在一座由地下精靈居住的山中。她穿過許多人的身體（從肛門出來）。最後衆精靈吃掉了這頭。

要分析這些版本，得寫上整整一本書。這些版本以種種形式分解，它們的分布區域的輪廓很難弄清楚。它們的某些方面，我已討論了很久；至於其餘部份，則只要作兩點說明就夠了。

第一，M_{474}中的神奇的珍珠項圈和砍下的頭、M_{476}中的砍下的頭、$M_{475a，b}$中的珍珠裝飾的頭或頭皮顯然構成了同一個神話題材的一些組合變體。它的值從M_{474}中的正值變爲M_{476}中的負值，但每一次這被砍下的頭都可以說被冥界精靈同化：它處於他們之中，或者他們攝入它。同時，M_{474}的項圈反轉了頭或頭皮，它源自一頭熊，而在中部的阿爾衮琴人那裏熊扮演冥界精靈的角色。頭或頭皮從敵人取回時帶來了衆妻子（$M_{474-475}$）；但當頭產生於親人們作出的一個破壞性姿態時，它引起妻子及其丈夫們的亡命（M_{476}），而這本來可以避免，如果這些丈夫未表現出妒忌的話。

其次，M_{474}的開頭一個挿段結束時·一個少女偶爾用其初潮的經血玷

污了其兄弟。由於遍及全身的腫脹和麻痺，這少男只能退化到被砍下的頭的狀態而生活在姊妹身邊。在M_{475}中可以看到同樣類型的構形。在那裏，紅天鵝作爲頭皮已被剝去的一個男人的**被侵犯的**女兒或姊妹，在她的父親或兄弟發現了她的頭髮時，變成了一個可供使用的妻子。事實上，更弱的奧吉布瓦人版本($M_{473a, b, c}$)允許進一步加固這種聯繫。長兄害怕支配衆兄弟的超自然女人選擇幼弟做丈夫，遂從脅腹或腋窩侵害她。這少女死而後又復生；當丈夫在她躲藏的房舍中發現她時，她解釋說，他們應當分開待四或十天，視版本而異。英雄迫不及待，提前結束規定的延遲時期。他招致妻子逃離，而爲了與她重逢，他不得不戰勝許多考驗。似乎可以肯定，這個挿段以斷續的形式講述了與M_{474}開端一樣的故事即月經的起源，因爲這個事件之後不久，女英雄便懷孕，生下一個兒子(M_{477d})。因此，她變得生育力旺盛。我們注意到，姑娘初潮時獨處的時間在中部阿爾袞琴人那裏通常爲10天，但後來只要2或3天就夠了，即到不適結束爲止(Skinner: 4，第52頁和註①；14，第54頁)。

現在有一個反證，它靠梅諾米尼人那裏存在的一個神話系列而成立。這個系列同前一個系列成反對稱的關係。我這裏扼述一個版本，作爲它的一個例子。

M_{475c}. 梅諾米尼人：東方天空的女人

有十個姊妹同母親一起生活在天空上。她穿上衣服下凡到地上勾引男人，她們偷吃他們的心。

在這個時代，世界上只有一個印第安女人和她的弟弟。她照料他。當他達到青春期年齡時，她小心地把他隔離起來，以防食人女人來誘拐他。可是，這些女人來到了，後面還跟著一幫新俘獲的情夫。他們被情婦百般虐待，凍得直打寒顫，餓得幾乎死去。在有一個版本(M_{475d}；Bloomfield: 3，第459頁)中，這年輕英雄成功地靠吹冷風使他們重又

溫暖起來。他選擇了這些女人中看來最老的一個做妻子，但實際上她
是最年輕也最漂亮的一個；她也最富有同情心，因爲她向丈夫透露了
一個秘密的地方，她的姊妹們在那裏把從囚徒身上取下的心藏在頭髮
裏。他奪過這些心，把它們還給主人。

接著，這英雄同年輕妻子一起逃跑了。姊妹們追逐他們。他打斷
了長姊的腿，成功地拉開了同她們的距離。於是，他又折回房舍，把
新男人們（他們是兄弟）集中起來，讓他們一起去追趕妻子。他們來
到一堵石牆前，看到牆腳下從前受害者的遺骸堆積如山。他們翻過了
石牆，到達食人女魔的母親那裏。女魔已經跑到前方去了。這老嫗找
出了女兒頭髮裏的心。這英雄用雪球取代它們。當把雪球放在火爐上
燒煮時，它們熄滅了爐火。

這老嫗藉口醫治各種疾病，打發已成爲她女婿的這英雄去把妖怪
弄來做藥。她原以爲妖怪會致他於死命，可是他卻殺死了一批又一批
妖怪。

輪到這英雄也謊稱生病，派岳母去尋找保護精靈，結果她被精靈
打死。

這英雄勸導9個兄弟（他們已顯露是雷雨）同妻子分開。他們派她
們去東方遠征，自己定居在西方(Bloomfield: 3, 第455-469頁；另一些
版本：M_{475d}, 同上著作，第452-455頁；M_{475e}, Hoffman, 第165-171頁；
M_{475f}, Skinner-Satterlee, 第305-311頁）。

這裏不去詳細分析這組神話，只是指出幾個特徵，它們從反面表現了
另一組神話。長兄名爲穆德杰基維斯的10兄弟組跟在10姊妹組的後面，後
者長姊的名字按布盧姆菲爾德(Bloomfield)的標音爲馬契基克瓦維斯
(Matsikihkwäwis)，霍夫曼(Hoffman)的標音爲馬契維克瓦維斯(Mä'
tshiwiqkwawis)，斯金納(Skinner)和薩特利(Satterlee)的標音爲穆德吉

基克韋維克(Mûdjikikwêwic)。這是梅諾米尼人那裏多姊妹的長姊的慣用名字。在其他神話裏也可看到這個名字，它歸於一個愚笨而略有痴呆的長姊 (Bloomfield：3, 第359頁, 註②)，相當於克里人神話中痴呆而又愛傻笑的少女 (Bloomfield：1, 第228-236頁)。在梅諾米尼語中，這名詞的意義可能是「發號施令的女人」(Hoffman, 第165頁)，相等當的奧吉布瓦語名詞穆德杰克瓦維斯(Mudzekwäwis)的意義爲「壞女人」(Skinner-Satterlee, 第397頁)。

10個兄弟追尋女人。10個姊妹追尋男人，但她們是爲了吃他們而不是爲了嫁他們。爲了先讓他們成爲奴僕，她們取下他們的心，把它們藏在自己的頭髮裏，這是在另一個神話系列中首先出現的撕下的頭皮或砍下的頭的鮮明反轉。爲了讓一個姻親遠離，這裏是一個老嫗藉口疾病，而那裏則是一個少女訴諸月經。最後，男人中的最幼者弄斷了追趕他的女人中的最長者的腿，而在那個對稱的神話中，男人中的最長者刺傷他所追趕的幼弟妻子的脇腹。

這兩種程式正相反時，因此我們不得不承認，身有不適的幼妹和變成跛足的長姊是相匹配的。然而，在上一卷 (MC, 第468-473頁) 裏，我已根據別的文獻提出，跛足象徵缺乏周季的周期性，而這種缺乏有時是所希望的，有時是可怕的。我現在獲得了對這個假說的確證，因爲這些神話把一個經受初潮也即成爲周期性的女人同一個跛足而造成非周期性的女人對立而又關聯起來。我們還記得，特雷諾人神話(M_{24})把我們引向提出跛足問題，它把一個男人那裏的這種缺陷歸因於妻子的經血，她給他吃經血，以此毒害他，因此，像在北美洲一樣，在南美洲這兩個項也是相聯結的。在提出這點意見時，我要藉此機會指出，有一個神話的戲劇手段爲一個兄弟對弟弟的忌妒，乃至傷害他們的共同妻子，從而決定了月經的出現，這個神話儘管分布在北部，可是卻又在火地島在耶馬納人那裏重現 (M_{475g}; Gusinde, 第2卷, 第1169-1172頁)。

由以上所述，首先可以知道，在獨身兄弟故事中，脇腹或腋窩受侵害的女英雄代表一個身染不適的女人。其次可以知道，這個神話題材乃同時對稱神話系列中的成爲跛足的女人這個神話題材相對立。最後，我已提出（第 336-337 頁），在相同的神話系列中，身染不適的因而從下部被血玷污的女人和被去除頭皮的、從上部被血玷污的男人之間存在一種關係。如果這假說是可以接受的，那麼，被敵人征服的一個男親屬的頭皮或被砍下的頭必定構成染不適的、被她的男親屬（屬於她聯姻的男人集團）克復的女人的組合變體，因爲這集團表現出過分強的佔有慾。這概要性的解釋可能讓人覺得格格不入。我到後面（第 388-394 頁）會對之加以辯護。眼下，我特別注意的是這些神話的算術方面。

在大湖的南面像在北面一樣，各個周邊異本也把獨身兄弟的數目回復到8或4。在曼尼托巴的北部，沼地克里人說到4個兄弟（M$_{477a}$; Cresswell，第405頁），儘管在芳草地克里人那裏又看到了10個兄弟（M$_{477b,c}$;Bloomfield: 1, 第221-236, 248頁）。在大草原的奧吉布瓦人那裏兄弟數目爲8（M$_{473c}$）。

蘇語部落奧格拉拉達科他人以迥異的形式講述這神話（M$_{487}$: Beck-with: 2, 第396-397頁；Wissler: 1, 第200-202頁；Walker, 第173-175頁），他們取4和8之間的折衷：有4個兄弟，其中幼弟在4個男人幫助下征服了8個姊妹：他娶了其中一個爲妻，把4個分配給庇護者，3個分配給兄弟們。不過，這關涉同一個神話，因爲像M$_{474}$一樣，它也涉及引起暴風雨的西風的起源；我們還要回到這一點上來。

達科他人偏愛數字4：他們知道4個基本方位、4個時間量度、4門植物、動物界的4目、4類天體、4類神祇、4個年齡、4個基本美德。當他們遇到經驗的5個一組或10個一組時，也很懂得把5還原爲4，把10還原爲8＝2×4。他們解釋說：「人每隻手只有4個指頭，每隻腳有4個趾頭，還有兩個拇指和兩個大腳趾，總計爲4」（Walker, 第159-161頁）。因此，如果表徵我們神話

的各中央版本的10個一組（在這些版本中，用10計算佔據著我在開始時強調過的地位）在周邊區域裏變為4個一組或8個一組，那麼也不必大驚小怪。因為，達科他人的例子表明，這裏倒不如說事關一種換算。此外，某些異本援引5個而不是4個兄弟（Walker，第177-179，179-181頁）。

對10個一組觀念所作的初步考察已指示我們，它表達完滿性。不過，這種完滿性顯得非常模稜兩可。如果數目10所以滿足這個精神，是因為兩隻手各有5個指頭，5個月一夏和5個月一冬構成一年，那麼，令人不安的是這產生於以2乘5的乘法，而這運轉一旦嘗試了，就有成為習慣，變得一再重現的危險：如果每隻手都有10個而不是5個手指，如果多天持續時間再長兩倍，那麼，情況會是怎樣呢？印第安人作了這種推理，我已提供了有關證據（以上第327-334頁）。然而，僅僅考察我迄此為止已扼述過的那些版本（$M_{473-477}$），就已經可以明白，穆德杰基維斯的神話並不停留於10個一組的觀念：他們機智地運用這個觀念，以便從中產生更高級的集合。

我現在取福克斯人神話（M_{476}）為例，因為它把各種修辭手段集中起來，而其他版本也利用這些手段，但不怎麼成系統，也只保留某個方面。10個兄弟的幼弟出去尋找一支失落的箭。他在路上逗留了10天，每夜都受到一個家庭款待，眾家都把一個女兒許配給他。他回答說：「我同意，但我沒有時間，我將在回來時娶她。」這樣，他首先保留一個女人，然後2個，而後3個，等等，直至9個。到達旅途終點，他獲得第10個女人，他把她帶走了。踏上了返途，他依次同第9個、第8個等等女人相會，以致這裏首先佔有一個女人，然後2個、3個、4個，如此直至10個。他帶著這幫女人到達房舍，依序把這些女人許配給眾兄弟，把最大的女人許給長兄，次女許給二哥，給自己留下最小的，因此，又有了先是1次結婚，然後2次，然後3次，然後4次，等等，直至10次結婚。

這意味著什麼呢？這故事一連三次把前10個自然數的數列提升到公差為1的算術和。總的印象是，10這個已很大的數目好像不僅僅為了計算它自

己的值，而且，藉助它提供的手段，憑藉它的相對重要性（已是第一次運算的結果），還去進行一次更複雜的運算，其結果遠爲高級。這算術和等於 $\frac{10(10+1)}{2}=55$，這數字近似等於一年的星期數目。對於這一點，如果我沒有確定在美洲許多地區都存在對年的「細」分，如果五十未明確地出現在一個神話之中，而我由於一些獨立的理由把它歸入同一個組（M_{471d}，第331-332頁），那麼，我本來甚至不敢認眞看待它。

事情還不止於此。這算術和保證了序數和基數之間有某種中介，因爲它允許數目先後作爲這兩種數出現，並同時存在。在獨身兄弟神話中，長兄很明白這一點，她妒忌的題材也是如此。因爲，10個姊妹構成一個集合，其各元素不是單個地去同10個兄弟構成的同一等級的集合相聯結。她們首先被衆兄弟之一集中起來，後來才分散開來。在這間隔時間裏情形如何呢？至少有一個版本（M_{475b}）提出了這個疑問。長兄認定自己不幸之後便對衆兄弟心懷忌恨；9個兄弟聯合起來殺死幼弟，砍下他的頭。然而，幼弟的頭在第二天夜裏又回到了房舍。不過，在吃每個兄弟之前，這頭都給他講述故事開頭以來發生的全部過程的詳情，並扼述各個運算。因此，已提升到算術和的前10個數目的序列本身乘以10（事實上乘以9，但我取爲10，我以爲這符合於故事的旨意），以致這神話構造了10的冪集族（famille d'ensemble de puissance）。我有應用淺薄的形象化比喻的危險，但我仍要說，這比喻端出了一個三角形的複雜形象，這三角形能支持10個衣架，每個都配備10個位置，可懸吊許多本身由10個元素構成的序列。如果說這種神話修辭法讓我們直接面對算術和的概念，那麼，在這裏它還以奇特的方式使我們接近「基數」和的概念，在此「基數」和這個術語取集合論（théorie des ensembles）所賦予的意義。

無疑，基數10並未定義全部可以絕對地設想的包含10個項的集合的族。但是，它至少定義了在神話域中可以設想的全部集合。我在別處強調過科學思維和神話思維之間的這種差異；前者憑概念起作用，後者憑意指（signification)起作用；如果說概念像是對集合作開放的運算，那麼，意指彷彿對集合作重組的運算(L.-S.:9，第30頁)。在我們所討論的情形裏，我只想表明，乍一看來是適度的神話域乃同這域相吻合。這從一些梅諾米尼人版本可以看出，而這些版本在這個神話組裏似乎佔據基本的地位。

M₄₇₈. 梅諾米尼人：十個雷雨

　　一天，十個雷雨兄弟的幼弟被冥界精靈俘獲。他有一個妻子、一個小兒子和一個年齡較大的女兒。伯父們命令兩個小孩遠走他鄉，自食其力生活。姊姊教養這男孩，他很快成長爲狩獵好手。她禁止他趨近鄰近的一個湖。這英雄天天走同一條路線，日漸感到厭倦。他遇到一個同齡男孩，結下了友誼。

　　這陌生男孩是看管那個雷雨的兩條有角蛇的兒子和姪兒。英雄靠這朋友幫助見到了父親。這次會見非常讓人感傷，因此，這小蛇懇求父親和叔叔釋放這囚徒。但是，這父親不答應。於是，小蛇決定背叛親人。

　　他告訴朋友，山坡有個區域最薄弱，就在囚室上面。那姊姊立即派英雄遠征去到雷雨伯伯們那裏。他們摩拳擦掌準備戰鬥。他們咆哮著去到西邊。他們和有角蛇爆發了一場恐怖的戰鬥，蛇戰敗，失去了囚徒。小蛇有兩個姊妹，一個喜愛他的朋友，另一個敵視後者。他也決定脫離她。這期間，兩條蛇在準備報復。這英雄接到已變成地上的蛇的忠誠朋友的密告，便偕同他的姊妹向西逃去 (Skinner-Satterlee，第342-350頁)。

　　另一個版本(M₄₇₈ᵦ; Bloomfield：3，第368-379頁)和上述版本幾乎一樣，它補充說，在諸雷雨獲勝之後，英雄娶小蛇的姊妹爲妻。但兩姊妹中的姊姊與家人一起圖謀陷害他們。他們抓走了英雄，像對待他的父親一樣，把

他囚禁起來。已成爲一個小男孩的母親的妹妹解救了丈夫，使之恢復健康。蛇和雷雨對抗的曲棍球（hockey）一方諸雷雨暫時獲勝。但小蛇對被保護者們說，他們始終處於危險之中，他們的姊妹、姻兄弟、姻姊妹的姪兒只有變成人才會安全。因此，和那兩個版本中一樣，冥界的蛇的兒子也變成爲地上的蛇，由一個雷男人和一個雷女人、一個蛇女人和兩條蛇結合而產下的一個孩子混合組成的一個團體化身爲人定居在地面上，即與雷雨和蛇保持同等距離。

現在這裏還有一個也是源於梅諾米尼人的神話：

M₄₇₉. 梅諾米尼人：雷雨鳥和它們的姪女

遠古時代，曾有一個好睡的小姑娘，頭腦空空如也。她突然良知萌生。她沒有一個親人，孤身生活。她起身了，環視四周，很驚訝，便出去冒險。她看到一條河，忖度它朝哪個方向流，選擇溯流而上。她認爲，在某個地方應當有其他物種存在。

一棵腐爛樹椿弄傷了她的腳，她便用腳把它踩碎，她下結論說，這樹很早就被人砍伐了。她覺得另一棵樹椿好像比較堅實。第三棵看來是新砍過的。然後，她三次發現鹿的内臟，把它們收集起來。爲了保管好第二批，她扔掉了第一批，然後，爲了保管好第三批，又扔掉了第二批。她認爲，第三批最新鮮。獵人和伐木人應當不遠了。

一條路徑把她一直引到一所細長房舍，一個小男孩請她進門，收留她當姪女。他解釋說，他是十兄弟中最小的一個。哥哥們很快就要打獵回家。他們在房舍裏依長幼次序招待她。

兄弟們歡迎這小姑娘。他們經過商議之後決定確認她的養姪女地位。他們命令她在他們用餐期間把頭用遮蓋物掩起來。她偷偷窺視，發現爲了吃東西，他們變成了帶銅色喙的巨鳥。

秋天到了，兄弟們決定在天冷之前出去。可是，誰來照料姪女過

冬呢？他們先後拒絕了烏鴉和冬鶇鶊請願，接受了山雀，它在當時是
巨鳥。因爲山雀誠實，所以她感到很溫暖。她把獵人們剝獵物皮時扔
掉的肉塊和臕塊積聚起來。

　　這小姑娘與新叔叔一起舒服地度過冬天。這叔叔要她提防訪客的
危險，叫她不要同訪客談話。只要她答應訪客一句話，這個勾引女人
者就會佔有她，把她交給他的又老又壞的妻子，後者會把她投入水中，
讓她成爲她的兄弟的獵物，這兄弟是一條黑色的、有毛髮的水蛇。這
個可憐的小姑娘忘掉了這個忠告，成爲那女巫的目標。女巫派她去剝
欂──栯樹的皮，用來燒火，目的是希望她被樹上跌下的樹皮塊擊中，
但她靠魔力經受住了這個考驗。不過，她去水源汲水時卻失敗了，有
毛髮的蛇使她失去知覺，把她拖進地下深處。當她甦醒過來時，發現
身處一個細長的房舍中，坐在一個老翁和一個老嫗中間，他們四周是
十個兒子，都是有毛髮的蛇，準備吃她。

　　這老嫗在許多天裏保護住了這女囚，因爲她懼怕後者的叔伯。最
後，這少女回想起，衆雷雨鳥答應過她，當她呼叫它們時，它們會來
相助。她暗暗默唸神聖符咒，叔伯們聽到了，上路趕來。它們用閃電
襲擊禁錮女囚的石山。在這場慘酷的戰鬥中，有九條蛇死去；只有曾
表現出同情心的老父母和他們的一個兒子倖存。

　　衆雷雨鳥救出了姪女，去到山雀那裏，山雀因哭泣過度而變成了
一隻小鳥。它們怎麼安置這被庇護者呢？它們決定把她安置在一棵樹
的樹幹中，她將在那裏一直待到世界末日。每當她唱歌時，她的叔伯
們都聽到。它們急忙趕路，雨也就隨之降下。因爲這女英雄已變成一
隻絲綠色的小樹蛙(*Hyla versicolor*)，預報下雨。實際上，她想懇求叔
伯們在冬末降雨，而這正說明了爲什麼暴風雨在二月或三月來臨；她
希望，心想事成(Skinner-Satterlee，第350-356頁；另一個版本較簡短，
M$_{479b}$，載Bloomfield: 3，第9-383頁。亦見Skinner: 13，第161-162頁)。

這兩個神話屬於不同的範疇。M_{478}似乎屬於一種神祕的傳統，因爲它說明了爲什麼雷雨鳥氏族的成員特別容易遭水患（或在M_{478b}中爲戰禍）。M_{479}可能是個儀式創始神話，在梅諾米尼人那裏，這種儀式用於在長期乾旱時召喚暴風雨，它是向雷雨鳥奉獻節宴(Skinner：7，第206-210頁)。在一種場合是氏族神話，另一種場合是團體神話。M_{478}和M_{479}同樣呈現明顯對稱的結構，而這也許是因爲事實上一個召喚暴風雨季結束，另一個召喚它回歸。在女人角色上面有著更明顯的對立，她或者是個姊妹，或者是突然憑空出現的一個小姑娘，從兩方面反轉那個姊姊。一個男人不想娶他的姊妹，但M_{479}的諸兄弟不想娶一個異鄉女人，他們在她變成蛙之前讓她當養姪女。就此而言，梅諾米尼人版本不同於我首先加以考察的那些版本，在那裏，情節圍繞幼弟同陌生女訪客的婚姻、後來是他的哥哥們同這女訪客的姊妹的婚姻展開。只有M_{478b}又採取這題材，但形式已有改變，使之更接近於M_{475c}所說明的對稱系列。在以前的那些版本中，關涉到砍下的頭和聯姻，這兩個題材在上面扼述的梅諾米尼人神話中是沒有的，這些神話代之以周季周期性的題材。

這裏我想稍微討論一下這些轉換。窮舉這些轉換，要求我們從神話組的層面上進行研討。我們知道，獨身兄弟神話包括許多類型。首先是穆德杰基維斯的故事。我們已知道它的一些強形式(M_{474})和另一些弱形式($M_{473a,b,c}$)；然後是東方天空的女人的故事(M_{475c})，它同前一個故事成反對稱關係。我剛才已介紹了兩個梅諾米尼人版本，它們在中部的阿爾袞琴人那裏得到回響：一方面是蛇的囚徒的故事(M_{478})；另一方面是十個雷雨和它們的姪女的故事(M_{479})。

穆德杰基維斯系列及其反轉關涉作爲戰利品的頭和聯姻，而其他系列則處理周季周期性的問題。不過，它們採取不同的方式：M_{479}報告暴風雨季節回歸，M_{478}則報告其終止即回歸的對立面；可以說，M_{475c}引起這對立

面反轉，因爲它讓女人向東遠離，而這些女人本身是雷雨即西邊天空的男性居民的反轉。爲了構成一個神話組〔巴爾比(Borbut)先生最近表明了，它的樣式在人文科學中可能有哪些應用〕，只需要一個第四項，即題材的反轉。然而，我在後面要說明（第373及以後各頁），穆德杰基維斯的故事的各個強形式也包含潛在狀態的氣象學內涵。現在我要指出，如果說M_{478b}終止於精靈與人的結合，這些精靈有的是天上的，有的是冥界的，那麼，M_{474}——我已選取它來例示強形式——則相反結束於高處精靈和低處精靈的分離，它們分別定居各自的居所，與人保持同等距離。

克萊因群(groupe de Klein)的這種四位結構更適用於女英雄的轉換。按照這些版本，這女英雄實際上化身爲一個**年輕妻子**(M_{473}, $M_{475a, b}$)、一個**非妻子**(M_{479})、**一個負責教管的姊姊**(M_{475c})、一個**犯錯誤的妹妹**(M_{474})。我們再來仔細考察這一點。

就周期性而言，M_{473}的**年輕妻子**在初潮期間小心獨處，而M_{474}的**犯錯誤的妹妹**沒有這樣做，她因疏忽而用經血玷污了她的兄弟（M_{473}裏情形則不同，丈夫自己玷污上了，儘管女英雄謹愼提防）。

負責教管的姊姊在月事上沒有問題。但她在靑春期儀式期間把兄弟隔離起來(M_{475c})。換句話說，她像年輕妻子所做的那樣進行隔離，不是像犯錯誤的妹妹所做的那樣不進行隔離；不過，她的行動以她的兄弟而不是她自己爲對象，就此而言，她與她們兩人都不同。

M_{479}不再訴諸那**非妻子**的生理功能，而是爲了一個斷然不同的理由。M_{475c}、M_{478}的女英雄是個已定型的女人，年齡比兄弟大，能夠管敎他，因而保管著傳統知識；M_{479}的女英雄還是個小姑娘，沒有父母，也沒有家庭，其頭腦裏神話說是空空如也。人們不想娶這個幼稚的女孩爲妻；兄弟們也讓她當養姪女，這是一種「最高尙而又體面的關係」。實際上，她從未達到靑靑期，因爲她早早就變成蛙，預報雨和春歸。這樣，這女英雄的一無所有允許從生理周期性過渡到周季周期性。

事情還不止於此。這些神話還積極或消極地以男性任務方面賦予**負責教管的姊妹和犯錯誤的姊妹**以資格：一者給弟弟教狩獵技藝，另一者在哥哥因生壞疽而癱瘓時從後者那裏接受這種教導，她為兩人打獵。這些互補的神話還積極或消極地從女性任務方面賦予**妻子**和**非妻子**以資格。**年輕妻子**一旦結婚便忙於顯露理家的才幹。**非妻子**對料理家務一點也不沾邊：M_{479}只談到做飯，人們甚至不讓她目擊這家務工作。這導致在我已指出的自然赤貧之外又增添了文化赤貧，而像自然赤貧一樣，文化赤貧也允許達致辯證的進步，因為這飯餐不僅有飲食的值，它似乎還構成了由人奉獻給雷雨鳥以敦促它們來歸的祭品的原型（以上第 346 頁）。

因此，獨身兄弟神話體系呈現四種四位的、彼此同系的和相互接合的結構的面貌。我們可以按照邏輯來整理這些結構。這樣，我們就可以說，它們分別表現了親屬關係、與生物學本性有關的行為、其他與文化有關的行為，最後是由季節演替代表的聯結人同宇宙的聯繫。不過，這些接合關係並不是靜態的。每一種結構都決不是與其他結構相隔絕的，而是隱含不平衡，而唯有訴諸假借自相鄰結構的一個項，才能補償這種失衡。說明這總體位形的圖與其說像一些內接於另一些的正方形，還不如說有如田字形。「非妻子」不是一個親屬關係項；當女性規則性即月經不存在時，為了賦予這周期性以資格，便要求在從生理層面到季節層面的過渡中把她抽取掉；一個季節的結束的反面並不等於另一個季節回歸；祭品的食用不可同由一個勤勞廚娘配製的世俗飯餐相混淆。甚至在神話裏面，一種強制的辯證論所進行的反思也從親屬關係上升到社會功能，從生物學節律上升到宇宙的節律，從技術和經濟的工作上升到宗教生活的活動。

在這個範圍裏，特別引起我們關注的是周季的周期性，因為由後兩個梅諾米尼人神話($M_{478，479}$)引入的這個題材使我們得以解決十個一組的問題。

這兩個神話利用了兩個十個一組：雷雨鳥有10個，冥界的蛇也有10條。

圖 33 梅諾米尼人的雷雨鳥

（據斯金納 [Skinner]：14，圖版LXX，第262頁）

另一方面，像在M_{479}中一樣，在M_{478}中，雷雨兄弟中的最長者名叫穆德杰基維斯，在M_{479}中，幼弟名叫佩帕基特西澤(Pê-pakitcisê)。

事實上，這些名字是梅諾米尼小孩按出生序帶有的稱號。長子有權取名穆德杰基維斯（穆德吉基維斯、馬契基維斯），意謂「雷雨的兄弟」，最後出生的取名佩帕基特西澤（普帕基德吉澤，Pûpäkidjise），

意謂「小格羅斯─文特」。但是──並且這是主要的──對於男孩只有5個有序名詞(對於女孩有3個)，即依序為：「雷雨的兄弟」、「他之後的」、「後者之後的」、「在中間的」、「小格羅斯─文特」(Skinner：4，第40頁)。因此，就社會實踐而言，梅諾米尼人神話完全是二倍體，就像我在本討論開始時（第325頁）所假設的那樣。因為，如果長兄稱為穆德杰基維斯是名副其實，那麼，幼弟處於第10個而不是第5個位置。因此，這十兄弟是二倍數。

此外，我們知道有一個大草原克里人版本，因此是個外國版本(M_{477d}；Skinner：8，第353-361頁)，它以兩個怪異的、可能相關的反常區別於其他版本：一方面，陌生的女訪客選擇第5個而不是第10個兄弟；另一方面，有

兩個穆德杰基維斯，一個是10個男人的長兄，另一個是10個雷雨鳥（它們有10個女人作爲姊妹）的長兄。實際上，克里人並不滿足於把10個雷雨的組和10個冥界精靈（貓科的或爬行的）的組對立起來。他們還在這兩大分野之間引入10個人的組，即10個兄弟的組，它起著中介的作用：衆兄弟代表雷雨殺死了冥界妖怪，作爲對所得到的妻子的交換（M_{477b}; Bloomfield: 1, 第228-236頁）。因此，在一個層面上的項的增乘伴隨另一個層面上的減除。大草原的克里人擁有一套複雜的語彙，用於區分年齡階層；但人們未注意到他們應用有序項（Mandelbaum, 第241-243頁）。

　　本著同樣的精神細心考察一下這樣的情形，是合宜的：稱爲穆德杰基維斯或以一個等當名詞冠稱的兄弟來佔據長兄的地位，而佔據按出生序爲第二（M_{475a} 的Schoolcraft版, 載Williams, 第124-134頁）或第三（M_{474}）的位置。因此，M_{474}和M_{477d}都截切10個兄弟的序列，前者在3個年長兄弟之後截下，而後者在3個年幼兄弟之後截下，這6個兄弟皆爲女英雄所拒絕，於是，人們立即向她提議第5個兄弟，她同意了。

　　我們來考察梅諾米尼人。在他們那裏，可以把神話同實際的習俗關聯起來。我們已經看到，包含5個有序項的社會學序列被展開成一個包含10個項的神話序列，而如果說這序列得到經驗證實，那麼，它造成一種情境，其令人難解之處——如黑足人（第333頁）在談到10個指頭的人手時借助一種解剖學的形象比喻所造成的情境。M_{479}結束時出現的周季周期性正是爲了能夠避免這種災難性的偶發事件。因爲，如果善和惡的力量、夏和冬的力量不是無休止地在無結局的激戰中對陣，而是相交替，那麼，它們就各自主宰一年的一半，換言之，它們的實力從此之後除以2。五個雷雨橫行於夏天，五條蛇橫行於冬天，而這一夥的其餘成員每次都退居在他們處於其下風的那一半的後面。這樣，就從一種係數爲2×10的靜態對立進到了一種係數爲2×5的動態周期性（圖34）。

　　這樣，漫長的冬天縮減了一半。冬天的漫長遠比夏天的延長來得可怕，

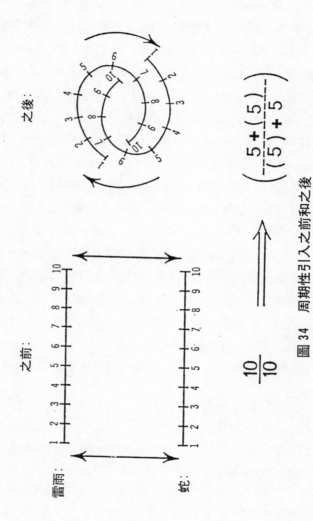

圖 34　周期性引入之前和之後

夏天的延長還是有益的。在冬天，梅諾米尼人焦急地期待春天的暴風雨。大草原的幫吉人（Bûngi）（大草原的奧吉布瓦人）和克里人以太陽舞作爲慶祝雷雨的儀式（Skinner：5，第506頁；6，第287頁；參見Radin：3，第665-666頁）。像他們一樣，梅諾米尼人也認爲，雷雨是人類的朋友。當他長久未聽到雷雨聲時，就會感到很不舒服。當多次聽到暴風雨的咆哮時，他們欣喜地寫道：「嗨，這下可聽到穆德杰基維斯了！」長子取這個名字正是爲了向雷雨致敬（Skinner：4，第73-74頁；參見André，載Keesing，第61頁）。

　　神話系列和社會學系列之間的這種姓名紐帶使我們的論證臻於完善。因爲，梅諾米尼人神話在這一點上不同，他們的諸神有5個而不是10個雷雨神②。主神穆德杰基維斯位於中央，側翼往北是穆科梅斯（Mûkomais）即「冰雹的發明者」，然後是維西卡波（Wi'sikapo）即「不動的鳥」；往南是瓦皮納馬庫（Wapinämäku）即「白雷雨」，然後是薩維納馬庫（Sawinämäku）即「紅（或黃）雷雨」。北部的兩個雷雨帶來寒冷和暴風雨，南部的兩個帶來溫暖的雨（同上著作，第77頁）。因此，這就證實了，這些神話所以援引10個一組的程式，只是爲了撇開它，以支持5個一組的程式，後者自「遠古時代」以來就成爲唯一實在的程式，在那個時代，一個小姑娘變成預報雨的樹蛙（參見M$_{241}$，MC，第178頁），這轉變使得周季的周期性得以確立。

---

②人們可能提出異議說，斯金納（14，第49-50頁）引用了16個「雷雨的名稱」，它們用作印第安人的專名。穆德杰基維斯出現在表首，佩帕基德吉澤則在表尾。不過，這些名稱是累積的；例如，在M$_{479}$中，佩帕基德吉澤（佩帕基特西澤）即「小格羅斯—文特」，也叫莫薩納澤（Mosa'na'sê），意謂「可怕者」或「破壞者」。這名稱有時還添加上「雷雨人」，因爲這神喜歡化身爲人（前引著作，第50頁）。另一方面，塗畫的皮膚象徵許多雷雨，它們已脫離首領和各個「眞正的雷雨」（總共5個）（Skinner：4，第104頁）。其他天神有閃電主人鷹和雷雨的侍從鳥（前引著作，第105-106頁）。因此，必須分小雷雨和大雷雨或主雷雨：「後者是五個大雷雨，所有其他的雷雨皆居於較低的階級」（Skinner：7，第74-75，77頁）。

　　這樣，也就說明了10個一組的本質，以及所以會在某些神話中發現與比較適中的數字——2，3或4——相比爲非尋常的冪的集合的原因(各個無文字的民族的故事通常滿足於這幾個適中的數字)。10字一組代表浸潤集合 (ensemble saturé)，而神話的辯證法設法縮減之，以便用引人注目的發明來強調這個特徵。英雄行得越慢，旅行在他看來就越短(M_{477c})。東方天空的10或11個食人女魔(M_{475c})殘忍程度不等地讓她們各自的情人挨餓：長姊吃掉全部食品，第2到5個姊妹一點食物也不給，第6個給很少一點，接下去4個與他們分享，第11也是最小的姊妹給出幾乎全部食品。穆德杰基維斯故事的許多版本(M_{473c}，M_{477c})建起了已婚幼弟和長期獨身的長兄間的重要對立。實際上，幼弟首先集中了所有女人，然後把她們分配給各個兄弟，從年齡與他最接近的哥哥開始，依序一直到長兄。長兄大叫道：「首先爲最小的兄弟服務，這有點過份了！」(Skinner：3，第295頁；參見Bloomfield：3，第235頁)。

　　因此，大的間隔是逐步地通過有條不紊地增添同神話的陳述相容的較小間隔來施加的。這就是說，這裏採取的路線與我們初次遇到大間隔和小間隔問題時(CC，第68-75，387-388頁)，用幾乎同樣的措詞描述的路線相反。我藉此機會指出，屬於小間隔範疇的連續性既同生物學範圍裏的物種的共時不連續性，也同曆法範圍內的日和季的歷時不連續性相對立。此外，這連續性還在白晝由虹霓的色散表現出來；在黑夜無月又無星辰期間則由有使人同敵對努力相衝突之虞的完全晦暗表現出來。這整個問題我已從南美洲例子出發予以提出，它處於北美洲的北部地區。關於晝夜和季節的交替 (M_{479c}；Bloomfield: 3，第317，335頁)，梅諾米尼人講述說，條紋松鼠 (*Eutamias*)提議其他動物以其毛皮爲榜樣：冬天和夏天各持續六個月，正符合它背上條紋的數目。它戰勝了熊，後者希望冬天和黑夜連續不斷。實際上，熊的毛皮淸一色是黑的。如果天始終是黑的，那麼人就必須摸索著

狩獵，這樣，人就不可避免地與野獸遭遇，而這就使後者在戰鬥中佔上風。

　　因此，我們面對一個十分龐大的神話總體。不過，在這個總體之中，各個利用10個一組的神話以其所適合的步法相區別。這些神話不像常情那樣到最初由小間隔主宰的地方去建立大間隔的領域，而是看來努力地通過倍增主人公數目直至10個一組來創造連續性的狀況，以致10代表這樣一個數，由之出發，各離散單位變得非常多，不再允許它們之間有明顯的問題，在某種程度上融合起來，讓連續的幕蓋過可數的對立。此後，神話的步驟在於通過把各10個一組縮減為較小幕的集合（用2除它們）來破壞這種連續性。關於「雷雨鳥」的各個梅諾米尼人版本(M_{478}, M_{479})就此而言同獨身兄弟神話組的區別僅僅在於，通過訴諸周季周期性來獲得一個結果，而神話組的其他神話也達致這個結果，但憑藉的方法不同。我現在應當確定這些方法的性質，以便再把他們歸併到同一些原理，如果可能的話。

　　在攻讀下一個神話之前，讀者最好再認真讀一下M_{479}，它是又一個梅諾米尼人版本。

M_{480a}. 黑足人：紅頭

　　　　從前有個男人，獨自與母親一起生活，沒有家庭，遠離人生。他的頭髮像血一樣紅。一個少女長途跋涉，一天來到了他那裏。她剛被創造好，從地下出來；她還不知道吃喝，也不會做任何事。紅頭趕走了她，因爲他喜歡獨自生活。女英雄離開後到一個蟻巢避身，乞求昆蟲幫助。她想得到某種本領，以便強迫紅頭接受她。

　　　　螞蟻們可憐她，命令她到茅舍裏去偷兩張柔軟的皮，帶回給它們。然後，它們又打發她出去，到翌日回來。女英雄回到蟻巢時發現，兩張皮已用箭豬的刺繡得很漂亮。這就是這種產業的起源，因爲最早的繡匠是螞蟻（參見以上第244頁）。然後，它們裝飾了紅頭母親的衣袍，叫女英雄把這袍子放在老嫗的套褲邊上，老嫗極其想望置備繡過的皮。

女英雄於是就躲進灌木叢，等待事情的結果。

當紅頭和母親回到家時，眼睛一亮，看到這漂亮的衣服。紅頭得知，它們是那個陌生少女的作品，就要求母親找回她，給她吃，命令她給鹿皮靴繡花。女英雄答應做這工作，不過提出，在她施展才幹時，不可以看她。事實上，她只是把鹿皮靴交給螞蟻，它們在第二天就讓靴子布滿繡飾。她用同樣計策裝飾獵人的外衣，前後衣身繡上圓盤圖案，肩頭和袖子繡上條形圖案。圓盤代表太陽，少女從它獲得一部份本領。一隻鼬鼠（螞蟻給它做了很美麗的服飾）告訴她，自己向螞蟻要求怎樣的裝飾圖案：外衣上的條紋象徵它走過的足跡，鹿皮靴上的其他圖案代表這些動物踏雪的地方。

紅頭以為這些令人折服的才幹為女英雄所有，便想娶她為妻，但鼬鼠勸阻她，叫她不要答應。它甚至叫她弄來一塊鋒利的骨頭，乘這男人睡熟時用它殺死他。她照辦了，然後她逃到印第安人那裏，從他們那裏學到了繡藝 (Wissler-Duvall，第129-132頁)。

這個女英雄無家，沒有過去，從烏有鄉來，又純真無邪。她同我和已遇到過的其他女英雄相一致。像M_{479}的女英雄一樣，她也反面地用毫無親屬關係來界定。M_{479}的女英雄不適合結婚，在那裏表現為抗拒結婚：兩者都是非妻子。M_{480}的女英雄自己不會做任何事，也不知吃喝，這也同M_{478}的教管的姊姊相對立。因此，她就是非妻子，又是非姊妹。這個解釋靠曼丹人希達察人的版本得到證實。在這些版本中，M_{478}的忠於兄弟的姊妹和M_{480}的背叛的非姊妹（她殺死不想嫁的男人）變成了背叛兄弟的姊妹，而像在M_{478}裏一樣，她也單獨與他待在世間。曼丹人女英雄起先教管弟弟 (M_{481}; Beckwith: 1，第96-102頁；Bowers: 1，第312-314, 366-369頁；希達察人版本，第370-373頁)，後來變成食人者。她攻擊天上世界的居民，剝下他們的頭皮，粘貼在她的衣袍上，並有規則地排列起來。但在左胸上方留下

一個空位，只有兄弟的頭皮可以來填充。這女殺人者推想，這樣，她可以把愛弟留在心上，並且，因爲人們用左手把食物送入口中，所以，她首先給他吃。這英雄得到一個保護精靈的警報，逃跑了。食人女魔追逐他，他用箭射中她的腋窩，使她受傷，但未殺害她。她在登上天之前把自己的裝飾有頭皮和貝殼的袍子給他，它從此之後成爲一個祭壇的組成部份，主人和妻子們以它舉行慶祝祭儀，以便戰爭獲勝。

因此，在M$_{480}$的**生產性非姊妹**轉變成**破壞性姊妹**的同時，也從刺繡起源神話過渡到剝頭皮起源神話。而且，這種轉換甚至在黑足人神話體系內部進行，因爲「紅頭」的另一個版本 (M$_{480b}$; Josselin de Jong: 2，第97-101頁) 使這女英雄在「紅頭」殺了她的丈夫之後成爲一個無可慰藉的寡婦。她拒絕了許多求婚者，最後屈從於其中一人，但條件是他首先得替她向這殺人者復仇。

這年輕男人得到超自然保護者的幫助，它們使他化身爲一個印第安美女。他如此變形後便在「紅頭」那裏出現。「紅頭」命令她在天黑前繡好他的鹿皮靴和套褲；如果做不到，他就要殺她。這個僞裝的女英雄去到遠方灌木叢中，把這工作託付給螞蟻。「紅頭」對結果表示極爲滿意，決定娶她爲妻，儘管熱誠的親友已替他觀察到，這個自稱的女人有男人的眼睛。她趁丈夫熟睡時，把鹿角做的一個錐子硬插入他的耳朵裏，再用一塊石頭敲打這錐子，直到鑽透頭顱。然後，她剝下這受害者的頭皮，逃到一個保護者那裏，把一半頭皮給她，作爲交換，要求她讓自己恢復男相。這英雄回到了村裏，他在那裏慶祝第一次戰爭舞。他把半張頭皮給了他所愛的寡婦，於是她同意嫁給他。

作爲第一個黑足人版本和曼丹人版本之間的中介，這第二個黑足人版本保留了繡藝的題材，但把它挪到了後面。它不再涉及這種技術的起源，而假定它是已知的。但是，它像曼丹人的版本一樣也討論獵頭的起源和戰爭儀式的起源。

　　然而，M$_{480b}$把頭皮的獻祭和戰爭儀式同婚姻關聯起來。根據這個觀點，可以看出神話組 {M$_{479}$-M$_{480a}$, $_b$} 和本討論由之開始的神話組 {M$_{473}$-M$_{476}$} 之間有著初步的相似性：後一個神話組已經確立了聯姻和頭戰利品之間的聯繫。不過，跟第三個神話組 {M$_{478}$-M$_{479}$} 的相似性也同樣顯而易見。實際上，黑足人稱M$_{480a}$的女英雄為「女人後女人」(Femme-après-Femme)，這裏意謂她有不斷復活的長生本領 (Wissler-Duvall，第132頁，註①)。因此，這是像蛙那樣的周期性生物，它在梅諾米尼人神話(M$_{479}$)中司季節的交替，並且像它的學名(*Hyla versicolor*)所提醒的，它具有變換顏色的本領。

　　可以明白，M$_{480}$的女英雄除了具有復活的本領之外，還有另一種本領，使她得以化身為一個女人或一個男人。她時而是一者，時而是另一者，視版本而定；在後一種情形裏，這男人變形為女人，以便戰勝敵人，引誘他。黑足人有時甚至說他們的女英雄是偽裝成女人的男人，被太陽派到地上來殺「紅頭」(同上)。這樣，她同一個著名循環即臉有傷疤的(Scarface)男人的循環的英雄相混同。現在，應當來考查這個循環。

　　按照一個黑足人版本(M$_{482a}$: McClintock，第491-499頁；Spence，第200-205頁)，這英雄無非是我已詳加討論過的(第四篇)那個循環中一個天體和一個女人結合而生出的兒子。同樣來源的另一些版本 (M$_{482b,c,d,e}$；Wissler-Duvall，第61-65頁〔2個版本〕；Grinnell: 3，第93-103頁；Josselin de Jong: 2，第80-82頁；Vhlenbeck，第50-57頁)讓一個印第安少年被一個傷疤破相，他追求一個村姑。這姑娘斬釘截鐵地回答說，當這可怕的痕跡消失之後，她就嫁給他。這男孩絕望之下出去冒險；他到了太陽那裏，同這天體的兒子晨星結下友誼，還得到了太陽的妻子月亮的保護。母子倆為他說情。太陽儘管殘忍，但還有側隱之心，為他醫治，使他酷似自己的兒子，以致後者的母親也分辨不清這兩個人。

　　儘管有太陽保護，有一天這英雄還是踏上了西征之途。他遇到了七隻

鶴、天鵝或野鳥，把它們殺了，帶回了砍下的頭。這就是剝頭皮的起源，戰士們從那時起便展示頭皮，作爲他們的功績的證明。太陽爲消除了敵人而感到高興，遂把戰爭儀式教給這個被保護者，還給了他一支引誘少女的魔笛（Wissler-Duvall，第66頁，註①）。爲了回到親人中間，這英雄沐了蒸汽浴。然後，他登上了天，在那裏變成一顆星辰，人們常常把它混同於晨星（M$_{482b}$）。按照另一個版本（M$_{482d}$），他娶了心上人；兩人白頭偕老，生了許多孩子。或者（M$_{482e}$），他與那殘忍女人睡覺，然後驅逐她，以懲罰她的邪惡。

我們還已知道這個神話的蘇人異本，它們保留了其原因論功能，但以多種方式作了微調。在奧格拉拉•達科他人那裏，有個故事說，一個野蠻女人答應嫁給情人之前先考驗他。這故事也關涉剝頭皮刀的起源。他被情人打發去尋找一種名叫／ptehiniyapa／的未知東西。這英雄靠兩個老嫗（她們是太陽和月亮）的幫助而發現了它。可是，當他帶著戰利品返回時，這少女變成了林鹿（*wood deer*），躲開了他，結果，產生了對這種獵物的食用禁忌（M$_{483}$；Beckwith: 2，第401-405頁；參見Wissler: 1，第128-131頁）。這個出人意料的結論提出了一個問題，我到後面加以解決（第 377-378 及以後各頁）。M$_{483}$用野牛的紅角象徵剝頭皮刀，這種比喻表達方法使我們得以把這個神話組一直擴大到文納巴哥的人，這是生活在大湖南面的蘇語部落。他們有一個神話涉及神奇武器和雷雨鳥氏族戰爭儀式的起源（M$_{484}$；Radin: 2）。它以10個兄弟的幼弟爲英雄，他的名字叫「紅角」。它一方面涉及雷雨鳥，另一方面又強調回到10個一組（10個兄弟、10個黑夜、10張頭皮）。這提示，我們從M$_{473}$出發所經過的環路可能在蘇人那裏閉合。克勞人（也是這個語系的組成部份）的神話也最後表明了這一點。不過，在放下M$_{483}$之前，可以指出，這英雄在弟弟和一個同志陪伴下去尋找那未知的東西，換句話說，這兩個人物中，一個**比兄弟小**，另一個**比兄弟大**。實際上，達科他人看不起後出生者（Beckwith: 2，第401頁註③），但在他們看來，用儀式

結成的友誼紐帶即所謂／hunka／高於其他一切(Walker, 第122-140頁)。因此，這裏，「兄弟」這個範疇不是像穆德杰基維斯循環中那樣被10個一組這個寬泛程式從外延上窮盡，而是從內涵上被窮盡。無疑，這種邏輯轉換產生於我業已指出的達科他人賦予數字4的優勢地位(第340-341頁)，這種優勢還可能促使他們排斥10個一組而支持較低階的冪。

本討論開始時，我已利用過兩個克勞人神話(M_{467}-M_{468}，第325-326頁)，從它們所擁有的算術進行了考察。我現在要指出一點。我拖延到現在才說，是爲了強調起見。這就是，在一種情形裏，英雄戰勝一個佔有所有食物和女人的頭領，在另一種情形裏，他戰勝了7個兄弟和3個食人姊妹，這3個姊妹除了最小的妹妹之外都是陰道帶齒的女人。因此，這些神話設定了，一個捕獲女人和佔有食物的男人是跟破壞男人的、食人的女人同系的。這後一些男人是雷雨鳥(在我已同時引用過的曼丹人版本——$M_{469a, b}$——中是食人野牛，我在後面第362頁上還要回到這些版本上來)。

因此，這些蘇人版本使我們重又回到出發點上，並且由此觀點看來，令人矚目的是，克勞人也有一個關於剝頭皮起源的神話，它同黑足人和達科他人的神話相似，也講述帶疤痕的人的故事，其奇特的表達方式接近於和我們已在梅諾米尼人那裏遇到過的周季周期性起源神話：

M_{485}. 克勞人：紅頭

　　一個少女要求求婚者給她帶來「紅頭」的頭髮，這樣，她才肯答應他。這英雄上路了，遇到了一些超自然保護者。他獻給他們各種不同的鹿種(或者按土著分類體系可等同於鹿的動物)：羚羊、牡鹿、鹿、美洲「antilope」〔羚羊〕，從而得到了他們的幫助。一頭白尾雌鹿[*Dama virginiana*]和一隻雌螞蟻(參見$M_{480a, b}$)幫助他僞裝成少女，屈貍又使這變形臻於完善。

　　英雄變成了螞蟻後戰勝了「紅頭」的衛士們的監視，這次衛士依

次爲鶴、草原狼、犬、狼和蛇。他又化身爲女人，向「紅頭」提出結婚。「紅頭」娶了她，但仍叫兄弟幫助提防這個自稱的女人。她手臂上有疤痕，這男人已察知。

這假女人利用丈夫熟睡之際殺了他，割下頭髮，使之成爲禿頭。然後，她又化身爲男人，逃之夭夭。衆兄弟追逐這英雄，但他在沿路佈設的保護者的幫助下逃脫了。他把「紅頭」的頭髮交給了未婚妻，人們慶祝他們結合 (Lowie: 3，第141-143頁)。

現在來看另一個故事。

M₄₈₆. 克勞人：帶疤痕的男人

從前有個印第安人，小時候遊戲時跌落在火中。他恨自己臉上燒焦的半邊。一些超自然保護者要他去央求一頭生活在遠方的鷹。這禽答應幫助他，條件是他要保護好雛鷹，提防水妖一個個來吃它們。這英雄接受了條件，鷹把他介紹到太陽那裏，太陽的孩子用一面魔鏡給他醫治。爲了答謝，他教他們各種遊戲。過了20天③，太陽把客人打發回鷹那裏，要他保證今後再也不要愁眉苦臉地看太陽。

這鷹向英雄預報，大霧即將降臨，預示著水妖要來襲擊。一個妖怪從水中突現，英雄把燒紅的石頭扔入它的口中，把它殺死。這是一種「長水獺」，這種神話動物在克勞人的魔鬼譜中取代有角的或有毛的蛇。雷雨帶走了屍體。

在小鷹長大後，太陽命令鷹讓它兒子把英雄送回去。在初雪之時，衆鷹把這人背回村裏。回到村裏，他娶了一個美少女。她曾說過，如果他的半邊臉沒有燒焦，他就會令她傾心。從此以後，這英雄有了預

---

③太陽和月亮相互尾隨地在天上走過的時期。參見霍夫曼(Hoffman)，第209-210頁。

言時令變化的本領（Lowie：3，第152-156頁）。

　　這裏，英雄在同鷹結盟後便戰勝了一頭長水獺，獲得了預言時令的本領，而在另一個版本（M_{486b};Lowie：3，第144-149頁）中，水妖迫使他純粹而又完全地重回人的狀況，不再捲入高低勢力的大衝突。這就是說，就像在梅諾米尼人那裏那樣，在沒有解決這種衝突的本領的情況下，要使這衝突通人性的唯一手段在於確立或發現周季周期性，後者化身為一個人，他引起時令變化（M_{479}），預報這些變化（M_{486}），或者，他被賦予各種各樣生活而本身就是同期性的、變動不居的生物（M_{480}）。

　　由此可見，自從本討論開始以來，我們走著兩條路線，它們相應於兩種平行的或會聚的程式。它們以一個兩面人———一邊美，另一邊醜———為共同特徵。按照一個程式，這個人物讓為數很多而又對抗的隊組進行交替；而按照另一個程式，這個人物通過改變性別而同自己交替，並通過創始剝頭皮和戰爭儀式而設置新型的組織間關系：不再是超自然的高低勢力之間的，而是同胞和敵人之間的關系。在所有這些情形裏，這些隊組都構成系列，而神話致力於對它們作集中或分散的處理。這些神話通過把一個妻子配給10兄弟家庭的每個成員而把它們集中起來（$M_{473-477}$）。它們通過對由一個男人佔有的眾妻子作再分配（M_{467}）或者通過分配征服敵人得來的頭皮來分散之。帶回來的頭皮使得同胞間可以通婚（M_{480b}，$M_{482-486}$），一如奪回敵人的頭皮使得可以同外鄉人通婚（$M_{474-475}$）。

　　迄此為止，分散和再集中的運作都一直對女人、頭皮進行或者同時對兩者進行。剩下來我們要考察一種轉換，它屬於同一個神話組。但在這種轉換中，分散和再集中這次作用於男人，這樣，就一方面反轉了穆德杰基維斯循環，另一方面反轉了「紅頭」循環。

M₄₈₇. 奧格拉拉・達科他人： 石頭男孩(I)〔參見M₄₈₉〕

從前有四個獨身兄弟，接待了一個陌生的女訪客。她當著他們的面時總是遮掩面孔，因此，幼弟變成鳥監視她。他看到，她的臉上佈滿毛。這是一個女巫，她企圖攫取四兄弟的頭皮，以便她那用類似戰利品裝飾的袍子可以完工。她成功地殺死了三個年長的兄弟，但最小的使他們在被這女食人魔砍下頭後又復活。

第二個女訪客受到同樣的監視，但懷有一顆純潔的心，只想爲兄弟們做鹿皮靴。可是，過了一段時間後，兄弟們一個接一個失蹤了。

這女人獨自待在世上。她吞下一塊石頭，它使她懷孕。很快，她生下一個兒子。他長大後，就出去尋找叔伯們，在一個壞女巫的茅舍前發了他們的遺骸。她也想殺死他，但他的石頭身體刀槍不入。他弄死了這老嫗，使叔伯們復活。

冬天到來，英雄遇到幾個少女，她們邀他到積雪的山坡上作滑雪比賽，想讓他被石頭碾死。他殺死了她們。這些少女是野牛變的，它們的同類爲了報仇而來攻擊衆兄弟。他們獲勝。正因爲這樣，男人們得到了野牛這種獵物(Wissler：1，第199-202頁；關於一個東方版本，參見McLaughlin，第179-197頁)。

儘管這神話包括剝頭皮的題材，但主要還是回到冬季狩獵儀式上來。在同一些達科他人那裏，神煙斗的象徵另外還說明了獵頭和野牛之間的聯繫。這煙斗代表紅色的，不可觸摸的處女，把攻擊者退縮到殘骸的狀況，但把野牛給予尊重它的人，如同他們用頭皮裝飾煙斗：「它命令他們帶回敵人的頭皮，通過吃野牛肉來跳戰爭舞進行慶祝」(M₄₈₇ᵦ；Wissler：1，第203頁)。這種煙斗也稱爲「白袍」、「杯」或「貝殼」。就像M₄₈₇已經做的那樣，它也回到關於聖袍起源的曼丹人神話，後者描述說，這外衣用頭皮裝飾，

但實際上是貝殼，如同可攜帶的祭壇的名字(*Shell Robe Bundle*)〔殼袍束〕所表明的那樣，而人們正是把這聖袍供奉在這種祭壇上。

創造冬獵儀式的曼丹人神話 (M$_{469a,b}$，前引著作，第303頁) 也把冬獵同剝頭皮的起源掛起鈎來。一個倒楣的年輕獵鷹者必須奪得一個頭髮有四種顏色的食人魔的頭。一頭白尾雌鹿 (參見M$_{485}$) 用自己的身體摩擦他的裸露身體，從而把他變成少女，但給他保留了腿，使他依然是個善跑者。他到了食人魔那裏。他找到一頭食人禽作爲姊妹，讓食人魔娶她爲妻。這假妻子一有機會就殺了丈夫。然後，她藉口女性的不適，要獨處，乘機逃跑④。

這英雄迭經變故，其間殺死了食人姊妹，攫取了她的頭。此後，他遇到了三個鹿姊妹〔種名*Dama virginiana; Dama hemionus; Cervus*〕，她們都有帶齒的陰道，又遇到了第四個女人，她是一頭無惡意的野牛，他娶了她。她保護他，抵禦她的七兄弟的侵害，他們是食人的戰神。在解除了他們的神奇武器之後，他決定回到親人中間⑤。他的妻子答應他離去，但警告他說，她出於妒忌，將弄死他再婚所娶的前四個印第安女人。因此，他選擇了一些人品平平的妻子，她們相繼被殺死，此後才選娶了頭領的女

④應當對大草原蘇人那裏的各個冬獵神話作比較研究。一個奧馬哈人異本(M$_{469c}$；J.O. Dorsey: 1，第185-188頁)用四個頭髮分別爲白、紅、黃和綠色的雷雨食人魔取代曼丹人的四元頭髮食人魔。另一方面，上面已討論過的克勞人神話(M$_{467, 468}$)讓一個作爲被保護者的侏儒出場。然而，創建冬獵儀式即所謂「雪貓頭鷹」的曼丹人神話詳確說明，保護鳥是個侏儒(M$_{469}$；Bowers: 1，第286頁)。此外，在克勞人神話M$_{468}$中，冥界精靈以一頭貓頭鷹爲妻子。這鳥在希達察人那裏重又出現，也採取冥界精靈的形態，但明顯地通過所謂「大地之名」的儀式而同夏獵相聯結，而創造這種儀式的神話 (M$_{469d}$；Bowers: 2，第433-434頁)讓一個異鄉人去救助三個印第安人，他把他們作爲姊妹對待，而不是像在M$_{469}$中，三個異鄉女人藉口嫁給一個印第安男人而把他弄死。關於曼丹人和希達察人那裏冬獵神話和夏獵神話間的對稱關係，參見L. -S.: 19。

兒，儘管頭領在他回來後就一直要把她許配給他（Beckwith：1, 第149-154頁；Bowers：1, 第286-295頁）。這個妒忌的女人是10個一組的第十一個。她是個混合的生物，半是野牛半是女人。她反覆製造鰥夫：「今天人們仍相信，一個接連失去幾個妻子的男人是這個〔神話的〕吃醋女人的受害者」（Bowers：1, 第295頁）。實際上，我們不會忘記，由於實際的狀況，在村子附近、有時甚至在戶內舉行的多獵從社會等角度來看呈現家居乃至內婚的內涵，而夏季的游蕩式狩獵有著冒險、戰爭和外婚的內涵。冬季儀式創建神話圍繞吃醋女人的題材展開：像在M_{469}中那樣，這女人維護自己的權利，或者，當年輕男人把自己妻子交給村中的長老時，相反她必須向紅棒儀式行致敬禮（$M_{463-465}$）。夏季儀式創建神話對稱地解說了不忠貞的起源：「正因為這樣，現在竟至於一個男人會拋棄妻兒，把他們忘卻」（M_{462}；Bowers：1, 第281頁；參見L.-S.:19）。

無疑讀者會想，我們去向何方？為了讓讀者放心，我請大家回想一下，10個或11個兄弟的長兄穆德杰基維斯（就像M_{469}的女英雄是11個兄弟和姊妹中最年輕的）因妒忌而創造了月事的周期性。然而，穆德杰基維斯本人也是個混合體，至少從功能方面來說是如此，因為，在妻子不在時，他得親自操持獨身者的家務。幾乎所有版本都指出這一點，但克里人異本（M_{477a-d}）說得較詳細。穆德杰基維斯在接待陌生的女訪客時高興地叫道：「現在我們再也不需要做自己的針線活了！」（Bloomfield：1, 第230頁）。或者，他這樣說：「我無法再為兄弟們操勞下去；我們沒有能力進行烹調，也無能力製作鹿皮靴……」（Skinner：8, 第354頁）。有些神話用一個傻瓜和一個無知者的特點來描摹他；另一些神話說他輪番採取兩種姿態：一會兒

----

⑤神奇武器之被降服是一次錯誤選擇的結果，這個題材我們已在一個阿里卡拉人神話（M_{439}，第196頁）中初次遇到過，這神話也是關涉剝頭皮的起源，它在曼丹人和希察達人那裏有異本（Will：1, 第2頁）。

虛張聲勢，一會兒懦弱膽小。在一個男人的鰥居和其妻來月經時所處的境地之間，不難找出一個可比點。不過，我暫且撇開這個問題不談。

這番闡釋把我們帶回到曼丹人，所以，的確最好扼述一下他們的狩獵儀式，這使我們得以在我們的所有神話之間引入一種補充聯繫。曼丹人和希達察人那裏有三大狩獵儀式：我們已就創始神話$M_{464-465}$（第 317 頁）說起過的紅棒儀式、剛才提到的雪貓頭鷹儀式（M_{469}）和創建神話也已援引過的小雕儀式（M_{462}，第 305 頁）。前兩者是冬季儀式，第三種是夏季的儀式。儘管有這些差異，還是可以按照雌野牛（它用作為一個不變項）在神話中所佔據的地位把它們排列成連續的系列。對於$M_{464-465}$，這雌野牛是同胞，幫助印第安人打敗10個或12個敵對村子。這些村子聯合起來以密集而又飽和的攻擊相威脅，印第安人砍了100個頭，粉碎了這攻擊。我剛才證明，在M_{469}中，這雌野牛是個混合動物，介於人類的代表和她自己的家族之間，而這家族由殺人的姊妹、食人的兄弟和戰士組成。相反在M_{462}中，這雌野牛與同夥相勾結，她把人丈夫招引到同夥那裏，使他面臨更嚴重的危險：

$$
\begin{array}{l}
\text{冬季} \left\{ \begin{array}{l} \text{紅棒：} \quad \text{同胞，雌野牛} \cdots\cdots\cdots\cdots\cdots\cdots\cdots \text{敵人} \\ \text{雪貓頭鷹：} \quad \text{同胞} \cdots\cdots \text{雌野牛} \cdots\cdots\cdots\cdots\cdots\cdots \text{敵人} \end{array} \right. \\
\text{夏季} \quad \text{小鵰：} \quad \text{同胞} \cdots\cdots\cdots\cdots \text{雌野牛，} \qquad \text{敵人}
\end{array}
$$

雌野牛如此從同胞營壘轉移到不共戴天的敵人的營壘，使人想起另一個屬於同樣類型的轉移（以上第 214 頁）。在現在的情形裏，這轉移由每個神話的特定結構得到解釋。紅棒使戰爭的成功取決於狩獵的成功：正是靠了野牛的幫助，印第安人戰勝了敵人。冬獵也即雪貓頭鷹的神話保留了上述程式但反轉了它。因為，這裏首先關涉一個剝頭皮起源神話；只是在創建了這儀式之後，英雄才戰勝了雌野牛的其時為戰神的眾兄弟。就像人們所能預期的那樣，夏獵創始神話採取另一種視角。英雄戰勝了野牛之後，憑藉女人的堅貞（她是堅貞的化身）——換言之憑藉她沒有妒忌心，額外地

還獲得了農業。因爲，曼丹人和希達察人在玉米長到齊膝時到大草原去狩獵，這種征伐有時候使他們與敵群遭遇；他們爲了收割而返回村子。因此，可以把複雜的儀式和神話體系歸結爲三個公式：

1）（戰爭）　＝　f（狩獵）
2）（狩獵）　＝　f（戰爭）
3）（農業）　＝　f^{-1}（狩獵$\equiv$農業）

　　如果現在回想起來，在曼丹人和希達察人那裏始終有一隻蛙不自覺地服務於（通過$M_{460,\ 461}$）兩個天體爭論的題材（在M_{465}中，一頭雌野牛專事激發這爭論），那麼，就可以認識到雌野牛和蛙之間的相似性在這神話體系之中所具有的運作價值；並且，也更可以把前者在曼丹人神話中的作用和後者在梅諾米尼人神話中的作用加以對比：兩者都是中介，一個介於冬和夏之間，憑藉它所喚起的雨，另一個介於狩獵和戰爭之間，憑藉它誘導人去獵獲的頭皮⑥，或者，對頭皮的勝利獵獲確保他們和自己人在狩獵它本身時獲得成功。

⑥關於剝頭皮同雨和露的聯繫，參見L.-S.：5，第249-250頁；Bunzel：1，第527, 674 -689頁。

II　三種裝飾物

這裏我們又回到了天體爭論上來，不過轉了一個大圈子，而這使我們得以明白，爲什麼以此方式開始的那些神話把它們的故事同箭豬事件或者十個一組題材聯結起來，但卻不同時與這兩者聯結起來。因爲我們已經知道，箭豬這個角色代表周季周期性生效，而且我們在前面已經明白，十個一組的程式是同這種周期性的現實存在相排斥的：爲了成功地引入這種周期性，必須使十個一組讓位於較低價的集合。因此，在一種情形裏，各個神話在開始時就關注這周期性；在另一種情形裏則反過來，到後面才致力於建構它。

在第四篇中，我從一些阿拉帕霍人版本（$M_{425-428}$）出發研討了天體爭論；因此，看來意味深長的是，現在又是阿拉帕霍人提供了一些異本，而借助它們，一條長長的旅程得以閉合。這些異本例示了兩個系列，它們是平行的或者匯聚的，視情形而定。我已把它們分別歸類於「紅頭」和「石頭男孩」這兩個標題之下。

M_{488}. 阿拉帕霍人：紅頭

從前有個美少年，但他很懶惰，一直睡懶覺。有時，他甚至整日價躺在床上。他的父親幾經躊躇，最後決定教訓他。這男孩差點喪命，但仍懶性不改；他還暗自決定攻擊其父對他談到的食人魔。

他去到一個老嫗那裏求教。她告訴他，食人魔住在東方很遠的地方。這英雄上路了。第一夜，他把供給他的肌筋扔入火中，這些肌筋在火中捲曲起來，還使大地縮短。這樣，目的地就趨進了。翌日，他又重複這樣做。一對老夫婦給他指點食人魔的妻子的住地，告誡他向她請求。這女人答應了，把自己的體貌給了英雄，派他去到她的七個

丈夫那裏，藉口送鹿皮靴去，指望因此他可以受到款待。可是，枉費心機，那個最小兄弟發現，這女人有男人的手臂。

這英雄偽稱給長兄捉虱子，砍下他的頭，逃跑了。其餘幾個兄弟接到衛鳥發出的警報，遂追獵他。他躲進女保護人的鐵〔原文如此〕帳篷裏。追趕者們很快來到，他們威脅她。她裝出好像給他們開門，可是迅速把金屬門關上，卡斷了這六個人的頭頸(參見M_{241})。這女人把丈夫的頭留下，把其餘的頭給了英雄。那頭髮都是火紅色的。

英雄在夜裏返回家裏，靜靜躺下睡著了。翌日，他父親想驅趕這個佔據兒子床位的陌生人。他認出了兒子，於是款待他。這就是食人魔的末日。今天，人們還對睡懶覺的男孩說起食人魔(Dorsey-Kroeber,第126-133頁；異本，第133-135頁)。

我將把這個神話和另一個神話一起加以討論，後者說明了另一個系列：

M_{466}. 阿拉帕霍人：石頭男孩 (參見以上第 325 頁)

六個兄弟同一個姊妹一起離群索居。一天，長兄決去訪問另一個營地。途中，他發現一個陌生的帳篷，裏面躺著一個老嫗。後者解釋說，她脊椎有病痛，苦不堪言，央求這旅行者幫助她，給她踩背。可是，這老嫗背部有尖突，把他殺死了。這女巫用帳篷的柱樁把屍體釘在地上。然後，她把煙斗中的灰撒在嘴、口和胸等處。

每個兄弟都落得如此下場。那姊妹獨自在世上，絕望之餘，開始過流浪生活。一天夜裏，她把一塊圓形透明的小石頭放進口中，那石頭的樣子令她垂淚。不久，她生下一個兒子。他迅速長大，名叫「亮石」。他目睹母親哭泣，便決定去尋找那幾個失蹤者。他來到那個老嫗那裏；她重施故伎，叫他服侍她。可是，這英雄的身體是石頭做的，把她的身體壓得粉碎。他把這女巫的屍體放在火堆上，化為灰燼。然

後，他使六個叔伯復活，於是闔家團圓。

一天，又出現了一個老嫗，她帶著一只裝滿衣服的袋，還有一根鐵掘棒。她拒絕在主人面前打開這袋，因而「亮石」變成啄木鳥，暗中監視她(參見M487)。他看到她抖開七件男人衣服和一件女人衣服，它們的緣飾用陰毛做成。這女巫自言自語，他於是得知，她想殺死他以及他的母親和叔伯，以便從屍身上獲取她做衣服所需要的毛。

藉口派這老嫗去挖野塊莖，把她支開，然後用火燒她的袋子。她看到煙而警覺，趕忙跑回來。她用鐵棒從火中取出一頂裝飾有兩個睪丸的帽子和一個鐵盾，後者被覆的毛皮已燒掉。她用這兩樣東西裝備起來後便投入戰鬥；敵人的箭射在盾上又彈回去，沒有傷著她。可是，當「亮石」用箭從中間射穿兩個睪丸時，她便倒地死去。人們把她的屍體放在火中燒掉。

迭經這些磨難之後，這一家決定到部落的主營地去落戶。一個印第安男人馬上向這姊妹求婚，娶她爲妻，生下一個美麗的小女孩。至於「亮石」，他也贏得一些少女傾心，她們一夜一夜伴他共宿，但他決不定同哪一個結婚。

這姊妹被哥哥的成功搞得心煩意亂。遂愛上了他。她一連多次冒充一個夜訪的女客。這英雄感到奇怪，這個睡伴怎麼老不開口，遂在她的肩上塗彩作爲記號。醒來後，他認出了她，羞愧萬分，便整天躺在床上。不知怎麼，小孩們也知道了這事，他們指責這亂倫。入夜，「亮石」到一座小山上去哀號。他的母親四次懇求他回來，但毫無用處。他決定放棄做人，變成石頭。他認爲，這是永不看到姊妹的唯一辦法(參見M481)。他在這座山上變成一塊石頭，它明亮至極，在遠處也可看到 (Dorsey-Kroeber, 第181-189頁)。

我現在僅僅回顧一下一個格羅斯—文特人版本(M470;Kroeber: 6, 第97

-100頁)。它比較簡短，似乎介於同一神話的克勞人版本 (M₄₆₇) 和阿拉帕霍人版本 (如上) 之間：英雄不是逃避姊妹而是強姦了一個頭領的妻子，這似乎與M₄₆₇的情形象同，因爲爲了懲罰他壟斷所有姑娘的婚姻，人們也這樣對待他的大老婆。從聯姻理論的觀點來看，這構成了亂倫的反面濫用。

就M₄₆₆的女巫所要求的，爲廣泛流傳直到火地島其他神話 (Lothrop, 第100-101頁) 所證實的醫治方法而言，應當指出，阿拉帕霍人屬於阿爾袞琴族，那裏採用這種治骨疾的方法：「新生兒具有用腳治背痛的本領；人們讓他們踩有病的背」(Speck：7，第80頁)；考慮到下述一點，這就更顯得一致了：奧馬哈人說，按照這個神話，女殺人者的肋骨處於最低位置，即胎兒的頭在她上面，而由於這個原故，奧馬哈人把肋骨和胎兒一起列入他們的一個氏族的特殊禁忌之中 (Fletcher-La Flesche，第175頁)。至於不正常的出生方式，則它提出了非常廣泛的問題，我們還未加研討。

我不再討論這些神話提到鐵器——帳篷、椿柱、掘地棒——的問題，因爲我不知道，它們所用的究竟是當地出產的什麼材料；無疑，在其他版本中出現的是石頭。以功能觀點來看，就像盾的插段所表明的那樣，鐵是同毛皮相對立的：鐵能抵擋火，毛皮則不能。如此提到毛皮或皮的獨特性質，再加上提到陰毛 (在北美洲，不光阿拉帕霍人用它製作外衣和褲子的緣飾)，便把我們引導到一個達科他人異本，它比另一個異體 (M₄₈₇) 內容更豐富，我在此對之大加刪削，只保留某些方面：

M₄₈₉. 奧格拉拉·達科他人： 石頭男孩(2) (參見M₄₈₇)

　　四個兄弟離群索居，幹一切女人的活。長兄腳受了傷，看著自己的大腳趾長大，他把它切開，從中取出一個小姑娘。她長大後，爲這些獨身男人操持家務，他們待她如姊妹。爲了留在他們身邊，她拒絕一切邀約。

　　四兄弟一個接著一個消失了。一天，她爲了解渴而把一顆白色光

滑的燧石放入口中，結果懷孕了。兒子出生，長大。她教育他。儘管他的肉堅硬如石，她還是擔心他也會消失。

　　這少年爲母親的眼淚所感動，決定尋找伯伯們。經過長途艱難跋涉，他發現了魔鬼伊亞(Iya)的隱藏地，它變成了一個小老嫗，想殺死他而未得逞。正是它殺了他的伯伯們，想用他們的皮製革。英雄使他們復活，並戰勝這老嫗，在戰鬥中她又露出男巨人的原形。然後，他用焚燒陰毛得到的煙使無數受這魔鬼所害的人復生，這些陰毛是他們動身時，他們的處女未婚妻子用來裝飾他們的衣袍和鹿皮靴的。英雄在同伯伯們一起返回營地之前，警告伊亞說，要把它踩得像一張乾皮那樣扁平。這魔鬼去咬敵手的腳，但後者成功地掙脫了。可是，他失落了一隻鹿皮靴，再也找不到，因爲就在這當兒，伊亞已杳無蹤影 (Walker，第193-203頁)。

　　我要討論一下這個神話。它是美洲口頭文學中最優美、最豐富也最富戲劇性的作品之一。我也不想盡情對它作條分縷析直至把它弄得面目全非。因爲，毋庸置疑，不對它作專門的研究，就不可能恰如其分地對待它。英雄詛咒魔鬼時這樣說：「我現在要把你的頭和手臂踩得像一張乾毛皮，你將伸長著躺在這個沒有樹木，沒有花草，沒有水，沒有任何動物出沒的兇險峽谷裏。太陽燒烤你，寒冷凍結你。你將明白這些苦難，不得不忍受，你將飢渴交迫，但沒有人會來救助你」(前引著作，第202頁)。這魔鬼一直伸展到地平線的盡頭，從而同一片不毛之地相連，它還成爲引起飢餓的季節的絕對極端的化身，而這就解釋了其他本文爲何使它成爲一個貪吃的食人妖、饕神(Beckwith：2，第434-436頁；參見曼丹人神話M$_{463}$中的美麗少女，她露出食人女魔的眞相，這女魔是冬天饑饉的人格化)。

　　然而，這種把大地比作衣袍的修辭手段也見諸獨身兄弟故事的一個達科他人版本，它詳細說明，每一者都是對一種風的人格化 (M$_{489c}$：Walker，

第176-179頁。參見$M_{489b,d}$；前引著作，第173-176，179-181頁；M_{489e}: Beck-with: 2，第394-396頁）。陌生的女訪客嫁給了南風。作爲北風的長兄孜孜不倦地追求她。她躲在衣袍之下，她把衣袍一直延伸到大地的邊沿，她成了它的囚徒。從此，北風和南風捲入一場圍繞衣袍的沒有結局的鬥爭：時而寒冷橫掃一切，衣袍凍結僵硬；時而南風送暖，衣袍受熱而變柔軟，這女人可以把她的多彩裝飾物和服飾放到衣袍面上。

這種帶哲學色彩的說教採自蘇人祭司之口，它闡明了穆德杰基維斯神話的各個阿爾袞琴人版本。在它們的結束處，兄弟們變成了風。在那裏，長兄受性情無常之累，一會兒大言不慚，一會兒膽小怕事。他在M_{475}（斯庫克拉夫特〔Schoolcraft〕的版本，載Williams，第124-134頁）中代表西風；他的名字本身在奧吉布瓦語中也許意謂「壞的或邪惡的風」（Skinner: 14，第49-50頁）。就地理距離和氣候差異作必要的調整之後，我們就更傾向於把這名字同太平洋沿岸的一個阿塔帕斯干人神話（M_{471d}，前引著作，第281頁）中的太陽的歧義名字「風的星期」相對比，因爲獨身兄弟神話以不同的但完全可以辨認出的形式存在於同一地區的奇努克人那裏（Boas: 5，第172-175頁）。

如果說作爲大地之人格化的達科他人女英雄在春天給衣袍裝點衣飾，那麼，無疑，應當從同樣意義上來解釋大湖地區神話中的一個事件，而各個可供運用的版本以多種方式轉換了它。在M_{474}中，女英雄把她在毛皮包袋（由衣袍轉換而成）底部發現的辟邪物在一頭冥界熊眼前播布，使它痲痺，從而從頭頸處收緊她兄弟被砍下的頭。另一方面，在M_{475a}中，英雄的兄弟們所以要把他交給冥界精靈，不僅是因爲他丟失了一支神箭，還因爲他魯莽地把關閉在兄長包袋中的有魔力的護符散布掉。上面已援引過的一個文納巴哥人神話（M_{484}，前引著作，第302頁）訴述，一個遠方的公主在追逐英雄，一直追到村子，途中一件接一件地脫下衣服，以致到達目的地時她已一絲不掛。最後，關於冬天狩獵的達科他人神話（M_{487b}；前引著作，第

306頁）中的英雄之一爲了剝紅色處女的衣服而發生。他的行爲有如$M_{489c, d}$中的北風，當它颳起來時，剝掉了姻姊妹的衣飾。

因此，我假設（第 346-347 頁），穆德杰基維斯神話的各個強版本也有氣象學內涵，但這些神話使之處於潛在狀態，就錯不到那兒去。與其他版本中觀察到的情形不同，這內涵並不表現確保季節規則交替的暴風雨的回歸或終結，也不表現各宇宙力量的分離，而這種分離是爲使這種交替平緩進行所必需的。這裏，這內涵傳達了這些力量的劇烈衝突。在四元體系（我已勾勒過它的結構，其間暫時保留了一個空位）中，這內涵充分說明了題材的反轉：實際上，在對立題材的反轉（M_{475c-f}）中，男人和女人的力量分別同西方和東方相聯結，它們相分離，並回歸於獨身，而在這裏，分別同南方和北方相聯結的兩個男人力量的不停爭奪同一個妻子。

上述各項考慮，再加上其他一些考慮，這一切證實，所有這些神話儘管存在種種表面的差異，但仍相互聯結，因而屬於同一個組。關於野牛群起源的一個達科他人版本（M_{489f}; Schoolcraft, 載Williams, 第34-38頁）把被一個巨人殺死的衆多兄弟構成的隊組轉換成由殺害英雄父母的六個巨人構成的隊組。不過，不是像在疤痕男人的故事中那樣巨人殺人者變成勾引男人以逞惡念的女人，這裏則是注定要殺人的衆巨人的最後一個變成勾引男人以便逃脫厄運的女人。因此，我們發現了一種四元結構，它的另兩個元素在於一個巨人轉變成殺人的因而是反勾引的老女巫，或者一個少女變成巨人——這時她放大其衣袍，直至它覆蓋整個大地——以便逃過一個勾引者（$M_{489c, d}$）。

事情還不止於此。在疤痕男人的故事中，變形爲女人的英雄獲得了巨人的頭作爲戰利品。在M_{489f}中，經受同樣變形的巨人獲得一根白羽毛，它是英雄的具有魔力的帽飾，它引致英雄轉換成狗。我現在就梅諾米尼人版本回到這個插段上來（$M_{493a, b}$，第322及以後各頁）。如果暫且採取轉換：**頭戰利品⇒羽毛帽飾**，那麼，可以指出，格羅斯—文特人神話M_{470}的英雄也

在頭上帶有一根白羽毛，M_{481}（曼丹人版本：Beckwith：1，第96-102頁；希達察人版本：Bowers：1，第370-373頁）的英雄名叫「頭上羽毛」。一根羽毛也在M_{481}中的親姊妹的頭上、M_{487}中的養姊妹的頭上，而M_{489}的姊妹是個壞女巫，像其他兩個一樣，也把兩個睪丸懸在頭髮上。一個細節證實，問題很大程度上在於一個轉換：爲了使姊妹脫離戰鬥，M_{481}的英雄應當從羽毛的中間背脊拔出箭，沿長度方向把它劈裂開，一如M_{489}中他的同系通過從中間劈裂睪丸而殺死女巫。最後，魔鬼在一些對稱的神話中在日落時（M_{483}）或日出時（M_{488}）生存。這些神話也表現親緣關係，這可以從這樣一點看出：英雄使稱爲腿的細皮條捲曲，從而使大地皺縮（以上第191頁註①），而不是像在這一組神話中的其他神話裏那樣，女英雄加長其皮袍，直至大地盡頭，使自己變得人不可近。

奧格拉拉·達科他人是阿拉帕霍人的北部緊鄰。阿拉帕霍人的南部毗鄰是基奧瓦人，他們按自己的方式講述「紅頭」故事：

M_{490}. 基奧瓦人：紅頭

一個印第安人有個獨子，他清早醒不過來。父親對他說：「當你殺了一個紅頭髮男人之後，就可以讓你睡懶覺。」這男孩於是出發去尋找7個紅頭髮男人。一個老嫗幫助他僞裝成女人。他躲過了替這些魔鬼守衛的鳥的監視。長兄愛上了這個標致姑娘。爲了考驗她，命令她把肉弄平，因爲只有女人才能勝任這項工作。按照老嫗的教導，這英雄把這肉放在一個蟻穴上，那些昆蟲承擔乾燥工作。這肉配製得妙極了，毫無不規則的痕跡。於是，長兄對弟弟們的勸告置若罔聞。他們說，這女人有男人的肘。

這假女人藉口給丈夫捉虱子，乘機殺了他，砍下他的頭。那些鳥發出警報。衆兄弟追逐英雄，直到保護他的老嫗的房舍。她說，她要把女兇手交給他們，這女兇手害怕打鬥。可是，她迅速關門，砍下了

6個頭。這老嫗把它們收集起來，剝下頭皮。她對英雄説，她對這些東西想望已久。她把它們分成兩批，自己留下一批，把另一批給了他。這英雄夜裏回到村裏，把每張頭皮都掛在一個立竿的端頭。當印第安人醒來時，看到了頭髮發出的紅光。甚至太陽也顯得是紅的。父親對兒子説，從今以後，他可以隨心所欲地睡了。至於那些衛鳥，再也用不著警戒什麼了，它們消失了，魔鬼營地上再也看不到它們了（Parsons：2，第78-80頁）。

在上面，我不斷在「紅頭」故事和石頭男孩故事之間游移往復，這有令讀者思緒疲乏之虞。所以要這樣做，其理由是，當從一個部落到另一個部落時，這兩個系列被密切相似地復現，或者被交叉而又大跨度地轉換。爲了總結一下這個旅程，我現在來闡明這些關係。

我們將可注意到，阿拉帕霍人和基奧瓦人的「紅頭」版本轉換了其他版本所描述的初始情境。英雄不是羞怯的情夫而是懶惰的兒子。這個差異又分爲另外兩個差異：羞怯的情夫的面孔的一邊俊美，另一邊因疤痕或導致毀容的焚燒而醜陋；懶惰兒子美得無可挑剔，以致父母親也對之敬畏有加：「他的面孔漂亮之極，他們不敢申斥他……因爲全世界都讚美他」（Doney-Kroeber，第126-127頁）。

其次，迷戀頭皮的女人的地位從一個同鄉（英雄的未婚妻）轉到一個異鄉人（孤獨的老嫗，M_{490}；或食人魔的妻子，M_{488}）。這個異鄉人不同英雄敵對，卻與他相連通。她也起著模稜兩可的作用，而這種作用似乎是這種神話組的一個不變性質。不過，她還委身於一個或多個兄弟，降而成爲操持家務的女人（$M_{473-477}$），而這些女人中，有一個還生兒育女（M_{489}）；或者委身於一個陰陽臉的英雄，成爲半女人（因爲需要用不完的轉換來欺騙他）。

像曼丹人一樣，阿拉帕霍人和基奧瓦人也把這角色託付給一個模稜兩

可的女保護人。這種相似性令我們把阿拉帕霍人和基奧瓦人版本歸入我在
第 366 頁上用來整理曼丹人狩獵儀式的那些類別的第二類。由此可以下結
論說，這些版本把狩獵成功（然而，它們沒有說到狩獵）建基於戰爭成功
之上，似乎它仍用暗示忽略法(prétérition)斷定，戰爭的成功必然導致狩
獵成功。無怪乎，對紅頭髮食人魔的勝利允許了早上晚起！

　　這個基奧瓦人版本以螞蟻插段又回到同一神話(M_{480})的各個黑足人
版本，同時它又使這些昆蟲成爲乾肉而不是刺繡的主人。爲了讓肉在空曠
處風乾而不用鹽漬或灑鹽水，必須把肉切成一樣厚的薄片，並不帶不規則
的痕跡。儘管這種細心的工作是對肉做的（不過這肉很快就採取毛皮的模
樣），但它類似於製革上削皮的準備工作，也類似於對砍下的戰士的頭做剝
頭皮的工作。頭皮不是既有乾肉的性質，又有珍貴毛皮的性質嗎？M_{474}就
恰當地肯定了這一點，因爲在那裏敵人力圖把一個所偏愛的頭弄成乾肉狀
態（Williams，第3頁）。

　　我們還記得，已反轉了一個梅諾米尼人神話(M_{479}；參見以上第 354-357
頁）的各個黑足人版本以一正一反兩種形式出現。M_{480a}是個關於刺繡起源
的神話，M_{480b}是個關於剝頭皮起源的神話。因此，我們可以推知，土著思
維察知了頭皮和繡過的皮之間存在的相關而又對立的關係。此外，令人矚
目的是，這些神話特別說到繡過的褲子和鹿皮靴。這樣，剝頭皮（自然地
以其頭髮作爲裝飾）技術和刺繡（人工地用箭豬的「頭髮」裝飾皮，因而
箭豬也被剝頭皮）技術之間的對立又增添了另一個對立即腳和頭之間、高
和低之間的對立。M_{489}的英雄把一只鹿皮靴丟失在食人魔的口中，可以說
他被剝了腳皮。

　　然而，對於黑足人神話剝頭皮和刺繡之間的內部對立，阿拉帕霍人神
話有另一個內部對立與之密切相對應。M_{488}是一個關於獵頭起源的神話，
而M_{466}同第三種類型戰利品相關，在這神話中，一個女食人魔收集陰毛而
不是頭皮。於是，頭皮、箭豬、繡花和陰毛緣飾構成一個系統。實際上，

頭皮是仍有頭髮依附的人皮戰利品，緣飾是與動物皮（鹿皮服裝）相關的人毛戰利品，繡花是同動物皮相關的動物毛戰利品。

	頭皮	緣飾	繡花
(毛)依附的／相關的	+	−	−
(皮)人　的／動物的	+	+	−

　　我還要補充說，頭皮取自男人，繡花由女人操持，而陰毛同等地來自男性或女性。我們知道，美洲印第安人大都要渾身去毛；但在從前，年輕男人有時組織競賽，參加者為能展示長毛的人。達科他人神話M_{489}講述，與英雄有婚約的少女用自己的陰毛裝飾他。因此，我正在描述的這個系統因得到了新的向度而臻於完善：如果說像在第四篇中已表明的那樣，箭豬的刺構成時間軸上的、空間軸（以及時間軸，因為存在著戰爭的季節，它同流浪的狩獵季節相吻合）上的一種周期戰利品，那麼，另兩種戰利品則是相反循環的周期戰利品：頭皮源自**遙遠**敵人；陰毛源自戴緣飾的同一身體或者非常**親近**的女人即姊妹、妻子或未婚妻的身體。因此，一種類型戰利品是外源的，另一種是內源的。於是，我們在一片始料所不及的領域裏又遇到了親近和疏遠的辯證法（它是貫穿本書始終的線索）及其憑藉箭豬毛刺周期性的時間中介，而這就用裝飾物重視了宇宙大循環的辯證法，我們正是從這些大循環的角度來研討那個總問題。

　　現在，我要插入一段，闡明一個相當重要的細節。我們應當注意這一切關於剝頭皮起源的神話賦予鹿的地位：在克勞人那裏(M_{485})是提供幫助者，在曼丹人那裏(M_{469})是敵對者，在達科他人那裏模稜兩可，英雄得到了剝頭皮刀，但因此而失去了已經答應的姑娘，因為她變成林鹿而消失，由此對這種動物的肉施加了食用禁忌(M_{483}；Beckwith: 2, 第405頁，參見以上第 358 頁)。然而，就我剛才揭示的三種戰利品的系統而言，鹿也有其相

干的作用。在整個北美洲，從西部的阿拉斯加的愛斯基摩人直到東部的聖洛朗河口和到新英格蘭的阿爾袞琴人，中間經過大湖的麥肯齊流域，存在著用鹿、尤其麋和馴鹿的毛繡花的技術，這種技術必定非常古老，因爲在西伯利亞人們也知道它 (Speck: 9; Driver-Massey, 第324頁和第110號地圖；Twrner)。這種對毛的利用要求，必須把它們從其自然支承體上取除下來，就像對箭豬的刺和陰毛所做的那樣。不過，北美洲印第安人有時讓鹿皮完整無損地保留其毛，以便製作頂飾。索克人 (Sauk) 是這方面的行家高手，他們向遠方輸出這種東西 (Skinner: 9, 第3篇, 第127-131頁)。這些用染過色的毛做的頂飾作爲反轉頭皮的眞正假髮取代從佩戴者頭上剃下的頭髮。堪薩人無疑知道這種關係，因爲他們規定佩戴這種頂飾來慶祝獲取第一張頭皮 (Skinner: 12, 第752-757頁)。

鹿毛裝飾物在一根軸上同頭皮相對稱，在另一根軸上同陰毛緣飾相對稱。當戰士在其服裝上展示一個親近的女人：姊妹、妻子或未婚妻的陰毛時，這些緣飾以象徵的但很直接的方式實施了兩性的結合。比較而言，鹿毛裝飾物顯得貞潔。因此，也許我們應當把它們同「婚被」相比，後者在大湖的阿爾袞琴人那裏還表示貞潔。當這種裝飾物用鹿皮製成，加以豐盛裝飾，並在中央鑽個孔時，它們被用來預演交媾時的淺表接觸。只有某些印第安人有權擁有它們；他們出借它們，收取租費。如果借用人在收到後污損了它們，那麼，他得向所有人作出賠償。在梅諾米尼人、索克人、馬斯庫頓人 (Mascouten)、奧吉布瓦人和肖尼人那裏得到證實，這些聖物——有時爲了讓人們不忘記使用它們的時機和場合而給它們配備鈴——阻止男人在戰鬥中懦弱，防止以它們爲中介而懷上的孩子變成畸形 (Skinner: 4, 第30頁；9, 第1篇, 第32頁；10, 第1篇, 第37頁)。因此，婚被避免了這兩種不幸，而「關於鹿的」神話提到它們的威脅：因爲，如果一個人早上晚起身，那麼，他就是渺小的戰士和獵人；有疤痕的男人從小就患了畸形。

在剛才提到的情形裏，只有一張鹿皮（而不是一些鹿皮）能夠同男人

和女人發生接觸，就此而言，它引起了男女分離。爲了支持這個解釋，我們可以回想起，一個克勞人神話(M₄₈₅)的英雄得到了一頭紅色鹿的保護，她通過使他的裸體同她自己的身體相接觸而把他轉變成女人；還可以回想起，按照一個達科他人神話(M₄₈₃)，一個女人之轉變爲鹿，使一對本應聯合起來獲取剃頭皮刀的夫婦相分離。由此可見，語言上屬於蘇人的各個部落在他們的神話中提出了一些觀念，它們同操阿爾袞琴語的鄰族以儀式來表達的觀念相同。我已在別處提請讀者注意這些對稱現象 (L. -S.:5，第XII章；19)。爲了支持這一點，這裏應作點補充論證。

實際上，有人可能提出反對說，有大草原的蘇人，尤其達科他人那裏，鹿所扮演的角色同我們主張賦予的相反。一些代表各個不同鹿種的舞蹈者和術士團體專擅於情場和通事，而人們說，這些動物是這類事的撮合者 (Skinner: 14，第264頁；Wissler: 6，第87-88頁)。但是，在把誘姦已婚女人的事情提到一種建制(institution)高度的社會裏，各個鹿團體企圖壟斷的「偷女人」顯然是以犧牲合法性交爲代價的。因此，鹿所支持的情人結合乃是夫婦所達到的**暫時**分離的反面。在社會學層面上，這種結果仍可同婚被習俗所規定的夫婦間**部份**分離相比，而這種分離可以說是爲一頭鹿著想的，這鹿同時以換喻和隱喻的形式僅由其皮來表示，但它被表示爲誘姦者，因爲他盛飾在身。在大陸的對立一端，在加利福尼亞的胡帕人(Hupa)那裏，也可碰到這個問題，他們只是賦予它另一種形式：這些獵鹿人在狩獵季節要禁絕同妻子的一切性關係 (Goddard，第323頁的註釋)。

現在我們回到阿拉帕霍人。我們藉之得以確立裝飾物三元組：頭皮、刺繡、陰毛緣飾之存在的那個神話並不滿足於把第一項轉換爲第三項。它還給石頭男孩故事引入了其他版本所沒有的一個插段，這個插段講述英雄和姊妹亂倫的事，以及後來英雄變形爲石頭。

然而，有兩個前面已利用過的神話至少包含這插段的胚芽。如果說

M$_{466}$的英雄決定變爲石頭，那麼，他說，這是爲了永遠不要見到他的姊妹（以上第 369 頁）。不過，曼丹人神話M$_{481}$的食人姊妹想剝她兄弟的頭皮，把這戰利品粘貼在衣袍的左胸部位，而爲此援用了相反的理由：「我鍾愛我的兄弟，我把他的頭皮放在這個空位上，以便把它留在我的近傍」(Beckwith:1，第99頁)。M$_{474}$也以不怎麼明顯的方式作了這個論證：英雄被其姊妹的經血玷污，受壞疽侵害。他對這少女說：他快要死了，除非她砍下他的頭，把他的頭留在她身邊。這樣，作爲保持結合的獨特手段，向頭戰利品的轉換看來或者由兄弟本身作出(M$_{474}$)，或者由姊妹作出(M$_{481}$)。

這題材的重現似乎使我們得以構成一個神話組。男人的頭戰利品或頭皮以好的或壞的方式把一個兄弟和一個姊妹結合起來，而他們是因這男人被經血或者亂倫的交媾玷污而變成石頭才分離的。由此可見，M$_{466}$對這神話組的其他神話實施兩個運作：它把頭皮**轉換**成陰毛緣飾，然後在第二步又把它反轉成**石頭**；不過，這石頭的性質非同尋常。

爲了講述亂倫姊妹的故事，M$_{466}$力戒作出革新。它假借關於太陽和月亮起源的泛美神話（M$_{165-168}$；CC，第385-386頁；M$_{358}$，*以上第 28 頁*；M$_{392}$，第82頁）的情節，在那裏，姊妹玷污了夜間訪客的面容，而這訪客一旦被發現，便轉變成帶陰影的月亮。然而，我們可以看出，M$_{466}$反轉了這故事中的角色，由此對它作了改頭換面：是姊妹而不是兄弟表現出勇敢，因此她在肩部（而不是臉部）被加上記號。這樣，爲了遵從原因論的意向，就必須使她轉換成月亮(而不是像在其他版本中那樣轉換成太陽)。不過，M$_{466}$採取不同的解決：它撇開這個姊妹，而把兄弟轉換成反月亮。因爲，這塊放置在山坡高處的、很遠處就可看到的明亮石頭尤其滿足於地上的（而不是天上的）、非周期性的（而不是周期性的）月亮的觀念，何況化身爲這石頭的英雄本身被看做爲一塊光滑的、半透明的和圓形的石頭的製成品。

但是，如果說M$_{466}$的最後插段動用了一個隱含對立：**月亮／（石頭＝月亮$^{-1}$）**，而這對立本身導源於一個明顯對立：**太陽／月亮**（這些對立原來

屬於其他神話，而M₄₆₆只不過是對它們作了轉換)，那麼，我們可以構成一
個三元組：**太陽、月亮、白石頭，**並且可把它同我已暫時撇在一邊的裝飾
物三元組加以對比。

　　然而，中部和東部的阿爾袞琴人有一個神話，它可以說把一個三元組
掛到另一個三元組之上，並且，它一直到曼丹人那裏都得到回響，我已記
下了作爲這種回響的神話(M₄₅₈，　第244頁)。這裏涉及一個男孩的故事。因
爲太陽烤焦了他的美麗衣袍，或者給他造成別的損害，結果，他動怒了。
他決定把這天體誘入陷阱之中，把它囚禁在那裏。在盧奧馬拉(Luomala)
普查過的二十一個版本中，有七個版本讓這男孩運用以**他的姊妹的一根陰
毛**製成的飾邊捕獲這天體，它主要是太陽，只有一次是月亮。這些版本全
都源自鄰近種族群體（除了多格—里布人〔Dog-Rib〕之外）：克里人、奧
吉布瓦人、梅諾米尼人、納斯卡皮人(M₄₉₁ₐ, ᵦ: Skinner: 1, 第257頁；Jones:
1, 第376頁；M₄₉₃ₐ, ᵦ: Hoffman, 第181-182頁；Skinner-Satterlee, 第357-360
頁；M₄₉₄: Speck: 4, 第26頁)。我在此僅僅較詳細地考察梅諾米尼人版本，
這些版本闡明了我已觸及的許多問題。

M₄₉₃ₐ. 梅諾米尼人：被俘獲的太陽(I)

　　一個印第安人家庭有6口人：父親、母親、四個孩子(三個男孩和
一個女孩)。三兄弟一連三天都去打獵。他們帶回了一頭熊，而父親要
求二頭；接著，他們帶回了二頭，而父親要求三頭；然後帶回三頭，
而父親要求四頭……在幼弟待在家裏的時候，兩個哥哥去野營，熊把
他們逮了起來。父親和母親去尋找他們；他們已死去，成爲熊的犧牲
品。

　　最小的兄弟獨自與妹妹一起留在家裏。他想找到哥哥，便去到熊
那裏。他在熊的姊妹的幫助下用火燒死了熊。這姊妹至少態度曖昧。
熊使他的哥哥們變成半動物形，他使他們恢復人形。

　　爲了報償英雄的功績，他們的姊妹給他做了一件漂亮的海貍皮衣袍，她用染上多種色彩的刺給這衣袍繡花。可是，有一天，這男孩在太陽照耀下睡覺，太陽光線灼壞了這衣袍。他勃然大怒，向妹妹要了一根陰毛，用它製成緣飾，把太陽俘獲，太陽已被弄得半身不遂。黑夜密罩大地。太陽大聲求救，各種各樣動物應聲急忙趕來，最後老鼠成功地解救了它 (Hoffman，第175-182頁)。

　　這故事接著講述長兄的冒險經歷，這些經歷大致重演了 M_{489f} 中達科他人英雄的經歷(以上第 373 頁)。我們還記得，這後一神話反轉了疤痕男人的故事。梅諾米尼人版本和達科他人版本間的差異主要緣於這樣的事實：梅諾米尼人英雄娶兩個女人爲妻，一個邪惡，另一個善良，她們取代達科他人版本中的兩個有類似品質的姊妹，後兩者分別是篡奪者食人魔的妻子和英雄的妻子。此外，達科他人神話一度把英雄變成狗；這裏，一條狗使英雄復活，換言之，使他在死後從屍體變成他自己。

　　另一個梅諾米尼人版本 (M_{493b}: Skinner-Satterlee，第357-360頁) 未給英雄以兄弟。在父母親被熊殺害之後，獨自與姊姊待在世上，姊姊在他身邊扮演教師的角色。這英雄沒有兄弟，但有一頭馴化的鷹。這鷹勸他用一根陰毛裝點 (不是製作) 緣飾，後者用來俘獲太陽，因爲太陽有罪，烤焦了他的衣袍。在第三個版本(同上著作，第360-361頁)中，一鵪鶉提供了更積極的合作。

　　這神話接著講述生活在一個湖的底部的熊的破壞作用，然後講述東方天空的女人的故事，其措辭和我已討論過的神話 (M_{475c}，以上第 337 頁) 所應用的相雷同。由此可見，至少在梅諾米尼人那裏，被俘獲的太陽的神話和十個一組循環之間存在一種實際的聯繫。這種經驗聯繫起來，我們的方法是有效的，因爲，當以演繹方式進行時，我們達致同樣的論斷。

　　第一個版本反轉了兄弟和姊妹各自的年齡和角色。它也回復到十個一

組循環，不過是間接地回復，中間經過這版本探討算術和問題時所用的原始材料。這神話的衆獵人兄弟安排了兩條路線，一條引向右邊，另一條引向左邊。第一天，兩個哥哥走右邊的路：他們發現了一頭熊，大哥殺掉了它；幼弟在左邊路上什麼也沒有看到。第二天，三兄弟策略依舊；兩個哥哥發現了一頭熊，二哥殺了它，而向左進發的老三也殺了一頭熊。第三天，三兄弟一起在叉道口各殺了一頭熊（首先是幼弟一個人，然後是兩個哥哥，最後是三兄弟共同協力）。然而，頭數一頭一頭增加沒有用，父親每天都抱怨，怎麼不再增加一頭。因此，這就有了一個由實際數目和虛的數目（由父親的願望表達）組成的級數：1，〔1（+1）〕，2，〔2（+1）〕，3，〔3（+1）〕，這級數同幸運獵人構成的級數：$(1^{er}, 0, 0)$，$(0, 2^e, 3^e)$，〔(3^e)，$(2^e, 1^{er})$，$(3^e, 2^e, 1^{er})$〕[7]相並列。三兄弟在兩條路上變動的分配給前面兩個算術性質的座標又增加了幾何座標，不過那兩個算術座標也不相同，一個訴諸基數，另一個訴諸序數。

　　尤爲令人注意的是第二個版本中馴化的鷹的作用，因爲它引入了東方天空女人的故事，如我已說過的那樣。這故事突如其來地終止於釋放這禽，以及人被禁止看俘獲的鷹。我現在來研討這一點。

　　梅諾米尼人是阿爾袞琴人中最早定居在大湖區域的群體的後裔，其語言似乎也極其孤僻(Callender)。他們擁有一種複雜的宇宙學。他們在地面的兩邊都區分四個層面。禿鷹和其他猛禽主宰最高的世界，金黃的鷹和白鵝主宰第二層，雷雨主宰第三層，太陽主宰第四也就是最後一層。在另一邊，即在地下，首先可以遇到有角的蛇，它是第一個地下世界的主人，然後依次爲大鹿、豹和熊，它們分別爲第二、第三和第四世界的主人。人們稱豹（圖35）爲神話動物，它形似美洲獅，但像野牛似的有角 (Skinner：4，第81，87頁；14，第31，263頁)。

---

[7] 1er、2^e、3^e皆爲序數詞，分別代表三兄弟的老大、老二和老三。——譯者。

然而，霍夫曼（Hoffman）的各個版本以長篇冒險故事（saga）把在別處分散給出的各個神話串聯起來。它們續敍跟冥界熊進行的鬥爭，接著英雄在狗的幫助下跟太陽進行鬥爭，而按照M$_{493b}$，英雄在這場鬥爭中得到他的馴化的鷹幫助。接下來是這長兄在大鹿那裏進行種種冒險活動。關於這個故事，霍夫曼（第186-196頁）以及斯金納（Skinner）和薩特利（Satterlee）（第399-403頁）蒐集到作了反轉的版本：這裏，人同戰勝馴鹿的麋結盟；那裏，人同戰勝麋的赤鹿結盟。不過，每一次被征服的民族都轉變成同名的動物種。最後，還可看到幼弟在熊追逐下的冒險經歷；他逃過了這些熊妖的追逐，而這些妖怪又累又餓，只好變成簡單動物（Hoffman，第196-199頁）。

圖35　梅諾米尼人的「豹」。

（據Skinner：14，圖版LXXI，第263頁。最小的圖案代表普通的美洲獅）

因此，我們可以說，這些神話著眼於作爲宇宙各種不同平衡狀態之結果的運作系列時而讓人同神話的或實際的動物結盟，時而讓人同它們對立。一個人加一頭鷹勝過太陽，在上部世界中佔據崇高的地位；但是，太陽加鼠或鼴鼠（它們是卑微的冥界動物，生活在淺表的地下）便勝過人。一個人加一條狗（狗在地上的位置和鼠在下面的位置相對稱）勝過熊（熊在下部世界中佔據著和太陽在上部的位置相對稱的位置）。如果說相加（**人＋鷹**）以太陽被支配爲結果（參見M$_{486a}$），那麼，相減（**人－鷹**）以雷雨被戰勝爲結果，如M$_{475c}$十分明白地指出的那樣。這樣，鷹和狗構成相關而對立的對偶。這裏，鷹

不必加以馴化（這與其他部落的習俗相反），以便它不侵犯前兩個上部世界（它是這兩個世界的主人）；人可以使狗成爲家養動物，從而使之侵犯第一個下部世界，在那裏，有角的蛇用一條狗當侍從。

　　爲了閉合這個神話組，就應當把那些有豹介入的神話也整合進來。這些神話非常錯綜複雜，很難隔離開來，因此，我們這樣做沒有風險。不過，最好只是樹立一些標竿，把這個問題保留下來。我要提請未來的研究者注意一個梅諾米尼人神話（它有兩個版本），豹在其中佔據重要地位（M_{493c}: Skinner-Satterlee，第317-327頁；M_{493d}: Bloomfield: 3，第469-483頁）。令人矚目的是，這個神話反轉了幾乎所有我已列舉過的題材。例如，頭皮或被敵人奪取的頭的題材，這裏轉換爲腿；衣袍被輕率地置於太陽曝曬之下而發焦的題材，這裏代之以把衣服放在抵禦惡劣氣候的掩蔽所裏，以便保護它們；太陽被俘獲，從而讓黑夜主宰世界，現在則是英雄使太陽減慢行程，以便延長白晝持續時間……妒忌的題材出現在神話的結束處，作爲對英雄所面臨的危險的解說。因此，這裏又可以看到曼丹人夏獵創始神話（M_{462}）以對稱形式出現。在M_{462}中，一頭妒忌的野牛把它的人丈夫一直引到自己人那裏，讓他蒙受更嚴重的危險；然而，在這裏，妒忌的姊妹追逐英雄，一直追到自己人那裏，更確切地說，一直追到公公那裏，後者像另一個神話中的野牛的雙親一樣也懷有殺人的意向。$M_{493c,d}$從其他方面重現了M_{489f}，但我要說，在神話總體中，這神話本身佔有一個反轉的位置。

　　阿爾袞琴人「豹」神話的這些獨特之點提出了一個令人感興趣的問題。我們還記得，我已把大草原的箭豬記述還原爲涉及這種刺鼠的阿爾袞琴人神話的反轉，而這對於沒有或罕有箭豬的大草原來說是必要的。在大草原，神話把箭豬從象徵的動物轉換成假想的動物。然而，梅諾米尼人就野牛而言所處的境況類似於曼丹人或阿拉帕霍人就箭豬而言所處的境況：他們不是不知道它們，而是爲了狩獵它們就應當走得更遠（Skinner: 14，第120頁）。因此，我們可以問，冥界的豹是否按假想的模式置換了異域的野牛（它們

帶上野牛的角），一如大草原神話的天上箭豬置換一種別處實在的且在地上
的而這裏沒有的動物。由此可以明白，一如某些大草原神話反轉大湖地區
關於獵箭豬的神話，一個關於豹的梅諾米尼人神話反轉了一個關於獵野牛
的曼丹人神話。

　　就像我在前面已考察過的所有神話一樣，被俘獲的太陽的神話也關涉
某種類型周期性的建立。這個特徵在許多版本中都突現在前沿。在本吉人
(Bûngi)那裏，這事關周季周期性，這裏太陽和英雄就冬季長度達成一致意
見，而在奇佩維安人(Chipewyan)那裏，也關涉周季周期性，這裏太陽答
應略微延長白晝。遭到永恆長夜統制損害的周日周期性在太陽獲得自由後
又重新建立起來（蒙塔格內斯人〔Montagnais〕、奧吉布瓦人、克里人、
梅諾米尼人、福克斯人、約瓦人〔Iowa〕、奧馬哈人）。乍一看來令人感到
奇怪的是，直到有了納斯卡皮人的版本(M_{494})，這種解釋才找到自己的地
盤。月亮而不是太陽被俘獲。不過，這神話詳確說明，從前，月亮和太陽
在天空中協同旅遊：因此始終是白晝。相對於其他各個版本，並考慮到問
題也是在於確保白晝和黑夜的規則交替，這神話服從下列轉換：

$$\left[\begin{pmatrix}被俘獲的\\太陽\end{pmatrix}\Rightarrow\begin{pmatrix}被俘獲的\\月亮\end{pmatrix}\right]=f\left[\begin{pmatrix}永恆黑夜\\的危險\end{pmatrix}\Rightarrow\begin{pmatrix}永恆白晝\\的危險\end{pmatrix}\right]$$

　　我們切不可因為這些一般性質而忘記，我在引入這神話時只考慮到很
少幾個版本，在這些版本中，英雄用陰毛製造緣飾。我把這神話在大洋洲
的存在（並且有時說法也一樣）所提出的問題，完全撇在一邊。在大洋洲，
源自塔希提島和土阿莫土群島的許多版本都採納取自一個親近女人：母
親、姊妹或妻子的陰毛的榜樣（Luomala，第26-27頁）。至於對這些版本是
否可作與我們相似的解釋，或者說，彼此相似的各個元素在兩處是否被作

了不同的組合的問題，它們的探究屬於玻利尼西亞問題專家的事。

　　另一方面，我局限於美洲的事實。因此，我要指出，盧奧馬拉在研究了各個異本的分布之後，作出了這樣的估計（第18頁）：比別的題材更受人看重的陰毛題材跟英雄因太陽損害其衣袍而發怒的題材一起構成了最新的發展。結構分析拒絕承認歷史方法的結論，這不是第一次，我們在天體妻子神話那裏已看到過這種情況。顯然，在我作的解釋中陰毛緣飾佔據基本的地位。我並不打算用冒險的重建來為這種情形辯護。這題材相對來說屬於罕見的，並且集中在傳播區域的假設的中心附近。不過，這一點給我留下的印象還不如另一種情況令人矚目，這就是每每在英雄身邊有個姊妹。在二十六個版本中，有十五個版本裏可以看到這種情況，不過在另二個版本中，由母親取代姊妹。與歷史方法相反，我不認為，神話可能包含無緣無故的、毫無涵義的題材，尤其當同一個細節突現在許多版本的前沿時。同時並用轉彎抹角法（périphrase）、提喻法和曲意法（litote）諸修辭手段，但始終指涉姊妹，這就指示了一種與她的身體相聯繫的但極端重要的生產，而她用遮蔽物嚴實掩蓋這種生產。事實上，烤焦衣袍的題材和陰毛緣飾的題材是兩個要素，藉之當能把眾多神話連接起來，以便構成一個連貫體系。

　　我不詳細討論衣袍的挿段，儘管無疑意味深長的是，除了一個例外而外，以上說到過的版本都要求衣袍用鹿的毛皮做（以上第378及以後各頁），或者用我已討論過的許多神話中的太陽食人魔衛鳥的羽毛做。陰毛常常成為一種執拗要求的對象，而姊妹通常表現為服從這要求，急切獻出它。對陰毛的選擇構成了講述太陽被俘獲後繼之以長夜的故事的十四個版本的基本特徵(Luomala，第11頁)。因此，這神話指涉太陽和大地的分離，而有些版本利用一根陰毛來解釋這分離。不過，我們已經知道，在太陽和大地之間，頭皮起著與結合相反的作用：最早的頭皮取自頭髮像火一樣紅的食人魔，這些皮的閃光使白晝的光變得更亮而又更美(M_{490})。曼丹人和希達察人由於我已指出過的理由（第 274-275, 282-283, 297 頁）（本書最後一篇將要

闡釋這一點）對這體系作了部份的轉換。與他們不同，蘇人語系的其他部落和中部的阿爾袞琴人把頭皮作爲他們與太陽結盟的象徵：「人們以開戰、剝頭皮爲榮……〔梅諾米尼人〕戰士吮舐尙新鮮的頭皮滴下的血，以之象徵太陽吃敵人。老人們說，太陽吃戰死的男人」（Sknner：第79, 116頁；11, 第309頁）。

由以上所述可知，在戰利品中，陰毛的涵義爲太陽和人類分離，頭皮的涵義則爲兩者相結合。因此，我們可以把兩個三元組，即宇宙物體三元組和裝飾物三元組連成一體，取兩個三角形以頂點相對接的形式。在一個三角形的頂點上，我們記下陰毛；在另一個三角形的頂點上，記下太陽，因爲按照神話組〈M_{491}-M_{494}〉，一根陰毛以**俘獲**這天體爲其職能。對神話M_{466}到M_{490}所作的研究已表明，根據這種俘獲功能，我們可以把已探究過的那許多神話構成的複雜總體組織成一個體系（圖36）。

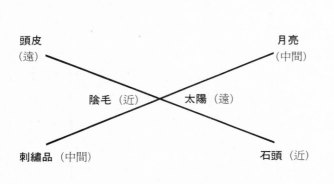

圖 36　兩個三元組的相互適配

儘管這圖表面上看起來很簡單，但它說明的那個體系卻非常複雜。在右邊的三角形中，首先可以注意到，太陽、月亮、石頭（它是大地的一種模式）構成三個**項**，這些項相對於人處於不同的距離；太陽在遠處，石頭在近處，月亮佔據中間地位⑧。記在左邊三角形中的各個東西在這些項和人之間起著**中介**作用。就像前面的討論已經表明的那樣，頭皮是對於太陽的正面中介物，陰毛則是負面中介物：前者起結合作用，後

者起分離作用。這些神話明顯偏愛鹿皮靴。這表明，這些神話尤其試圖用繡花服裝來作為人和地的關係中介。但另一方面，這些中介物本身處於不等的距離上：頭皮源自敵人，就是說是遠的，陰毛源自自己或一個親近女人的身體，是近的，刺繡品佔據中間位置：由一個親近女人製作，但使用遠的材料。

毋庸贅言，就像圖示的分布情形那樣，這些神話把**宇宙項**中的最遠者——太陽和**化妝物要素**——陰毛聯結起來，同時又遵從在這個項或這個要素和其他相關的項或要素之間也已察知的那些關係。我們剛才已看到，利用這種分析方法，就可展示這些神話中鹿皮靴所代表的刺繡物和石頭所代表的大地之間的直接關係。因此，為了使這體系連貫起來，就必須揭示在第三個項和第三個要素即月亮和頭皮之間的直接關係。

這個邏輯要求應當加諸這神話組的所有神話，因此，這些神話只不過是提供了相關評述。因為，如果說關於太陽和月亮陰影起源的神話為一方，關於天體妻子的神話為另一方，兩者都發出同一種聲音：月亮的陰影象徵女人的月經，那麼，我們在本討論開始時（第 334-340 頁）就已證明，關於頭皮起源的神話引入了這些戰利品和因月事不適的女人之間的等當關係。

不僅在北美洲，而且在世界其餘地方，獵頭的哲學都用陳述或用儀式提示了這種戰利品和女性之間的這種隱祕的親合關係。就此而言，我們切不可因特定的剝頭皮技術而轉移視線，而應當專注於一般現象。在北美洲，這種技術可能是晚近出現的事，它導源於獵頭技術，而這種獵頭技術類似

⑧這些並沒有用空間距離的語彙說明，印第安人對空間距離毫無觀念。不過，我並不要求種族志以經驗知識的形式提供這種數據資料。我提出這種數據資料，是把它作為範疇，作為體系連貫性的條件。從實際的觀點來看，種族志倒是把這些可感覺的數據資料重又聯結起來，因為月相比太陽的相位更明顯，其細節也更可辨，讓人覺得同地上物體親近，程度上超過太陽相位所能讓人感到的。

於南美洲廣泛流傳的獵頭技術，後者曾流行於祕魯，並且直到現代還流行於吉瓦羅人和蒙杜魯庫人那裏。我已評述過的那些神話同樣多地談論被砍下的頭和頭皮，甚至更多地談論砍下的頭；這些神話予以證實的這種古老性從下述事實得到加強：曼丹人和部份希達察人（他們向我提供過許多例子）賦予敵人的頭顱以及傑出祖先的頭顱以特殊的價值，他們把後者供奉在祭壇上（Maximilien，第381-382頁；Bowers：2，第331-332頁）。

就北美洲而言，我們回想起，幾乎在所有地方，頭皮都直接交到女人手上，或者通過女人而同勝利者有親緣關係的男人手上。在大草原和貝勃羅人(Pueblo)那裏以及林地的阿爾袞琴人那裏，女人都跳頭皮舞，她們臉上抹黑，常常身穿戰士服；在舞蹈結束時，她們就佔有這些戰利品（Skinner：4，第119頁：5，第535頁；12，第757頁；J.O.Dorsey：3，第330頁；Wissler：5，第458頁；Murie，第598頁；Ewers，第207頁；Lowie：9，第650頁；Stephen，第1卷，第97-99頁；White，第97-101頁；等等）。達科他印第安人對女兒說：「如果一個勇敢者娶妳爲妻，妳就可以爲他的頭皮而唱歌跳舞」（Walker，第147頁）。

在岳父母禁忌非常嚴格的地方，例如在詹姆斯灣西邊的和大草原裏的阿爾袞琴人那裏，只有奉獻頭皮，才能使他們放棄這些禁忌（Wissler：4，第13頁註①，他在那裏援引了黑足人、曼丹人、阿西尼本人、克里人；Lowie：2，第30頁）。「一個想能同岳母說話的希達察人帶一張在戰爭中獲得的頭皮給她，對她說：『這是給你老人家的一根手杖。』他把頭皮僞裝成這東西給她。這岳母有權利在戰士們跳舞時誇示這戰利品」（Beckwith：1，第192頁註⑨）。

無疑，應當區分開兩種情形。在一種情形裏，頭皮給予戰士的妻子或妻子的父母(奧吉布瓦人、奧馬哈人、堪薩人)，另一種情形裏，一些直系親屬：戰士的母親、姨姑或姊妹接受頭皮（錐心人、梅諾米尼人、文納巴哥人、約瓦人、波尼人、佐尼人）。對這些證據，提供者總是小心翼翼地不

作詳確說明，使人無法下肯定的結論。我們充其量只能說，這差異似乎不是繼嗣原則的產物，而倒是每個社會中女人的取受和給予者各有地位所使然。一個男人通過奉獻給他的姊妹一張頭皮而加強了她與放出的血的親合性；當他通過把一張頭皮給予一個女人的父母（他們已成爲他的姻親）而補償了作爲贈予物的這女人時，他使這親合性對於其妻子中性化（neutraliser）。我們說，在一種情形裏，他把姊妹轉變成永恆的不適者，從而使她象徵性地脫離丈夫，儘管他實際上已把她給予她丈夫；在另一種情形裏，他自認爲是一個丈夫，而這丈夫如果不想作出回報，就決不可能得到一個妻子。實際上，每個月歷時幾天的周期性不適使妻子擺脫丈夫，就好像她的父母在這個時機重又獲得了對於她的支配權，也好像給予者和取受者圍繞這種權利的衝突可以通過一種交換，即用一個流血的戰利品來換取這另一個流血的戰利品即一個不適的女人來解決。

　　我不用假定這種等當關係，因爲這些神話本身就擔負了肯定這一點的工作。在砍下了食人魔的頭之後，它的僞裝妻子聲稱，她來了月經，得離開茅舍，遂帶了這戰利品逃離：「她向前行進，而血從頭顱滴下，但她（受害者的母親）叫了起來：血從這身患不適者流淌出來」（M_{469b}：Bowers：1，第291頁）。當文納巴哥人神話M_{484}的英雄從父親處討回他殺死的敵人的頭皮時，他把它送給母親和妻子，敎她們把這珍貴遺物放在床上。她們抗議說，她們不想跟一張頭皮做愛，從而採取一種態度，它同一個男人在妻子不適時的態度相對稱。爲了證明這種解釋的有效性，只要援引同一神話的一個先前挿段，就夠了。在這個挿段中，一次爲獲取頭皮而進行的征伐的頭領規定，前四個戰利品必須獲取兩對年輕夫妻，他們非常恩愛，以致離開村子是爲了無限期地延長蜜月。與其說夫妻倆決非完全相互獨立，人們也沒有查禁他們的能力，還不如說，在表明自然使配偶間周期性地分離的同時，社會擔負起更加流血的干預來分離他們的責任。這樣說難道不是好得多嗎？

這些神話正是給予我們這種啓示，它們把頭皮的起源和月經的起源結合在一個故事裏面，或者，如M₄₇₄，說最早的月經由第一個頭戰利品造成。意味深長的是，這頭戰利品或這頭皮（M₄₇₅ₐ）能夠重新同其所有者的身體或頭相連合，因此類似於女人，她經過幾天之後又恢復健全。如果說土著思維把獵頭視同於獵女人（在大草原印第安人那裏，戰爭服務於這兩個目的），再如果說作爲回應，它把不適的妻子視同於由給予者暫時獲自取受者的頭皮，那麼，它必定認爲，戰爭和婚姻有直接等當關係。這方面的徵候並不缺乏，這裏只要引證一個，也就夠了。在堪薩人那裏，只有紋身過的戰士，也即獲得過較高戰爭榮譽的戰士才能充當婚姻事務中的中介者的角色。求婚者的父母約請一個這樣的戰士，他再選擇另外三個得到認可的戰士，在他們陪伴下去到姑娘那裏。如果姑娘的父母歡迎這一行，那麼，這／mez-hipahai／就一一朗誦他得到的諸多功勛，然後由他的助手們也照樣朗誦一遍。在回到求婚者那裏之後，他們最後又多次列出這豐功偉績。但是，如果求婚遭到拒絕，那麼，他們就悄然返回……在婚宴期間，年輕夫妻背對背，互不注視（Skinner：12，第770-771頁）。

這樣，結構分析突然始料所不及地弄清楚了儀式和習俗的一些尙屬晦暗的方面，然而這些儀式和習俗必定被賦予了根本性的重要涵義，因爲我們發現，在世界的一些相隔遙遠的地區，它們是一樣的。實際上，爲了引出方法上的教益，就不要忘記，正是我們已作過的對十個一組的算術本質和算術意義的反思對頭戰利品和女人之間的聯繫提出了一種解說，哪怕我們本來沒有這個打算也罷。這種聯繫以各種迥異的文化得到證實，也從北美洲廣爲流傳的習俗即把頭皮給女人或讓她們擁有得到證實。

但在同時，我們也明白了，爲什麼在所有我們的神話中，頭皮的起源和月經的起源都有男女同體的人物介入：「從前有四兄弟，他們沒有妻子，獨自生活著；他們還同時做著女性的工作。一天，老大在採集樹木，有樣東西鑽進他的大腳趾裏……它腫脹起來，長得像他的頭一樣大。」這樣，他

懷孕了，生出了一個小姑娘（M_{489}：Walker，第193頁）。在別處，與這些從事女性工作的男人（$M_{473-477}$）相對應的，是變成或偽裝成女人的英雄（M_{480}, $_{482}$, $_{483}$, 等等）、模稜兩可的女英雄（M_{469}, $_{493}$）、陰陽臉的男人（M_{482},$_{486}$）……

這樣的人物不僅存在於神話之中；他們有時也在儀式中充當角色，發揮職能。切延內人就是這樣。他們委託一個小組來指導頭皮舞，其成員被稱爲「半男半女」，穿戴得像老人。這些男人選擇過女性生活方式，他們的聲音聽來介於男女之間。此外，他們每人都有兩個名字，一個男的，一個女的。少女很喜歡他們，因爲他們參與婚姻事務，而且喜歡私通，而頭皮舞就爲私通提供了機會。在按設計練習舞步的過程中，每個女舞蹈者看來都俘獲了自己的意中人。用禮物把他贖出來的事交由他的姊妹去辦（Grinnell：4，第306-310頁）。

這似乎和我在前面已描述過的堪薩人習俗形成鮮明的對比。實際上，在一種情形裏，中介者的角色由戰士承擔，這就加強兩性的對立，因爲男女分別被視同同胞和敵人；在另一種情形裏，這角色由混性人物承擔，這把由他們作爲中介者的男女兩性的對立降到最低限度。就希達察人而言，他們在戰士生涯和「男—女」生涯中看到了擇一性選擇的兩極：一個成年人若不想過其中一種生涯，那麼，他就必須選擇另一種（Bowers：2，第220頁）。不過，在婚姻交換中，每一種程式都相應於兩個聯姻群體之間的不同的緊張程度。如果說頭皮在父方和母方之間起著中介作用，那麼，神話創作的這種中介兼具兩種本性，就是正常的。我們不久就可在一個梅諾米尼人神話（M_{495}，第 396 頁）中又見到一個扮演這種角色的男女同體者。

最後，可以恰當地指出，在本討論中處於單獨地位的頭皮和經血屬於一個包括四個項的更爲複雜的總體。實際上，這個神話組的各個神話中還出現了另外兩個項：一方面是妻子頭皮的表膜，它可以說是微頭皮；另一方面是獵物的肝，一個貪吃而又壞心眼的妻子要求吃它。我已說明一個在美洲得到充分證實的信念：經血來源肝（MC，第372頁）。如果說男人頭皮

和女人表膜之間的關係是隱喻的關係，那麼，肝和經血的關係因此就是換喻的關係；這裏還應補充說，一個女人年輕但愛吃肝，那麼，她的行為就顯得她好像已過了絕經的年齡：「女人只要還能生孩子，就不吃野牛的肝，因為這對她們不利」(Beckwith：1，第302頁，註⑭)。從莫多克人和薩利希人一直到米克馬克人(Curtin：1，第126頁；Phinney，第137頁；Rand，第68頁)，北美洲神話提供了無數例子，說明這種把肝留給老人的情況。

事情還不止於此。擁有一張頭皮，就保證戰爭成功，而攝入女人的表膜，則導致狩獵失敗。$M_{493a,b}$說到，妻子不攝入肝，是她的丈夫狩獵成功的條件 (Hoffman，第182-185頁；Skinner-Satterlee，第399-400頁)。最後，經血導致戰爭失敗；大草原印第安人把用於軍事祭儀的祭壇從裏面有一個不適女人的帳篷中撤出。因此，可以得到一個克萊因群，把X、$-X$、$\frac{1}{x}$、$-\frac{1}{x}$四個值分別賦予頭皮、表膜、肝和經血。

上述考察粗粗說明了對我在本第六篇開頭（第 317 頁）提出的各個問題的一個回答。因此，這些考慮看來並不像洛伊那樣悲觀。他曾聲稱 (3，第9頁)：「我以為，要重新建構蘇語各部落的極其古老的神話，就會像研究他們的更古老的文化一樣，一切努力都將終成泡影。無疑，蘇人在分散成各個不同部落之後仍有一個文化和一個神話體系。但是，歷經數千年的滄桑，已經沒有剩下什麼我們可以斷定不是相互假借的或就近從鄰族假借的，而是屬於這份古老遺產的東西了。」無疑，這是實情，但這並不妨礙我們追溯遙遠的過去。

我們從探究箭豬記述的起源出發，一步一步走向發現一個獵頭神話體系，這些神話的內在特徵和分布區域都很古老。根據這體系，我們已發現了兩個同系的三元組，而這些神話確立了兩者之間的依從關係。一方面是三種裝飾物或戰利品：頭皮、刺繡品和陰毛緣飾；另一方面是三種宇宙物體：太陽、月亮和石頭。頭皮屬於遠的範疇，陰毛屬於近的範疇，一如太

陽位於天空中的遠處，石頭就近在地面。這些神話利用了這種對比關係，使頭戰利品成爲一個兄弟和一個姊妹相互靠近居留的媒介，石頭成爲獲致相反結果的媒介。不過，這些神話還說，太陽和月亮相互保持適當的距離，而當女人不去貪求頭皮或者配偶的陰毛而是致力於爲他繡鹿皮靴時，男人和女人也是這樣保持適當距離。

　　此外，這些神話還把這體系同一種女人月事的哲學聯繫起來。一個英雄受經血玷污之後，就能待在姊妹身邊，只要他轉變成頭戰利品(M_{474})；一個英雄被他的姊妹的擁抱玷污之後，就必須轉變成石頭，以便確保逗留在相當遠的地方。我已表明了這種辯證法的理由：一個不適的女人被罰以暫時隔離時，她與丈夫**有了距離**，事情彷彿是在這期間，在隱喻的意義上，她又回到自己親人的**近傍**。從那時起，我們就明白，這組神話同時創立了月經、配偶嫉妒和寡婦的起源(以上第 362-364 頁)。嫉妒的男人以一種幻覺自欺，如果他認爲一個妻子可以不可廢止地被收受的話。月事的出現引起了一種再取權方式；一旦從這個角度來考察（這種視角看重周期性的不可支配性甚於不適），就可以明白，男人的鰥夫身份產生於妻子的不可支配性，而這種不可支配性已由月經暫時地強加於她，死亡只不過使它成爲終極性的。因此，寡婦身份和嫉妒說明了兩種極端狀況，而一個生活著的但周期性地消弱下去的女人正處於它們之間的中間位置；頭皮和陰毛緣飾這兩種極端裝飾物的情形也是這樣，刺繡品處於它們之間，象徵女性的貞潔。最後，太陽和石頭也是這樣，因爲，在太陽的周日周期性和石頭的無周期性之間，月亮以種種較爲豐富而又變化較多的形式例示了周期性。

　　爲了證實，如果說由於我已提出的那些理由，箭豬應當扮演形而上學動物的角色，那麼，它佔有一個已落入這體系之中的地位：在月亮的近傍（這些神話把它等同於月亮），只要考察圖36中的圖式，也就夠了。實際上，像月亮一樣，箭豬也是周期性的存在物。它的刺用於製作繡花品，而我們幾乎可以抱先見之明地說，這種繡花品佔據著等同於太陽的頭皮和陰毛緣

飾之間的一個中間地位。無疑，陰毛並不等同於作爲太陽之對立面的石頭，一如頭皮和太陽相互等同。然而，我們根據M_{466}知道，石頭憑藉把刺轉換成陰毛的運作來轉換月亮。對於這種扭曲的情形，不用感到驚奇，因爲它構成了我在前面已表明的那種典型規律(loi canonique)的一種特殊情形 (L.-S.: 5，第252頁；MC，第250頁)。

箭豬和月亮的聯繫如此得到確證(不要忘記，這種聯繫所在的那些神話已關涉月經的起源，參見以上第337頁)之後，就只存下一個問題需要解決：爲什麼一切箭豬記述神話都從天體爭論神話開始？

我們首先回顧一下，在有些創始剝頭皮及其儀式的神話中，太陽和月亮扮演一個角色。太陽的妻子月亮到刻薄的丈夫身邊，以支持有疤痕的男人(M_{482b})。或者，英雄得到兩個老嫗的幫助，這兩個老嫗是太陽和月亮(M_{483})。然而，如果說我早已把這些神話記錄在案，那麼，這是因爲我看到，它們是對中部阿爾袞琴人神話($M_{473-477}$)、尤其梅諾米尼人神話($M_{478-479}$)的轉換，而這些神話也已被曼丹人和希達察人神話($M_{464-465}$)轉換過。在$M_{464-465}$中，十個一組的問題首次出現。爲了解決這個尚存在著的問題，現在應當明白，我們必須採取相反的步驟。因爲，爲了弄清楚太陽和月亮在頭皮起源神話中的作用，就必須從我剛才援引的大草原神話再回到梅諾米尼人神話，而後者通過一條不同的途徑回到我們所由出發的曼丹人和希達察人神話。實際上，有一個梅諾米尼人講述的頭皮起源神話：

M_{495}. 梅諾米尼人：紅頭

從前有個印第安人，妻子待他很壞。他是個優秀獵手。儘管他捕殺獵物快，但不知足的妻子搬運也快。同時，她的品行又壞。因此，這印第安人痛苦不堪，思量著離開她。他略通巫術，所以得到一頭他剛獵殺的白毛鹿幫助。這共謀的動物把身體懸吊在一棵樹上，悄悄施計讓這女人來解取，就在這當兒，那獵人逃走了。

　　儘管這獵物的計謀讓她耽擱了時間，但這女人還是發現丈夫已逃跑，於是便想追上他。他首先用魔法，製造障礙，使她距離拉遠。然後，他遇到一個男人，便請求這人幫助，因爲那迫害者已經追近了。

　　這陌生人無動於衷，只是邀英雄吃一長段腸子，叫他從一端吃，但他從另一端吃，結果兩人反而把這腸子弄長了。然而，那壞女人逼近了。這恐懼的英雄趕緊吞下分給他的那一半腸，這兩個對吃者的嘴終於合在一起，恰好這時這吃飽的陌生人想升空了。他還帶著他殺死的一頭熊，熊在他的背上。他命令英雄騎在熊上，他可以方便地把他們一起帶走。

　　他背負著他們升上天空。這時那女人趕到了這地方。她對這救助者說：「你帶走我的丈夫，並不是因爲你的姊妹是好人。我總會殺死你們兩人！我好忌恨！」

　　這陌生人就是太陽即白晝的發光者。他與姊妹一起生活在天空上。他把這英雄臉弄黑，儘管他邀英雄來是爲了讓他們結伴。當這天體不在時，她就同這可憐的男人吵架，虐待他，因爲她發現他很醜。

　　一天，他實在不耐煩了，就出去轉轉。他遇到一個超自然保護者，後者告訴他，太陽的姊妹有十個情人；他的存在妨礙了她。他要幫助英雄進行戰鬥，但他得把英雄放在雙肩上，因爲他說，他只是個兩性人：虛弱的兩性人。這兩個人聯合起來殺死了一個紅髮情人。他們取下了頭皮，把它配製好，然後英雄回到了太陽那裏。他剛一進門，太陽姊妹就辱罵他：「你連同你的內臟都醜死了！我看到它們在你的腹中亂動！」太陽聽到了，就申斥她。他邀這個男人來，是爲了讓他當朋友，而不是讓他受欺侮。

　　這印第安人去打獵，每當他不背這虛弱者去散步時，他就帶回獵物。他還殺死了五個紅髮情人，取下他們的頭髮。這虛弱者用這些屍體的油脂塗抹這被保護者的身體，建議他把頭髮送給他的朋友太陽。

太陽高興得叫了起來。他說，他可以有一件漂亮的衣袍了。這樣穿戴起來，他就可以讓眾人目睹他們想也不敢想的絕佳風采。當他收到後來幾個情人的頭皮時，他就更加感激英雄。至於太陽的姊妹，她敢怒不敢言，因爲她很怕他。

這虛弱者告誡英雄說，這女人會向他求婚，他應當拒絕，因爲她只是在尋找報復的藉口。但是，這人意志太薄弱了。他答應了，娶她爲妻。他們生了一個兒子和一個女兒。一天，太陽叫姊妹陪丈夫到地上去，讓他可以重見親人，但要求把小男孩即甥兒托給他扶養。他還對姊妹提了種種建議，讓她可以同印第安人好好相處。

夫婦倆長期不在期間，他們的兒子在太陽身邊長大了。太陽決定讓他做接班人。開始時諸事順遂，但有一次，這男孩違反舅舅的命令，選擇走捷徑。他筆直走，而不是按習慣走彎路。太陽感到孤獨。從此人都被慣壞了，因爲冬天白晝太短，每天剛開始勞作，一會兒就回家了。

太陽對他姊妹的所作所爲也很擔憂。她開始時不在乎其他女人的流言蜚語，她們嫉妒她嫁了一個好獵手。但後來，她忘掉了兄弟的告誡，敵視她們的閒言碎語，把她們都弄死。太陽很不滿，把她連同其丈夫和女兒一起召回了天空，他還使受害者都復生。這以後，太陽和月亮化身爲人，成了人類的一半 (Skinner-Satterlee, 第371-376頁)。

另一個梅諾米尼人版本(M$_{495b}$：Bloomfield：3，第531-537頁)把英雄這個人物反轉了過來：他從儘管有獵人才能但運氣不好的成人丈夫變成無能的、抗拒入會的少年。這種轉變顯然和疤痕男人循環中從不幸的醜情人向漂亮的懶兒子的轉變同系；如果回溯到更早，則也和獨身兄弟循環中從妻子向非姊妹的轉換同系。當M$_{495b}$的英雄最後決定齋戒，以便認識守衛精靈時，月亮把他置於自己的保護之下。月亮把他帶到天上，領到兄弟太陽那

裏，然後嫁給他。他們不久生下一個兒子，他很快長大。他的舅舅決定讓他再接替自己。像上面的版本中一樣，這男孩也選擇一條捷徑，太陽斥責他縮短了白晝的長度。

於是，太陽邀請人姻兄弟陪伴，一起作周日旅行。近午時分，他們看到村裏有個男人，他正在勞動，不小心砍傷了手指，目睹自己的血而暈眩過去。太陽從人那裏得到一條狗作爲供品，這無疑是爲了醫治那傷員。在下午，這兩個天上旅行者看到人在戰鬥；太陽支持的一方獲勝。當他們最後在夜裏回來時，他們發現，他們的姊妹和妻子月亮身體不適：這就是月經的起源。

這裏我要插敍一段，以便指出下列三位轉換：〔**一個男人受傷，（非戰士）⇒（戰士）**〕⇒〔**一個女人受傷，（非戰士）**〕。實際上，通過延長這個轉換，也就回到了獨身兄弟循環，而這循環把月經起源掩藏在加於一個**女人**的**戰爭創傷**的隱喩的背後。此外，這個邏輯要求在這裏還超越了生理學的要求，因爲月亮是在生了兒子之後才來初潮的。在另一個梅諾米尼人神話（Bloomfield：3，第559頁）中，一個男人像在M_{495b}中的男人一樣也暈眩過去，但不是因爲看見自己在和平工作時流血，而是因爲看到一個女人不適（她在流血）。

M_{495b}接下去的部份重現了第一個版本，兩者以同樣方式終止。不過，我們知道一些神話，它們源自多少靠近梅諾米尼人的部落。這些神話把主人公掉換到各種不同的位置上。奧塔瓦人（M_{496}：Schoolcraft：2，第228-232頁和Williams，第249-251頁）講述，太陽的姊妹月亮在地上俘獲一個印第安人，他成爲她的丈夫。她讓他從一根鏈條的一端再下到地上去，但禁止他與女人再婚（參見M_{387c}）。

波尼人（M_{497}；G.A.Dorsey：2，第194-196頁）旣反轉了奧塔瓦人神話，也反轉了梅諾米尼人神話。他們講述，一個名叫「太陽光線」的人物讓他的年輕妻子挨餓，把她隔離起來。她多次想逃離，但都被這迫害者抓回來，

並遭到加倍的虐待。最後，她躲進一個村子，村民們控告「太陽光線」這
個天上生物侵犯一個地上女人的權利。他不堪忍受這些指控的困擾，便答
應重與太陽團聚，恢復在太陽光線中的地位。他再也沒有娶地上女人為妻
……

　　這個異本在曼丹人那裏有其對應版本 (M$_{498}$: Maximilien, 第365頁)，
其中的故事說，這印第安人試圖盜用「生命之主」的身份，以便勾引這神
所鍾愛的一個女人。這神發現了這弄虛作假的伎倆，便拋下兩根繩子，以
便把那少女吊到天空上。這個版本在曼丹人那裏的存在尤其值得注意，因
為剛才援引的神話全都圍繞嫉妒配偶的題材展開，就像我已說到過的一個
同一來源的神話一樣，後一神話結束時，嫉妒女人轉換成了野向日葵，而
從此之後，採摘這種花，向它撒尿，都成了禁忌(M$_{481}$: Bowers: 1, 第373
頁)。這後一禁忌是對我將要討論的一個神話中月亮為了自己利益而頒下的
禁令的變換。這禁忌意味著一種對立結構：**月亮／向日葵、尿／經血**等等，
這值得加以探討⑨。

　　我剛才給出了一個神話，那裏特別提出了一些轉換。根據這些轉換，
我們可以闡明被其他版本弄得含糊不清的地方。

M$_{499}$. 奧吉布瓦人：兩個月亮

　　　　一個名叫「紅底」的印第安青年獨自與表兄弟（父親的姊妹的兒
　　子）一起生活。由於需要女人，他們就自己用木頭做了個表姊妹和女
　　僕役。這令表兄弟高興，但他表達了他們決不結婚的願望，這給「紅
　　底」留下深刻印象。

　　　　但不久，這個魯莽漢多次在樹林中遇見一個妖艷的少女，他愛上
　　了她。可是，她一露出迷人的笑容，旋即就消失在天空中。「紅底」目
　　睹同伴的沮喪模樣，出於同情，就去尋找這女人；他發現了她，割斷

了她藉以登天的繩索，帶她一起回家。這表兄弟娶了她；在這兩個男人面前，她處處小心謹慎。

冬天到了。一天，表兄弟倆出去打獵。一個陌生男人化身為「紅底」，闖入茅舍，拐走了這年輕女人。不顧她反抗，他把她帶到一個遙遠的村子，那裏一片紅色，有一些穿破爛衣服的駝背在幹女人活，把穀粒堆放進研缽。這搶奪者用一個空頭顱冒充頭，他給女英雄解釋說，這些駝背是他俘獲來的女人的丈夫（參見M₄₇₉）。他把她關在一所大房子裏，裏面全是完全禿頂的女人。想到她也要遭到這種厄運，她不寒而慄，因為她長著一頭秀髮。於是，這女英雄想徹夜不睡；可是快天亮時她迷迷糊糊睡著了，醒來後也成了禿頭。

她哭泣著離開了茅舍，踏上冒險的歷程，直至因疲勞和傷心交迫

---

⑨為了避免產生任何歧義，我要強調，蘇語命名向日葵，並不像法語和英語那樣涉及太陽。參見曼丹語／mapèh o-sedèh／即「磨粒」（我要特別感謝耶魯大學的H.C.康克林(Conklin)教授，他應我的要求，慨允從一個曼丹印第安女人口中收集到這則資訊）；達科他語／wahcha zizi／即「黃花」；奧馬哈—蓬卡語／zha-zi／即「黃草」。這個禁忌的理由可以到別處去尋找：密蘇里河上游各部落栽培向日葵，而這種向日葵也在野生狀態下生長(Maximilien，第346頁；Heiser，第435頁)，而且意味深長的是，M₄₈₁規定的禁忌明確地關涉野生植物，對於這些植物，人們疏忽相待，用這種態度表明不想致力於使它們也成為栽培植物的努力。按這個假說，向日葵是一種**混合物**，就像這個神話組的其他幾個三元組中的月亮、刺繡品和兩性人那樣。我們已在南美洲遇到過這種類型的表示，那裏事關一種介於野生植物和栽培植物之間的茄科植物，這個事實需要予以特別的關注 (MC，第304–305頁)。
亨利(Henry)的描述(Coues，第323頁)（時在十九世紀初年)有力支持我的解釋：「向日葵：事實上，它們幾乎到處在田野裏密集生長，除非人們栽培它們。在田野裏，風到處傳播它們的籽粒。不過，土著並不把籽粒收集起來，因為他們不希罕像良種似地播種和培育的植物。

而跌倒在地。太陽途經這裏，向她問清緣由，就把冷杉香液混合油脂而製成洗滌劑，再放在水中溶解，用這種洗液使她重生秀髮。

他叫她跟著走，但告訴她，他的又老又壞的妻子月亮可能會利用他不在的機會殺死她；因爲他們各管各出去旅行，很少一起在家裏。當太陽和這個被保護的女人到家時，夜幕已降落。月亮馬上離開他們。月亮在高空看到一個印第安女人，她正在做槭糖，把糖漿放到一個砂鍋裏去。在這工作期間，這女人想小便，於是就走出房舍，不把小便解在桶裏，而看著這黑夜天體解小便。這種難堪令月亮大怒；月亮把她捆綁起來，放在自己的背簍裏，跟便桶在一起。爲了懲罰妻子這種已成習慣的惡行，太陽罰她攜帶這受害者；這就是月亮陰影的起源，在這些陰影中總是可以區分開這女人和便桶。

太陽不斷要去照看教女，在他不在期間，月亮多次想殺死她。這女英雄把一架靴轆失落在一個天然的坑裏，無法撈出來。她想起來，這靴轆是由衆雷雨保護的。她便懇求衆雷雨；它們把它交給了她（參見M$_{479a, b}$）。回到茅舍，她問太陽：他是否眞愛妻子？當他給予否定的回答之後，她就把這女巫交給衆雷雨，它們把這女巫吃了。太陽爲這大解放感到高興。他要求女英雄佔據夜間行星的地位，對人顯示慈愛。

有一次，他們在一起休息(因此是在一個無月夜)，那個在頭的位置上長個頭顱的男人妄圖重新征服女囚，但太陽派狗把他獵殺了。

「紅底」的表兄弟自己也在那裏尋找妻子。他跟蹤她，來到一片林中空地，那裏的駝背告誡他說，他也會成爲他們的同類。實際上，這魔鬼果眞戰勝了敵手，敲斷他的脊骨，使他彎成駝背。這可憐的人穿著破爛衣服，拿著碾槌和玉米袋，做著苦工。

至於「紅底」，他在琢磨他的表兄弟對婚姻發出的詛咒，他似乎也在思考他自己由於不要這陌生美女而造成的犧牲。他認爲，一切倒楣的事都根源於心。因此，當一個迷人的女人提出嫁給他時，他拒絕了，

出去尋找失蹤者。

　　他來到那個本領高強的惡鬼那裏，戰勝了他，打斷他的脊骨，使他的臉形變長。然後，他把這惡鬼驅逐到冥界。他又使駝背重新直起腰來，釋放那些女人，讓他們重結良緣，又把他們全都送回當初他們出發的地方（Jones：2，第2篇，第623-653頁）。

　　這個神話從很多方面令人頗感興趣。首先，它使我們得以解決本書開始時提出的問題，當時我們在奧吉布瓦人那裏又遇到一個神話（M₃₇₄，第49-50頁），它和另一個我上一卷已詳細討論過的南美洲神話幾乎完全一樣。然而，這個瓦勞印第安人神話（M₂₄₁）屬於一個野蜂蜜循環，而這種產物在北美洲的北部地區是沒有的，在那裏，至少就食物而言槭糖佔據類似的地位。不過，是不是這樣一來，兩地的這些神話以同樣方式對待糖和蜂蜜呢？如果回答是肯定的，那麼，我們就建立起了真正經驗的條件，其結果使得關於蜂蜜語義功能的種種假說後驗地（a posteriori）成立，而這些假說我們本來是僅僅根據南美洲的事實推導出來的。M₄₉₉則使這種經驗得以實現。

　　在上一卷裏，我逐步展示了一種蜂蜜哲學，它從把這種天然產物和經血作類比得到啓示⑩。這兩者作為精製的物質都是一種亞烹飪（infra-cuisine）的產物，在一種情形裏是植物（因為南美洲印第安人把蜂蜜歸類於植物），在另一種情形裏是動物。此外蜂蜜可能是有益的，也可能是有毒的，正如女人在正常狀況下是一種「蜂蜜」，而在她不適時則分泌一種毒物。最後，我們已經知道，在土著思維看來，蜂蜜採集代表一種向自然的復歸，這種復歸帶有已從性的範疇轉換到味覺範疇的性愛魅力，而如果這種復歸進行過久，便會破壞文化基礎本身。同樣，如果允許夫妻無限制地尋歡作愛，忽視他們對於社會的責任，那麼，蜜月也會威脅公共秩序。

　　樹糖怎麼樣呢？為了方便起見，首先來考慮它的生產方式。在槭樹（*Acer saccharum, Acer saccharinum*）和有時利用的其他樹精　（種名

Acer negundo, Hicoria ovata, Tilia americana, Betula)中，樹液的上行發生在初春，這時白雪還覆蓋大地。由候鴉回歸報告的這個時期裏，大湖地區的印第安人都離村出走,每家每戶都到屬於自己所有的槭樹林紮營。在男人打獵期間，製糖工作主要由女人承擔。她們架起掩蔽所，檢查1,200到1,500個樺樹皮做的容器，如果它們已不能用的話,常常還要修理或補充。也是在春初，可以容易地剝下樺樹幹的皮，再把皮作切割、折疊和縫合等加工。爲了使接縫能防水,用香脂冷杉(*Abies balsamea*)的樹脂浸漬它們。糖的色澤和品質取決於容器的白淨程度和性質 (Densmore: 1，第308-313頁；Gilmore: 1，第74, 100-101頁，Yarnell，第49, 52頁)。香脂是苦的汁液，而槭樹的汁液是甜的，人們給糖漿混入油脂，以便改善其品質。同樣，我們已經看到，M499中太陽用與油脂混合的香脂製成纖維狀洗滌劑，這和槭樹糖的製作屬於同一組技術（這神話也關涉槭糖製作）。

這種製作要求非常細心，還需要夜以繼日地不斷勞動，直到製作完成。

---

⑩本書寫作時，我的同行波哥大大學的熱拉爾·雷謝爾—多爾馬托夫(Gérard Reichel-Dolmatoff)惠告我與一個喬科人(Choco)傳述者作的交談的未發表本文，這個傳述者闡發了一種野蜂蜜等同於精液的理論。這引人注目地反轉了我已爲從委內瑞拉直到巴拉圭的廣大區域展現的一個系統，但並不和我的解釋相矛盾，而是以一個補充的向度豐富了它。實際上，精液是**應當**從丈夫傳到妻子**的東西**，而經血是**不應當**從妻子傳到丈夫**的東西**。然而，我已在《從蜂蜜到煙灰》中表明，蜂蜜是應當從丈夫傳到妻子雙親的東西，因此和精液取相同方向，不過更遠。同樣，我在本卷中已證明(以上第390-394頁)，頭皮也從丈夫傳到妻子，而且更經常地傳到妻子的雙親。因此，我們得到一個推廣到四個項的系統，在其中，經血和精液爲一方，頭皮和蜂蜜爲另一方，雙方相對應。丈夫把精液轉讓給妻子，並通過妻子的中介，把蜂蜜轉讓給岳父母，以補償他從他們收受到妻子。除非是個女巫(參見M24)，妻子會把經血轉讓給丈夫。至於丈夫，他把頭皮轉讓給妻子的雙親，是爲了避免經血之不可轉讓取妻子本身不可由其父母轉讓的涵義，從而推翻他們已通過許婚而實施的轉讓。

把樹幹切開，收集從中流出的樹液。把樹液在不同的容器裏逐次燒煮，要燒很多次。這樣，首先可以得到粘稠的糖漿，然後用抹子加工成顆粒，這是眞正的糖。無疑，這些印第安人在引入鐵鍋之前就已知道這種糖，因爲他們知道把糖液放在樹皮容器中燒煮而又不燒焦它。在這個歷史時代，他們製作數量驚人的糖。他們整年儲備糖，以便度過饑荒時期，在其餘時間則作爲食物的調味品。他們也製作「蜂蠟糖」。爲此，把沸騰的糖漿放在雪中冷凝，凝結成柔軟的餡餅狀，成爲一種美味的甜食。

我們已經看出，槭樹汁液這種野生產物的採集酷似另一種野生產物蜂蜜的採集。兩者都強加了向自然狀態的暫時回歸，其標誌爲到林地中央過流浪或半流浪的生活，時間在一年中食物匱乏的時期，確切說來，其時只有蜂蜜或糖，面對它們的嗜好滿足了淫慾；不過，爲了追求考究，這種過分專一的制度的建立必定帶來長時期疲勞不堪這種損害。

對於這種社會學的和食物的雙重佯謬，兩個美洲的印第安人作出同樣的反應。他們採用兩種食用美食的方法：或者直接而又沒有規則地食用，或者擱置一段時間再食用，這時食用要遵守各種各樣禮節，而這些禮節假定，這種自然物質得到了超自然組織的默許，因而這些禮節能夠克服這種物質的採集（繼以配製或者不再配製）在文化要求和自然要求方面體現出來的矛盾。

南美洲印第安人知道新鮮蜂蜜可以自由食用，發酵的蜂蜜要按規則食用。同樣，他們的北美洲同類對槭樹液也作了這樣的區分。他們把它當做水自由飲用，毫無節制：「十七世紀初，這些印第安人（米克馬克人）已習慣於飲用這種樹的汁液解渴」（Wallis：2，第67頁）。易洛魁人把「剛取到的新鮮樹液看做爲可口的飲料」（Morgan，第2卷，第251頁）。另一方面，一旦開始配製樹液，就給它施加禁忌。在索克人（Sawk）那裏，「在糖完全配製好之前，甚至不允許嚐味」。這時，用一條狗做祭品，邀請八個人把一根實心樹幹掏空，但不准喝一滴水（Skinner：9，第3篇，第139頁）。因此，如果

說新鮮樹液被當做水，至少在儀式期間，那麼，配製過的樹幹液就排斥水。休倫人(Huron)和溫達特人(Wyandot)知道的一個神話(M_{500}：Barbeau：1，第110-111頁；2，第17頁)講述了，槭樹精如何曾把這樹流出的汁液變成糖塊。一個印第安女人採集這種糖塊，想吃它，但這樹精出現了，對她說，她應當珍藏它，把它放在一個匣子裏，作爲辟邪符。一般說來，像法屬加拿大人所說，「糖和季節」和槭樹林裏的粗野生活以典禮和儀式爲標誌：在梅諾米尼人那裏是狗舞也叫乞丐舞(Skinner：7，第210-211頁)，在易洛魁人那裏是戰爭舞，旨在催促熱季到來和樹液上行(E.A.Smith，第115頁)。在北美洲儀式中，儀禮的乞丐和小丑扮演著中介者的角色。因此，探討一下，在大草原的婚禮（我在以上第393頁已概述了對它們的解釋）中，戰士和乞丐之間的對立是否與戰士和兩性人之間的對立有類似關係，是很有意義的。其他一些儀禮規定則針對採集工作。梅諾米尼人要求，樹液應在每天夜幕降落前一個到一個半小時的時候收集。因爲，如果再讓它延擱下去的話，它就要變苦，就沒有用了。必須把它廢棄倒掉，否則會冒犯地下勢力，招致厄運。遇到這種不測事件時，人們把盛器倒空，放到樹腳下，一直到雪或雨停了，再把它們拿回來 (Skinner：14，第167頁)。

　　實際上槭糖和蜂蜜之間還存在著第二個類比。我們知道，蜂蜜可能是甜的或酸的，有益的或毒的，取決於它來源於蜜蜂還是黃蜂，取決於蜜蜂的種或者採集的時期以及食用前放置的時間。對於樹糖，北美洲印第安人也很小心地注意這些區別。首先是根據樹種作區別：易洛魁人用於標示槭糖的詞意謂「糖汁」，這些印第安人知道蜂蜜源自蜜蜂時也把這詞推廣用於標示蜂蜜。另一方面，他們認爲野櫻桃樹的糖是苦的(Waugh，第104-144頁)。不過，我們剛才看到，槭糖本身也可能是甜的或苦的，視採集的時間以及配製時的仔細程度而定。上面我已指出存在槭樹液和冷杉脂之間的重大對立，它構成工藝技術的對偶，但又是一者爲甜，另一者爲苦。應當補充指出，樹液的上升有周年的周期性，而在加拿大，人們遵照印第安人的見解

而誤信，樹脂在滿月期間流淌 (Rousseau-Raymond，第37頁)。這樣，樹液和樹脂是雙重對立的：從口味上，也從各自周期性的節律上。然而，樹液也可能變苦。因此產生一種矛盾，一個梅諾米尼人神話在把樹液和尿相比擬時克服了這種矛盾：

M₅₀₁ₐ. 梅諾米尼人：槭糖的起源(1)

> 造物主馬納布斯(Mänäbus)有一天發現一個不認識的對手創造了一棵槭樹。他不滿地發現，樹液像粘稠的糖漿一樣流淌。他認爲，人將無法採集它，因爲太費時，也太困難了；於是，他朝樹裏撒尿，樹液就被稀釋了。造物主斷定，人會明白，情況變好了。可是，他們卻境況更糟了，也更辛勞了，不過這樣一來，樹液多起來了，儘管必須加以配製 (Skinner：14，第164-165頁；參見奧吉布瓦人異本，Kohl，第415頁)。

這個神話首先讓人感到與南美洲的蜂蜜起源神話 (M₁₉₂，₁₉₂ᵦ，MC，第61-65頁) 驚人地相似。兩處的論證是一樣的。最早的蜂蜜、最早的糖都充裕而又以直接可食用的形式提供給人。可是，這種便利有釀成濫用之虞。因此，栽培的蜜蜂應當變成野生的，或者，像人工似地天然配製而成的糖漿應當轉變成從此之後要求進行長期艱辛勞作的樹液。源自相隔遙遠間距的種族群體的各個神話都共同地有這種倒退的步態。不過，另一個梅諾米尼人版本把這一點表現得更爲顯著，它還把尿反轉爲經血：在一種情形裏爲樹液出現的原因，在另一種情形裏爲樹液出現的後果。不過，這裏我先得插敍一段。

我已指出過（第384頁），霍夫曼收集到的各個梅諾米尼人神話按長篇冒險故事的方式串聯起來，這長篇故事包括許多插段，它們都說明了造物主的冒險經歷。既然如此，就常有人問，著者採用的各個加插標題究竟反

映了土著作的分割，還是爲了標出讀者希望有的停頓而事後引入的。例如，霍夫曼把我們感興趣的這個神話命名爲「槭糖和月經的起源」，儘管這兩個事件之間只出現時間上的關係。我打算表明，這種分割有合理的根據，它揭示了在這神話中處於潛在狀態的一種聯繫。

M₅₀₁ᵦ. 梅諾米尼人：槭糖的起源⑵

　　　　造物主馬納布什(Mänäbush)出去打獵，結果空手而返。他的祖母諾科米絲(Mokomis)打發他到更遠的地方，到一片槭樹林裏定居下來。這老嫗發明了樹皮容器，用它收集像粘稠糖漿一樣流動的樹液。馬納布什很樂意吃它，但他提出異議說，採集這樣容易，人會因此變懶。最好是，他們得不分畫夜地一連多日辛苦燒煮這樹液；他們忙於這事，就不會養成壞習慣。

　　　　他爬上一棵樹的頂梢，用手搖動樹，落下雨水，把糖漿稀釋成樹液。由於這個原故，人在想吃糖的時候，就必須艱辛勞動。

　　　　後來，馬納布什驚異地看到，祖母變成了輕佻女子。他便暗中監視她，當她與一頭熊做愛時就驚嚇她。造物主把樺樹皮弄乾，點燃，紮成火把扔向這動物。這熊腰部以下身體燒焦了。它趕緊跑向河流，想把火熄滅。可是，還没有來得及趕到河邊，就已死去。馬納布什帶回屍體，把一塊肉給祖母。她恐懼地拒絕，他便把一塊凝血扔向祖母的腹部。他宣稱，從此之後，女人每個月都要不適，產生凝血。至於馬納布什，他大吃熊肉，把其餘部份扔掉 (Hoffman, 第173-175頁)。

　　我在下一卷裏還要就源自北美洲西北部的神話回到淫蕩祖母題材上來，這題材在那些神話中佔據著非常重要的地位。這題材在這裏所以特別令人感興趣，是因爲事實上它緊接在槭糖起源之後。實際上，我在《從蜂蜜到煙灰》（第116-119, 297-304頁）中已借助一些南美洲神話證明了，誘惑

性食物蜂蜜和誘姦動物角色之間存在一種聯繫：自然所行使的統治在食物層面和性層面上的兩種化身，在一種情形裏從本來意義上理解，在另一種情形裏從比喻意義上理解。這裏我們又發現了同樣的聯繫，這次是在槭糖和誘姦動物之間。這證實了糖和蜂蜜在語義上同系。火把這個事件在M_{501b}的兩個插段之間建起了一種微妙的聯繫，因爲樺樹皮兩次介入了故事：它先是用於製造容納**像水一樣**流動的樹液的容器，然後用於製造**像火一樣**燃燒的火把。實際上，樺樹皮提供了這種雙重性質，即在盛水、甚至沸水時，它不會燒著，而在乾燥時，它提供了最佳易燃物(Speck: 10，第100-101頁)。這神話強調這種樹皮的這種矛盾性，由此確認它接連講述的兩個插段並行不悖。

不過，尤其重要的是，M_{501a}和M_{501b}把我們帶回到M_{499}，並提供了對後者的新的啓示。爲了表明這一點，首先應當回想起，這兩個關於槭糖起源的梅諾米尼人版本是對稱的：一個使人尿成爲樹液的**前件**(antécédent)，另一個使血（只能從女人流出）成爲這同一種樹液的**後件**(conséquent)。從這個意義上說，這兩個版本反轉了M_{499}，在後者中，一個女人爲了去撒尿而停止了製糖；她被自己的盛滿糖漿的桶俘獲後，就一直象徵月亮的陰影，而其他神話把這種陰影解釋爲由經血造成的污點，這反映了可以說是美洲的通行說法。因此，M_{499}和M_{501b}兩者都設想槭糖起源和月經起源之間有密切關係。它們在這方面的唯一差別在於在一種情形裏這關係是內在的相似關係，而在另一種情形裏是外在的鄰接關係。

屬於一個迥然不同範疇的一點說明支持我的論證。像大草原的印第安人一樣，奧吉布瓦人也慶祝一個重大的周年典禮，不過他們把這典禮奉獻給雷雨而不是太陽，他們斷定，這種禮儀形式比另一種更古老 (Skinner: 5, 第506-508頁)。也許是從克里人拿來這種典禮的大草原奧吉布瓦人或本吉人 (Bûngi) 在秋天以四天的齋戒繼以唱歌和痛哭來慶祝這典禮。最後，人們排成圓形傳遞盛滿槭糖漿的樹皮杯。參與者們都喝這糖漿。這種場合爲什

麼不用阿拉帕霍人在太陽舞蹈期間分配的「甘水」（它象徵經血，而這次得賦予正面的性質，作為生育力的標誌）呢？我已強調過這個方面（以上第203頁；參見Dorsey：5，第177-178頁）。這種奇特情形是可以解釋的，只要設想，像各鄰近部落那裏有時會發生的那樣，大草原的儀式也是對一個更古老的北方儀式的反轉，並且由於需要在另一個居民區裏所沒有的天然產物，因而這儀式要使與這產物有關的各神話中處於潛在狀態的一種象徵顯現出來。所以就像天上箭豬是更北面的一種實際動物的形而上學反映一樣，「甘水」也是憑藉事物的力量而成為一種假想飲料的槭糖漿。

由以上考慮可知，對北美洲糖神話的分析又完全與我在本《神話學》第二卷中對南美洲蜂蜜神話作的分析相接合。一處的蜂蜜，另一處的槭糖漿都呈現了與經血的親合性，這種親合性與這樣的情形象聯繫：時而讓動物分泌物，時而讓植物分泌物造成月亮的陰影。然而，酷似南美洲的蜂蜜，槭糖漿也來源於一棵樹；熱帶美洲神話在使蜂蜜所可能接受的負面價值越出界限時，把蜂蜜和經血相重合。

事情還不止於此。按照北美洲神話，由於添加上男性的尿，原始的糖漿向樹液的本性倒退。並且，尿，不過是女性的尿，還引起糖漿帶上習慣上賦予經血的隱喩功能：代表月亮陰影的功能。這些神話又給這三個項增加了第四個項：香脂冷杉的樹脂，它像尿一樣苦，像經血一樣以月為周期。兩種分泌物是動物的，另兩種是植物的。此外，M_{499}還引入了樹脂和一個女人的禿頂之間的對立關係，因為前者的應用把頭髮歸還給了後者。印第安人不剝女人的頭皮；因此可以說，對於這個性別的人來說，禿頭相當於被剝了皮的頭。不過，我們已經知道，這些神話在保留性別變化的條件下還設想了剝了頭皮的男人和不適女人之間的等當關係。由此可見，經血與樹脂相對立，同時，如我們已設定的，與槭樹液等當，而槭樹液本身與樹脂相對立。

我還沒有結束清點體系的各個接合。實際上，我們由M_{475c}可知，一個

斷腿的 (因此是跛足的) 女人與一個不適的女人相對立 (以上第 338 頁)。現在，如果注意到，M$_{499}$中出現斷背的 (因而駝背的) 男人，那麼，我們可以推知，這些男人以同樣方式與M$_{495b}$中的受傷而失血的男人相對立，而這男人是對M$_{495a}$的月亮即第一個不適女人的轉換。這樣，我從這些神話中引出了一個新的四項組：**跛足女人、駝背男人、不適女人、受傷男人**，在這個組中的一種對角線關係以極其奇特的方式在更遠離中部阿爾袞琴人的納瓦霍 (Navaho) 印第安人那裏得到證實。他們說，當妻子來月經時，丈夫切不可打她，因爲這會損害他的脊樑骨。同樣，一個男人如與一個不適女人睡覺，他也有脊樑骨折斷的危險 (Ladd，第 424-425 頁)。

　　同樣令人矚目的是，我剛才列舉的各個反轉形式出現在M$_{499}$和許多別的神話之中。這個奧吉布瓦人神話不僅把跛足女人轉換成駝背男人，把剝了頭皮的男人轉換成禿頂女人，而且，相對於前面考察過的神話還把英雄的對手「紅頭」轉換成了名叫「紅底」的英雄，後者的對手長著縮減爲顱骨的頭，也即這敵對的頭沒有紅色或別種顏色的頭髮⋯⋯這神話還把人數眾多的一組兄弟轉換成一對交叉的表兄弟，並把一個妻子、姊妹或非姊妹轉換成非妻子：因爲英雄與女英雄之間的唯一聯繫在於他能娶她爲妻這個事實。

　　爲了理解這些反轉及其系統性，就必須對一個把在別處賦予經血的相功能能託付給槭糖漿的神話進行考察，專門注意某些技術方面的細節。我在上面已指出，「易消化⋯⋯美味、微酸」(Chateaubriand：1，第 139 頁) 的糖的味道會從甜變苦，這取決於產生樹液的樹種、白淨的程度和容器的性質、採集的時間、配製時的專心程度。不過，印第安人還區分了糖的兩種隨時間變化的性質。「他們說，在多初，大地還沒有被厚厚的雪層覆蓋之時，暴冷使大地深深凍結，這個時候可以得到最好的糖。這時從樹上取得的第一次樹液是品質最好的。當天氣轉暖時，通常有暴風雨發生，此後樹液又開始流淌。但這種樹液結晶遠不如另一種，產物的品質也不一樣。據稱，多

雨的時節會改變糖的味道，暴風雨會破壞糖的特有口味……最後流出的樹液也是這樣：人們通過燒煮盡可能使它精煉，把它保存在樹皮匣裏，有時再用樹皮和綠枝葉把這匣包起來，埋入土中，以便這些匣子在夏天仍保持新鮮，裏面的樹液既不凍結也不發酸」(Densmore：1，第309,312-313頁)。這些變化應當受到高度重視，因爲夏托布里昂(Chateaubriand)本人就仔細地說明它們：「第二次收成在樹液還沒有粘稠到變成汁的時候進行。這樹液凝結成一種糖蜜，這糖蜜中放入泉水，就提供了夏日炎熱天的新鮮液體」。（同上）這個證據很值得注意，尤其因爲它略微超前於一個十分寶貴的徵象：夏托布里昂說，印第安人讓啄木鳥成爲樹液的主人；這正是南美洲神話與野蜂蜜相對地賦予這種鳥的角色（MC，第98頁）。

在這些細節中間，我尤其注意春天暴風雨過後味道變壞這個細節。因爲，我們已經知道中部阿爾袞琴人神話中作爲這種氣象現象化身的人物。他就是穆德杰基維斯，梅諾米尼人在漫長多季過後，聽到第一聲雷鳴的時候，就向耐心地期待已久的他高興地歡呼：「嗨！這就是穆德杰基維斯！」（以上第352頁）。及至1950年，「奧吉布瓦人還在歡迎報告春天到來的三月大風……因爲他們把穆德杰基維斯和雨聯結起來」(Coleman，第104-105頁)。然而，我們還已看到（第372頁），在他們的語言中，這個神祇的名字可能意謂「壞的或邪惡的風」。

不過，我們也明白這種模稜兩可的理由。這些神話在讓穆德杰基維斯帶上一種歧義的本性時已對此作了自己的解釋：長兄忙於女人活而疲憊不堪，但又心懷妒嫉和怨恨，心靈充滿幻想，激奮和壓抑交替。實際上正是西風引起的春天暴風雨報告了好季節，但也可能引起災禍。這些神話和儀式視其所採取的視角而保留一個或另一個方面：在處理周季周期性的穆德杰基維斯循環中歸根結柢是正面的，但在關於「糖時節」的神話中變成負面的，在這些神話中，春天的暴風雨來得過早時，就會對生糖造成無可挽回的損害。西風的價值在這些神話中反轉了過來，因此，它們從另一組神

話（同一種氣象現象在這組神話中扮演角色）假借來的各個題材也全都被
反轉。

　　爲了支持這個解釋，我們可以回想起，源自奧吉布瓦人的一個穆德杰
基維斯故事版本（Schoolcraft，載Williams，第65-83頁）講述，這個人物是
十兄弟中的長兄，被轉換成了卡貝揚(Kabeyun)，後者是西風，有三個兒
子，他們是北風、南風和東風。此外，卡貝揚使一個女人（月亮的小女兒）
懷孕，後者在生西北風時死去。這北風正是馬納博佐(Manabozho)。然而，
馬納博佐在梅諾米尼人那裏相應於馬納布什即槭樹液的主人，而剛才我們
看到，西風是他的敵人。奧吉布瓦·蒂馬加米人(Timagami)解釋了西風和
造物主〔他們叫造物主涅涅布克(Nenebuc)〕之間的對立。他們說：風太
大，在夏天就無法捕魚，會造成饑荒，但如果沒有西風勁吹，水會變得呆
滯，結果也一樣（M_{502}：Speck：7，第30-31頁）。因此，在那裏西風也具有
模稜兩可性質，而造物主的任務正在於訓導它。

　　我們已經討論了奧吉布瓦人神話M_{499}的幾個方面。它還需要作些評
論。由於兩點理由，我們已無法繼續推進分析。首先，我未感到已作好準
備，可以利用同一來源的一個隱晦神話（M_{374c}；Schoolcraft，載Williams，
第84-86頁）。在這個神話中，一個駝背爲兄弟謀得了一個妻子，這兄弟後來
遠去南方冒險，到了一支帶女人氣的民族那裏，採取了他們的生活方式。
我們還記得，M_{499}中出現一些駝背，主人強迫他們幹女人活。M_{499}的禿頭
女人以同樣隱晦的方式使人想起北方阿塔帕斯干人那裏有一支頭剃光的
「公妻」民族（Petitot：2，第91-92頁）。其次，必須對年老月亮和年輕月亮
間的衝突作專門的研究，這衝突在北美洲神話中佔據重要地位，我們剛剛
也已略加研討過。然而，我要指出，這題材局限於轉換這樣的題材即把兩

個人物相結合。在我們已討論過那些神話中，這兩個人物一個是天上的，另一個是地上的：在關於剝頭皮起源的阿克卡拉人神話(M_{439})中是「無舌人」和太陽兒子；在黑足人神話(M_{482})中是疤痕男人和晨星，後者也是太陽的兒子；在梅諾米尼人神話($M_{495a, b}$)中是太陽及其甥兒。這個甥兒是勇敢的甚或對人心懷惡意，他是月亮的兒子，太陽把他作爲合作者。他使人想起M_{461}中的月亮兒子，他的舅父太陽想使他成爲食人者。

在下一卷裏，我還將研討某些關於兩個月亮衝突的神話，但從另一個角度考察它們。我不打算從正面研討這組神話，僅僅強調其一個方面。從太陽和月亮間一場涉及有十個敵對兄弟的一個女人的論爭出發，我們在M_{495a}中又看到了同樣的論爭，但這次是長時間的，捲入的是有十個敵對情人的一個女人(月亮自己)。因此，或者太陽的妻子有兄弟十人組，或者太陽的姊妹有丈夫十人組。在這兩種情形裏，論爭都是在一次或多次天上民族和人聯姻之際爆發的。

事情還不止於此。兄弟數目提出的算術問題引導我們去研究其他十個一組，然後去研究剝頭皮起源神話，最後去研究關於太陽被俘獲和長夜瀰天的神話。然而，可以看出，我們已研究過的梅諾米尼人神話(M_{495a})對這後兩個題材作了反轉的表達，由此重構了它們。一方面，它解說了多天白晝縮短的起源，而這無疑使一種長夜佔支配地位，但這是周季周期性的正常結果，而$M_{491-493}$的長夜呈現反常的、不體面的特徵。另一方面，熊的腸子被從兩端吃的事件(它在克里人那裏又在一次貪食比賽中重現〔Bloomfield：1，第251-252頁〕)在M_{495a}中帶上了遠爲深刻的涵義，如果我們承認從中看到繩索的對稱像的話：**伸長了的**腸帶最後把太陽和他的朋友結合在一起；它成爲後者得到**救助**和一直**上升**到天上的象徵，而被再收緊的繩索使得能夠**俘獲**太陽，使它一直**下降**到地上。按照一個關於秋分點的神話(M_{458})(這神話與關涉多至點和一年中最短白晝的神話$M_{495a, b}$相關而又相對立)，正是由於下降，太陽拒絕做朋友。像陰毛(繩索以其爲材料)，也像箭豬的刺

和人髮一樣，熊的腸帶也用來裝飾衣服（Beckwith：1，第107頁）。

由這一切對比可知，天體的論爭也處於一個體系之中，在這體系裏，由於其他一些理由，我已表明，箭豬的記述佔據一種可說是保留的地位。實際上，箭豬記述所能自命的一種獨創性，無非是開闢了遵從一些先決條件的一條特殊道路，而這些條件規定，這條道路必須不同於這組神話中其他神話所走的一切道路。因此，這記述豐富了一個網絡，而對這個網絡，我們經過了已屬漫長的探究也只能從片段認識。太陽可以是男性或女性；如果它是男性，則是愚蠢的（蛙的丈夫）或者食人的（一個切延內女人的丈夫）。在這個兩個假說中，月亮都可以是男的（一個女人的丈夫），只有在第二個假說中，月亮是女的，作爲太陽的妻子或姊妹。這妻有時是保護性的，有時是敵對的；這姊妹始終是敵對的（圖37）。

此外，$M_{495a, b}$憑藉太陽和月亮論爭的題材而得以把阿爾袞琴人關於十個一組的神話（M_{473}-M_{479}）與曼丹人關於天體妻子的神話（M_{460}-M_{461}）連接起來，而如同我們已看到的那樣，後一些神話本身又同一起構成一個體系的許多神話串聯起來（圖38）。關於十個一組的各個神話把一根空間的和道德的（高和低、善和惡）軸轉換成時間的和曆法的軸，這根軸也存在於天體妻子神話之中，同時還產生第二根時間軸。後一根軸引入了生理周期性來取代周季周期性，它把這種生理周期性與另一種流血的周期性活動即戰爭和剝頭皮相對比，剝頭皮在密集的敵群中造成間斷，而這種間斷可同在長長一年中所必須引入的間斷相比擬，後一間斷是爲了使人能戰勝漫長冬天的嚴寒。因此，一條長長的辯證歷程又自動折返，把探究帶回到出發點。

回過頭來賦予M_{495a}的在這個體系中的樞紐作用，還產生於另一方面的考慮。在這個神話中，我們又遇到了一種與我們的探究所由開始的那些神話共同的骨架。實際上，M_{495a}重又把兩個故事結合成一個故事。對這兩個故事，我們已從它們的南美洲模式的角度考察過，發現它們結成轉換關係。似乎各個南美洲神話從M_{495a}或一個等當故事出發而共同承擔這個任務，每

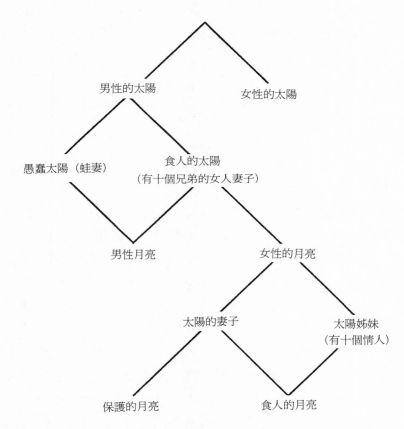

圖 37　太陽和月亮的語義值的聯繫網絡略圖

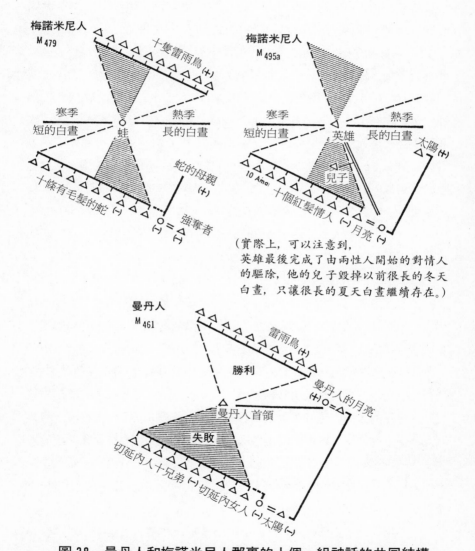

圖 38　曼丹人和梅諾米尼人那裏的十個一組神話的共同結構

個神話都講述這故事的一半，同時又記住這兩個故事因對應而具有的共同起源，而這些神話正是致力於維護它們間的這種對應關係。

M_{495a}最初是個特雷諾人神話，它也關涉一個惡妻子，她很快就變成一個女食人魔。她的丈夫在一頭油滑獵物的幫助下逃離了她（懸吊在一棵樹上的鹿屍，它逃掉了；被拋向一棵樹高處的一些小鳥，它們撲翼飛離）。然而，M_{24}是對M_{7-12}（CC，第91-101頁；MC，第32，450頁）的轉換，而這些神話本身又是對M_1的轉換。所以，令人矚目的是，M_{495a}的系列實現了一組神話。$M_{495a,\,b}$的英雄造訪了善的太陽和惡的月亮；M_{7-12}的英雄及其迫害者太陽和月亮發生間接的聯繫，因為他們作為屬於不同偶族的姻兄弟出現，而謝倫特人的社會組織和宗教信念支配他們祈求這兩個各別天體。M_1的兩個主人公跟天體結成更為隱晦的關係，一者可能跟鳥鴉座相關，另一者跟昴星團相關（CC，第299-313,317-322頁）。

在M_{495a}和M_{7-12}中，都是被一個女人或一個姻親迫害的一個男人靠一個超自然保護者幫助而逃遁，在一處，這保護者是天上火的主人太陽，在另一處是烹飪火因而是地上火的主人花豹，保護者把這男人帶到高處或低處（$\{M_1,M_{7-12}\}$的英雄首先是在一棵樹或一處岩壁的高處不動），收養他，不得已地讓姊妹或妻子迫害他。她覺得他長得醜，也**看不慣他的吃相**：透明可見的扭曲消化管道令她厭惡（M_{495a}），或者（M_{10}）她被他咀嚼烘肉時發出的噪聲所激怒。這等於說，太陽的姊妹和花豹的妻子時而從解剖學的因此是自然的觀點，時而從優雅儀態也即屬於文化的觀點來判斷，這個人類使者是否充分謹慎地滿足其食慾。相反，在天體妻子神話中，女人訪客根據鋒利的牙齒和吃相來掂量天上民族，而前者取自自然，後者則獲自文化。

正是M_{7-12}的這兩個細節原封不動地重新在北美洲神話中出現。像熱依人神話的花豹一樣，阿爾袞琴人神話的太陽也總是小心守護被保護者，提防它的妻子或姊妹的惡行。在M_{499}中，女英雄詢問太陽，想弄清楚它是

否愛其老妻。太陽作了否定的回答，這使她有勇氣殺了這老嫗。當太陽知道自己已成了鰥夫時，毫不掩飾自己的興奮之情。我前面已說明過，熱依人神話的花豹也作過這種「無動於衷的表白」，並且表明過，花豹介入故事的展開，並非偶然（CC，第111-114頁）。

其次，M_8和M_{495a}的超自然保護者以同樣方式運送英雄。它們讓他騎在已由它們背負的獵物身上，一處這獵物是一頭熊，另一處是頭野豬。我們已經看到（CC，第114-120頁），這個細節在南美洲神話中非常重要：野豬由於其在其他神話中的地位而作為人類和動物界之間的指定中介者。然而，在梅諾米尼人那裏，與此正相反的地位被賦予熊，熊可跟作為冥界精靈的貓科動物、大鹿和有角蛇互換。不過，熊被指定處於第四個也是最後一個下界，這強調了它的不可還原的特徵。事實上，梅諾米尼人的諸神不包括相互距離超過太陽和熊的間距以及它們各自與人的間距的項（以上第383頁）。對於中部阿爾袞琴人和易洛魁人來說，與野豬在南美洲佔據的地位同系的地位被賦予狗。狗還曾經擁有人的地位，但由於不謹慎而喪失了這地位(Skinner：14，第179頁)。狗的這種混合性與我們已研討過的那些神話為它保留的用途相一致。

不難明白，北美洲神話為什麼用被指定扮演動物中介者的熊來充當這個角色，儘管熊原則上起著相反的作用。實際上，這些神話創造了剝頭皮的制度，而這制度至少在中部阿爾袞琴人那裏是與對敵人實行的食人制度不可分離的。梅諾米尼人的故事描繪了一些讓人覺得殘忍異常的圖景。它們津津樂道地描繪對受害者穿刺、截肢和吞吃的情景(Bloomfield：3，第87-93, 107-111, 115-123頁)。事實上，這些印第安人「令人可怖地實行一種禮儀性食人制度。他們每每在出征時以不帶給養為榮。一旦殺了一個敵人，他們就搶先從屍體大腿上弄下一大塊一大塊肉，用腰帶把它們串起來。入夜，他們就烤這肉，譏笑那些不像他們而備了給養的目光短淺者和不喜歡吃這東西的懦弱者……」「我是個勇敢者，我能吃任何東西！於是，他們炫

示地吃起他們的令人可怖的食物。」已有人指出，克里人、索克人和福克斯人那裏也有類似的習俗 (Skinner: 4, 第123頁)。

與鄰族圖皮人（他們在這個方面毫不比中部阿爾袞琴人遜色）不同，熱依人各族不食人肉，他們的神話讓一個人從一頭野獸(它是未來食人者)那裏奪走火，以便建立烹飪制度即文明飲食規範。我們還記得，在博羅羅人那裏，這同一些神話反轉了過來，去探討水而不是火的起源。

然而，像我已強調的那樣(第 308-314 頁)，曼丹人神話在食人宴和較為機巧的烹飪之間採取一種折衷的解決，它對火（這裏是天上的）和水都要採取模稜兩可的態度。女人訪客用大聲咀嚼向食人太陽這個一切生活資料的擁有者和自然力量的主人指出，人可能來自大地深處很遠的地方，需要靠水來栽培他們的食物，但也要吸取天上的力量。人需要天空的水來抵擋太陽(M_{459})；但是為了對付也可能成為破壞性的、地上的水，天上的民族和人類既甘心又不甘心地結成**親密伙伴**。

我將在下一章開頭部份說明這些論點的理由。為了結束本章，我想提請讀者注意一下北美洲印第安人的算術哲學和曆法與有各種證據表明屬於古羅馬人的算術哲學和曆法之間的奇特相似，儘管不能排除兩者在其他方面有差異。

「奧維德(Ovide)說，羅慕洛(Romulus)（國王、名祖）規定，他的一年要計算兩次五個月……十個月時間足夠讓小兒從母胎出世……妻子在丈夫死後也要穿戴十個月期間的遺孀喪服」(《節令記》〔*Fastes*〕: I, 第28-36行)。這種曆法看來與我在北美洲許多地區發現的，作為我對十個一組（古羅馬人對這也作了說明）作解釋的出發點的曆法屬同一類型。如果注意到下述事實，這種類比就顯得更明白了：羅馬人的十個月曆法產生於5乘以2，並且，如我們在美洲已注意到的，這種曆法採取數字形式，只有前四個月份有名字，它仍依次按火星、金星、忒耳彌努斯(*Terminus*)（守界神）即老嫗、禹文塔斯(Juventas)（青春女神）即少女命名。其他月份只帶有一個

數字（同上書，第39-42行）。到前面（第328-331頁）還可以找到許多美洲的
例子。

　　是努瑪（Numa）（羅馬國王）在十二月和三月之間引入了一月和二月，
從而帶來了十二個月的曆法。事實上，羅馬命數法（numération）常常是十
進制和十二進制並舉。因此，這暴露了一種舉棋不定的心態。在世界許多
地區都常常可以見到這種心態，而且我已指出在美洲也是如此。一種古老
的信仰利用十二進定則（formule），但像原始曆法的十進定則一樣
——*menses quinque bis*（五個月翻番），這種定則也產生於用2乘一個算
術基（base）。

　　在創造羅馬的時代，瑞穆斯（Rémus）和羅慕洛這對孿生兄弟注視著預
兆。前者發覺阿凡蒂尼山上有六頭兀鷹；後者看到帕拉蒂尼山上空有十二
頭在飛。這使他們開始失和（Reinach，第3卷，第302-303頁；Hubaux，第2頁）。
這種通過加倍來獲得我所稱的浸潤集合的方法似乎已同美洲提出的問題相
一致。在兩地，神靈都把握重複，以便創建更高階的集合。羅馬的「大月」
概念（每個月都長達一個世紀）、「大年」概念（包括365年，其中每一天都
具有一年的值）屬於由通過一系列同類型運算而產生的各個集合組成的一
個族。當羅馬人後來試圖解釋這傳說時，他們就依此方式進行推理。在讓
十二頭兀鷹出現在羅慕洛眼前時，諸神不可能打算許諾這座新建成的城市
只有十二個月的持續期，也不用說只有十二年的持續期；這樣嚴的神示卻
只有這麼短的時間，是說不通的。當建城一百二十年過去以後，人們就得
出結論：兀鷹數目預兆羅馬壽命為一千二百年。因此，當阿拉里克（Alaric）
在402-403年威脅羅馬，後來金塞里克（Genseric）於455年攻佔並洗劫羅馬
時，神靈感到沮喪。公元前753年被正式定為羅馬城創建的年份。因此，應
當承認，那個古老的預言已得到實現（Reinach，前引著作，第304-307頁）。

　　因此，像我已作了詳盡研討的那些神話的北美洲印第安人一樣，羅馬
人也開始以2乘一個基。然後，他們利用這積指代由同階複合元素構成的集

合 (Collection)，再往後，他們構成由這些集合組成的集合。不過，還可看到，在舊大陸和新大陸，同一個邏輯步驟獲得相反的涵義。在印第安人看來，把一些同階的但越來越緊密的集合納入一個族的可能性構成一種令人敬畏的甚至令人可怖的現象。並且，如果說他們給予這現象一種神話的表達，那麼，他們這樣做始終是爲了趕緊回過頭來。在這些神話中遇到的集合的集合並未訴諸經驗事實。但是，倒是有可能出現不利於人類的局面，如果事情的演進不是沿另一個方向導致漸次向更高階集合還原的話。這種還原只有通過復歸於初始的基才可完成，這初始基乘以2後給出一個數字積，其龐大性提供了其他更可怕的龐大性的先行像，而這些龐大性甚於那前一個龐大性在放任自流的狀況下所必然會產生的龐大性。

印第安人害怕這種乘法能力帶來致命威脅。可是，羅馬人卻認爲生存下去的機遇維繫於此。這種在於對前一次運算的積重複施以一連多次同樣運算的計策在這種思維看來是一種令人陶醉的樂事。這種思維陶醉於十二天、十二個月、十二年、十二個十年、十二個世紀等集合的漸進層次所展現的前景。一句話，這種思維以一種尚屬靜態的定則推導出歷史演進的展望，而印第安人則只承認他們圈入神話之中的過去時代裏的事件，因而他們希望有一個項，能藉之提防一切對演進的侵擾，除非是重複形式的即周期性形式的侵擾。

這種對待大數字的態度的差異絕妙地反映了人們洞明在一個已成歷史的社會和那些無疑正在但不情願地成爲歷史的社會之間的對比，因爲這些社會想像通過從自身驅除歷史來延長壽命，增加安全感。一條古老的原則斷定：自然恐懼空虛。但是，難道不可以說，文化處於與自然相對立的原生狀態之下也恐懼充實嗎？至少我所作的分析提示的結論是如此。因爲，我已對十個一組所提出的解釋 (它說明了浸潤集合的概念) 又同我在本《神話學》第一卷裏 (CC，第68-75，334-367頁) 給出的對短時間間隔和多色彩的解釋相吻合，這後一解釋也對第二卷的許多段落提供了啓示。

　　不過，如果說對古羅馬人信念⑪和美洲人信念所作的這個簡短比較還有意義，那麼，可以料想，我們還能走得更遠些。實際上，應當說，歷史的任務是作為兩種對立傾向之間的中介，而這兩種傾向在人那裏是同人的二元性的事實相衝突的。這樣，歷史的確可以用一種物力（dynamisme）來界定，而從歷史可以顯得既是破壞性的又是建設性的這個意義上來說，這物力是歷史所固有的。

　　文化在向自然挑戰，支解自然時，首先以用充實創造空虛為己任。當文化向演進敞開時，它又補充了用空虛創造充實的可能性；但正是在這個時候，文化屈從於必然的命運而負起支配它從前廢棄的那些力量的使命，因為提供它進行這種回歸的媒介的歷史現在作為第二自然介入它。受歷史演進所累的人類把這第二自然掩蓋起來，用層出不窮的新外衣把它的過去包裹起來，把其他的都拋入深淵，彷彿是為了彌合把它與一個被劫掠和奴役的自然準備拋棄的世界隔離開來的不可踰越的距離。

---

⑪由於出版日期的關係，我還未及利用A.K.米歇爾斯(Michels)的最近著作：《羅馬共和國的曆法》(*The Calendar of the Roman Republic*)，普林斯頓，1967年。不過，這部著作幾乎未涉及公元前五世紀以前的各種曆法。

第七篇

●

禮貌的規則

這個偉大的世界還在增殖一個一個個體，它們作爲一個屬之下的一個個種。這是一面鏡子，我們必須站在它的面前照一下，這樣可以認清好的成見。總之，我希望，這將成爲我們學生的教科書。這麼多傾向、派別、判斷、見解、法律和習慣，它們將教會我們作出自己的正確判斷；教會我們的判斷力認識自己的缺陷和虛弱本性；這不是一項輕鬆的學業。

M. 德·蒙台涅：《散文集》，第一冊，第二十六章。

I 敏感的擺渡者

羅馬的英雄捐棄卑微。

布瓦洛(Boileau)：《詩的藝術》(*Art poétique*)，第三章

　　水在曼丹人自然哲學中所佔的模稜兩可地位可以清楚地從他們的一個神話中看出。這個神話事關創建向「巨鳥」即雷雨鳥致敬的儀式，這種鳥的主要使命是保證戰爭的勝利。

M₅₀₃. 曼丹人：訪問天空

　　遠古時代，人們在赫爾特河口結村而居。有一個大頭領，他是兩個兒子的父親。哥哥聰明而又謹慎，名叫「黑藥」(Remède-Noir)；弟弟名叫「風生草」(Plante-qui-Pousse-sous-le-Vent)，按照有的版本也叫「香藥」(Remède-Parfumé)，他舉止衝動，放蕩不羈。

　　一天，他們去打獵。兄弟兩人發現，獵物越來越少。他們到處搜索，結果來到一所房舍，裏面出來一個居住者，他背負重物，假裝沒有看到他們。兩兄弟進到房舍裏面，這屋子裏面很舒適。精選的肉放在文火上面烤著。他們待在裏面等待屋主回來，可是空等一場。於是，他們就吃肉，吃飽後便睡覺。

　　第二天，他們朝著主人走的東南方向進發。他們沒有見到獵物的蹤跡，也沒有看到陌生人。就在兩兄弟又回到那房舍的當兒，那主人像前一天一樣背著東西出來，沒有向他們打招呼，也沒有看他們，就消失了。

　　兩兄弟決心揭穿這個奧祕。翌日，他們小心地逆著風向回到房舍，以免被人察覺。他一出來，他們就跟了上去。他背的東西跌落時發出巨大聲響，很遠也可以聽到，各種各樣獵物都逃了出來，因爲他把它們囚禁了起來。

　　我們的英雄過了這一夜後便又上路。他們發現一種白色鼓泡，「香藥」不顧哥哥的告誡，向這泡射去一支箭。這東西是龍捲風。它大怒，把他們颳上天空，不過讓他們有時間用弓的皮弦〔按貝克威思的版本，是用繩索〕把兩人自己捆在一起。他們飛過這大河，進入阿里卡拉人領地，在一個島上著陸，這島是一個群島的一部份。四周的水域一望無際。

　　翌日，他們出去探險。一條小路把他們引向一片玉米田和園圃中央的一所大房舍。一個女人熱情接待他們，她就是「長生不死老嫗」（參見以上第282頁）。她給他們煮玉米，玉米放在一個小的但永遠也裝不滿的鍋子裏。兩兄弟還想吃肉，他們殺了在門前走過的一頭鹿。這老嫗答應接受這鹿，但她自己不吃。而且，接著她叫眾鹿待在遠處。兩兄弟願意的話，以狩獵它們，但條件是要到遠離房舍的樹林深處去烹飪和吃他們的獵物。

　　一天，這老嫗禁止兩兄弟去打獵。他們躲在一個角落裏看到少女一個接一個地進入這房舍。她們帶著供品，是些乾肉或者烹飪過的一碟碟餐。這是些玉米女神，她們每年秋天來到這老嫗處隱居，一直待到來年春天。一會兒，她們都變成穗，老嫗小心整理它們，給每一個品種都安排一個專門的位置。這些供品就成爲她們的過冬給養。

　　兩兄弟已對這種無所事事的生活感到厭倦，想進入她們之中。老嫗好意打發兩兄弟走，不過還給他們帶上「四合一」的丸子——玉米、扁豆、向日葵籽粒和煮南瓜的混合物，這是根據要帶他們過河的一條蛇的意向做的。這條有角的蛇頭上戴著草、艾、柳和楊。它是一組擺

渡者中的第四個。這兩個英雄應當小心婉拒前三個擺渡者：一條獨角蛇，第二條是帶叉角的蛇，另一條是頭上有角但又塞滿綠色植物的蛇〔按貝克威思的版本：1)獨角蛇；2)帶多叉鹿角的蛇；3)頭上戴有砂丘的蛇和4)頭上戴有長著楊的土地的蛇〕。她建議兩兄弟要求蛇在岸上把頭伸長。他們就利用這當兒跳上陸地。

事情的進展一如預見的那樣。這條蛇吃了那丸子，重又精神抖擻，成功地到達另一條河。但它無法把頭放在堅實的地上。「黑藥」沒能跳下來。他的弟弟極想利用這蛇作爲跳板上岸。但是，當他到達鼻子的高度時，這妖怪用口攫取了他。「香藥」舒服地待在這大口之中，便邀哥哥一起來。「黑藥」經過再三考慮後，哭著拒絕這樣做。這種安排持續了三天。下一天夜裏，「黑藥」在水中看到一個陌生人的倒影，這人穿著毛在外面的皮袍，從高空中看他，出於好奇想知道他痛苦不止的原因。這陌生人解釋說，如果蛇周期地升上水面，那麼，這是爲了吃丸子。「黑藥」的給養耗盡後，保護者又給了他用向日葵籽粒加上大量兔糞和少量玉米做成的一顆丸子。第四天，這英雄把這丸子給了蛇，求它把嘴完全打開，讓他可以最後見一次弟弟。這蛇答應了，但是拒絕把頭放在堅實的地上。它忐忑不安地想知道，天空中有沒有烏雲。「黑藥」偽稱沒有，遂抓住弟弟的手腕，把他拉到地上。就在這時，一個閃電擊中這蛇，它死去了。

這個陌生的保護者是一隻雷雨鳥。它使昏死過去的兩兄弟恢復知覺，帶他們到它那裏去。它有一個妻子和兩個女兒〔按貝克威思的版本，她們美麗而膽小〕。她們首先怯於切割這條蛇。至於那妻子，她整個行程中一直躺在床上。「雷雨鳥」看到這兩個客人這麼積極，又這麼本領非凡，便把女兒許配給他們：姊姊給哥哥，妹妹給弟弟〔按貝克威思版本，總是不合情理，在這裏是哥哥的「香藥」卻要求妹妹〕。這兩個兄弟儘管得到岳父的保護，但這時還是出去進行一系列可怕的冒

險，他們消滅了一些妖怪，終於凱旋而歸。這些妖怪本來對這些鳥很有威脅。他們還治好了被箭豬的刺扎傷腳而殘廢的岳母，岳母的傷殘本來會妨礙這些鳥春天向西遷移〔按貝克威思的版本：這鷹女人在從高空衝向箭豬襲擊它時受傷〕。

一天，「雷雨鳥」要求兩個女婿躲在屋裏的角落裏，因爲它在等待同族來聚合。鴉、烏鴉、鵰鶊(在北美洲，「hawk」〔灰鷹〕這個詞主要標示屬〔Buteo〕的猛禽)和鷹相繼來到，各按其種或變種佔據位置。在用完兩個英雄於妖怪之後獵殺的蚓蜥的肉宴之後，「雷雨鳥」公開宣稱這獵物歸於他們兩人。它把他們介紹給親族。後來，它與這些親族分手，因爲現在是秋天，又要一家聚在一起，準備來年春天上路了。

這些鳥在冬天飛入老巢。當溯流遷移的時期春天來歸時，這些鳥聚集在一起，決定使這兩個英雄變得像它們一樣，也能比翼齊飛。它們把他們變成蛋，使他們再生成能快速飛翔的野鷹。這一伙又全都上路，沿密蘇里河流域溯流飛行。按照妻子的忠告，兩兄弟從這些鳥提供的武器中選擇了最老的也最有殺傷力的，因爲正是這些武器具有產生閃電和殺死蛇的魔力。當這一伙飛越曼丹人村子時，這兩個英雄的父親舉行向雷雨鳥致敬的儀式以示慶祝，就像每年這個時候所做的那樣。

這兩個人想回到家人那裏去，他們也邀妻子跟他們一同回去。它們擔心在人那裏會感到不自在，因此表示歉意，謝絕了。不過，它們給了丈夫魔翼，以之在儀式上代替它們。從此之後，這種儀式也在秋天這些鳥向南回歸時舉行(Bowers：1，第260-269頁；Bckwith：1，第53-62頁)。

關於這個神話，我有許多話要說。我先來扯上幾點意見。雖然這些意見在重要性方面各不相等，但它們每一點都有助於揭示故事顯露的才智。

　　首先，腳受傷的女人的挿段把M$_{503}$跟天體爭論神話中那些屬於我追隨湯普森所稱的「箭豬記述」的挿段連接起來。事實上，這個中心挿段單純而又明白地把那個記述的初始挿段反轉了過來。在那裏，一個待嫁少女爲一頭箭豬引得運動起來，而她所以貪求它，是出於文化的理由：使她的母親能完成繡工；這箭豬把她從地上引到天上，也即從低處到高處，她將在那裏嫁給一個天上丈夫。這裏，幾個待嫁少女的母親被一個箭豬引得停頓下來，而她是出於自然理由而貪求它：她要吃它（因爲她本身是一頭鷹），這箭豬把她從天上吸引到地上，也即從高處到低處；她的天上女兒嫁給了地上丈夫。如果注意到下述一點，這種聯繫就顯得更爲明白：在另一個曼丹人神話中，一個天體爭論的挿段取代了造訪雷雨鳥的挿段，並且這是在兩兄弟居留在「長生不死老嫗」那裏，與蛇一起去冒險之後（M$_{460}$，以上第303頁）。這個神話有一些非常相近的希達察人異本，關於後者，我還將談到（M$_{503b, c}$，第435頁）。在這個神話中，蛇的挿段處在另一個挿段的前面，它講述了傻兄弟轉變成了水蛇，以便吃另一個爬行動物（希達察人版本中它有兩個頭）的肉（英雄在它的身上鑽孔）；M$_{503}$也訴諸這種類型事件（Bowers：1，第266頁）把有利的而不是有害的後果歸於英雄（因爲鷹是食蛇者）。並且神話把這事件的發生時間定在居留於雷雨鳥那裏期間。我們到後面（第449頁）將會明白這個挿段的意義。這個挿段像箭豬挿段一樣在這個神話系列中也是反轉的和重複出現的。因此，這兩個挿段的對稱性得到加強。

　　儘管這神話創建了戰爭儀式，但這曼丹人版本還是和各個希達察人版本一樣也涉及獵鷹（Bowers：1，第226頁註⑤；2，第361，363頁），而獵鷹禮儀運用蛇狀的枕頭（參見以上圖32）和帶有獻給鳥的供品的小棒。此外我們還知道，藏在陷阱中的蛇在獵人看來代表致命的危險（Bowers：1，第241頁，註㉝）。不過，M$_{503}$還涉及普通狩獵儀式，因爲它開始時提到一個人物把囚禁的獵物釋放，這人物在這裏是朦朧的，但／okipa／創建神話（以上第299

頁；參見Bowers：1，第350頁）則給予他名字霍伊塔(Hoita)即有斑紋的鷹。戰爭、世俗狩獵和神聖狩獵的這種三元結合可以下述事實得到解釋：大草原印第安人把戰爭設想爲一般狩獵的極限形式，而獵鷹集中了一般狩獵的全部象徵，並昇華了其性質。

還可注意到，M_{503}的傻兄弟所採取的行爲可跟／okipa／舞蹈中的「傻子」奧辛赫德的行爲相比擬。一個邀哥哥到冥界妖怪的口中來相會，另一個邀父親食人魔太陽去和人在一起。因此，在兩處愚蠢都在於喜歡直接而不經過中介。

不過，我們還是回到神話的本文上來。兩兄弟之一名叫「黑藥」，這是一種具有止血功效的藥用植物的名字，它用來醫治鷹和蛇咬引起的創傷 (Beckwith：1，第259頁，註[126]；Bowers：1，第261頁)。這種毛茛屬植物紅果類葉升麻與聖克里斯托弗藥草屬（綠豆類葉升麻）相近，後者在歐洲通行的藥典中佔據重要地位，在本書中已出現過（第53頁）。另一個兄弟的名字直接地或迂迴地也標示一種藥用植物，它可能是銳齒類葉升麻，切延內人說這種植物「有益於血」，並用一個文化英雄命名它（參見Grinnell：2，第2卷，第174頁及各處）。如果這兩種植物中一種是黑的，那麼，另一種就是褐色的，就像曾經爲了獵鷹而把大地瓜分爲密蘇里河的一邊和另一邊的神話屈狸分別爲黑色和棕色的（參見Bowers：1，第261及214-215頁）。這條河按西北—東南的軸線流走，這根軸把世界分成兩半：西半部（包括南方）和東半部（包括北方）。由不同的造物主關心著生物和每個區域的事物的創造 (Maximilien，第362-363頁；Will-Spinden，第139頁)。在曼丹人看來，分別與西和東相聯結的這兩半部使人永遠記住這基本的二元性(圖39)。M_{503}中的兩個英雄結成對立而又相關的關係。當他們在其他神話中以「進入茅舍的孿生兄弟」和「被捲入溪流的孿生兄弟」的面貌 (*Lodge Boy, Spring Boy*；參見以上第277頁)出現時，這種關係就更形明顯。M_{503}的兩個英雄首先向東南方旅行，那裏住著「長生不死老嫗」，雷雨鳥到秋天也向那裏遷移。在

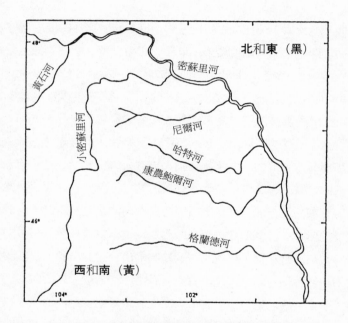

圖 39　曼丹人地理分布區域的示意圖

春天，他們陪伴雷雨鳥一起向西北方向行進。但是，為了從東方去到西方，他們必須越過水流。實際上，這水流同時起著分離和結合的作用；它標誌著兩個世界的邊界。然而，雷雨鳥在季節性遷移過程中正是循著它的蹤跡而沿著密蘇里河流域溯流而上或順流而下，毫無阻礙地從一個世界到另一個世界。

這個神話故事不僅記載在空間之中；而且，它還在時間中展開。第一個季節循環開始於龍捲風或旋風，曼丹人和希達察人把這兩種氣象學現象同東北方相聯結（參見Beckwith：1，第62頁：「一個傳述者說，從前，只有在東方才有旋風」）。這旋風引起兩兄弟一起向「長生不死老嫗」的島嶼作水平向移動。他們在那裏度過了夏天、秋天和冬天。他們在春天重又上路，而就在他們剛剛分離的時候，一陣人格化的風暴使他們垂直向上升到天上，他們在那裏又待了附加的一年，直到來年春天。

這種神話曆法與事實相一致。春天，當「大鳥」——鷹、鶡鷗、烏鴉和鴉——朝著「壞土地」和落磯山脈方向而向西北方溯行時，人們舉行一些最重要的典禮進行慶祝。這時，人們是為了向這些鳥致敬，希望它們趨近村子，帶來田野和園子裏所不可或缺的雨水。這些典禮的舉行時間乃與春天的初次暴風雨相吻合，又緊隨為「長生不死老嫗」舉行的儀式之後。實際上，水禽（這老嫗是它們的主人，土著宗教把它們與M$_{530}$所描述的玉米女神歸入同一崇拜）在雪完全融化之前就向北方溯行；那些猛禽到達則較晚。另一方面，人們首先為這些猛禽舉行秋天儀式進行慶祝，因為他們相信，它們在南行期間會因沿密蘇里河一路狩獵而耽擱時間，然而，水禽——鵝、天鵝、鴨——要在嚴寒突然發生時才上路（Bowers：2，第363頁）。

因此，這兩個儀式系列都是為大鳥而存在的。第一個系列慶祝它們在春天來到，第二個系列為它們在秋天離開致敬送行。還可以注意到，M$_{503}$主要旨在解釋這些儀式的季節重複的起源而不是這些儀式的絕對起源。春天的儀式必定仍然有效，因為英雄的父親在鳥飛越村子時舉行這些儀式進

行慶祝。不過，雷雨鳥女兒在離開丈夫前命令他們以後也在秋天舉行這同一些儀式進行慶祝。

這一點很重要，因爲各個希達察人版本($M_{503c, d}$；Bowers：2，第359-362頁；Denig，第613-617頁——同一版本從一個阿西尼本人頭領蒐集到，但這人把它歸諸「格羅斯—文特人」即希達察人，參見同上著作，第403頁）在許多方面都與M_{503}有歧異。或者是，造訪鳥的挿段仍存在，但鳥的一個兒子是殘廢者，而不是一個妻子，並且，是被鹿角而不是箭豬的刺弄傷；或者是，造訪天空沒有了，代之以朝西去造訪野牛主人大蛇，而英雄被它引入歧途。在這兩種情形裏，傻兄弟都犯了食蛇肉的過失，結果變成密蘇里河底的大爬行動物。然而，至少有一個希達察人版本（M_{503c}，Bowers：2，第361頁）以明確的方式關涉春天儀式的建立：「他（這英雄）宣告，他爲大鳥而舉行儀式進行慶祝，他向種族群體預告，在春天開始時，天空將烏雲密布，下四天雨；此後，大鳥便旋即從南方來到」。因此，看來在從曼丹人過渡到希達察人時，神話的原因論功能就儀禮曆法而言發生了反轉，並且同時地在故事的所有其他相似方面決定了我已指出的那些轉換（參見L.-S.：19）。

回顧一下這一點，是很合宜的，因爲我已指出過，在曼丹人那裏也存在與各個希達察人版本相同的一個故事，但這時它用來引入天體的爭論（M_{460}）。這就從另一條途徑證實了第431頁上我的假說：M_{503}和M_{460}處於反對稱的關係。實際上，這結論產生於這樣的事實：M_{503c}在曆法軸上反轉M_{503}，而M_{503c}屬於M_{460}的一部份，因此後者也反轉了M_{503}。此外，天體爭論的故事不也是圍繞造訪天空展開的嗎？儘管看起來計謀非常不同，但我們仍不感到陌生。

M_{503}還在曼丹人以外得到來自其他方面的回響。「雷雨鳥」的妻子是個跛子，她的無能阻礙了衆鳥進行春天的遷移。在其他希達察人神話$M_{503d, e}$（Bowers：2，第304-308，439頁）中，英雄的岳父也是跛子，兩兄弟用紅果

類葉升麻治癒了他，從而使印第安人得以在冬村各夏村之間進行季節性遷移；不然，就是一個野牛母親無能力進行夏天的放牧。我已經根據其他神話提出了（MC，第468-474頁）對禮儀跛足的解釋。本卷的討論（第339頁）也提出了這解釋。所以，這解釋重又得到證實。

M$_{503}$還以許多細節使人想起一個瓦勞人神話(M$_{28}$；CC，第147-149頁及各處；MC，第463-468頁)。在這個神話中，有兩兄弟，一個機智，另一個愚蠢。他們成爲一個水生食人女魔的犧牲品。這女魔吞吃了很靠近河岸的、她瞥見其在水中的倒影的那個兄弟；M$_{503}$把這種發現方法歸諸聰明的兄弟，後者在避免過分趨近河岸（一個水生食人魔也要在那裏吃他）之後用這方法發現了天上救助者。因此，在這兩種情形裏，逃脫的英雄都是知道從水到地或者從地到水的過渡帶有不連續特徵的人；另一個英雄妄想消除這不連續性而去訴諸小間隔，結果喪生。

講述兩個英雄騎在妖蛇背上渡過一條河的插段值得我們予以特別的注意。這種插段在北美洲十分常見，在南美洲也可見到，作爲例子，可以提到我在《生食和熟食》(M$_{124}$，M$_{139}$)和本書第二篇(M$_{402}$-M$_{404}$)中已討論過的一系列神話。當我初次確定敏感的擺渡者這個題材時(CC，第331頁註㉔)，我只是指出它很重要。現在來說明它的涵義，正當其時。

這個題材的重要性首先維繫於這樣的事實：兩個美洲的神話以幾乎一樣的措詞講述這個故事。在說明了曼丹人神話(M$_{503}$)之後，我現在回到一個蒙杜魯庫人神話上來。對這個神話，我還只給出過一個簡單的扼述(以上第111頁)。

M$_{402}$. 蒙杜魯庫人：佩里蘇亞特歷險記（細部）

佩里蘇亞特(Perisuát)的舅舅變成了貘。它在打發佩里蘇亞特走時，向他說明，爲了返回村裏，他必須渡過一條河，這條河裏有三條巨大的鱷魚出沒，其中最大的名叫烏亞蒂邦邦(Uäti-pung-pung)。前兩

個出現的鱷魚會首先提出當擺渡者，但佩里蘇亞特應予拒絕，必須等待烏亞蒂邦邦出現，它的背上長著／imbauba／樹（種名 *Caecropia*；參見 MC，第370頁）。

因此，這英雄拒絕前兩條鱷魚的服務，要求第三條鱷魚幫他過河。但是，因爲這動物拒絕靠近河岸，所以佩里蘇亞特上不了岸。最後，他抓住懸在水面上的樹枝而跳上了它的背。這樣，他躲過了遭難，因爲這時這妖怪想吃他。

在途中，這鱷魚宣稱，他要吹喇叭。他將發出響亮的臭氣。因爲舅舅預告在先，所以佩里蘇亞特克制自己，不因厭惡而唾罵。他反而讚揚這妖怪發出芳香的氣味。

渡河快結束時，這鱷魚想說服乘者泅河到對岸，因爲它想吃他。可是，佩里蘇亞特要求它再靠近岸一些，然後他借助一根樹枝跳上了岸地。等到他感到已安全無虞後，他便宣稱，這鱷魚口吐臭氣。「你在渡河過程中爲什麼不說？」這擺渡者大聲叫嚷起來，而且一陣暴怒把它背脊上生長的樹全都震斷了（Murphy：1，第96-97頁）。

在一個阿西尼本人版本（M_{504}；Denig，第611頁）中，這擺渡者（這裏是鶴）也希望人們讚揚它發出的氣味。一個基卡普人神話（M_{505}；Jones：3，第85頁）講述，一條魚答應給英雄擺渡，條件是每當它速度放慢時就打它一下；一頭兀鷹首先放棄這種服務，因爲它發出的氣味太臭，乘者在渡河期間忍不住嘔吐。在東部阿爾袞琴人那裏，在M_{437}、M_{438}的異本（Prince，第68-69頁；Leland，第152-154頁；Rand，164-165, 312-313, 302頁）中，每每必須讚揚充當擺渡者的鶴的自稱的形體美；否則（Leland，第184-185, 325-326, 328-329頁），擺渡者便重又變成蜥蜴類動物：帶角的且又瞎眼和易怒的鱷魚。

這一切特徵在南美洲其他版本中仍存在。例如M_{124}，在那裏，英雄嘲

笑蜥蜴的令人討厭的形體；M_{139}、M_{403a}和M_{403c}，在那裏，這動物希望乘者侵犯它（因爲它尋找藉口吃它），否則就像在M_{404}中那樣它指責他失敬。

各個相距遙遠的神話在講述同一故事時所採用的方式之相似也給人留下深刻印象。這就提出了一個問題。是否存在一種邏輯骨架，它能解釋題材的抵抗性，即它儘管已被轉移到離假設的發源地很遠的地方，或者哪怕獨立地出現在各個迥異的社會之中，但仍須頑強保持不變？不管我們選取怎樣的初始假說，總是必不可少地應當訴諸內在必然性的假說，它構成對於另外兩個假說的一個預備。

我已指出（第 431、434-435 頁），包含敏感擺渡者挿段的M_{503}還包括了另一個挿段，在後一個挿段中，可以看到天體爭論循環中箭豬挿段被反轉。這樣一來，我們就在通向一個回答的道路上，已走過了一半路程。因爲，如果說這兩個循環是對稱的，那麼，我們不要忘記，天體爭論循環是在討論另一個題材即乘月亮和太陽獨木舟旅行的題材出現的。因此，敏感擺渡者挿段的內在必然性可能產生於這樣的事實：它本身構成對獨木舟題材的反轉。

爲了讓人對這假說的證據洞若觀火，只要簡潔地說明它，也就足夠了。乘獨木舟的旅行無論往還是返，都是沿河流的軸展開，而擺渡者背上的軸則與這軸垂直，因爲它這時關涉橫渡河流。不過，事情還不止於此。北美洲某些版本的鶴伸長其蹼，作爲人行小橋。兩半球的蛇擺渡者都帶有角，在兩個角之間綿延著沙洲，那裏生長著茂密的植被。因此，這就是在原始時代兩個美洲的大河流中可以看到的漂浮島嶼。密蘇里河的情形尤其如此。「在春天，碩大的地塊脫離河岸。這些就是順著密蘇里河水流漂移的島嶼，它們還載著長滿葉子或花朵的樹木，有些直立，有些則半垂，呈現一派美景」(Chateaubriand: 1, 第95頁；參見W.Mattews, 第XXII頁；Neill, 第383頁)。

然而，橋和島都與船相似，且又不同，儘管由於同樣的理由，這樣說並不確切。島與獨木舟都是漂移體，一者屬於自然範疇，另一者屬於文化

範疇；同時，即使美洲印第安人未曾造過的橋喚起了天然人行小橋的想法，那麼，這種小橋也是固定的而不是活動的，垂直於而非並行於河流。最後，乘獨木舟旅行事關兩個乘者，而我們已經看到，他們應當保持適當距離，然而，渡河則把兩個旅行者：擺渡者和他的客人緊密結合起來。

　　許多神話本文證實了這種轉換的客觀實在性。鱷魚對M_{403b}的英雄的懇求作了欺騙性的回答，因爲它只想吃掉他，它的雙肩構成一條能承載一個乘者重量的大獨木舟（Wagley-Galvão，第141頁）。在一個薩利希人神話（M_{506}；Adamson，第270頁）中，擺渡者反覆招呼而不是對招呼作回答，從而暴露了他的劣性。這神話終結於這樣的保證：「從今以後，人再也不會藉口駕獨木舟來淹死同類。」奧格拉拉·達科他人（M_{507}；Walker，第205-206頁）講述了，一根被砍下的樹幹如何變成魔舟：「它會自動航行，變得與獨木舟相像，長著一個頭、兩個大眼睛和一條尾巴……它必須迅速跳上岸，否則便不載乘者就出發。」

　　水妖是反獨木舟這個說法也出自一個達科他人神話，後者與M_{503}的各個希達察人版本和一個曼丹人異本（M_{460}；參見Maximilien，第380-381頁；Bowers：1，第199-200頁）有親緣關係。

M_{508}. 達科他人：大魚

　　一個頭領女兒抗婚。最近，她答允了一個貧窮的求婚者，條件是他必須完成一項壯舉。這人組織了一次征伐，但找不到敵人。這些印第安人在返途中遇到一個巨龜，所有人都登上它的背，只有英雄和他的朋友例外。這野獸沉入一個湖中，這些魯莽之徒全被淹死（參見M_{385}）。

　　這兩個倖存者又上路了，一直行進到筋疲力竭的英雄想停下來休息，以便恢復體力。然而，那同伴到處尋找這個季節上游的河水可能會冲到岸上的死魚。他發現了一條，把它洗乾淨，再加烹飪，邀英雄

同享這頓美餐。英雄首先拒絕，然後接受了，條件是他的朋友要供給他水，而且數量要盡其所欲。

　可是，他顯得不知滿足，而這朋友已用他們唯一的武器盛滿了水。這英雄爬到了河邊，沉了下去，捧起河水就喝。逐漸地他變成了一條巨大的魚，堵塞了航行。

　頭領女兒獲悉這個戲劇性事件，便用挨餓來表達對已故未婚夫的忠誠。她花一年時間製作男人服裝，要求人們給她做一條樹皮獨木舟，讓它順流而下，一直到達那大魚的地方。她把禮物給他，向他保證過獨身生活，以紀念他的殉難，條件是他要答應撤出河流，「以便讓印第安人可以重新乘獨木舟順流而下。」這魚自我埋葬，放出了聖克羅伊河〔stillwater river（靜水河）〕的水（McLaughlin，第23-28頁；參見阿里卡拉人版本，Dorsey：6，第79-80頁；克里克人版本，Swanton：1，第32-33頁；等等）。

　如果說島和它的神話等當物是獨木舟的反轉，那麼，一個南美洲神話證實，一條被操縱的獨木舟相反可能變成一個島：

M₅₀₉. 阿拉瓦克人：島嶼的起源

　一些旅行者在一次航海遠征過程中造訪了一個地方，那裏的居民只知道利用潮水乘獨木舟航行。因爲，他們操縱槳時，不是用槳的平面部份擊水，而是用邊沿劈水。當潮是逆向時，他們無力搏擊水流，因而就滿足於把長長的槳杆插入水中，使船保持固定不動。

　指揮這次遠征的老巫士變成了bunia鳥，叫著tarbaran！tarbaran！意謂「平的面」。「無知的獨木舟手反問道，如果有人用槳的平面敲你的頭，你會説什麼呢？」最後，他們決定遵照他的勸導，結果發現他們能夠以三倍快的速度航行，並且，逆水與順水一樣暢快（Roth：1，

第221頁）。

　　這個神話使人想起一些信念，它們得到廣泛證實，從薩利希人（他們給出與圭亞那一樣的形式，Adamson，第40，420頁）一直到卡拉雅人（最早的槳用木板控制，Baldus：6，第215頁）。對於這個神話，羅思作為評論補充說，在埃塞奎博河上有一個島，名叫／hiarono-dulluhing／即「女人的杆」，因為上述民族的女人還未受過敎導。當潮水上漲時，為了使船停泊，她們把一根杆插入船中。可是，她們插得太深，再也無力拔出。泥沙團聚在它周圍，那裏生長草和樹，於是形成人們今天看到的島。因此，作為獨木舟的反轉，這島用擺渡者的覆蓋有沙洲的、佈滿植被的背重構了他的形象。

　　如果說我對蒂卡爾骨雕提出的解釋（第134頁）是準確的，那麼，可以明白，這些骨雕例示了這轉換的兩種狀態。實際上，動物的獨木舟有時呈有毛髮的蛇的外形（圖40），關於這種神話動物（它是有角蛇的對偶物）的

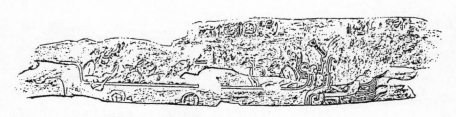

圖40　蛇形獨木舟。蒂卡爾的骨雕

（據特里克［Trik］，圖5。費城大學博物館照片］)

觀念在圭亞那的韋韋人（Fock，第91頁）以及切延內人（Grinnell：2，第2卷，各處）和梅諾米尼人（Skinner-Satterlee，第354頁）那裏都是習見的。我們馬上會在一些曼丹人神話（M512-515，第379-384頁）中遇到一種船，它能交

替地扮演忠實的獨木舟或背信棄義的擺渡者的角色，視旅行者的數目是否適度而定。

　　我要對這一點作些討論。我們知道，乘月亮和太陽獨木舟的旅行是在平衡的徵象下展開的；我已用整個第三篇證明了這一點。另一方面，我給敏感擺渡者插段收集的跡象引起了普遍不守規則的事態：兩個主人公在邪惡信念、欺詐和謀害等方面進行競爭。然而，在我看來，乘獨木舟旅行的題材蘊涵著二分點類型的會合。難道不可以推論，與之反對稱的敏感擺渡者題材蘊涵著二至點類型的會合嗎？

　　這個問題不難回答，如果我們能夠揭示與每個題材相聯屬的儀式和這些曆法時期之間的相互關係的話。可惜，儘管鮑爾斯在曼丹人那裏進行的探究堪稱一絕，但其古老文化僅僅殘存在某些老人記憶之中的那個時代的禮儀曆法仍含糊不清，所以我不敢妄加解釋。就是冒險提出解釋，所展示的形象也比我剛才作爲假說提出的來得複雜。實際上，曼丹人似乎按照許多對立來建構儀禮曆法，而其中任何一個對立都不可能確切地用二至點與二分點的對立的語彙來轉譯。

　　第一個對立體出現在M_{503}講述其起源的大鳥儀式和所有其他儀式之間。後者爲數在二十種左右(參見Bowers：1，第108頁)，它們演示一次或多次，不過始終在一個月或數月甚或整年的連續時間段之中。相反，大鳥儀式僅在四月或十一月進行。因此，這種儀式屬於在一年的兩個不同時期不連續地舉行的慶典。這兩個時期處於春天和秋天，大致相應於兩個二分點。意味深長的是，M_{503}的異本追溯其起源的向密蘇里河的獻祭也一年舉行兩次（以下第449頁）。

　　現在我們來考察獵野牛的儀式。前面我已提到過這種儀式的複雜性(第301-302，363-366頁)。我們可以把這種儀式分成兩組。一方面是爲了野牛增殖而舉行的／okipa／這種部落大慶，這在最炎熱的月份裏進行(Bowers：1，第122頁)；另一方面是爲了多獵而舉行的村落儀式, 這在最寒

冷的月份裏進行慶祝。因此，這兩個時期大約處於二至點〔同上著作，第315和325, 326頁：「in the winter during the shortest days」（在冬天最短的白畫裏）；和Bowers: 2, 第56頁：「the rites to the winter herds began with the winter solstice」（爲冬天動物群聚舉行的儀式開始於冬至）〕。

因此，大鳥儀式和野牛儀式在許多軸上結成相關而又對立的關係。前一組儀式中各儀式相同，以不同周期重複進行；後一組儀式中各儀式相互不同（／okipa／由許多儀式組成，對於冬天的野牛至少有三種不同儀式：「雪鴉」「紅棒」、「白雌野牛」），就每個循環而言，它們只在一年的一個時期裏進行。最後，前一組與二分點鄰近，後一組與二至點鄰近。

與這些截然分明的對立形成對比，開始於春初水鳥來到時的農事儀式在整個一年中按均勻間隔逐次進行。因此，通過大加簡化，可以把儀禮曆法組織成一個圖式（見下頁）。

我們知道，這圖式中相距最遠的兩組儀式是不相容的。人們在春天播種已開始時爲冬獵舉行儀式進行慶祝，因此霜可能會重又降臨，致使顆粒無收(Bowers: 1, 第327頁)。另一方面，大鳥儀式和農事儀式是相容的，因爲前一組儀式只起輔助的作用，即招引爲農田景氣所必不可少的春雨(以上第 300-301 頁)。

這就提出了一個問題。它產生於下述事實：敏感擺渡者插段至少三次重現於曼丹人神話。除了大鳥神話(M_{503})之外，它還出現在玉米儀式創建神話(M_{460})和創建招引冬天野牛的儀式的雪鴉神話($M_{469a,b}$)之中。換句話說，這插段在兩個不相容的系列即冬天野牛和玉米與兩個相容系列即玉米和大鳥之間建立起了一種親合關係。因此，這一切讓人覺得，這插段似乎在這體系的特別脆弱的地方動了縫合手術，因爲不相容關係和相容關係在這體系中於確定的位置上相鄰接。

然而，我們還可看出這三個故事之間的微妙差別。冬鴉神話從遠處看是最豐富的，因爲它包含一個事件，在其中，英雄堅持要求蛇愈趨靠近河

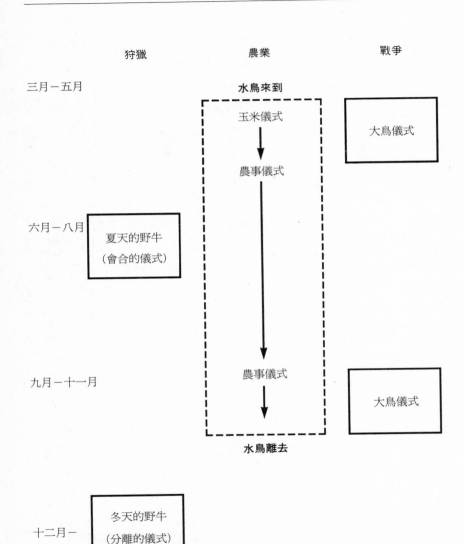

岸；然後，他抓住妖怪背上生長的樹枝而跳上了岸。蒙杜魯庫人佩里蘇亞特神話（M_{402}）也用完全一樣的措詞講述了這些細節。此外，M_{469}在兩個地方轉換了M_{503}：這英雄給蛇的食物是八個而不是四個丸子，同時，他因恐怕被吃掉，故避免把它們直接放入妖怪口中，而是把它們扔入遠離自己的河水中。

M_{503}和M_{460}的相應揷段也相互對立，不過是在另一些軸上。首先，如果說M_{503}的蛇實際上吞下了兩兄弟之一，並且如果說M_{469}的蛇被阻止這樣做，那麼，它在M_{460}中的同系者則用心沒有如此陰惡。它僅僅要求提供服務，他只要在行程中向它提供食物，讓它恢復體力。這種食物包括四顆「四合一」的丸子，再加上這英雄在這蛇再也不能前進時承天啓而在囊中發現的一塊乾肉。

顯然，這個細節使M_{460}和M_{503}變得對稱，因爲這後一個神話也提到這第五份食物：從雷雨鳥得到的丸子由向日葵籽粒和兔糞再加上一點點玉米來糅合而成。這就是說，在一種情形裏是肉，即比穀粉丸子更有滋補力的食物；在另一種情形裏是主要用糞便製成的假食物①。

因此，我們可以說，M_{460}、M_{469}和M_{503}分別讓三種擺渡者出場：提供幫助的擺渡者、計劃落空的背信棄義擺渡者和幾乎達到目的的背信棄義擺渡者。英雄酬勞第一個，餵飼第二個，愚弄第三個。這兩種極端情境關涉對於二分點的著名儀式：對於M_{460}是春分，對於M_{503}是秋分；然而，M_{469}創建了圍繞多至的著名儀式。這些儀式時而關涉農業，時而關涉狩獵，時

①這個分析還是不完備的，因爲也有這樣的情況：這英雄在旅行返途中必須把他自己腿上一塊肉作爲食物提供給蛇（M_{469b}；Bowers: 1，第291頁）。我把這個枝節撇在一邊，因爲雪鴞神話是唯一往返途中都有擺渡者介入的神話。因此，應當把它撇開，作這樣的分析會引我們走得太遠；何況曼丹人的神話已經證明是極其豐富而又極其複雜的，實際上是不可窮盡的。我們在此只是浮光掠影而已。

而關涉戰爭，也即構成一個前進的系列：

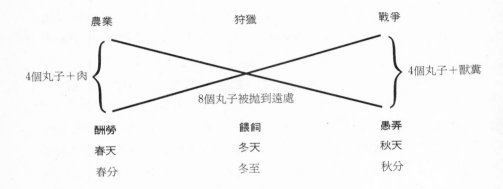

這個圖充分說明了整個神話和儀式體系的呈現的對位性(caractère contrapunctique)，因爲如果說兩個系列即**農業、狩獵、戰爭**和**春天、冬天、秋天**，一個是前進的，而另一個是倒退的②，那麼，這兩個系列合在一起又是跟可稱之爲基本連續性(basse continue)的東西相諧和，後者表達了一個二分點和一個二至點的規則交替。不過，如果把分析再往前推進的話，那麼就可以明白，神話（現在是M_{503}）的辯證運動傾向於把最初從靜態給予的這種對立轉換成動態的前進。實際上，我們可以回想起，M_{503}並未創造一般的大鳥儀式，而只是解釋了爲什麼人們在秋天進行最初只在春天慶祝的儀式。然而，當從邏輯的觀點來看待這兩個二分點時，它們就屬於同一個轉換：（**白晝＝黑夜**）⇨（**黑夜＝白晝**）；並且，從經驗觀點來看，這兩個二分點就鳥的關係而言都是相干的。不過，正是由於這個原故，

---

②第一個系列的前進性產生於M_{460}把肉放在植物性食物丸子的後面，以及M_{460}的乾肉跟M_{503}的植物性食物丸子和獸糞相對立。至於第二個系列的倒退性，它直接導源於曆法：事實上，正是冬天接在秋天之後，春天接在冬天之後。

當滿足於承認一個二分點而不承認另一個二分點時會出現的概念不平衡超過伴隨兩個二至點的狩獵儀式之間的不平衡。因爲，這時人們每次都要慶祝一些典禮——夏天的／okipa／；冬天的專門儀式——並且這些典禮可能仍是不同的，原因是兩個二至點，本身相對立：(**白晝＞黑夜**)≠(**黑夜＞白晝**)。當設想有一個時代裏印第安人只在春天(按照各個希達察人版本是只在秋天) 獻祭大鳥時，M_{503}所造成的這種理論情境呈現出超二至點性 (caractère hypersolsticiel)：它比二至點間對立更不平衡，如果允許我這樣表達它的話。因此，這神話似乎重又建基於下列隱含的等當關係之上：

(**唯一標定的二分點**)：(**二至點**)∷(**兩個二至點**)：(**兩個二分點**)

　　同時還可以明白，敏感擺渡者 (我已假設他帶有「二至點」的性質) 挿段爲什麼敍述了表面上呈二分點狀的會合。因爲，事實上這會合未得到倍增，這致使它違反二分點概念本身提出的對稱性要求。

　　上述解釋適用於客觀上回到二至點的M_{469}，而且如我剛才所表明的，也適用於M_{503}。爲了在兩個二分點之間建立起儀式上的平衡，這神話訴諸一個初始不平衡模型，而從邏輯觀點看來後者處於二至點的方面。然而，這解釋也適用於M_{460}嗎? 表面上來看不適用，因爲這神話創建「長生不死老嫗」的儀式，這些儀式在春天慶祝，以便迎來農事典禮。後者一次一次進行，直到秋天，但不可能延長到秋天再往後，因爲它們跟冬獵儀式嚴格不相容。

　　爲了解決這個困難，從另一個視角來考察一下敏感擺渡者在曼丹人那裏探取的形式，是合宜的。我們已經明白，這形式有許多種。M_{460}中是一種非常弱的形式。在這個神話中，「敏感的」這個屬性定語僅在本來意義上是合理的，因爲蛇如果不帶來重構它顯得敏感的食物的後果，就不會完成使命；M_{469}中是比較強的形式，在那裏，蛇想吃乘者；M_{503}中是更強的形式，在那裏，蛇吞下了一個乘者。然而，曼丹人和希達察人版本爲一方，我已探討過的所有其他版本爲另一方，雙方之間有一個令人矚目的差異。

乘者或者衆乘者本應以討好的但虛僞的話語、侮辱甚或棒擊來酬答妖怪，可是，曼丹人英雄卻給它食物：在M₄₆₀中是眞誠地給，M₄₆₉中是謹愼地給，M₅₀₃中則先是眞誠地，後來當倖存的兄弟把一個獸糞丸子僞裝成眞正食物給予時便是欺詐性地給。因此，唯有僅在一個曼丹人神話中出現的這後一事件才又回到最一般的類型。可以說，在敏感擺渡者神話組內部，曼丹人神話和希達察人神話（它們屬於這個神話組）例示了一種局部轉換，而就這個特定之點而言，這轉換甚至通過一次反轉完成。

能否對此說出理由呢？無疑，只要憑藉其無懈可擊的構造帶來了論證價值的M₅₀₃，也就能夠解釋我爲什麼選取這個神話作爲討論的出發點。

在釋放獵物的挿段（我已表明，這挿段用來把鳥的慶祝與／okipa／聯結起來）之後，M₅₀₃聯絡起三個序列，它們關涉英雄的超自然冒險。第一個序列把英雄引到「長生不死老嫗」那裏，他們在那裏居留了一年；第二個序列描述了他們在蛇背上過河；第三個序列把他們帶到雷雨鳥那裏，他們在那裏也過了一年。第一和第三序列顯得完全相類似：相同的居留期；一個季節循環的展開；他們到達一個地方時本應躲藏起來卻去造訪超自然的精靈；按照種或變種分配植物和鳥。那麼，它們的差異何在呢？第一個序列引起在一個**農事**女神那裏的**地上**居留，在此期間，英雄必須**謹愼**行事。他們可以獵鹿，儘管鹿是田園精靈，但條件是應當行動機敏，並且服從某些規則：必須到遠離被耕耘的、有人居住的大地的森林裏去獵殺、烹飪和食用獵物③。另一方面，在鳥那裏，因此也在天上居留時，英雄的行爲以**不謹愼**爲標誌。他們對人們屢屢發出的諄諄忠告置若罔聞，濫獵妖怪；他們愚蠢賣弄本領，向超自然的主人炫示。

由此可見，第二個序列以某種方式既跟前面的序列也跟後繼的序列相

---

③已發現在加利福尼亞的溫圖人(Wintu)的一個神話中也有這種禁忌（參見DuBois-Demetracopoulou，第343頁）。

對立。它關涉一次**旅行**而不是**居留**；它在**水**上而不是在**地**上或**天**上展開。最後，面對蛇，英雄採取的行為方式嚴格介於他們在農事女神或戰神那裏表現出來的**謹愼**和**不謹愼**之間。他們對擺渡進行**議價**，他們用已做好的食物作爲報酬，只是作爲對已提供的服務的交換付給，並且這報酬還劃分高低不同的等級。面對有角的蛇，英雄表現出採取魯莽和謹愼相混合的方式，而且這種謀略的模稜兩可方面也表現於聰明兄弟成功地被擺渡過去，而妖怪吞下了冒失的兄弟。最後，還可注意到，在玉米母親那裏，英雄**接受**東西，而在雷雨鳥那裏他們**給出**東西（可以說，爲了從主人那裏得到食物、狩獵武器和禮儀用品，他們「賣力苦幹」），在有角蛇那裏，他們用食物丸子進行交易，其中有些是假的，不過他們以之可以愚弄合作者。因爲，這差不多是在進行狡猾的議價，耍弄欺詐的伎倆。

敏感擺渡者挿段的各種不同模態例示了從自然的報酬到奉承、假話、侮辱和打擊等構成的報酬的過渡。**由此可知，擺渡者之敏感**有時是形體上的，如在許多北美洲版本中，在這些版本中，它的頸背或疼痛的膝部承受不了哪怕是最輕微的接觸，並且最經常地是道德上的；否則，在另外兩種類型行爲之間作爲中介起作用的計謀和議價就不可能被引入到神話的問題之中。然而，如果說這種模稜兩可的行爲在那裏乃作爲對待妖怪的唯一適當行爲，而這妖怪是與地和天構成三角形的水元素的化身，那麼，在這樣一個體系中，水本身不是也起著模稜兩可的作用嗎？M_{503}的一些版本明確說到這一點：在英雄用火打開一條通過兩頭蛇的身體的通道之後〔這兩頭蛇反轉了越過水的一頭蛇：（〔蛇〕**越過水**⇒**被火越過**）〕，傻兄弟犯了瀆聖罪；他吃了妖怪的肉，變成了密蘇里河主人蛇（參見M_{508}和Bowers：1，第199頁；2，第360頁）。從此之後，根據印第安人是否一年兩次——十一月的冰封期和四月的破冰期——向他獻祭，他幫助他們渡河，或者引起暴風雨和大洪水，使河流無法渡越，田地顆粒無收。「他給人解釋說，因爲我不再是你們中的一份子。從今以後，你們成爲我的朋友或者敵人」（M_{503b}：Denig，第

613-617頁）。

　　因此，這樣一來，水的力量在兩個極端模式之間搖擺不定。一方面，這力量由獨木舟作為例示。獨木舟的行進軌道控制著時間的流程、白晝和黑夜的交替、季節的回歸，只要旅行者保持合理的距離，因而在小艇裏建立起**內部的**距離；另一方面，它由暴風雨和洪水作為例示。它們擾亂了事物的自然進程，導致不遵從旅行者和水妖之間的**外部**距離。敏感擺渡者這個角色例示了一種中間位置。他通過水旅行，不過是渡越它；強加於他的身體和乘者身體之間的鄰接性帶來致命的危險，除非英雄施魔法來避免在從地上到水上或從水上到地上時渡越太短或太長的距離；這就等於把合理距離的尺度移到了小船外面，不讓它停留在船的內部。

　　因此，我們暫時留用的那個過於簡單的概念必須加以完善，即補充以擺渡者和獨木舟之間的反轉關係。事實上，這兩個項假定了第三個項，它就是我們剛才看到在希達察人神話中出現的大洪水。在大洪水時，乘獨木舟航行所支配的水變得失控了；然而，成功的渡越作為有謀略的人和稱對的水之間的一次對話（這也是一次決鬥）的報償出現：

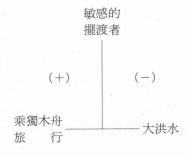

　　曼丹人和希達察人的起源神話（大洪水在其中佔據相當重要的地位）使我們得以證實這些論點的合理性。

這兩個部落都不認爲人類可能產生於水，儘管在他們看來，水是原初元素。這已夠意味深長的了，而如果我們注意到，這些神話爲在地上起源還是天上起源作抉擇所累，那麼，就更其如此了。他們把這兩個命題結合起來，而且，希達察人的智者還把它們的體系加以圖式化，描繪出一種「丫」形。這叉的兩臂代表祖先中生活在地球內部的一支的出現以及另一支的從天上下凡；共同的杆記下這兩支會合以後進行的冒險活動 (Bowers：2，第304頁)。曼丹人以他們的起源神話保留了更爲複雜的觀念。他們區分了許多種原始民族：魚族、鷹族、熊族、玉米族、野牛族等等(Bowers：1，第26、365頁)，從中分離出三個種族，在神話中扮演角色。像在希達察人那裏一樣，在曼丹人那裏，這些神話（已知不下於十五個）也相互差別很大，似乎保留了不同的村落傳統。爲了慎用字母起見，我給予這些神話以不同的編號。只有以上用記號M_{459}援引的那組曼丹人神話是例外，我區別其中的三個異本爲a、b、c(Bowes：1，第156-163頁；194-196頁；196-197頁)。編號510和511給予已知較古老的版本 (Maximilien，第364頁；Catlin，第369-370頁)；貝克威思：1和鮑爾斯：1與2的各個版本編號爲從512到522，這些版本一部份源自曼丹人，另一部份源自希達察人。

曼丹人在遠古就劃分偶族。無疑，正是由於這種劃分，他們讓玉米族和野牛族在神話中佔據特殊地位。玉米族來自地球深處，野牛族由造物主「唯一人」(Seul-Homme)創造，當時人類以他爲唯一代表。作爲名祖民族的偶族分別跟下述各對偶相聯屬：玉米和野牛、東和西、戰爭和和平、男性的本性和女性的本性、煙管和煙管頭、流動的水和停滯的水，新開墾的或林木繁茂的地和不毛之地，等等（關於這種成系統的二元性，參見M_{515}；Bowers：1，第353-361頁）。差不多就在偶族劃分建起的同時，兩個民族就遭遇而相會合。有些版本仍關涉玉米族，另一些關涉野牛族，最後還有一些是兩者的混合。這些版本並非全都同等程度地關注下凡到地上與另兩個民族相結合的天上民族。然而，這整組神話都相關的／okipa／儀式證明了一

個三元體系的重要性。人格化爲舞蹈者的鷹和鵰鶚鬥爭「羚羊」(*Antiloca-pra americana*，土著的分類體系將之與作爲田園精靈的鹿歸爲同類)；後者試圖竊取熊和野牛的食物(Maxmilien，第376頁；Bowers：1，第144，146，153頁)。因此，農業、狩獵和戰爭構成的技術—經濟三角形完全覆蓋了原始人類的這種一分爲三：玉米族、野牛族和天上族，而他們又有三個造物主與之相對應。他們是「唯一人」和「第一造物主」(Premier-Créateur)，他倆共同創造或組織地域，各據密蘇里河的一岸；以及霍伊塔(Hoita)，他是帶斑紋的鷹，在地上事業中不起作用，因爲他專一地代表高處的民族(參見Bowers：1，第120頁)。所以，從二元體系到三元體系的過渡是通過整合兩個對立來實現的。這兩個對立是：「唯一人」和「第一造物主」間的對立，然後，在後者轉成山狗之後，「唯一人」和霍伊塔之間的對立。

對曼丹人的和希達察人的起源神話作比較研究，要求做相當艱巨的工作，而且，現在還拿不準，這種研究是否會取得重大成果。在把故事的某些特優方面突現出來，讓其他方面退居次要層面上的時候，每個版本似乎都以對於某個氏族或某個村落所特有的歷史巨變的記憶爲指導，而人們並不怎麼想望重構這些巨變。因此，我滿足於找出所有這些版本共同的圖式。在玉米族出現並同野牛族和天空族相融合之後，這些祖先來到一個被命名爲「陌生人」或「外鄉人」的水流近傍。然後，經過多年的遷移，他們來到一個河口灣。在那裏，他們看到，對岸或者按有些版本是湖中央的一個島上有一個大村落，其頭領名叫馬尼加(Maniga)，這詞的構成中無疑有一個標示水的詞根進入。所有這些版本都會聚於這個插段，並把它展開如下：

M₅₁₂₋₅₁₅. 曼丹人：起源神話 （片段：大洪水）

先民們貪求這遙遠異鄉河濱豐富的貝殼。馬尼加的村民們允許他們來採集貝殼，但要用野兔皮和羽冠上帶有新月狀黃羽飾的草地鷚作交換。不過，這些異鄉人從來不造訪曼丹人；因此，爲了進行這交易，

曼丹人必須乘一艘魔船完成危險的渡河，這船聽從他們的命令，但條件是必須攜帶固定數目的乘者。

當曼丹人成功地渡過阻隔的河水之後，又有一些考驗在等待著他們。首先，河濱的樹變成戰士，而爲了搭話，必須先與之交戰。然後，馬尼加僞裝慷慨地款待他們。他迫使他們吃過多的食物，喝過多的飲料，吸過多的煙，還讓他們貪上許多女人，以致客人們紛紛死於暴食、狂吸和濫交。只有經受住了這一切考驗的人才可以把貝殼裝滿袋囊而歸。可是，曼丹人太喜愛珍珠蚌了，因此，每年夏天又開始去冒險，結果許多人喪命。

靠著名叫「唯一人」或「南風」的造物主的幫助，曼丹人終於能夠戲弄他們的敵手。他想出利用向日葵、燈心草或蘆葦的稈，印第安人把它們穿過自己身體，他們可以借助它們把食物、飲料和香煙運送到第四個下部世界。按照其他版本，「唯一人」得到三個薩滿幫助，他們一個能過量吃，一個能過量喝，第三個能過量吸煙。至於最後一個考驗，曼丹人學會用去毛的野牛尾巴代替自己天然的性器官。人們還説，「唯一人」自己攬下所有女人，因爲他在自己人那裏立下了貞節的規則，這樣，當他到了異鄉，就有了非凡的本領。

馬尼加害怕失敗，遂誣稱曼丹人弄死了一條狗，以此爲藉口與他們絕交。他引起一場大洪水。「唯一人」保護自己的子民免受害：「一場濃霧將要降下；它將歷時四天四夜。那時你們要明白，它們來到是爲了消滅你們。不過，這只是水而已。」實際上，波濤向上沖不到得到叢林保護的紅松，而這許多樹木是曼丹人按照造物主的命令栽種的 (Beckwith：1，第4-7頁；Bowers：1，第132, 340-341, 347-353, 360-361頁，等等)。

交換的性質已經點明了神話的精神。爲了換取貝殼，曼丹人用貝殼做

飲料杯（M_{459a}；Bowers：1，第156頁）或者耳垂（M_{513}；Beckwith：1，第12頁）④，他們提供了動物皮：野兔皮(按M_{514}爲臭鼬皮；Bowers：1，第351頁)和草地鷚皮。貝殼來源於水；野兔和臭鼬穴居於地下，在地表活動；我們還記得：草地鷚築巢在地上，在低空飛翔(以上第228頁)。因此，在曼丹人方面，我們有兩個交(intersection)：**地下∩地面**以及**地面∩大氣天空**，它們以二元形式整合原始民族三元組。在這交換行爲中，正是地和天合在一起面對水。

魔船按一個古老版本（M_{510}；Maximilien，第364頁）最初只運載8個人，按另一些版本(M_{512}；Beckwith：1，第4頁；$M_{514, 515}$；Bowers：1，第347-361頁）只運載12個人，有時爲13個人，這時造物主運載乘者而不會弄翻船($M_{512, 514}$)。曼丹人的船實際上只容下一、二個人，月亮和太陽獨木舟也只運載兩個乘者，所以，也許我們在此面對神話「多倍體」(polyploidie)的一個事例，而我們已在曼丹人和希達察人那裏發現它的其他事例，並且，它使我得以引入浸潤集合的概念(以上第341-353頁)。按照$M_{512-513}$(Beck-with：1，第4，12頁)，這船名叫／i-di-he／即「總共一個人走」，因爲爲了使船行走，只要操縱它就夠了。M_{515}詳確說明，當船空載時，一個傻男孩對它說：「你上路走吧！」，結果印第安人失去了船；這船出走了，一去不復返(Bowers：1，第361頁)。這些不吉祥的話語使人回想起M_{509}中槳的使用不當。

轉變成戰士的樹和保護村子免受洪水侵害的樹按照鮑爾斯的提示（1，第162頁：「*water willow*」〔「水柳」〕和第351，361頁）可能是沙地的柳（美洲長葉柳），並且後來爲楊所取代。馬尼加強迫客人攝入巨量食物、飲料和煙，

---

④在歷史上，曼丹人表現出習慣於把碎玻璃用爐火融化後製成珠子（Maximilien，第338, 340, 348頁；Will-Spinden，第115-116頁）。

顯然是爲了用地、水和空氣的力量來對付他們。把這些食物送入下面第四世界的計謀使人想起曼丹人的信念，他們相信，在大地之上有四層天，大地之下有四個世界。

以更一般的觀點來考慮，這神話呈現了原因論的特徵。它提出了一個洪水理論，從雙重的方面看待洪水：地上民族和水中民族鬥爭的結果以及對季節循環的表現。

我首先來探討一下第二個方面。曼丹人按照氣象的機緣來標示一年的月份：「小寒」、「七日寒」；或者利用動植物的某些特徵：「狼發情」、「目力差」、「玉米熟」「葉落」等等。大致相應於四月和十一月的兩個時期帶有對稱的名稱，它們援用河流的冰封和融化，而這兩個事件有著雙重的重要性：一方面，融化略微超前於田地工作的開始，冰封略微滯後於田地工作的結束，這開始和結束分別在五月和十月；另一方面，融化報告春末的洪水，而我們剛才已看到，這洪水在宗教象徵中佔據著關鍵的地位（Will-Spinden，第117-120，127頁）。

然而，不要把神話的空間方面跟這時間方面割裂來。隨著季節變化，曼丹人也改變居所。他們把夏村建立在高出河流的岬上，以便村子只從一個側面受到一條壕溝和一堵斷崖保護。這大約爲20或30米的相對高度，顯得很突出，因爲田地和田園都位於土地肥沃也易於耕耘的低窪地。那裏生長著玉米七個品種、扁豆四個品種、葫蘆五個品種、向日葵三個品種。播種之後，在夏季的幾個月中，必須除草多次。

當嚴寒來臨時，河流冰封，再也不用懼怕洪水。這時，人們移居冬營，這營寨安紮在河谷底部林木繁茂且有遮蔽的地方。至少在歷史上，希達察人遵從同樣的習俗：每個夏村都相應地有一個冬村，夏村設在高臨密蘇里河的草地上，冬村則在這河流近傍的林地上。每種居所還有相應的獨特政治組織，因爲「冬季頭領」的權力在這個時期裏是至高無上的，但隨著回到夏村，就終結了（Bowers：1，第251頁；2，第61頁）。

在曼丹人那裏，夏村佔據追獵場中的一處地方，直徑約爲50米。可以看到村中央有一個圓筒形建築，它用樹枝覆蓋和加固的木板建造，中間是一根用美洲紅松(*Juniperus virginiana*)做的柱子。時至1930年，在一個村裏仍有一些遺跡存在 (Bowers：1，圖19)。這樹象徵造物主「唯一人」和他樹起的木板牆，即爲村子抵禦洪水的壁壘(以上第453頁)。春天的／okipa／儀式就在那裏進行，這些儀式是爲了紀念曼丹人戰勝馬尼加和水的破壞力量。典禮的這個「水的」方面還見諸這樣的事實：河流中央的船上總是備有爲數六只的聖鼓，三只在溯流而行時擊響，三只在順流而下時擊響 (Bowers：1，第121，128頁註⑱，151,360頁)。

曼丹人把這種木板建築當做他們的諾亞方舟，用一個意謂「大船」的詞標示它 (M_{511}; Catlin，第350，353，369頁)。可見，南美洲神話讓我們發現的村子和獨木舟的對立在曼丹人那裏讓位於冬村和夏村的對立：前者鄰水，這時水已冰封，因此是不動的；後者遠離水，這時河流進入汛期，因此變得非常活動。在冰封和融化之間、凍結的水和融化的水之間，夏村起的作用類似於獨木舟，即超越水的自然運動加速的順流而行和這運動減速的溯流而行之間的對立。此外，獨木舟的天上乘者必須保持適當距離：彼此不能太靠近也不能太遠離，以便白晝和季節都完全適度。同樣，與冬村不同，夏村的設置也必須對河流保持合理的高度：不能太遠離在下面的耕田，因爲在夏天仍得幹農活；但又得有相當的高度，使洪水止於象徵性的壁壘腳下，不波及房舍。從這個意義上說，而且還因爲曼丹人自己也認識到這一點，如此標示他們方舟的夏村**是**一條獨木舟，因爲它使他們得以克服水的危險。

事情還不止於此。我們還記得南美洲思維賦予神話獨木舟的角色：它起著親近和疏遠、亂倫和獨身、結合和分離之間的仲裁者的作用。因此，它同兩個由它確保其有中介的極項一起構成一個三元體系。然而，我們已經明白，曼丹人思維的二元性也容納假想的三元組。現在，我要來弄清楚

箇中的緣由。因爲，如果說夏村處於半高處，那麼，這也許是相對兩個端項天和地而言的。從這個觀點看來，天上的村落（祖先的一支來自那裏）和比夏村更爲「地上的」（因爲較低）冬村兩者根本對立，而我們已由於所有其他理由而知道，夏村扮演著它們的中介者的角色。

　　把**天／地**對立放到前沿的希達察人神話強調，下述動機促使祖先離開天上居所而下凡到地上：他們已沒有了獵物，於是到四面八方去搜尋獵物，結果在水下發現野牛群（M$_{520}$；Beckwith：1，第22-23頁；M$_{522}$；Bowers：2，第304頁）。從這個概念出發，曼丹人神話在把獵物的消失歸因於作爲天上民族化身的造物主霍伊塔的怨恨時，就呈現了對稱的形象（M$_{514}$；Bowers：1，第349頁）。在這兩種情形裏，提到天空，都內涵著沒有獵物的涵義。

　　作爲野牛增殖儀式，／okipa／舞蹈只是反轉了這個關係：這些舞蹈指派鳥去充當野牛的衛士，因爲田園精靈想竊取野牛的食物（以上第351-352頁）。因此，我要說，就天空關係而言，獵人和獵物是分離的。

　　意味深長的是，希達察人的從天上下凡的神話開始於從夏村向冬村的季節性遷移。實際上，主要是在冬天，獵人和獵物的關係顯得與這些神話所說的在天上的這種關係相反。從冬初一直到春天，曼丹人和希達察人賴以生存的是來到河谷底尋草吃和棲身的野牛群。事實上，印第安人把村子設置在這些動物經常出沒的地方。這時，一切社會和宗教活動都要促進人和獵物在村子中央會合。群體全體成員都只可以進行齋戒和祈禱。如果有野牛群趨近，便有一條嚴酷的戒律禁止砍伐樹木、燃火，發出哪怕最輕的聲響。「黑口」值勤團毫不猶豫地殺掉掉以輕心或者不耐煩的獵人，因爲野牛在低窪地很容易受驚，它們需要許多天的時間來習慣於變動。至於印第安人自己，他們不善於自我控制，尤其當小孩因飢寒而啼哭時。然而，所有的人都得待在房舍裏，閉門不出，可以看到野牛在房舍之間游蕩（Bowers：2，第56-63頁）。

　　獵人和獵狗的極端接近成爲逃避飢餓的必要條件。這一點說明了，爲

什麼男女亂交在爲野牛舉行的冬季儀式中佔據如此重要的地位（以上第317-318頁）。冬獵以其技術方面的特徵而蘊含內婚制的甚至亂倫的涵義。冬獵所蘊涵的結合跟一種抽象的分離具體地相對立，而這些神話只能提供這種分離的形象，因爲在實際上這些印第安人一年四季都狩獵。

但是，在這兩種一種爲眞實的而另一種爲想像的極端形式之間，夏獵例示了一種中間情形。夏獵遠離村落而在大草原上進行。因此，獵人一直要去到野牛那裏而不是等待野牛來到身旁。我已強調指出（第305-306頁），這種在經濟生活層面上的對比可與社會生活在外婚制和內婚制之間建立的對比相比擬，然而這是有條件的，即外婚應保持在合理的距離上，否則外婚就有落空的危險，因而人又面臨分離。因此，在用別的語彙提出親近和疏遠的仲裁問題時，曼丹人思維又跟熱帶美洲印第安人的思維相契合。在保留 **（移動的獨木舟／停滯的水）** ⇒ **（固定不動的村落／流動的水）** 這個轉換的條件下，曼丹人思維只是把夏村置於獨木舟的地位，這是就夏村也保護居住者抵禦危險的水，並且它象徵正是被稱爲「大船」的諾亞方舟而言的。在這兩種情形裏，都是在一根垂直的或水平的且每次都還是時間的軸上，同一個公式表達著這兩個神話題材的性質。這公式已在第184-185頁上使我們得以把獨木舟界定爲併和析取的交。而且，我們現在可以把它應用於夏村，由此來重現它：$(U) \cap (//)$。

我們第二次使沿岸航行完成閉合的環形航線。因爲，正是本書一開頭所考察的神話——M_{354}即獵人蒙馬納基的婚姻故事——使我們面對獨木舟的形象。爲了解釋這一點，我們已首先不得不考察北美洲那些以太陽和月亮爭論的形式例示其反面的神話。在把太陽和月亮爭論這個題材轉回過來時，我們遇到了禮儀性獵鷹用的茅屋，它是兩個天體和好之後的居所（M_{458}），而它的象徵又回到了獨木舟。

於是，當重新開始我們的行程後，我們從獨木舟題材過渡到了敏感擺

渡者題材，從沿河流長度航行過渡到了橫渡河流；通過一次這些神話也予以證實的回轉，這後一題材又給了我們洪水，它使渡河成為不可能。最後，中性化的洪水又重新以諾亞方舟或夏村聖屋的形式把我們帶回到獨木舟。

　　可以說，在曼丹人和希達察人那裏，獵鷹茅屋是相對於夏村和冬村的，就像夏村（處於半高處）本身相對於天上的（在高處的）村和冬村（在低處的）一樣。實際上，獵鷹在曆法上在夏天獵野牛和冬天獵野牛之間進行，而且我們還已看到，後兩種獵野牛從一切觀點：技術、經濟、社會、道德和宗教來說都形成一對對立面。這種對立面在另一種情形裏仍然存在並得到加強，因為夏村在分離的狩獵（在天上）和會合的狩獵（在低窪地裏）之間起中介作用。

　　不過，同樣顯而易見，我們第二次回到出發點，乃預設了方向的改變。這一點從對兩個「低音部」做的比較就已經可以看出，而我們已根據它們選擇構造了M_{458}和M_{503}的和聲。實際上，在第一種情形裏，我們已將這和聲寫成：

　　　　　夏至　｜　秋分　｜　冬至

因此，它是從左到右讀（第 292 頁）；然而，在第二種情形裏，我把它改寫成這樣的形式：

　　　　　春分　｜　冬至　｜　秋分

它應當從右到左讀（第 446 頁）。

　　然而，只要略加思索，就會發現，這兩條線是互補的，它們合在一起便界定了一個封閉的神話組。在沿第一條路線行進時，南美洲神話已給了我們糾纏女人的題材，而我們為能建構這題材的聚合體，就必須把探究沿

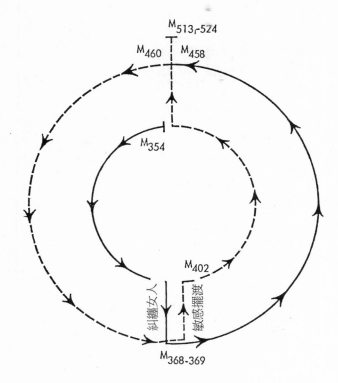

內環線：南美洲的行程

外環線：北美洲的行程

實線：「往」程

虛線：「返」程

圖 41   本書在神話域中行過的旅程

北美洲方向擴展到大草原印第安人神話才行，這些神話則通過天體爭論把我們帶回到獨木舟。在第二階段旅程中，對獨木舟題材的北美洲各模態的研究揭示了敏感擺渡者題材，而我們為能建構這題材的聚合體，就必須訴諸南美洲的例子才行；歸根結柢是它們把我們帶回到獨木舟。如果以這種方式解讀旅程路線，是準確的，那麼，就必定可以推知，糾纏女人題材和敏感擺渡者題材之間存在一種對稱關係（圖41）。

　　然而，似乎只要從語義觀點去探討，這一點就已昭然若揭。在每一種情形裏，都有兩個人物，一個疊在另一個的背上，以便進行地上的行程或者水上渡越。糾纏女人要盡可能久地停留在丈夫的背上，她代表對於他的致命危險；旅行英雄要盡可能短時間地停留在擺渡者的背上，後者同樣代表對於英雄的致命危險。糾纏女人的實際奴隸靠水擺脫了她，因為她不會游泳；食人鱷魚的虛幻獵物靠地擺脫了它，因為這妖怪在地上無法立足。最後，如果說擺渡者顯得是敏感的，那麼，糾纏女人毫無敏感可言。她毫無顧慮地把糞便撒滿丈夫的背（M_{354}），而擺渡者表現其敏感性的方式之一就在於威脅這旅行者，倘若他想解大小便時忘掉是在這妖怪的背上，便要吃掉他（M_{403d}；Nordenskiöld: 3，第288頁）。

　　對神話作本文分析，可以給這一點提供經驗的證實。我們知道，糾纏女人的題材可以按兩種方式加以反轉。一方面，它可反轉為頭，這頭滾動著追逐受害者，一直追到救助的水；另一方面，可反轉為潛水龜，把受害者引入水底溺死。然而，這些神話幾乎總是通過這兩種反轉之一把敏感擺渡者題材跟另一個題材連接起來，而我已假設，這另一題材本身此前已另在一根軸上被反轉過。例如在敏感擺渡者的北美洲異本中，在那裏，鶴把蹼伸長，充作人行小橋，以便於被滾動的頭追逐的英雄逃離（Waterman，第43頁）；以及在M_{508}中，它的第一個插段重現了M_{385}，替我們引入致命的龜的題材。在南美洲，敏感擺渡者故事的某些版本終結於糾纏兒子的題材（M_{403b}，Wagley-Galvão，第140-141頁），它在兩根軸上轉換了糾纏女人的題

材：**女人**⇨**男人**，以及**妻子**⇨**兒子**(而滾動的頭的題材每每作這樣的轉換：**妻子**⇨**母親**)。

　　這是一個複雜的旅程。它的各條路線有時保持同一指向，在保持平行中又相互偏離，或者相互交錯，甚至相互逆反。如果我們不記住，這個旅程使我們得以同時完成許多任務，那麼，它就讓人無法理解。事實上，本書的論證沿三個向度展開：種族志的、邏輯的和語義的；如果說本書有什麼獨創性的話，那麼，這就在於它表明，每個向度在一切階段上都保持與另兩個向度連貫一致。

　　首先從種族志的觀點來看，必須跨越巨大的空間，克服把熱帶美洲印第安人跟北美洲大草原印第安人隔離開來的多樣距離，它們涉及生活方式、社會組織和信念。然而，我把本《神話學》前兩卷的營地牢牢地安紮在我較爲熟悉的南美洲種族志的地盤上，因此，要如此改變目標，無異於去探索另一顆行星。所以，在把本書局限於北美洲中部地區的神話時，我選擇將我們的宇宙飛船投入一條預期的軌道，直到下一卷也是最後一卷給它重新啓航的機會，駛向更西更北的地區，在那裏，在保留種種轉換——即使假設文化都相同（無疑事實並非如此），半球的改變也會要求作這些轉換——的條件下，我們就像從一面鏡子來認識所有那些我的事業開始時所考察的最初神話。就此而言，第 295 頁上對 M_{428} 和 M_{10} 所作的對比，只是對我所希望做的證明的一次預先嘗試，我是想證明，一個分布區域廣遠的神話體系總是封閉的。

　　現在轉到形式的觀點。我要區分開我所採取的程序的三個方面。第一，我們要超越已研究過的那些最初神話動用的各個對立，這些對立主要處於一根垂直的、宇宙的和空間的軸上：高和低、天和地、太陽和人類等等，現在轉向那些依從另一個體系的神話，它們界定了位於一根水平的、社會的和時間的軸上的各個對立：這裏和那裏、親近和疏遠、內婚制和外婚制，等等。如果說第一根軸在其中展開的空間看來是絕對的，那麼，第二根軸

在其中展開的時間則是相對的。

　　這一點說明強調了另一個方面。實際上，我用極項或中介項構造最初的各個對立，而對於這些項我們總是可以絕對地說，它們存在或者不存在，結合或者分離。相反，本書中我們始終與之打交道的那些對立，它們所包含的基本構份不再是**項**而是在這些項之間察知的**關係**，而過於接近、過於遠離或距離適當都按這種關係判斷。這就是說，皆以僅取近似值的經驗模態爲例示的結合、分離和中介無疑仍可以作爲關係來界定，但同時已成爲一種更高階的組合的項，而且從中可以看到一種眞正的命題的邏輯(logique des propositions)的端倪，它發展了第二卷業已表明的形式的邏輯，本身也超越了第一卷所關涉的可感覺性質的邏輯。通過不倦地探討同一些神話，或者通過納入新的神話（但它們從形式觀點來看仍屬於同一個神話組，因爲可以表明，它們是對前一些神話的轉換），結構分析螺旋式地進步。結構分析似乎原地踏，但始終企求達到神話材料的更深刻層次，悄悄潛入神話材料的中心，一點一點地洞察其全部性質。

　　隨著從離散的量過渡到連續的量，或者至少從季節的大間隔過渡到由月和日的序列構成的較小間隔，我們終於觀察到，傳奇小說型結構如何逐步地爲導致產生可稱之爲流變神話體系(mythologie des fluxions)的神話結構所取代，因爲這結構旨在解釋這些引起白晝和黑夜、溯流而行和順流而行、流動和返流、冰封和融化、洪水和退水交替的周期性微小震盪。

　　剩下來要考察語義的方面。這裏現在也有一個轉換昭然若揭。成了第一卷書名的生食和熟食的對立是烹飪之**無**或**有**的對立。在第二卷裏，我假定了烹飪的存在，以便審查其**周圍**：在烹飪的這一邊，關於蜂蜜的習俗和信念；以及在烹飪的那一邊，關於煙草的習俗和信念。本第三卷繼續沿著同一方向進行下去，專注於烹飪的**輪廓**，它有一個自然的方面，即消化，還有一個文化的方面，後者經由食譜(recette)而一直到餐桌禮儀。實際上，食譜屬兩個範疇，因爲它規定了對於自然物質的文化精製，而消化佔據與

之對稱的地位,因為它在於對業已由文化作過處理的物質再作自然的精製。至於餐桌禮儀，它差不多屬於二級文化精製；在食物配製規矩上再添加上食用禮儀。以某種方式並從某種意義上，是否可以說本卷中考察的神話表現了一個關於消化、食譜和餐桌禮儀的三元理論？我剩下來要做的，正是表明這一點，以之作為結論。

II　小論烹飪種族學

保羅： 我認爲，他們是說，媽媽和阿姨要去美洲。

索菲： 不過，這沒有什麼可怕的；相反，這有趣極了。我們到美洲去看龜。

保羅： 還有絕頂漂亮的鳥；紅色的、橙色的、藍色的、紫色的、玫瑰色的
　　　　烏鴉，沒有我們這裏怕人的黑烏鴉。

索菲： 還有鸚鵡和蜂鳥。媽媽對我說，美洲有好多好多東西。

保羅： 還有野蠻人，黑色的、黃色的、紅色的。

索菲： 噢，野蠻人，我怕他們；他們也許要吃我們。

塞居爾女伯爵(Comtesse de Ségur)：《索菲的不幸》(*Les Malheurs de Sophie*)，第22章

　　現在我暫且回到曼丹人和希達察人起源神話上來。我對它們作過的分析忽視了一個方面。主要在希達察人那裏，而且也在曼丹人那裏，水民族的復仇並非總是作爲大洪水的原因出現。許多版本把洪水的起源跟其他事件關聯起來。按照M_{459a}，這些事件發生在造訪馬尼加之後。在別處，在M_{518}、M_{519}和M_{521}，根本未談及這些訪問 (Bowers：1，第156-163頁；Beckwith：1，第18-21，155-158頁；Bowers：2，第298-302頁)。它們講述，從前有一個獵人，當鳥兒在春天飛歸時，他發現陷阱裏只逮住一隻鳥，於是勃然大怒。他從鳥翼上拔下一根羽毛，把它硬穿進它的鼻孔，以此戲弄它。然後，他放了它，讓它飛歸鳥群。這裏我順著M_{519}考察，它描述這事件所用的措詞非常接近於上一卷裏討論的一個圖庫納人神話 (M_{240}，MC，第151頁)。

　　再往後，這些印第安人又幹了一件蠢事。他們殺了一頭母野牛，逮住

了它的犢。他們惡作劇，把母親的內臟（按M₄₅₉ₐ，已用氣充入它們，使之膨脹，以便弄乾之）放在小牛頭上，然後把如此裝飾的小牛放回野牛那裏。這些動物爲如此的挑釁激怒，喚來了大暴雨。這引起了大洪水。於是，像在其他故事中一樣，造物主「唯一人」也出來保護自己的子民。因此，這裏也事關洪水，但這洪水繼雨即來源於天上的水而不是河流的融化之後發生。

無疑，獵人的欠考慮的舉止屬於一整套對於動物的行爲禁忌，可惜我們對此不甚了了，儘管一個切延內人小故事（M₅₂₃；Grinnell：6，第176頁）對這些禁忌有所說明：一個印第安人告誡女兒，在看到一頭小牛或一隻鳥被逮住時，決不要驚呼：「可憐的野獸！」因爲，對於遭難的動物不應當表示憐憫。可是，一天，一些小孩在殘害一頭牛犢，這小女孩流露出了自己的情感。於是，獵物失蹤了。

我僅僅滿足於找出罪惡行爲的精神。在把一根羽毛刺入鳥喙時，獵人把本應在後面的東西放在前面，本應在外面的東西放在了裏面。反過來，當他們把母親的內臟加載於牛犢時，他們把本應待在裏面的東西放在了外面。然而，在另一個大洪水版本中印第安人在馬尼加那裏的行爲似乎回復到同一類型的形式結構。靠著中空管子的計謀，那些訪客也達到了通過表面上在攝入食物而把食物放到裏面，而由於這是過量的食物，因此正常情況下應停放在外面⑤。

這外面和裏面的辯證法起著與曼丹人和希達察人哲學相干的作用。多獵儀式以另一種方式證實了這一點。就像儀式創始神話所規定的那樣

---

⑤無疑，法語不是唯一具有意謂欺詐或愚弄的「放在裏面」這種類型說法的語言。如果我們敢於推廣這聚合體，那麼就可以說，M₅₀₃的兩個也面臨水的英雄在自己成功地停留在外面的同時（但這次是本來意義上）把水妖「放在裏面」：食人魔的腹就像水一樣，而他們在冒被吞吃的危險之前差點死在那裏。

（M₄₆₄；以上第318及以後各頁），負有作爲救助動物之化身的使命的祭司手持塗紅色的棒，他們給棒繫上肺、心和氣管。這些標誌代表野牛（Bowers：1，第315-316，332頁；2，第457頁），而按照馬塞爾•杜尚（Marcel Duchamp）⑥的釋義方法，可以說這些野牛甚至是被獵人袒露的。這個旁證似乎不太切近，但實際上還是較貼切的，因爲，在進行這些儀式時，那些最初僅穿皮裝的已婚女人很快就甚至被獨身男人剝得一絲不掛：「常常有三、四個來自同一氏族的已退出活躍生活的鰥夫叫氏族的一個兒子出來，他們喜歡他的年輕妻子。他們許諾給他機會，如果他答應把她交給他們的話。」印第安人認爲白人有超自然的本領，所以，造訪部落的商人很快被要求當他們的「兒子」，如果這些部落有迷人的妻子的話：「商人們於是和美婦們歡度良宵，還收受豐富的禮品，如服裝和馬匹，丈夫們送這些東西是爲了博取商人們的祝福」（Bowers：2，第462-463頁）。

現在我們回到內臟祭品上來。在汜渡密蘇里河之前，阿西尼本人在一根棒的兩端繫上野牛的腸、脂肪和膀胱，他們把這棒植入水中說：「這將幫助我順利渡河，除非颳大風，或者疼痛的痙攣使我麻痺」（Denig，第532頁）。證實一下，在大草原的禮拜儀式中，這種特徵性的祭品是否與帶裝飾和塗色的野牛頭（人們向它祈求，讓野牛不再用角刺獵人，即不挑出他的內臟）形成一對對立，是很有意思的。

然而，如果說水的主人喜歡獻祭的內臟，尤其大腸塊（Bowers：2，第360，373頁），那麼，洪水的洶湧來襲至少代表有利的效應：洪水夾帶來死野牛，而曼丹人特別喜歡吃野牛肉，而且他們更偏愛新鮮的野牛肉（Neill，第383頁）。實際上，他們習慣於懸置，直到呈半腐敗狀態。他們甚至給牛肉也大量加調味品（Coues，第1卷，第325頁；Will-Spnden，第121頁）。一個神

---

⑥馬塞爾•杜尚(1887-1968)，法國畫家，達達派代表人物，以「現成取材」進行創作。
——譯者

話(M_{515}；Bowers: 1， 第355頁)證實了印第安人看重這種在體外實行的預消化，因為它發生在水中。當造物主「唯一人」決定重生而加入印第安人行列時，他在設法讓一個處女懷上自己方面遇到了種種嚴重困難。經過一次一次的徒勞嘗試之後，他以如下方式達致成功：一個少女在烈日下耕耘田地，感到口渴而去河邊喝水。這時正是汛期，水一直漲到柳枝的高度，還夾帶來一頭死野牛。這牛的背部皮已綻開，腰子的脂肪露在體外，這少女見了，不禁垂涎三尺。她把屍體拖到岸上，大吃脂肪，結果懷孕了。

我們須記住$M_{514-515}$的印第安人的計謀。他們用一根中空的蘆稈代替自己的消化管，借助這蘆稈，食物穿過身體而不停留，即不經受消化加工。他們以此模仿我們從本探究工作之初就熟悉的一種病理狀況，同時使之得到改善。一直成為我們的基本參照的博羅羅人神話(M_1)甚至在本第三卷中仍繼續得到評論。這神話中出場的英雄在挨餓，但他又無法進食，因為他失去了屁股。因此，食物經過他的身體而未經消化。同時，這英雄是他的狠毒親人的受害者，後來成為暴風雨的主人，用暴風雨懲罰親人。這樣一來，就更加可以對比了。$M_{514-515}$中的印第安人對稱地是狠毒的大洪水主人的受害者，他們通過逃脫受消化奴役的狀況而戰勝敵人。不過，難道不可以說，與人體不同，被認為是腐敗的最有利的媒體的水**在外面**完成對食物的自然轉換，其方式可比諸人體由於消化**在裏面**完成的轉換嗎？

在本著作中，我們常常遇到這些被鑽孔或堵塞的人物。他們在本書開頭時化身為獵人蒙馬納基的被鑽孔的妻子，她以糞便覆蓋丈夫的背脊(M_{354})，後來，化身為一個耶巴拉納人神話(M_{416})中的最早一對，兩人也蒙受類似狀況的折磨，並且，另一個圭亞那神話還證實，這是最早人類的命運：

M_{524}. 陶利潘人：消化的起源

從前，人也好，動物也好，都沒有肛門，他們從口排出糞便。肛

門普伊托(Pu'iito)在他們中間慢慢踱步，朝他們臉上放屁，然後逃掉。惱怒的動物聯合起來。它們假裝睡著，當普伊托走近它們之中的一個，像慣常一樣放屁時，它們就抓住他，搶奪他，把他削成碎塊。

　　每個動物都得到一份，大小不同，視其今日為我們所看到的開口的大小而定。正因為這樣，今天存活的所有動物都有一個肛門，而如果沒有它，它們本來應當總是用口排洩，受開裂之苦 (K.-G.: 1，第77頁)。

　　誠然，按照其他一些傳統，某些動物仍保留其古代狀況；例如，塔卡納人說，食蟻獸由於這個原故而專吃小昆蟲 (Hissink Hahn, 第165-176頁；參見MC, 第125-128, 197-198頁)；巴拉馬河的卡里布人認為(Gillin, 第203-204頁)，三趾獺失去肛門以後就一直不得不用土堵塞它，以阻止不停地放屁。另一方面，隨時排洩的吼猴是個過於開放的角色(參見MC, 第403, 436-437頁)。

　　為了給這些被堵塞或被鑽孔的人物建立類型學，需要寫一整部專著。他們被從上部或從下部，從前面或從後面被堵塞或鑽孔，無法攝入液體或煙以外的東西(他們有時不得不滿足於讓這東西在身體表面流動)，他們沒有口或沒有肛門，因此喪失消化功能。此外，他們還在食物層面上說明了一個與其他系列平行的系列。在性的層面上，這是無陰莖或有長陰莖的、無陰道或有大陰道的人物 (這些狀況會使他們無法鑽孔或過份鑽孔，無法被鑽透或被過分鑽透)；或者，從關係的觀點來說，這是喪失了眼睛或者失去關節的人物，因此他們無法看東西或者做動作。就第一個系列而言 (這裏我們只對它感興趣)，顯而易見，無法 (從上部) 攝入或無法 (從下部) 排洩的人物或者攝入或排洩過多或過快的人物被神話思維用來傳達某些基本概念；否則，我們就無法理解這些人物何以在世界上相距遙遠的各個地方和各個不同的時代重複出現。奧魯－蓋勒(Aulu-Gelle)〔《雅典之夜》(*Nuits*

attiques)，IX, IV；參見普林尼(Pline)：《自然史》(*Hist. nat.*)，VII, IX〕寫道：
「在英得境域內有這樣的人存在，他們像鳥一樣渾身覆蓋毛，以花香爲唯
一食物，用鼻吸。」我的同事喬治‧德韋勒(George Devereux)先生惠告我
一段文字，提請我注意。文中，琉善(Lucien)談到沒有肛門，只吃空氣中
擠出的汁（類似露水）的人，他們不知排洩，與男孩在膝蓋折褶中進行交
媾〔《歷史的眞相》(*Vera Historia*)，《洛布經典文庫》(*Loeb Classical Library*)；
《琉善》，第1卷，第277頁〕。

赫克斯利(Hwxley)（第160-173頁）揭示了在北方圖皮人那裏有一種隱
含的生理學，它把消化當做燒煮的自然對應物。燒煮在我於別處所稱的燒
焦世界和腐爛世界之間起著中介作用。消化管的存在也相對於口和肛門的
不存在起著同樣的作用。在第一種形裏，食物只能是煙；在第二種情形裏，
食物由同一個開孔吸納和排出，因此混同於糞便。

在消化過程中，機體在以精緻形式把食物排除出體外之前先把它暫時
留在體內。因此，消化起著一種中介的作用，可比諸烹飪的作用。烹飪打
斷了從生的狀態到腐敗的另一個自然過程。從這個意義上可以說，消化提
供了文化的一種預先的機體模型。不過，這模型還別具更一般的意義。因
爲，如果我們瀏覽一下已闡明的各個重大神話題材，那麼，可以明白，它
們也可以用這種方式來解釋。在星辰丈夫循環中，月亮的人妻在執行天和
地之間的中介的功能上遭到失敗，她在拔除了阻斷這兩個世界之間的溝通，
使之成爲不可能的阻塞物之後，努力渡越隔離它們的邊界的時候帶著身孕
喪生。相對稱地，水生的蛙能夠長時間固著於其天上丈夫的身體上。它也
在執行其中介功能上失敗，因爲它本身被在上部或下部鑽孔：流口水和小
便都失禁。因此，兩個中介者的失敗可以這樣解釋：前者在**充實**的同時**橫
渡阻礙**，後者在**中空**的同時**附著**，這樣也就例示了兩種就外面或裏面而言
相矛盾的解決。

這種分類體系的基本特徵也可從幾乎世界各地都可觀察到的各個身體

孔口的開放和閉合間的關係看出。委內瑞拉南部的薩納馬人(Sanema)稱
一支地下侏儒民族爲／oneitib／，他們說話和吃東西都非常快，因爲他們
沒有腸子和肛門，一直感到飢餓，吞食生肉，吃年輕女人。這些女人有時
隱瞞月經初潮，以便不讓人逼婚。因此，在飲食方面開放的人懲罰其他儘
管在性方面開放卻僞稱關閉的人。／oneitib／食女人者常常造訪人，激發
他們想大吃大喝的飢餓感。因此，這是使人在飲食方面從上面過分開放，
而不是罰他們假裝在性的方面從下面過分關閉 (M$_{525}$；Wilbert：8，第234
頁)。

　　作爲結束，我要強調，這開孔理論利用了組合(combinatoire)的種種
手段，組合自覺地按照時間和地點反轉其運作的方向。加利福尼亞的尤洛
克人說，爲了讓嬰孩能較容易地通過陰道，女人睡覺時應當把嘴閉上(Erik-
son，第284頁)。這樣，他們就和在普林尼那裏(*Histoire naturelle*, L. Vll)
得到證實的歐洲的古老信念相一致：「當分娩致命時，要半開口，而當懷孕
流產時則要打噴嚏。」在剖腹產時，相反則應使母親的口或陰道保持張開
(Parker)。不過，阿拉帕霍人抱不同的觀點。他們用一根羽毛搔觸產婦的
喉嚨，以便引起惡心或開始嘔吐，而這必定加速分娩和胎盤排出 (Hilger：
2，第16, 17, 19頁)。像在其他各個領域裏一樣，唯有問題的形式而非內容是
不變的。

　　梅諾米尼人的信念引起適時地向食譜理論過渡。因爲，這些印第安人
禁止給孕婦吃煎的或烘的食物，擔心因此胎盤會粘附在母體上，引起母親
死亡(Hilger：1，第163頁)。不管怎樣，把我們從天體爭論神話帶回到盜鳥
巢者神話（以及更特殊地從M$_{428}$回到M$_{10}$，以上第295頁）的那個主要轉換是
根據一種隱含的烹飪學說進行的，這學說把M$_{10}$的英雄應當默不作聲地咀
嚼的烘過頭的肉與M$_{428}$的女英雄相反應當大聲咬嚼的煮熟內臟相關聯而
又相對立起來。

事實上，M_{10}所本的熱依印第安人只知道用火爐進行煨燉。在不運用這種他們奉爲唯一高級的技術時，他們就把肉直接露置於火。因此，他們的烹飪食譜的總目並不截然區分烘的食物和烤的食物。就像大多數所謂原始的民族一樣，他們也認爲，烘的技術只是烤的技術的一個簡單模式，兩者的區別僅僅在於肉和火的接近程度。所以，我把烘作爲一種特殊技術暫且撇開不論，這裏局限於考察烤和煮這個相干對立⑦。

無疑，這個對立本身處在一個更浩大的體系之中，而《神話學》第一卷整個地就致力於考察這個體系。食物實際上以三種主要狀態提供給人：食物可以是生的、熟的或腐敗的。相對於烹飪而言，生的狀態構成不明顯的極，而另兩者則構成明顯的極，但兩者沿著相反的方向：熟食是對生食的文化轉換，腐敗食物是對生食的自然轉換。因此，在主要三角形的背後深處，可以察知**精製的**(élaboré)／**未精製的**(non élaboré)爲一方，**文化／自然**爲另一方，兩方之間的一種雙重對立。

這些範疇就其本身來看等於是空洞的形式，它們對某個社會的烹飪什麼也沒有告訴我們，只有種族志的考察才能詳確說明每個社會對「生」、「熟」、「腐敗」的理解，而且沒有任何理由可以認爲，這對於所有社會來說都是一回事。近來意大利式餐館勃興，它們提供的生味食品比法國傳統烹飪提供的更「生」：只是洗切一番，沒有像我們慣常那樣放在油鹽醋調料中浸漬，只有小紅蘿蔔可能是例外，但意味深長的是，給它們放上大量白脫油和鹽。盟軍於1944年登陸後發生的事件表明，美軍對腐敗這個範疇的理解比我們寬泛，因爲諾曼底乾酪貯藏所散發出來的氣味——他們說是屍體的氣味——有時引致他們毀滅它們。

因此，生、熟和腐敗的三角形界定了一個語義場，但是從外面去界定。

---

⑦關於下述見解的初次概述發表於題爲〈烹飪三角形〉(Le Triangle culinaire)的文章中，文載《弓》(*L'Arc*)1965年第26期（1967和1968年再發行）。

對於一切烹飪來說，都根本不存在單純的熟，而必定是採取某種方式的熟。純粹狀態的生也不復存在：只有某些食物可以這樣食用，並且還是有條件的，即預先要對它們洗滌去皮、切割，此外還總是要加調味品。最後，甚至針對腐敗的最考究烹飪也接納按照某些自然的或受控的方式的腐敗。

在《生食和熟食》中我故意忽視這些細微的方面。當時我的任務在於根據南美洲的例子從最一般的方面界定烹飪三角形，表明這三角形如何能在一切文化中都用來作爲形式的架構，以表達其他屬於宇宙和社會學性質的對立。在《從蜂蜜到煙灰》中，我通過分析這三角形的內部性質而從內部界定了它，進而提出從外部探討它，審查它的周圍。這時，我始終堅持形式的觀點，試圖以此去界定生、熟和腐敗，不過對它們已不再僅僅從它們本身或從與它們相類似的對立體系的角度去看待，而且也從周圍相關食物：更生食即蜂蜜和更熟食即煙草的方面去看待。儘管熟的某些模態即烤和煮已在我們的探究行程中出現過(MC，第343頁註26)，但我故意不讓討論。

現在我必須進行這種討論，因爲這第三卷裏考察的神話並不滿足於把生、熟和腐敗的對立起來，而且還要明確地把烤和煮加以對比，它們對於無數文化來說都代表熟的基本模式。而且，有一段十二世紀法語文字，其中也可看到這些模式，它們出現在其他一些同樣眞實的對立之中。這段文字值得作爲本討論的開頭錄引下來。這段文字以使每個名詞的含意變得更爲縝密的結實形式設置了也許是對烹飪語言作結構分析的程序:「其他人對配製肉的餐挖空心思做了很多研究，結果卻發明了無數種樣式的煮、煎和調味；他們想按照健壯女人的習慣做得時而軟，時而硬，時而冷，時而熱，時而煮，時而烤，時而放胡椒，時而放蒜，時而加肉桂(cynymome)，時而加鹽，進行調味」（于格·德·聖維克托〔Huques de Saint-Victor〕:《論新制度》〔De Institutione novitiarum〕，載Franklin，第157頁）。這段文字建立了食物和佐料之間的重要對立；它還區分了食物配製所可能採取的兩種極端形式：煮的形式和煎的形式,而它們本身又可以有多種成對分類的模態:

軟和硬、冷和熱、煮和烤。最後，它還把佐料劃分成形成鮮明對比的兩對：胡椒和大蒜爲一方，肉桂和鹽爲另一方，爲此把一根軸上的胡椒(一個世紀以後，人們總是稱之爲「辛辣調料」〔aigrun〕，如大蒜、洋蔥、蔥韭，等等；參見Améro，第2卷，第92頁)和另一根軸上的甜味調料和鹽對立起來。

這樣，烤和煮的對立究竟是怎麼回事呢？烤製的食物直接承受大的作用，和火處於**不經過中介的結合**的關係，而煮的食物產生於一個雙重中介的過程：通過食物浸入的水和通過盛放水和食物的容器。

因此，可以從雙重考慮而把烤放在自然的方面，把煮放在文化的方面。實際上，這是因爲煮要求使用作爲文化客體的容器；從象徵上說，還因爲文化在人和世界之間起其中介作用，同時沸騰的燒煮也通過水在人吸納的食物和自然界的這另一個元素火之間起中介作用。

構想這個對立的最簡單方式是假定，這種素樸的技術在另一種技術之前出現：「古希臘人通過亞里斯多德的口說，在古代，人烤製一切食物。」由此可知，人們可能煮已預先烤過的肉，但不會烤已煮過的肉，因爲這違背歷史的方向〔《問題》(*Problèmes*)，III，43；轉引自Reinach，第5卷，第63頁〕。如果這個結論堪稱公認，那麼，其前提可以在極其不同的各民族那裏找到。新喀里多尼亞的印第安人在法國人來到之前就已知道使用陶器（這與我在《弓》的最初幾期上發表的短文中抄錄的一則有誤的引文所指出的情況相反，前引的一期，第21頁），他們傾向於強調，從前「人們只知炙烤，只知今天土著所說的『燒焦』……燒鍋的使用和煮塊莖的食用被驕傲地視……爲……文明的一種證據」(Barrau，第57-58頁)。奧馬哈印第安人在其起源神話（M₅₂₆；Fletcher-La Flesche，第70-71頁）中講述，人首先發明了火，他們吃烤肉；但他們討厭起這種常規，尋思如何能以另一種方式配製肉。因此，他們發明了陶器，在陶鍋裏放進水，在水裏放進肉，再整個地放到火上。這樣，他們學會了吃煮肉。米克馬克人也正是援用原始習俗來證明他們嗜食烤肉是合理的 (Wallis：2，第404頁)。

　　上舉各個例子隱含一個對立，它把烤放在自然的方面，把煮放在文化的方面。這個對立又恢復了另一個存在於未精製的食物和精製的食物之間的對立。然而，毋庸諱言，這後一個對立可以取各種不同的值，因爲所有社會都不會以相同方式界定它們對「煮」和「烤」的理解。

　　我在前面長時間研討的大草原印第安人就是充分說明這些歧異的適例。有些部落燒煮時間很長，有些很短。或者，他們主張採取長短相差很大的燒煮時，視肉被烤還是煮而定。例如，阿西尼本人比起煮肉來更喜歡烤肉，但無論用哪種食譜，他們都喜歡甫熟即止(Denig，第581-582頁)。他們的鄰族黑足人將烤肉長時間燒烤，但把肉放進沸水中煮時卻只允許一會兒，滿足於肉泛白即可，就像我們的廚師所說，只要肉失去外表顏色即可(Grinnell：3，第205頁)。這兩種烹飪風格與主張長時間燒煮的堪薩人和奧薩格人(Osage)的風格(Hunter，第348頁)適成對比，也與阿拉斯加的印加利克人(Ingalik)適成對比：這些漁夫食用的魚要麼生，要麼熟透，以及要麼乾，要麼腐敗，但決不可是半熟的，這被認爲是糟糕的烹飪(Osgood，第165頁)。

　　最後，我轉向研討南美洲。按照阿芒蒂阿(Armentia)的說法(第11頁)，卡維納人吃煮過頭的食物。他們把食物放在火上，從夜裏六時一直燒到早晨二時，再把它們放置到太陽升起後才食用。無疑，荷屬圭亞那的殖民者從印第安人那裏取來「多香果鍋」的食譜。每天把上一頓的剩餐倒進鍋裏，再加上一點新鮮調味汁。這種配製越陳越好。有人引證過一個堪稱家庭寶庫的鍋，它有如燉肉豆的砂鍋，它已經連續用了整整三十年，從未洗過(Schomburgk，第1卷，第96頁)。

　　因此，我要謹慎地斷言，所有社會都必定把煮歸類於精製，把烤歸類於另一邊。更確切地說，首先，這對立似乎到處都是相干的，而不管經驗內容如何不同，其次，這種表述這對立的方式比另一種方式更常用。實際上，對於許多社會來說，這種由觀察得到的結論證實了一種雙重親合性：

烤與生即未精製的親合性，以及煮（它是精製的兩種模式之一）與腐敗的親合性。

烤與生的親合性起因於烤每每允許不完全的燒，而這在我們這裏甚至構成所追求的效果。這導致每次都產生這樣的結果：烤或者是對不同部份予以不同程度的燒，或者是對外面和裏面予以不同程度的燒。溫達特人的一個神話（M_{527}；Woodman，第8頁）強調了烤的這種伴謬性：「造物主讓火噴發出來，命令最早的人把一塊肉放在一根棒上，向它噴放火，烤它。但是，人掉以輕心，任憑肉在火上烤，直到肉一面烤焦，同時另一面仍是生的。」在墨西哥的波孔奇人看來，烤代表生和燒焦之間的一種折衷。在全世界大火之後（M_{528}；Meyers，第10頁），躲過火的東西變成白的，燒焦的東西變成黑的。只在淺表被燒的東西變成紅的。玉米籽粒和扁豆的各種不同顏色就這樣解釋。英屬圭亞那的韋韋人巫士必須戒絕烘或煎的肉，這種配製方法在印第安人那裏不合習慣，他們主要煮或燻肉，而且不可與紅顏色或血接觸（Fock，第132頁），而這還提示了烤與生的親合性。亞里斯多德把沸騰的燒煮放在烤之上，因為這種燒煮更適用於去除肉的生性：「烤肉比煮肉來得生，也來得乾」（轉引自Reinach，同上）。

在許多歐洲語言中，煮與腐敗的親合性可見諸一些慣用語，例如「pot pourri」（腐敗的鍋）〔法〕，「*olla podrida*」（腐敗的鍋）〔意〕，意指各種不同的加調味的、與蔬菜放在一起烤的肉；再如在德語中有 *zu Brei zer-kochtes Fleisch*，意即「燒煮的腐敗肉」。一些美洲語言也表達了這種親合性，而且意味深長的是，正是在曼丹人的鄰族蘇人那裏，我們證實他們嗜食變質的肉，以致到了寧可吃在水中已浸泡很長時間的死動物的肉，也不吃新鮮野牛肉。因此，在達科他語中，動詞／i-ku-ka／既表達在外部作用下腐解或變質的觀念，也表達對一種切成碎塊而與其他食物相混合的食物沸煮的觀念（Riggs，第196頁）。曼丹語動詞／na'xerep here／即「煮」似乎意味著一種一直進行到肉與骨分離的燒焦（Kennard，第12頁）。

上述各個區分還未窮盡烤和煮的對比的全部豐富性。一者是在裏面(一個容器的裏面) 的燒，而另一者是在外面的燒：前者讓人想起凹，後者讓人想起凸。煮常常還屬於可以稱爲「內烹飪」(endo-cuisine)的東西，這種烹飪供一個封閉小群體私下享用，就像希達察語以特定意味所表達的那樣：同一個詞／mi dá ksi／同時標示村子周圍的木柵、罐和鍋，「因爲它們總起來構成一個孕婦」(W. Matthew, 第126頁)。相反，烤屬於「外烹飪」(exo-cuisine)：人們把它奉給外人享用。在古代法國，砂鍋煨母雞供家人晚餐食用，而烤肉用於宴席，標誌宴飮達到最高潮。烤肉必須在一開始上的煮肉和香草之後上，並伴以瓜、橙子、橄欖和續隨子一類「珍稀水果」：「隨著撤去頭幾道菜和煮肉，烤肉端上桌……〔但是〕上魚的時間是在這肉近尾聲的時候，在烤肉和餐後食品之間」(Franklin, 第221-223頁)。

在別國社會裏也可看到這種對立，儘管它們並不以同樣方式表現它。巴西南部的卡因岡人禁止把煮肉供給鰥夫寡婦以及殺敵者 (Henry：1, 第184頁和註⑮)。因此，選擇煮食，可能包含緊縮的意思，選擇烤食，則可能包含擴張家族或社會紐帶的意思。

有時神話、儀式或簡單習俗也把烤和煮的對立置於其他層面之上。許多美洲部落把烤與叢林生活和男性聯繫起來，把煮與村居生活和女性聯繫起來。亞馬遜的雅瓜人煮或燻肉。前一種技術由女人操持，而男人在遠征狩獵時燻肉，甚至在村裏當妻子不在家時也由男人燻肉(Fezos, 第44頁)。卡斯頓(Karsten)解釋說(2, 第115頁)，吉瓦羅人「在陶罐裏煮肉或在火上烤肉。他們在爲了狩獵、打漁或其他工作而去野營地時運用第二種技術，而且也只有這種技術男人能像模像樣運用。在村居時煮食物的工作專由女人操持，因爲男人除了煎煙草和其他魔幻植物之外對煮一竅不通」。戈德曼(Goldman)（第79頁）把「熱帶森林的習慣體制：女人管煮，男人管爐火上燒或烘」歸諸庫貝奧人⑧。墨菲和奎因(Quain)（第30頁）說，在特魯梅人(Trumaï)村子裏，「男人只承擔烤的活，儘管女人有時也幫助他們。不過，

幾乎所有的食物都是煮的，因此，烹飪的勞務主要由女人承擔。」

　　在北半球的西北部，印加利克人按照食物因其性質而被派定煮還是烤來對它們作區分：「前一種方法適用於在家裏配製的食物，第二種方法則適用於遊蕩的野營生活時的食物配製，只有某些種類魚是例外」(Osgood, 第276-277頁)。然而，他們的東鄰塔納納人(Tannana)幾乎全食煮的食物，卻把烹飪工作交男人料理。這種不合習慣的生活方式似乎也爲北方的其他阿塔帕斯干人：阿特納人(Ahtena)、塔奈納人(Tanaina)和某些庫欽人(Kutchin)所採納，儘管一些在習俗、語言和文化上相近的群體：昌達拉—庫欽人(Chandalar-Kutchin)和盧舍克斯人(Loucheux)把烹飪工作交給女人管 (McKennan, 第41-46頁)。不過，在哥倫比亞河的薩哈普廷人那裏，只有男人幹烹飪的活 (Garth, 第52頁)。

　　我在前面已指出，操蘇語的阿西尼本人在烹飪實踐中把烤和煮的流行內涵反轉了過來。更令人驚訝的是，可以在他們那裏遇到一些態度，與我剛才引證阿塔帕斯干人相近：「當男人參戰時……他們食用煮的食物。女人從來不利用這種技術；在她們看來，正常的方法是把肉放在一根傾斜地置於火爐上面的棒上烤……當時已製造和使用陶土容器……但只有男人運用它們」(Lowie：2, 第12頁)。一組梅諾米尼人神話(M_{475c-f})也採取這種體制：與實際的實踐相反，女人烤肉，男人煮肉；不過這裏的女人是食人女魔。把煮歸諸男人，烤歸諸女人，似乎也是東歐某些國家的特徵；我還將回到它們上面來。

　　這些脫離常規的體制的存在提出了一個問題。它讓人相信，食譜的語義場包含著比我在本討論開始時所指出的更多的向度。無疑，表現出採取這些反轉的民族訴諸其他一些對立軸。作爲假說，我可以提出幾根。例如，

---

⑧我依字面譯述，但英語名字bake (焙) 和broil (炙) 似乎不怎麼適用於「熱帶森林的習慣體制」，後者確切地說乃建基於烤和燻。

煮提供了一種完整保存肉及其汁液的方法，而烤帶來破壞或損失。因此，一者引起節約，另一者造成浪費；後者是貴族的，前者是平民的。在那些強調個人或階級間地位差別的社會裏，這個方面突現在前沿。在古代毛利人(Maori)那裏，一個貴族可能親自烤製食物，但是他避免與烹飪用具和爐子有任何接觸，把它們丟給奴僕和出身低賤的女人。而且，把一個人比做一只「冒煙的爐子」，構成一種莫大的侮辱。對一個出身高貴的女人，令她的心身品質受到傷害的，莫過於蒸汽，而且，對於野生狀態的自然界萬物也是如此：在人養成把煮的食物帶進森林的習慣之後，鳥就在那裏絕跡。當白人把鍋和罐引入新西蘭時，土著把它們當作骯髒的器具，視同他們火爐中的灼熱石塊(Prtz-Joansen, 第46,89,208-211頁)。這些態度以令人矚目的方式反轉了我在新喀里多尼亞的加拿克人(Canaque)那裏所看到的態度。

　　在歐洲社會裏也可觀察到同類情況，在那裏，對於烤和煮的態度也是隨著時間在演變。《百科全書》(*Encyclopédie*)的著作者的民主精神也反映在他們對煮的辯護上：「……人類最富汁液也最滋補的食物之一……可以說，煮食之於其他菜，一如麵包之於其他食品」(辭條「煮」)。其論據半個世紀以後，名噪一時的布里亞—薩瓦蘭 (Brillat-Savarin)《味覺生理學》〔*physiologie au goût*〕, VI, §2) 提出反駁：「教授們為堅持原則決不吃煮的食物，因為他們在講堂上宣講這樣的無可辯駁的真理：煮的食物是少汁液的肉……這個真理開始不脛而走，煮食在正經的餐席上杳無影蹤；取而代之的是烤肉片、比目魚或糟魚。」因此，如果說捷克人讓男人煮食物，那麼，這也許是因為他們的傳統社會比近鄰斯洛伐克人和波蘭人更民主。也可以本此精神來解釋如皮加尼奧爾(Piganiol)先生新近所描繪的希臘人、羅馬人與希伯萊人對於烤和煮所持的適成對比的態度。

　　此外，這對立還有另一種表現。煮食被精製時不洩漏物質，並放在一個封閉良好的封裝物中(以上，第477頁)；因此，適合於來象徵宇宙總體。圭亞那的阿拉瓦克人要求把獵殺的動物的肉放在文火上煮，肉放在一個無

蓋的鍋裏，而這鍋要一刻不停地細心照看；因為，如果其中的液體溢出的話，同種的動物就會全部逃得遠遠的，再也不可能捕獵到(Roth：1， 第295頁)。在新大陸的另一個極端處，在北美洲的大湖地區，福克斯人在烹飪典禮食物時遵守同樣的規則：「如果液體溢出，那麼一切精華皆隨之逃逸。」在鍋中不得再放進任何東西；在食用時，不得掉下或丟棄哪怕一粒碎屑 (Michelson：5， 第249,261頁)。

　　煮是生，烤是死。全世界的民間故事提供了無數關於不朽的燒鍋的例子；但關於不朽燒棒的例子一個也沒有。加拿大的克里人的一個儀式充分說明了賦予煮食的這種宇宙總體特徵。按照這些印第安人的看法，造物主命令人煮一年中最初收成的漿果，並首先把果盤奉獻給太陽，祈求它讓漿果成熟，然後奉獻給雷雨，讓天下雨，最後奉獻給地，以便它承載果實 (Mandelbaum， 第285頁)。奧吉布瓦人也認為，煮能恢復世界的秩序；因為，如果說他們慣常在把松鼠屍體剖開放在火焰上烘，那麼，當他們求雨時就把它們煮(Speck：7，第80頁)。在這種情形裏，烤和煮擔負不同的功能，它們的結合可能帶上烹飪世界的形式，作為宇宙的縮微形象。無疑，奇妙威爾士食譜也應這樣解釋。這食譜為一隻烤鵝，裏面充入一個煮的牛舌頭，這牛舌首先面上團團撒上切碎的食物，然後再外加生麵團，這樣再煮上整整含聖誕節的那個禮拜 (Owen， 第34頁)。

　　這樣，我們追溯到了如迪梅齊爾(Dumézil) (第60頁) 先生所復現的印歐語系的遙遠過去的象徵：「屬於米特拉(Mitra)的，是自我毀損的東西、用蒸汽燒煮的東西、合宜的祭品、牛奶……而屬於瓦魯納(Varuna)的，是用斧砍下的東西、放在火上烤的東西、醉人的蘇麻液。」不用大驚小怪，但意味深長的是，在整個十九世紀裏，在一些溫和的烹飪哲學家身上仍可看到完整無損地抱有這種始終用煮和烤的對立來象徵知識的美感、安詳和暴躁、適度和無度間的對比的意識：「人成長為烹飪師，但人生來就是烘烤師」 (Brillat-Savarin， 上引著作，箴言15)；「烤即是無，又是廣闊無垠」 (居西侯

爵(marquis de Cussy)：《烹飪藝術》〔*l'Art culinaire*〕, 載Améro, 第1卷, 第367頁)。

　　因此, 在由生、熟和腐敗這三個範疇構成的基本三角形的內部, 我記入了兩個項: 烤和煮, 而一般說來, 烤的位置接近生, 煮的位置接近腐敗。現在還缺第三個項, 它從具體模態上說明最接近於抽象的熟範疇的烹飪形式。這個模態在我看來就是燻。像烤一樣, 燻也包括不經過中介 (無容器也無水) 的運作, 但又與烤不同, 且這次卻像沸煮一樣, 是緩慢的, 因此是深刻而又規則的烹飪的一種形式。

　　像在烤的技術的情形裏一樣, 在燻的技術裏, 在火和肉之間也沒有介入任何東西, 除了空氣而外。不過, 這兩種技術之間的差異在於, 在一種情形裏, 介入的空氣層被減至最小限度, 而在另一種情形裏, 空氣層增加到最大限度。爲了燻獵物, 偏愛這種烹飪技術的南美洲印第安人製作了一個高約1.50米的木架, 上面放置肉。他們在木架下設置很小的火, 耐心照看燻肉, 歷時48小時以上。因此, 就同一個不變特徵即介入空氣的存在而言, 可以注意到兩個不同的特徵, 它們表現於兩個對立: **接近／遠離,** 以及**快／慢**。第三個不同特徵在於, 在烤的情形裏沒有用器具 (一根隨便什麼棒頭就可充作烤棒), 而燻肉架是人造的建築物, 因此是文化器物⑨。

　　就這後一方面而言, 燻無疑與沸煮爲伍, 後者也需要文化的媒體: 容器。但在這兩種類型器具之間還出現一個根本的區別, 或者更確切地說, 這差別乃由文化造成, 以便肯定這對立, 而否則的話, 這對立就仍然太弱, 且有變得空洞無謂之虞。鍋和罐是需要細心操作和保管的用具, 用後要洗

------

⑨不過, 在這種情形裏, 作推廣將諸輕率, 因爲俄勒岡的印第安人刻意把棒弄尖, 再用作烤棒。在他們那裏, 這種棒跟借助灼熱石塊進行燒煮的容器相對立, 這種容器往往就用一塊樹皮草草湊成。我在下一卷裏將回到這一點上來。

滌整理，以便它們經久耐用。燻肉架則**必須用後立即毀掉**，否則動物會來報復，反過來燻獵人。至少圭亞那的印第安人就相信這樣(Roth: 1， 第294頁)。我們發現，他們抱有一個與那另一個顯然相對稱的信念：沸煮時照看不當，讓水溢出，就會招致相反的懲罰，即獵物逃掉，獵人再也抓不到它，而不是遭到獵物攻擊。最後，顯而易見，就像我們已指出過的那樣，煮就水的存在與否而言既與燻也與烤相對立。

不過，現在我再回過來研討一下在圭亞那就燻和煮出現的一個對立即不經久的器具和耐用器具間的對立。實際上，這個對立使我們得以解決我們體系的一個困難，而無疑讀者已看出這個困難。我開始時就表徵性地把烤和煮的對立表達爲自然和文化的對立。然而，很快我又提出認識煮和腐敗的親合性；當時我把後者界定爲按自然途徑對熟食的精製。這豈不是一個矛盾：一種文化技術導致一個自然結果？換句話說，如果土著的問題在於探討對腐敗物（這在自然狀態下構成生食必定會自發地呈現的形象）的沸煮烹飪，那麼，陶器（因而以及文化）的發明帶有怎樣的哲學涵義呢？

燻的問題如同圭亞那印第安人提出的那樣，乃恢復了一個同類型的佯謬。實際上，一方面，燻是一切烹飪模式中最接近抽象熟範疇的一種；此外，因爲生和熟的對立看來與自然和文化的對立同系，所以，它代表著最文化的烹飪模式，同時也代表著土著實際生活中最重要的烹飪模式。但在另一方面，它的文化工具即燻肉架應當毫不拖延地毀滅。可以看出，這與沸煮烹飪有著一個令人矚目的相似之處，後一烹飪的文化工具即容器被保留下來，同時它本身則被同化爲一種自發腐敗過程。至少在語彙中，煮常常等於腐敗，而烹飪確切說來正是爲了起防止和延遲這種狀態的作用。

可以提出哪些理由來考慮這個相似之點呢？在所謂原始的社會中，用水的燒煮和燻的共同點是：一者就其工具而言，另一者就其產物而言，兩者都要求持久。用水的燒煮靠陶土容器運作（或者在不知道陶器的民族那裏是木質的，但他們通過投入灼熱石塊來煮水）；在一切場合，這些容器都

代代相傳地得到保管、養護和照料，它們屬於最耐久的文化器物。至於燻，它製成的食物能長久地抵抗腐蝕，超過用任何別的方法配製的熱食。因此，事情總的來說讓人覺得，一種文化作品的長期享用時而在儀式層面上，時而在神話層面上引起在自然上作對應的讓步：當產物是耐久的時，工具就必定是不穩定的，反之亦然。

　　然而，我們已看到同樣地但沿不同方向表徵燻和煮的這種模稜兩可也正是我們已看到與人關於烤所抱有的最常見概念相聯結的那種模稜兩可。烤一方面是烤焦，另方面是燒熟，或者在外面烘而朝裏面流血，從而體現了生和熟、自然和文化的模稜兩可，而爲了表達這種一貫的結構，燻和煮應當以其方式說明這種模稜兩可。但是，給它們強加的這個理由並不純粹是形式上的：這體系藉此證明，烹飪技藝並不完全地處於文化的方面。烹飪響應肉體的需求，同時它的一切模式皆由人在各處置入宇宙之中的特定禮儀所決定，因此，它處於自然和文化之間。這樣，烹飪倒是保證了自然和文化的必要接合。烹飪屬於這兩個領域，並在其一切表現中都反映出這種二元性。

　　然而，這種模稜兩可不可能始終在同一個層面上。烤的模稜兩可是內在的，燻和煮的則是外在的：這種模稜兩可並不是與事物本身相聯繫，而是與人們談論或對待它們的方式相聯繫。因爲，這裏還要加上一個區別：語言常常賦予煮食的作爲自然東西這個特徵乃屬於隱喻，即煮不是腐敗，只是與之相像。相反，燻之變形爲自然的東西並不是燻肉架之不存在所使然，而是起因於對這燻肉架的故意毀壞。所以，這變形屬於換喻，因爲它在於使結果似乎不需要原因，從而能夠履行這兩種功能。即使當這結構發生變化或者變得富豐起來以便克服一種不平衡時，也決不以在另一個層面上顯出一種新的不平衡爲代價。我要重申，這結構乃以一種不可避免的不對稱性獲得其產生神話的能力，而這無非是一種修正或掩蓋這種構成上的不對稱性的努力。

　　現在回到烹飪三角形上來。在這個三角形的內部，我又繪出另一個三角形，它與食譜、至少最簡單的食譜相關，因爲我局限於保留三種類型配製：烤、煮和燻。就火和食物之間介入的元素的性質而言，燻和煮是相對立的，一者爲空氣，另一者爲水。就留給空氣元素的地位大還是小而言，燻和烤相對立；就水存在與否而言，烤和煮相對立。自然和文化間的邊界（可以隨意把它劃成與空氣軸或水軸平行）**就工具而言**把烤和燻置於自然的一邊，把煮置於文化的一邊；或者**就產物而言**，把燻置於文化的一邊，把烤和煮置於自然的一邊（圖42）。

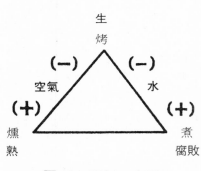

圖 42　烹飪三角形

　　這裏決沒有要我們去天眞地認爲，一切食譜體系都以同樣資格和同樣方式服從這個模型。我只是以這個模型作爲一個例子，因爲它反映了我們自己的體系（對這體系作完備的分析，還需要一些補充的向度）的一個方面，而且我相信也反映了許多其他體系的一個方面。不過，顯而易見，這圖式僅僅說明了許多轉換中的一種。這許多轉換構成一個無限複雜的總體，無疑，倘若沒有關於種族學家尚未注意的世界各民族的烹飪實踐的充分資訊，我們就連這總體的片段也無從把握。

　　爲了考察我在前面已提到過的（第 474，478 頁）某些大草原部落的脫離常規的體系，我首先指出，這些種族群不知道或者不屑於燻（圖43），而是把肉切成薄片後露置，讓它們風乾。我自己在巴西也常常運用這種技術，在那裏，這肉叫做*caren de vento*〔**風肉**〕。這樣配製的肉很好吃，但腐敗起來要比預先鹽漬過的或燻過的肉快得多。黑足人、切延內人和奧格拉拉‧

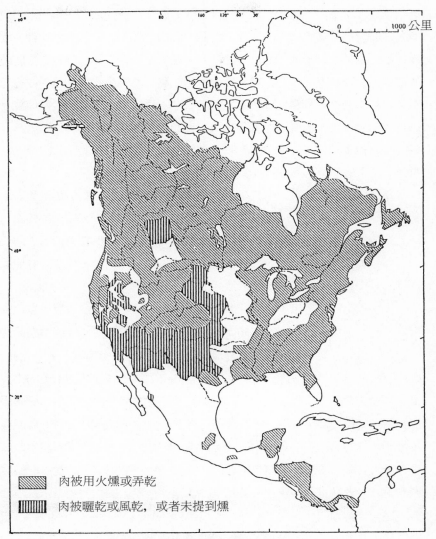

圖 43 北美洲的乾肉和燻肉

(據Driver和Massey, 地圖53)

達科他人並不滿足於此。在製成又硬又乾的肉片之後，他們把它們直接放在還在燃燒的餘燼上，先放一面，再翻另一面。然後，他們像用連枷般地敲打它們，使它們縮成一塊一塊的，其中還摻合了野牛的已融化的脂肪或骨髓；他們在如此配製時，把它們放進皮袋裏，同時小心地不讓袋內留有空氣。婦女們把袋縫合好後，馬上跳上去踩，使之質地均勻。當每個袋及其內裝物都成為一個緊密的塊體之後，他們就把它們重新放到太陽下，直到曬得乾透為止(Grinnell：3，第206頁；Beckwith：2，第431頁，註①；Berthrong，第31頁)。

這種乾肉餅配製技術取代了燻。因此，順理成章的是它引起了烹飪三角形內與煮和烤相對立的那個極項發生分裂，這項因而代之以一對相關而又對立的項；一方面是**乾燥**，它比烤和煮離熟更遠，因為它免卻了火，另一方面是**乾漬**(conserve)，這以乾燥為條件，但又不同於乾燥，因它使肉直接與火接觸，所以代表一種最高級的烹飪。

黑足人給我們提出了一個問題，因為他們的烹飪制度把煮置於接近於熟的方面，而把烤置於超過熟的方面。然而，我還得對他們作些補充的詳確說明。首先，對他們作過考察的最好觀察者之一(Grinnell，同上)說，構成乾肉餅配製之一個階段的、對已弄乾的肉的烘製是在兩個鄰接的火爐上進行的。實際上，燒焦的肉使每個爐暫時不能利用，因為放出的嗆人的煙會使下一輪配製出來的肉味道變糟。因此，兩個火爐輪番使用，以便利用剛使用過的火爐排除有機物質的時間進行燃燒。在這樣一種體制中，燃燒的濫用會帶來腐蝕性的後果，因此，在其中就可能用燒焦的範疇取代腐敗的範疇。尤其是，與現在的發展完全無關的考察已使我們知道，這兩個範疇構成一對相關而又對立的項(CC，第235-239，381-386，432-439頁)，所以這種轉換就更其可以設想了。作為伴生的現象，腐敗之反轉為燒焦引起了煮和烤相對於生和熟兩極反轉。

然而，更重要的是，黑足人生活在語言和文化的交叉口上，他們在這

個位置上使各種不同的影響相互混合或相互碰撞。這些影響的來源包括林地阿爾衮琴人，黑足人在語言上依附於他們；大草原各部落，黑足人與他們有共同的生活方式；西北部的阿塔帕斯干人和高原印第安人，黑足人與他們有商業的交往。這種世界也深深烙印於烹飪制度。像大草原的其他部落一樣，黑足人也知道煮肉，爲此他們使用臨時製成的鍋：用生皮補塡一個小坑的四壁，他們在其中灌入水，然後投入灼熱的石塊。不過，他們好像僅僅製造石瓶（Grinnell：3，第202頁）⑩，而這無疑是受了高原文化的影響，他們還從這種文化學到了一種非常複雜的技術，用來使百合科植物（卡馬夏屬：*Camassia quamash*）的球根成爲可燃的：放在一個土爐中一連燒煮多天，然後曬乾，再保存在袋中。

　　因此，黑足人爲煮的烹飪置備了範圍非常廣大的容器，從生皮一直到石瓶，中間還有軟皮的袋、木頭的更早爲陶土的盆：它們或者是像新剝下來的皮那樣不經久的器具，或者是像石瓶那樣耐用的器具。煮的烹飪的這種二元性是從技術工具的角度來看的。與之相對應，還有反轉的（從排除水的意義上說）烹飪方法的二元性，這次則是從烹飪的產物的角度來看的：實際上，風乾的肉是不經久的，但把它轉換而成的乾肉餅則不是這樣。最後，黑足人的四種主要烹飪方法看來可以歸結爲相關而又對立的成對項。這四種方法爲：乾肉餅的配製、卡馬夏屬植物放在爐中烤、煮、肉在沸水中「漂白」以及肉風乾。前兩種是複雜的，後兩種是簡單的；第一種和最後一種在大氣中進行，第二和第三種在地平面以下一個充滿水或無水的坑中進行。作用於植物性食物的冥界的爐跟懸置於半高處的動物肉相對立，就像裝在半密封的乾皮袋中的乾肉餅就動物性食物而言跟在一個敞開的瓶並充滿水的新鮮皮中迅速變白的肉相對立。在這個擴張的四元體系之中，

---

⑩至少格林尼爾(Grinnell)肯定了這一點。關於克勞人的這方面證據則主要來自神話（參見Lowie：11）。

兩個項代表**幾乎生的**（弄乾的或變白的肉），兩個項代表**超過熟**（乾肉餅和卡馬夏屬植物，即保存的動物性和植物性食物）。對於這個體系，我們不必感到奇怪，爲了保證它落停在**生**和**熟**這兩個簡單值（它們間接地蘊涵著其他四個值）上，它必須有兩個內部支撐點。實際上，我們知道，黑足人故意生吃獵物的內臟：肚子和肝；然而，我已說過，他們要把烤肉烹飪得過熟。

我剛才給出了模型轉換的一個例子。這也還有其他一些例子。在一個烤的範疇又二分爲烤和烘的烹飪體制中，正是後一個項（它意味著肉和火的距離最小）佔據食譜三角形頂端的位置，而這時烤始終處在空氣軸上烘和燻之間的半途位置。如果所考慮的烹飪體制區分開用水燒煮和用蒸汽燒煮，那麼，也可依類似方式處理：把水和食物隔開的後者被置於煮和燻之間的半途。

爲了引入煎的範疇，必須訴諸更複雜的轉換。要用一個四面形取代食譜三角形，這四面形提供了第三根軸：油的軸，附加於空氣和水的軸之上。烘處於頂點，但在連接燻和煎兩個面的交線上，應當把火爐上的烤（添加油脂物質）放在中間位置，它與用棒的烤（無此添加物）相對立。同樣，在連接煎的煮兩個面的交線上，放置上燉(在水和油脂物質中)，它與用蒸汽的燒煮（無油脂物質，與水保持距離）相對立，如同用火爐烤（有油脂物質，但無水）。煎這根軸在美洲很少出現⑪。不過，在一個梅諾米尼人神話(M_{476b}; Bloomfield：3，第434-435頁）中卻可觀察到，在那裏，女英雄讓滾動的頭去洗用沸油取代水的蒸汽浴，由此擺脫了這頭。這個插段反轉了福克斯人神話(M_{476})的插段，在那裏，女英雄給同一個食人魔舐生油，由此延緩了它的追逐。

---

⑪然而，在那裏煎在烹飪中還是佔有一定地位，尤其在易洛魁人那裏(Waugh，第137-138頁）以及在西海岸（Elmendorf，第133-134頁；Haeberlin-Gunther，第23頁）。

　　需要的話，還可以進一步豐富這模型。爲此，每當動物性食物和植物性食物要求以相互排斥的方式進行配製時，就把這兩種食物對立起來，同時在植物性食物範疇中又區分開穀類植物和荳科植物：對前者，可能滿足於烘製，與此不同，後者的烹飪離不開水或油脂物質，或者離不開兼有這兩者；除非將穀類發酵，否則，運作期間就需要水，但不要火（參見 Anderson-Cutler, Aschmann, Braidwood）。最後，佐料在這個體制中也佔據一定地位，這取決於每種類型食物所允許或排斥的組合的種類，還取決於每種文化在這兩種範疇之間建立的對比的性質。實際上，令人矚目的是，美洲社會大都從腐敗食物中看到前文化食物的原型，以多香果（他們的主要佐料）作爲分離自然和文化的媒體。另一方面，一個非洲社會：多貢人（Dogon）社會把這種前文化食物說成是以芝麻汁調味的砂（Dieterlen-Calame-Griaule），即佐料和非食物的組合。

　　通過給模型添加上其他一些向度，就可把各個歷時的方面，諸如餐的次序、端出和姿勢。整合起來就此而言，最給我們以啓示的，莫過於埃爾門多夫—克羅伯（Elmendorf-Kroeber）（第139-140，146頁）用表格形式對美國西海岸兩個種族群體特瓦納人（Twana）和尤羅克人的用餐規程作了概略的比較。從表中我們可以察明一整列對比：不規則的或規則的餐；菜碟接連上或者同時上；某些類型食物的端上或不端上的不相容性；一個部落中的暴食比賽取代另一個部落中的財富比賽，等等。無疑，這樣一些對比應當可以疊加到許多別的對比之上，而後一些對比的性質不是食物的，而是社會學的、經濟的、審美的或宗教的：男人和女人、家庭和社會、村落和叢林、節儉和奢侈、貴族和平民、宗教和世俗……這樣，我們可以指望，對於每一種特定情形，都能發現，一個社會的烹飪如何成爲一種語言，而這社會無意識地用它表述自己的結構，但只要沒有進一步的知識，這社會就不會通過它暴露其種種矛盾。

III　神話的倫理學

再見，巴黎：我們去尋求愛情、幸福和純眞；我們決不會離開你太遠。

J.-J.盧梭《愛爾兒》，第四篇

　　如果上面這番離題的討論使我們得以表明，像那些神話提供給我們的
烤和煮的對立這類對立是多麼豐富，又多麼富有生產力，那麼，進行這番
討論還是有理由的。然而，這些神話並不滿足於把這些食譜加以對比，也
不滿足於按照一種烹飪方式把這些食譜分別跟兩種肉即肉質部份和內臟聯
結起來，而關於這種烹飪方式，我們已知在美洲還有其他一些例子 (MC,
第352頁和註㉛)；它們還把烤和煮跟用餐時必須採取的或禁止的不同行爲
聯繫起來。

　　在巴西中部蒂姆比拉印第安人的一個神話(M_{10})中，一個因未到靑春
期而性徵很弱的男孩不應當在咀嚼烘製的肉時發出聲響。他是一對已婚夫
婦的客人，那妻已懷孕。在北美洲大草原的阿拉帕霍印第安人的一個神話
($M_{425-428}$)中，一個性徵很強的女人應當在咀嚼一塊煮製的內臟時發出聲
響。說她性徵強，是因爲按照許多版本，她已懷孕，或者按照所有版本，
接近懷孕，被一個由年邁父女和兩個兒子組成的家庭收留。

　　這種吻合不是偶然的，因爲在這兩種情形裏，語義環境是一樣的。大
草原的故事開始於太陽犯一個錯誤，它誤解了人的體貌。人不能正面盯住
它看，因爲它認不淸人的眞面貌。然而，熱依印第安人的神話和儀式宣示，
太陽和人和地的會合會對下部世界及其居住者帶來災難。從這個觀點看來，
眼花的旁觀者的擠眉弄眼乃作爲一次致命趨近的先兆出現，而如果這趨近

再進一步，則就會引起乾旱和大火。

對於這些問題，大草原印第安人抱的觀念非常接近於熱依人。在兩處，太陽都作爲食人妖怪出現；曼丹人作爲農夫用一些幾乎與謝倫特人一樣嚴格的儀式來防止乾旱。他們擔心太陽燒焦他們的田園。因爲太陽和人之間是不允許交頭接耳的。

因此，大草原系列的初始圖式是與我們已在熱依人烹飪起源神話背後察明的圖式相吻合的。而正是接下來的一個烹飪插段，或者更確切地說，一個餐桌禮儀故事在我們看來是不適當的，因爲所規定的行爲在於大聲地吃東西。然而，我們有沒有對我們賦予靜默咀嚼的異常重要性提出過疑問呢？在我們的社會中，這種靜默咀嚼樹立了一種標準，無需再訴諸別的什麼就足以把不符合的人歸類爲外國人。

爲了證明阿拉帕霍人系列中人女英雄的行爲或者曼丹人系列中女同胞的行爲是合格的，我們應當指出，這個人物在兩處都佔據著模稜兩可的地位。地上的人的舉止比天上食人者溫和。但是，儘管起著天和地之間的中介項的作用，土地元素還是比水元素更強有力。因此，太陽在娶蛙爲妻上犯了錯誤，其藉口爲只有這蛙能正面注視它。因爲，如果說在這個方面地上女人不如這水中女精靈，那麼，在另一個方面她可能勝過天。我要說，由於她長著狼牙和咀嚼時聲響大作，所以食人的太陽發現她是談伴。

這樣，我們就可明白，爲什麼熱依人的英雄應當默不作聲地咀嚼，而大草原的女英雄應當大聲咀嚼。在一種情形裏，問題在於完成從生食到熟食的過渡，在於使吃東西的行爲成爲一種文化的和經過中介的運作。爲了嘗試第一個做到這一點，蒂姆比拉人英雄需要變成全部文明小孩的神聖庇護人，他們的父母不知疲倦地反覆叮嚀這些小孩：「吃東西時切不可發出聲響。」另一方面，並且從雙重的方面來說，大聲咀嚼和張開口乃把通常人希望予以分離的一些力量結合起來。不過，正是在這裏，這問題以與我在第313-314和420頁上所用的表達方式一樣的措詞提出：問題在於向太陽表

明，人能同化一部份敵對力量，使自己成爲它們的同伙，與它們相調和。如果說當在烹飪用火的主人的餐桌上吃東西時聲響似乎是該受譴責的，那麼，相反，在天上火的主人的餐桌上，則強制發出聲響。

然而，還存在著一個困難。這起因於這樣的事實：兩個美洲的神話規定了視境況而異的不同行爲方式，而我們自己對於一切可能出現的情形都只准許一種行爲：在一切地點和一切時間，我們的文雅準則都排除人能發出聲響地吃東西。這種不一致並不又是通常在神話表現和實際習俗之間可以觀察到的不一致。因爲，甚至在這後一層面上，美洲印第安人也允許行爲適應境遇。例如，奧馬哈人在小孩吃東西時發出聲響或擠眉弄眼的時候便嚴加申斥。「但是，他們並不要求靜默地咀嚼。不過，頭領吃湯是例外。這種運作必須默不作聲地進行，而且人們認爲，這有一個宗教的理由，但人們已記不起來了」(Fletcher-La Flesche, 第336頁)。印加利克人的動機比較俗套，他們習慣上靜默地吃東西，但當發現食物不好吃，因而想恥笑廚娘時就用嘴唇發出聲響，讓人聽到 (Osgood, 第166頁)。

由此可見，從某種意義上說，在我們稱爲原始的民族那裏，餐桌禮儀形成一種開放的準則，他們給它結合進一些條款，以便傳達各種不同的消息。然而，我們這裏直到近代不也是這樣嗎？法國人在十九世紀還在用伊比里亞的禮儀：一頓豐盛宴飲結束時，人們以文雅的打嗝行禮。我們的祖先更是把他們在自己與外國民族間發現的咀嚼方式上的差異解讀爲一種語言：「德國人閉著嘴咀嚼，認爲不這樣就很難看。相反，法國人半開口，認爲德國人的行爲有點卑陋〔**有點令人嫌惡**〕。意大利人行爲太陰柔，法國人比較率直，因此，他們覺得意大利人行爲太愼重，也太女子氣。這樣，每個民族都有某種自己的而不同於其他民族的東西。因爲這個原故，孩子能按照所在地和上述習俗進行自己的所作所爲」(C.卡爾維亞克(Calviac)對伊拉斯謨的《禮貌》[*la Civilité*] 作的法文翻版，初版於1560年，載Franklin，第201–201頁)。可見，不久之前，法國人還自甘現身於印第安人神話的女英

雄！

　　因此，我們已經把我們的餐桌禮儀變成了別的樣子，而至少後者的規範現在在西方已成爲普遍規範。因爲，在我們的文明中，不同的咀嚼方式不再表示民族的或地方的傳統；它們極其簡單地只有好壞之分。換句話說，與我們在異國社會中觀察到的情形象反，這些行爲方式對我們來說不再構成一種**開放的準則**。我們保留某些行爲方式，取消另一些行爲方式，而我們按照前一些方式行動，以便傳達**強制性的消息**。

　　然而，這種社會行爲方式上的微妙變化還伴隨著另一種變化。我現在用一個例子來說明這種變化。如果今天問許多父母，他們爲什麼不許小孩喝酒，那麼，無疑他們的回答是衆口一詞。他們說，酒是過份濃烈的飲料；不可能飲酒而又不危害脆弱的機體。她們只允許孩子吃柔細而對機體相宜的食物。但是，這解說只是最近的事。因爲，從古代一直到文藝復興時期，也許再晚近一些，人們一直以恰恰相反的理由禁止孩子喝酒。不是援引幼小機體易受外部侵害的脆弱性，而是援引種種生命現象所由體現的毒性：由此產生了把各種爆發性的力量會合在一起的危險，而這些力量中每種力量都需要一個輔助的中介者。因此，人們不是認爲酒對於孩子來說太濃烈，而是認爲孩子對於酒來說太強烈，或者至少和酒一樣強烈。我已引用過的伊拉斯謨《禮貌》法文翻版的一個段落非常精確地提出了這個理論：「兒童的飲料應當是沖淡得如同水的酒，因爲如柏拉圖就此所說：『切不要火上加火』，而如果兒童（他只是熱和火）喝純粹的或沖得不淡的酒或者濃烈的啤酒或麥酒，那麼，情形就是如此。而且，飲用了沖淡不夠的酒或者非常濃烈的啤酒，兒童還會受到懲罰：他們的牙齒變黃或者變黑，腐蝕，面頰下垂，目光昏花，聽力遲鈍」（載Franklin，第197頁）⑫。上面所引的告誡源出《法律篇》（*Lois*）（II，666a）。無疑，普魯塔克也從這裏受到啓發。他著眼於以此來證明老人嗜純酒是合理的：「他們的性情已變得很虛弱，因此故意要讓酒來激勵和衝擊這性情」〔《餐飲漫話》（*Des Propos de table*），

問題七：「爲什麼老年人喜歡喝純酒?」〕因此，我們歸諸兒童的稟性與古人歸諸老人的相同，不過我們禁止一些人喝酒的理由也曾成爲規定另一些人喝酒的理由。

然而，就道德教育而言，我們現在仍然尊重傳統的楷模。我們每每彷彿懲戒內部原因引起的違反秩序和紀律，而就衛生問題而言，我們顯得竭力保護也因內部原因引起的衰弱和尚屬脆弱的平衡，以抵禦外來的侵害。我們想不出還有什麼跟我們在$M_{425-428}$和其他神話中遇到的教育哲學相對立的東西。在這些神話中，天上民族的女人學生同時學會了許多東西：家用器具的使用、烹飪食譜和生理功能的調節；她們負有義務，必須證明自己的女性能力，爲此要顯出習慣於操持家務、有規則的月經、分娩時刻到來時準時到達指定地點。

然而，這些神話說，這些必須同時從身體和道德方面去理解的非常適用的規則以接近青春期的南美洲男孩和北美洲少女爲最早的受託管者；文明故事中的「被塑造的小姑娘」的原型似乎首先是按照因來月經而不適的姑娘的形象構想的。

在實際上，哪種狀況更能體現這種內心的激奮呢？這些力量如不以多樣方式來駕馭，便將是不可遏制的，而甚至在我們的社會中也在實施這種駕馭，或者還以之作爲理由，爲嚴格的教育作辯護。我在此限制於美洲，因爲我選擇它作爲實驗室。非洲和大洋洲也提供了處處可作比較的觀察材料。查科和鄰近地區少女在月經初潮時，被擱置並捆綁於吊床上，時間從倫瓜人(Lengua)那裏的三天直到希里瓜諾人那裏的兩個月。在亞馬遜河流域和圭亞那、南部瓜拉尼人那裏隔離措施也是很嚴格 (Colleville-Cadogan,

---

⑫下面是伊拉斯謨 (1，第67頁) 的本文的譯文：「酒和啤酒一樣有毒，它們都會危害兒童的健康，使他們道德敗壞。熱血青年最宜喝水……否則沉溺於酒會得到種種報應：牙齒發黑，面頰下垂，目光昏花，智能遲鈍，未老先衰。」

第50頁；Cadogan：5，第6頁）。在北美洲整個西部和西北部，一個少女初次不適時，不可以赤腳著地，也不可以看太陽。爲了防止不測初潮產生影響，卡里埃爾人(Carrier)要求把經血盛在手裏。此外，爲了避免第二次不測，用斗篷、蓆子或圍裙蓋住少女的頭，或者給她一個羽毛面罩遮臉 (Dixon：7，第457-458頁)。大湖地區的阿爾袞琴人只要求她目光下垂。她的手與身體或家用器具的任何接觸都將帶來嚴重後果。在許多阿塔帕斯干人（卡里埃爾人、澤紹特人〔Tsetsaut〕）那裏，她還要戴手套，自己搔頭、搔背，有時還要搔眼瞼，用一根管子吸飲料，用一根尖骨挑刺食物（除非有個女管理者給她一塊一塊放入口中）。在利洛瓦特人那裏，這些限制至少實施一年，有時四年。

　　對於飲食禁忌強加於少女的種種不同的限制（參見Frazer：4，第10卷，第22-100頁；Driver：1)可以找出某些共同因素。在這些禁忌的典型地域北美洲西部和西北部，少女不能喝熱的或冷的飲料，只能喝溫的飲料。固體食物也應當是溫的；不應當是生的（按照愛斯基摩人，他們常常這樣吃東西）。按照舒斯瓦普人，也不應當是沾血的，此外也不應當是新鮮的；在切延內人那裏不應當是煮的。克利基塔特人(Klikitat)排斥酸腐的食物。那麼，幽居的少女吃什麼呢？有一條禁忌不准一切處於危險狀況的人吃某些動物的頭，這條禁忌在新大陸各處的奇特分布值得作專門的研究⑬。撇開這條禁忌不論，則我們首先可以說，少女吃得很少，而且只吃非常熟的食物，或者像華盛州的特瓦納人所要求的，只吃乾的肉、魚、貝、蔬菜和水果(Elmendorf-Kroeber，第440頁)。文明的技術一旦引入之後，就給土著提供了解決食物儲備問題的簡單而又講究的解決辦法，同時又允許他們仍遵從傳統的規則。他們有時很起勁地運用這些技術。例如，威斯康新的一個奇佩瓦(Chippewa)印第安女人這樣憶述她過的三十二天幽居生活：「……我的祖母還給我帶來一桶水。但是，這水她不是從湖水汲來的；她是利用泵抽來的。我沒有權利吃任何取自土中的東西：蔬菜、土豆或者類似東西

……祖母……給我麵包……橘子、糖果……和醃漬的玉米。這是許可的，因為取自罐頭。但是，她不能給我新鮮玉米。我也可以吃罐裝的鮭魚和沙丁魚」（Barnouw，第118-119頁）。

傳統習俗如此好地適應當代的烹飪技術，而且變得如此更容易遵從。這有助於我們理解這些習俗的涵義。我剛才列舉的那許多禁忌都是同樣的。青春期少女不可以喝熱的和冷的飲料，乃是因為同一個理由：她不能食用新鮮的或過熟的食物。她是一個內部劇烈擾動的策源地，而如果她的機體再吸納從某種意義上說有強烈特性的固體或液體食物，那麼，這種擾動會加劇。給她吃用土著的或工業的方法醃製的食物，是試圖讓她服用惰性的且在某種程度上起穩定作用的物質。

尊重自然的烹飪，無論是為了保留自然的魅力，還是為了去除其破壞力，都始終有一種危險，也即使這食物處於文化為使其保持正常狀態而希望有的平衡點的這一邊，或者相反，使它處於另一邊。總之，印第安人讓青春期少女食用罐頭食品，是為了使她們保持遠離生食和腐敗食物（參見CC，第432-438頁）。這個動機也不排斥其他單純出於方便考慮的動機；這一切與一個美國（無疑，以及許多其他國家）的家庭主婦以同樣方式給家人

⑬對於北美洲：欽西安人（Boas：2，第110頁）；塔納納人（Tanana）（McKennan，第137，141-142頁）；溫頓人（Wintu）（C.DuBois，第9頁）；梅諾米尼人（Skinner：14，第194頁）。對於南美洲：瓜雅基人（Guayaki）（Clastres，手稿）；吉瓦羅人（Karsten：2，第515頁）；卡丘耶納人（Frikel：1，各處）；希克斯卡里亞納人（Hixkaryâna）（Derbyshire，第167頁）。某些部落為這種禁忌辯護說，他們擔心動物的毛病會傳染給易受感染的食用者。此外，這種禁忌還起因於成人或老人對頭的偏愛，頭被他們看做為一塊精華。我們自己從孩提時代就記得，用餐時某個上了年紀的女人、通常是女主人吃魚或兔子的頭，而若給同桌的年輕人吃，他們便會驚恐萬狀。探究一下，這習俗是否普遍得到證實，並探討一下動機所在，將是很有意思的。無疑，動機不會單純、齊一。

準備食物的情形驚人地相似。

因此，過去和現在，異國習俗和本國習俗之間無需我們撮合就對起話來了。然而，這一次又是土著哲學捍衛其獨創性。因爲，可以問，雙方出於對於哪些危險的考慮而頒行這些行爲規則呢？一個當代家庭主婦說，這是對於我和對於我的親人的危險。她比起新鮮食物來更喜歡罐頭食品，因爲擔心這食物不熟或者太熟。野蠻人則令人印象深刻地衆口一詞：對於他人的危險。

如果說圭亞那印第安人在女兒和妻子不適時讓她們挨餓，那麼，他們說，這是爲了驅除她們身上的毒氣，否則的話，這毒氣會使她們所到之處植物枯萎，人的肢體腫脹(Roth：2，第680頁)。在大陸的另一端，奇努克人作出了回響：「老人們說，以前女人不適時不可以造訪病人。他們解釋說，這是因爲，如果不適的女人和病人相遇，後者就會病勢加重。如果不適女人把東西給病人吃，或者她的目光及於後者準備吃的東西，那麼，結果也一樣」(Jacobs：2，第2部，第496頁)。按照考利茨河的薩利希人的說法，不適的少女不應當注視老年男女、無論什麼年齡的男人、甚至天，違者招致他們蒙受嚴重危險(Adamson，第261-262頁)。阿拉斯加的特林吉特人爲一種習俗說明了理由，這習俗是讓少女戴上大沿帽，以免她的眼睛轉向天因而玷污了天(Krause，第153頁)。我們已經看到，北方的阿塔帕斯干人對不適的女人施加了種種嚴厲限制；他們認爲，「女人的這種天然病症是使男人生病和死亡的原因」(Petitot：2，第76頁)加利福尼亞的胡帕人(Hupa)把憂鬱的女人、不適的女人、剛分娩或流產的女人混稱爲「壞女人」。他們還把她們視同掘墓人。傳統的祈禱說明了她們的悲慘狀況：「我爲使我們離開人世的這種死亡感到痛苦。人人都怕我。他人設置爐火的地方，沒有我的爐火。我只有只供我自己用的爐火。其他人吃的東西，我不能吃。此外，我還不能看任何人。我的整個身體讓人們不寒而慄……」(Goddard，第266頁注，第357頁)。

　　這種例子還可以舉出許多，它們證實了所謂原始民族和我們自己援引來佐證良好禮儀的各個題材的完全反轉。因為，我們戴帽子，是為了使**我們**能抵禦雨、寒冷和炎熱；我們使用餐叉，脫下手套，是為了不讓**我們**弄髒手指；我們通過麥管啜飲，是為了使**我們**能抵禦飲料的涼氣，我們食用醃漬保存的食品，是為了使**我們**免卻實際的不方便，或者使**我們**能夠防止與生和腐敗相關的理論上的危險。但是，帽子、手套、餐叉、啜飲管和醃漬食物在其他一些社會中都曾經並且始終構成一種屏障，用以抵抗使用者自己身體發出的染毒物。如我所認為的那樣，良好禮儀在野蠻人那裏不是用來保護主體的內在純潔性，以抵禦生物和事物的外部不純潔性，而是用來保護生物和事物的純潔性，以抵禦主體的不純潔性。

　　然而，根據一種意見制定的程式必須加以調整。事實上，違反施加於青春期少女的禁令還招致一種對於她的危險。不過，無論我們考察的是哪一個社會，它們都總是用同樣的或非常近似的措詞來界定這危險。佐格人(Zoulou)說，這犯禁的少女將變成一具骷髏；非洲的阿坎巴人(Akamba)和巴干達人(Baganda)也認為，她將不育，或者她的孩子將夭折，她自己的壽命也將縮短。在美洲也一樣。按照北美洲的阿塔帕斯干人的說法，不遵從禁令的不適少女或產婦肌肉萎縮，受出血之苦，將死於盛年。在他們中間，塔納納人指出，喝熱的或冷的而不是溫的飲料，將使她有時失去頭髮，有時失去牙齒；一個女人如在不適期間盯住太陽看，則她的頭將過早變白(McKennan，第143，167頁)。普吉特海峽的特瓦納人斷言，一個幽居的女人如用手指觸摸頭，則手指便腐爛：「她的頭髮再也不會生長，而一個女人不希望長一頭又長又濃密的頭髮，還指望什麼呢?」(Elmendorf-Kroeber，第440頁)。在奇努克人那裏，用手捂臉的寡婦鰥夫將過早臉上起皺紋和頭髮變白；同一些印第安人認為，不講究禮儀、狼吞虎嚥大塊肉的成年人只會到晚年才得到一個老的配偶 (Jacobs: 2，第501，503頁)。離那裏很遠，在熱帶美洲腹地，博羅羅人聲稱，在男人房舍的宗教活動室裏吃東

西的、不恰當地將餐盤吃光的人將早衰：頭髮未老先白，將討厭脫毛(E.B.,
第1卷，第371頁)。我們還記得，上面（第 494 頁）所引的十六世紀法文本文
告誡，吃純酒的兒童將有各種各樣壞處，且又失卻了一切通常與童年期相
聯繫的東西。

如果說施加於青春期少女——有時還有產婦、寡婦鰥夫、殺人者、掘
墓人、宗教或世俗的儀式的祭司——的種種禁忌是有意義的，那麼，只有
在把我已分別加以描述的兩個方面加以整合的條件下才如此。違反食譜、
忽視餐桌或廁所的器具的應用，作出禁止的姿勢，這一切都污染宇宙，破
壞收成，驅散獵物，使他人蒙受疾病和飢餓威脅；對於他自己，由於出現
未老先衰的徵象，因而正常壽命縮短。如果我們不記住這兩種類型懲罰相
互排斥，那麼，就無法理解這個體系。來月經的或分娩的女人不遵守規則，
便會變老；但她未使他人變老。因此，她的行為引起的損害因有關各方面
而異。對於她來說，這些損害在於由內部因素引致的存在過程的加速。對
於他人來說，它們在於同一個過程的中斷，這次是由外部因素，如瘟疫和
饑荒引致。

如果不認識到，當把這許多表面上看來完全不同的規定和禁忌同時從
兩個觀點去考察時，它們是連貫一致的，那麼，就不可能解釋這種二元性。
從空間的觀點來看，它們用來預防因在同一根軸的兩極有高的潛能而引起
的帶來損害的結合。這兩個極中，一個是自然力量的極，在那裏這種狀況
是司空見慣的，另一個極暫時被一個特定個人佔據，他已成為一系列改變
其狀態的生理學或社會學境況條件進行劇烈擾動的場所。在作為社會個人
的女人和她自己的、自然力量從中迸發的身體之間，在這身體和生物學的
與物理的宇宙之間，餐桌或廁所的器具作為隔離者或中介者而起著有效的
作用。這些器具的居間存在能阻止有突發之虞的災變。我已在《生食和熟
食》中強調過這一點（第435頁）。當時我對弗雷澤的解釋作了重新考察。他
是根據豐富的文獻並通過嚴格分析而提出這個解釋的，實際上這值得奉為

經典的解釋。

但是，我現在明白，這解釋是不完備的，因爲它僅僅囊括了一部份事實。青春期儀式並不僅僅處在一根空間軸上「天和地之間」。但是，弗雷澤卻據理提出是這樣，並用這種見解寫成《金樹枝》(*Golden Rough*)的最後一卷的第一章。它們還處在一根時間軸上，而這軸只在表面上依從於內部。因爲，我們知道，從本《神話學》第一篇起，各個神話就利用衰老的題材（M_{104}，CC，第237頁和本書第166頁起；M_{149a}，CC，第345-346頁）來引入一個基本範疇即周期性的範疇，後者通過賦予人壽命並且在這壽命期本身之內也通過建立以女性機體爲據點的重要生理學節律來調制人的存在。另一些神話（$M_{425-428}$；$M_{444-447}$等等）還讓我們知道，少女的教育基本上是通過對這種周期性的心理和生物等內在化而獲致的。

我們現在發現，在主體自我和他的身體之間缺乏梳子、搔頭具、手套、叉之類中介器，就會引起出現白髮、皺皮等等。其理由難道不是僅僅在於下述一點？這就是存在著一種規則的，並且某種意義上以其爲中介的周期性，它使得能夠避免雙重損害。一方面是因不存在周期性而造成的損害，而神話中每每以連續白晝或連續黑夜的形象表現這一點；另一方面是因周期性變得過分快而造成的損害：實際上這又回到了原樣，就像交替水流的形象所表明的，即在周期縮短的情況下，這水流的效果已無法與連續水流的效果分辨開來。

然而，如果說女人尤其需要教育，那麼，這正是因爲她們是周期性的生物。由於這個原故，她們始終處於——並且也連累整整宇宙跟她們一起處於——我剛才提到的兩種不測事件的威脅之下：或者她們的周期性節律減慢，並使事物的進程裏足不前；或者這節律加速，使世界陷於混沌。因爲，神靈可能也很容易想像，女人停止生孩子，有了規則的月經，或者，她們不停地流血，常常分娩。不過，按照這兩個假說，支配晝夜和季節交替的天體不可能再掌職司，這天體因尋覓理想完美的妻子而遠離天空，儘

管已不可能找到，但仍未停止過探尋。

　　因此，食譜、良好禮儀、餐桌或衛生器具，這一切中介手段都起著雙重作用。像弗雷澤所理解的那樣，它們無疑起著隔離或轉換的功能，抑制或降低兩極間的能力，而兩極的各自的負荷都重得不正常。可是，它們還用作爲度量標準。這時，它們的功能是正面的，不像前一種情形裏是負面的。它們的強制運用賦予每一種生理過程、每一種社會行動以合理的持續期。因爲，說到底，好的習俗要求，必須做到這一點，但決不是以急遽的方式做到這一點。所以，這樣一來，儘管日常生活賦予的使命是平凡的，但今天表面上看來如同梳子、帽子、手套、餐叉或啜吸飲料的管子一般無足輕重的物品仍然是兩個極端之間的中介；它們負有一種使日子可以盤算的惰性，以此調節我們與世界的交流，強加給世界一種明智的、平和的與馴順的節律（參見MC，第140頁）。它們使我們在本書中通篇看到的月亮和太陽的獨木舟的寓言形象在它們所適應的、我們人人都使用的物品的尺度上永存：這獨木舟也是技術客體，但使得歸根結柢一切技術客體以及產生它們的文化本身所必須起的作用，即既分離也結合兩個過份接近或過份疏遠的東西的作用大白於天下，它們還使人成爲無能的或沒有頭腦的犧牲品。

　　這種對無能的勝利的利用程度還與人類千萬年來所執著的目標根本不相稱。這種勝利是否會把我們重新帶回到沒有頭腦的狀態，尚有待於我們去弄明白。本著作前兩卷使我們得以揭示，指導神話思維的隱秘邏輯仍呈性質的邏輯和形式的邏輯雙重形象。哎呀，現在我們明白了，這全部神話還隱藏著一種倫理學，不過，它與我們倫理學的距離遠過其邏輯與我們邏輯的距離。如果說餐桌禮儀以及更一般地說良好習俗的起源如我認爲已經被表明的那樣在於對待世界的一種敬服，而禮貌在於承擔對世界的義務，那麼，由此可見，這些神話內在固有的倫理學乃是我們今天信奉的倫理學的對蹠點。不管怎樣，它告訴我們，像我們對於「他人是地獄」那樣予以強調的一個公式並不構成一個哲學命題，而是對於一種文明的一個種族志

證據。因爲，人們讓我們從孩提時代起就習慣於懼怕外界的不道德。

　　相反，當野蠻民族宣稱「我們自己是地獄」時，他們講授了謙虛謹慎的一課，而我相信我們現在仍能聽取。本世紀，在經過了許許多多社會(它們的豐富多樣乃是太古時代以來遺產的精華) 之後，人類恣意滅絕了無數種生物。在這樣的時代，無疑，像這些神話所做的那樣，已不再有必要說，一種健全的人道主義不是從自我出發，而是把世界放在生活之前，生活放在人類之前，尊重他人放在自愛之前；因爲無論如何總有完結之時，所以，即使在這個地球上已居留了一、二百萬年，人類也不能以之爲藉口來把某個物種當作一種東西要佔有，不知羞恥也不加考慮地對待它。

　　　　　　　　　　　　1966年2月於巴黎──1967年9月於利涅羅爾

附錄

●

參考文獻
神話索引

參考文獻

爲了不改變上兩卷參考文獻目錄中已出現過的著作的序號，這裏把每個著作者的新引用的著作接著排列下去，而不考慮發表的日期。

縮寫表

AA	*American Anthropologist.*
APAMNH	*Anthropological Papers of the American Museum of Natural History.*
ARBAE	*Annual Report of the Bureau of American Ethnology.*
BBAE	*Bulletin of the Bureau of American Ethnology.*
CC	C.Lévi-Strauss, *Mythologiques*.Le Cru et le Cuit,* Paris, 1964.
Colb.	Colbacchini, A.
CUCA	*Columbia University Contributions to Anthropology.*
E.B.	Albisetti, C. e Venturelli, A. J.: *Enciclopédia Borôro,* vol. I, Campo Grande, 1962.
HSAI	*Handbook of South American Indians, BBAE* 143, 7 vol., Washington, D.C., 1946-1959.
JAFL	*Journal of American Folklore.*
JRAI	*Journal of the Royal Anthropological Institute of Great Britain and Ireland.*
JSA	*Journal de la Société des Américanistes.*
K.-G.	Koch-Grünberg, Th.

L.-N.　　　Lehmann-Nitsche, R.

L.-S.　　　Lévi-Strauss, Cl.

MAFLS　　*Memoirs of the American Folk-Lore Society.*

MC　　　　C. Lévi-Strauss, *Mythologiques ** . Du Miel aux cendres,* Paris, 1967.

Nim.　　　Nimuendaju, C.

RIHGB　　*Revista do Instituto Historico e Geografico Brasileiro.*

RMDLP　　*Revista del Museo de la Plata.*

RMP　　　*Revista do Museu Paulista.*

SWJA　　　*Southwestern Journal of Anthropology.*

UCPAAE　*University of California Publications in American Archaeology and Ethnology.*

Abbeville, Cl. d':

Histoire de la mission des pères Capucins en l'isle de Maragnan et terres circonvoisines, Paris, 1614.

Abreu, J. Capistrano de:

Rā-txa hu-ni-ku-i. A Lingua dos Caxinauas. Rio de Janeiro, 1914.

Adney, E. T. and Chapelle, H. I.:

The Bark Canoes and Skin Boats of North America, Smithsonian Institution, Washington, D. C., 1964.

Améro, J.:

Les Classiques de la table, n. éd., 2 vol., Paris, 1855.

Anderson, E. and Cutler, H.C.:

"Methods of Popping Corn and their Historical Significance",

SWJA, 6,3, 1950.

Armentia, N.:

"Arte y vocabulario de la Lengua Cavineña", *RMDLP,* vol. 13, 1960.

Arnaud, E.:

"Os Indios Galibi do rio Oiapoque", *Boletim do Museu Goeldi, n.s., Antropologia 30,* Belém-Pará, 1966.

Aschmann, H.:

"A Primitive Food Preparation Technique in Baja California", *SWJA.* 8, 1, 1952.

Audubon, J. J.:

Scènes de la nature dans tes États-Unis et le nord de l'Amérique, trad. par E. Bazin, 2 vol., Paris, 1868.

Baldus, H.:

(2)*Lendas dos Indios do Brasil,* São Paulo 1946.

(6)"Karaja-Mythen", *Tribus, Jahrbuch des Linden-Museums,* Stuttgart, 1952-1953.

Ballard, A.C.:

(1)"Mythology of Southern Puget Sound", *Univ. of Washington Publications in Anthropology,* vol. 3, no. 2, 1929.

Barbeau, M.:

(1)"Huron and Wyandot Mythology", *Memoir 80, Anthropol. Series no. II, Geological Survey of Canada,* 1915.

(2)"Huron-Wyandot Traditional Narratives", *National Museum of Canada, Buil. no. 165,* Ottawa, 1960.

Barbut, M.:

"Le sens du mot 'structure' en mathématiques" *in* "Problèmes du Structuralisme", *Les Temps Modernes,* 22ᵉ année, no. 246, nov. 1966.

Barker, M.A.R.:

(1)"Klamath Texts", *University of California Publications in Linguistics,* vol. 30, Berkeley, 1963.

(2)"Klamath Dictionary", *ibid.,* vol. 31, Berkeley, 1963.

Barnouw, V.:

"Acculturation and Personality Among the Wisconsin Chippeswa", *Memoir Number* 72, *AA* 52, 4, 2, 1950.

Barrau, J.:

L'Agriculture vivrière autochtone de la Nouvelle-Calédonie (Commission du Pacifique Sud), Nouméa, 1956.

Barrére, P.:

Nouvelle relation de la France équinoxiale, Paris, 1743.

Barrett, S.A.:

(1)"The Cayapa Indians of Ecuador", *Indian Notes and Mono-graphs, Museum of the American Indian, Heye Foundation,* 2 vol., New York, 1925.

(2)"Pomo Myths", *Bulletin of the Public Museum of the City of Milwaukee,* vol. 15, 1933.

Beals, R.L.:

"The Contemporary Culture of the Cáhita Indians", *BBAE 142,* Washington, D. C., 1945.

Becher, H.:

(1)"Algumas notas sôbre a religião e mitologia dos Surára",

RMP, n.s. vol. II, São Paulo, 1959.

(2)"Die Surára und Pakidái. Zwei Yanonámi-Stämme in Nordwestbrasilien", *Mitteilungen aus dem Museum für Völkerkunde in Hamburg,* vol. 26, 1960.

Becker-Donner, E.:

"Nichtkeramische Kulturfunde Nordwestargentiniens", *Archiv für Völkerkunde* VIII, Wien, 1953.

Beckwith, M. W.:

(1)"Mandan-Hidatsa Myths and Ceremonies", *MAFLS,* vol. 32, New York, 1938.

(2)"Mythology of the Oglala Dakota", *JAFL,* vol. 43, 1930.

Bennett, W. C.:

"Numbers, Measures, Weights, and Calendars", *HSAI,* vol. 5, 1949.

Berthrong, D.J.:

The Southern Cheyennes, Norman, Oklahoma, 1963.

Bloomfield, L.:

(1)"Sacred Stories of the Sweet Grass Cree", *Bulletin 60, Anthropological Series no. II, National Museum of Canada,* Ottawa, 1930.

(2)"Plain Cree Texts", *Publications of the American Ethnological Society,* vol. 16, New York, 1934.

(3)"Menomini Texts", *Publications of the American Ethnological Society,* vol. 12, New York, 1928.

Boas, F.:

(2)"Tsimshian Mythology", 31st *ARBAE* (1909-1910), Washington, D.C., 1916.

(4)ed.: "Folk-Tales of Salishan and Sahaptin Tribes", *MAFLS,* vol. II, 1917.

(5)"Mythologie der Indianer von Washington und Oregon", *Globus,* vol. 43, 1893.

(6)"Traditions of the Ts'Ets'āut", *JAFL,* vol. 10, 1897.

(7)"Kathlamet Texts", *BBAE* 26, Washington, D.C., 1901.

(8)"The Eskimo of Baffin Land and Hudson Bay", *Bulletin of the American Museum of Natural History,* vol. 15, New York, 1901-1907.

(9)"Kutenai Tales", *BBAE* 59, Washington, D.C., 1918.

(10)"Chinook Texts", *BBAE* 20, Washington, D.C., 1894.

(11)"Property Marks of the Eskimo", *AA,* n.s., vol. I, 1899.

(12)"The Mythology of the Bella Coola", *Memoirs of the American Museum of Natural History,* vol. 2, 1900.

Bogoras, W. G.:

(1)"The Folklore of Northeastern Asia as compared with that of Northwestern America", *AA,* n.s., vol. 4, 1902.

(2)"The Chukchee", *Memoirs of the American Museum of Natural History,* vol. II, 1904-1909.

Bowers, A.W.:

(1)*Mandan Social and Ceremonial Organization,* Chicago 1950.

(2)"Hidatsa Social and Ceremonial Organization", *BBAE* 194, Washington, D.C., 1965.

Braidwood, R.J. *et al.:*

"Symposium: Did Man once live by beer alone?", *AA,* 55, 4,

1953.

Brehm, A. E.:

(1)*Brehms Tierleben. Allgemeine Kunde des Tierreichs,* Leipzig und Wien. 10 vol., 1890-1893.

(2)*La Vie des animaux,* 4 vol., Paris, s.d.

Brett, W.H.:

(1)*The Indian Tribes of Guiana,* London, 1868.

(2)*Legends and Myths of the Aboriginal Indians of British Guiana,* London. s.d.(1880).

Bridges, E.L.:

Uttermost Part of the Earth, London, 2nd ed., 1950.

Bright, W.:

"The Karok Language", *University of California Publications in Linguistics,* vol. 13, Berkeley, 1957.

Brinton, D.:

Native Calendars of Central America and Mexico, Philadelphia, 1893.

Bruner, E.M.:

"Mandan-Hidatsa Kinship terminology", *AA,* 57, 4, 1955.

Bullen, R. P., ed.:

"Caribbean Symposium", *American Antiquity,* 31, 2, *part* I, 1965.

Bunzel, R. L.:

(1)"Introduction to Zuni Ritual Poetry", *47th ARBAE* (1929-1930), Washington D.C., 1932.

Burt, W.H.:

A Field Guide to the Mammals, Cambridge, Mass., 1952.

Bushnell, Jr., D.I.:

"Tribal Migrations East of the Mississipi", *Smithsonian Miscellaneous Collections,* vol. 89, no. 12, Washington, D.C., 1934.

Cadogan, L.:

(4)"Ayvu Rapyta. Textos míticos de los Mbyá-Guarani del Guairá", *Antropologia, no. 5 Boletim no. 227, Universidade de São Paulo,* 1959.

(5)"En torno al BAIETE-RI-VA y el concepto guarani de NOMBRE", *Suplemento Antropologico de la Revista del Ateneo Paraguayo,* vol. I, no. 1, Asunción, 1965.

Callender, C.:

"The Social Organization of the Central Algonkians", *Milwaukee Public Museum, Publications in Anthropology,* no 7, Milwaukee, 1962.

Cardus, J.:

Las misiones Franciscanas entre los infieles de Bolivia, Barcelona, 1886.

Catlin, G.:

Voir: Donaldson, Th.

Chamberlain, A. F.:

"The Maple amongst the Algonkian Tribes", *AA,* o.s. 4, 1891.

Chamberlain, L.S.:

"Plants Used by the Indians of Estern North America", *American Naturalist,* vol. 35, Jan. 1901.

Chapman, J.W.:

"Athapaskan Traditions from the Lower Yukon", *JAFL,* 16, 1903.

Chateaubriand, F. de:

(1)*Voyages en Amérique, en Italie, au Mont Blanc,* nouvelle éd., Paris, 1873.

(2)*Mémoires d'Outre-Tombe,* éd. de la Pléiade, 2 vol,. Paris, 1951.

(3)*Génie du Christianisme,* éd. Garnier-Flammarion, 2 vol., Paris, 1966.

Clastres, P.:

La Vie sociale d'une tribu nomade; les Indiens Guayaki du Paraguay (ms.).

Coleman, B., Frogner, E. and Eich, E.:

Ojibwa Myths and Legends, Minneapolis, 1962.

Colleville, M. de et Cadogan, L.:

"Les Indiens Guayaki de l'Yñarö", *Bulletin de la Faculté des Lettres,* TILAS 3,4. Strasbourg, 1963-1964.

Cooper, J. M.:

"The Araucanians", *HSAI,* vol. 2, *BBAE* 143, Washington, D. C., 1946.

Cope, L.:

"Calendars of the Indians North of Mexico", *UCPAAE,* vol. 16, Berkeley, 1919.

Cornplanter, J.:

Legends of the Longhouse, Philadelphia-New York, 1938.

Coues, E., ed.:

Manuscript Journals of Alexander Henry and of David Thompson, 3 vol., New York, 1897.

Couto de Magalhãeds, J. V.:

O Selvagem, 4ª ed. completa com *Curso,* etc., São Paulo-Rio de Janeiro, 1940.

Cresswell, J.R.:

"Folk-Tales of the Swampy Cree of Northern Manitoba", *JAFL,* vol. 36, 1923.

Culin, S.:

"A Summer Trip among the Western Indians", *Bulletin of the Free Museum of Science and Art,* Philadelphia, Jan, 1901.

Curtin, J.:

(1)*Myths of the Modocs,* Boston, 1912.

(2)*Seneca Indians Myths,* New York, 1922.

Curtin, J. and Hewitt, J.N.B.:

"Seneca Fiction, Legends and Myths. Part I", *32nd ARBAE* (1910-1911). Washington, D.C., 1918.

Cushing, F.H.:

"Zuñi Breadstuff", *Indian Notes and Monographs, vol. 8, Museum of the American Indian, Heye Foundation,* New York, 1920.

Dangel, R.:

"Bear and Fawns", *JAFL,* vol. 42, 1929.

Deetz, J.:

"The Dynamics of Stylistic Change in Arikara Ceramics", *Illinois Studies in Anthropology,* no. 4, Urbana, 1965.

Dempsey, H. A.:

"Religious significance of Blackfoot quillwork", *Plains Anthropologist,* vol. 8, 1963.

Denig, E.T.:

"Indin Tribes of the Upper Missouri. Edited with notes and biographical sketch by J. N. B. Hewitt", *46th ARBAE* (1928-1929), Washington, D.C., 1930.

Densmore, F.:

(1)"Uses of Plants by the Chippewa Indians", *44th ARBAE* (1926-1927), Washington, D.C., 1928.

(2)"Chippewa Customs", *BBAE* 86, Washington, D. C., 1929.

Derbyshire, D.:

Textos Hixkaryâna, Belêm-Pará, 1965.

Dieterlen, G. et Calame-Griaule, G.:

"L'Alimentation dogon", *Cahiers d'études africaines,* 3, 1960.

Dixon, R. B.:

(1)"Shasta Myths", *JAFL,* vol. 23, 1910.

(2)"Maidu Myths", *Bulletin of the American Museum of Natural History,* vol. 17, 1902-1907.

(3)"Maidu Texts", *Publications of the American Ethnological Society,* vol. 4, 1912.

(7)"The Shasta", *Bulletin of the American Museum of Natural History,* vol. 17, 1902-1907.

Dixon R. B. and Kroeber, A.L.:

"Numeral Systems of the Languages of California", *AA,* vol. 9, no 4., 1907.

Donaldson, Th.:

"The George Catlin Indian Gallery", *Annual Report... of the Smithsonien Institution,* part II, Washington, D.C., 1886.

Dorsey, G.A.:

(1)"Traditions of the Skidi Pawnee", *MAFLS,* Boston-New York, 1904.

(2)"The Pawnee. Mythology", *Carnegie Institution of Washington,* Publ. no. 59, 1906.

(3)"The Mythology of the Wichita", *Carnegie Institution of Washington,* Publ. no. 21,1904.

(4)"The Cheyenne. I. Ceremonial Organization", *Field Columbian Museum, Publication 99, Anthropol. Series, vol. IX, no. I,* Chicago, 1905.

(5)"The Arapaho Sun Dance; the Ceremony of the Offerings Lodge", *Field Columbian Museum, Publ. 75, Anthropol. Series,* vol. IV, Chicago, 1903.

(6)"Traditions of the Arikara", *Carnegie Institution of Washington,* Publ. no. 17, 1904.

(7)"Sun Dance" *in:* Hodge, F. W., ed. "Handbook of American Indians North of Mexiceo", *BBAE 30,* 2 vol., Washington, D.C., 1910.

Dorsey, G.A. and Kroeber, A.L.:

"Traditions of the Arapaho", *Field Columbian Museum, Publ. 81, Anthropl. Series,* vol. V, Chicago, 1903.

Dorsey, J. O.:

(1)"The Çegiha Language", *Contributions to North American*

Ethnology, vol. VI, Washington, 1890.

(2)"A study of Siouan Cults", *11th ARBAE* (1889-1890), Washington, D.C., 1894.

(3)"Omaha Sociology", *3rd ARBAE* (1881-1882), Washington, D.C., 1884.

Driver, H.E.:

(1)"Culture Element Distribution: XVI. Girls' Puberty Rites in Western North America", *Anthropological Records,* 6, 2, Berkeley, 1941.

(2)"Georaphical-Historical *versus* Psycho-Functional Explanations of Kin Avoidances", *Current Anthropology,* vol. 7, no. 2, April 1966.

Driver, H. E. and Massey, W.C.:

"Comparative Studies of North American Indians", *Transactions of the American Philosophical Society,* n.s., vol. 47, *part* 2, Philadelphia, 1957.

DuBois, C.:

"Wintu Ethnography", *UCPAAE,* vol. 36, no. 1, Berkeley, 1935.

DuBois, C. and Demetracopoulou, D.:

"Wintu Myths", *UCPAAE,* vol. 28, 1930-1931.

DuBois, C. G.:

"The Religion of the Luiseño Indians", *UCPAAE,* vol. 8, Berkeley, 1908.

Dumézil, G.:

Les Dieux des Germains, essai sur la formation de la religion scandinave, Paris, 1959.

Eggan, F.:

"The Cheyenne and Arapaho Kinship System" *in*: Eggan, F. ed., *Social Anthropology of North American Tribes*, Chicago, 1937.

Elmendorf, W. W.:

"The Structure of Twana Culture [with] Comparative Notes on the Structure of Yurok Culture [by] A. L. Kroeber", *Research Studies, Monographic Supplement 2*, Pullman, 1960.

Érame de Rotterdam:

(1)*La Civilité puérile,* trad. nouvelle, texte latin en regard... par Alcide Bonneau, Paris, 1877.

(2)*Declamatio de pueris statim ac liberaliter instituendis,* étude critique, traduction et commentaire par J. C. Margolin, Genève, 1966.

Erikson, E.H.:

"Observations of the Yurok. Childhood and World Image", *UCPAAE,* vol. 35, Berkeley, 1943.

Ewers, J. C.:

"The Horse in Blackfoot Indian Culture", *BBAE* 159, Washington, D. C., 1955.

Farabee, W. C.:

(1)"The Central Arawak", *Anthropological Publications of the University Museum,* 9, Philadelphia, 1918.

(2)"Indian Tribes of Eastern Peru", *Papers of the Peabody Museum, Harvard University,* vol. 10, Cambridge, 1922.

Faron, L.C.:

(1)"Mapuche Soical Structure", *Illinois Studies in Anthropology,* no. 1, Urbana, 1961.

(2)"The Magic Mountain and other Origin Myths of the Mapuche Indians of Central Chile", *JAFL.* vol. 76, 1963.

(3)*Hawks of the Sun, Pittsburgh,* 1964.

Frachtenberg, L. J.:

(1)"Coos Texts", *CUCA,* vol. 1, New York-Leyden, 1913.

(2)"Shasta and Athapaskan Myths from Oregon (Collected by Livingston Farrand)", *JAFL,* vol. 28, 1915.

Franciscan Fathers:

An Ethnological Dictionary of the Navaho Language, Saint Michaels, Arizona, 1910.

Franklin, A.:

La Vie privée d'autrefois. Les repās. Paris, 1889.

Frazer, J.G.:

(4)*The Golden Bough,* 3rd ed., 13 vol., London, 1923-1926.

Frikel, P.:

(1)"Morī-A Festa do Rapé. Indios Kachúyana; rio Trombetas", *Boletim do Museu Paraense Emilio Goeldi,* n.s., *Antropologia,* no. 12, Belēm-Pará, 1961.

(2)"Ometanímpe, os Transformados", *Boletim do Museu Paraense Emilio Goeldi,* n.s., *Anthropologia,* no. 17, Belēm-Pará, 1961.

Fulop, M.:

"Aspectos de la cultura tukana: Cosmogonia; Mitología, Parte

1", *Revista Colombiana de Antropologia,* vol. 3,5,Bogotá, 1954, 1956.

Farrand, L.:

"Traditions of the Quinault Indians", *Memoirs of the American Museum of Natural History,* vol. IV, New York, 1902.

Fejos, P.:

"Ethnography of the Yagua", *Viking Fund Publications in Anthropology,* vol. 1, New York, 1943.

Fenton, W.N.:

"An Outline of Seneca ceremonies at Coldspring Longhouse", *Yale University Publications in Anthropology,* no. 9, New Haven, 1936.

Fernald, M. L. and Kinsey, A.C.:

Edible Wild Plants of Eastern North America (Gray Herbarium of Harvard University, Special Publication), Cornwall-on-Hudson, 1943.

Fisher, M. W.:

"The Mythology of the Northern and Northeastern Algonkians in Reference to Algonkian Mythology as a Whole" *in:* F. Johnson, ed.: *Man in Northeastern North America, Papers of the R. S. Peabody Foundation,* vol. 3, Andover, Mass., 1946.

Flannery, R.:

"The Gros Ventres of Montana; Part 1, Social Life", *The Catholic University of America, Anthropol. Series,* no. 15, Washington, D. C., 1953.

Fletcher, A.C. and La Flesche, F.:

"The Omaha Tribe", *27th ARBAE* (1905-1906), Washington, D.C., 1911.

Fock, N.:

"Waiwai. Religion and Society of an Amazonian Tribe", *National-museets skrifter. Ethnografisk Roekke, VIII,* Copenhagen, 1963.

Fontana, B. L.:

(lettre du II décembre 1963).

Garth, Th. R.:

"Early Nineteenth Century Triba Relations in the Columbia Plateau", *SWJA,* 20, 1, 1964.

Gatschet, A.S.:

"The Klamath Indians of South-Western Oregon", *Contributions to North American Ethnology,* vol. II, *two Parts,* Washington, 1890.

Gilij, F.S.:

Saggio di storia americana, etc., 4 vol., Roma, 1780-1784.

Gilmore, M.R.:

(1)"Uses of Plants by the Indians of the Missouri River Region", *33rd ARBAE* (1911-1912), Washington, D.C., 1919.

(2)"Notes on Gynecology and Obstetrics of the Arikara Indians", *Papers of the Michigan Academy of Science, Arts and Letters,* vol. 14(1930), 1931.

(3)"Months and Seasons of the Arikara Calendar", *Indian Notes,* vol. VI, no. 3, *Museum of the American Indian, Heye Foundation,* 1929.

Goddard, P.E.:

"Hupa Texts", *UCPAAE,* vol. 1, no. 2, Berkeley, 1904.

Godel, R.:

Les Sources manuscrites du Cours de linguistique générale, Genève, 1957.

Goeje, C. H. de:

(1)"Philosophy, Initiation and Myths of the Indians of Guiana and adjacent countries", *Internationales Archiv für Ethnographie,* vol. 44, Leiden, 1943.

(2)"De inwijding tot medicijnman bij de Arawakken in tekst en mythe". *Bijdragen tot de taal-, land- en Volkenkunde,* 'S-Gravenhagen, 101, 1942.

Golder, F. A.:

"Tales from Kodiak Islands", *JAFL,* vol. 16, 1903.

Goldman, I.:

"The Cubeo Indians of the Northwest Amazon", *Illinois Studies in Anthropology,* no. 2, Urbana, 1963.

Goldschmidt, W.:

"Nomlaki Ethnography", *UCPAAE,* vol. 42, 4, Berkeley, 1951.

Granet, M.:

Danses et légendes de la Chine anciennce, 2 vol., Paris, 1926.

Grinnell, G.B.:

(1)"Falling Star", *JAFL,* vol. 34, 1921.

(2)*The Cheyenne Indians,* 2 vol., New Haven, 1923.

(3)*Blackfoot Lodge Tales,* New York, 1892.

(4)"Coup and Scalp among the Plains Indians", *AA,* vol, 12,

1910.

(5)"Cheyenne Woman Customs", *AA,* vik. 4, 1902.

(6)"Some Early Cheyenne Tales", *JAFL,* vol. 20-21, 1907-1908.

Guallart, J. M.:

"Mitos y leyendas de los Aguarnna s del alto Marañon", *Peru Indigena,* vol. 7, nos, 16-17, Lima, 1958.

Gunther, E.:

"Ethnobotany of Western Washington", *University of Washington Publications in Anthropology,* vol. 10, no, 1, Seattle, 1945.

Gusinde, M.:

Die Feuerland Indianer, 3 vol., Mödling bei Wien, 1931-1939.

Haas, M. R.:

"Addenda to Review of Bloomfield's'The Menomini Language'", *AA,* vol.68, 2, 1, 1966.

Haeberlin, H.:

"Mythology of Puget Sound", *JAFL,* vol. 37, 1924.

Haeberlin, H. and Gunther, E.:

"The Indians of Puget Sound", *Univ. of Washington Publications in Anthropology,* vol. 4, 1, 1930.

Hagar, S.:

"Weather and the Seasons in Micmac Mythology", *JAFL,* vol. 10, 1897.

Hall, E. R. and Kelson, K. R.:

The Mammals of North America, 2 vol., New York, 1959.

Harrington, J. P.:

"The Ethnogeography of the Tewa Indians", *29th ARBAE,*

Washington, D. C., 1916.

Havard, V.:

(1)"Food Plants of the North American Indians", *Bulletin of the Torrey Botanical Club,* 22(3), 1895.

(2)"Drink Plants of the North American Indians", *Bulletin of the Torrey Botanical Club,* 23 (2), 1896.

Heiser, Jr., Ch. B.:

"The Sunflower among the North American Indians", *Proceedings of the American Philosophical Society,* vol. 95, no. 4, Philadelphia, 1951.

Henry, J.:

(1)*Jungle People. A Kaingáng Tribe of the Highlands of Brazil,* New York, 1941.

Henshaw, H. W.:

"Indian Origin of Maple Sugar", *AA,* o.s. 3, 1890.

Hewitt, J. N.B.:

(1)"Iroquoian Cosmology", *21st ARBAE* (1899-1900), Washington, D.C. 1903.

(2)"Iroquoian Cosmology-Second Part", *43rd ARBAE* (1925-1926), Washington, D. C., 1928.

Hilger, I.M.:

(1)"Menomini Child Life", *JSA,* t. 40, 1951.

(2)"Arapaho Child Life and its Cultural Background", *BBAE* 148, Washington, D.C., 1952.

Hissink, K. und Hahn, A.:

Die Tacana, I. Erzählungsgut, Stuttgart, 1961.

Hoffman, W.J.:

"The Menomini Indians", *14th ARBAE*(1892-1893), Washington, D.C., 1896.

Holtved, E.:

(1)"The Eskimo Legend of Navaranâq", *Acta Arctica*, 1, Copenhagen, 1943.

(2)*The Polar Eskimos Language and Folklore*, 2 vol., Copenhagen, 1951.

Hubaux, J.:

Les Grands Mythes de Rome, Paris, 1945.

Humboldt, A. de, et Bonpland, A.:

Voyage aux régions équinoxiales du nouveau continent, 23 vol. Paris, 1807-1835.

Hunter, J. D.:

Manners and Customs of Several Indian Tribes Located West of the Mississipi, reprinted, Minneapolis, 1957.

Huxley, F.:

Affable Savages, London, 1956.

Hymes, V.D.:

"Athapaskan Numeral Systems", *International Journal of American Linguistics,* vol. 21, 1955.

Ihering, R. von:

Dicionário dos animais do Brasil, São Paulo, 1940.

Im Thurn, E.F.:

Among the Indians of Guiana, London, 1883.

Jablow, J.:

"The Cheyenne in Plains Indian Trade Relations, 1795-1840", *American Ethnological Society Monographs*, 19, New York, 1951.

Jacobs, E.D.:

Nehalem Tillamook Tales, Eugene, Oregon, 1959.

Jacobs, M.:

(1)"Northwest Sahaptin Texts", *CUCA*, vol. 19, 1-2, New York, 1934.

(2)"Clackamas Chinook Texts", *International Journal of American Linguistics*, vol. 24-25, 1-2, 1958-1959.

Jenness, D.:

"Myths and Traditions from Northern Alaska", *Reports of the Canadian Arctic Expedition*, 1913-1918.

Jetté, Fr. J.:

"On the Superstitions of the Ten'a Indians", *Anthropos*, vol. 6, 1911.

Jones, W.:

(1)"Ojibwa Tales from the North Shore of Lake Superior", *JAFL*, vol. 29. 1916.

(2)"Ojibwa Texts", *Publications of the American Ethnological Society*, vol. 7, 2 parts, 1917-1919.

(3)"Kickapoo Tales...translated by T. Michelson", *Publications of the American Ethnological Society*, vol. 9, Leyden-New York. 1915.

(4)"Fox Texts", *Publications of the American Ethnological Society*, vol. 1, Leyden, 1907.

Josselin de Jong, J.P.B.:

(1)"Original Odzibwe Texts", *Baessler Archiv,* 5, 1913.

(2)"Blackfoot Texts", *Verhandelingen der Koninklijke A-kademie van Wetenschappen te Amsterdam, Afdeeling Letterkunde Nieuwe Reeks,* Deel XIV, no. 4, 1914.

Karsten, R.:

(2)"The Head-Hunters of Western Amazonas", *Societas Scientiarum Fennica. Commentationes humanarum litterarum,* t. 7, no. 1. Helsingfors. 1935.

Keesing, F. M.:

"The Menomini Indians of Wisconsin", *Memoirs of the American Philosophical Society,* 10, 1939.

Kennard, E.

"Mandan Grammar", *International Journal of American Linguistics,* vol. 9, 1, 1936-1938.

Kensinger, K.:

"The Cashinahua of Southeastern Peru", *Expedition,* vol. 7, no. 4, 1965.

Kilpatrick, J.F.:

"The Wahnenauhi Manuscript: Historical Sketches of the Cherokees", *Anthropological Papers,* nos. 75-80, *BBAE* 196, Washington, D.C., 1966.

Kingsley Noble, G.:

"Proto-Arawkan and its Descendants", Publ. 38, *Indiana University Research Center in Anthropology, Folklore and Linguistics, International Journal of American Linguistics,* vol. 31, no.

3, *part* 2, 1965.

Kleivan, I.:

"The Swan Maiden Myth among the Eskimo", *Acta Arctica,*
13, Copenhagen, 1962.

Koch-Grünberg, Th.;

(1)*Von Roroima zum Orinoco. Zweites Band. Mythen und
Legenden der Taulipang und Arekuna Indianer,* Berlin,
1916.

(2)*Zwei Jahre bei den Indianern Nordwest Brasiliens,* n. ed.,
Stuttgart, 1921.

(3)*Indianermärchen aus Südamerika,* Iena, 1921.

Kohl, J.G.:

Kitchi-Gami. Wanderings Round Lake Superior, n. ed., Min-
neapolis 1956.

Krause, A.:

The Tlingit Indians, transl. by E. Gunther, Seattle, 1956.

Krickeberg, W.:

Felsplastik und Felsbilder bei den Kulturvölkern Altamerikas,
etc., 2vol., Berlin, 1949.

Kroeber, A.L.:

(1)"Handbook of the Indians of California", *BBAE* 78, Washin-
gton, D.C., 1925.

(2)"Arapaho Dialects", *UCPAAE,* vol. 12, Berkeley, 1916.

(3)"The Arapaho", *Bulletin of the American Museum of Natu-
ral History,* vol. 18, *part* 1, 2 and 4, New York, 1902-1907.

(4)"Cheyenne Tales", *JAFL,* vol. 13, 1990.

(5)*Cultural and Natural Areas of Native North America,* Berkeley, 1939.

(6)"Gros Ventre Myths and Tales", *APAMNH,* vol. 1, *part* 2, New York, 1907.

Kruse, A.:

(2)"Erzählungen der Tapajoz-Munduruku", *Anthropos,* t. 41-44, 1946-1949.

Ladd, J.:

The Structure of a Moral Code, Cambridge, Mass., 1957.

Latcham, R.E.:

(1)"Ethnology of the Araucanos", *JRAI,* vol. 39, 1909.

(2)*La Organización social y las creencias religiosas de los antiguos araucanos,* Santiago de Chile, 1924.

Lehmann-Nitsche, R.:

(8)"El Caprimúlgido y los dos grandes astros", *RMDLP,* vol. 32, 1930.

(9)"La Cosmogonia según los Puelche de la Patagonia", *RMDLP,* vol. 24, *2da parte,* 1918.

(10)"El viejo Tatrapai de los Araucanos", *RMDLP.* vol. 32, 1929.

(11)"El Diluvio según los Araucanos de la Pampa", *RMDLP,* vol. 24(*2da serie,* t. 12), 1916.

Leland, Ch. G.:

The Algonquin Legends of New England, London, 1884.

Lenz, R.;

"Estudios araucanos", *Anales de la Univirsidad del Chile,* vol.

91, 1895.

Lévi-Strauss, C.:

(5)*Anthropologie structureale,* Paris, 1958.

(9)*La Pensée sauvage,* Paris, 1962.

(10)Mythologiques. *Le Cru et le Cuit,* Paris, 1964(cité CC).

(13)"Résumé des cours de 1960-1961", *Annuaire du Collège de France,* 61ᵉ année, 1961-1962.

(14)"The Deduction of the Crane", *AA (à paraître).*

(15)Mythologiques. *Du Miel aux cendres,* Paris, 1967(cité MC).

(16)"Guerre et commerce chez les Indiens de l'Amérique du Sud", *Renaissance, revue trimestrielle publiée par l'École libre des hautes études,* vol. 1, fasc. 1 et 2, New York, 1943.

(17)"Résumé des cours de 1964-1965", *Annuaire du Collège de France,* 65ᵉ année, 1965-1966.

(18)"Le Sexe des astres", *Mélanges offerts à Roman Jakobson pour sa 70ᵉ année,* La Haye, 1967.

(19)"Rapports de symétrie entre rites et mythes de peuples voisins"(*à paraître*).

Lothrop, S. K.:

"The Indians of Tierra del Fuego", *Contributions from the Museum of American Indian, Heye Foundation,* vol. 10, New York, 1928.

Lounsbury, F.G.:

"Stray Number Systems among certain Indian Tribes", *AA,* n. s., vol. 48, 1946.

Lowie, R.H.:

(1)"The Test-Theme in North American Mythology", *JAFL,* vol. 21, 1908.

(2)"The Assiniboine", *APAMNH,* vol. 4, *part* 1, New York, 1909.

(3)"Myths and Traditions of the Crow Indians", *APAMNH,* vol. 25, *part* 1, New York, 1918.

(4)"Shoshonean Tales", *JAFL,* vol. 37, 1924.

(5)"Studies in Plains Indian Folklore", *UCPAAE,* vol. 40, no. 1, Berkeley, 1942.

(6)"A Few Assiniboine Texts", *Anthropological Linguistics,* Nov. 1960.

(7)"The Religion of the Crow Indians", *APAMNH,* vol. 25, *part* 2, New York, 1922.

(8)"Sun Dance of the Shoshoni, Ute, and Hidatsa", *APAMNH,* vol. 16, *part* 5, New York, 1919.

(9)"Societies of the Arikara Indians", *APAMNH,* vol, II, *part* 8, New York, 1915.

(10)"The Tropical Forests: An Introduction", *HSAI,* vol. 3.

(11)"The Material Culture of the Crow Indians", *APAMNH,* vol. 21, New York, 1922.

Luomala, K.:

"Oceanic, American Indian, and African Myths of Snaring the Sun", *Bernice P. Bishop Museum Bulletin 168,* Honolulu, 1940.

McClintock, W.:

The old North Trail, London, 1910.

McGregor, S. E.:

(lettre du 22 novembre 1963).

McKennan, R. A.:

"The Upper Tanana Indians", *Yale University Publications in Anthropology*. 55, 1959.

McLaughlin, M.L.:

Myths and Legends of the Sioux, Bismarck, N. D., 1916.

McNeish, R.S.:

"The Origin of New World Civilization", *Scientific American,* vol. 211, 5, 1964.

Mandelbaum, D.G.:

"The Plains Cree", *APAMNH,* vol. 37, *part* 2, New York, 1940.

Matthews, W.:

Grammar and Dictionary of the Language of the Hidatsa, New York, 1873.

Matthews, C.:

The Indian Fairy Book, 1869 (trad. française: *Légendes Indiennes,* s.d.).

Maximilian, Prince of Wied:

Travels in the Interior of North America, transl. by H. E. Lloyd, London, 1843.

Mayers, M.:

Pocomchi Texts, University of Oklahoma, Norman, 1958.

Mechling, W.H.:

"Malecite Tales", *Memoirs of the Canada Department of*

Mines, Geological Survey, vol. 49, Ottawa, 1914.

Medsger, O. P.:

　Edible Wild Plants, New York, Macmillan Co, 1939.

Métraux, A.:

　(5)"Myths of the Toba and Pilagá Indians of the Gran Chaco",
　　MAFLS, vol. 40, Philadelphia, 1946.

　(8)"Mythes et contes des Indiens Cayapo (groupe Kuben-Kran-
　　Kegn)", *RMP,* n.s., vol. 12, São Paulo, 1960.

　(15)"Tribes of Jurua-Purus Basins", *HSAI,* vol. 3, *BBAE* 143,
　　Washington, D.C., 1948.

Michelson, T.:

　(1)"The Narrative of a Southern Cheyenne Woman", *Smith-
　　sonian Miscellaneous Collection,* 87, no. 5, Washington, D.C.,
　　1932.

　(2)"The Narrative of an Arapaho Woman", *AA,* n.s., vol. 35,
　　1933.

　(3)"Some Arapaho Kinship Terms and Social Usages", *AA,* n.
　　s., vol. 36, 1934.

　(4)"Micmac Tales", *JAFL,* vol. 38, 1925.

　(5)"The Mythical Origin of the White Buffalo Dance of the
　　Fox Indians", *40th ARBAE,* Washington, D.C., 1919.

　(6)"Notes on the Buffalo-Head Dance of the Thunder Gens of
　　the Fox Indians", *BBAE* 87, Washington, D.C., 1928.

　(7)"The Proto-Algonquian Archetype of 'Five'", *Language,* vol.
　　9, 1933.

Montoya, A. R. de.:

Gramatica y diccionarios (Arte, vocabulario y tesoro) de la lengua tupi o guarani, n. ed., Viena-Paris, 1876.

Mooney, J.:

(1)"Myths of the Cherokee", *19th ARBAE*(1897-1898), Washington, D.C., 1900.

(2)"Calendar History of the Kiowa Indians", *17th ARBAE, part 1*(1895-1896), Washington, D.C., 1898.

(3)"The Cheyenne Indians", *Memoirs of the American Anthropological Association,* 1, 1907, *part* 6.

(4)"The Ghost-Dance Religion". *14th ARBAE* (1892-1893), *part* 2, Washington, D.C., 1896.

Mooney, J. and Olbrechts, F.M.:

"The Swimmer Manuscript. Cherokee Sacred Formulas and Medicinal Prescriptions" *BBAE* 99, Washington, D.C., 1932.

Morgan, L. W.:

League of the Ho-de-no sau-nee or Iroquois (Reprinted by Human Relations Area Files), 2 vol., New Haven, 1954.

Murie, J.R.:

"Pawnee Indian Societies", *APAMNH,* vol. II, *part* 7, New York, 1914.

Murphy, R.F.:

(1)"Mundurucú Religion", *UCPAAE,* vol. 49, 1, Berkeley-Los Angeles, 1958.

(2)*Headhunter's Heritage,* Berkeley-Los Angeles, 1960.

(3)"Matrilocality and Patrilineality in Mundurucú Society", *AA,* 58, 1956.

Murphy, R.F. and Quain, B.:

"The Trumaí Indians of Central Brazil", *Monographs of the American Ethnological Society*, 24, New Yok, 1955.

Neill, E.D.:

"Life Among the Mandan and Gros Ventre Eighty years Ago", *The American Antiquarian and Oriental Journal*, vol. 6, 1844.

Nimuendaju, C.:

(2)"Sagen der Tembé-Indianer", *Zeitschrift für Ethnologie*, vol. 47, 195.

(3)"Bruchstucke aus Religion und Überlieferung der Šipaia-Indianer", *Anthropos*, vol. 14-15, 1919-1920; 16-17, 1921-1922.

(5)"The Apinayé", *The Catholic University of America, Anthropological Series no. 8*, Washington, D.C., 1939.

(6)"The Šerentê", *Publ. of the Frederick Webb Hodge Anniversary Publication Fund*, vol. 4, Los Angeles, 1942.

(8)"The Eastern Timbira", *UCPAAE*, vol. 41, Berkeley, 1946.

(13)"The Tukuna", *UCPAAE*, vol. 45, Berkeley, 1952.

(15)*Wortliste der Tukuna-Sprache*, Belém do Pará, 1929 (ms. du *Museu Nacional*, Rio de Janeiro).

Nordenskiöld, E.:

(1)*Indianerleben, El Gran Chaco*, Leipzig, 1912.

(3)*Forschungen und Abenteuer in Südamerika*, Stuttgart, 1924.

Nye, W.S.:

Bad Medicine and Good. Tales of the Kiowas, Norman, Oklahoma, 1962.

Nykl, A.R.:

"The Quinary-Vigesimal System of Counting in Europe, Asia and America", *Language,* vol. 2, 1926.

Orchard, W.C.:

"The Technique of Porcupine-quill Decoration among the North-American Indians", *Contributions from the Museum of the American Indian, Heye Foundation,* vol. 4, no. 1, New York, 1916.

Osborn, H.A.:

(1)"Textos Folkloricos en Guarao", *Boletín Indigenista Venezolano,* Años III-IV-V, nos. 1-4, Caracas (1956-1957), 1958.

(2)"Textos Folkloricos en Guarao II", *ibid.,* Año VI, nos. 1-4, 1958.

(3)"Warao II: Nouns, Relationals, and Demonstratives", *International Journal of American Linguistics,* vol. 32, 3, *part* 1, 1966.

Osgood, C.:

"Ingalik Social Structure", *Yale University Publications in Anthropology,* 53, 1958.

Owen, Trefor M.:

Welsh Folk Customs, Cardiff, 1959.

Palmer, R.S.;

The Mammal Guide. Mammals of North America North of Mexico, New York, 1954.

Parker, H.:

"The Scobs Was in her Lovely Mouth", *JAFL,* vol. 7I, 1958.

Parsons, E.C.:

(3)"Kiowa Tales", *MAFLS,* vol. 22, New York, 1929.

(4)"Micmac Folklore", *JAFL,* vol. 38, 1925.

Petitot, E.:

(1)*Traditions indiennes du Canada nord-ouest,* Paris, 1886.

(2)*Monographie des Dêné-Dindjié,* Paris, 1876.

Petrullo, V.:

"The Yaruros of the Capanaparo River, Venezuela", *Anthropological Papers no. II, Bureau of American Ethnology,* Washington, D.C., 1939.

Phinney, A.:

"Nez Percé Texts", *CUCA,* vol. 25, New York, 1934.

Piganiol, A.:

"Le Rôti et le bouilli", *A Pedro Bosch-Gimpera,* Mexico, 1963.

Preuss, K. Th.:

(1)*Religion und Mythologie der Uitoto,* 2 vol., Göttingen, 1921-1923.

(3)"Forschungreise zu den Kagaba", *Anthropos,* vol. 14-21, 1919-1926.

Price, R.:

"Martiniquan Fishing Magic"(*ms.,* communiqué par l'auteur en 1964).

Prince, J. D.:

"Passamaquoddy Texts", *Publications of the American Ethnological Society,* vol. 10, New York, 1921.

Prytz-Johansen, J.:

The Maori and his religion, Copenhagen, 1954.

Radin, P.:

(1)"The Winnebago Tribe", *37th ARBAE* (1915-1916), Washington, D.C. 1923.

(2)"The Thunderbird War Club, a Winnebago Tale", *JAFL,* vol. 44, 1931.

(3)"Ethnological Notes on the Ojibwa of Southeastern Ontario", *AA,* vol. 30. 1928.

Rand, S.T.:

Legends of the Micmacs, New York-London, 1894.

Rassers, W.H.:

"Inleiding tot een bestudeering van de Javaansche Kris", *Mededeelingen der Koninklijke Nederlansche Akademie van Wetenschappen; afdeeling letterkunde, Nieuwe Reeks deel 1,* no. 8, 1938.

Ray, V.F.:

(2)"Sanpoil Folk Tales", *JAFL,* vol. 46. 1933.

(3)*Primitive Pragmatists. The Modoc Indians of Northern California,* Seattle, 1963.

Reichard, G.A.:

(2)"Literary Types and the Dissemination of Myths", *JAFL,* vol. 34, 1921.

(3)"An Analysis of Cœur d'Alene Indian Myths", *MAFLS,* vol. 41, 1947.

Reichel-Dolmatoff, G.:

(1)*Los Kogi,* 2 vol., Bogota, 1949-50-1951.

(2)"Mítos y cuentos de los Indios Chimila", *Boletín de Arqueologia,* vol. 1, no. 1, Bogotá, 1945.

(3)"The Agricultural Basis of the Sub-Andean Chiefdoms of Columbia"*in* : Wilbert, J., ed., *The Evolution of Horticultural Systems in Native South America. Causes and Consequences. A Symposium,* Caracas, 1961.

Reinach, S.:

Cultes, mythes et religions, 5 vol., Paris, 1905-1923.

Reinburg, P.:

"Folklore amazonien. Légendes des Zaparo du Curaray et do Canelos", *JSA,* n.s., vol. 13, 1921.

Riggs, S.R.:

"A Dakota-English Dictionary", *Contributions to North American Ethnology,* vol. VII, Washington, D.C., 1890.

Robinet, F.M.:

"Hidatsa I, II, III", *International Journal of American Linguistics,* vol. 21, 1955.

Rodrigues, J. Barbosa:

"Poranduba Amazonense", *Anais da Biblioteca nacional de Rio de Janeiro,* vol. 14, fasc. 2(1886-1887), Rio de Janeiro, 1890.

Rolland, E.:

Faune populaire de la France, tome II, "Les Oiseaux sauvages", Paris, 1879.

Rondon, C.M. da Silva:

"Esbôçô grammatical e vocabulário da lingua dos Indios Boróro", *Publ. no. 77 da Commissão...Rondon; Anexo 5, etno-*

grafia, Rio de Janeiro, 1948.

Roth, H.L.:

"American Quillwork: a Possible Clue to its Origin", *Man,* 23, 1923, p.113-116.

Roth, W.E.:

(1)"An Inquiry into the Animism and Folklore of the Guiana Indians", *30th ARBAE* (1908-1909), Washington, D.C., 1915.

(2)"An Introductory Study of the Arts, Crafts and Customs of the Guiana Indians", *38th ARBAE* (1916-1917), Washington, D.C., 1924.

Rousseau J.:

(lettre du 25 juin 1964).

Rousseau J. et Raymond, M.:

"Etudes ethnobotaniques québécoises", *Contributions de l'Institut botanique de l'Université de Montréal,* no. 55,1945.

Saintyves, P.:

L'Éternuement et le bâillement dans la magie, l'ethnographie et le folklore médical, Paris, 1921.

Saake, W.:

(1)"Die Juruparilegende bei den Baniwa des Rio Issana", *Proceedings of the 32nd Intern. Congress of Americanists,* Copenhagen (1956), 1958.

(3)"Aus der Überlieferung der Baniwa", *Staden-Jahrbuch,* Bd. 6, São Paulo, 1958.

Salzmann, Z.:

"A Method for Analyzing Numerical Systems", *Word,* vol. 6,

no. 1, New York, 1950.

Sapir, E.:

(1)"Wishram Texts", *Publications of the American Ethnological Society,* vol.2, Leyden, 1909.

(2)"The Algonkin Affinity of Yurok and Wiyot Kinship Terms", *JSA,* vol. 15, 1923.

(3)"Yana Texts", *UCPAAE,* vol. 9, 1, Berkeley, 1910.

Saussure, F. de.:

"Notes" *in: Cahiers Ferdinand de Saussure,* 12, 1954.

Schaeffer, Cl. E.:

"Bird nomenclature and principles of avian taxonomy of the Blackfeet Indians", *Journal of the Washington Academy of Sciences,* vol. 40, no. 2, 1950.

Schauensee, R.M. de.:

(1)*The Birds of Columbia,* Narberth, Pennsylvania, 1964.

(2)*The Species of Birds of South America and their Distribution,* Narberth, Pennsylvania, 1966.

Schomburgk, R.:

Travels in British Guiana 1840-1844. Transl. and ed. by W.E. Roth, 2 vol, Georgetown, 1922.

Schoolcraft, H.R.:

(7)*Oneóta, or Characteristics of the Red Race of America,* New York, 1845.

(2)*The Myth of Hiawatha,* Philadelphia, 1856.

(3)*Historical and Statistical Information Respecting... the Indian Tribes of the United States,* 6 vol., Philadelphia, 1851-1857.

Schwarz, H.F.:

　　(2)"Stingless Bees (Meliponidae) of the Western Hemisphere",
　　　Bulletin of the American Museum of Natural History, vol.
　　　90, New York, 1948.

Shafer, R.:

　　"Notes on Penutian", *International Journal of American Lin-
　　guistics,* 18, 4, 1952.

Silva, P. A. Brüzzi Alves da.:

　　A Civilização Indigena do Uaupès, São Paulo, 1962.

Simms, S.C.:

　　"Traditions of the Crow", *Field Columbian Museum, Publ. 85,
　　Anthropol. Series, vol. 2, no. 6,* Chicago, 1903.

Simpson, R. de E.:

　　"A Mandan Bull-Boat", *The Masterkey,* vol. 23, no. 6, 1949.

Skinner, A.:

　　(1)"Notes on the Eastern Cree and Northern Saulteaux",
　　　APAMNH, vol. 9, New York, 1911.

　　(2)"Some Aspects of the Folk-Lore of the Central Algonkin",
　　　JAFL, vol. 27, 1914.

　　(3)"Plains Ojibwa Tales", *JAFL,* vol. 32, 1919.

　　(4)"Social Life and Ceremonial Bundles of the Menomini In-
　　　dians", *APAMNH,* vol. 13, *part* 1, New York, 1913.

　　(5)"Political Organization, Cults, and Ceremonies of the
　　　Plains-Ojibway and Plains-Cree Indians", *APAMNH,* vol, II,
　　　part 6, New York, 1914.

　　(6)"The Sun Dance of the Plains-Cree", *APAMNH,* vol. 16,

part 4, New York, 1919.

(7)"Associations and Ceremonies of the Menomini Indians", *APAMNH,* vol. 13, *part* 2, New ork, 1915.

(8)"Plains Cree Tales", *JAFL,* vol. 29, 1916.

(9)"Observations on the Ethnology of the Sauk Indians", *Bulletin of the Public Museum of the City of Milwaukee,* vol. 5, nos. 1, 2, 3, 1923-1925.

(10)"The Mascoutens or Prairie Potawatomi Indians", *Bulletin of the Public Museum of the City of Milwaukee,* vol. 6, nos. 1, 2, 3, 1924-1927.

(11)"War Customs of the Menomini", *AA,* vol. 13, 1911.

(12)"Societies of the Iowa, Kansa, and Ponca Indians", *APAM-NH,* vol. II, *part* 9, New York, 1915.

(13)"Sauk Tales", *JAFL,* vol. 41, 1928.

(14)"Material Culture of the Menomini", *Indian Notes and Monographs, Museum of the American Indian, Heye Foundation,* New York, 1921.

Skinner, A. and Satterlee, J. V.:

"Folklore of the Menomini Indians", *APAMNH,* vol. 13, *part* 3, New York, 1915.

Smith, E.A.:

"Myths of the Iroquois", *2nd ARBAE,* Washington, D.C., 1881.

Smith, H. H.:

(1)"Ethnobotany of the Ojibwe Indians", *Bulletin of the Public Museum of the City of Milwaukee,* vol. 4, no. 3, 1932.

(2)"Ethnobotany of the Forest Potawatomi Indians", *ibid.,* vol.

7. no. 1. 1933.

Sparkman, P.S.:

"Notes on California Folklore. A Luiseño Tale", *JAFL*, vol. 21,1908.

Speck, F. G.:

(2)"Reptile-Lore of the Northern Indians", *JAFL*, vol. 36, 1923.

(3)"Penobscot Tales and Religious Beliefs", *JAFL*, vol. 48, 1935.

(4)"Montagnais and Naskapi Tales from the Labrador Peninsula", *JAFL*, vol. 38, 1925.

(5)"Bird-Lore of the Northern Indians", *Public Lectures of the University of Pennsylvania,* vol. 7, 1921.

(6)*Naskapi. The Savage Hunters of the Labrador Peninsula,* Norman, 1935.

(7)"Myths and Folk-Lore of the Timiskaming Algonquin and Timagami Ojibwa", *Canada Department of Mines, Geological Survey, Memoir 71, no. 9, Anthropol. Series,* Ottawa, 1915.

(8)"Some Micmac Tales from Cape Breton Island", *JAFL*, vol. 28, 1915.

(9)"Huron Moose Hair Embroidery", *AA*, n.s., vol, 13, 1911.

(10)*Penobscot Man,* Philadelphia, 1940.

Spence, L.:

The Myths of the North American Indians, London, 1916.

Spencer, R. F.:

"The North Alaskan Eskimo", *BBAE* 171, Washington, D.C.,

1959.

Spier, L.:

(2)"Klamath Ethnography", *UCPAAE,* vol. 30, Berkeley, 1930.

(3)"Notes on the Kiowa Sun Dance", *APAMNH,* vol. 16, *part* 6, New York.

(4)"The Sun Dance of the Plains Indians: its Development and Diffusion", *APAMNH,* vol. 16, *part* 7, New York, 1921.

Spinden, H.:

(1)"Myths of the Nez Percé Indians", *JAFL,* vol. 21, 1908.

(2)"A Study of Maya Art", *Memoirs of the Peabody Museum of American Archaeology and Ethnology,* vol. 6, 1913.

Spott, R. and Kroeber, A.L.:

"Yurok Narratives", *UCPAAE,* vol. 35, no. 9, Berkeley, 1942.

Stamp, H.:

"A Malecite Tale: Adventures of Buckchinskwesk", *JAFL,* vol. 28, 1915.

Stephen, A. M.:

"Hopi Journal, edited by E. C. Parsons", 2 vol., *CUCA,* vol. 23, New York, 1936.

Stern. Th.:

"Klamath Myths Abstracts", *JAFL,* vol. 76, 1963.

Stirling, M. W.:

"Historical and Ethnographical Material on the Jivaro Indians", *BBAE* 117, Washington, D.C., 1938.

Stock, C. de B.:

"Folklore and Customs of the Lepchas of Sikkim,", *Journal of* the *Asiatic Society of Bengal,* vol. 21, 1925.

Stradelli, E.:

(1)"Vocabulario da lingua geral portuguez-nheêngatú e nheêngatú-portuguez, *etc.*", *RIHGB,* t. 104,vol. 158, Rio de Janeiro, 1929.

Strong, W.D.:

(1)"Aboriginal Society in Southern California", *UCPAAE,* vol. 26, Berkeley, 1929.

(2)"From History to Prehistory in the Northern Great Plains" *in: Essays in Historical Anthropology of North America, Smithsonian Miscellaneous Collections,* vol. 100, Washington, D.C., 1940.

Sturtevant, W.C.:

"The Significance of Ethnological Similarities between Southeastern North America and the Antilles" *in:* S. W. Mintz, ed. "Papers in Caribbean Anthropology", *Yale University Publications in Anthropology,* nos. 57 to 64, New Haven, 1960.

Susnik, B. J.:

"Estudios Emok-Toba. Parte I^ra; Fraseario", *Boletín de la Sociedad Científica del Paraguay,* vol. VII, 1962, *Etnolinguistica,* 7, Asunción, 1962.

Swanton, J.R.:

(1)"Myths and Tales of the Southeastern Indians", *BBAE* 88, Washington, D.C., 1929.

(3)"Some Neglected Data Bearing on Cheyenne, Chippewa and Dakota History", *AA,* vol. 32, 1930.

(4)"Southern Contacts of the Indians North of the Gulf of Mexico", *Annaes do XX Congresso Internacional de Americanistas*, 1922, Rio de Janeiro, 1924.

(5)"The Indians of the Southeastern United States", *BBAE* 137, Washington, D.C., 1946.

Tastevin, C.:

(2)"Nomes de plantas e animaes em lingua tupy", *RMP*, t. I3, São Paulo, 1922.

(3)"La Légende de Bóyusú en Amazonie", *Revue d'Ethnographie et des Traditions populaires*, 6ᵉ année, no. 22, Paris, 1925.

(4)"Le fleuve Murú. Ses habitants. Croyances et mœurs kachinaua", *La Géographie,* vol. 43, no. 4-5, 1925.

(5)"Le Haut Tarauacá", *La Géographie,* vol. 45, 1926.

Taylor, D.:

"The Dog, the Opossum and the Rainbow", *International Journal of American Linguistics,* vol. 27, 1961.

Teit, J.:

(1)"The Shuswap", *Memoirs of the American Museum of Natural History.* vol. IV, Leiden-New York, 1909.

(2)"Traditions of the Lilloet Indians of British Columbia", *JAFL,* vol. 25, 1912.

(3)"Cœur d'Alene Tales". Cf. Boas, F.:(4).

(4)"Traditions of the Thompson River Indians", *MAFLS,* vol. 6, 1898.

(5)"Mythology of the Thompson Indians", *Memoirs of the*

American Museum of Natural History, vol. XII, Leiden-New York, 1912.

(6)"The Salishan Tribes of the Western Plateaus", *45th ARBAE* (1927-1928), Washington, D.C., 1930.

(7)"Tahltan Tales", *JAFL,* vol. 32, 34, 1919-1921.

(8)"Kaska Tales", *JAFL,* vol. 30, 1917.

Terrell, R.H.:

"Petroglyphs, Huge Honey Combs Found in Sonora, Mex." *Press-Enterprise,* February 20, 1966.

Thompson, J.E.:

(1)*The Civilization of the Mayas.* Chicago, 1927.

(2)*The Moon Goddess in Middle America. With notes on related deities,* Washington, Carnegie Institution of Washington, 1939.

Thompson, S.:

"The Star-Husband Tale", (Liber saecularia in honorem J. Qvigstadii), *Studia Septentrionalia,* 4, Oslo, 1953.

Thomson, Sir A.L.:

A New Dictionary of Birds, London, 1964.

Trik, A.S.:

"The Splendid Tomb of Temple I at Tikal, Guatemala", *Expedition,* vol. 6, no, 1, Fall, 1963.

Trowbridge, C.C.:

"Meeārmeear Traditions", *Occasional Contributions from the Museum of Anthropology of the University of Michigan,* Ann Arbor, 1938.

Turner, G.:

"Hair Embroidery in Siberia and North America", *Pitt-Rivers Museum Occasional Papers in Technology*, vol. 7, Oxford, 1955.

Turney-High, H.H.:

"Ethnography of the Kutenai", *Memoirs of the American Anthropological Association*, vol. 56, 1941.

Uhlenbeck, C.C:

"Original Blackfoot Texts. A New Series of Blackfoot Texts", *Verhandelingen der Koninklijke Akademie van Wetenschappen te Amsterdam, Afdeeling letterkunde, Nieuwe Reeks*, Deel XII, 1; XIII, 1, Amsterdam, 1911-1912.

Uhlenbeck, C.C. and van Gulik, R.H.:

"An English-Blackfoot and Blackfoot English Vocabulary", *ibid.*, Deel XXIX, 4; XXXIII; 2; 1930-1934.

Voegelin, E.W.:

Kiowa-Crow Mythological Affiliations, *AA*, vol. 35, 1933.

Wagley, Ch, and Galvão, E.:

"The Tenetehara Indians of Brazil", *CUCA*, vol. 35, 1949.

Walker, J. R.:

"The Sun Dance and other Ceremonies of the Oglala Division of the Teton Dakota", *APAMNH*, vol. 16, *part* 2, New York, 1917.

Wallis, W.D.:

(1)"Beliefs and Tales of the Canadian Dakota", *JAFL*, vol. 36, 1923.

—(and Wallis, R. S.):

(2)*The Micmac Indians of Eastern Canada,* Minneapolis, 1955.

Wassén, S. H.:

(1)"Some General Viewpoints in the Study of Native Drugs Especially from the West Indies and South America", *Ethnos,* t. 2, Stockholm, 1964.

(2)"The Use of Some Specific Kinds of South American Indian Snuff and Related Paraphernalia", *Etnologiska Studier,* 28, Göteborg, 1965.

Wassén, S. H. and Holmstedt, B.:

"The Use of Paricá, an Ethnological and Pharmacological Review", *Ethnos,* 1. Stockholm, 1963.

Waterman, T.T.:

"The Explanatory Element in the Folk-Tales of the North-American Indians", *JAFL,* vol. 27, 1914.

Waugh, F.W.:

"Iroquois Foods and Food Preparation", *Canada Department of Mines, Geological Survey, Memoir 86,* Ottawa, 1916.

Wavrin, marquis de:

Mœurs et coutumes des Indiens sauvages del'Amérique du Sud, Paris, 1937.

Wedel, W.R.:

(1)"An Introduction to Pawnee Archaeology", *BBAE* 112, Washington, D. C., 1936.

(2)"The Great Plains" *in:* Jennings, J. D. and Norbeck, E., ed.: *Prehistoric Man in the New World,* Chicago, 1964.

White L.A.

"The Acoma Indians", *47th ARBAE* (1929-1930), Washington, D.C., 1932.

Wilbert, J.:

(7)"Erzählgut der Yupa-Indianer", *Anthropos,* Band 57, 1962.

(8)*Indios de la región Orinoco-Ventuari,* Caracas, 1963.

(9)"Warao Oral Literature", *Instituto Caribe de Antropologia y Sociologia, Fundación La Salle de Ciencias Naturales,* Monograph no. 9, Caracas, 1964.

(10)"Zur Kenntnis der Yabarana", *Naturwissenschaftliche Gesellschaft, Antropologica, Supplement-band no. 1,* Köln, 1959.

Will, G.F.:

(1)"No-Tongue, a Mandan Tale", *JAFL,* vol. 26, 1913.

(2)"The Story of No-Tongue", *JAFL,* vol. 29, 1916.

Will, G.F. and Spinden, H.J.:

"The Mandans. A Study of their Culture. Archaeology and Language", *Papers of the Peabody Museum of American Archaeol. and Ethnol., Harvard University,* vol. 3, *part* 4, Cambridge, Mass., 1906.

Williams, M. L., ed.:

Schoolcraft's Indian Legends, East Lansing, Mich., 1956.

Wilson, E.W.:

"The Owl and the American Indian", *JAFL,* vol. 63, 1950.

Wilson, G.L.:

"Hidatsa Eagle Trapping", *APAMNH,* vol. 30, *part* 4, New York, 1928.

Wirz, P.:

"The Social Meaning of the Sept-house and the Sept-boat in Dutch and British New-Guinea", *Tijdschrift voor Indische Taal-, Land- en Volkenkunde,* Deel LXXIV, Afl, 1, Batavia, 1934.

Wissler, C.:

(1)"Some (Oglala) Dakota Myths", *JAFL,* vol. 20, 1907.

(2)"Sun Dance of the Plains Indians; General Introductoin", *APAMNH,* vol. 16, New York, 1921.

(3)"Indian Beadwork", *Guide Leaflet* no. 50, *American Mseum of Natural History,* 2nd ed., New York, 1931.

(4)"The Soical Life of the Blackfoot Indians", *APAMNH,* vol. 7, *part* 1, New York, 1911.

(5)"Societies and Dance Associations of the Blackfoot Indians", *APAMNH,* vol. II, *part* 4, New York, 1913.

(6)"Societies and Ceremonial Associatons in the Oglala Division of the Teton-Dakota", *APAMNH,* vol. II, *part* 1, New York, 1912.

Wissler, C. and Duvall, D.C.:

"Mythology of the Blackfoot Indians" *APAMNH,* vol. 2, New York, 1908.

Woodman, J.J.:

Indian Legends and Tales of Captivity, Boston, 1924.

Wood, R.:

"An Interpretation of Mandan Culture History", *River Basin Surveys Papers,* no. 39, *BBAE* 198, Washington, D.C., 1967.

Yarnell, R.A.:

"Aboriginal Relationships between Culture and Plant Life in the Upper Great Lakes Region", *Anthropological Papers, Museum of Anthropology, University of Michigan, no. 23*, Ann Arbor, Michigan, 1964.

神話索引

I　按序號和主題

1. 新的神話

M_{378} Pawnee(Skidi)／波尼人（斯基迪人）：帶鉤花被的起源(1)／第**60**頁。

M_{379} Pawnee(Skidi)／波尼人（斯基迪人）：帶鉤花被的起源(2)／第**60**頁。

M_{380} Arapaho／阿拉帕霍人：可愛的騙子／第**60-61**頁。

M_{381} Penobscot／佩諾布斯科特人：糾纏的丈夫／第**63**頁。

M_{382} Salish(côte)／薩利希人（岸地）：不適配的婚姻／第**63**頁。

M_{383} Arapaho／阿拉帕霍人：在亞馬遜的賽跑／第**64**頁。

M_{384} Shoshone／紹紹納人：女性臭氣的起源／第**64**頁。

M_{385} Amérique du Nord／北美洲：致命的龜／第**64**,128,461頁。

M_{386} Guyane／圭亞那：致命的蛙／第**65**,128頁。

M_{387a} Jivaro／吉瓦羅人：一妻多夫制的挫折／第**65**頁註⑦，280頁。

M_{387b} Tumupasa／圖穆帕薩人：癩蛤蟆女人或一妻多夫制的挫折／第**280**頁。

M_{387c} Hidatsa／希達察人：妒忌的女陶工／第**65**頁註⑦，399頁。

M_{387d} Ojibwa／奧吉布瓦人：太陽的誕生／第**280**頁。

M_{388} Menomini／梅諾米尼人：蛙的歌唱／第**66-67**,70頁。

M_{389} Mundurucu／蒙杜魯庫人：癩蛤蟆的起源／第**67-68**, 69頁。

M_{390} Cashinawa／卡希納瓦人：貪吃的癩蛤蟆／第**68-69**,70頁。

M_{391} Tembé／特姆貝人：滾動的頭／第**80**,82,87,97頁。

M_{392a} Kuniba／庫尼巴人：滾動的頭和月亮的起源／第**82**,89,97,142-143,147, 380頁。

M_{392b} Bororo／博羅羅人：太陽和月亮／第**82**,147頁。

M_{393a} Cashinawa／卡希納瓦人：月亮的起源(1)／第**83-85**,88,89,93-102,131, 137-139,142,147-150,200頁。

M_{393b} Cashinawa／卡希納瓦人：月亮的起源(2)／第**85**,88,89,93-102,131, 137-139,142,147-150,200頁。

M_{394} Cashinawa／卡希納瓦人：月亮的起源(3)／第**85**,88,94-102,131, 137-139, 142,143,146-148,200頁。

M_{395a} Tacana／塔卡納人：滾動的頭(1)／第**86**頁。

M~395b~ Tacana／塔卡納人：滾動的頭(2)／第**86**頁。

M~395c~ Tacana／塔卡納人：滾動的頭(3)／第**86**頁。

M~395d~ Cavina／卡維納人：滾動的頭／第87頁。

M~396~ Arawak／阿拉瓦克人：歐夜鷹的起源／第**87**,138頁。

M~397~ Algonkin／阿爾衮琴人：滾動的和糾纏的石頭／第**87**頁。

M~398~ Mundurucu／蒙杜魯庫人：狗的起源／第**89**頁。

M~399~ Lilloet／利洛瓦特人：月亮陰影的起源／第65,**92**頁。

M~400a~ Cœur d'Alène／錐心人：月亮陰影的起源／第**92**,141頁。

M~400b~ Thompson／湯普森人：月亮的妹妹／第92,141頁。

M~401~ Jivaro／吉瓦羅人：月亮陰影的起源／第**93**頁。

M~402~ Mundurucu／蒙杜魯庫人：佩里蘇亞特的歷險／第107,**111**,115-120,238,**436-437**,445,360-361頁。

M~403a~ Tembé／特姆貝人：歐夜鷹獵人的歷險／第 107,109-120,238,436,438頁。

M~403b~ Tenetehara／特內特哈拉人：維蘭的歷險／第 107,109-120,238,436,439,461頁。

M~403c~ Shipaia／希帕耶人：一個印第安人的歷險／第111,117,238,436,438頁。

M~403d~ Cavina／卡維納人：一個迷路獵人的歷險／第117,238,436,**461**頁。

M~404~ Kayapo／卡耶波人：薩卡瓦波的歷險／第107,111,115,117,238,436,438頁。

M~405~ Tukuna／圖庫納人：太陽的獨木舟／第78,**124**,129-134,171頁。

M~406~ Warrau／瓦勞人：美女阿莎娃科的故事／第114,**125-126**,129-134,140-143,147-150,171,200頁。

M~407~ Tupi(Amazonie)／圖皮人（亞馬遜）：南十字星座的起源／第**127**,132,141頁。

M~408~ Déné Peaux-de-lièvre／野兔皮提納人：船員／第**135-136**,237頁。

M~409~ Iroquois／易洛魁人：太陽和月亮的起源／第**137-140**,237頁。

M$_{410a}$　　Cashinawa／卡希納瓦人：第一個黑夜／第**144**,154,160,200頁。

M$_{410b}$　　Cashinawa／卡希納瓦人：合適的黑夜／第**144**,154,160頁。

M$_{411}$　　Yupa／尤帕人：月相的起源／第**144-145**,147,160,165頁。

M$_{412}$　　Kogi／科奇人：白晝的起源／第**146**,148,166頁。

M$_{413}$　　Araucan／阿勞干人：長夜／第**146**,148,160頁。

M$_{414}$　　Tacana／塔卡納人：太陽和其女兒月亮亂倫／第91,148頁。

M$_{415}$　　Tamanac／塔馬納克人：被逼婚的女兒／第**150**,154-159,160-161,171,
　　　　182,200,248,292頁。

M$_{416}$　　Yabarana／耶巴拉納人：白晝和黑夜的起源／第47,**151-154**,155-159,
　　　　160,468頁。

M$_{417}$　　Katawishi／卡塔維希人：兩個虹霓／第**156**,157頁。

M$_{418}$　　Tukano／圖卡諾人：聖笛的起源／第**159**頁。

M$_{419}$　　Ona／奧納人：良夜／第32,170,268頁。

M$_{420a}$　　Arawak／阿拉瓦克人：白晝亮光的起源／第**165**頁。

M$_{420b}$　　Kalina／卡利納人：白晝和黑夜交替的起源／第**165**頁。

M$_{420c}$　　Warrau／瓦勞人：白晝亮光的起源／第**165**頁。

M$_{421a}$　　Mundurucu／蒙杜魯庫人：白晝和黑夜交替的起源／第145,170,268頁。

M$_{421b}$　　Kayapo／卡耶波人：白晝和黑夜交替的起源／第145,170頁。

M$_{422}$　　Amazonie／亞馬遜：太陽和月亮分離／第**172**頁。

M$_{423a}$　　Uitoto／烏依托托人：禿頂的起源／第**173**頁。

M$_{423b}$　　Choroti／喬巴蒂人：禿頂的起源／第**173**頁。

M$_{423c}$　　Yupa／尤帕人：禿頂的起源／第**173**頁。

M$_{424}$　　Araucan／阿勞干人：禿頂的起源／第**174**,175頁。

M$_{425}$　　Arapaho／阿拉帕霍人：天體的妻子(1)／第**197-198**,199,213-215,367,
　　　　490,494,500頁。

M$_{426}$　　Arapaho／阿拉帕霍人：天體的妻子(2)／第**198-199**,204,208,211,
　　　　213-215,240-243,271,367,490,494,500頁。

228-230,237,244,437頁。

M_{438a} Micmac／米克馬克人：天體的妻子(1)／第222-224,**227**,228-230,237,244,437頁。

M_{438b} Micmac／米克馬克人：天體的妻子(2)／第222-224,**227**,228-230,237,244,437頁。

M_{439} Arikara／阿里卡拉人：欺詐的選擇／第**230**,363頁註⑤，414頁。

M_{440} Micmac／米克馬克人：箭豬和癩蛤蟆／第**232**頁。

M_{441} Iroquois／易洛魁人：周期性的仲裁箭豬／第**233**頁。

M_{442a} Thaltan,*etc.*／塔爾坦人等等：寒冷主人箭豬／第**233**頁。

M_{442b} Thompson,*etc.*／湯普森人等等：動物界的組織者箭豬／第**262**頁。

$M_{443a,b}$ Menomini／梅諾米尼人：寒冷主人箭豬／第**234**,235,248頁。

M_{444a} Ojibwa／奧吉布瓦人：天體的妻子／第222,**235-237**,244,246-248,500頁。

M_{444b} Ojibwa(Timagami)／奧吉布瓦人(蒂馬加米人)：天體的妻子／第**238**,244,500頁。

M_{444c} Ojibwa(Lac Supérieur)／奧吉布瓦人(蘇必利爾湖)：天體的妻子／第**238**,244,500頁。

M_{444d} Menomini／梅諾米尼人：潛鳥／第**238**,500頁。

M_{445} Arapaho／阿拉帕霍人：彩色的箭豬／第**239-240**,500頁。

M_{446} Arapaho／阿拉帕霍人：遠方的公主／第**243**頁。

M_{447} Ojibwa／奧吉布瓦人：天體的妻子（反轉的異本）／第**245-246**,247,261,317,500頁。

M_{448} Kiowa／基奧瓦人：天體的妻子／第**249**頁。

M_{449} Arikara／阿里卡拉人：星辰的兒子／第**252**頁。

M_{450} Cheyenne／切延內人：天體的爭論／第**267**頁。

M_{451a} Wichita／維奇塔人：天體的妻子／第**268**頁。

M_{451b} Miami／邁阿密人：天體的妻子／第**268**頁。

$M_{469a,b}$ Mandan／曼丹人：雪鴞／第326,359,**362**,363頁註④，364-366,377,391,
392,393,445-450頁。

M_{469c} Omaha／奧馬哈人：美髮食人魔／第**363**頁註④。

M_{469d} Hidatsa／希達察人：銷魂的印第安女人／第**363**頁註④。

M_{470} Bros-Ventre／格羅斯—文特人：白石頭／第326,373頁。

M_{471a} Shasta／沙什塔人：額外的天體／第**330**,331頁。

M_{471b} Klamath／克拉馬特人：額外的天體(1)／第**330**,333頁。

M_{471c} Modoc／莫多克人：額外的天體(2)／第**330**頁。

M_{471d} Athapaskan(Joshua)／阿塔帕斯干人（喬舒亞人）：額外的天體／第
331-332,333,342,372頁。

M_{471e} Blackfoot／黑足人：額外的手指／第**333**頁。

M_{471f} Modoc／莫多克人：額外的孩子／第**333-334**頁。

M_{471g} Modoc／莫多克人：兩個未婚妻／第**334**頁。

M_{472a} Menomini／梅諾米尼人：10個一組／第**325**頁。

M_{472b} Nez-Percé／內茲佩斯人：10個一組／第**328**頁。

$M_{473a,b,c}$ Ojibwa／奧吉布瓦人：獨身兄弟(1)／第**334-335**,337,340,341,346,347,
353,357,353,361,375,393,396,415頁。

M_{474} Ottawa／奧塔瓦人：獨身兄弟／第**335**,336,337,341,346,347,350,357,361,
372,376,380,392,393,395,396,415頁。

M_{475a} Ojibwa／奧吉布瓦人：獨身兄弟(2)／第**335**,336,337,347,350,357,361,372,
392,393,396,415頁。

M_{475b} Menomini／梅諾米尼人：獨身兄弟／第**336**,337,342,347,357,361,393,396,
415頁。

$M_{475c,d,e,f}$ Menomini／梅諾米尼人：東方天空的女人／第**337-338**,346,347,
353,361,373,382,384,393,396,410,415頁。

M_{475g} Yamana／耶馬納人：妒忌的兄弟／第**339**,357頁。

M_{476a} Fox／福克斯人：獨身兄弟／第 **336**,341-342,357,361,393,396,415,488

2.前兩卷已部份地扼述神話的補餘

M_{13} Guarani-Mbyá／瓜拉尼・姆比亞人；惡魔沙里亞／第155,171頁。

M_{60} Tukuna／圖庫納人：訪猴／第**103-105**,106-120,238頁。

M_{104} Amazonie／亞馬遜人：變成負子袋鼠的老嫗／第**166-168**,169-175,282,
500頁。

M_{129a} Tukuna／圖庫納人（M_{60}片段）。

M_{130} Kalina／卡利納人：後髮星座／第**23-29**,33,37,77-79,94-102頁。

M_{130b} Arawak／阿拉瓦克人：後髮星座／第33頁。

M_{131c} Kalina／卡利納人：獵戶星座的起源／第35頁。

M_{149a} Arekuna／阿雷庫納人：盜蛙者／第65,99,**127-128**,129-134,142-143,
146-148,170,171,200,500頁。

M_{149b} Arawak／阿拉瓦克人：盜蛙者／參見M_{149a}。

M_{248} Mundurucu／蒙杜魯庫人：水獺治病／第52,**69-70**,72,73頁。

M_{252} Waiwai／韋韋人：第一次交媾／第**157-158**頁。

M_{255} Mundurucu／蒙杜魯庫人：夏天和冬天太陽的起源／第78,**81**,90,91,97,
99-114,125,131,176頁。

M_{256} Tacana／塔卡納人：月亮的情人／第**72**,97,176,243頁。

M_{256b} Tumupasa圖穆帕薩人：月亮的情人／參見M_{256}.

M_{256c} Tumupasa圖穆帕薩人：月亮的貘／參見M_{256}.

M_{317} Warrau／瓦勞人：科羅羅曼納冒險記／第**42**,71,79,89,93,107,**109,115**,
116-117,136,238頁。

M_{326a} Tupi (Amazonie)／圖皮人（亞馬遜）：黑夜的起源／第**165-166**,
168-170,174,268,270,282頁。

3.對前兩卷其他神話的援引

M_1／第1,175-182,192,203,224,242-244,295,418,468頁。

M_7–M_{12}／第2,175-180,192,203,224,243-244,418頁。

M_8／第419頁。

M_9／第295頁。

M_{10}／第1,295,296,313頁，314頁註⑥，418,462,472,490頁。

M_{24}／第339頁，404頁註⑩，418頁。

M_{28}／第23,33-35,37,436頁。

M_{49}-M_{50}／第71,89頁。

M_{53}／第312-314頁。

M_{70}-M_{86}／第270頁。

M_{77}／第71頁。

M_{79}／第71頁。

M_{80}／第71頁。

M_{82}／第25頁。

M_{87}-M_{93}／第192頁。

M_{95}／第11,192頁。

M_{106}／第192頁。

M_{110}／第192頁。

M_{112}／第192頁。

M_{124}／第436頁。

M_{134}-M_{135}／第33,35,37-38,79,94-102頁。

M_{136}／第24,35,37-38,79,94-102頁。

M_{139}／第436,438頁。

M_{145}／第97頁。

M_{150}-M_{159}／第87,97頁。

M_{165}-M_{168}／第79,380頁。

M_{177}／第82頁。

M_{187}／第179頁。

M_{192}／第407頁。

M_{233}-M_{239}／第67頁。

II 按部落

Iroquois／易洛魁人　$M_{366, 409, 411}$.

Jivaro／吉瓦羅人　$M_{387, 401}$.

Kalina／卡利納人　$(M_{130, 131c})$, M_{420b}.

Kaska／卡斯卡人　M_{431}.

Katawishi／卡塔維希人　M_{417}.

Kayapo／卡耶波人　$M_{404, 421b}$.

Kickapoo／基卡普人　M_{505}.

Kiowa／基奧瓦人　$M_{448, 490}$.

Kogi／科奇人　M_{412}.

Kuniba／庫尼巴人　M_{392a}.

Lilloet／利洛厄特人　M_{399}.

Macushi／馬庫希人　$M_{362, 363}$.

Maidu／梅杜人　M_{373f}.

Mandan／曼丹人　$M_{458, 459a-c, 460, 461, 462, 463, 469a-b, 481, 498, 503, 510, 511, 512, 513, 514, 515, 519}$.

Menomini／梅諾米尼人　$M_{354d, 388, 443a-b, 444d, 472a, 475b-f, 476b, 478a-b, 479a-c, 493a-d, 495a-b, 501a-b}$.

Miami／邁阿密人　M_{451b}.

Micmac／米克馬克人　$M_{438a-b, 440}$.

Modoc／莫多克人　$M_{373c, 471c, f-g}$.

Mundurucu／蒙杜魯庫人　$(M_{248, 255})$, $M_{389, 398, 402, 421a}$.

Naskapi／納斯卡皮人　$M_{374d, 494}$.

Nez-Percé／內茲佩斯人　M_{472b}.

Ojibwa／奧吉布瓦人　$M_{373f, 374a-c, 387d, 444a-c, 447, 473a-c, 475a, 492a-b, 499, 502}$.

Omaha／奧馬哈人　$M_{453a, 469c, 526}$.

Ona／奧納人　M_{419}.

Ottawa／奧塔瓦人　$M_{474, 496}$.

Passamaquoddy／帕薩馬科迪人　$M_{377,\ 437a-b}$.

Pawnee／波尼人　$M_{369d,\ 378,\ 379,\ 497}$

Penobscot／佩諾布斯科特人　$M_{373e,\ 381}$.

Pocomchi／波孔奇人　M_{528}.

Ponca／蓬卡人　$M_{370b,\ 453a}$.

Puelche／普埃爾切人　M_{359}.

Salish(côte)／薩利希人(岸地)　$M_{375a-b,\ 376a-b,\ 382,\ 506}$.

Salish(Puget Sound)／薩利希人(普吉特海峽)　M_{372}.

Sanema／薩納馬人　M_{525}.

Sanpoil／桑波依爾人　M_{371}.

Shasta／沙什塔人　M_{471a}.

Shipaia／希帕耶人　$M_{364b,\ 403c}$.

Shoshone／紹紹納人　M_{384}.

Tacana／塔卡納人　(M_{256}), $M_{395a-c,\ 414}$.

Tahltan／塔爾坦人　$M_{373d,\ 432,\ 442}$.

Tamanac／塔馬納克人　M_{415}.

Taulipang／陶利潘人　$M_{356,\ 360,\ 361,\ 524}$.

Tembé／特姆貝人　$M_{391,\ 403a}$.

Tenetehara／特內特哈拉人　M_{403b}.

Thompson／湯普森人　$M_{400b,\ 442b}$.

Tsetsaut／澤紹特人　M_{433}.

Tsimshian／欽西安人　M_{354b}.

Tukano／圖卡諾人　M_{418}.

Tukuna／圖庫納人　$(M_{60,\ 129a})$, $M_{354,\ 358,\ 405}$.

Tumupasa／圖穆帕薩人　(M_{256b-c}), M_{387b}.

Tupi (tribus d'Amazonie)／圖皮人(亞馬遜的部落)　(M_{326a}), M_{407}.

Uitoto／烏依托托人　$M_{364,\ 423a,\ 456}$.

Waiwai／韋韋人　（M$_{252}$）.

Warrau／瓦勞人　（M$_{317}$），M$_{406, 420c}$.

Wichita／維奇塔人　M$_{370a, 451a}$.

Winnebago／文納巴哥人　M$_{484}$.

Wyandot／溫達特人　M$_{500, 527}$.

Yabarana／耶巴拉納人　M$_{416}$.

Yamana／耶馬納人　M$_{475g}$.

Yupa／尤帕人　M$_{411, 423c}$.

近代思想圖書館系列 ⑮

神話學：餐桌禮儀的起源

Mythologiques · L'origine des manières de table

原　著——李維斯陀(Claude Lévi-Strauss)
譯　者——周昌忠
董事長——孫思照
發行人——莊展信
社　長——
出版者——時報文化出版企業股份有限公司
　　　　　台北市108和平西路三段二四〇號四F
發行專線——(〇二)三〇六—六八四二
讀者免費服務專線〇八〇—二三一—七〇五
（如果您對本書品質與服務有任何不滿意的地方，請打這支電話。）
郵撥——〇一〇三八五四〇時報出版公司
信箱——台北郵政七九~九九信箱
電子郵件信箱——cthistory@mail.chinatimes.com.tw
網址——http://publish.chinatimes.com.tw/

主編——侯秀琴
編輯——李濰美
校對——陳錦生・張素瑛
排版——正豐電腦排版有限公司
製版——成宏照相製版有限公司
印刷——華展彩色印刷有限公司

印　刷——
製　版——
排　版——
校　對——
編　輯——
主　編——

◎行政院新聞局局版北市業字第八〇號
版權所有　翻印必究
（缺頁或破損的書，請寄回更換）

國際中文版授權／大蘋果股份有限公司
Copyright © 1998 by Carole Hyatt and Linda Gottlieb.
Chinese language publishing rights arranged with William Morris Agency through
Big Apple Tuttle-Mori Agency, Inc.
Chinese language copyright © 1998 China Times Publishing Company.

初版一刷——一九九八年十一月十五日
定價——新台幣六五〇元

Printed in Taiwan
ISBN 957-13-2737-9

國家圖書館出版品預行編目資料

神話學 ： 餐桌禮儀的起源 / 李維斯陀(Claude
 Lévi-Strauss)原著 ； 周昌忠譯. -- 初版. -
- 臺北市 ： 時報文化, 1998〔民87〕
　　面 ；　公分. -- (近代思想圖書館系列 ；
45)
　　參考書目:面
　　含索引
　　譯自 ： Mythologiques ： l'origine des
manières de table
　　ISBN 957-13-2737-9(平裝)

　1. 南美 - 文化

756.3　　　　　　　　　　　　　87014130

時報出版
CHINA TIMES PUBLISHING COMPANY
專賣智慧與創意的文化事業

地址：台北市108和平西路三段240號4 F
電話：（080）231-705（讀者免費服務專線）
　　　（02）2306-6842。2302-4075（讀者服務中心）
郵撥：0103854-0時報出版公司

請寄回這張服務卡（免貼郵票），您可以──
●隨時收到最新消息。
●參加專為您設計的各項回饋優惠活動。

您寶貴的意見，是我們進步的動力

重新看這十五件已然了以來曾出現過的往昔

以圖書為開的周邊的閱讀空間，

時報出版
圖書館

寄回來卡片，您隨時掌握人文的最新出版訊息。

編號：BD 45	書名：神話學：餐桌禮儀的起源
姓名：	性別：＿＿＿＿ 1.男　　2.女
出生日期：　　年　　月　　日	身份證字號：

＿＿＿＿＿ 學歷：1.小學　2.國中　3.高中　4.大專　5.研究所（含以上）

＿＿＿＿＿ 職業：1.學生　2.公務（含軍警）　3.家管　4.服務　5.金融

6.製造　7.資訊　8.大眾傳播　9.自由業　10.農漁牧

11.退休　12.其他

地址：＿＿＿＿＿縣（市）＿＿＿＿＿鄉鎮區＿＿＿＿＿村＿＿＿＿＿里

＿＿＿＿＿鄰＿＿＿＿＿路（街）＿＿＿段＿＿＿巷＿＿＿弄＿＿＿號＿＿＿樓

郵遞區號 ＿＿＿＿＿＿＿＿＿＿＿＿

（下列資料請以數字填在每題前之空格處）

＿＿＿＿＿ **您從哪裡得知本書／**
1.書店　　2.報紙廣告　　3.報紙專欄　　4.雜誌廣告　　5.親友介紹
6.DM廣告傳單　　7.其他＿＿＿＿＿

＿＿＿＿＿ **您對本書的意見／**
內容／1.滿意　　2.尚可　　3.應改進
編輯／1.滿意　　2.尚可　　3.應改進
封面設計／1.滿意　　2.尚可　　3.應改進
校對／1.滿意　　2.尚可　　3.應改進
翻譯／1.滿意　　2.尚可　　3.應改進
定價／1.偏低　　2.適中　　3.偏高

＿＿＿＿＿ **您希望我們為您出版哪一類的思想鉅著／**
1.經濟學　　2.政治　　3.社會　　4.哲學　　5.藝文　　6.史學
7.心理　　8.人類學　　9.其他＿＿＿＿＿

您希望我們為您出版哪些思想鉅著(書名或作者)／
1.＿＿＿＿＿＿＿＿＿＿　2.＿＿＿＿＿＿＿＿＿＿　3.＿＿＿＿＿＿＿＿＿＿

您的建議／
＿＿＿＿＿＿＿＿＿＿＿＿＿＿＿＿＿＿＿＿＿＿＿＿＿＿＿＿＿＿＿＿＿＿＿
＿＿＿＿＿＿＿＿＿＿＿＿＿＿＿＿＿＿＿＿＿＿＿＿＿＿＿＿＿＿＿＿＿＿＿